U0929263

寨门在贵州少数民族传统村寨很常见。寨门不仅是地理空间的一条界线，而且作用于村民心理，影响村寨文化。在举行祭寨活动期间，村外人不能进入寨门。在外死亡的村民，尸骨不允许进入寨内。迎接客人时，在寨门口设拦路酒；欢送客人时，送到寨门才表示礼貌。

镇宁布依族苗族自治县高荡村的防御堡垒，位于村寨后山的顶部，全部用石头建造，非常坚固。原有三条通道，一条蜿蜒石阶可攀缘而上，另两条为移动爬梯。在贵州古籍中，常将“寨”和“砦” 通用，足以说明过去的村寨具有防御的功能。

黔中镇宁县高荡布依族村寨，从墙体到屋顶全部取材于当地的石头，建筑的地域文化特色十分鲜明。

黔西南万峰林布依族村寨。万峰林早已规划成旅游景区，每天游客如织，但当地村民依然保留耕地，保持自己在村寨中的主体地位，维持以往的社会关系，所以传统民俗尚在，美丽的生态环境尚在。

黔东北土家族村寨的一个典型代表。传统建筑纷纷被现代建筑取代，传统建筑的建造技术流逝，传统建筑内部空间承载的文化也难以保存。

从江县小黄村被誉为“侗歌之乡”。虽然侗歌是吸引游客的重要因素，但是村民没有因为游客的出现而改变生活。

天柱县抱塘苗族吴氏先祠，始建于清嘉庆二十一年。抱塘原有古驿道东出湖南，是清代木商贸易往来的中转站，为文化交融提供了便利。祠堂牌楼式大门，穿斗式木结构，硬山顶小青瓦屋面，以“双凤朝阳”“三羊开泰”“五谷丰登”以及十二生肖图等图案和浮雕装饰，兼备汉苗文化。

黔东南榕江县乌公侗寨，寨中数百户村民和谐相处，在田土分配、宅基地使用等方面遵循传统。寨内属于典型的熟人社会，每个人的行为都受到群体压力的约束，同时也保存传统文化的张力。

从江县岜沙苗寨被称为“最后的枪手部落”。岜沙苗寨依山而建，住屋错落有致，反映着村寨内部血缘关系的差序结构。

丹寨县交通偏僻的王村苗族传统的吊脚楼井然有序。当地年长的妇女大多不会讲汉语，依旧穿本民族传统服装，农闲时缝纫刺绣，传统习俗和产业结构没有重大改变。

贵阳市城郊的香纸沟布依族村寨，几乎每个家庭采摘的玉米、谷穗都捆扎后晾在屋檐的檩条上，既保证了粮食干燥、新鲜，也不会占用室内空间。

即便文化学者极力强调传统建筑的文化价值，但是村民首先考虑的是实用性。苗洞村民吊脚楼的木料价格、建造工艺都明显高于砖混结构的房子，更不用说坚固程度和防潮效果。村民急切希望改善现实生活，而传统文化保护则成为一道必解的难题。

黎平县登岑侗寨鼓楼。据说该鼓楼由日本人出资建造，条件是建造的全过程可以让出资方录像。村民没有图纸，取材、下料、拼接、上梁、收工一气呵成，整座鼓楼没有一颗铁钉。日本人后来反复播放录像，也没能建造出一个类似的建筑。侗族村民世代传承的鼓楼建造文化绝非只停留于技术层面，还包括空间思维、审美和对材料的应用等。

苗族村寨中典型的吊脚楼。底层腾空，防潮，通风，避免虫蛇。房子通体为木质结构，全部由榫卯连接。

祭鼓是黔东南苗族最神圣的祭祀仪式。当地的神话认为苗族祖先“蝴蝶妈妈”从枫木心孕育出来，她与“水泡”“游方”，生下十二个蛋，孵出了龙、虎、水牛、蛇、蜈蚣、雷和姜央，姜央是苗族的祖先。苗族村民用枫木做成鼓，认为蝴蝶妈妈就住在鼓心，祭鼓就是祭祀蝴蝶妈妈。

苗族女嫁给彝族男的婚礼场景。苗族和彝族长期共同生活在黔西北，但历史上彝族不与苗族通婚，并且彝族不同等级之间也不通婚。新中国推行民族平等政策，当地苗族的经济发展水平提高，彝苗通婚的禁锢被打破，文化出现深度交流。（余航摄）

台江苗族姊妹节被比喻为东方情人节。老屯、施洞一带苗族传统的姊妹节在每年农历三月十五日至十七日举行。县域内各支系的苗族过姊妹节的时间不尽相同，基本上都在正月至五月间。青年男女在姊妹节对唱情歌，交友恋爱。如今姊妹节的文化基本属性已改变了，人们在当地政府组织下穿着盛况表演。（赵惠摄）

苗族村寨原汁原味的长桌宴。在贵州少数民族村寨，村民家中操办大事，惯常将桌子搬到屋外空地，拼成长桌，既避免在屋内拥挤，又方便亲友交流。现在乡村旅游也摆长桌宴，让游客体验乡村风俗，但设宴的情景、主客关系、客人之间的关系都发生了改变。

雷山县掌坳村苗寨斗牛的场面。斗牛比赛在黔东南苗族和侗族村寨有悠久的历史，大多数村寨都会饲养斗牛，在农闲时开展村寨之间的斗牛比赛。在养牛和斗牛过程中强化村民内部的凝聚力，加深村寨之间的交流。（杨承鸿摄）

每年六月二十四是彝族的火把节，黔西北彝族村民聚集韭菜坪。

榕江县塔石瑶族水族乡坐落于雷公山深处的峡谷之中，境内沟壑纵横、重峦叠嶂，传统文化保存较完整。当地瑶族为了把传统文化用作旅游资源，瑶寨妇女穿着盛装在广场打糍粑。真实的传统文化被建构，游客把建构的文化视为当地传统村落文化。

安顺市紫云苗族布依族自治县的新驰村，世代居住一支大花苗，从清朝末年开始信奉基督教，每周照例做礼拜，读圣经，唱赞美诗，生活平静。近年来开发旅游，苗族文化和基督教文化也被开发。此图中村民的服装已不是十多年前的服装，村民跳的舞蹈也不是村寨本土的。（易华摄）

黄平县谷陇苗族秋收后举行芦笙会。从前的芦笙会是村民自发的，在村头平旷的山坡，自我娱乐，如今由组织机构安排在广场举行，娱乐别人。节日看似还是原来的载体和村民，传统文化的内涵已所剩无几。

侗族村寨的火塘对歌。在过去，村民在鼓楼的火塘取暖消磨漫长的冬季，也在取暖的同时对歌娱乐。现在，侗族大歌成为非物质文化遗产，他者的关注进一步激发侗族村民传承侗族大歌的热情，并且为取悦他者而刻意穿上盛装，由此而推动火塘对歌从纯粹的村寨生活逐步转变为表演性的文化活动。

雷山县达地乡的水族村民在稻谷收割时节捉田鱼和烧烤田鱼。在黔东南苗族、侗族、布依族、水族、瑶族村寨，以及黔东北、黔中、黔南部分少数民族村寨，插秧时在稻田投放鱼苗，鱼苗长大后再在稻田养鸭，“鱼－鸭－稻” 共生的种养殖方式很普遍，形成独特的生态系统和文化传统。

清镇市麦格乡班寨苗族村民家中的烟熏腊肉。村民养猪确保了蔬菜和水稻 种植的原生态，也使杀年猪、熏腊肉和过年节的传统习俗得以延续。

在从江县占里村，当地侗族村民的记忆中，人口一直保持零增长，几乎每对夫妻都生育一儿一女。据说生下一儿或一女后，妇女服用男井水熬制的“换花草”汤药就会生男孩，服用女井水熬制的“换花草”汤药则生女孩。“换花草”配方只有当地年长的妇女知道，而且传授有严格规定。

在贵州少数民族村寨，男性服装本来已经汉化。随着民族文化被重视，即将消失的民族服装得以保存。

贵州的苗族和侗族特别喜爱芦笙，吹芦笙几乎是贵州苗族和侗族男人的基本技能，能在不同的场合娴熟地吹奏不同的芦笙曲。 学习吹奏芦笙的技巧 没有任何功利性，从儿时开始训练，在成长过程中越来越熟练。

布依族小孩并非寻常也穿这身民族服装。节日时穿上民族服装，能烘托节日气氛，彰显文化特色，也强化了对本民族认同，自幼培养对民族文化的热爱，因此也传承了民族文化元素。

贵州侗族女性在大型节日活动中身着盛装，这本身就是当地的民俗。盛装表示对活动的尊重，也在展示女性灵巧的缝纫和刺绣机巧。

苗族妇女的服装被形容为穿在身上的诗史，当地人从女性服装的图案中能读出祖先迁徙的历史，讲述远古神话。此外，服装有盛装和便装之分，有已婚和未婚之别。从服装的款式和色彩还能区别不同的支系。一套服装，从种棉栽麻到纺纱织布，从印染到裁剪，从挑花刺绣到缝纫，整套工序浓缩了丰富的文化内涵。

国家社会科学基金项目西部项目（12XMZ079）“贵州少数民族村寨文化传承研究”成果

“十三五”国家重点出版物出版规划项目

守望乡愁

——贵州少数民族村寨文化传承研究

兰东兴 著

重庆大学出版社

图书在版编目(CIP)数据

守望乡愁 : 贵州少数民族村寨文化传承研究 / 兰东兴著. -- 重庆 : 重庆大学出版社, 2018.7

ISBN 978-7-5689-1166-5

Ⅰ. ①守… Ⅱ. ①兰… Ⅲ. ①少数民族—村落文化—研究—贵州 Ⅳ. ①K927.3

中国版本图书馆 CIP 数据核字(2018)第 135310 号

守望乡愁

——贵州少数民族村寨文化传承研究

SHOUWANG XIANGCHOU:GUIZHOU SHAOSHU MINZU CUNZHAI WENHUA CHUANCHENG YANJIU

兰东兴　著

策划编辑:张慧梓　许　璐

责任编辑:杨　敬　　版式设计:张慧梓

责任校对:谢　芳　　责任印制:张　策

*

重庆大学出版社出版发行

出版人:饶帮华

社址:重庆市沙坪坝区大学城西路 21 号

邮编:401331

电话:(023) 88617190　88617185(中小学)

传真:(023) 88617186　88617166

网址:http://www.cqup.com.cn

邮箱:fxk@cqup.com.cn (营销中心)

全国新华书店经销

重庆共创印务有限公司印刷

*

开本:787mm×1092mm　1/16　印张:38.25　字数:689 千　插页:16 开 8 页

2020 年 6 月第 1 版　　2020 年 6 月第 1 次印刷

ISBN 978-7-5689-1166-5　定价:98.00 元

目录

第一章 贵州少数民族村寨文化的价值及研究意义

传统文化在城镇化和经济快速发展的乡村中大量地消失，因此很多文化保护者和研究人员只能把目光聚焦到边远山区，希望在观察和分析中找到保护和传承的方法。贵州少数民族村寨曾经比较完整地将传统文化世代传承了下来，形成了一套内部机制。而面对当下不断加剧的城镇化、信息化和农业现代化，从村寨环境到村民的生活习惯都在经历一场剧变。

用何种方式发展生产和改善生活？以何种姿态迎接未来？传统将在何处安放？这是人们不得不面对的现实问题，且有必要从理论上深入思考，寻找解决方案。

第一节 贵州少数民族村寨和村寨文化

中国是一个历史悠久的文明古国，其文明发源于渔猎和采集，建立在定居的农业基础之上。村落是农村居民的定居点，传统文化产生于此，汇集于此。贵州少数民族村寨的布局、建筑形制、社会组织等包含着大量的文化信息，村民的社会组织、交往方式、生活习惯等蕴涵着深厚的文化底蕴。村寨并不等同于村寨文化，二者在内涵上也不是简单的包含与被包含关系，不同的村寨在建筑上有可能一样，而相同建筑的村寨在文化内容和文化传承方式上也许并不相同。

一、"村寨"的含义及贵州村寨的特点

在中国的学术界，通常将村民聚落称为"村落"。何谓村落？似乎人们都明

白，却又很难给出一个明确的定义。

（一）"村寨"含义解析

汉代许慎《说文解字》中没有将"村"字列为单独的字条加以解释，只在该书的后面有其异体字"邨"，其解释是："地名，从邑。"北宋《广韵》曰："村，墅也。"南宋初年《增韵》将"村"字解释为"聚落也，字从邑，从屯"，并特别指出"经史无村字"。当代编写的《辞海》对"村"字的解释仍然很简略，只给了两个字的注解："村庄。"《辞源》里的"村落"注解为六个字："乡人聚居之处。"

据学者考证，"村落"一词最早出现在西晋时期史学家陈寿的《三国志·魏志·郑浑传》中："入魏郡界，村落齐整如一。"南北朝时期的陶渊明《归园田居》中也出现"暧暧远人村"的诗句，其散文名篇《桃花源记》亦有"村中闻有此人，咸来闻讯"。后来的很多诗文中，"村落"一词已经频繁使用，如唐代张乔《归旧山》诗云："昔年山下结茅茨，村落重来野径移。"又如清代郑板桥《山中卧雪呈青崖老人》诗亦云："银沙万里无来迹，犬吠一声村落闲。"

考证一个词最早使用的时间，不仅能够说明这个词所代表的事物或现象在此时业已出现，而且可以知道它特指的含义。从发生学来看，通常是先有实物或现象，然后才对实物或现象命名；从词源或词义转化来看，表达之物、词、词义也不是共生关系。从上面所引证的字典、韵书以及诗文可以得出以下结论："村"在地理位置上是相对于"城"而言的，是"墅"，有"野径"；"村"的功能是供人居住的，是"邑"，有"犬吠"；"村"的名称最初只是某个地名，后来才演化为泛称，故而"经史无村字"；"村"的规模应该大于"户"，不是一间屋或者一栋房舍，而是"聚落"，呈现出"齐整划一"；"村"一定是有人居住的，而且有很多人，彼此熟悉，因此"村中闻有此人，咸来闻讯"。"村落"具有复数的性质，应该是有很多的人，是很大的村，或者为连片的多个村。

在我国的北方和中原地区，在地势相对平坦的地方，人们习惯上把村落叫作"村庄"。因地域不同，全国各地对农村聚落还有很多别称，如"囤""塬""庄""垸""圩子"等。在西南地区，村民的房屋建筑呈现出高低错落的布局，当地人普遍叫作"村寨"或"寨子"。

"寨"本义指防卫所用的木栅，其后意义得以延伸，多指四面环围的营垒，与"砦"义相通。后来泛指四周有栅栏或围墙的村子，所以在记载贵州历史的文献中，有许多村民居住的村寨写作"砦"。

"村寨"在西南少数民族地区是农村聚落的一个泛称。从位置而言，村寨多位于山腰和山头；从功能而言，村寨的房屋四周通常有篱笆或栅栏，建有寨门，具有防御的作用；从构造而言，村寨的屋基往往用石头垒砌得很高，甚至整个墙体都是石头，有些还设置掩体。这些特点和贵州少数民族村寨的早期建筑大体一致，虽然后来有些建筑的形制发生变化，居住的地点也扩展到河边或坝子，防御的功能已经消减，但是人们仍习惯于将其称为“村寨”。

严格说来，在贵州少数民族地区，村和寨的含义存在区别。侗语中，村与寨为两个不同的概念，村由寨组成，通常一个村包含着数个寨。人们有聚族而居的传统，寨的概念近于家族，往往以家族的姓氏命名，如杨家寨、龙家寨等。而村的概念则包含几个家族，或以某个大姓命名，或以自然环境命名。一个较大的寨子，在习惯上人们可视若村，村即寨，说明该村有数个家族，或数个以家族为基本单位的社会组织。侗族村寨中的一座鼓楼，既是一个家族活动中心的象征，亦是一个社会组织的标志；如果一村有多座鼓楼，则表明该村有与之数量相等的家族或社会组织。[①] 在苗族或其他少数民族，通常也是将同一家族或同一民族相拥而居的聚落称为“寨”，而把若干个家族或民族连片居住而形成的聚落称为“村”。

“村落”(“村寨”)的含义也和很多词语一样，因使用场合不同而有不同意义，地理学、政治学、人类学和社会学的解释不完全一样。地理学侧重其空间形态，通常指农村由众多居住房屋构成的集合或人口集中分布的区域，和“聚落”一词表示同一概念，它突出强调住屋及居住者的位置和空间。而政治学就要区分自然村落(自然村)和村庄区域(行政村)，它的核心内容集中于居住者的管理手段和行政归属。人类学和社会学更关心的是聚落的规模、居住密度、人口多寡以及人们之间的社会关系等。

正因为在使用“村落”(“村寨”)这个概念的时候，人们的身份不同、环境不同、表达的目的不同，因此这个词的含义也就不完全相同。关于“村落”的定义，目前仍有多种不同的界定，不同的学者通常只是从研究的范畴出发，对“村落”(村寨)的性质、特点加以揭示。

费孝通在《乡土中国·乡土本色》中从社会学视角对村落的内涵有一些粗略的提炼，他指出，从农村生活的自足性和人际交往关系上来看，村落是人们彼此最相熟悉而不感陌生的社会。很显然，他侧重于社会关系和生活方式。美国汉学家费正清的解释则要详细一些，他认为“村子通常由一群家庭和家族单位

① 潘年英：《民族·民俗·民间》，贵阳：贵州民族出版社，1994年，第309页。

（各个世系）组成，他们世代相传，永久居住在那里，靠耕种某些祖传土地为生。每个农家既是社会单位，又是经济单位。其成员靠耕种家庭所拥有的土地生活，并根据其家庭成员的资格取得社会地位”①。在这一段表述中，费正清指出了村落是农耕的产物，它应该是有历史的，其社会结构是以家庭或家族为单位，每一个成员在村落中有自己的地位，它是经济单位、社会单位和地缘单位的综合体。李银河也是从社会学角度审视村落的，因此她的观点与费孝通、费正清很接近，认为“村落是世代生活居住繁衍在一个边缘清楚的固定地点的人群，其典型形态是自然村”②。

1992 年 6 月，在湖北省谷城县召开了一次村落文化研讨会，这是中华人民共和国成立以来第一次专题研究村落文化的学术会议。会议学者对“村落”作了多种阐释，最后归纳为：“由定居在一定地域内的一群家庭组成的村庄，是一个特定的社会群体，它不同于行政村组，属于国家政权管理的区域划分。”③显然，这严格说来不是定义，没有指出“村落”的本质属性，只是从政治学的角度作了简单概括。虽然有的学者阐述得更加充分，指出“村落是农民基本的生活空间，是乡土中国最基本的组织形式，也是一个区域共同体。这一共同地域不仅是农民繁衍发展的生存空间，而且是确保农民内部经济联系的地理条件，还是其语言文化、价值观念、风俗习惯、社会心理等共同意识形成和发展的人文环境”。④ 但它仍不属于定义的方式，还只是对特点的归纳。

李善峰综合了 20 世纪中国村落文化研究的多项成果后，给村落下了一个定义：“村落，通常指农村的社区、聚落或者地方，是相对于城市社区的特定生活空间。它是中国农村广阔地域上和历史渐变中的一种实际存在的最稳定的时空坐落，作为紧密联系的小群体，它也是在内部互动中构成的一个个有活力的传承文化和发挥功能的社会有机体。”⑤这个定义揭示了村落形成的历史，界定了村落的空间，触及了村落的内部结构。

湖南大学中国村落文化研究中心主任胡彬彬给“村落”的定义就简单得多：“村落是由古代先民在农耕文明进程中，在群体部落的基础模式上，进而因‘聚

① 费正清：《美国与中国》，北京：世界知识出版社，1999 年，第 25 页。

② 李银河：《生育与村落文化》，呼和浩特：内蒙古大学出版社，2009 年，第 65 页。

③ 沈学辉：《学术动态湖北省村落文化研讨会简述》，《理论月刊》，1992 年第 11 期。

④ 任映红：《论村落文化与当前农村的政治发展》，《江汉论坛》，2005 年第 5 期。

⑤ 李善峰：《20 世纪的中国村落研究——一个以著作为线索的讨论》，《民俗研究》，2004 年第 3 期。

族而居'的生产生活需求而建造的、具有相当规模、相对稳定的基本社会单元。"[①]但是，他这样的概括对贵州的村寨未必完全适用。在贵州，村寨特指以血缘或地缘为基础的自然村落，贵州少数民族村寨和汉族村寨的起源、形成过程和功能都有各自的特点。

如果说现在的贵州少数民族村寨是"相对于城市社区的特定生活空间"，应该是对的，而在历史上就未必如此。贵州在明代以前，严格说来只有八番顺元府所在地（今贵阳市）勉强可以称作城市，而且是一座土城墙的小城。所以，在元代以前，整个贵州只有村寨而没有真正意义上的城镇，即便汉唐时期在贵州设立过很多郡或县，至今也没有足够的考古材料或文献资料展现出城市风貌。[②]明清时期卫所和府州县所在地发展为城镇，出现商业贸易活动和地理空间的功能划分，城中以外的聚落称为"村寨"，但是这些聚落在城镇兴起之前早已存在。

"聚族而居"的村落在全国都很普遍，贵州亦不例外。直到今天，贵州很多传统村寨的人们依附于村寨，家庭是宗族的基本单位，宗族是村寨的基本单位，村寨是村民活动的基本单位（图 1-1）。在村寨中，宗族和村寨给每个家庭以保护，每个家庭对宗族和村寨负责任、尽义务。姓氏联盟形成宗族，大姓通常独立

图 1-1　从江岜扒村侗寨，村民聚族而居，鼓楼是家族的中心，一个鼓楼代表一个家族。

---

① 胡彬彬：《小村落大文化》，光明网。

② 近年来播州考古成果丰硕，发现了规模宏大的建筑群，然而它的功能主要是军事堡垒，不具备城市的根本属性。

形成宗族或分成多个房族。如黎平县肇兴几乎全部是侗族陆姓,分成了五个房族,各房族建立自己的鼓楼。花溪区湖潮乡新民村的布依族王姓聚族而居,分布在三个自然村。小姓独立形成自己的宗族,或几姓结成一个宗族。但是,宗族并非都是同一祖宗的后代,有些是祖宗结盟姓氏之后而形成的群体,如荔波的青裤瑶,很多村寨就是由多个姓氏组成的所谓宗族联盟。

还有很多村寨未必就是在古代农耕文明过程中形成的,也不一定是"聚族而居"。其中很多村寨是因为战争、移民、逃荒而形成的多宗族杂居。位于锦屏县城西北约 15 千米的九寨地区,黄门和魁胆等村寨就属于前者,平秋、石引、彦洞则属于后者。汉族村寨虽不乏起源于农业的和聚族而居的,但更多的是多个姓氏组成的复合村寨,从一开始就不是完全的农业经济形态。例如,安顺市西秀区、平坝区就有很多由军事屯堡形成的村寨;赤水河、乌江、沅江上游各支流由码头商业形成的村寨都不是按照血缘关系"聚族而居",也不是建立在"群体部落的基础模式"上。

(二)贵州少数民族村寨特点概述

村寨形成于定居农业出现之后,早期村寨的地理空间位于农业区,村寨中的人主要从事农耕。中国地域辽阔,农业生产方式和产业结构多样,生产力发展水平不尽相同,因此村寨的位置选择、规模、建筑样式、村民构成等都会存在差异。

第一个特点:贵州少数民族村寨最突出和最直观的特点就是数量多、类型多、分布广。据不完全统计,全省有 18 091 个行政村、19.8 万个村民组、17 万多个自然村,[①]具有 600 多年历史的传统村寨有 1 800 余个。从 2015 年 9 月 23 日召开的第十二届贵州省人大第十七次会议中可知,全省少数民族村寨有 1.2 万多个,其中少数民族人口不低于 30%,且总户数不少于 50 户的村寨有 5 000 多个。黔东南布依族苗族侗族自治州少数民族人口占 81.9%,全州 50 户以上自然寨有3 452个,其中 100 户以上自然寨多达 1 288 个。[②] 另据《贵州日报》2007 年 6 月 15 日报道,黔东南苗族侗族自治州现有苗族、侗族村寨 2 600 多个,其中苗族村寨 1 500 多个、侗族村寨 1 100 多个。[③]

---

① 杜金林:《贵州省世居少数民族传统民居面临的危机及保护对策》,《理论与当代》,2008 年第 3 期。

② 杨正权:《浅谈民族村寨文化遗产保护》,《贵州民族宗教》,2008 年第 2 期。

③ 杨玺:《论黔东南苗族村寨与自然之和谐》,《理论与当代》,2008 年第 12 期。

2012年初，住房城乡建设部、文化部、国家文物局、财政部开展传统村落调查，于当年年底公布了第一批“中国传统村落名录”，随后又公布了第二批和第三批。全国第一批列入名录的村落共有646个，贵州省入选90个，居首位；云南62个，居第二位；福建和山西分别入选48个，居并列第三位。2013年8月公示第二批“名录”，全国共915个村落列入其中，云南省位居第一，有232个；贵州省居第二位，有202个；位居第三的是江西省，有56个。这一次公布的名单中，福建和山西两省分别为25个和22个。从两批“名录”的总数量来看，贵州居第二位，有292个，比云南少2个。第三批名录994个，云南最多，有208个，贵州居第二位，有134个。虽然云南的传统村落总数比贵州多，但是进一步比较就会发现，云南辖区面积39.4万平方千米，而贵州辖区面积只有17.6万平方千米，不足云南的一半。另外，云南传统村落最多的腾冲市共有57个，三次列入名录的分别为3个、38个和16个；贵州黎平县列入名录的有90个，三次分别为42个、43个和5个；贵州雷山县列入名录的也有57个，三次分别为4个、46个和7个。

贵州少数民族在不同的自然环境中建立起风格各异的村寨，民居建筑呈现出鲜明特色，生产生活方式和风俗习惯具有独特的个性，学术界将其划分为谷地聚落、半坡聚落、溪边聚落、丘原聚落、洞穴聚落、屯堡聚落等不同的文化类型。谷地聚落形成散珠状小聚居的形态和独特的垦殖文化景观，半坡聚落形成依山而建、聚族而居的典型吊脚楼民居建筑文化特征，溪边聚落沿河形成串珠状聚族而居的形态，丘原聚落在比较开放的地域环境中形成多民族杂居的密集村寨，洞穴聚落因洞穴环境的特殊性形成依洞而居的小聚居状态，屯堡聚落将石文化、江南文化、军事文化有机地结合起来。[①] 因此在村寨的形制上，黔东南出现大量木质结构的吊脚楼村寨，黔中安顺一带形成奇特的石墙石瓦村寨，黔东北土家族创造出土墙木梁黛瓦的院落型村寨，黔西北彝族建造非常简易的土掌房，而在麻山地区的紫云县至今还存在着穴居村寨（图1-2）。

第二个特点：少数民族村寨的自我特色在社会变革中逐渐消失。随着人们改造自然的能力加强以及各民族文化的交流加深，村寨外观形制的民族特征越来越淡化，地域特征也越来越弱，不同民族的村民在生活习俗和内部组织上也开始互相借鉴，模式化、类型化趋势越来越明显。仅从已公布的三批“中国传统村落名录”便可看出，贵州的传统村寨分布并不均衡（表1-1）。

---

① 赵星：《贵州喀斯特聚落文化类型及其特征研究》，《中国岩溶》，2010年第4期。

图 1-2　紫云县中营镇有一个苗族支系长期生活在硕大的洞穴之中，有人因此称之为“最后的穴居部落”。（易华摄）

表 1-1　贵州在三批“中国传统村落名录”上的传统村落数

地　区	批　次			
	第一批名录	第二批名录	第三批名录	数　量
贵阳市	3	0	0	3
遵义市	3	3	7	13
安顺市	4	3	27	34
六盘水市	0	0	5	5
毕节市	0	1	0	1
铜仁市	12	29	33	74
黔西南布依族苗族自治州	1	0	3	4
黔南布依族苗族自治州	7	1	8	16
黔东南苗族侗族自治州	60	165	51	276
合　计	90	202	134	426

列入全国三批传统古村落名单中数量最多的黔东南苗族侗族自治州也分布极不均衡，黎平县 3 次共计 90 个，高居全国县级单位榜首，雷山县共有 57 个，台江县 36 个，从江县 32 个，剑河县 28 个，榕江县 9 个。丹寨县和黄平县分别有 6 个，锦屏县和麻江县分别只有 3 个，岑巩、镇远、三穗、施秉、天柱和凯里市分别只有 1 个。再例如铜仁市，第一次共 12 个，居然有 10 个都在石阡县；第二次的 29 个中也有 6 个在石阡县，仍占其总数的 51.6%。这种分布的极不均衡，并非

在数百年前就如此,而是民族交融、生产力发展、环境改变、政治力量介入等多重因素共同影响的结果。

摩尔根在《古代社会》一书中说:“村寨聚落本身与家族形态和家庭生活方式有关,它为人类由蒙昧社会进化至文明社会的过程提供了一幅相当全面的写照。”这句话应该是针对生产力尚不发达、生产关系尚还简单的村寨而言的,在今天许多已经进入现代化生活的村落不可能看到一幅“人类由蒙昧社会进化至文明社会的过程”的图景。贵州因为交通闭塞、土地贫瘠,长期处在主流社会的边缘,社会发展进程缓慢,故而保留了诸多人类社会前期的文化痕迹,存留着一些中原和江南都已消失或黯淡了的特点。贵州今天保存的传统村寨数量多、类型多,虽不能由此说明历史上其他地方的村寨就一定比贵州少、文化差异性就不如贵州,但它可以反映贵州在历史发展进程中受到的文化干扰因素更少一些,还能从贵州的村寨中寻找到“家族形态和家庭生活方式”的痕迹,还能看到“人类由蒙昧社会进化至文明社会的过程”中的一些影子。贵州的传统村寨分布也很不均衡,这种不均衡分布只是一个结果,可以从这个结果中反观社会生活的变迁和文化发展的脉络。

第三个特点:贵州少数民族传统村寨至今仍带有浓厚的血缘色彩,村寨多是家族聚落,村寨成员通常由几个姓氏组成。人类建立村寨之时尚处于氏族社会阶段,当初的村寨按照血缘构筑社会关系。“它是特殊的亲属系统的区域位置集结,是笼罩在共同文化氛围中的制度化世代亲缘关系的表现”[①]。镇远县报京村被称为北侗地区最大的侗寨,全村只有龙、刘、周、田、邰、李等姓氏。黄平县重安镇枫香寨共19个村民小组,750余户,只有汉族24户和苗族6户,其余的720多户均为僅家,约占总人口的96%,而且均为廖姓。原属平坝区马场镇(今划归贵安新区)的场边村全体村民只有苗族和布依族,苗族全部为张姓,布依族全部为韩姓。红枫湖边的小平寨布依族村寨聚居着陈姓家族,而从清镇市到黔西县的多个村寨都是王姓歪梳苗形成的聚落。黔西北很多彝族村寨都是安姓、禄姓、余姓、黄姓、罗姓等家族式的生活区,黔东北很多土家族村寨或是冉姓、田姓、彭姓、向姓等单一村寨,或是以某个姓氏为主体的村寨,而黔南水族地区绝大多数乡村则是罗、莫、潘、韦、石等姓以宗族血缘为纽带的基层社会组织。黎平县茅贡乡北部的地扪村均为侗族,距今已有700多年历史,全村90%是吴姓,共有5个大房族,大房族内不准通婚,每个大房族集中居住,每个房族居住

① 伍家平:《论民族聚落地理特征形成的文化影响与文化聚落类型》,《地理研究》,1992年第3期。

的地方都有一个寨名，分别为寨母、芒寨、围寨、模寨和寅寨。台江县反排村辖10个村民小组，全部是苗族，只有张、杨、唐、万4个姓氏。位于凤城镇东部的雷寨村是天柱县人口最多的村寨，该村寨有1 100多户，5 000多人，90%以上是侗族，欧阳、周、杨3个姓的人口居多。欧阳姓1 800多人，周姓1 000多人，杨姓400多人。县城西门外的岩寨村1 800多人，主要是杨、龙两姓。黎平县堂安侗寨共200余户，以嬴、陆两姓为主，还有潘、蓝、吴、杨、石姓氏，形成较为明显的5个组团，每个组团之间有一定的绿化分隔。

第四个特点：贵州少数民族地区邻近的村寨之间往往有血缘或姻亲关系。据家谱和口传，天柱县雷寨的杨姓是明朝初年从湖南靖州迁来的，数代之后，又有一部分继续迁徙到天柱县白市江东岸的半山、寺坪洲、汶溪中寨、新舟、邦洞坑头、联山等地。湖南通道县、贵州天柱县一带的周姓，他们多自称原籍江西瑞州府高安县下塘，其始祖为周受化，因此周受化的子孙们建立的村寨尽可能地保持着联系。在湘黔毗邻的天柱、三穗、新晃、芷江等地，杨姓众多。杨氏族谱记载，明朝万历年间杨天运将杨姓人口按保甲划分为十甲，连片居住，分别管理。现在天柱县还有四甲、八甲两个自然村，共800多户，绝大多数仍是杨姓。杨姓一方面严禁族内通婚，另一方面同姓相扶，声息相通。毗邻村寨形成姻亲关系，大致有3种情形：一是在建立村寨伊始就存在姻亲关系，于是共同商定在此建立村寨；二是后来者通过联姻才能在别人已经建立的村寨附近立足；三是共同抵御外部侵扰，或共同开凿水利工程、修筑道路、架设桥梁等从而建立了友谊，进而形成姻亲。

因为村寨内部往往有血缘关系、村寨之间往往有姻亲关系，所以就像滚雪球一样，村寨由小到大，越变越大。在贵州，到处都能看到聚集数百户的大村寨，甚至有上千户的特大村寨，有一些大村寨绵延不绝。人口众多的大村寨保留着氏族社会的内部关系，与此相一致的是，村寨的形制也变化缓慢。在内部关系较原始、外部形制变化缓慢的村寨，其文化很稳定，传承很传统，今天研究这样的村寨文化传承在操作上就具有可能性。

第五个特点：贵州少数民族村寨在对自然环境的选择上是“大杂居，小聚居”。每一个民族的村寨都广泛分布在很多地方，体现出民族文化特征在不同地方具有差异性特点；而在局部地区又总是以某一个民族的村寨为主，具有明显的区域性特征。彝族村寨集中于黔西北、黔西南以及六盘水地区，土家族村寨集中于铜仁市和遵义市，布依族村寨主要分布在贵州南部和中部，水族村寨基本上在龙江沿岸，侗族村寨绝大多数在黔东南，白族村寨零星散落在黔西北，毛南族村寨基本上没有超出黔南之外，瑶族村寨按照支系分布在黔南或黔东南，回族村寨集中在贵州西部，满族、蒙古族、羌族等以血缘为单位在其他民族聚居区建立村寨。而生活在同一地方的各民族，对生活区的地貌选择又有各自的习惯。“高山彝、苗，水、仲（布依族）河谷，仡佬住在石旮旯”“苗家住山头，客家住街头”，这都是人们对各民族选择村寨环境的高度概括。虽然这种地理环境的选择不是绝对的，但是大致情形确实如此。苗族、瑶族、彝族等多把村寨建在地势高旷的地方，水族、布依族、侗族、毛南族等村寨通常依山傍水，土家族更喜欢把村寨位置选择在山腰，而汉族大多数村寨临近道路或城镇。有人从经营方式中寻找答案，认为布依族、侗族、水族和毛南族等百越族系是稻作民族，他们的村寨与灌溉文化更紧密；而土家族世代生活于湘鄂渝黔毗邻地区的丘陵，其村寨具有旱地农业特征；彝族早期是“逐水草而居”的畜牧业民族，故而村寨会选择水边。还有人从民族历史的视角加以解释，认为苗族是从中原和两湖地区被迫一步步迁徙到西南的，尽管苗族曾经有稻作文化，且经营稻作农业已有相当长的历史了，但他们往往把村寨建立在地势较高的地方，便于防卫；而仡佬族的先民在贵州本来生活于土地肥沃之地，由于战争才无奈地退居到山旮旯；布依族、侗族、水族和毛南族等百越族系顺着河流在贵州扩展其生活区，生活方式没有受到剧烈冲击。

二、“村落文化”的定义及贵州村寨文化的特点

每一个传统村落都有一部历史，它不仅是一个村民聚集点或生活单元，而且文化在这里整合，也从这里发散。村落中有建筑，有定居的人，形成、反映和传承村落文化。

（一）“村落文化”定义综述

村落与村落文化的内涵虽不尽相同，但二者关联紧密。“文化”是个舶来词，源自拉丁文“cultura”。由此可知，这个词的原始词意具有耕种、居住、敬神等多重意义，村落和文化都是农耕文明的产物。村落是基础，文化是内涵。[①]

因为对“村落”有多种定义，对“文化”的定义存在很大的分歧，所以关于“村落文化”的理解也各有侧重、表述不一。

---

① 胡彬彬：《小村落大文化》，光明网。

首先,对文化的外延没有达成共识,导致对"村落文化"下定义时边界不清。有人认为,村落文化特指精神文化,"是一种植于本地本族生,依本地本族存的民间文化,它是村民心理的折射、习俗的汇集、愿望的表达和智慧的凝结"[①]。也有人认为,村落文化是精神文化、行为方式和物质形态的总和,"是乡村居民(简称乡民)在乡村环境中长期生产与生活,逐步形成并发展起来的一套心理、思想、观念和行为模式,以及表达这些心理、思想、观念和行为方式所制作出来的种种成品。它内敛为乡民的情感心理、思想观念、生活情趣、处世态度、人生追求、行为习惯,外显为民风民俗、典章制度和生活器物,是乡民生活世界的重要组成部分,也是乡民安身立命的价值和意义所在"[②]。显然,这两种观点对"文化"的概念存在分歧。而另一种观点看似认识到了"文化"有广义和狭义之分,认为"广义的村落文化是指一定的村落共同体在社会实践中创造的物质文明和精神文明的总和。狭义的村落文化是指一定的村落共同体的精神生产和精神生活的总和"[③]。严格说来,这都不是对"村寨文化"的定义,因为它既没有揭示出"文化"的内涵,也没有表达出文化在村落中的本质特征。

其次,在对"村落文化"加以考察时,各自的角度不同,因此认识有差异。有些以村民为观察点,认为"村落文化是指以自然村落的血缘关系和家庭关系为繁衍基因而产生的能够反映村落群体人文意识的一种社会文化"[④]。这种表述揭示出了"村落文化"的特质,却没有指出其内容,也没有界定其外延,很不完整。另一个定义以"他者"为观察视角,认为村落文化是以血缘与家庭为纽带形成一种反映群众人文意识,反映地区性民俗习惯的农村社会文化。"它是人类由游牧狩猎生活走向定居的农耕、游牧生活所产生的一种文化形态。同时由于地理、经济、历史等自然环境的差异和人们道德观念、价值观念、宗教信仰、风俗习惯的差别,从而形成各具特色的村落文化"[⑤]。这是1992年的观点,直到世纪之交仍具有代表性,金耀基在《从传统到现代》中依然是这样表述的:"一般而言,村落文化概指农业人口在特定的地域长期生活和劳动过程中形成的集体意

① 卢荣轩,童辉波:《试论村落文化的基本特征及历史性变革》,《社会主义研究》,1993年第1期。

② 张中文:《我国乡村文化传统的形成、解构与现代复兴问题》,《理论导刊》,2010年第1期。

③ 卢荣轩,童辉波:《试论村落文化的基本特征及历史性变革》,《社会主义研究》,1993年第1期。

④ 《村落文化变革中的基本特征》,江苏农业网,2012年11月9日。

⑤ 杨铜铜:《村落文化的变迁》,《商业文化》2012年第5期。

识，是信仰禁忌、价值取向、生活方式、风俗习惯等文化现象之总和。”①任映红的看法也与之基本相近，认为村落文化“是由村落家族文化、村落政治文化、村落宗教文化、村落礼俗文化、村落伦理文化等因素共同组成的多因素的集合体，是一种传统性与现代性交织、先进性和落后性杂糅的文化形态，它的各组成因素对农村的政治发展都有着深刻的影响”②。但是，她的这一段表述显然是将对村落文化的界定又返回到了狭义的范围。

再次，还有学者采用对比的方式，在相互对照中寻找特征。一是将村落和都市作对照。李银河认为，“所谓村落文化是相对于都市文化而言的，它指的是以信息共有为其主要特征的一小群人所拥有的文化（包括伦理观念和行为规范）。这个小群体既可以是一个二三百人的自然村，也可以是规模更大的自然村（母群体）里的一个小群体（子群体）”③。她认为，信息共享是村落文化的主要特征，也是村落文化的先决条件。但是，这段表述不能视为对“村落文化”的定义，而只是从信息传播的视角对村落文化特征的提炼。二是将村寨文化与官方文化作对比。有人指出，“村寨文化是村寨成员在长期的共同生活中逐渐形成并集体认同和遵循的共同行为模式、共同价值取向和共同心理机制，是一种具有相对独立性和系统性的草根文化”④。三是从村民、村落空间等角度观察，将村落与村落文化加以比较。这种看法认为，村落文化是指以村落为载体的农民生活文化，“这种文化以村落为‘单元’，即同一村落有相同的文化特质，相邻的村落有相近的文化特质。村落文化不可能脱离特定的村落而独立存在……这种文化与农民的日常生活和生产紧密相关，处于初级形态，具有很强的实用性和浓郁的生活气息。它是农民群众自己的文化，是他们宣泄情绪、美化生活的重要形式，它属于农民，表现农民，为农民自己所享用。村落文化的某些部分有时也可能‘出洋’‘进城’，但它主要是农民‘自产自销’，融合于他们的日常生活及生产活动之中。村落文化的内容十分丰富，主要包括风俗习惯、规矩礼教、庆典仪式、节日社火、文娱活动及生活和生产方式等。村落文化归属于意识形态范畴”⑤。这种描述看似很全面、准确，但是仍存在一些不足。其一，它没有注

① 金耀基：《从传统到现代》，北京：中国人民大学出版社，1999 年，第 24 页。

② 任映红：《论村落文化与当前农村的政治发展》，《江汉论坛》，2005 年第 5 期。

③ 李银河：《生育与村落文化》，呼和浩特：内蒙古大学出版社，2009 年，第 58 页。

④ 肖青，李宇峰：《民族村寨文化的理论架构》，《云南师范大学学报》（哲学社会科学版），2008 年第 1 期。

⑤ 陈世娟：《论村落文化的基本特征》，《湖北师范学院学报》（哲学社会科学版），1993 年第 2 期。

意到物质文化层面,即没有充分考虑村寨与村寨文化的关系。村寨作为物质文化,是村落文化的重要组成部分,它与城镇文化在风格上显然不同。其二,它只注意到静态的文化。村落文化是特定空间中的人创造的、传承的文化,是活态的文化。

通过对"村落文化"做以上梳理,一个重要的启示就是:我们在认识村落文化的时候,弄清文化的外延和内涵固然很重要,但更重要的是要把村寨文化置于历史的纵深,置于村落空间,置于以村民作为主体的文化视野,置于文化平等和生活多样性的思维范式之中。村落不仅包含着丰富的文化,在村落中承载着不同于城镇的文化,村落生活是文化创造的源泉和生长的土壤,而且村落本身就是一种文化。首先,村落兼有物质文化与非物质文化双重特性,在村落中,这两类文化互相融合、互相依存,构成一个独特的整体。其次,村落的主体是村民,村民从出生之初就无可选择地被先辈创造的文化所濡化,在与外界必不可少的交流中会受到其他文化的影响,所以村落不是凝固的、平面的,而是活态的和立体的。村落不同于自然遗产,[①]它是人类的创造物,既有文化遗产的部分,也有创造和发展的内容。最后,村落不同于城镇,有自己的生存环境,有自己的文化源头,有自己的文化创造者和传播者。

因此,在提炼村落文化时不能忽略它的源头、土壤、载体和表现形式。所谓村落(村寨)文化,它是以血缘为基础,以农业生产为依托,以自然村落(村寨)为基本生活单元,以日常生活为传播载体的民间活态文化。村落文化与城镇文化不存在优劣之分和高下之别,都是活态文化,其差异性表现在内涵、传播主体的身份、传播环境上。因此,我们认识村落文化的时候,应该抓住村落文化的两个特质:其一,其文化内容源自村落,反映村落、表现村落。其二,其文化植根于村落,传承在村落。村落是其文化的传播空间,村民是文化的主要传播者和享有者。村落文化是区域文化,是村落群体在适应周围环境以及与自然和历史的互动中创造出来的,或者经过村民吸收并为村民所认同和传承的文化,其本质上是一种"地方性知识"。它曾经在历史上得到村民认同并在村落的历史进程中发挥过作用,它或者是在今天仍具有生命力的物质文化,如建筑、服饰、生产生活用具等;或者是村民之间的生活习惯和共同遵循的价值观;或者是非物质文化,如信仰、禁忌、节日、神话、传说、歌舞、技艺等。它包括村落中具体的物质,也包括抽象的观念、情感和价值观,还包括村民的行为举止和规约。

---

① 冯骥才:《传统村落的困境与出路——兼谈传统村落类文化遗产》,《人民日报》,2012年12月7日。

同时需要说明的是，虽然村落有自己的文化个性，但并不意味着每一个村落都培育出富有个性的文化；虽然某种富有个性的文化是这个村落的最大特点，但这个富有个性的文化不一定就诞生在这个村落。不可能任何村落文化都是"独有性的"和"单项性的"，它可能是跨村落的、共享性的，其表现形式往往都是以某一特征鲜明的文化形式为主体，统摄某一村落的文化特质，因而更具地方性文化特色。因此，我们在谈论和研究村落文化时，应该基于整体思维，应该考虑到具体的、鲜明的文化表现形式与整个村落社会的关系。本书在论述贵州的村寨文化时，也不只是以某一个具体的村寨作为分析单位，而是把具体的村寨放在贵州的历史文化和现实背景之中。

村落文化的特点不可能只概括为一个，某个特点也不可能只属于这一个村落。当我们把许多村落作为一个整体来考察时，势必会从不同的角度和不同的层面总结出多个文化特征。但是，不管哪一个特征，它一定要在村落的村民中具有普遍的认同感，表现为集体意识或公共情感；它应该对村民的生产或生活有深远的影响力，而不是微不足道的或短期的；它应该具有突出的、典型的、独特而鲜明的地域特色，虽然在别的村落也可能具有这一特色，但是它不属于所有的村落。村落文化与村民的生活是一种伴生关系，它沉淀有传统文化，又处于变迁之中。

（二）贵州少数民族村寨文化特点阐释

关于村落文化的特点，有人把它归纳为自发性、分散性、差异性、封闭性等特征，[①]有人总结为空间的封闭性、以耕地为依托、以宗姓为纽带、以儒教伦理为意识形态，[②]还有人罗列出"乡土性"和"导向性与整合性"。乡土性表现为互助性、宗族性和封闭性，村民的社会行为不是基于契约关系，相反，人际交往基于情感，没有商业社会的极度功利，社会结构呈现为"差序格局"，社会关系是根据私人关系建立起来的网络，社会道德只在私人联系中发生意义，倾向于礼治而非法治。[③]

由于村落和村民的生活多样，因此村落文化的特点总是丰富多彩的。贵州

---

① 沈学辉：《学术动态湖北省村落文化研讨会简述》，《理论月刊》，1992年第11期。

② 谢迪斌：《论新中国成立初期中共对乡村村落的改造与重建》，《中共党史研究》，2012年第8期。

③ 刘瑞娟：《试论村落文化在乡风文明建设中的作用》，《山西农业大学学报》（社会科学版），2008年第1期。

少数民族村寨文化的特点，是与北方草原部落、中原和江南汉族村落、沿海村落的文化相对而言的。从文化传播的角度看，贵州少数民族村寨文化主要表现出以下特点。

第一，贵州少数民族村寨文化主要是在村寨中传承的内敛型文化。

所谓"内敛型"，就是村寨文化的传播范围基本上在村寨内，很少受到外部影响，也不向外部扩散。村落起源于从事农耕的人们形成的定居聚落，与从事工商业的城镇相对应，与从事游牧或从事海洋贸易的流动居所不一样。定居的农耕生产方式决定了村落文化是人类由游牧狩猎生活走向定居的农耕生活所产生的一种文化形态。[①] 因此，它和城镇的商业文化和工业文化相对应，和游牧文化、狩猎文化、海洋文化不一样，具有封闭性和稳定性。城镇是开放的，牧民、猎人和海上贸易的人们都是流动的。据德国学者考茨基在《基督教之基础》一书的观点，农耕和手工业都是绝对守旧职业，它们之中很少有进步，甚至连进步的意味都没有，缺乏竞争的鞭策，常常安于早先形成的情景之中和事情常态的进程，难以摆脱土地限制的村寨文化就具有惰性和保守倾向。贵州的自然环境在历史上严重阻碍经济发展和信息交流，人口稀少，农业不发达，商业活动非常有限，因此缺少信息快速聚集和扩散的基本条件。清代初年陆祚藩在《康熙(后)贵州通志》序言中发出沉痛的感叹："峻岭崇山，草木黄萎，舟楫罕达，荆榛塞途，鱼盐之利弗兴，商贾之足不至，故生殖难也。"因此，贵州的传统文化在总体上是以农耕为基础的，是封闭型的。

手工业和商业的发达有赖于城镇兴起，必须有众多的人口，从而形成对商品需求的市场。商业依赖于城市的发展，而城市的发展也要以商业为条件。城市一般不从事农业生产，其粮食等消费品依靠周围乡村供给。只有当该地区农业生产发展到一定水平，有充足的粮食供给城市消费，该地区才有可能建立起城市。有众多的人口才会有对商品的需求，有商品的需求才会刺激手工业生产和商品交换。城镇聚集着人口，城镇是商品的集散地。贵州地无三尺平，注定其形成城镇非常艰难，其古代的城镇几乎都在交通要道或江河沿岸。贵州贫瘠的土地不能负荷众多的人口，直到明朝屯田移民之后才出现集镇。贵州少数民族村寨散落在高山深谷，没有繁荣的商业经营驱动彼此间的交流，没有城镇汇集信息和吸引村民，没有人口压力导致村民走出村寨，他们的文化在村寨中生长、传承，表现出非同寻常的稳定性。在贫瘠的土地上，建立村寨非常艰难，其

① 沈学辉:《学术动态湖北省村落文化研讨会简述》,《理论月刊》,1992 年第 11 期。

土地和住屋都有赖于几代人乃至几十代人长期的积累,村民不愿意搬迁,也不希望其他人进入自己的生活区。

第二,贵州少数民族村寨文化是代际传承的文化。

中国平原地区的村落虽有着自给自足的传统,但因为相互来往方便,更由于战争、徭役等原因,村落之间的人际交流和文化交流还比较充分。而且相邻的村落处于同样的政治环境中,接受一样的政令,在大一统时代,文化共性就必然多于村寨的文化个性。贵州少数民族村寨在历史上漫长的时期"未归王化",村寨就是一个"自治系统",村民自我约束,文化在村寨内部空间传播。这与其说是文化传播的空间特点,不如说是文化传播受制于空间。他们的文化很少空间扩散,通常只表现为时间性,只存在着代际流动。尽管有些民族支系在历史上发生一次次迁徙,有些聚落出现过搬迁,但是人们生活的地理空间移动几乎没有冲击到文化空间,共同体的人际关系和社会结构总体上没有变化。

有人指出:"村落文化是以血缘与家庭为纽带形成的一种反映群众人文意识,反映地区性民俗习惯的农村社会文化。"①明朝以前的贵州少数民族村寨大致如此,外部力量的影响极其微弱。明朝至民国年间仍然处在政治力量的边缘,建立在血缘基础之上的村寨继续着前辈人的生活,接受着前辈人的生活技能和文化观念。环境是熟悉的,社会关系一如既往,所有人在交往上存在亲缘关系,在称呼上体现着辈分关系。

费孝通曾用"熟人社会"概括村落社会的基本特性,并指出乡土社会的生活是地方性的。地方性就是指他们活动范围有地域上的限制,人际活动和文化交流在区域内进行;区域间的接触较少,生活隔离,各自保持着独立的社会圈子。"乡土社会在地方性的限制下成了'生于斯、死于斯'的社会。常态的生活是终老是乡……这是一个'熟悉'的社会,没有陌生人的社会。"②在这种熟人社会当中,社会结构的基本格局是"差序格局"。村民之间的关系,以及村寨社会的等级序列在每一个人出生之前就已经确定。有人说村落文化是中国乡村社会几千年来"不断试错"的结果,是人类理性构建而形成的,村落文化对农民个体起着塑造人格、实现社会化的作用,对农村群体起着社会整合和社会导向的作用。③ 可是,在贵州少数民族村寨,他们的文化似乎就没有"不断试错",村民对

---

① 杨铜铜:《村落文化的变迁》,《商业文化》,2012 年第 5 期。

② 费孝通:《乡土中国 生育制度》,北京:北京大学出版社,1998 年,第 9 页。

③ 刘瑞娟:《试论村落文化在乡风文明建设中的作用》,《山西农业大学学报》(社会科学版),2008 年第 1 期。

祖先的那种尊重、对先辈传下来的信仰的那份虔诚、对世代遵循的村规寨约的那股坚持,几乎把代际关系磨灭了。他们的文化代际继承看上去就像社会惯性,其社会关系建构和行为准则施行不需要他者所理解的所谓理性。他们对文化的接受无声无息地在生产生活中已经实现,建筑、服饰、村寨、习俗、语言、歌舞等,都承载着、表现着、传播着文化。

从村寨的选址、布局、内部结构等来看,贵州少数民族村寨显示出不同于中原和江南汉族村落的文化特征。在中原和江南,村寨选址除了考虑采光和通风等自然因素外,总会结合阴阳五行,正如《宅经》所言,“夫宅者,乃是阴阳之枢纽,人伦之轨模”,在布局上“八卦九宫分形列象,配男女之位”。而贵州少数民族绝大多数生活在山区,建房的朝向主要不是考虑地理的南北方位,而是根据山脉和河流的走势,依山傍水,靠山面水,人们没有阴阳对立的思想,没有五行相生相克的观念,更没有将财富、地位、祸福、生死、男女、子孙等与阴阳五行相对应的意识。贵州少数民族在村寨选址、布局时首先考虑的是历史文化传统,有些愿意选择在山腰,有些喜爱临水而居,有些特意避开喧闹,有些希望靠近交通便利的地方。其次是充分考虑自然条件,依势而建,就地取材。黔东南、黔南、黔西南地区潮湿多雨,当地的村寨结构采用吊脚楼形式,最下面一层堆放杂物或者作为猪圈、牛圈;黔中平坝、关岭、安顺等地到处都是石头和石片,人们就充分利用资源,用石头做墙、用石片当瓦。自汉文化传播进来之后,房子的布局才有所谓的休咎、堪舆、正房、厢房,才有所谓的青龙、白虎、朱雀、玄武。整个村寨的布局,如果是一个家族,则以房族为单位;如果是多个姓氏,则以血缘为单位,多数村寨都没有等级之分,只有建房的先后之别。村民从出生就生活在这种环境中并习惯了这种环境中的文化气氛,世代相传。

第三,贵州少数民族村寨文化基本上在民族支系内部或宗族内部平等地传承。

从村寨的村民关系看,无论是单一民族支系的人群或几个民族混居的人群,还是单一的血缘人群或多个姓氏聚合的人群,他们在文化传承上基本遵循着民族支系内部、宗族内部传承的习惯,而且传承关系都是平等的,都共同遵循约定俗成的规约。如果说汉族传统村落有如老子所说的鸡犬相闻而老死不相往来,那么贵州少数民族则是同一文化类型的相邻村寨密切往来,或通过姻亲关系,或通过民俗节日,保持着经常性联系。而文化具有差异性的村寨之间,封闭性特征突出,地理界线清晰,彼此不相通婚;文化类型相同的村寨则人们互相帮助,有共同的文化认同,有李银河所说的“信息共享”,却没有她说的北方村落中的那种内部竞争。而另一方面，在同一个村寨中，不同民族支系或不同宗族之间既有交往，又保持着分寸；彼此尊重对方的生活方式和文化传统，在生产生活中互相帮助，而在婚姻、丧葬、祭祀等活动中一般都不深度介入。例如，百里杜鹃管委会金坡乡附源村共同居住着苗族、满族和彝族，当苗族举行婚礼的时候，彝族和满族不会参加他们的跳芦笙或唱酒歌；在花溪近郊的湖潮乡车田村，苗族和汉族人口分别占到一半左右，当苗族丧葬活动进行给亡灵“指路”仪式的时候，汉族村民不会在场，汉族家庭在丧葬中请道士“讲经”的时候，苗族村民不会去围观；在三都县排烧村，苗族的“鼓脏节”和水族的“端节”互不干扰，分别沉醉于本民族传统的文化之中。

第四，贵州少数民族村寨文化充满着祖先崇拜和鬼神信仰，并贯穿村民的生活。

从思想观念看，贵州少数民族村寨在历史上由于社会发展水平长期比较落后，原始宗教和自然宗教盛行，鬼魂观念很浓，村寨中充斥着天神、地煞、雷公、山鬼、水妖、树精、石怪、祖魂。村民谈论得最多的内容与当地的山川形胜风格一致，“大山”“古树”“祖先”“规矩”等词语出现的频率极高。他们坚信苍天有法力，万物有生命，人的灵魂和躯体可以分离。他们在出现灾异时要驱鬼、求神，在丰收时要敬拜祖宗、感谢神灵；结婚、生子要告慰祖宗，节日时要祭奠祖宗，死了以后还有巫师将死者的灵魂超度到祖宗的发祥地。在他们的思想深处，保持着对自然的屈服、对历史的缅怀、对祖先的感恩、对鬼神的敬畏。所以，在他们的生活中，有祭祀时的威严，有对宗教人物的尊重，有对传统的恪守。他们生活在原始宗教信仰弥漫的社会，敬大地、敬祖宗、敬社神、敬生育神等；他们生活在与自然和谐的氛围里，相信树木有生命，河水有神灵，山川有精灵；他们生活在先辈营造的人际关系中，从生活起居、生产劳动到歌舞节日、祭祖敬神，都是按照每个人在村寨中的身份加以定位。这种定位不是外力强制，而是遵循传统（图 1-3）。

在中国很早就纳入封建王朝统治的地区，乡村的组织机制则体现为士绅主导的宗族自治。正如美国汉学家费正清所言：“王朝高居于地方官僚统治之巅，而在官僚统治下面则通过宗族关系和士绅领导集团的忠诚来维持对地方的控制。”[①]宗族组织得到国家法律的支撑，法律维护族长、家长的威信，并按亲属关系身份进行处罚。而贵州少数民族村寨社会固然依靠血缘关系来维系，甚至村

① 费正清，刘广京：《剑桥中国晚清史》（上卷），北京：中国社会科学出版社，1993 年，第 25-27 页。

图 1-3　三都水族自治县盖赖村苗族祭祖。村民一代又一代重复这种活动，自然而然就对传统文化形成认同感，也在这种活动中确立了各自的社会身份。

民更加重视血缘，更加崇拜祖宗，乃至把祖先当作神灵加以敬奉，但是他们和国家的关系更加间接，负责宗族事务的长老没有汉族传统村落中的族长那样有特权，他们也不是专门的神职人员。不过，他们拥有更多的地方性传统文化知识，更具有人格力量，在生产和生活环节中肩负着传授知识的使命，在驱鬼、祛灾、祈福、超度亡灵、祭祀仪式上发挥着传承文化的作用，是创世史诗、起源神话、英雄古歌、传奇故事等文化遗产的重要传播者。贵州的每一个少数民族都有许多的节日，有全民族欢庆的火把节、端节、卯节、四月八等，有男女恋爱的跳花节、姊妹节等，有以娱乐为主的三月三、六月六、龙舟节等，有祭祖的萨玛节、鼓脏节等，有庆丰收的尝新节等。因此不仅村寨之间出现了文化互动，而且传统文化在村寨内部得以巩固（图 1-4）。

图 1-4　紫云县巴狮苗族老人去世后，当地的寨老身兼巫师的职能，在超度亡灵的时候用歌唱的形式传承迁徙神话和英雄史诗。

第二节　保护贵州少数民族村寨文化的意义

2013 年 12 月召开的中国城镇化工作会议明确指出:“城镇化是现代化的必由之路。推进城镇化是解决农业、农村、农民问题的重要途径,是推动区域协调发展的有力支撑,是扩大内需和促进产业升级的重要抓手,对全面建成小康社会、加快推进社会主义现代化具有重大现实意义和深远历史意义。”中国的乡村正在经历深刻变革,如何保护以乡村为载体的村寨文化成了迫切需要解决的问题。贵州少数民族丰富多彩的文化主要保存在村寨,但是村寨的环境需要治理,村民的生活水平需要提高,农村的产业结构需要调整。在这个特殊的背景之下,保护村寨文化成了一项重要的现实课题。

一、为少数民族社会发展和乡村文化保护提供思路

工业化和城镇化是不是现代化的必经之路?中国要走向富强和实现现代化是否必须推进工业化和城镇化?这不是本书要去讨论的问题。但有一点不可否认,近几十年来,各级政府和多数官员都在按照这一发展路径推行执政理念,中国的城镇在快速增加,村落不断转变为城镇,耕地在减少,传统村落的文化随之不断消失。有人作过调查统计,1985—2001 年,中国村落数量从 940 617 个锐减到 709 257 个。仅在 2001 年,那些延续数千年的村落就减少了 25 458 个,平均每天减少约 70 个。[①] 中国文联副主席冯骥才因此痛心地指出,在 2000 年,我国自然村总数为 363 万个,到了 2010 年锐减为 271 万个,仅仅 10 年内减少 90 万个,对我们这个传统的农耕国家而言可是个“惊天”数字,它揭示村落消亡的势头迅猛和不可阻挡。[②] 胡彬彬教授领导的湖南大学中国村落文化研究中心课题组成员在 2009—2010 年,集中对长江、黄河流域以及西北、西南 17 个省 113 个县(含县级市)中的 902 个乡镇传统村落文化遗存进行了为期约一个月的综合性调查,这些地域中颇具历史、民族、地域文化和建筑艺术研究价值的传

---

① 李善峰:《20 世纪的中国村落文化研究——一个以著作为线索的讨论》,《民俗研究》,2004 年第 3 期。

② 冯骥才:《传统村落的困境与出路——兼谈传统村落类文化遗产》,《人民日报》,2012 年 12 月 7 日。

统村落,2004 年总数为 9 707 个,至 2010 年仅幸存 5 709 个,平均每年递减 7.3%,每天 1.6 个传统村落消亡。[①] 尽管城镇化不是村落消失的唯一原因,但显然是一个重要因素;尽管城镇化不一定就必然导致村落消失,但中国过去几十年的城镇化建设显然没有处理好与村落保护的关系。

(一)重视村寨文化可以倒逼村寨保护

如果自然村落消失,那么以自然村落为载体的传统农耕文明将难以继续生存。换句话说,如果认识到了传统文化的重要性,认识到了村落文化传承的价值,那么就有助于村落的保护,有助于守卫耕地保护红线。2014 年 1 月,中共中央、国务院印发了《关于全面深化农村改革加快推进农业现代化的若干意见》(以下简称《意见》)。该《意见》指出:要努力走出一条生态环境可持续发展的中国特色新型农业现代化道路,任何时候都不能放松国内粮食生产,严守耕地保护红线,更加注重农业可持续发展。贵州的耕地特别珍贵,俗称“八山一水一分田”,人均耕地不到一亩,而且生态极度脆弱。在这样的省份要加速城镇化,加快工业化,就更要珍惜耕地,对生态环境保护予以高度重视。如果真正保护贵州的村寨,那就意味着同时保住了村寨的耕地和村民生活的环境。村寨如果得到了保护,那么村寨的文化就有了继续传承的土壤。从贵州近几年关于经济发展的政策性文件和主要领导的讲话看,发展生产和改善民生是中心话语,把保护耕地和生态环境作为两条红线,生态文明建设在各级党政部门的施政中达成了共识。

生态环境建设和严格控制土地规划有助于村寨保护和村寨文化传承,但是生态建设、耕地控制毕竟和村寨保护不是一回事。贵州传统村寨至今数量庞大,贵州以村寨为载体的少数民族文化在全国首屈一指,这一切都是历史留下的宝贵财富,对于这一财富今天的贵州除了引以为傲之外,还肩负着保护和弘扬的重任。保护好传统村寨和传承村寨文化,是对贵州决策者的智慧和村民觉悟的考验,也将为广大少数民族地区经济发展和文化建设提供思路。

村寨为村民提供栖居之所,为区域性文化营造成长的环境。民族文化既是一个民族精神世界的写照,又是这个民族所创造的物质文化和精神文化的结晶。在中国,尤其是在少数民族地区,民族民间文化已经成为促进社会和谐、助推经济发展、提高人民生活水平的重要动力。所以,在社会文化变迁相当剧烈、

---

① 胡彬彬:《我国传统村落及其文化遗存现状与保护思考》,《光明日报》,2012 年 1 月 15 日。

全球经济一体化潮流席卷世界的今天,保护和传承当下中国各民族优秀的民间文化,已迫在眉睫。而当今最鲜活、最生动的民族民间文化不在城镇,也不在经济发达、生活富裕的乡村,而在地处边远、经济落后、信息闭塞的山村。如果说城镇和经济发达的乡村将当今中国与世界联系在了一起,开启了世界文明之窗,那么边远落后地区的少数民族村寨则还保存着历史的基因,没有斩断当今中国与传统文化的联系。

今天的人们大多都明白,经济发展不应该以传统文化消亡为代价,然而在过去的经济发展中,民族文化正在以惊人的速度消亡。物质文化遗产和非物质文化遗产或被现代工业文化和都市文化取代,或改头换面。很多人已经认识到自然界存在"生物链",任何一个环节的破坏都有可能导致整个生物链的断裂,然而很少有人看到人类社会也存在着"文化链"。村寨的文化生存环境越来越失去原来的面貌,村寨的布局改变了,人际关系变化了,村民的生活方式变得现代化了,可是人们对身边的文化消亡要么习焉不察,要么没有警觉。传统文化的任何一种类型、内容、传播方式、传播载体和传播主体的流失,都有可能造成"文化链"的断裂。例如,富裕起来的村民不再自己纺纱织布,因此许多传统的生产工具生活用具被淘汰;添置了电视机、手机和计算机,孩子进入学校接受教育,与之相关的"文化链"也不同程度地因此发生改变。社会必然要变化,文化必然会变化;但另一方面,社会不能只追求经济发展而不顾文化的传承,不能只阔步向前而不回望走过的道路。传统文化绝非都不合时宜,消除贫困绝不能以牺牲传统文化为代价。

(二)重视村寨文化可以提升"美丽乡村"建设水平

贵州少数民族地区的经济发展还比较落后,可是就在这个并不算快速的发展过程中民族文化已经遭受了重创。在民族地区做村寨文化调查的时候,所有年岁稍大的村民都能回忆起20世纪50年代前,村寨的妇女几乎都穿着本民族服装的情景,都认为民族语言的快速消失只是20世纪80年代以后的事,都回想起村寨传统建筑被改造或毁坏才不过20年的时间,都认为传统节日和生活方式的改变只是近些年的事。在黔西北彝族最集中的地区,方圆数百里的大大小小村寨中居然看不到一个身着本民族服装的村民。在黔东北土家族生活区,问及村寨中最有代表性的风俗习惯,居然没有一个是本民族的。在黔南布依族聚居的地方,居然有些人口超过上百户的村寨没有会说本民族语言的人。服饰是一个人的民族特征最直观的体现,建筑是一个村寨文化最直观的展示,语言是民族文化的重要载体和民族特征的重要标志，可是这些对民族文化保存和传承具有重要作用的因素却正在消失。如天柱县在2003年共有325个行政村，其中属侗族的行政村有213个，而仍用侗语的只有145个，占侗族行政村的68%；属苗族的行政村有112个，还用苗语的只有32个，占苗族行政村的28.5%。台江县是苗族人口最集中的县级行政区，苗族占全县总人口的97%，史称"苗疆腹地"，号称"天下苗族第一县"，可是至2003年，全县187个苗族行政村中已有9个不再讲苗语。丹寨县在1990年时总人口为14.1万人，苗族人口为10.5万人，当时有近9万人会讲苗语，占苗族人口的85%；而10年之后，全县能讲苗语的人口占苗族人口的81%，已呈下降趋势。[①] 语言不仅是信息交流的工具，也是思想的载体和思维方式，深烙着民族的和历史的印记，民族语言的流失本质上意味着民族文化的凋零。丹寨县的苗族民歌主要有古歌、情歌、酒歌、生产歌、姊妹歌、季节歌等几类，现在已经很难找到会唱古歌的人，情歌也因没有生活载体而已基本消失。丹寨县苗族的舞蹈，过去有芦笙舞、铜鼓舞、板凳舞、鼓瓢舞、木鼓舞、傩舞和巫舞七种类型，目前仍流行的只有芦笙舞、铜鼓舞和板凳舞，而木鼓舞、傩舞和巫舞已基本失传，鼓瓢舞现在也只有雅灰乡的重隆村略有保留，而年轻的传人几乎没有。[②]

今天很多人为民族传统文化消失感到惋惜和痛心，但不是每一个为之惋惜和痛心的人都明白其消失的原因，都冷静地思考过今后保护民族传统文化的对策。即使有些人看到了过去的城镇化和工业化对传统文化的破坏力，认识到经济发展不应该以传统文化的消亡为代价，但在以后的实践中未必就会自觉地规避城镇化和工业化对传统文化的负面影响，会理性地权衡经济发展和传统文化保护之间的关系。贵州少数民族地区是全国重度贫困区和传统文化富集地，也是处理经济发展和保护民族传统文化关系具有代表性的地方。贵州要实现小康社会目标的关键在少数民族地区，实现贵州民族地区经济社会发展就必须开展"美丽乡村"建设，建设美丽乡村就不能回避经济发展和村寨文化传承的关系。所以，保护和传承贵州少数民族村寨文化看似是一个非常微观的问题和局部的行为，其实却是一个庞大的系统工程和当今中国农村现代化建设所面临的重大课题，其成功的做法可以成为中国乡村文化建设值得推广的经验。

---

① 刘宗碧：《我国少数民族文化传承机制的当代变迁及其因应问题——以黔东南苗族侗族为例》，《贵州民族研究》，2008年第3期。

② 陆景川：《黔东南民族民间文化面临的危机与抢救保护的对策》，金星华主编：《民族文化理论与实践》，北京：民族出版社，2004年。

现在我们一方面看到，中国经济正快速发展，贵州在2013年有1 000多万人口尚未摆脱贫困，人们对富裕生活的向往比过去任何时候都要强烈。贵州少数民族村寨的传统文化在目前不可能直接给他们带来富裕的生活，但任何人都没有权力让村民为保护传统的民族文化而遭受贫困（图1-5）。他们有追求富裕生活的权利，也有享受都市文化和工业化发展的自由。可是我们从另一方面也看到，当现代文明给人类发展带来诸多困境和疑惑之时，贵州村寨文化在全球环境下又是独特的、不可多得的资源，保护独特的村寨文化不仅是为了眼前利益，更是为子孙保存文化血脉，还为他们未来多元发展的选择留下可能性。正因为贵州少数民族村寨文化传承不只是当地村民自己的事和眼前的事，保护贵州少数民族村寨文化是对未来负责，是对人类的文化事业负责，贵州少数民族村寨为人类文化的未来要作出牺牲。所以，改变贵州少数民族村寨当下经济贫困的任务就不应该只由村民自己来承担，人们不仅要关注贵州少数民族村寨文化的命运，同时全社会也应该为村寨的全面发展贡献力量。如果贵州在建设小康社会的过程中探索出一条既改善少数民族生活又保护村寨传统文化的道路，那么对中国的文化建设和乡村建设无疑具有举足轻重的意义，可以为少数民族社会发展和乡村文化保护提供思路。

图1-5　贫困的少数民族村寨传统建筑多显破败，无论从安全、卫生还是舒适性而言，维修和改善都有必要，村民有此愿望，新农村建设的“靓丽工程”也将此列为重要内容。

二、为乡村农业发展提供历史借鉴

传统与现代不是对立关系，农业与工业不只有冲突，乡村和城镇其实可以同行。因此，推进工业化和城镇化绝不是削弱农业，发展现代农业绝不是否定或抛弃传统农业。很多工业化和城镇化程度较高的地区已经感受到农业被忽视而带来的负面影响，感受到传统农业具有现代农业不可替代的价值。人们在赞叹现代高效农业的经营方式之后逐渐发现其弊端，在抛弃传统农业之后又重新发现其伟大智慧。贵州少数民族村寨保存着非常丰富的农业文化遗产，它可以为今天实现现代农业提供诸多借鉴。

（一）贵州少数民族村寨拥有丰富的农业文化遗产

现代农业与传统农业的重要区别在于对科学技术的运用和耕作方法的不同，在于对产业结构的调整以及对其与生态环境的关系的不同把握。当今科学技术进步，劳动工具改进，粮食产量提高，随之而来的却是耕地污染、粮食污染、生态环境恶化。农业文化遗产是农民在其农业生活环境中长期协同进化和动态适应下所形成的独特的土地利用系统和农业景观，其内容包括农业生态系统、农业生产工具、农业景观、农业品种等有价值的物质文化，以及传统农耕技术、农耕信仰、民间文学艺术、农事节日习俗等非物质文化。其核心是农业文化所蕴含的农业哲学思想，以及围绕农业哲学思想而产生的价值体系。[①] 因此，保护以农耕为基础的村寨文化，其实是保护农业文化的最好办法；保护村寨，就可实现农业文化的活态保护，就建立了各种农业文化特色保护区。

传统村寨作为一个相对独立和完整的社会单位，有其独特的资源和文化传统，在这里可以挖掘区域性农业资源的价值，可以有效地重新整合和利用农业资源。贵州少数民族传统村寨分布广泛、类型多样，资源丰富，传统风貌至今仍保存完整。贵州少数民族传统村寨有田园景观、农村风貌、自然生态环境，保留着传统的农业生产工具、农业劳动方式、农业技术、循环利用的理念和方法，直观地呈现着传统农业社会的生活习惯、民间信仰和生活状态。保护贵州少数民族村寨文化，就能为传统农业保存诸多理念、技术、工具、方式、作物以及与之相对应的社会组织和民风民俗。

贵州是中国唯一没有平原地形作支撑的省份，喀斯特地貌占全省总面积的

---

① 孙白露，等：《农业文化的价值及继承和保护探讨》，《农业现代化研究》，2011 年第 1 期。

73.3%，自然环境不利于中原式的农业发展。《明宣宗实录》称贵州"其屯所山多地少，地瘠水冷，刀耕火种，子粒秕细，鲜有收获"。《康熙贵州通志》记载："黔省田亩，俱在万山之中，秋收籽粒，唯抵内地腴田三分之一，人工牛种，又倍于他省，五年之后始有收获。"然而，贵州少数民族村寨在脆弱的生态中却长期维持着生态平衡，贵州少数民族村民在贫瘠的土地上却建立起美丽的家园，这一切都得益于其传统农业文化理念和经营方式。他们的产业结构、耕作方式、生产管理等与当地的生态相适应，在艰难的环境中总结出了许多生存之道，今天仍活态地保存，其魅力在与现代农业的鲜明对比之后开始得以彰显。

今天科技进步了，但土地永远是农业的基础。现代化农业可以有多种发展方向，但村寨的文化一定不同于城镇。现代化不是颠覆传统，现代农业有必要汲取传统农业文化的精华。现在，人们越来越清楚地认识到发展生态农业是可持续发展的必由之路，投资省、耗能低、效益高和有利于保护生态环境的"生态农业"成为我国政府倡导的路线。行走在贵州少数民族村寨，伫立在连绵起伏的梯田之间，不仅惊叹于历史上的村民用简陋的工具开辟田园的顽强毅力和吃苦精神，更为他们在伟大的创造中维持了人与自然的和谐共存而深深折服。穿行于居住着数百户人家的大村寨中，不禁会追问众多的人口在贫瘠的土地上是如何维持生计的，庞大的家族是如何组织生产的。他们的传统农业虽不能称为低能耗或高效益，但是谁都不能否认他们对农作物、土壤习性的科学认识（图1-6）。

图1-6　丹寨县高要村，金秋时节稻穗与村寨交相辉映。（黄晓海摄）

贵州各少数民族在农业生产活动中，为适应不同的自然条件，创造了至今仍有重要价值的农业技术与知识体系，他们对土壤的认识、对气候的了解、对自然环境的利用达到了相当高的程度。这些灿烂的农业文化遗产不仅体现了其传统哲学思想，而且反映出其生态意识和劳动方式，对今天的农业可持续发展有着积极影响。

贵州很多地方都是喀斯特岩石风化而成的沙性土壤，漏斗地形不利于保墒，村民在农作物选择和栽培技术上积累了丰富的经验。贵州西部地区石漠化严重，人们广泛种植玉米、土豆等作物。这些植物的根系非常发达，有抵御轻度干旱的能力，有涵养土壤的作用，经过改良后，在低温环境中生长时间长，产量较高。东南部和南部山区因为山高水冷，村民种植适应在阴凉环境生长的水稻。例如，雷山县掌披村的苗族村民，针对当地乌红酸性土壤特性，水稻品种主要选择红米稻、马尾稻和糯稻。属于粳稻的“大红谷”和“小红谷”产量较高，非常适合这里的土质，而且出饭率高，好吃又耐饿，深受村民喜爱。当地村民还种植产量虽低却很耐旱的“麻谷”“马尾谷”等粳稻，以及当地人称作“哪敢休”“哪西榔”“哪收喜”“哪粉纠欧”等的耐寒水稻。又由于贵州空气湿度大，漫长的冬季十分阴冷，生活于此的少数民族普遍喜爱种植和食用辣椒，偏爱酸辣食物。现在的营养学发现，辣椒具有驱寒功效，营养丰富；酸味食品可以在某种程度上缓解贵州食盐紧缺问题，具有祛湿的效用。茶树的根系发达，唐代陆羽的《茶经》云：“上者生烂石，中者生砾壤，下者生黄土。”贵州石山和岩石风化而成的碱性土壤非常适合其生长，在少数民族村寨种茶十分普遍，历史悠久，并形成了别具一格的焙茶、贮茶经验和饮茶风俗。目前还有些村寨仍在种植产量不高的稀有农作物，如在江县加勉乡白棒村种植一种叫作“糁子”的杂粮，当地人称为“不丢”。当地人只是想保留祖先传下来的味道，而对现代农业而言则是保存了生物基因。村民继续种植一些产量不高的传统作物，传承了先辈的生产经验、农具制作方法、食品加工技艺和饮食习俗。保存了生物基因，则为农业科学研究和作物培育提供了物质基础。

贵州少数民族村民过去长期使用的生产工具看似简陋，却体现出劳动者的智慧。在很多山区，村民使用一种形似鸡舌的尖口小锄头，它非常适合干旱的石漠化地区。在水稻种植工具上，黔东南雷公山的村民使用地域特征突出的“踩泥板”，当地苗语俗称“鸭大”。它是踩平水稻秧地用的一种木架，以木条镶成一个长方形的木框，长约 1 米，宽 30 厘米，中间直穿两根木条，上面穿一根拱桥样的小木棍，作手提用。秧地耙过之后，用它把泥踩平，然后播种。[①] 这些劳动工具看似简陋，却非常实用，在当地至今仍不可能被其他现代农具所取代。

黔东南很多村寨，尽管人均耕地非常有限，但村民却宁可让土地休耕以实现再利用，每年只种植一季水稻。每当稻谷收割后，村民都会将距离村寨较远的稻田放水灌泡，将谷草、秸秆或树叶放在田中的水里使之腐烂，次年春季的水田泥土稀松而且肥沃，解决了犁田翻土的板结问题，也免去了从家中的猪圈牛圈运肥的困难（图 1-7）。而村寨附近的稻田在秋收后通常种上绿肥或油菜，第二年春季把绿肥或油菜深翻在田中成为上等肥料；另外，也有一些村民将门前鱼塘中腐烂的肥料倒入即将插秧的水田中，插秧之后投入鲤鱼苗，秋天收割稻谷，鱼苗也长至一斤左右，成了村民的佳肴。所以，每到水稻收割的时候，肥硕的鲤鱼挤满稻田。秧苗栽插之后，鱼苗以田中的稗草和虫子为食，水稻在生长过程中免去了病虫害和杂草泛滥，鱼苗也有充足的食物可供生长。村民充分利用动植物的习性，成功地实现了生态农业生产（图 1-8）。

在雷山县城通往西江的路边，有一个名为陶尧的古老苗寨。这个村寨由虎阳、干皎、干常、干乃则、干勒略、干尧、雄水、新寨、碗厂九个自然寨组成，共 500 多户、2 000 多人。村寨依山临水，前面地势宽阔，一条发源于雷公山的小河从坝中穿过，滋润着肥沃的农田；后面山坡地缓，梯田缠绕。据陶尧寨的村民世代相传，小河两岸的稻田和村后山坡的层层梯田都是村民世世代代开凿出来的，

图 1-7　贵州少数民族村寨在收割稻谷后，谷草就堆在田中或田坎上。等到第二年春天，田里灌水，将谷草置于水田中腐烂，既可作肥料，又可确保土质疏松。

① 《贵州省雷山县桥港乡掌披寨苗族社会历史调查资料》，贵州省民族研究所编印，1965 年，第 8 页。

图 1-8　苗族村民收割稻谷时抓田鱼。

引水灌田的水渠明暗相间,有的暗沟从几十丘大田的田底而过。这项文化遗产生动地说明:陶尧苗族社会在很久以前已经拥有了营造梯田的高超技术,人们能够在当地首领的带领下按规划、有组织、有计划地劈山开荒,造就一垄垄田地。在雷山县丹江镇水电村,至今还有一条 200 多米长的水沟涓涓流淌,10 多架传统的水车依次排列,灌溉着 100 多亩水田。在施秉县下坪村,高筒水车的"吱嘎"声从未停歇(图 1-9)。在贵州很多少数民族的村寨中,水车一直都是当地重要的灌溉工具,它很古老,很简陋,很笨拙,轱辘每一次转动时水筒从河中舀起的水很少,但水槽不停歇地将涓涓细流引入农田,滋润了禾苗,不仅免却了劳动力,实现了低能耗,而且引发村民爱护河流和保护水源的意识。生活在喀斯特山区的贵州少数民族村民珍惜水,他们在生产和生活中形成了管理水的制度。数百户村民共用一条水渠,数千亩田地共用一个水塘,在储存水、分配水和保护水的过程中体现出村民之间的和谐。2010 年春夏之交旱情严重,从江县加榜连片数千亩水田仍能如期全部实现秧苗栽插;2013 年夏发生持续干旱,水田干涸开裂,紫云自治县猴场镇大田村村民们发挥集体智慧,依托河畔的 25 台水车,让河流的水位抬升,使河岸 343 亩水田得到灌溉。

(二)贵州少数民族村寨丰富的农业文化遗产应当彰显价值

今天,全球环境污染严重,灾害频发,生态恶化,粮食安全出现严重问题,人们逐渐认识到发展生态农业的特殊意义,开始从农业发展的政策、模式及技术方面进行反思,重视对传统农业文化价值的挖掘,以期为现代高效生态农业发

图 1-9　左图为雷山丹江镇水电村水车；右图为施秉县下坪村水车。（吴安明摄）

展注入新的活力。而贵州少数民族村寨的传统农业，无疑给今天的生态农业建设提供了鲜活、生动的范例。

农业文化遗产主要体现在人类长期的生产、生活与大自然所达成的一种和谐与平衡的农业经营方式，保护农业文化遗产可以为现代高效生态农业的发展保存杰出的农业景观，维持可恢复的生态系统，传承高价值的传统知识和文化活动，同时也有利于保存具有世界性意义的农业生物多样性。贵州少数民族种植的许多耐旱的作物，适合在低温环境生长的水稻，以及许多汉族人从前不曾食用的蔬菜也在现代化进程中濒临灭绝。如果不采取措施保护，必然影响生物多样性，将来培育新品种也会因此失去重要基因。20 世纪 50 年代，贵州少数民族社会历史调查中记录的相当一部分农作物，至今，有的消失，有的已经不再种植。而另一方面，黔东南锦屏一带的传统糯稻得到进一步推广；从江县的香猪，成了远近闻名的优良品种；三穗县的麻鸭，因肉质的独特性而变得紧俏；麻山地区的薏仁在市场上广受推崇。尤其是贵州人喜爱的折耳根（医学名鱼腥草）得到营养学家和医学界充分肯定，种植面积和产量都迅速增加。曾经被认为是很原始的农作物，如今却发现其重要的价值，曾经被视为很落后的种植方式如今却看到其科学性。在贵州少数民族地区，有些小规模的村寨散落在土地贫瘠的石山中，有些数百户的大村寨坐落于梯田之中，他们或耕作兼狩猎，或完全农耕，充分利用自然却没有根本性地破坏自然，数百上千年地生活于斯却生态系统保持良好性，形成耕作和养殖互为一体的一个“自洽”的系统。有学者提炼出传统农业的三大优点：第一，良好的生态为养殖业提供干净的水质和充足的食物，而养殖业为种植业提供肥料；第二，不存在土壤板结和地力下降现象，农作物种植没有导致水土流失；第三，水产品、农产品以及饲养的牲畜几乎没有环境污染。[①] 这些优点在贵州少数民族村寨表现得格外突出,并且正在产生积极影响。翻阅历史上描绘贵州自然景观的诗文,能惊奇地发现居然绝大多数诗文都能反映茂密的森林和生物多样性。审查今天贵州各地农业发展规划,同样会惊奇地发现无一例外地都把发展特色农业作为首要目标。对水质要求极为苛刻的大鲵(俗称娃娃鱼)在贵州有很多繁殖基地,全国多家著名的茶叶生产厂家都特别钟情于贵州没有污染的茶园,贵州大面积种植的中药材很轻松地就能获得国家相关部门检测认证,贵州无可争议地成为"中国酒都"显然与水质优良关系密切,贵州有大量的农副产品备受青睐得益于少数民族的传统农业文化,很多沿海城市选择贵州少数民族乡村作为蔬菜生产基地就是看中了这里的生态环境和传统生产方式。

应该承认,贵州少数民族村寨在历史上和当今的生产技术都不算先进,发展传统农业的自然条件不尽如人意,村民的物质和文化生活都还比较落后,但这不应该成为今天不重视贵州少数民族村寨农业文化的理由。农业文化遗产既包括一般意义上的农业经营模式和知识技术,还包括那些历史悠久、结构合理的传统农业景观和农业系统,它是一种典型的社会、经济、自然复合生态系统,体现着自然遗产、文化遗产、文化景观遗产、非物质文化遗产的综合特点。如果没有了村寨,消失的不只是传统农业景观,连同村寨的传统农业系统也不可能完好地保留下来。大多数村寨是在定居农业基础上发展起来的聚落,传统农业文化是村寨文化的重要组成部分。要保护村寨文化,就需要保护村寨文化赖以生存的村寨;要保护村寨,就要保护村寨中以农业为基本生计的村民。传统的村寨通常有传统的农业,传统的农业总是和传统的生态环境息息相关,丢失了传统村落和传统村落文化将失去对古老文明的记忆,子孙后代因此很难了解到中国社会发展的脉络,进而失去对未来规划的根基。[②] 贵州的贫困主要集中在少数民族村寨,但是贵州少数民族村寨贫困的根源绝不是因为村寨文化。贵州少数民族村民创造了属于自己的村寨农业文化,村寨农业文化成为贵州少数民族文化的重要组成部分。

农业文化遗产"不是关于过去的遗产,而是关乎人类未来的遗产"。保护传统村寨固然是为了给村民留下一块他们先辈建造的栖身之所,而更重要的是要把村寨中世世代代积淀的农业文化传承下去,服务当代、造福子孙。千姿百

① 孙庆忠:《乡土社会转型与农业文化遗产保护》,《中州学刊》,2009 年第 6 期。

② 王景新:《新农村建设中传统村落及村落文化保护》,《中国乡村发现》,2007 年第 5 期。

态的村寨是村民生产和生活的空间，也是村民世代创造的文化结晶。无数的村寨绘成丰富多彩的农业文化景观图，为今天和今后的农业生产和村民生活提供了知识谱系。传统村寨不是文物，一方面，它连着历史；另一方面，村民正在从事着劳动，正生活在当下，村寨的历史是鲜活的、动态的，农业文化遗产中包含的农业生物多样性及传统农业知识、技术和农业景观与村民的生活互为一体。如果说农业文化遗产保护的核心是实现农业生态系统适应极端条件的可持续性、社区居民生计安全的可持续性、社区和谐发展的可持续性，那么保护村寨既是保护耕地和农业生态环境，也是保护农业文化遗产。而保护农业文化遗产不仅是保护一种传统，也是为农业的可持续发展保留一种机遇。[①] 在工业文明无情地吞噬传统农业文明的今天，在现代科技给农业造成的负面影响越来越凸显的当下，人们开始呼唤传统农业，贵州少数民族传统农业文化迎来了复苏的生机。

农业在中国当前和今后很长一段时间，都是经济建设的基础。所以，保护村寨是农村建设的前提，保护村寨文化就是农业持续发展的基础，保护农业文化遗产就是为了农业和农村的可持续发展。“与农业的机械化相比，传统的农业生产工具和技术经验有些已经落伍了，但它们所蕴含的与大自然和谐相处、巧用自然规律的发展理念却是我们一定要存留的。如果我们的子孙丧失了对这些生产、生活经验的传承能力，那么人类与自然之间的关系就会更加疏离。就此而言，保护农业文化遗产表面上是保存农村文化，保留和城市文化相对应的另一半文明，更为长远的意义则在于存留现在的生活状态与过往生活方式之间的联系。这是农耕民族生存与发展之根。”[②]在贵州少数民族生活区，特殊的地理条件制约着现代农业和工业，传统农业是历代村民在生存中与自然和谐相处的选择，它不仅包含着丰富的文化内涵，而且本身就是人们的生存方式。

今天的农业科学技术比过去先进，土地单位面积的产量大大提高，但这不足以说明今天的农业文化就可以取代过去，更不能说明今天的农村环境就比过去更美好。纵观历史，我们不难看出，农业文明甚或更古老年代里的一些在工业文明时代被认为是落后的东西，以知识经济时代和可持续发展观的视角来看，却往往具有超前性和先进性。这种落后和先进的分歧问题恰恰是因为长期以来，我们总是以工业文明的价值体系来判断一切事物。保护贵州少数民族村

① 李文华，刘某承，闵庆文：《农业文化遗产保护：生态农业发展的新契机》，《中国生态农业学报》，2012 年第 6 期。

② 孙庆忠：《乡土社会转型与农业文化遗产保护》，《中州学刊》，2009 年第 6 期。

寨文化，其实为建设现代乡村提供了传统农业文化学习和继承的范本，在贵州少数民族村寨农业生产中呈现的人与自然的和谐、对土地的可持续性使用，都有助于直观地展现和借鉴其传统农业的理念、耕作方式和技术。

三、为少数民族乡村文化建设注入活水

村民生活在村寨并以村寨为依托，创造了村寨和村寨文化，村寨文化需要村民和村寨加以传承。对传统村寨文化进行有效的保护，既是当前我国文化传承、繁荣和发展的需求，更是我国处于社会转型期、城市化、城镇化和新农村建设进程中必须面对的课题。文化要繁荣，但必须先传承自己的民族文化，守住文化之“根”。文化需要创新，但应以传统文化为基础，以传统文化的传承作为先决条件。一个民族自身的文化传统，是不能出现断层的。[①] 农业文化是中国文化之根，中国文化之根在村落中生长、延续。

（一）文化建设必须弘扬优秀传统村寨文化

无数的村落在漫长的历史中不断兴起和发展，在不同的自然环境中形成不同的村落景观，在不同的生产和生活环境中孕育出不同的村落文化。

贵州少数民族传统的村寨与自然环境保持着天然的和谐，其村寨文化是特定历史时期社会背景下自然环境与人类的社会实践经过长期积淀、变迁和延续的产物。当今，越来越多的人已经深刻认识到自然环境对人类生存的重要性，认识到保护生物多样性和文化多样性的重要意义，由此对贵州少数民族村寨有了更深刻的认识，对保护贵州少数民族村寨的价值有了更深刻的理解。

贵州少数民族村寨保留着独具特色的民族风情，保存了对自然的认知、对人生的态度、对人际关系的处理方式、对历史和未来的看法等。它是中华文化多样性的具体表现，并能为今天可持续发展和构建和谐社会提供思想启迪。

人类文化多样性不仅是人类创造的文化结果，也是人类发展的内在需要。文化生态建设和自然生态建设同等重要，自然界单一的物种无法维持生态系统的平衡，人类单一的文化也不适合社会的发展。只有维持文化种类和文化样式的多样性，才能实现文化生态的总体平衡。在日益趋同和现代化的现实世界中，经济发展相对滞后的少数民族传统文化正在受到挤压。在经济一体化的同时，政治多极化和文化多样化的重要性愈加彰显。在我国，各民族平等的民族

---

① 胡彬彬：《小村落大文化》，《文摘报》，2013 年 5 月 11 日。

政策不足以保护多样性的自然生态和文化生态，保护生物多样性和文化多样性已经成为严峻的现实问题，急需维护文化的多样性和文化生态系统的平衡，迫切需要建立主客体之间平等和谐的交流机制，促进整个社会文化向最优化的方向发展。都市文化总体上是趋同性文化，而乡村文化具有差异性，只有尊重乡村文化，才能保持差异性。贵州自然景观多样，气候特征多样，数十个少数民族生息于这片土地，形成了各种类型的村寨，在不同的村寨中表现出不同的文化样式(图 1-10)。保护贵州少数民族村寨，其实也就是对文化的差异性进行保护。在贵州少数民族村寨，风格别具的建筑、绚丽多彩的服饰、不同韵律和情调的歌舞、地域特色鲜明的饮食习俗，还有丰富的节日、民间信仰、传统手工艺、故事歌谣、医学知识等，众多看似碎片的文化景观，汇成宏大、立体的文化画卷。这幅画卷连接着历史与现实，和中华民族的命运息息相关。

从全国而言，“历史文化村落大多经历了数百年、上千年甚至更长时间的岁月沧桑，承载着厚重的历史文化积淀，是中华民族的文化记忆和文化标志，是一种不可再生的文化遗产”①。对贵州而言，少数民族地区大大小小、历史或长或

图 1-10　黎平县堂安侗寨是我国很早建立的文化生态博物馆之一，层层梯田盘山而上，村寨掩映在森林之中，四季泉水涓涓，与毗邻的厦格寨、肇兴寨和睦相处，村寨文化内容丰富。

① 葛永明：《幽幽古村落 专家话传承：守望田园居》，《浙江日报》，2012 年 5 月25 日。

短的村寨都是社会发展的缩影，都是民族文化交流与碰撞的记忆。对于过去没有文字或文字使用不普遍的贵州少数民族来说，他们没有所谓的精英文化，没有丰富的文献记载文化，只有民间文化和大量的口传文化。历史悠久的村寨编织了最适合自己的社会关系网，形成了礼俗社会，沉淀着他们的历史。少数民族在村寨中生活，他们的生活方式、谋生手段与村寨环境相统一，他们的文化在村寨中丰富和传承。他们全部的历史、文化与记忆都在世代居住的村寨里，村寨就是他们的根。

我们今天在谈及文化建设时，会觉得文化很抽象，而在贵州少数民族村寨，每个村民都是文化的创造者、建设者，很多村民都是文化的倡导者、管理者，文化就在生活中，生活影响着文化、文化指导着生活。保护村寨其实就是保护村寨文化，保护村寨文化其实就是乡村文化建设的重要举措。通过村寨文化建设，可以使传统文化得到真正保护和传承，可以使工业文明和都市文化在村寨实现本土化，可以使文化多样性在乡村具体落实。

文化是历史的积淀和民族的标志，每一个民族都有自己的文化和历史记忆，每一个民族和国家在其独特的历史进程中都会形成别具一格的文化形态，而独树一帜的民族文化和区域文化共同构成了色彩斑斓的世界文化。中华文化灿烂辉煌，农业文化则是底色和主基调。今天还能找到中华文化深厚的历史印迹，千千万万乡村传统的聚落则是滋润灿烂文化的源泉；村寨中保存着传统文化的记忆，村寨文化则是农业文明的记忆。正如联合国教科文组织前任总干事马约尔在《文化遗产与合作》的“前言”中说：“保存与传扬这些有历史性的见证，无论是有形文化遗产，还是无形文化遗产，我们的目的是唤醒人们的记忆——因为没有记忆就没有创造，这也是我们对未来一代所肩负的责任。”任何一个民族或地区的发展都应该基于历史和传统，不在自己传统文化基础上建设和发展民族的现代文化是行不通的。《联合国教科文组织发展纲领》明确指出：“记忆对创造力来说是极其重要的，对个人和各民族都极为重要。各民族在他们的遗产中发现了自然和文化的遗产，有形和无形的遗产，这是找到他们自身和灵感源泉的钥匙。”如今中国已成为世界第二大经济体，正在加快现代化建设的步伐，但是我们永远不能忘记自己的目标是实现“中国梦”，是建设中国特色社会主义，必须弘扬中华民族优秀传统文化。坚持道路自信、理论自信和制度自信，前提是一定要有文化自信，文化是民族的血液。贵州少数民族文化是中华文化的重要组成部分，也是在民族交流中积淀而成，因此保护贵州少数民族村寨文化就是在弘扬中华传统文化，就是文化自信的一种表现。

然而,在经济一体化和信息全球化的时代,文化个性正在以前所未有的速度消失。中国在城镇化和新农村建设中,千村一面的现象正在蔓延。贵州因为信息闭塞和工业化、城镇化发展滞后,大量的村寨还有幸保留,不同风格的村寨以及不同村寨的文化还没有被现代工业文明所摧毁。但是,目前贵州的城镇化、工业化和农业现代化正在跨越式地追赶中东部,传统村寨以及村寨文化正面临威胁。在这个过程中,全球化与本土化的两极互动日益频繁,其中固然存在对文化同质化的抗拒,存在对本土文化原生性、纯洁性和独特性的诉求,但是同样存在着对现代性、同一性的妥协、认可和追求。具有内敛、保守特质的村寨文化面对外向、扩张的现代工业文明,总是处于劣势。理论上,很多人都明白加强村寨文化保护的重要性,认识到村寨文化传承可以推动工业化、城镇化的科学规划,可以促进现代文化吸取传统文化的精华。但是,在实际上,贵州距离实现小康社会的目标还很遥远,上千万生活在少数民族村寨的民众实现生活富裕的愿望非常迫切。在这样的背景之下,保护少数民族村寨就不只是传统文化与现代文化的抗争,而是为现代文化的本土化和健康发展寻找活水。

(二)贵州少数民族村寨传统的文化建设值得借鉴

文化建设应该包括两个层面:一是文化保护、传承与发展;二是文化对经济、政治和社会等其他方面的进步发挥推动作用。

贵州少数民族村寨在历史上比较封闭,但是村民的生活并不单调;贵州少数民族村寨在历史上很长时间大多没有使用或很少使用文字,但他们的文化一直在传承;贵州少数民族村寨在历史上很多时候没有行政权力介入,但社会保持着和谐。这虽然是很多因素共同作用的结果,但文化建设功不可没。

第一,文化在生产和生活中形成,并为生产和生活服务。无论生产技能、医药知识、对各种植物生长习性的了解、对动物饲养的经验获得、对宇宙自然的认知等,都来自社会实践,并在实践中不断丰富。即使看上去怪诞的各种禳解、还愿等行为,对天地或鬼神的祷告、对祖先的膜拜等特殊仪式,也直接表现为对现实生活的关怀。即便是威宁板底乡彝族的撮泰吉舞蹈、黔北土家族村寨的傩堂戏、苗族鼓脏节、水族端节或侗族撒玛节的神圣祭祖活动,剥去其神秘外衣之后,仍可以清晰地看到其文化传播功能以及服务于生活的指向性。对天地和神灵的敬畏,直接影响到村民在现实生活中对待自己与生态环境的态度;对祖先的崇拜,直接决定了个体在处理家庭关系、村寨关系中的态度和行为。文化建设总是与村民经济生活、村寨社会组织等构成一个整体,实用性是最基本的特点。

第二,文化传承方式和途径的多样性。村民的文化包括生产技术、生活技能、历史知识、社会认知、人生态度、审美趣味等,渗透到村寨的各方面和活动的各环节。一栋建筑、一件劳动工具或生活用具、一套服饰或一口水井,都在无声地传播着文化;而村民在制造或使用一栋建筑、一件劳动工具或生活用具、一套服饰或一口水井的时候又倾注着、融入了文化。一场婚礼、一次丧葬、一个节日、一次家族聚会、一轮村际斗牛比赛,都有固定的程式。这样的活动,既是村民生活的一部分,也让他们在活动中感受文化。家庭内的待人接物、村寨中的你来我往、村寨之间的相互交流,都是建立社会关系的过程,也受到传统礼俗制约。

第三,文化传承主体的全民性。每一个村民自出生在村寨以后,就注定要接受各种传统文化,耳濡目染。在童年的时候,父母和其他家庭成员是文化的传播者,长大后就必然会与村寨中更多成员直接或间接地交流。村寨中有全民性的活动和有范围限制的活动,有以传播知识为主的活动和以娱乐为主的活动,村民参与活动的过程也是了解或遵循活动程序、规范的过程。村民参加活动,既是在接收信息,也会在活动中自觉或不自觉地成为信息传播者。某项活动中村民以文化接受者的角色出现,而在另一项活动中则以传播者角色出现——他们把历史文化贯穿于自己的活动过程。

对于多数村民而言,没有文化建设的自觉意识,更没有文化建设的整体构想。他们的文化建设主要来自传统的惯性,来自日常生产生活,不是为了文化建设,却达到了文化建设的效果。今天,在推进文化建设和开展思想道德宣传的时候,村寨传统的文化活动可以作为有效载体,村民应该成为文化传播主体,活动形式应该充满生活气息。

四、为新农村社会建设探索路径

建设社会主义新农村不是对传统村落社会全面否定,《中共中央国务院关于推进社会主义新农村建设的若干意见》明确提出,要“保护和发展有地方和民族特色的优秀传统文化”①,具有地方和民族特色的优秀传统文化(包括传统的村寨管理制度、管理理念、管理方式、管理机构等)都值得今天的我们学习和借鉴。

---

① 《中共中央国务院关于推进社会主义新农村建设的若干意见》,《人民日报》,2006年2月22日。

（一）贵州少数民族传统村寨隐藏着社会建设

贵州少数民族村寨在历史上保持着村寨内部的和谐，有一套保证和谐的机制。这套机制从家庭教育开始，扩展到乡规民约；从儿歌、谚语的教习到情歌、劳动歌和丧葬歌等歌词的表达；从家庭内部的礼仪道德养成、邻里关系处理，到祭祖活动、民间信仰仪式以及公共事务的议定和实现；从对长辈的尊敬、家族血缘的重视，到对村寨地理边界、文化边界的建立；从经济生活、文化娱乐的习俗，到村寨重大问题的处理方式等。

第一，村寨社会建设处于损益和更张的动态过程之中，对村寨社会关系具有修复功能。每一个历史悠久的村寨都有深厚的传统积淀，它能够经历上百年或数百年，其中存在着一套维系村民之间关系、解决村寨问题的社会机制。每一个规模很大的村寨，它能够实现几十户、数百户、上千户人家和谐相处，其中一定存在着共同遵守和自我约束的行为规范。这套机制无论有形或无形，村民都能感受到；这套行为规范在社会建设中无论具有直接还是间接指向性，村民都知道其作用。结合实地调查和文献资料查阅，不难发现每一个时期的村寨都在开展村寨社会建设，同时又是对传统的继承和修正，都增加了新内容。例如，明代在贵州少数民族地区开办宣慰司儒学或府州县学，村寨筹集资金建立规模不等的学校，并建立一套维持学校运行的机制。清朝康熙和雍正年间在贵州推行义学后，少数民族村寨相继建立起学校，文化教育成为村寨社会建设的内容。清末和民国年间贵州社会动荡，村寨自发组织起保境安民的社会体系。在村寨的社会建设中，团结互助精神、民主协商机制、村寨群体认同等核心元素始终没变，同时根据现实环境又在对一些措施作出调整。现在解决家庭之间的纠纷、组织大型的村寨民俗活动都不可能完全按照传统模式，既应体现出时代特色，又保留遗风。村民依旧充分尊重传统，充分依靠村寨集体的力量，寻找个体家庭和村寨整体利益的最大公约数。正因为既有坚守，又有革新，所以当一种新情况和新问题出现——无论来自村寨内部或村寨外部，村寨总会找到解决的办法。

第二，村寨社会建设实现其效果，离不开制度束缚和群体压力。贵州少数民族村寨在没有接受中央政权管理之前，内部有村规寨约对全体村民的行为规范加以制约。当国家政权通过层层行政机构深入村寨之后，也无一不是借助村寨长老推动其运行的。村规寨约具有习惯法的性质，它能够对村民形成强大约束力，原因在于制定村规寨约的程序符合传统，制定者代表广大村民利益，制定前和制定过程中充分听取村民意见，制定的缘由是针对业已存在的问题并力求解决问题，制定后在村寨中广泛传播，违反者一视同仁地严肃处理。村寨中很少出现破坏村寨社会和谐的人，主要有三个原因：一是村寨在过去很长时间都没有发生重大的社会变革，经济基础和社会关系大致稳定，人们适应于这样的环境；二是村寨相对封闭，生活于其中的村民彼此熟悉，在熟悉的环境中，存在着或亲或疏的血缘关系，能够在一定程度上消解村民之间的矛盾；三是在封闭且熟悉的环境中，一个人如果违背了传统伦理道德或村规寨约，就很难被群体接纳，即便自己离开村寨，也会让继续留在村寨的家人颜面扫地，所以遵守村规寨约和顺从传统既利于己，也利于家人，更利于村寨。

贵州少数民族村寨制定、修改或执行村规寨约是村寨社会建设的重要内容，它基于村寨的人口构成，而村寨的人口构成又是社会建设的基本条件。村民大多是同一民族聚居，甚至是同一民族支系、同一服饰类型、同一宗族的聚居。在较少受到外部侵扰的环境中生活，形成了稳定的文化和一致的文化认同。文化认同表现为在风俗、礼仪、传统、交流方式、思维方式、解决问题的方式、生活方式等方面，地理空间和文化空间是一种同构关系。而村寨文化共同性有一个形成过程，作为个体的村民在这个过程中彼此包容，作为村寨基本社会单元的家庭在这个过程中不断地调适，作为社会基本关系的个人之间、家庭之间学会了谦让和顾全大局。每一个安定祥和的村寨，都能展示属于自己的村寨社会建设的画卷。

第三，村寨社会建设在具体运行中，包括功利性和非功利性。功利性使村寨社会建设有明确的目标和清晰的思路，主要表现为村寨习惯法的制定和执行、村寨公共事务的商定和实施、以村寨名义迅速介入个体家庭去解决危难等。非功利性则是指主观上并非有村寨建设的意图，而客观上达到了村寨建设的作用。例如，村民的日常活动既显得纯粹，同时又与社会建设高度关联。村民的敬神、祭祖、驱鬼等活动看似是传统民间信仰，但又指向生活：敬神强化了敬畏之心，祭祖灌输着家族意识，驱鬼形成村民的心理认同；活动过程需要组织协调，影响村民之间的关系、村民与环境的关系；活动的效果给村民以精神慰藉。村寨看似不存在管理，村民每天的生活似乎都率性而为，而其实有一种无形的力量在引导着村寨运行。寻常的歌唱、舞蹈、故事讲述、饮宴或婚庆、丧葬、建房、祭祖等村寨民俗，都发挥着凝聚民心、社会建设的功能（图1-11）。村寨普遍盛行的讲述神话、吟唱古歌、摆谈故事等传统，它们不仅是知识和信息传播的方式，还是村民的娱乐方式、人际关系处理方式。村民在生产、生活中传承过去的

图1-11 举办婚礼或其他活动,主人家中置办的菜肴不一定都很丰盛,随礼的数量与当地的风气、彼此亲密的程度、办酒宴的原因直接相关。是否参加宴请、怎样随礼,体现出相互关系,反映出村寨社会结构,检验着融入村寨的程度。

记忆、技能和知识,通过口述方式使历史、文化得到延续,在口述的活动中解决问题,并且因为口头传承而接受传统,珍爱传统文化。一段神话或故事,在他们看来就不只是文本符号呈现的意义,还接受了神话或故事中的观念、思想和情感;一段习惯法或村规民约,它有自己的传播渠道、环境,村民与其说接受了其内容,不如说接受了通过口承习惯法或村规民约以解决纠纷、裁决案件的方式;古歌、情歌、敬酒歌、哭嫁歌、上梁歌、丧葬歌等都有特定的演唱环境,村民既是在唱歌,又是在经历一个生活场景。所有这一切,都是村民共同的文化,都是村民认同并且表现着的生产生活状态,它构成村民的生活内容,也在组织、协调和管控村寨社会。

(二)贵州少数民族村寨的社会建设传统值得发扬光大

贵州少数民族传统村寨社会建设在历史上发挥了控制与整合村寨社会关系的作用,为村寨文化共同体的形成和村寨文化传承作出了贡献,在当前和今后仍然具有价值。

微观而言,贵州少数民族村寨传统的社会建设原则、措施在今天可资借鉴。一方面,稳定和谐的社会关系是村寨文化赖以传承的基础,是村寨生产和民俗活动正常进行的前提;另一方面,村寨社会建设又遵循着社会关系中的结构并强化着这种结构,总是服务于生产和民俗活动并通过生产和民俗活动使社会建设达到效果。贵州少数民族村寨传统的社会建设通常把手段蕴涵在村寨习俗之中,以"血缘亲情"和"乡村情缘"为助推器,以民族精神和文化认同感作为坚实基础,不破坏村寨的社会结构,不损害村民的群体利益,确保村寨中的优良风俗能够沿袭。过去几千人的庞大村寨能保持生活井然有序,从家庭到家族,从村寨到村寨联盟,从日常生产到盛大的节日聚会,从婚丧嫁娶到大型工程兴建,其村寨内部有一种力量在鼓动,有一种组织在联络,有一种规范在制约。可是,他们的规范融入日常的生产和生活,从不靠自上而下的压力,从不援引外部力量来震慑。尽管现在的村寨比以前开放,外部的各种因素会影响村寨社会结构、生活方式和村民的思想观念,单靠传统的村民自律、家族约束已经不能保证村寨一如既往的稳定,需要运用现代社会管理方式,坚持以法律为准绳。但是,那些不违背法律、不触犯政治制度的传统习俗值得发扬,它可以使村寨社会建设更人性化。今天对村寨社会治理也不能丢掉许多传统的方法,尽量将村寨建设的目标与村民对生活的愿望有机结合起来,而不应过多地借助行政手段,过多地依赖来自外部的力量加以干预。

如果站在国家治理的高度看,贵州少数民族村寨社会建设的传统也需要继承。社会建设的传统作为村寨文化的重要组成部分,它在现代社会日趋激烈的竞争中可以抚慰疲惫的心灵。村寨社会建设本质上是在保护村寨美丽的自然景观、温馨和谐的社会环境和传统文化赖以生存的土壤,村民因为生于斯长于斯而割舍不掉故土情怀,传统文化因为在这里孕育繁衍而深深扎根。村寨宁静、安详,实现了生态保护、人性发展和社会良性运行,它激励着人们去培养现代环保意识与呵护充满温情的人际关系。[①] 我们清晰地看到,历史越悠久的村寨,传统文化就越深厚,村民对家园的依恋度就越高,村寨内部的凝聚力就越强,社会管理中的传统就越鲜明。在历史悠久的村寨,文化凝结为生活模式,村民的思维方式、情感、价值取向和行为烙有共同的印记,重视血缘,家族式聚居,遵循差序结构。虽然中国正在加速推进城镇化和工业化,但农耕文化并非与工业文化根本对立,不是现代都市文化的包袱,工业文化并不是要斩断家族血缘,家族式的管理在现代社会仍然值得借鉴和发展。

而且,现在中国的新农村建设需要继承和弘扬传统村落的社会管理成果。国家民族事务委员会(以下简称"国家民委")在《少数民族特色村寨保护与发展规划纲要(2011—2015 年)》中指出:"支持少数民族特色村寨保护与发展,是社会主义新农村、新牧区建设的重要组成部分,是民族工作的重要组成部分,也

① 李庆真,谢丽霞:《社会变迁中失落的村落文化》,《新西部》,2009 年第 7 期。

是保护中华文化多样性的重要举措。做好这项工作,对于促进民族地区经济发展,传承和弘扬少数民族传统文化,增强民族自豪感,提高各民族的凝聚力、向心力,巩固和发展平等、团结、互助、和谐的社会主义民族关系具有重要意义。”这段表述从多个角度阐述了保护少数民族村寨的意义,指出了少数民族传统村寨在社会管理方面积累的丰富经验。少数民族传统村寨在历史上的社会建设就是把民族文化与自然生态融为一体,把村寨的传统贯彻到现实生活当中,以精诚团结为立寨之本,村民之间互帮互助,确保村寨内部结构稳定。村寨保护不仅是保护物质形态的村寨,留住村民最基本的生产和生活空间,而且要尊重村民的传统生活方式,充分照顾村寨的社会组织结构。美丽乡村建设的终极目标是让村民物质财富极大丰富,精神世界高度文明,既要改善生活环境和创新社会管理,也要传承优秀文化和维护健康的社会关系。

村寨“作为活态的生产生活实践,为人们的自我认同、群体认同乃至文化认同, 提供了从行为到精神,从外在到内在,从源头到未来等诸多层面的同一性依据,使得认同的建构、形成乃至变迁到处都有其鲜活的身影”[①]。在“熟人社会”的村寨,村民保持着社区认同和群体认同,根本原因不是共同的地域,是基于亲情和文化认同。在贵州少数民族村寨,一方面,因为民族认同,许多人际纠纷、家族之间的矛盾得到化解,村寨之间实现了协作;另一方面,又并没有因为民族认同而导致多民族村寨的不同民族之间关系紧张,但凡历史悠久的多民族共处的村寨,都相互友好。无论是同一村寨中多民族共处,还是不同民族的村寨彼此相邻,都表现为各民族相互依存却又文化保持独立性,将民族认同和社区认同分得具体而又达到统一,它为贵州“美丽乡村建设”提供了基本社会保障、制度基础和文化源泉。

现在,很多人已经开始重视村规民约对于乡村社会建设的功能,在社会实践中引导传统的村规民约为现实服务。我国现在正提倡乡村自治、村民自治,很多地方根据《中华人民共和国宪法》和《中华人民共和国村民委员会组织法》等法律制定出“村民自治章程”。但是大多数人只看到了乡规民约尊重人情天理, 强调与世俗伦理、道德、宗教、信仰、禁忌结合的特征,追求惩罚与教育互补的原则,具有“准法律制度”的性质,能够发挥规范村民行为、保护既定生存环境

① 胡惠林,王媛:《非物质文化遗产保护:从“生产性保护”转向“生活性保护”》,《艺术百家》,2013 年第 4 期。

和社会秩序的作用,[①]却没有深刻认识到村规民约的产生根源和运行机制。地域性的村规民约与村寨的社会结构相对应,只有保护好传统村寨,才能使村规民约赖以生存的社会土壤免遭流失,才能使村规民约得以运行和发挥功能。

总体来说,少数民族特色村寨的保护与发展,少数民族村寨文化的传承与繁荣,其意义重大。从政治的角度而言,体现了党和政府对少数民族群众的关心和爱护,是国家民族政策在最基层的彰显。从经济的角度而言,对保存耕地、保证粮食安全、保护环境等方面都起到了很好的促进作用,有利于把传统的特色民族文化转化为旅游资源,把环境和特色作物转化为生态产品,进而把发展滞后的农村转化为经济发展的新高地,把贫困山区转化为富裕的新农村。从文化的角度而言,更是让传统的民族文化得到极好的传承和弘扬,优秀的民风民俗成为建设和谐家园的文化源泉。从民族权利的角度而言,则清晰和鲜明地体现了党和政府对一个民族文化权利的尊重和保护。

第三节　研究贵州少数民族村寨文化传承的意义和方法

所谓文化遗产,就是产生于历史时期而今天仍然存在的文化。所谓文化遗产保护,其实就是探讨和实现文化遗产传承。文化遗产保护是为了文化遗产得以传承,探讨文化遗产传承是为了文化遗产得到更好的保护。村寨是文化遗产传承的重要载体,村寨文化中包含着丰富的文化遗产。村寨文化作为区域性文化,有其传承的规律和路径,值得研究。

一、研究意义

学术界对中国乡村社会的研究从 20 世纪前后开始,至今已经有一百多年历史。1899 年,美国传教士明恩溥(A. H. Smith)出版了对中国农村观察的专著《中国乡村生活》。他用民族志的方式,以西方人的视角对中国农村进行了精彩而独到的描述。美国社会学家葛学溥(Daniel Kulp)应该是较早运用社会学、人

---

① 段友文:《论社会现代化进程中的村落文化建设》,《山西师大学报》(社会科学版),2007 年第 6 期。

类学以田野工作方法研究中国村落的学者，他利用1918—1919年在上海沪江大学任教的机会，带领学生在广东凤凰村进行家庭社会学调查，于1925年出版英文著作《华南的乡村生活——广东凤凰村的家族主义社会学研究》，详细记录和分析了凤凰村的经济、婚姻与家庭、宗教、人口及社区组织的情况，这是对中国村落进行全面调查的第一部学术著作。1926—1937年，梁漱溟、晏阳初等知识分子发起"乡村建设运动"，一批从事乡村建设的中国学者作了大量关于村落的社会调查，为后世留下极其珍贵的历史资料。到20世纪三四十年代，随着社会学、人类学的发展，中国村落研究从泛泛的"社会调查"进入一个规范的"民族志"研究时期。一批学院派的本土学者在吴文藻教授"社区研究"的旗帜下，对村落社区进行了系统研究。1935年，林耀华的硕士论文《义序的宗族研究》出版，这是他以结构—功能主义方法对福建义序家族村落调查的成果，后来被学术界称为"中国人类学参与观察法研究中国汉族的家族、宗族而写成的第一部人类学著作"。后来，他又用英文撰写了社会学著作《金翼——中国家族制度的社会学研究》。该书以小说的笔调，生动地讲述了福建一个村庄毗邻而居的两个家庭的故事。该书在美国和英国先后出版，引起欧美学者对中国村落研究的浓厚兴趣。1939年，费孝通在英国出版以江苏吴江市开玄弓村调查为基础的《江村经济——中国农民的生活》。如果说这是费孝通对一个具体村落实地调查的学术研究，那么他接着出版的《乡土中国》则是视野更宏大的学术巨著。

但是纵观20世纪80年代以前研究中国村落的学术著作，主要方式为社会调查，主要学术理论是社会人类学的功能学派。进入20世纪90年代以后，中国本土的社会学研究者更多，关注的问题更广泛，一大批关于村落研究的著作陆续问世，形成一股村落研究"热"。[①] 其中既有个案调查的微观研究，也有宏观整体性研究，涉及政治学、社会学、经济学、民族学、建筑学、教育学、法学、人口学等领域，也涉及文化遗产保护、旅游规划等问题。但是，从传播学角度研究村落文化的成果还很少，而且还存在着一些不足。很多人注意到了物质形态的村落，而忽略了诸多非物质形态的村落文化；过多地强调文化的经济价值，而很少去思考文化的精神属性和传播方式。有相当多的人对待少数民族村寨，在思维上还是传统的人类学、民族学视角，很少有人运用传播学的理论去审视其文

① 李善峰：《20世纪的中国村落文化研究——一个以著作为线索的讨论》，《民俗研究》，2004年第3期。

化传承。[①]

我国的传播学在20世纪80年代才正式建立，从一开始就深受西方传播学研究的影响，学者在运用传播学的理论和方法对中国问题加以研究时，精力大多投入大众传媒，对人际传播、口语媒介的研究明显不足，对民族文化传承的研究成果不多。

事实上，村寨文化传承问题是值得研究的。我国的传统村寨数量大、类型多、分布广，村寨之中包含的文化十分丰富，村寨文化的传承历史、传承过程、影响传承的因素、传承规律、传承作用等都值得研究。在传承内容上，村寨的有些文化会得到很好的传播，有些文化可以充分地传播，有些文化在传播中会发生变形，此类现象都值得分析。在传承方法上，有些运用现代媒介传承，有些仍坚持人际传播，有些不能转换传承的空间，有些借助外部力量走出了国门，这些问题需要探讨。在文化传承的主体上，有些是固定的传播者，有些必须通过严格的仪式确认，有些原本固定或通过仪式确认的传播者后来发生了变化，以上事实有待论述。在传承的动机上，或为生活而传播，或将传播寓于娱乐之中，或把传播作为一种习惯，不同的行为尚需从理论上阐述。在传承的对象上，一部分人对村寨传统文化依旧眷恋，一部分人最先接受外来文化，一部分人具有整合信息和加工信息的能力，种种表现都有待做出科学的解答。村寨文化传承总是表现为一些现象，而现象的背后总是村寨文化的折射。

村寨因为传承丰富的文化，又因为在文化传承中表现出丰富的文化现象，才使得村寨充满生活气息和文化魅力。如果说村寨的文化传承过去很长时间一直处于自在状态，那么现在就应该培养和建立强烈的自觉意识。如果说曾经单一强调保护村寨是因为在认识上存在误区，那么现在就要纠正观念，树立整体思维，充分认识到村寨文化传承的价值。

本书选择对贵州少数民族的村寨文化传承问题进行研究，从学术研究的角度考虑，是想梳理出文化遗产保护中的几个关系。

其一，贵州现在的口述古歌、神话、传说、歌谣、咒语等主要保存在少数民族村寨，在少数民族村寨还有大量的物质文化遗产和风俗习惯、口传歌谣和故事、地方戏曲和舞蹈、民间生产和生活技艺等非物质文化遗产。通过大量的实地调查研究，可以进一步弄清物质文化（民族村寨）和非物质文化（村寨文化）之间的关系。

---

① 兰东兴：《贵州少数民族村寨文化传承研究的内容、价值与意义》，《贵州民族学院学报》（哲学社会科学版），2012年第4期。

其二，少数民族村寨的文化主要是口述文化，而口述文化是特定时间和空间的人类文化，它的存在并不只是表现为自然性质的空间和时间，而是经过少数民族在特定生活中人文化了的时间和空间。通过对少数民族村寨的文化传承进行调查和研究，找出其文化稳定性的因素和变化的前提，从而揭示非物质文化遗产的空间性和时间性关系。

其三，单一民族聚居区和多民族聚居区、开放地理环境下的民族村落和封闭的民族村落、保持传统生产方式的民族村寨和改变生活方式的民族村寨、移民搬迁"再疆域化"的民族群体和大量外来移民进入的"去疆域化"民族群体等不同类型的聚居区，其文化传承方式、变化程度有差异，用客观调查的事实去思考文化"涵化"和"濡化"中的关系。

其四，大众媒介在民族村寨日渐盛行，改变了人们获取和传播信息的渠道、生活方式、价值观念，通过个案研究和综合研究相结合的方式，可以细致观察新兴媒介对传统文化的冲击，可以观察传统文化在与现代媒介接触过程中符号的变化情况，以及传播技巧、传播动机、接收效果，辨别传统的文化传承机制与现代的信息传播手段之间的关系。

更主要的是，对这个问题的研究具有很强的现实意义。

第一，村寨文化是活态文化，贵州少数民族村寨文化不应该成为经济社会发展的包袱，而应该转化为推动社会进步和文化发展的积极力量。贵州少数民族村寨文化作为中华民族传统文化和区域性文化的重要组成部分，在文化资本上的价值是能够被发现、发掘与开发利用的。本书的指导思想之一就是要掀开贵州少数民族村寨文化的面纱，揭示其魅力，让人们看到它的精彩，真正认识到它值得保护。首先是希望生活于斯的村民从中树立文化自信和民族自豪感，认识到本土文化的破坏和消失将造成的严重后果。"对任何民族来说，特别是对于那些人数较少、生产力低下，甚至还较多地保留着原始的或古老的文化传统的不发达民族来说，失去自己固有的民间文化，无异于失去自己的民族文化特性，无异于丧失了自己的民族，这当然是十分可悲的。"[①]通过对该问题的研究，为贵州少数民族村民提供一幅村寨的文化图谱，村民借此可以找到自身的文化优缺点，摆正与世界对话、与时代对话的恰当位置。其次是要村寨之外的其他人，特别是村寨建设的政策制定者充分认识到贵州少数民族村寨文化中蕴涵着丰富的智慧、情感和精神，看到构建少数民族和谐社会可以充分利用的宝贵人

① 刘锡诚：《保护民间文化的迫切性》，《西北民族研究》，2002年第2期。

文资源；同时，深刻认识到传统村落是物质文化与非物质文化结合的载体，传统村落的消失不仅代表着物质文化的消失，也代表着非物质文化的流失，在加快城乡一体化发展、加大对农村公共服务设施和社会保障体系建设投入时，注重保护农业文明和农村文化特色。对贵州少数民族村寨文化传承加以研究，能够为今后政府决策或者调整既定政策提供科学依据。

第二，全国各地都在开展社会主义新农村建设，广播电视村村通工程紧锣密鼓，“农家书屋”如雨后春笋，“三下乡”活动坚持不懈，但是，对少数民族地区新农村建设的文化内涵还需要深刻理解。在2011年12月召开的中央农村工作会议上，时任国务院总理温家宝明确指出：农村建设应保持农村的特点，这样才有利于农民生产生活，保持田园风光和良好的生态环境。他反对把城镇的居民小区照搬到农村去，赶农民上楼。2013年12月中央召开城镇化工作会议，再一次明确提出城镇化过程中要注意生态环境建设和文化建设，要“记得住乡愁”。此项研究不只是唤起对少数民族地区新农村建设过程中的文化担待，更希望少数民族地区在新农村建设时因地制宜，为保存文化命脉提供一些参考。

第三，贵州少数民族的村寨不只是一个地缘单位，还是一个血缘组织，一个生产生活群体，一个文化传承载体。贵州少数民族的村寨不只是居住建筑的物质呈现，不只是生产和生活的场所，还是技艺、审美等文化的表达，家庭关系、社会关系的结构的反映。做好少数民族特色村寨保护与文化传承工作，可以充分体现国家在新形势下对民族文化平等权利的尊重，有利于保护文化多样性，增强民族的认同感和归属感，提高民族的凝聚力、向心力，提高共同构建中华民族共有家园的高度自觉和历史责任。

第四，贵州有17个世居少数民族，有几十个少数民族分布在全省广大地区，历史悠久、文化灿烂、政治稳定，村寨文化功不可没。在西部大开发全面推进，特别是在2012年国务院的第2号文件，即《关于进一步促进贵州经济社会又好又快发展的若干意见》中，把贵州列入“扶贫开发攻坚示范区”和“文化旅游发展创新区”名单。在对外开放走向深入的时候，研究村寨文化传承将有助于了解各民族自身的文化传承路径，有助于了解各民族之间信息和情感交流的过程，有助于了解文化与政治、文化与社会、文化与经济、文化与生态之间的关系，从而在今后的村寨建设中正确对待和科学处理。

第五，大众传播是工业文明发达地区和交通枢纽地区信息交流的主要手段，在贵州少数民族地区，村寨传统文化在组织社会生产、解决人际纠纷、凝聚民族情感方面的功能极为突出。通过对村寨文化的形态、内部结构、外部环境等研究，可以为少数民族构建和谐社会，为传统文化与现代工业文明对接提供学理层面的参考。

第六，一方面，新农村建设和城镇化建设中必然会出现新的社会管理方式和组织形式，必然导入新的文化形态和生活方式，传统村寨的社会自治、经济自足、生活自娱自乐环境正在受到冲击；另一方面，村寨文化又正在发生转换，与现代社会管理方式和组织形式进行对接，与现代观念碰撞，与现代生产技术和生活方式交流。哪些村寨文化会被淘汰？哪些可以转换？如何转换？可以从具体的事例中得到启示。

二、研究方法

本书研究村寨文化传承，方法论和认识论的基础是系统论。村寨文化内容很丰富，既有建筑、服饰、生产和生活用具，还有桥梁、道路、田园、碑刻等；既有歌舞、神话、传说、生产和生活技艺、游艺活动，还有宗教、礼俗、规约等；既有村规民约，还有生活习惯和社会组织等。在研究中始终贯彻这样一种认识："传统村落是物质与非物质结合的、多元自然与人文因子所构成的多层次的、开放的、高度复杂的系统，这些制约因子本身不是独立封闭的个体，它们本身也是开放的小系统，这些小系统之间也存在多向互动的机制，如依赖性、制约性和互动性，而这些小系统间错综复杂的联系就形成上级层次系统的结构，它是制约传统村落场所文化发展的直接和根本的因素。"①

首先，树立全局的和整体的观念。村寨生活是一部完整的民族文化志，村寨中的物质文化和非物质文化、物质文化中的各部分、非物质文化中的各个内容共同构成村寨文化，村寨文化是许许多多文化现象和文化要素构成的集合。文化的具体性在以往研究中是残缺的，在时间框架及地方知识的特性上出现混淆和主观化，从而导致推理出来的理论在客观上是粗糙的，也不具备生活还原的价值和真实性。在研究中，密切注意村寨文化的各要素，把各要素置于村寨系统中，置于广阔的区域中和时代中，并试图理清各要素之间的关系。所以，在具体的论述中不拘泥于现象描述，不纠缠于具体细节，通过对诸多现象的观察和细节的考察之后，从宏观层面做出结论。

其次，用普遍联系的观点来认识和思考。每一个村寨的文化形成原因、传播过程、表现形式、内容构成、社会功能等都受到多种因素影响，因此在研究中

① 白佩芳，杨豪中，周吉平：《关于传统村落文化研究方法的思考》，《建筑与文化》，2011 年第 8 期。

结合地理环境、历史背景、村寨规模、经济结构、民族构成、生活水平、政治环境等要素加以分析,认识到每一个文化要素都和其他要素存在联系,村寨文化的形态受其他要素的影响,其变化也必然影响其他文化要素,摒弃有些研究中片面强调经济发展,或一味追求提高经济水平,或过分突出某个文化形态的原生态等单一思考维度。

最后,用发展的观点看待村寨文化。村寨是村民居住、生产、生活的场所,村寨文化是立体、综合、活态的文化,不能只孤立地欣赏其传统艺术或醉心于传统文化保护,而完全忽视生活于村寨之中的村民的现实需求,也不应以文化批评者的姿态、文化创造者的身份出现,凌驾于村民之上,罔顾历史和文化环境,以文化改造为能事,以创造经济价值为归宿。对活态文化的村寨社区研究,研究者应该进入一个文化生态的整体,回到村寨的世界,去发现文化的真实存在,去发现村民对文化的情感心理和社会需求,在进行村寨文化保护的同时尊重当地民众的意愿、符合他们的生存利益,实现保护与发展相协调。[①] 始终坚持社会发展、文化变化的观点,认为文化传承的内容、手段、主体都应顺应时代,反对只看到发展或只为了发展而枉顾传统的认识。

村寨是地理空间,同时也是一个行政区域;村民既有社会组织、经济行为,还有文化创造。湖南大学中国村落文化研究中心主任胡彬彬教授曾经指出:目前,我国学术界对中国传统村落文化研究,在研究对象上,大多数停留在对于某一具体个案的研究上;在研究内容上,也多囿于建筑学范畴,而缺乏对中国传统村落及其文化进行多学科、多方位、多视角的整体研究。[②] 云南省社会科学院杨福泉先生特别强调了"综合性、跨学科"的概念,他提倡对古村落的调研应与以往的单一研究区别开来,指出如今的村落研究不能只像以往民族学、人类学调研时那样,仅仅作出如实描述,而是要突破单一的研究方法,涉及当地的经济发展、社会多样性保护、文化产业发展等,并给出相应的建议。[③] 本书在研究中努力做跨学科研究,打破学科畛域,扩大研究视野。以少数民族文化作为研究对象,重点放在文化传承;以民族学和传播学的理论、方法为基础,站在社会学、政治学、经济学、民俗学等学科的视角观察、分析、总结、提炼村寨文化,并将重心

---

① 乔晓光:《村社文化是民族文化传承的命脉》,《中国社会科学报》,2013 年 9 月 16 日第 502 期。

② 胡彬彬:《我国传统村落及其文化遗存现状与保护思考》,《光明日报》,2012 年 1 月 15 日。

③ 吕莎:《古村落文化:学术研究不可忽略的角落》《中国社会科学报》,2011 年 9 月 27 日。

落实到社会服务。

本书的研究采取实地调查和文献分析相结合的手段,或通过文献资料去寻找实地调查对象,或将实地调查素材与文献记载相印证,结合文献资料和实地调查资料,运用多学科的理论和方法加以分析。在实地调查过程中,主要运用“调查研究法”,即民族志的方法。在具体调查中,采取间接调查和直接调查相结合的方法,主要是直接调查。间接调查的方式或是将调查内容或调查问卷发放至村寨,再收回村民按照调查提纲或调查问卷填写的资料;或是电话咨询、网络咨询或者从第三方咨询。直接调查就是研究者深入村寨,根据具体情况,采用观察、访谈、焦点小组和问卷等方法。在调查中,既提醒自己用旁观者的眼光客观地认识村寨,不干涉村民的生活,坚持“他者叙事”,保持思考的独立性和观点的独立性;非介入性地参与村民活动,悉心体察村民情感,体验村寨生活,尽可能避免将“他者叙事”沦为“自我叙事”。总体而言,本书属于定性研究,而在个别问题上也需要以问卷调查方式进行具体分析。

本书在研究中充分吸收文化学派的观点,将村寨的建筑、服饰、生产生活用具等物质形态和歌舞、仪式、人际关系等非物质形态,都视为文化现象,发掘其文化内涵。借鉴结构主义学派的研究方法,去探寻和分析村寨建筑布局结构、社会关系结构、产业结构、饮食结构、民俗活动结构等,从中发现其文化结构。运用功能学派理论,留心观察每一种物质的和非物质的文化遗产、每一种社会行为或风俗习惯对建构村寨组织、传播村寨文化所发挥的功能,揭示其发挥功能的原因、表现形式和社会效果。本书在框架设计上则主要按照传播学派的范式,紧紧围绕传播内容、传播主体、传播媒介、传播环境、传播效果等展开分析。

本书具体的研究分三个步骤。第一步,确立调查对象。对调查对象的选择,不回避目前各级政府确立的重点扶贫开发的村寨以及大力宣传的村寨,密切注视媒体极力报道和旅游部门热心开发的村寨,同时清醒地意识到学术研究者和媒体记者、旅游公司的兴趣点并非完全相同。确立调查对象时力求做到广泛性和典型性,被调查的民族村寨应该包括下列地区:单一民族聚居区和多民族聚居区;城郊和边远乡村;交通发达的村寨和交通闭塞的村寨;已被列为民族生态保护区的村寨和尚未列为民族生态保护区的村寨;旅游开发的村寨和尚未旅游开发的村寨;经济比较富裕的村寨和贫穷落后的村寨;年代久远的村寨和移民搬迁的村寨;村民较少的村寨和人数很多的村寨;从事农耕的村寨和经营工商业的村寨;备受瞩目的村寨和未引起充分关注的村寨。第二步,确立调查内容,尽可能全面地列出需要调查的事项,开列研究的类目。研究的类目至少包括以下方面:村寨的地形地貌和交通;村寨的主要谋生手段和生活水平;民族构成;人口数量;文化程度;村寨历史;建筑风格;生产和生活用具;婚姻习俗和丧葬习俗;日常交流途径和方式;娱乐方式;民间信仰和宗教;神话、古歌、传说、故事、歌谣、秘方、技艺、戏曲、舞蹈等的传承方式;传统节日;迎来送往的礼节;大众媒介的普及程度;外出务工的大致人数和去向;寨老、族长、宗教人物、村干部、妇女的地位;对传统的村寨文化和现代文化的态度等。第三步,将调查的资料、调查中的感受和文献资料结合起来,科学分析,提出见解。

三、研究的重点和难点

研究贵州少数民族村寨文化传承,在学术上应该重点关注以下问题:其一,村寨文化对村寨社会有何影响?不同村寨的文化内涵有何不同?其二,他者的文化如何成为村民自己的文化?村寨的传统文化如何与外来的他者文化调适?其三,在文化传承中,有哪些因素在发挥作用?各种因素发挥作用的条件是什么?其四,村寨文化保护应遵循什么原则?可采取什么方法?哪些村寨文化需要原地保护?哪些可以异地保护?哪些只能面对面地口头传承?哪些可以借助现代媒介技术间接传播?哪些村寨文化只能作为历史记忆?哪些村寨文化具有普世价值并可以发扬光大?

但是要真正做好此项研究,还存在诸多难点:其一,尽可能做到调查具有广泛性和代表性,但不可能绝对保证调查的每一个指标、设置的每一个类别都具有代表性;数以万计的民族村寨不可能在调查中全部覆盖,作为调查对象的村寨也难以做到普遍深入,曾经深入调查的村寨处在不断变化之中,也很难全面地持续跟踪观察。其二,村寨的历史、地理位置、生产和生活方式不尽相同,这会影响调查的类别设立,还会给调查的方式、获取资料的途径带来困难。其三,文化包括的内容丰富,文化传承具有灵活性,文化传播学建立的体系虽然宏大,但是不可能囊括所有的传播现象,其理论不可能解决所有的文化传播问题。此项研究采用多学科交叉研究,找到学科的契合点将是必须面对的挑战。其四,此项研究用传播学的视角研究民族文化传承,中国的传播学研究者在这方面的学术成果有限,特别是对少数民族村寨的文化传承做个案研究的成果,可供此项研究作参考的极为有限。

第二章
贵州少数民族村寨文化传承的历史梳理

贵州社会发展有与全国同步的时候,也有其特殊的发展轨迹。村寨是贵州社会的一面镜子,贵州少数民族的村寨文化反映着贵州的社会变迁,体现出贵州与全国的关系。

学术界多数人把我国乡村文化的变迁分为四个历史阶段:[①]第一阶段概指鸦片战争以前,作为中国村落的形成和发展时期,它奠定了中国村落文化的形态和基本内涵;第二个阶段为鸦片战争以后的晚清时期,西方资本主义生产方式侵入,中国传统村落文化开始衰落;第三阶段是辛亥革命以后的民国时期,士绅统治乡村的局面发生改变,特别是在中国共产党的根据地和解放区,建立了全新的制度;第四阶段为中华人民共和国成立之后,村落的规模和结构都发生巨大变化,文化形态出现变革,中国共产党的主流意识形态取代了以儒家文化为主体的传统伦理和道德。这种粗线条的阶段划分,基本上可以反映中国村落变化的历史轮廓和村落文化变迁的面貌。贵州村落的变化却有些不同:几乎没有感受到鸦片战争的冲击,而在此之前则因为中央权力影响的程度不同,少数民族的村寨经历了几个明显的阶段;辛亥革命之后,感受到了社会政治力量和文化思潮;自中华人民共和国成立以来,基本上步入了与全国一体化的进程。

---

① 纪丽萍:《变迁视阈中的现代性与中国乡村文化》,《理论月刊》,2013 年第 5 期。

第一节 建省之前:贵州少数民族村寨文化的形成和发展

村落是定居生活的产物。尽管贵州在旧石器时代早期就有先民活动,盘县大洞和兴义猫猫洞留下的大量兽骨堆积物,说明先民曾在此长期定居。但是,长期的洞穴集体生活并非真正意义上的村落社会。村落在内涵上属于农耕文化,它产生的前提是人类社会出现第一次社会大分工,即农业从畜牧业中分离出来,种植业成为主要生活方式。这一革命性的变迁使人们从狩猎走向农耕,从飘忽不定的生活转向定居,从向自然界简单索取到生产性消费。所以,定居和农耕、按照氏族或部落结成社会组织,这便是村落文化得以形成的先决性条件。而真正的村落又是相对于城市而言的,在没有形成城市的时候只有聚落。马克思和恩格斯在他们合著的《德意志意识形态》中指出:“物质劳动和精神劳动的最大的一次分工,就是城市和乡村的分离。城乡之间的对立是随着野蛮向文明的过渡、部落制度向国家的过渡、地方局限性向民族的过渡而开始的,它贯穿着全部文明的历史并一直延续到现在。”①

在中国,原始农业产生之初就有聚落出现,到六七千年前的新石器时代早、中期,具体来说,在黄河流域的裴李岗文化、磁山文化、老官台文化、仰韶早期文化以及大汶口早期文化和长江流域的河姆渡文化阶段,母系氏族社会进入繁荣阶段,这时期定居农业村落就已出现。可以说,在此时,除了沙漠、草原、山区和高寒地区外,农业聚落已点缀在祖国辽阔的大地。②

贵州的农业聚落具体在什么时候出现,现在不能确切下定论。根据司马迁的《史记·西南夷列传》记载,春秋和秦汉时期以夜郎为主体的各部落“耕田,有邑聚”。“耕田”,说明早已步入原始农业社会;“邑聚”就是以村落为单位结成社会群体,说明他们早已进入村落生活时代。民族学的大量材料证明,贵州南部的百越民族有着悠久的农业种植历史;黔西北的威宁县中水、赫章县可乐等地考古发现大量的集体墓葬和居住遗址,诸多的实物进一步证明当时的贵州先

---

① 马克思,恩格斯:《马克思恩格斯选集》第1卷,中共中央马克思恩格斯列宁斯大林著作编译局译,北京:人民出版社,1972年,第56页。

② 李友谋:《中国原始社会史述》,郑州:中州古籍出版社,1986年,第88-89页。

民早已处于内部有了较严密组织的定居阶段。汉武帝开发西南夷之前,贵州广大地区已发展到“君长制”阶段,村落遍布贵州广大地区。但是,直到明朝将贵州纳入中央直接统治之前,贵州的村落文化仍长期处在缓慢的演进之中。

一、村寨在缓慢的社会发展进程中建立

司马迁的《史记·西南夷列传》和常璩的《华阳国志·南中志》对贵州大地上生活的夜郎、勾町、漏卧、且兰等部族的生活状况介绍很简单:处于“君长”统治且部族众多,“魋髻之民”过着“耕田”“邑聚”的生活,“同姓相扶”。文献中没有记载“邑聚”之民的内部社会结构,没介绍“耕田”的工具、作物和产量。但是,由此可以断定:土地平坦和灌溉便利的地方零星点缀着村落;村落根据分布的地区属于不同的君长管理;有血缘的村落之间联系非常密切。

汉武帝开发西南夷,征调巴蜀吏卒劈山开道,修筑了一条从四川南部延伸到滇东北、黔西北的道路,灭掉夜郎、且兰等君长,使互不统属的各部族都变成了汉帝国的臣民。汉朝还在贵州广大地区设置郡县,派遣官吏,驻防军队。一系列政策的施行,使村落之间的关系、村落内部的结构必然发生了变化。但是,中央权力的影响很有限,而且郡县制维持的时间很短。在整个云贵地区,西汉时期有70多万人,《汉书·地理志》记载,牂牁郡所辖17个县有15.3万多人口,云南却有人口55万。东汉时全国人口总量低于西汉,西汉人口最多时有5 959.5万余人,东汉全国人口最多时为4 952.4万余人,减少了1 000万人。贵州的情形同全国一样,社会趋于萧条,在今天安顺、平坝、兴义、务川等汉人聚居区都呈现出败落迹象,而云南人口反而增加到200万人左右,差不多是西汉时期的4倍。据《后汉书·郡国志》可知,汉代在西南设置有牂牁、犍为、越嶲三郡,而以今天贵州广大地区为主体的牂牁郡人口最少,只有31 523户、267 253口,另外两郡的人口分别为137 713户、411 378口和130 120户、623 418口。牂牁郡的自然条件在当时的生产力水平下不适宜农业发展,经济落后,人民贫穷。同书卷八十六云:“牂牁地多雨潦,俗好巫鬼禁忌,寡畜生,又无蚕桑,故其郡最贫。”《华阳国志》对贵州一带的描述也是“畬山为田,无蚕桑”。

这种“畬田”“寡畜生”“无蚕桑”的状况直到唐宋时仍没有发生根本改变。《旧唐书》卷一百九十九曰:“东谢蛮,其地在黔州之西数百里,西连夷子,北至白蛮。土宜五谷,不以牛耕,但为畬田,每岁易。俗无文字,刻木为契。散在山洞间,依树为层巢而居,汲流以饮。皆自营生业,无赋税之事。”这段文字尽管还是很简略,但是从中可以了解当时东谢蛮农业种植、传播媒介、居屋结构、生活形态、人际

关系等基本情况。“不以牛耕,但为畲田,每岁易”,足以表明他们的土地数量有限,且无熟田,产量很低,进而表明一个地方的土地不可能承载很多的人口;“散在山洞间,依树为层巢而居,汲流以饮”,反映了当时村落选择的位置在山间,村寨的建筑和居住条件很简陋,并且没有形成规模巨大的聚居群。到唐贞观年间,其首领谢元深赴朝拜谒,戴着乌熊皮冠,额头套着金银圈,身披毛帔,朝堂官员颇为稀奇。太宗在这里设置应州,任命其为刺史,隶属于黔州都督府。

关于东谢蛮的风俗,《旧唐书》也有较详细的介绍:“谒见贵人,皆执鞭而拜;有功劳者,以牛马铜鼓赏之。有犯罪者,小事杖罚之,大事杀之,盗物倍还其赃。婚姻之礼,以牛酒为聘。女妇夫家,皆母自送之。女夫惭,逃避经旬乃出。宴聚则击铜鼓,吹大角,歌舞以为乐。好带刀剑,未尝舍离。丈夫衣服,有衫袄大口裤,以绵绸及布为之。右肩上斜束皮带,装以螺壳、虎豹猿狖及犬羊之皮,以为外饰。坐皆蹲踞。男女椎髻,以绯束之,后垂向下。其首领谢元深,既世为酋长,其部落皆尊畏之。谢氏一族,法不育女,自云高姓不可下嫁故也。”从这段文字中可见其社会管理、婚姻习俗、歌舞、饮食、服饰、内部关系等基本情况。

牂牁蛮风俗和东谢蛮基本相同,首领也为谢氏。唐初武德三年(620)遣使入朝,唐高祖李渊将其地设为牂牁州,拜谢龙羽为刺史。当时谢龙羽已拥兵3万,但社会组织简单,文化还停留在口耳相传阶段。《新唐书》卷二百二十二《南蛮下》曰:“(牂牁蛮)无城郭,土热多霖雨,稻粟再熟。无徭役,战乃屯聚。刻木为契,盗者倍三而偿,杀人者出牛马三十。”东谢蛮的南面为西赵蛮,范围广大,人口稀少,“南北十八日行,东西二十三日行,户万余,俗与东谢同”。

从唐代到宋代,北方、中原和长江中下游地区虽然经历了多次战乱,王朝更迭,但是经济持续发展,科技快速进步。青藏高原的吐蕃、西南边陲的云南在这数百年也是风生水起,和中央王朝来往不断,可是贵州的社会似乎陷入停滞,名义上由中央管控,其实还是“化外”之区。《宋史》卷四九三《蛮夷一》说:“西南诸蛮夷,重山复岭,杂厕荆、楚、巴、黔、巫中,四面皆王土,乃欲揭上腴之征以取不毛之地,疲易使之众而得梗化之氓,诚何益哉!树其酋长,使自镇抚,始终蛮夷遇之,斯计之得也。然无经久之策以控驭之。”清楚地记录了中央王朝对贵州少数民族地区在管理上长期采取“羁縻”之策,未纳入直接的行政管理,而是让其自我约束,“皆自营生业,无赋税之事”,“无徭役,战乃屯聚”。因为贵州少数民族长期和中央王朝处于这样一种关系中,社会进程跟不上时代的节奏,没有长安、洛阳、汴梁那样的繁华都市,没有集市贸易,没有严密的组织管理体系,所以生产也没有太大的进步,保留了自己的文化本色,维持着自己的社会结构。

《宋史》卷四九五《蛮夷三》清晰地记载了今天贵州南部的水族先辈等少数民族村寨的建筑简陋，生产方式粗放，粮食产量低下：“抚水州在宜州南……其酋皆蒙姓同出，有上中下三房及北遐一镇。民则有区、廖、潘、吴四姓，亦种水田，采鱼，其保聚山险者，虽有畲田，收谷粟甚少，但以药箭射生，取鸟兽尽，即徙他处，无羊马、桑柘……合五百余家，夹龙江居，种稻似湖湘。中有楼屋战棚，即其酋所居。”

不仅在龙江两岸的村寨如此，其他地方也大多一样。在今黔东南和黔南地区，“诸蛮族类不一，大抵依阻山谷，并林木为居，椎髻跣足，走险如履平地。言语侏离，衣服斑斓。畏鬼神，喜淫祀。刻木为契，不能相君长，以财力雄强”。[①]朱辅《溪蛮丛笑·羊栖》说仡佬族“所居不着地，虽酋长之富，屋宇之多，亦皆去地数尺，以巨木排比，如省民羊棚”。该书《打寮》有记载：“山瑶穴居野处，虽有屋以庇风雨，不过剪茅叉木而已，名打寮。”即在平地用木头交叉搭乘屋架，支几条木棍，用茅草覆盖。在并不缺少木料和石头的黔南和黔东南，在没有明显阶级分化和残酷剥削的时代，山瑶的居所如此简陋，是和他们的生活方式分不开的。他们仍处在刀耕火种阶段，仍过着狩猎和采集的生活，流动性很强，没必要花费太多的精力建造坚固的居室。

南宋王朝因战争需要，每年都从云贵川地区购买大量马匹，在广西邕州横山寨、宜州等地“博易”。据史料记载，绍兴六年（1136）以后，每年官府购买“广马”数量都在 1 500 匹以上，最多时超过 4 000 匹。贵州的自杞、罗殿、毗那等地不仅地处“广马”交易的要冲，而且本地也产马。周去非《岭外代答》一书对此记载比较翔实，他说：“产马之国曰大理、自杞、特磨、罗殿、毗那、罗孔、谢蕃、藤蕃等。”自杞、罗殿梗塞于南宋与大理之间，垄断着马匹贸易，同时经营其他商品，“蛮马之来，他货亦至”。当地的经济因此有了较大发展，各民族之间有了更为广泛的交流。吴儆《竹洲集》卷一《论邕州化外诸国状》说自杞“本一小小聚落，只因朝廷特许汝岁来市马，今三十余年，每岁所得银锦二十余万”“藩每岁横山所市马二千余匹，自杞马多至一千五百余匹，以是国益富，拓地数千里”。由此在贵州境内出现了辖地数千里，每岁“用钱数十万婚”的地方实力集团。

元代在贵州建立土司制度，与中央的关系更进了一步。在今贵阳设八番顺元都元帅府，建起了城市。而其最大的贡献则是在贵州建立了比较严密的驿传制度，开辟了五条驿道：一条由湖广横贯贵州，通往云南；一条在贵州西北，由乌撒进入四川和贵州；一条在贵州西南，沿着南宋贩马的商道，由云南宜良经贵州

① （元）脱脱等主编：《宋史》，北京：中华书局，1985 年，卷四百九十五《蛮夷三》。

黄草坝(今兴义市),过红水河到广西南宁;一条由今贵阳北上播州到重庆;还有一条是黔西北的亦溪不薛道。这五条驿道既有汉通“西南夷”建立的基础,又有唐宋“西南蕃”取得的成绩。贵州的交通环境得到了一定的改善,“流寓渐多”,人际交流更加方便。而总体看来,少数民族村寨的社会关系没有发生质的变化,各民族的文化还基本保持原貌。

发展进程缓慢只是贵州上千年社会面貌的一个方面;而另一方面,各民族从四周向贵州聚集,形成了各具形态的村寨文化景观。

根据文献记载,汉武帝开发西南夷以前,贵州的主体居民是濮人。土家族自称“毕兹卡”,意思是“本地人”。这些人是板楯蛮、廪君蛮生活区的本地人,最初活跃在黔渝毗邻地区的乌江下游和长江交汇处,后逐渐扩散,漫布今贵州东北的广大地区。布依族虽然在口头传说中坚称是贵州本地人,本民族很多学者也认为该民族是贵州的古老民族,但是他们又承认自己是骆越的一支,很早的时候生活在珠江上游的南北盘江一带,只是到了后来才逐步壮大,广泛分布在黔南、黔中乃至黔西北。关于彝族的发祥地,学术界至今还存在分歧,但是可以肯定:贵州的彝族早先生活在乌蒙山一带,东汉中晚期仍然集中在黔西北,“六祖分支”以后才开始四散分布,逐渐蔓延到从黔西北到黔西南的整个贵州西部地区。苗族在贵州有悠久的历史,如今分布在贵州全境,但是三大支系的所有苗族都认为祖先原来生活在“左洞庭、右澎蠡”的黄淮中下游,是一次次战乱之后辗转迁徙到西南的。黔西北的“大花苗”说他们女性服装上面的图案描绘着祖先从东方翻山越岭到大渡河、乌蒙山的苦难历程。黔中苗族吟唱了几千年的《亚鲁王》一直在追忆祖先从东方迁徙贵州的历史(图2-1)。黔东南苗族《跋

图2-1　麻山地区苗族歌师手持梭镖唱诵《亚鲁王》,讲述祖先迁徙以及征战的历史。

山涉水》古歌唱道:“奶奶离东方,队伍长又长;公公离东方,队伍长又长。后生挑担子,老人背包包,扶老又携幼,跋山又涉水,迁徙来西方,寻找好生活”“奶奶多勤劳,公公最艰苦,造屋建村落,开田又辟土;大田一坝坝,小田一坡坡;地方八百寨,九千大村落;鸡儿窜满寨,鸭儿漂满河;猪儿关满圈,牛儿放满坡”。在贵州中部红枫湖畔的有些苗族村寨,在死者出殡前请巫师举行“开路”仪式,或在死者安葬在墓地前由巫师“开路”。“开路”的经词反映了祖先央鲁途经四川、龙里、贵阳,最后到央禄哨的迁徙史;巫师叙述亡者人生的全部经历,“引导”亡灵逆溯当年“伊洛王”行进的路径和关卡,经嘎清嘎渭河(即洞庭湖、长江、黄河),返回祖先“伊洛王”的发祥地。今天主要生活在贵州南部的侗族、水族、毛南族等,史书记载和口头传说都反映出他们是在唐宋时期从南向北迁徙而来的,尚在村寨中流传的《祭祖词》《溯源歌》都把祖先的发源地指向广西的梧州。现在分布于贵州西部的白族、回族和蒙古族等,绝大部分定居到此的时间在元代。

众多民族迁徙贵州的历史,或者在贵州扩散的历史,其实也是大量的村寨建立和村寨文化形成的历史。在迁徙的过程中,要适应自然环境,就必然在劳动中改造着自然。迁徙是民族文化的扩展,也必然在迁徙中发生文化的交融。生产和生活是对历史文化的运用,也是历史文化在新的环境中的调适,是一个文化创造和发展的过程。在从原始农业发明、定居生活形成到元代末年的这一段漫长时期,贵州的民族成分在增加,贵州的村寨随着移民的足迹在建立,村寨文化随着定居点的建立在形成和丰富。平静的社会环境和缓慢的社会发展进程,有利于村寨形成稳定的生活。村寨稳定的生活,有利于村寨文化慢慢积累,有利于积累下来的文化在口头传承环境下得以保存和延续。

二、村寨远离权力中心而内部实则暗流涌动

中原大地在从蒙昧时代进入野蛮时代的过程中发生过一系列战争,如果将炎帝和黄帝的战争、炎黄与蚩尤的涿鹿之战、共工怒触不周山等传说剥去其神秘外衣,都能发现那个时代部落战争的深沉印迹。可是在贵州,从考古学界发掘的大量旧石器时代遗址中,居然还没找到一个具有代表性的新石器文化遗存。这看似是考古发掘的遗憾,其实反映了贵州社会发展进程的一种状态,即古人类运用简单的石器就能在洞穴密布、气候多样和森林茂密的贵州自在地生活,不必竞争,社会长久停留在没有贫富分化的阶段。在黄河中下游处于夏商周奴隶制国家统治期间,贵州的历史几乎一片空白,虽然有些学者认为甲骨文

中的“伐鬼方”就是征讨贵州，但是更多的学者认为“鬼方”乃西北而非西南，与贵州没有关系。也有人根据《尚书·牧誓》记载，认为周武王伐纣时招募的诸多部落中包含着“濮”，从而推论贵州原住民参加了这次王朝更迭的战役。其实这种推论非常牵强，贵州原住民当时固然多为濮人，但濮人并非只分布在今贵州，我们实在难以想象贵州濮人在那时的交通状况下怎样集结到西北关中，也难以想象力量尚不强大的周武王怎么会把他的势力影响到贵州，并使贵州的濮人从数千里外的高原转战于渭水平原。因此可以断言，《牧誓》所言的“濮”，并非夜郎故地的濮人。周武王建立政权之后，贵州没有发生变化，这也从一个侧面说明贵州的濮人参加伐纣战役这件事缺少证据。

春秋战国时期是中国制度变迁和文化发展的重要阶段，贵州的东方建立了雄霸一方的楚国，北面出现了政权持续数百年的巴国和蜀国，而有关当时贵州的社会面貌没有留下任何文字记录，今天发掘的零星遗址残片也不能拼凑出当时贵州社会的基本轮廓。

战国末年，秦国灭楚、灭巴、蜀，今贵州的东部和北部在略有震动之后便很快恢复平静。直到汉武帝的使臣唐蒙在南越国的宴会上吃到“枸酱”，才从偶然的谈话中得知牂牁江流域早就存在着一个“夜郎”方国。甚至到汉武帝的军队就要开赴贵州时，夜郎的君长居然还不知道汉帝国究竟有多大。贵州和权力中心相距太遥远，权力中心几乎可以不考虑贵州的存在，贵州在几乎没有受到权力中心干扰的环境下获得了清静和自在。汉武帝曾几次投入巨大精力开发西南夷，其实真正的动机是为了征服盘踞在珠江下游的南越国，或是为了打通包抄北方匈奴的另一条道路，当其动机实现之后，贵州再次恢复平静。

汉帝国对西南夷的开发结束之后，贵州陷入了千年沉寂。蜀汉经营南中，贵州至多只能感受其余波；大姓率部曲垦辟南中，贵州似乎只在扮演看客。隋唐一统山河后大规模治理边疆，在东北设立靺鞨都督府和渤海都督府，在西北设立北庭都督府，与吐蕃和亲，与南诏征战，而贵州仍然是“羁縻而已”。五代十国分裂割据，小朝廷外事征伐，内修政治，贵州依旧在高山丛林里保持宁静。宋太祖赵匡胤黄袍加身后，势如日中，却在大渡河畔挥举玉斧，把贵州作为境外天边。

由于远离政治中心，生活在贵州的人们没有经受权力争夺的灾难，没有承受战争之下血流成河的心灵创伤，没有看见村庄夷为平地的悲剧。所以，他们习惯了慢节奏生活，延续代代相传的文化，祖祖辈辈居住的村寨得以保全。村寨生活安详、组织结构稳定，村民对未来没有强烈的期许和美好的憧憬，他们更多的是对现状的满足和享受，对祖先历史的回忆和尊重。

而另一方面，村寨之间或因为历史上的怨隙，或因为现实中的摩擦，往往存在冲突。贵州西部以彝族为主并居于主导地位，彝族统治者与僰、苗、仡佬、仲等不同的民族之间存在矛盾。尽管当时的彝族村寨内部民族成分单纯，但散落在广大地区的彝族村寨总是和其他民族的村寨交错，冲突时有发生。在彝族内部，已经出现黑彝和白彝的分化，部分黑彝和极少数白彝属于身份尊贵的统治者。白彝中除了一部分为自由身份的劳动者外，多数白彝和其他民族地位卑微。因此，村寨冲突的绝大部分在本质上不是民族之间的冲突，而是彝族上层在利益争斗中挑唆的民族矛盾，利用黑彝和白彝的分歧有意制造摩擦。从目前掌握的文献资料可知，宋代乐史《太平寰宇记》卷八十八就有关于冤家械斗的记载，贵州西北部和四川南部毗邻的罗氏鬼主辖区四十八房之间"含冤则累代相酬"。彝文典籍《西南彝志》则说彝族部落之间的冤家械斗可以追溯到遥远的古代。传说在始祖仲牟由之后不久，其内部开始发生分化，大体相当于汉文典籍中的魏晋时期，"六祖"各部落之间经常因为争夺牲畜、土地而发生械斗，战败的部落就沦为奴隶。彝文典籍在叙述武家族的起源时，讲述了布、糯阔博、洛额古三个家族经常发生冲突，甚至因为一个系于马脖子的铃铛也可以引起彼此对垒厮杀。[①] 在介绍糯家族的起源和发展时，典籍也讲到糯家族在署苦时代被武家族征服，牲畜被抢夺，妇女受奴役的情况。[②]

这种部落冲突、家族矛盾直到明朝初年也没有任何缓解的迹象，当明朝的军队开赴乌蒙、乌撒、东川、芒部等彝族分布的区域时，明太祖反复提醒将领关注彝情，指出这里的彝族长期都是"无事则互起争端，有事则相为救援"，切勿卷入纠纷。明太祖同时也警告彝族各部落首领，"凡有诉讼，须得经官陈理，毋得擅相仇杀"。[③] "无事则互起争端"反映了彝族所在地区的村寨之间的关系，"有事则相为救援"揭示出彝族村寨对外的关系，凡有词讼不经官方审理便相互仇杀则表现了彝族村寨处理纠纷的方式。

在湘黔交界的巫溪地区、黔东南和黔南地区，以及范成大《桂海虞衡志·志蛮·蛮》记载的黔西南，"地与牂牁接，人椎髻跣足，或著木履，衣青花斑布，以射

① 毕节地区彝文翻译组译，毕节地区民族事务委员会编：《西南彝志》（第5-6卷），贵阳：贵州民族出版社，1992年，第44-45页。

② 毕节地区彝文翻译组译，毕节地区民族事务委员会编：《西南彝志》（第5-6卷），贵阳：贵州民族出版社，1992年，第217-218页。

③ 钱伯城，魏同贤，马樟根主编：《全明文》第一册，上海：上海古籍出版社，1992年，第520页。

猎仇杀为事”。该书《志蛮·瑶》又云:当时的瑶族“俗喜仇杀,猜忍轻死,又能忍饥行斗……沿边省民,因与交关,或侵负之,与缔仇怨,则又私出相仇杀”。《宋史》卷四九三《蛮夷一》曰:“狫䝤之性便于跳梁,或以仇隙相寻,或以饥馑所逼,长啸而起,出则冲突州县,入则负固山林。”朱辅《溪蛮丛笑·仇杀》曰:“夷性好杀,一语不合,便刺以刃。百十年必报,乃已。”大量的文献记载传递出两条信息:其一,这个时期贵州少数民族的村寨内部多是至亲,村寨外或为姻亲,或为仇敌;其二,处理村寨之间的敌对关系,要么通过合款,缔结款约,达成谅解,进而形成姻亲关系,要么继续敌对,直到一方妥协或者弃村而去。敌对仇杀一方面使村寨之间不和谐;而另一方面,它加强了村寨内部的团结,每一个村民都不可能脱离村寨而独立存在,都有捍卫村寨的责任。在不和谐的状态下,村寨的地理边界变得非常明晰,在与相邻村寨的对抗中不断强化着对本村寨的保护意识,因此坚守了本村寨的文化,突出了村寨之间的文化差异性。

三、村寨文化特色随着民族的形成而分明

历史文献在介绍汉代以前的贵州主体居民时,多以“濮”或“百濮”相称,而对此后的主体居民记载就出现了“夷濮”“越濮”和“濮僚”等称呼。微妙的变化,反映出这里的居民成分增加。学术界很多人认为,在唐宋时期,西南的“苗蛮”或“苗瑶”正式分化为苗族和瑶族等民族;从前的一部分濮人演化为仡佬族;廪君蛮、板楯蛮等发展为土家族;在南北盘江的骆越发展为仲家(今天的布依族),还有一些骆越人顺着龙江、红水河、都柳江自南向北进入贵州,分化为侗族、水族、毛南族。[①] 乌蒙山一带的“罗罗”建立过罗氏鬼国等地方政权,他们属于彝族的重要分支。白族、回族、蒙古族等在宋、元时期进入贵州,开始在贵州扎根。

明代以前生活在贵州的诸多民族,虽然他们社会发展的进程不完全一致,人群的规模也不一样,但是在他们生活的年代,贵州远离中央王朝的权力中心,他们根据自己的历史文化和现实处境选择居住方式、生活方式。自南向北的骆越各支系,村寨建立在河流沿岸,房屋的形制仍然和南方的越人风格一致,《新唐书》卷二二二下《南蛮传》里记载的“南平僚”所居之屋为“干栏”“人楼居,梯而上”;《岭外代答》卷四《巢居》记载的“深广之民,结栅以居,上施茅屋,下豢牛豕”;《桂海虞衡志·志蛮》所记载的“黎”民,其“居处架木两重,上以自居,下以

① 侯绍庄,史继忠,翁家烈:《贵州古代民族关系史》,贵阳:贵州民族出版社,1991 年。

畜牧”,此类建筑在贵州南部村寨随处可见。他们仍然喜爱历史上的铜鼓,在聚会、节日或者重要活动时,村寨就会击铜鼓。他们以稻作为主,很多节日都和稻作生长周期保持一致。

传说中的“三苗”或“有苗”,迁徙到贵州的时间有先有后,迁徙过程各不相同,到贵州后所处的自然环境不一样。虽然在语言上保留着一部分共性,在口头传说中有一些基本一致的记忆,在服饰上还有零星的共性,但是在生活习俗上差别很大。黔西北高原上的苗族经营旱地农业,长期受当地彝族上层的压迫和剥削,所以他们的劳动工具、饮食结构、房屋构造、歌舞风格、服装款式都不同于黔东南苗族。黔东南和黔南苗族在清代“改土归流”之前大多还没有出现社会的两极分化,他们既有自己的文化传统,又与侗族、水族、布依族等交错居住,文化上就有了相互吸收,兼具稻作文化和狩猎文化的特征。黔东北腊尔山苗族和湘西、鄂西苗族同属一个支系,呈现出另一种文化景观。黔北的土家族和汉族的接触更多,语言、服饰、建筑、劳动方式等都受到汉族影响。文化是民族的灵魂和重要标志,文化在社会生活中不断创造和积累。因此,马克思主义者认为,民族是历史发展的产物。村寨作为文化的载体,它既由村民创造,承载着历史文化,体现着当下文化,又规范着村民的行为,约束着村民的思想。村民属于村寨,服务于村寨。

学术界认为当时生活在贵州的各少数民族形成于唐宋时期,换言之,作为民族显著标志的文化特征在这个时期已经彰显。民族文化的个性形成只是一个结果,形成过程却很漫长,而且受到许多因素制约,自然环境和人文环境就是重要因素。

从自然环境方面而言,贵州地貌和气候差别很大,农业生产的条件各地也不一样。明代开始出现大量的“地方志”,从此有了丰富的文献资料,从其记载中可以发现,“田无顷亩”是相当普遍的事实。另有不少文人的诗词也不乏对贵州的描述,“耕山到处皆凭火”几乎也是常见现象。在土质好的地方,人口多、生存压力大,环境迫使人们提高生产技术,其文化中反映出竞争意识。在地广人稀、森林茂密的地方,村寨之间的交流少,村民生活节奏慢,其文化中反映着对自然的敬畏和依恋。黔北和汉族接触较多,今正安县在汉代就出现了尹珍这样的汉学大师,今沿河县黎姓在宋代就已居住于鸾塘寨,建造鸾塘书院①,黎錞在治平年间就“钦点状元及第”。

① 高志刚:《论明代贵州书院发展及对贵州区域文化的影响》(硕士学位论文),贵州师范大学,2008 年,第 14 页。

从社会环境方面而言，贵州虽也在战火硝烟之外安详地呼吸着大山的空气，虽也在西部出现过几个地方政权，虽也在云南马和乌蒙马的交易中了解到了一些外地信息，但直到元代才在今天的贵阳有了一座低矮土墙围绕的城市。长期没有城镇，没有集贸市场，没有集权统治，甚至绝大多数地方没有阶级分化。整个贵州都是乡村，并且是“自组织”的血缘关系的乡村。在村寨长老的权威下，村民充分享有民主，高度崇拜祖先，虔诚信奉鬼神。

中国学者费孝通、美国汉学家费正清都认为在高度中央集权制的中国封建社会，国家行政权力只影响到县，基层乡村主要靠乡绅管理。可是，贵州在元代尚无独立的行政机构的建置，分别隶属于湖广、四川和云南行省，虽有“八番顺元都元帅府”“思州军民安抚司”“播州军民安抚司”“新添葛蛮安抚司”“乌撒乌蒙宣慰司”“亦溪不薛宣慰司”等土司机构，但它们不可能从根本上改变长期以来各部落、各地区“世积威约”“自相雄长”的局面，它只是从制度上结束了“附则受而不逆，叛则弃而不追”的羁縻统治时代，贵州广大地区的乡村还是延续着传统。贵州处在土司管理中心地区的人们，与外界发生了越来越多的信息交流，在文化和心理上逐渐产生更多的认同，对中央王朝形成强烈的权力归属感；而那些在权力边缘地带的少数民族村寨，没有臣民意识，只有模糊的民族意识和鲜明的村寨意识。

语言是构成民族内涵的重要组成部分，不同的社会群体和不同生活区域有不同的语言习惯，人们通过语言判断对方的民族和文化区域。语言学大师萨丕尔断言：“语言不单是一种记录经历的方式，更是一种界定经历的方式。”摩尔根在《古代社会》一书中认为，方言是分裂出去的部落由于特定的社会语境而形成的，有多少种方言，就有多少个部落，部落和方言大体在范围上是一致的。贵州村寨生活封闭，清晰的地理边界内化为心理边界，坚守自己的语言，并以此作为与其他群体相区别的标志。这种心理边界又进而导致文化保守，村寨之间在语言上就难以沟通。据史书记载，隋唐时期，蛮夷“僻处山谷者，则语言不通”。宋代《太平寰宇记》记载：“务川汉僚杂居，言语各异，其风淫祀。”明代弘治《贵州图经新志》也记载：“蛮僚杂居，言语各异：居西北者若水德江蛮夷，沿河、婺川者曰土人，有土语彼此不相谙，唯在官应役者为汉语耳。”直到明嘉靖年间《思南府志》仍记载“蛮僚杂居，语言各异”“居郡东南者，若印江、若朗溪号曰南客，有客语，多艰𫛞不可晓”。

语言是民族文化的重要载体，也是民族文化的重要组成部分。民族村寨长期保持自己的语言，从而也就把许多文化信息保存在语言之中。贵州少数民族在历史上语言互不相通，村寨之间因语言不通而交流困难，从而也导致其文化在空间范围上的传播受到限制。一个民族的语言蕴含着他们对世界独有的认知，凝聚着他们在漫长的历史过程中获得的生产生活经验。一个民族的传统文化，在很大程度上依靠本民族语言来传承。少数民族村寨使用自己的民族语言，大多数的民族村寨不通汉语或其他民族语言，村寨不仅是一个生活圈，也是一个文化圈。由于有的少数民族本身就没有文字，即使有文字的民族，在村寨中的使用率也比较低，因而在大多数少数民族村寨，口传文化成为村寨文化的主要特点之一。在民族村寨口传文化中，文学是重要的构成部分，它包括民族神话、史诗、传说、故事、民歌、民谣、谚语等。民族村寨文学并不是纯粹意义的文学，或说成熟的纯文学——即文人创作的文学。它是民族群体的集体创作，同时也是包含民族的宗教、历史、哲学、道德、法律、生活经验和知识等的复合体，能通过各种仪式或日常生活代代口耳相传。至今在所调查的民族村寨中，还能找寻到它们曾经存在的痕迹。

由于传统社会结构的沿袭，因此传统文化也一直以它自己的历史方式在进行传承。村民使用自己的民族语言，一如既往地讲述着祖先留下的故事，唱着古老的歌谣，身着传统的服装，服从长老或头人的指挥，按千年不变的古训做事。由于“不以牛耕，但为畲田，每岁易”，村民需要迁徙，村寨必须在人口增加后再分化。这种迁徙和村寨分化，不仅只是空间的扩展，传统文化也不断随着空间扩展而传播，而且迁徙和分化出去的村民又因为与原来的村寨空间阻隔，各自在失去交流之后，在新的环境中创造出属于自己的文化。所以，他们的文化保留着历史上的共性，同时又有自己的个性。黔东南从江县高增侗寨流传的一首《祭祖词》和黔南三都水族的《在西雅，上广东》都追述了他们的祖先原来居住在南方，因为南方没有吃的，哥沿浑水河上去，弟顺清水江下去，中间的公渡过了河，过浑水来到丹州。这种传说生动地说明他们的先辈原本生活在一处，拥有共同的文化，迁徙之后各自适应新的环境，丰富着传统文化。尽管侗族和水族今天的文化有明显区别，但是依旧能找到很多共性，语言上还能找到许多相同的词汇和表达方式。在许多建筑、服饰和习俗并不完全相同的苗族村寨，他们的巫师在为逝者超度时都要唱“指路经”，意在引导逝者的灵魂回溯世代迁徙的路径回到发祥地，其中年代较远的迁徙路径几乎一样。这种文化现象足以说明，他们的先辈原来属于同一支系或同一村寨。

不仅各民族的村寨在文化上呈现个性，而且同一民族在这一阶段发生分化，形成不同支系，各支系的村寨在文化上体现出个性。黔东北、黔东南和黔西北在明朝之前都已有苗族村落，属于不同的支系，村寨文化风格各不一样。定居于贵州的白族在史书上称为“摆夷”，逐渐形成了不同于云南白族村寨的文化。布依族在发展中形成了几个土语区，土家族在分布范围扩大后也出现文化上的差异，侗族从南至北不断延伸的过程导致南部侗区和北部侗区的文化风格不同。

四、少数民族村寨中汉文化的历史层累

在明代以前，贵州是一个“夷多汉少”的地区，汉族人口和汉族分布地区都还有限，但是汉族人口在这个时期也在不断增多，汉族分布区域在不断扩大，汉文化的影响力在不断增强。据说在战国末年，楚国大将庄蹻引兵入滇，其中有一部分军人流散在贵州，后来的很多史籍都对此有零星记载。尽管庄蹻的军队经过贵州的路线和流散在贵州的人数等至今还没有得出一致的结论，但是谁都没有否认这件事的真实性。春秋战国时期，中原战败的宋国人和蔡国人有一部分避难来到贵州，史书记载后来贵州的“宋家蛮”“蔡家蛮”就是其后裔。“宋家，春秋时宋人之裔，为楚所俘，放之南徼，遂流为夷，宋宣慰祖也。”“蔡家，即蔡人，亦为楚所俘者。”[①]战国末年，秦国灭楚、巴、蜀，今贵州东部的有些地方置于黔中郡，在行政区划上和“中州”归于一体。秦统一天下后，令常頞在原来的“僰道”基础上继续修筑“五尺道”，一直从四川的泸州延伸到今贵州西北和云南曲靖，《史记・货殖列传》称“栈道千里，无所不通”。

真正使贵州感受中原文化的时间在汉武帝时期。他在公元前 134 年发巴蜀兵修“南夷道”“自僰道指牂牁江”。随后，在公元前 130 年，再次征调巴蜀兵，“治南夷道，作者万人”。公元前 112 年，汉武帝在发兵攻打南越之后，回师西南，灭掉这里各不相属的部落，设置郡县，“募豪民田南夷”。20 世纪下半叶，在贵州北部的松桃县、务川县，中部的平坝区，西南部的兴义市和贞丰县都发掘出汉墓遗址，足以说明汉族村寨有了一定的规模，汉文化已成为贵州文化的一个重要组成部分。

但是，两汉时期设立在贵州的牂牁郡，按照地缘关系管理的主要是汉族移民。汉代从事屯垦的移民通常都集中居住，有自己的生活区，与当地人很少来往。随着封建王朝势力衰弱，移民与中原汉族地区联系阻断，在以后漫长的岁月里，逐渐被当地人同化了。魏晋时代，董、龙、傅、尹等“南中大姓”凭借其实

---

① 杜文铎等点校:《黔南识略・黔南职方纪略》，贵阳:贵州人民出版社，1992 年，第27 页。

力，很快控制了当地的大权，地位尊崇，其后代在隋唐时期被中央封为刺史，但这仍然改变不了他们的家族被同化的命运。

此后历代皆有流寓官员或百姓来到贵州，他们散居在少数民族聚居区，结果都被当地民族同化。例如，清朝嘉庆年间张澍编纂的《续黔书》云："八番者，大龙番、小龙番、卧龙番、洪番、程番、石番、卢番、韦番也。五代时，楚王马殷遣八姓帅率邕、管、柳州兵讨两江溪洞至此，留军戍之，遂各分据其地，号八番。"[①]道光年间罗绕典在《黔南职方纪略》卷七也有相似的记述："卧龙番长官龙氏，管卧龙诸番。其先歙县人。隋炀帝大业中征马平蛮有功，因家焉。有曰德寿者，于楚王马殷时为大将，阶怀化将军，将兵征南宁州，戍之，久之遂授南宁州刺史，代莫氏世袭职。"[②]今天居住在惠水县的龙氏是当地的一个大家族，世代相传的口述能准确地说出先辈的名讳以及祖籍，并且能够描述其先祖龙德寿带领兵马驻扎于此的历史。当地的程姓、石姓、韦姓等也讲述同样的故事，由此可见文献记载必有其渊源（图 2-2）。又例如："平伐长官司庭氏，管平伐工固诸寨。其先本姓滕氏，灌县人。五代末仕蜀孟氏，征南有功，授宾化令，世守其土，号曰滕

图 2-2 惠水县城郊的龙德寿墓，当地龙姓村民世代讲述他们的先祖率军开辟卧龙番的历史。现在生活于此的龙氏，已经和当地少数民族在语言、服饰、建筑和习俗上都完全一样。

---

① 《黔书·续黔书·黔记·黔语》，贵阳：贵州人民出版社，1992 年，第 183 页。

② 杜文铎等点校：《黔南识略·黔南职方纪略》，贵阳：贵州人民出版社，1992 年，第 344 页。

番,因居蛮日久,滕讹为庭,宾化讹为平伐。”①我们由这些文献和口述可以了解到在那个时期,到贵州的汉族人开始增多,以及他们来到贵州的原因和方式。

播州土司杨氏在今遵义地区雄霸几百年,其先祖杨端原本是太原人,唐代末年统领军队来到贵州。杨端的后代没有改变被“夷化”的结局,但是并不能说他和他的军队带来的汉文化荡然无存了。水东宋氏在元明时期是贵阳附近最有影响力的少数民族首领,有些人说他的先辈是春秋战国时期来自中原的宋国人,也有传说认为其始祖宋景阳乃河北真定人,于开宝八年(975),累官至宁远军节度使。《嘉靖贵州通志》和《康熙贵州通志》记载:“广右诸蛮作乱,诏景阳率师征之,悉定广右。复进兵都云、贵州等处,西南以平,诏建总管府于大万谷乐等处,授景阳宁远军节度使都总管以镇之。景阳抚绥劳来,甚得远人之心,而柳州、庆远之民多归附,其苏、赵、周、高、兰、蔡、南容七姓者,举族附焉。”正因为这个身份,水东宋氏管理的12码头在对待汉文化上比水西48部更开放,明清时期接受汉文化更快、更全面。

在黔东北至今广受当地侗族景仰的杨再思,文献同样记载他的身世属于中原汉族:“诚、徽州:唐溪硐州,宋初杨氏居之。(考《嘉靖志》云:五代梁,杨再思以左仆射为诚州刺史,有遗爱。及卒,民庙祀之。《康熙志》云:杨再思据诚州,称刺史,然有功于民,土人尸祝之。宋追赠英惠侯。吴振棫《黔语》云:靖州杨再思,太原人,五代初,居五溪,有部曲,规飞山而据之,自号飞山令,不臣马氏,而自通于中朝,朝廷因其所称者而命之,以示羁縻,子孙世相袭。宋初改授诚州刺史。据此,是杨氏之据诚州,盖五代时也)号十硐首领。以其族散掌州硐。”②今天一部分土家族、侗族村民都追认杨再思为先祖,这一现象可以说明两点:其一,杨再思带来的汉文化扩散到了当地的土家族、侗族等少数民族;其二,他和将士的后代逐渐融合到当地少数民族之中。另据《宋史》卷四九四《蛮夷二》说:“梅山峒蛮,旧不与中国通,其地东接潭,南接邵,其西则辰,其北则鼎澧,而梅山居其中。”这段记载反映了“梅山峒”在宋代就由不通王化的“生界”变成与中原的经济文化很接近的“熟界”了。虽不能说“梅山峒”走向开化是因为杨再思,但可以肯定,杨再思和其他汉族人进入“梅山峒”是这里变成“熟界”的重要因素。

从《元史》的记载可知,元代在贵州有了零星的屯田,元世祖立乌撒路军屯,

---

① 杜文铎等点校:《黔南识略·黔南职方纪略》,贵阳:贵州人民出版社,1992年,第354页。

② 任可澄主纂:(民国)《贵州通志》,贵阳:贵州人民出版社,1988年,《土司志一·土司以前之君长》。

以爨僰军114户驻扎当地。又设立东川路民屯，安置爨僰军80户。至元十六年(1279)，刘继昌招降西南诸蕃，留3 000兵戍守。不久，又派遣军队戍守黔东重镇黄平、镇远。后来，黔西北的亦奚不薛反叛，派出三省之兵镇压，在至元二十年(1283)，“立三路达鲁花赤，留军镇守，命药剌海总之，以也速带儿为都元帅宣威使”。又“益兵戍守”其地，日久便从屯兵变为村民，由军营变为村寨。

以上列举的诸多文献记载，至少可以说明贵州在明代以前就不断有汉族人进入。尽管在明朝以前汉族对贵州影响有限，但是汉文化的影响在贵州有一个“层累”的历史。汉族移民以群体形式来到贵州，他们的定居点就是一个个村庄。大量的遗址发掘，能够充分证明两汉时期的中原移民已经将水田耕作技术引入黔中。西汉曾经发配“奸人”到西南夷，鼓励中原百姓迁移，“募豪民田南夷”，由此输入了大量的具有先进生产技术的劳动者。又经东汉龙、傅、董、尹等南中大姓率部曲垦种，他们在贵州开垦了土地，建立了封建生产关系，领主制经济开始推行。

移居贵州的汉族由于和中原的交流受阻，汉语言、汉文化被稀释到少数民族文化之中。同时也不能否认，来自中原的人们将他们的文化一点点地向贵州渗透，使贵州少数民族的汉族村寨不断增多，不断地增加中原农业文明、儒家文化和道家文化的色彩。汉语言、汉字被带入贵州，特别是在元代建立社学，使少数民族的语言表达中汉语成分增加，为贵州少数民族增加了汉字书写。

早期进入贵州的汉族移民几乎不可能个体迁徙和独立地定居，他们几乎都是军事移民或政治移民，都跟随着经济文化共同体一起向贵州迈进，在群体内部彼此保持着密切联系。此时贵州地广人稀，当移民迁徙到贵州时，表面上处于政治的强势，其实被包围在少数民族之中，处于劣势。这就决定了他们必然要保持团结，以经济文化共同体为单位；也决定了他们对自己的文化倍加呵护，其民族记忆的核心内容在共同体内部传播。由此不难理解，今黔南惠水布依族地区的“龙蕃”能够通过口传，将他们龙氏家族迁徙的历史如此清晰地流传下来。

在这个阶段，不同的经济文化共同体之间的接触不太多，少数民族的村寨与汉族村寨有明显的地理边界，彼此没有形成有效的文化互动。汉族相邻村寨会保持经常的联系，而被少数民族分隔的汉族村寨就不可能长期保持联系。

第二节　明清时期：贵州少数民族村寨文化变迁

贵州在明朝被正式纳入中央直接行政管理，清朝前期基本废除土司制度，从政治制度到生产关系发生了巨大变化，人口数量和人口结构也在这个时期开始转变为“汉多夷少”，汉文化逐步成为贵州的主体文化。少数民族的村寨以及村寨文化因为中央权力的确立和社会制度的变革而发生了重大变化。

一、村寨布局发生改变

明清时期的贵州，人口骤然增加，民族成分和社会结构都发生了变化。村寨文化既是民族关系的产物，也体现着民族关系。

（一）明代汉族村寨嵌入少数民族地区

据不完全统计，贵州全省目前具有600多年历史的传统村寨不少于1 800个。这么多风格各异、充满魅力的村寨，多数都是明朝以后形成的。村寨的形成以农业为基础，村寨的建立以建筑技术为前提。贵州的农业在明代出现飞跃，贵州少数民族在明代才真正摆脱“层巢而居”的状况，贵州的民族分布格局在明代发生大调整，贵州的村寨布局在明代奠定基础。锦屏县隆里是明朝洪武年间设立的军事驻点，石阡县楼上村汉族村寨的历史起源于明朝初期，铜仁市茶园山庄的开基时间在明朝中晚期，镇远县的三清洞和平坝区的云鸠山都始建于明代。还有散落在贵州各地的万寿宫，都是明朝建立以后，以江西人为主的外地人建造的。虽然在乌蒙山地区，彝族的社会组织早就形成了，但明朝在这里设置贵州宣慰司并布防多个卫所，改变了其村寨的政治格局，特别是奢香修筑驿道，改变了其村寨的自然环境和社会环境。虽然黔西南在宋代就处于岑氏及其部将的统治之下，在元代就推行了亭目制，但亭目制最终在明代孝宗弘治年间才完成，当地布依族的生活在明代才出现大的改变。虽然黔东南苗族和侗族有些村寨可以把历史推进到宋代，其真正形成是在清代“改土归流”以后，但明代设置平溪、清浪、镇远、偏桥、兴隆、清平、铜鼓等卫，建置黎平府、思州府等行政区，起到了承前启后的作用。现在，很多少数民族村寨以明代的军事驻地命名，很多少数民族村民能讲述其先辈在明代迁徙贵州的故事。

村寨是家园，是贵州传统文化的载体，而明代就是贵州家园建设的关键时期，是贵州传统文化再整合与再发展的重要时期。贵州到处都烙着明朝的印迹，可以说，明朝是贵州的“成人礼”，贵州今天的民族文化、村寨布局基本上在明代定型。从这个时期开始，驿道沿线、土地肥沃的平坝基本上成为汉族村寨分布区，少数民族一步步退居到驿道外围的山区和河谷地带。

明代在贵州派驻大量的军队，“开一线以通云南”。洪武年间贵州已有18卫和两直隶千户所（尚不包括现在贵州境内的湖广六卫），重点布防在驿道上以确保交通畅通。一方面，以牺牲贵州本地人民利益为代价，世居贵州的人民用简陋的工具辛勤开垦的土地被无情地剥夺了；另一方面，屯军几乎都驻防在交通便利、地势平坦、土地肥沃、灌溉便利的地方，原本生活在这里的本地人民被迫转移至自然条件差的边远山区。当他们新开垦的土地有所改善后，又被屯军和外来移民侵占。当地人民一步步退让，最后导致大多数原住民的村寨分布在生存环境恶劣之处。在明代，贵州出现了前所未有的大规模开发，也引起了从未有过的动荡与不安，社会发展进程迅速加快，当地人民的生活却更加恶化。

朝廷的军人及其家属建立的汉文化村寨控制着驿道沿线，“填南”的普通移民依附在卫所周围。普通移民在明朝中后期也进入贵州，他们或沿着陆上交通线或顺着水路进入。（弘治）《贵州图经新志·镇远府·形胜》记载，明中期的镇远“城堡罗列，长江大河舟楫通利，辰沅以此为上游，云贵以此为门户，商贾辐辏，物货富饶，亦徼外一都会也”。《思南府志》卷七记载：“弘治以前，川民不入境”“弘治以来，蜀中兵荒，流移入境”。“流移之人亲戚相招，缰属而至。日积月累，有来无往。”乌江两岸在文化风格上与巴蜀非常接近，开发程度也相当高。万历三十二年（1605）九月，吏部在向皇帝请求将水德长官司改为县治的呈文中说：“思南为黔中首郡，文风渐盛，华民日繁。”㵲阳河连接着湘黔，故而河流上游的镇远在语言和风俗习惯上颇类湘人。镇远因水陆交通便利，人员往来不断，从事不同职业的人们在此会聚，故而其民居、宗教都呈现出包容性，至今沿用的侯旗屯、郭家屯、魏家屯等地名，都留下了那个时期民屯和商屯的印记。

明代最早建立的府州县几乎都分布在贵阳的东西两侧，形成纺锤状。永乐十一年（1413）创立贵州布政使司，治所设在贵阳，统领八府三州一宣慰使司。思州、黎平、新化、石阡、思南、铜仁、乌罗、镇远在贵阳以东；安顺、镇宁、永宁三州和贵州宣慰司位于贵阳以西。凡建立府县的地方，都有许多汉族村寨，如今天锦屏县的隆里、石阡县的楼上村等。而且当地的少数民族村寨也逐渐开化，正如《思南府志》的“后序”所说：“入我皇明永乐以来，始革去宣慰氏而设郡立学，于是土著之民无几，而四方流寓者多矣。”黔东北的铜仁，凭着锦江吸引了四川人、湖广人和江西人，（弘治）《贵州图经新志》说铜仁“郡居辰沅上游，舟楫往来，商贾互集，渐比中州”。

总体而言，直到明末万历中期，汉族村寨还没有深入到交通线外围的广大地区。贵州巡抚郭子章在一份奏折中说：“贵州一省苗仲杂居，国初虽设贵州、新添、平越、威清等十四卫，分布上下，以通云南之路，北连四川，东接湖广，南通广西，皆苗贼渊薮。”在这样一个少数民族广泛分布的地方，作为征服者的中央王朝军人，事实上也不敢以小股力量分散到少数民族腹地，只能大批驻扎在便于互相增援的交通要冲，并修建坚固的城堡守卫其中。生活在卫所的军士人数多，籍贯相同，有利于将原居地的文化移植过来。他们又相对封闭地集中在一起，因此不致被少数民族包围而使文化被淹没。更重要的是，中原普通移民沿着驿道相继而至，不仅使点状分布在卫所的军人和游动在驿道上的普通移民连接起来了，而且普通移民入黔后，往往在卫所的外围定居，不断地给卫所移民输送中原文化的新血液；同时，在少数民族与卫所中间起到了文化碰撞的缓冲作用。卫所外围的普通移民越来越多，以卫所为圆点的中原文化圈随之辐射扩散，人流不绝的驿道将日益扩散的卫所各点串联起来。

汉族村寨主要集中在驿道和设置府县的地方，而在少数民族集中分布的土司管理地区也有一些汉族村寨。明代中央王朝在削弱土司势力和扩张封建专制集权方面，具体运用了以下四种办法：一是凭借自己的军事实力强行占领战略要地，“分土建卫”，形成汉族村寨区。在土司原来控制的范围之内直接设立卫所，以卫所为据点，伺机向四周延展，形成以汉族村寨为中心而少数民族村寨环绕四周的格局。二是中央王朝的军队与贵州土司在同一个地方并存，同治一地。卫所不以扩张地盘为目的，而是为了对土司形成监视，保持着随时能够打击土司力量的态势，这里的汉族村寨和少数民族村寨并立，而汉族村寨处于强势。三是中央王朝实际上已经控制了该地区，但允许该地区的土司残余继续存在，形成“卫管土司”的格局，土司在很大程度上仅是一种政治象征，权力已被削弱，少数民族的村寨只是零星分布。四是将土司势力从根本上废除，用府州县取而代之，全部纳入中央管理系统，基本上变成汉族生活区，感受不到少数民族的文化气息。因为贵州各地的自然条件和战略地位不同，经济发展水平不一致，受中原文化影响的程度有深浅，对待中央王朝的态度也不一样，所以明朝处理贵州土司的方法也有差别，汉族村寨分布的情形不完全一样。

另外还有一种情形，在卫所废弛、中央王朝力量衰弱的时候，少数民族卷土重来,造成汉族村寨和少数民族村寨交错分布。在(万历)《贵州通志》中有很多记载,如卷六《普定卫》云:“汉夷杂处,风俗各异。”卷七《安庄卫》云:“人性淳朴,地杂百夷。”明崇祯十一年(1638),徐霞客在游历至贵州安顺、关岭一带时,曾感叹“各州之地,俱半错卫屯,半沦苗孽,似非当时金瓯无缺矣。三卫(指普定卫、安庄卫、安南卫)之西,为水西所苦,其东又诸苗杂据,惟中一道通行耳”①。

(二)清代汉族村寨在少数民族生活区交错分布

明朝末年贵州经历战乱,到清代顺治年间,汉族村寨已为数不多。到了“康乾”时期,村寨的分布格局发生变化,最突出的是康熙初年吴三桂将水西48部“改土归流”,结束了彝族土司的统治;雍正年间,鄂尔泰、张广泗在“生苗”地区推行“苗疆归流”运动,将贵州南部地区的少数民族全部纳入“王化”,当地的村寨文化因此发生改观。

清代的移民虽然也像明代那样在交通沿线的城镇从事商业、手工业,但他们又不局限于城市,有相当多的人向少数民族居住的地区深入。即便在经历过血雨腥风的苗疆腹地,政府明文禁止汉人擅闯苗疆,清代仍然有不少人“依傍屯军,潜身汛堡而眈眈苗寨者”。即便苗疆地区山高林密,毒蛇猛兽横行,但“荒土辽阔,贫民挖种住居既久,日渐增多”。这些外地移民大多是随意性的迁徙,彼此间也没有组织联系,他们零星分布,不成规模。也正因为他们分布广泛才波及面大,各显其能才影响深远,包括了文化和生活的各个层面。正如罗绕典在《黔南职方纪略》序言中所说:“来五方之民,有善必有莠,有醇必有薄,有勤必有逸,不能以有莠而并绝善,以有薄而兼拒醇,以有逸而概斥勤。”道光十四年(1834),贵州总督阮元、巡抚裕泰在给皇帝的一道奏折里说:“始不过数十人散入苗疆租种山田,自成熟后获利颇丰,遂结盖草房搬运妻孥前往。上年秋冬,由湖南至贵州一路,扶老携幼,肩挑背负者不绝于道。”贵州东南部与湖湘毗邻,雍乾年间不准人们擅自闯入苗疆的封禁,到此时已有明显松动,前朝小心翼翼流徙苗疆的移民在屯军的庇护下建立了比较稳固的根基,这些都给随之而来的外地人营造了生活氛围。道光六年(1826),贵州巡抚嵩溥对全省各厅客民详加调查,统计全省“各处买当苗人田土客民共三万一千四百三十七户,佃种苗人田土客民一万三千一百九十户,贸易手艺佣工客民二万四百四十户,住居城市乡场及隔属买当苗人田土及佃户共四千四百五十户”。这一统计不仅说明客民数量

① (明)徐弘祖:《徐霞客游记》,重庆:重庆出版社,2007年,第278-279页。

已经超过七万户，而且说明客民的活动领域极其广泛，实力相当强大。就在这次统计后不久，湖广发生水患，又有大量的受灾百姓向贵州涌入。据罗绕典的《黔南职方纪略》记载，在道光时期的30年里，来到贵州10个府（州、厅）的客民就有62 388户。《黔南识略》记载：省会贵阳“五方杂处，江右、楚南之人为多”。“江、广、楚、蜀贸易客民毂击肩摩，籴贱贩贵，相因坌集，置产成家者，今日皆成土著。”各种身份、各类层次的人来了，一方面，使贵州的文化呈现出更多的形态；另一方面，也使贵州的社会更加复杂。

在安土重迁的年代，那些移居贵州的外地人原先几乎都生活在人口稠密的地区，而人口稠密之地通常经济比较发达，文化比较先进。相比于封闭的贵州本地人而言，这些外地移民的生产技艺更多，谋生手段更多，人际交往上的心眼更多。他们能吃苦耐劳，深入穷乡僻壤，那里“荒土甚多，苗民懒于开挖，弃之不问”，而客民遍山开垦，随地搭棚居住，“挈室而来，渐招亲故”。同时，也有一些客民从最初租佃当地人的田土逐渐变成典买别人的田土，收租放贷，成为剥削者。在《黔南识略》和《黔南职方纪略》等书中，能看到许多这类记载。经济关系的不平等导致人身关系不平等，从而引起客民和本地人之间的矛盾。

客民从最初的零星分布发展为后来遍布贵州各地，他们从最初的少数变成了贵州主流群体。在台江县台拱镇有个叫“翁嗡往”的地方，在大山深处的森林里，至今还有许多雍正年间迁入此地汉人的坟茔和墓碑，碑文清晰地记录着死者的籍贯及其子孙的姓名。松桃厅“城乡商场，蜀、楚、江西商民居多，年久便成土著”。兴义在南笼起义之后，“土著之民日耗，流寓之客民日增”“客民十居七八，苗民不过十之二三”。遵义府已经是“汉多苗少”，修文县出现“汉民多于苗户十之八九”的局面。贵州人口的民族构成、各民族人口在贵州的分布正在发生着改变，少数民族的文化受汉文化的影响正在加深。

二、村寨关系渐趋复杂

明代以前，贵州居住着很多民族，他们通常在某个空间内相对单一地分布，村寨之间的关系一般是民族内部的关系。虽然有些村寨同时存在不同的民族，他们之间存在文化差异，有些还存在山林纠纷，但总体趋于平静。

（一）战争和仇杀摧毁村寨原来的关系

明清时期，贵州社会出现前所未有的大动荡，民族关系和阶级关系都极不和谐，外来的汉族和本地的少数民族互不信任，互相猜忌，甚至酿成仇杀。而最突出的矛盾表现为中央王朝和贵州土司之间的对抗，贵州地方官员、军队与当地少数民族的对抗。清代蓝鼎元在(道光)《贵阳府志》的序言中概括了明代贵州激烈的社会动荡状况:“自建省以来，终明之世，蛮夷、土贼、叛者三十有三，中间围省城、陷府州县卫者十有四，杀巡抚藩臬、道府州县总兵参将、指挥、都司守备等官，先后百有余员，或一年或半年即平，大者三五年或十数年。”现在还有学者根据(民国)《贵州通志》统计，在明代统治的276年中，贵州有将近200年处于战乱状态。清朝并没有缓和迹象，康熙年间平水西，雍正时期平“苗疆”，乾隆时期平定黔东北的石柳邓和吴八月起义、黔东南的包利红银起义、黔西南的王囊仙起义，咸丰同治年间平定黔东南的张秀眉起义和黔西南的布依族、回族、白族起义，由此可见这一时期动荡之剧烈，波及范围之广。

在洪武年间，明太祖主张休养生息的基本国策，以“抚主剿辅”作为治理少数民族地区的基本方针。他反复告诫镇守贵州的将领:“蛮夷之人，其性无常，不可以中国治之，但羁縻之足矣。其贡赋之负者悉免征，逃徙者招谕复业。”[1]但是，“奉敕南征”的卫所军人与贵州土著之间的关系非常紧张，少数民族村寨平静的生活被搅乱。当明朝兵力衰落、纪律松弛、组织机构发生故障以后，彼此的关系更加恶化。据《明实录》记载，贵州中部多次发生武装冲突，洪武二十五年(1392)，“贵州卫指挥使金真等率兵击苗民于郎浦、摆山、老鸭等寨，斩其负固不恭命者，俘其从乱者千余人”。第二年，“普定卫西堡长官司阿德诸寨长卜刺赞等聚众作乱，命贵州都指挥顾成领兵讨之”。朝廷在平定战乱后，“给赏贵州都司及各卫征剿西堡获功并阵亡伤残官军三万七千五百三十二人”。贵州东部的五开、九溪诸蛮对抗中央，信国公汤和出师进剿，“俘蛮僚四万余人”;还有“镇远鬼长菁等处苗蛮作乱”“贵州清水江蛮人金牌黄等作乱”“清水江中平等寨群蛮聚众为乱”。另外，“古州上婆洞蛮林宽自号小师，聚众作乱”，起初命新化千户卢纪达率兵七千抗击，继而命湖广都指挥使齐让统兵五万援救，再令楚王朱桢和湘王朱柏兄弟领十万之众会剿。贵州南部的“都匀卫丰宁长官司三蓝等寨并铁梁平州西凉蛮贼达管等作乱”“贵州都匀卫平浪长官司洞水等寨蛮贼狄把作乱”。贵州西北部也不太平，“顾成等击水西叛酋居宗、必登等、斩蛮冠三千三百五十八人，生擒二千一百六十四人”。

归纳起来，明代贵州社会动荡主要有以下几种情形:其一，少数民族土司悍然对抗中央王朝，发动叛乱。如播州杨应龙、水西安邦彦等，战事动辄持续数

---

① 台湾“中央研究院”历史语言研究所校勘:《明太祖实录》，上海:上海书店，1982年。卷188，洪武二十一年二月庚申条;卷230，洪武二十六年十一庚戌条。

年,政府调动周边数省兵力。总督李化龙征播,“调兵三十余万,运夫三十万,用饷八百万,大将十余员,偏裨三十余员”。巡抚王三善讨安邦彦,天启三年(1623)正月初三进龙里,“当斩贼级三百余颗,初四日早战三捷,大破贼兵十万”“烧毁贼众帐房无数,斩获大头目十余人,部下馘贼千有余级”,初七日“大破贼兵三十余万,斩贼首万余级,得获战马千余匹,焚烧营房一百二十余座”。其二,少数民族上层内部争权夺利,殃及百姓。如弘治年间普安州土官米鲁作乱,仅弘治十五年(1502)一战就持续五个月,“破一千余寨,擒一百九十人,斩首四千八百余级,俘男妇一千人”。正德年间,掌管水西四十八族的安贵荣与统领水东十二马头的宋然明争暗斗,故意挑起苗民激变,“众至二万余人,署立名号,攻陷寨堡,杀掠不可胜计”。其三,四川、湖广等地的起义军转入贵州,引起骚动。例如正德年间蓝五、方四起义军流徙贵州石阡李崖井,又攻占务川县龙泉坪长官司,烧毁乌江屯寨。明末清初,李自成、张献忠的农民起义军退避贵州,与政府军展开了一场旷日持久的战争,村社为墟。其四,军官约束土兵无力,造成无辜百姓遭受苦难。如正德十一年(1516)都匀苗兵仇杀,贵州巡抚都御史曹详请求湖南永、保土兵助剿。这些土兵“贪暴无纪,遂恣凶残,所过清平、兴隆等卫,强夺军器,焚毁署舍,已不忍言。至进哨之后,又杀虏独山州民两百余人,各寨财物抢劫一空,铜仁、龙里、威清皆不得免”。其五,次数最多、斗争最激烈、波及范围最广的还是少数民族下层的起义。其原因或是土地被强占,或是财物遭抢夺,或是妻女受欺凌。他们围攻城堡、袭杀官民、焚毁庐舍、抢劫村寨,同样给社会带来破坏。例如,景泰年间御史黄镐奏:“苗贼攻围平越等卫日久,城中粮尽,官军逃亡者九千余人,存者日食草根,饿殍危困已甚。”另一位御史周文也在奏文中说:“蛮贼屡攻毕节、赤水、永宁、普市卫及各千户所,城池、驿站、屯堡俱为烧劫。”

无论哪种原因导致的社会动荡,其结果都造成人员死伤,生产破坏,村庄萧条,民族之间矛盾加深,这既违背中央王朝开发贵州的愿望,也是贵州少数民族人民不想看到的。崇祯元年(1628),贵州巡抚朱燮元在《陈黔省情及用兵机宜》里描述安邦彦叛乱后的情景说:“臣自历尽黔境,乃知万山皆苗,独上下六卫一线以通。迤西、毕、乌、赤水四卫,久被酋隔,计省城归业者,尚不满五百家。败址残阡,萧条满目,只有营哨各兵,略为装点。”方瑞合在康熙二十八年(1689)任毕节知县,他简直不敢相信明初洪武年间就派军戍守的毕节,曾经家传户诵的开发之地会变成“山田荒芜,民凋物弊,校簿书则里甲混杂,行释菜则明伦无地,问志籍则兵火无存”。

清代鄂尔泰开辟“苗疆”，方圆数千里的少数民族地区“改土归流”全部完成，数十万人上千年的生活方式和组织结构全部改变，足以说明清王朝的决心之大、力度之大。但是，清政府在“苗疆”引起的政治风云并没有因此消停。乾隆元年(1736)，在牛皮箐恶战中，清政府的军队就俘获反抗者数以万计，还不包括“饥饿坠崖死者十余万”。张广泗在向清王朝汇报的奏折中称：“新疆内地附逆悖叛者共一千二百二十四寨，悉经剿毁，痛加奸除。”“统计临阵斩馘者共一万七千六百七十余名，临阵生擒并顺苗擒献赎罪者共两万五千二百二十余名口……在军营枭示者一万一千一百三十余名。”在(民国)《贵州通志·前事志三》里边收录了张广泗的这份奏折，他在其中详细地罗列了一长串烧村寨和剿杀当地反抗者的数字。

从咸丰四年(1854)至同治十三年(1874)的20年时间里，贵州各族民众掀起了反清运动。据统计，贵州当时的12府、14厅、13州、34县，共计73个单位，有6/7被各族起义军占领。当时贵州设一提四镇十协绿营军共有步兵、守兵36 000人、马兵1 996人，共计38 473人，十之六七被各族农民起义军消灭；参加镇压各族农民起义军的文武官员3 000多人中，被起义军斩杀、打死的达600多名，占1/5。人民被杀害达470万人，财产损失白银2 450万两。[①]《苗疆见闻录》记载，“全省几无完土”“无一县瓦全”。抗清的民众与贵州省及从川滇湘桂调集而来的清朝军队15万人展开殊死搏斗，共消灭知县以上文官194名和外委以上武官1 040名。

(二)平定乱局之后建立新型的村寨关系

战争摧毁了村寨，也加深了中央王朝和贵州少数民族的矛盾。战争要么导致村寨中的少数民族流离失所，要么在少数民族地区增加驻军或建立汉族村寨，使之犬牙交错。清政府在镇压了人民起义之后也改变了既定的统治计划，没有像其他地方那样设置府县，而是设置理苗同知或通判；绿营汛兵也没有深入苗民中间，只是像明代卫所军队那样分屯立栅，军民界限分明。绿营兵耕种的土地属于“逆苗绝产”，与苗民的住所、田地截然分开，指明丘段、标明界址，“以免搀越侵占”“务令屯军与苗人田土、山场界限井然，以杜将来搀混侵占之弊”。[②] 后来又一再重申这一规定，在屯军与苗人错杂地区，严禁屯军开垦山头

① 何长凤:《粗论咸同贵州各族农民起义》,《贵州文史丛刊》,1984年第2期。

② 任可澄主纂:(民国)《贵州通志·前事志》(三)(点校本),贵阳:贵州人民出版社,1988年,第303-304页。

地角向外延伸[①];对于汉人与苗人错杂的地方,严禁汉人潜入苗地,以防滋生事端。[②] 苗民的生活仍然保持着相对独立性,传统风俗习惯得以延续,乾隆初年为此专门发布一道上谕,“新设钱粮尽行豁免,永不征收”“苗民风俗与内地百姓迥别,嗣后苗众一切自相争讼之,俱照苗例完结,不必绳以官法”。[③]

镇压王囊仙领导的南笼布依族反抗之后,当地的村寨关系出现大的变化。《清仁宗实录》中有一条嘉庆帝的谕旨要求彻底查清反抗的“附从各寨”,对“反侧难信之人,亦应分别发往黑龙江及回疆地方安插,不可留于本处”,强迫当地少数民族迁往东北和西北地区。而另一方面,将镇压反抗的五千官兵留守下来,将参加镇压反抗的“乡勇”正式编入军队。又鉴于“兵后荒疫过甚”,人民大量死亡和逃散,“并有全寨都亡者”,采取招抚流亡的政策,“酌给农具、银两、种籽,俾资复业”。此外,允许其他地方的人到此垦种。据《黔南识略》卷三十一记载,桐梓县仡苗在乾隆时期“近迁兴义、安龙等处”。(民国)《贵州通志·土民志九》还有更详细的记载:南笼的反抗被镇压后,“地旷人稀,每有黔省下游及四川、湖广客民镌(携)眷而来租恳荒山,俱系极贫之户,终岁竭蹶,促足糊口”“他省客民往来滇粤两省,每由兴义经过,中途资斧匮乏,留滞乡场城市者亦复不少”。

到清代,贵州少数民族和汉族混合居住的村寨已经非常普遍。仅以《黔南识略》记载为例便可充分说明:省城贵阳交通便利,是全省的政治中心,开发时间长,“汉苗杂处之庄一百七十有奇”“苗寨一百一十有奇”;贵定县距离贵阳较近,处于驿道之上,“县属汉苗杂处”;同样距离贵阳较近的修文县,“大率汉民多于苗户十之八九,苗民不及汉庄十之二三,零星杂居,依汉民为佃户”;原本属于“苗疆”的广顺州,“改土归流”之后,“汉庄、苗寨编为十里十枝,里系汉苗杂处,共汉庄六十有奇,苗寨一百六十有奇,枝尽属苗寨,共计一百一十有奇”。如果说在明代只是出现了汉族村寨,有些地方出现了汉族村寨和少数民族村寨并存,尽管彼此有文化互动,但是各自相对独立,那么在清代中后期,汉族村寨已经广泛分布到全省各地,从前边远的“苗疆”也有了军队及其家属建立的汛、塘,有了普通汉族移民建立的村落。如果说军人及其家属的营地与少数民族村寨

---

① 任可澄主纂:(民国)《贵州通志·前事志》(三)(点校本),贵阳:贵州人民出版社,1988年,第334页。

② 任可澄主纂:(民国)《贵州通志·前事志》(三)(点校本),贵阳:贵州人民出版社,1988年,第288页。

③ 任可澄主纂:(民国)《贵州通志·前事志》(三)(点校本),贵阳:贵州人民出版社,1988年,第287-289页。

还保持着一定的独立性,那么普通移民和当地的少数民族已经交错分布,在生产和生活上很难分割,《黔南识略》和《黔南职方纪略》大量记载着汉人典卖苗人田土和苗人佃种汉人田土的现象。

除了汉族与当地少数民族杂处之外,在同一个行政区域内,不同的少数民族或同一少数民族的不同分支也有村寨分布。在明代这种情形不多,(万历)《贵州通志》卷十二《新添卫》记载小平伐司有短裙苗,大平伐司有“犵狫”;卷十四《都匀府》记载当地有羊犷、木狫、紫疆苗、九名九姓苗、仲家、短裙苗、犵狫等;卷九《普安州》介绍当地有罗罗、仲家、犵狫、僰人等。这些不同的民族或分支其实都有相对独立的生活空间,并不是杂处,而且“语言不相谙”。从《黔南识略》的记载可知,到了清代,村寨分布更进一步,在很小的地理空间中存在着不同民族或不同支系的村寨,如广顺州就有白苗、花苗、青苗、摆塘苗、牯牛苗、土人、仲家七种文化类型,汉苗杂处;定番州有黑仲、白仲、花苗、姑卢、摆榜、麻蒋、油把、摆稿等,他们分寨而居,但明显受汉文化影响,“经化导日渐驯良”。

三、村寨生活方式多样化

明清时期贵州少数民族村寨与汉族有了更密切的交往,人际关系更复杂,产业结构更趋多样化,普遍出现封建租佃关系和集市贸易。

(一)移民给贵州少数民族村寨带来新的生活方式

明代贵州的卫所驻地迅速发展为城镇,卫所周围分布着寓耕于战的村寨。卫所的土地属于国有,在卫所土地上从事耕种的军人及家属佃种国有土地。为弥补贵州物质基础薄弱的缺陷,确保开发事宜启动并向前推进,明朝中央为广大卫所军士提供耕牛、种子、农具等,解决开发贵州所面临的最基本的生产资料困难。《明太祖实录》卷二〇二记载:“延安侯唐胜宗等往云南训练军士,置平溪、清浪、镇远、编桥、兴隆、清平、新添、隆(龙)里、威清、平坝、安庄、安南、平夷十二卫屯守,而耕牛不给,胜宗数请以沅州及思州宣慰司、镇远、平越等卫官牛六千七百七十余头,分给屯田诸军。”牛耕普遍推行,耕地因此进一步开垦,曾经是“田无顷亩”,到明万历八年(1580),全省新丈量的土地数达到十一万一千八百五十六亩三分。

“移民就宽乡”的普通移民,或为自耕农,或租种私有土地。此类移民充实了贵州的劳动力,同时给军士戍守营造出中原式的生活和文化气氛。此外还有商屯,令商人输纳粮米到贵州换取盐引,以及商人招募移民在贵州种粮换取盐引。据史料判断,贵州的“开中纳盐”大概出现在洪武二十四年(1389)。这年四月,贵州都指挥使奏请:“赤水、层台二卫军饷不足,请命四川运粮往济之。”户部尚书杨靖向太祖提出建议:“如此供应,益见劳民,莫若命富民输粟,而以淮、浙盐偿之。候各卫屯粮收成,下年必可足用。”太祖采纳此项建议,并在贵州各地推广。

最初的农业开发者是受中央王朝强制命令而来的“征南”军人和“填南”的中原移民,开发事项从开垦土地着手。无论是卫所军人作为国有土地的农民,还是实行租佃制的普通移民,他们已经改变了土司制度下的封建领主制,更不同于阶级尚未明显分化的“生苗”地区的原始公有制。他们把中原地主土地私有制的生产关系骤然推行到移民区,使贵州传统的人身关系、耕作方式、生产水平都发生明显变化。虽然在这里还看不到田连千亩的大农庄,没有出现中原地区集约化的商品农业,数量有限的灌溉工程改变不了靠天吃饭的整体面貌,铁制农具和牛耕技术未能根本扭转粗放式劳作的基本格局,江南地区契约式的雇佣劳动关系还没在此施行,长江中下游一带的货币地租形态没有在此地生长。但是,从贵州本身而言,零星的小城镇兴起,十二生肖市场在乡村诞生,这是历史性的跨越。汉族移民村寨从卫所驻地的点状分布,逐渐扩展为驿道沿线,再从驿道沿线向两边辐射,进而在设置府县的地区铺开,改变了少数民族村寨的文化环境,并对少数民族村寨的生活方式产生了深远而持久的影响。

从共时性看,贵州少数民族村寨的汉化程度不尽一致。其一,卫所军人及家属主要为中原和江南人,设置卫所的地方属于汉族村寨,必然会对当地少数民族村寨形成文化辐射。明代在今安顺、平坝一带驻军人数很多,对当地少数民族影响非常大,(嘉靖)《贵州通志》卷三说,西堡长官司的仡佬族“近被王化”,黔西北彝族地区也设立多个卫所,“乌撒卫衣冠礼乐不殊中土”。相比之下,土司管辖之地的村寨就显得更古朴,杨慎在《滇程行纪》里记载,贵州少数民族很少进行商贸活动,平伐司的仡佬族“居深山……务农为本,不知交易”。而安顺府的情形就不一样了,“城围九里,阛市宫室皆宏敞壮丽,人家以白石为墙,石片为瓦,估(贾)人云集,远胜贵阳”(图2-3)。其二,城镇周围的村寨汉化程度比较高,交通便利的村寨汉化更加充分。(弘治)《贵州图经新志》卷十二记载,普定卫(今安顺)“附郭夷民五种,习尚不同,自立军卫以控制,卫之熏陶,渐染中原衣冠之俗,亦尚义重文”。(万历)《贵州通志》卷十二关于平越卫的风俗也有类似记载:“环所平原沃壤,人多力于耕稼,衣食颇足,敦尚诗礼,而附城诸夷渐化焉。”其三,在土司管辖区域,设置土司较早且与中央王朝来往密切的地

图 2-3　明朝军队在今安顺一带驻屯后，以石头为主要建筑材料，建立坚固的城堡防御当地少数民族，而城堡内形成市场。

方，其村寨的汉化程度相对要深一些。明代土司的类型比元代更加多样化，有独立性较强的宣慰司、长官司、蛮夷长官司，也有受到中央政府钳制的军民长官司。土司既有少数民族的酋长，又有早期来到贵州而树立威望的中原移民，还有中央政府直接从卫所军官中任命的。清代所谓的“改土归流”，其实一部分是将原来土司管理的地区改为中央任命的流官统治，而另一部分原来就没有土司，尚属于“生苗”地区或“苗疆”。土司管理的地区在过去已受到汉文化影响，还出现学校和汉族村寨，对汉文化有一定的了解，而“生苗”地区或“苗疆”则是另一幅文化景观，人民“榛狉而淳朴”，村寨“未归王化”。

从历时性看，贵州少数民族村寨的汉化程度有一个由低到高的发展过程。从明太祖时期开始，就鼓励土司子弟入国学受业。到孝宗弘治年间，中央政府明文规定：应袭土司职位的子孙，年满十岁则必须送当地府州县学习，宣慰司、安抚司等大土司应袭职位者年满十六岁则必须送宣慰司儒学，“其不由儒学读书习礼者，不听保袭”。在土司地区开办儒学，学习和生活开支都由政府支出，“凡贵州各府新设学校，未与廪膳者皆与之”。在国子监读书的贵州土司子弟，一切费用全由国家承担，冬夏衣服全由朝廷赐予。贵州少数民族土司及其子弟接受儒家文化，知晓忠君报国和上下尊卑，在意识形态方面为上层建筑的变革扫除了障碍。土司地区的封建领主制经济逐渐让位于封建地主制经济，租佃关系逐步推行。生产力的进步和生产关系的变化，为土司制度的最终废除开辟了道路。清代开辟“苗疆”之后，张广泗向朝廷建议在这里设置义学，截至雍正八年（1730），已经建立了台拱厅城乡义学、清江厅城乡义学、施秉县苗民义学、八寨厅城乡义学、大丹江义学、小丹江义学、都江厅义学和古州义学。从(民国)《贵州通志·学校志》转引的《学政全书》来看,这些义学传播儒家文化的效果并不乐观,但建立义学本身就是“苗疆”的文化新现象。

(二)贵州民族关系新变化调适村寨生活方式

贵州少数民族村寨生活方式的变化,总体而言是不断提高生活水平、不断改变社会关系、不断汉化。这个变化首先从少数民族对汉文化的认知开始,从接受汉族物质文化开始,进而才发展到学习汉族语言、改穿汉族服饰、沿用汉族风俗。

汉族移民在贵州,其首选之地是土壤肥沃的乡村和人口聚集的城镇。在土壤肥沃的地方采用先进的耕作方式,种植高产的作物;在城镇从事商业贸易或手工业经营,建立集市;而在城市外围和移民村寨四周,分布着大大小小的少数民族村寨。对于汉族移民来说,少数民族既是劳动力资源,也是贸易的对象。少数民族对汉族移民既有家园被占据的怨恨,也有对他们的生活技能和生产方式的好奇之情。在长期近距离的居住环境中,彼此必然有所接触。其接触在初期通常很谨慎,局限在物质交往的层面,但是频繁的交往注定要变成常态。少数民族通过定期赶场交易,由此在他们村寨内部开始了一种新的生活,产生交换意识,调整生活节奏。集市贸易从城镇、移民驻地逐渐向少数民族村寨延展,即便在偏远的黔西北和黔南等地,都抵挡不住商品贸易开发浪潮的冲击。(弘治)《贵州图经新志·贵州宣慰司》记载:“郡内夷汉杂处,其贸易以十二生肖为该市名,如子日则曰鼠场,丑日则曰牛场之类。”(嘉靖)《贵州通志》记载:独山州平宁长官司虽地瘠人贫,出产不丰,但逢赶场,民皆“笼鸡贸易”。从这些记载中,已经能够领略到少数民族村寨的中原风气。清代开辟“苗疆”不久,贸易迅速发展起来,林溥在《古州杂记》中充满喜悦地说:“各省俱建会馆,衣冠文物,日渐饶庶,今则上下河街,俨然货布流通不减内地。”从清江、台拱到都匀,昔日的“生苗”地区,很快便“四方商贾络绎往来”①。

对于少数民族村民而言,生活是第一位的,接受汉文化以实用性为第一原则。汉族移民的生产技术可以提高农业产量,汉族移民带来的农作物可以丰富和改善饮食,他们没有理由拒绝。在当地人的村寨,逐渐出现了灌溉和施肥技术,粮食作物相继引种。原本以苦荞、燕麦等杂粮为主食,明清时期出现了玉

---

① 任可澄主纂:(民国)《贵州通志·前事志》(三)(点校本),贵阳:贵州人民出版社,1988年,第246页。

米、番薯、土豆等外来作物。仅稻谷就有早稻、晚稻、糯稻、粳稻、香稻等品种，经济作物有木棉、苎麻、芝麻、油菜籽、甘蔗、甜菜等。蔬菜品种十分丰富，白菜、青菜、芥菜、苋菜、芹菜、莴苣、萝卜以及众多的瓜类、豆类作物已见于记载。因为要和汉族移民贸易，所以学习汉族语言非常重要；因为改变了刀耕火种和原始狩猎的生活方式，改穿汉族服装更利于劳作，所以纷纷改变本民族古老的服装样式。从（弘治）《贵州图经新志》卷一的记载可见，已经有部分少数民族"通汉人文字""渐作汉人之服饰""迩来渐革言语，稍如华夏焉"。在汉族的强势挤压下，原本居住在平旷之地的少数民族各生活区被迫后撤，与汉族村寨隔离，相互对峙；同样，因为汉族的强势挤压，使生活在汉族城镇或村寨之间的少数民族无处可退，当汉族生活区扩大后，彼此的生活空间必然相连甚至叠合，交往日渐增多。（万历）《贵州通志》卷十二《新添卫·风俗》记载："曰土人者，属新添司，附郭土官与卫人渐通婚姻，岁时礼节渐染华风。"同书卷六介绍普定卫风俗："茹毛饮血，日久渐更，务学力耕，颇循汉礼。"卷九介绍普安州风俗："士业诗书，农勤稼耕，尚文重信。"

这个过程并非一帆风顺，在汉族和少数民族之间有一个相互调适关系的过程。汉族移民来到贵州求生存谋发展，而又疏离贵州，有着强烈的故乡情结。他们或因受朝廷派遣而拥有了一个可以炫耀的政治身份，或因来自发达的中原地区而戴上了一个可以自我陶醉的文化光环。他们有的凭借武力去侵占原住民的利益，有的依靠汗水和技能开辟一块生活天地，有的玩弄奸计骗取他人的一份资产。他们移居贵州，要么是王命在身，要么受生计驱遣。贵州有可供开垦的土地和丰富的物产资源，有图谋发展的前景，能够让他们安身立命，可以使他们在贵州较长时间甚至永久地定居下来。另一方面，贵州的历史文化、现实生活环境毕竟与中原差距很大，更何况这些移民往往结群而来，聚族而居，在客观现实的对比中形成了巨大的心理落差，激发出大汉族主义情结，滋生出对贵州的排斥态度。于是，他们用高墙重门把自己包围在里面，将当地少数民族阻隔在其外，不与少数民族通婚，血脉只在本团体中延续。移民疏离和欺凌当地少数民族的事件并非个案，正统年间的兵部尚书王骥在一份奏折中指出："贵州地方，诸种蛮夷所居，各卫所官军欺其蠢愚，占种田地，侵占妻女，遂至不能聊生，往往啸聚为盗贼。"[①]洪武三十年（1397），明太祖在遣官祭告山岳海渎之神的祭祀文中也说："西南戍守将臣不能宣布恩威，虐人肥己，致令诸西苗民困窘

① 台湾"中央研究院"历史语言研究所校勘：《明英宗实录》，上海：上海书店，1982年。正统八年（1443）二月丙午条。

怨怒,合攻屯戍,扰我善良。”①这些方面造成双方多次发生不应该出现的情感摩擦和文化碰撞,少数民族攻城堡、杀汉人的惨祸时有发生。

外来移民钟爱汉文化、眷恋故土,对贵州存在着心理上的疏离,他们依托贵州却又有傲慢之态,与贵州少数民族相依相偎而又心存排斥。他们清楚自己正处在苗蛮渊薮,“地杂百夷,环城百里皆诸夷窠穴”,绝不可能孤立存在。不论来自何地,不论来黔的时间先后,他们都因为对汉文化的认同而聚集在一起,以集体的智慧和力量战胜困难。他们知道自己在生活上不可能与贵州绝缘,开市场、设集镇需要同当地人交换产品,但是对贵州少数民族却缺乏应有的尊重,双方在事实上属于不平等、不和谐的共生关系。

中央王朝始终秉持对贵州少数民族“王化”的策略,努力将其纳入儒家伦理的文化轨道。明朝统治者在贵州推进“用夏变夷”的王化策略,客观效果大大超出了主观动机。“军队在履行镇压反叛、维护专制主义中央集权的职责之外,同时还在传播文化、发展经济;源源不断的外来移民在推动贵州经济发展之时,输入了先进的生产技术和文化思想,加强了与贵州各民族之间的关系;贵州各级行政机构的建立和完善,使人民在很大程度上摆脱了野蛮的奴役和剥削。”②清初顺治帝总结历史上的经验教训,认为“驭苗者,往往急则用威,威激而叛,缓则用恩,恩滥而骄。虞舜用干羽,汉武封夜郎,武侯纵孟获,非故宽之也,皆有深意存焉。盖以教化无不可施之地,而风俗无不可移之乡也”。康熙年间水西“改土归流”后,对水西制定了一系列安抚政策,发放银两购买耕牛、种子散给当地村民,同时提供米粮 5 000 石赈济贫民,督令乘时耕种,还大幅度减免税收。③贵州各民族在行政隶属关系上的这种变化,不仅是政治身份的改变,也改变着村寨的生活方式。雍正四年(1726),广顺、定番生苗 680 寨造册入籍,在今长顺县设置长寨同知。次年设置威远通判、永丰州、册亨州同、罗斛州判,将镇宁、永宁、永丰、安顺生苗 1 398 寨全部编入里甲。随后陆续设置八寨同知、丹江通判、古州同知等机构。到雍正十一年(1733),高坡和“九股苗”建立行政官体系,结束了“不纳贡、不受管辖、随其便”的状态。

具体而言,雍正、乾隆时期开辟苗疆给当地带来了几个变化:第一,当地人

---

① 台湾“中央研究院”历史语言研究所校勘:《明太祖实录》,上海:上海书店,1982 年。洪武三十年(1397)九月乙亥条。

② 蓝东兴:《明代中央王朝统治贵州的策略》,《贵阳师范高等专科学校学报》(社会科学版),2004 年第 1 期。

③ 郝彧:《元明清时期贵州彝族与移民的冲突与调适》,《西南民族大学学报》(人文社会科学版),2013 年第 4 期。

口锐减。乾隆元年(1735)张广泗在奏折中说:“以数省兵力办理,一年深辟险远之地,兵威无处不到,剿苗寨八百有奇。凡经附逆之寨,逐为稽核,有十去其二三者,有十去其五六或八九者,统计现在户口较之从前未及其半,所有绝户田土实多。”[①]第二,改变了原来的社会组织形式。在原来的少数民族聚居区设置由中央直接管理的府或厅、营,任命知府、同知或通判,在营下设置汛、塘。继承明代的卫所制度,在有些地方“设所辖屯”“安屯设堡”。黎平府在当时就设有左所、右所、中所、前所、后所、中左所、中右所、铜鼓所、平茶所、平屯所、新屯所、新化所、隆里所、中潮所、黎平所等。每所之下设若干屯,屯下又有若干堡,一个堡就是一个村寨。古州厅安屯设堡最突出,据光绪《黎平府志》卷五《武备志·屯卫》、光绪《古州厅志》卷三《田赋志》等资料记载,乾隆二年(1736)设古州左、右卫管理屯田事务,下辖40堡,共屯军2 519户。这些屯堡发展成为村寨,也为今天的民族分布奠定雏形。第三,改变了原来的人口布局和结构。清政府在营、汛、塘派驻绿营兵,大量的满族、汉族官兵进入。乾隆三年(1737)诏谕:“与其招集汉民,不若添设屯军,无事则尽力南亩,有警即可就近抵御。其安设屯军,于额设防汛兵丁之外,就田亩之多寡,酌量添设,则苗疆驻扎之兵数较多,而兵气自奋,且省添兵之费。”[②]第四,改变了村寨的建筑形式,在汉族人口分布比较集中或交通比较发达的地方,出现了汉式建筑。安顺西秀区、平坝区被称为“屯堡”的地方,清水江畔的少数民族生活区,锦屏县隆里所至今都还存留着古老的汉族风格建筑群(图2-4)。第五,农业生产条件得到改善。据光绪二十九年(1903)《天柱县志》记载,当时可灌溉的村寨达29个,水坝40座。锦屏县在康熙五年(1711)时由龙家祥等几位大户联合组织修建敦寨响水坝灌溉工程,雍正十三年(1735)重修,光绪二十年至二十三年(1840—1843)再度扩建,架设了一条长250米、高4米的水枧,横跨亮江河,可灌溉农田100亩。[③]

在那个时代的贵州少数民族,无论是上层贵族还是普通村民,不可能由衷地欢迎外来移民。中央权力的进入,意味着土司和贵族权力的削弱;移民的进入,事实上使村寨中普通人平静的生活被打乱。各民族普遍参与了对抗官府、攻打卫所屯堡、劫杀普通汉人的行动。固然有时是被土司要挟、蛊惑、煽动而参与的,带有被迫色彩或盲目性,但很多时候是自发的、积极主动的。在贵州当地

① 余泽春修;余嵩庆等纂:(光绪)《古州厅志》,卷三《田赋志》。

② 贵州省文史馆校勘:《贵州通志·前事志》(第三册),贵阳:贵州人民出版社,1988年,第313页。

③ 吴大旬:《清朝治理侗族地区政策研究》,北京:民族出版社,2008年,第180-181页。

图 2-4 锦屏县隆里是明朝初年朝廷军队驻守之地，600 多年来基本保持了当初建筑的形制，在民族认同上与周边少数民族不一样。

人民与中央王朝的对抗中，不否认存在文化冲突、民族情绪，但最根本的原因则是以汉族为主体的广大开发者过多地追求自我利益的实现，掠夺当地人民的土地，甚至蔑视其最基本的生存权利。官府强征赋税，军人贪功冒杀，官吏霸占民人妻女，普通汉人勒索敲诈，时有发生。

少数民族在新的社会环境中，也在不断调适，自觉地改变传统文化。黔湘边界的锦屏县娄江苗寨在明代景泰年间就已初具规模，清乾隆五十二年（1787）创建萃文书院，肇启一代学风。当地人杨学沛中举后任黔西学正，游历川渝等地，回乡倡导婚俗改革和服饰改革，召集锦屏县中部地区“二十一爪半”苗族款约各寨的寨老缔结“婚姻规约”，革除近亲结婚和借婚姻勒索钱财等陋习，提倡“简省为上”“有媒有证”等新式婚俗，并规定“聘礼只许六两（银子）为定，不许娘家苛求，违者鸣款公罚”，对悔婚、赖婚者“罚银一百二十两”。他同时对妇女服饰进行了改革，去掉不方便生产和生活的旧式裙装，提倡简装，并将“款规”镌刻于石碑上，作为教育苗家后代的依据。“款规”由锦屏县娄江、偶里、稳江、平略、八洋、甘乌、绞洞、卦治等苗族聚居的传统村寨中 60 多名款首、寨老共同商议通过，在锦屏县中部苗族地区的近百个村寨施行。在当时，这份“款规”具有地方民族“婚姻法”的社会功能，这次改革影响到锦屏、黎平、剑河三县交界的青山界 48 个苗寨和清水江中下游的 50 多个侗族村寨。这次婚俗改革对当地苗族的影响深远，被编成“盘问歌”，一直是当地歌会上的“保留节目”。歌中唱道：“学沛老人来教化，改穿衣裤不穿裙；道光初年行新礼，世代相传到如今。梅英姑娘来答辩，要办嫁妆才出门；若凡不办嫁妆礼，新等三年旧三春……”

这一时期，统治者在贵州传播儒家文化时总是本着居高临下的姿态。明太祖坦言其目的是“变其土俗同于中国”①，清朝乾隆帝直言不讳地表达是为了“使其渐染华风”②。虽然统治者没有完全实现其目的，但是儒家文化的影响范围很广、程度很深，为清末民初民族国家意识的建立奠定了思想基础。

四、村寨文化内容和传播方式的变迁

从贵州文化史总体来看，明清时期多元文化共生，汉文化色彩逐步变浓。村寨的布局发生变化，村寨之间和村寨内部的关系发生变化，村民的生活发生变化，所有这些变化必然引起村寨的文化内容和传承方式发生变化。

第一，文化传播的语言发生了一些变化，打破了少数民族传统语言独树一帜的局面。一是少数民族本来长期使用的语言流失严重，汉语交流增加。庞大的中原移民以中央政府为后盾，对少数民族世代居住的地区形成高压态势，将政治权力、经济关系和文化形态嵌入少数民族中，一个个汉族移民居住点也强行嵌入少数民族中。汉族的语言和他们的政治制度、生产方式一起，从移民居住点向少数民族生活区辐射。“通汉人文字”“渐作汉人之服饰”“迩来渐革言语，稍如华夏焉”“百年于兹，渐被王化”“渐染中原衣冠之俗”的记载在明代各种地方志中反复出现。而到清代，文献中更多地记载“汉民典买苗田”“服饰均与汉民同”“婚丧渐习汉仪”“民苗力稼之外兼以工商自给”“俱一例编入里甲”“岁时礼节无异汉人”“薙发通汉语”。清代文献中关于少数民族语言变革的记载比明代少了，这其实说明到清代已有很多地方的少数民族语言发生了改变。

二是少数民族的方言、土语发生变化。究其变化的原因有两点：其一，原本各自独立的少数民族生活区连成了一个整体，交往日渐增多；其二，在共同反抗剥削和压迫的斗争中加强了联系，建立了友谊，从而使语言得到借鉴或融合。

三是民族迁徙，使离开本土的少数民族改变了原来的方言，使接纳了外来迁居者的地方也在语言上受到影响。明代卫所军人首先抢占交通沿线和军事要隘的肥沃土地，这也就决定了明代最早得到开发、集中得到开发的地区在连接云南、湖南的驿道以及流经贵州和四川的乌江两岸。《思南府志》的“后序”说，明永乐以来“土著之民无几，而四方流寓者多矣”。卷七记载：“思南为黔中

---

① 台湾“中央研究院”历史语言研究所校勘：《明太祖实录》，上海：上海书店，1982 年，卷 150，洪武十五年（1382）十一月甲戌条。

② 《清高宗实录》，北京：中华书局，2008 年，卷二十九，乾隆元年（1735）十月（下）乙丑条。

首郡,文风渐盛,华民日繁。"《黔南识略》卷二介绍贵定县"又木佬有金、黎、王等姓,衣服语言与汉人略同"。卷四记载通化通判"新辟之区,夷多汉少,汉人颇知法纪,夷人性皆强悍,向多仇杀之事,今其风渐戢。耒耜之外,别无生计"。卷十六介绍黔北安化县原本有苗寨1 500多户,后来减少到400多户,"县皆薙发,衣冠语言与汉民略同"。卷十七介绍石阡县少数民族风俗,"语言衣服与汉民同"。《平越州志》《平越访册》云,平地自清同治年间被地方收复后,向来所属诸苗较少,近则东南乡间有东苗、木老、仡兜数种,多与汉人杂处,男女衣服言语均多仿汉人。

第二,文化传播的类型发生了一些变化,口述载体发挥更大的功能,最突出的是民族歌舞和戏曲大量涌现。

首先是借助汉族的形式来表现少数民族的内容。宋元时期风靡中原汉族的"北杂剧"和"南戏"等表演艺术,元朝大德年间因采取"诏民耕种"政策,"蛮疆日渐开拓",中原的表演艺术影响到湘黔边境的南部侗区。侗族人民在本民族民间歌谣、款词和民间故事的基础上,借鉴中原的艺术形式,创造了自己的说唱艺术"君"。侗族歌师说"君"的命名来自汉文"经典"的"经"。有一部名为《破姓开亲》(又名《美道之歌》《九十九公》)的"君",广泛流传于贵州的黎平、从江、榕江、湖南通道、广西三江和龙胜等南部侗区。据张人位等主编《侗族文学史》考证,它大约形成于唐宋以后的元明时期。"君"中"唱"的部分叫"歌",用来表现人物对话和内心情感,采用有韵的歌辞形式,而且在"君"的首尾部分都必须有一首短歌。"说"的部分叫"说词",用来叙述人物对话之外的故事情节,采用"款词"或日常叙说的表现形式。"君"由歌师来演唱,还谈不上真正的表演,仅是做一些模仿美道、英郎、老蛇精的表情和声音,没有人物装扮。其次是运用本民族的艺术形式,取材于汉族。据调查考证,第一个侗戏剧本《梅良玉》是生活于清朝嘉庆、道光年间的黎平人吴文彩根据汉族传书《二度梅》改编的。

第三,文化传播的内容更加丰富,汉族地区的戏剧、传说大量引入,《薛仁贵征东》《杨家将》《包拯断案》《天仙配》《梁山伯与祝英台》等汉族传说很快就在少数民族村寨普遍流传。少数民族传说和古歌中增添了阶级对立、商业活动、汉族生活方式、封建道德观念等元素。其增加的方式,有的取材于本民族,有的取材于汉族,或者增删、改编本民族的传统口述传播文本。例如,布依族叙事长诗《河东与河西》《金甲的故事》《金竹情》《尔庆尔刚》等在内容上都反映出两极分化、阶级矛盾,散发出紧迫、沉重的气息,很难捕捉到以往的神话、传说、童话中那份平等、和谐、轻松、浪漫的色彩。

第四，文化传播的空间更广阔，很多场所和场合承担起信息聚合、知识传播的功能。此前的口述传播基本上局限在村寨家庭内部的火塘边、饭桌旁，或者家族共同拥有的鼓楼、祭祀祖宗的祠堂，或者节日活动的跳花、斗牛场所，或者谈情说爱的游方坡等。明代以后，唐宋年间传入贵州的佛教、道教在源源不断的中原移民浪潮推动下更加兴盛，宗教庙宇成了人们接受外来思想的重要场所。据统计，仅贵阳地区，在明代就有道观20座，清代发展到130座。[①] 史学家陈垣在《明季滇黔佛教考》中认为明末清初贵州出现了大量的寺院，其中很多就位于少数民族腹地。康熙年间贵阳人程春翔在《黔南会灯录》的序言中写道："黔居边鄙，佛法宿闻，明末寇乱，四方僧侣咸避地乞食于其间。"尤其是到了晚清，基督教深入贵州少数民族腹地，建教堂、传《圣经》，对传统的民族文化和生活方式形成巨大冲击。明清两朝的统治者都致力于贵州的学校教育，兴办儒学，广开社学、义学和书院。在汉族集中的地方，各府、州、县开设官学，而土司管辖地区也积极倡导儒学教育，这一举措不仅改变了传统教育内容，增加了文字传播媒介，而且使接受教育的场所转向了学校。戏楼也在少数民族生活区兴起，演戏、听戏和看戏逐渐成为村寨娱乐的重要方式（图2-5）。另外，少数民族因集市的兴起，增加了信息传播的渠道。今天，贵州少数民族村寨有很多地名都以生肖命名，但又不完全和汉族的生肖一样，如鸡场、猴场、马场、猫场等。定期赶场从明朝开始，至今已成为一道民俗景观，村民通过赶场进行贸易，也在赶场天聚会。

图2-5　明清时期在贵州少数民族地区出现了戏楼。此图为地扪一座年代久远的戏楼，至今还是当地村民看戏的地方。

① 濮振远，申晓庆主编：《贵阳市志·宗教志》，贵阳：贵州人民出版社，1996年，第3-4页。

图 2-6　侗族生活区在清代出现用汉字记侗音的歌词、款约等文献。(龙耀宏提供)

第五,口传在文化传播中的地位发生了一些变化。虽然村民传承历史仍然主要通过古歌神话或传说等方式,但文字记录已经成为传承历史文化的重要途径。用汉字记录古歌、传说,用汉字记录榔规、款词、家谱,或将本民族的古歌用汉字记音。出现了一些手抄或印刷的书稿,也出现了镌刻着文字的石碑、金属钟鼓,还大量出现了诗文、地方志等。这些载体用汉字作为记音符号,记录本民族的口述传播内容(图 2-6)。

第三节　民国时期:贵州少数民族村寨文化转折

东南沿海地区自鸦片战争以来,乡村社会发生了明显的变化。西方资本主义国家大量倾销商品,掠夺农副产品,造成当地农产品价格急剧下降,农民生活更加贫困。西学东渐,中国很多地方相继建立西式学校。在新式西学堂教育制度取代封建科举制度的变革中,作为传统社会基础的士绅阶层剧烈分化,这些从根本上动摇了传统社会的根基。在乡村,除了一部分士绅继续热衷仕途外,另一部分则向工、商、军、学甚至下层社会分流。士绅阶层的分流,不仅没有对传统封建体制起到培根固本的作用,反而成长为各种分离的力量,造成乡村士绅向城市大规模的单向迁移。士绅原本是封建政权在乡村的代理人,是村民的思想领袖和基层社会的文化精英,他们向城市流动和在城市滞留,使得一向把持乡村政权的士绅阶层失去了最基本的力量补充，由此造成了乡村士绅质量的退化，豪强、恶霸、痞子一类边缘人物开始占据底层权力的中心。小农也在半殖民地半封建的社会中生活更加贫困，改变了他们与国家政权的关系，弱化了对国家的支持，纷纷脱离了土地的束缚而流向城镇。[①]

但是，贵州少数民族村寨几乎没有因为鸦片战争和后来的洋务运动等重大事件而发生实质性变化，他们的村寨原本就不是由乡绅主导，这里的乡绅数量有限，拥有汉文化的乡绅对民族文化的影响力有限。而且贵州的新式学校不多，贵州的城市对少数民族村寨的乡绅吸引力不大，所以少数民族村寨原本为数不多的乡绅分流到城市的很少，不足以改变村寨社会面貌和文化格局。贵州少数民族村寨的村民也经受着层层盘剥，生活艰难，但他们首先选择的不是到城镇谋生，而是在世代生活的地方忍受痛苦和磨难。即使咸同年间席卷整个贵州的波澜壮阔的反清运动，在本质上仍然是一场旧式的农民起义。贵州乡村社会真正具有转折意义的变化，发生在辛亥革命以后。

一、民族国家意识确立

有个别学者高度评价1886年在贵州创办的第一个资本主义性质的近代工业企业清溪铁厂，其实这个官督商办的企业规模很小，经营困难，生存的时间很短，产生的社会影响不大。还有学者对清末遵义的沙滩文化高度赞誉，事实上这些文化人只是醉心于对儒家学术的义理和考证，与东南沿海具有先进思想的知识分子不可同日而语。据清末官方不完全统计，当时贵州雇工七人以上的企业有120家，仅有一家使用机器生产。辛亥革命前，日本《衡报》上曾发表一篇题为《贵州农民疾苦调查》的文章，指出“贵州人口七百万，以农民为最多，而农民之中又以佃农为最多。佃农对于田主，凡领一钩斗（约普通六斗六升）谷种者，需纳谷十一斛，故所余之谷无几……故农民居恒食荞麦蕨根稍杂米谷，斯为幸矣。”“每岁之中，乡村之间必有逃难之民，流徙他乡以乞丐终。”这段记载反映了贵州乡村在清朝末年贫穷落后的社会现实，丝毫感受不到资本主义的气息，人们的视野和思维封闭在大山之中。

（一）在政治变革中感受民族国家的力量

辛亥革命以后，中国资本主义发展进程加快，贵州却陷入没有停歇的战乱，

① 朱新山：《试论传统乡村社会结构及其解体》，《上海大学学报》（社会科学版），2010年第5期。

大小军阀激烈混战。首先,黔西南兴义的刘显世借助滇军唐继尧的力量杀害革命党人,夺取贵州领导权。可他刚执掌贵州军政大权不久,又被其外甥王文华赶下了台,流亡他乡。接着,王文华又被部将袁祖铭暗杀,袁祖铭再被湖南实力派军人唐生智诱杀。黔北桐梓系的军阀周西成在兴义系军阀互相杀戮之后接管贵州,不料又在与李晓炎的对抗中命丧黄果树,随后是毛光翔与犹国材争斗,王家烈在两败俱伤后勉强收拾残局。1935 年蒋介石追剿工农红军,借势对贵州军阀拉拢收买,威胁利诱,将贵州的一切权力收归中央,至此结束了战乱局面。

在蒋介石控制的国民政府接管贵州之前的 20 多年里,贵州乡村没有改变自鸦片战争以来的经济结构,经济水平没有提高,人民饱受军阀征战之苦,社会持续动荡。国民政府管理贵州后,贵州农村仍然凋敝,乡村的经济水平也没有明显提高,村民生活依旧艰难。1939 年 5 月 1 日,时任省主席吴鼎昌在省临时参议会上的报告说,贵州占地 179 477 平方千米,人口约为 10 484 900 人,每平方千米不过 60 人;全省 2 亿多亩土地,可耕地约 5 300 万亩,而全省壮丁不过 170 多万,平均每人要耕 31 亩。这份报告说明贵州农村可容纳大量劳动力,农村迫切需要建设,但是,沉重的赋税、繁重的劳役、无情的抽壮丁服兵役等原因,导致贵州少数民族村寨一直动荡不安。直到抗日战争全面爆发以后,这些村寨的面貌才发生变化,交通环境、政治体制和思想意识等方面的变化最为明显。

贵州境内乌江、赤水河、㵲阳河、清水江、锦江、南盘江、北盘江、红水河等较大河流上的水运长期依靠木船竹筏等传统的交通工具,且多数只在很小的区段航行。抗战前全省没有一条铁路,也没有形成跨省公路运输网络。在王家烈统治时代,公路由贵阳通到东至重安江、西至镇宁、南至独山、北至遵义的地方。1938 年以后贵州公路里程为 1 557. 92 千米,1936 年才修通黔湘、黔桂两条跨省公路,1937 年底共有营运车辆 90 辆(客车 70 辆,货车 20 辆)。而且路况极差,那时流传一段顺口溜:“一去二三里,抛锚四五回,乘客六七个,八九十人推。”

在东北、华北等地区沦陷后,国民政府被迫撤退西南,贵州特殊的地理环境和历史条件下形成的闭塞、保守格局因此打破。川黔线、黔桂线、黔滇线、湘黔线四大公路主干线实现通车,黔西北经赤水、毕节、赫章、威宁的滇川公路,黔东南经三穗、天柱、锦屏至沙星子的桂穗公路以及黔西南经贵州安龙的罗安公路相继通车。自 1942 年起,贵州各县掀起修建地方公路的热潮,四年时间全省共建成县道 4 888 千米,乡道 13 399 千米。赤水河在 1942—1945 年整治漕滩 43 处,乌江由国民政府“导淮委员会”炸掉险滩和悬石,其他省际河流也比战前繁忙。电报、电话、报纸、杂志、广播等近代媒体在这时迅猛发展。载波电报、城乡电话、公路行车电话等不同质量的通信设备都普遍使用。广播电台从 1938 年开始筹建,1939 年元旦开始播音。外地报刊随着难民一起到贵州再度发行,将新的传播理念、经营思想和管理手段推行到贵州媒介队伍。[①] 此时的贵州能够快速地感受身边的、国内外的时代气息,汇入时代潮流。贵州少数民族村寨因交通环境改善而方便了出行,扩大了生活空间。虽然多数村民还没有感受到现代媒介在生活上带来的影响,但总有一些村民从中感受到了时代气息,知道了祖祖辈辈生活的村寨外面的世界。

贵州乡村的行政制度改革始于吴忠信担任省主席期间,他将蒋介石当年在江西“剿共”时的保甲制在贵州施行。1937 年 12 月,实业部长吴鼎昌接替顾祝同任贵州省主席,很快着手对贵州的组织机构加以改革,在县长人选和地方保甲长的任免上进行了大规模变动。过去多数县的行政区域存在插花或瓯脱问题,甚至有本省的辖地插入邻省、邻省的辖地插入本省的情况,非常不便于管理。例如,青溪县的小青溪插至一百多千米外的天柱县附近,小青溪的汪家镇还飞插到湖南晃县;又如湖南晃县的许多小块插入贵州玉屏县,玉屏县也有几块地深入湖南晃县。经过几次省际协商和省内分析研究,湖南与贵州截长补短,相互调整,省内的一些县则分大并小,最后在 1939 年提交省临时参议会通过,历史上的这个遗留问题基本解决,不仅使基层行政管理趋于方便合理,也改变了村寨的行政结构。

对地方基层的保甲长,吴鼎昌拟订出训练计划。在 1938 年 7 月,贵州省民政厅举办“保甲职员训练干部讲习所”,调训各县主管保甲的科长,又招考一批有志于地方行政的大学毕业生参加训练。以后又分批训练,并派专任教官到各地巡回演练,将地痞无赖、贪污贿赂、欺压百姓、吸卖鸦片者坚决清理出去,严惩不贷。尽管此项工作没能达到吴鼎昌的初衷,他在《花溪闲笔》中写道:“虽不无多少成绩,然去满意之程度甚远。”但是,它对促进地方风气改变,对省府和县政的贯彻,对赋税征收、粮饷征收、工役摊派、工程组织曾经发挥积极作用。

经过对行政区划重新调整,一部分少数民族村寨在行政归属变动之后,感受到的不仅是和周围村寨因行政归属调整而带来的变化,也从这种变化中看到行政权力的力量,认识到现代民族国家和历史上的民族区别,从而加强了民族国家意识。对县长选拔方式和地方的里甲长任命方式改革,少数民族村寨的寨老、族长过去管理地方事务的习俗受到冲击,村寨从血缘单位和群体区域逐步

① 兰东兴,等:《贵州传播史》,贵阳:贵州人民出版社,2004 年,第 232-238 页。

转向行政区域,民族国家意识逐渐深入民族意识之中。

(二)在救亡图存活动中形成民族国家观念

其实,国家观念、民族意识是近代中国社会的精神特质。虽然中国古代也有华夏思想,有汉族、满族等民族区分,但是都有鲜明的传统特征,狭隘、肤浅,停留在朴素的感性层面。近代国家观念带有强烈的主权内容,超出了版图观念;民族意识包含着文化和道德认同,超出了血统认识。20 世纪前后,贵州开始建立一种新的秩序。从 1902 年贵州巡抚邓华熙将贵山书院改为贵州大学堂起,到 1910 年,全省共创办各类学堂 683 所,先后有 1 000 余名学子在贵州通省公立中学堂接受了新学教育。新学堂在传播近代科学知识的同时,必然会改变人们的思想,让人们对国家和民族有更深的理解,必然会把自己的命运和民族国家的命运联系起来。

如果说贵州在呼应辛亥革命、护国运动和五四运动等一系列重大事件中,组织者是一批觉悟了的爱国知识分子,他们的身份虽然是贵州人,而在本质上是先进的中国爱国知识分子的代表,在对贵州乡村民众而言还很陌生的报刊等大众媒介中,以“他者”身份宣传普通贵州人不熟悉的思想和观念,其语言是知识阶层的,而不是民众的,与广大贫苦人民存在着隔阂;那么到了 20 世纪 30 年代后期,贵州则融入了时代洪流。在日本军国主义侵略面前,全中国人民一起行动起来抵御外侮,捍卫中华民族的威严,保卫中华民族的国家主权,贵州也投入到了救亡图存的民族斗争中。在抗日战争中,以黔籍军人为主体的部队有 10 个陆军师,在卢沟桥之战、淞沪会战、忻口会战、南京保卫战、台儿庄会战、徐州会战、武汉会战等 22 次大的会战中,贵州籍士兵伤亡惨重,军官活下来的也寥寥无几。从 1937 年 8 月至 1945 年,据国民政府兵役部及军政部兵役署的统计,贵州壮丁配额为 700 388 人,实征壮丁数是 580 416 人,而当时贵州人口不到 1 000万,征兵数占总人口的比例在 6% 以上。抗战 14 年,正面战场上有 80 余万穿着草鞋、装备简陋的黔籍军人抗击侵华日军。[①] 热血将士在前线奋力厮杀,也让家乡的亲人思想觉悟得到提高,抛弃了局部的个体民族利益,把一切来自沦陷区的同胞都视为自己的民族兄弟,把中华大地上丧失的一切土地都看成自己的主权被践踏。1 000 多万贵州人民捐钱物、缴军粮、修军用机场、救助难民,用不同的方式支援祖国抗战。贵州从来没有像抗战时期那样全面而深沉地融

① 在纪念抗日战争胜利六十周年之际,贵州教育出版社梁茂林撰文《抗日战争正面战场上的贵州军人》,2005 年 7 月 21 日、8 月 1 日、8 月 18 日、8 月 25 日连载于《贵州政协报》。

入国家和民族的事业，也从来没有像抗战时期那样热情地张开双臂拥抱外来的移民。在残酷而悲壮的战争中，近代国家观念和民族思想在贵州得以形成。

沦陷区难民到贵州后，他们的遭遇、思想和言论也对贵州少数民族村民的影响很大。难民首先选择最便于流亡的路线，在人身最能得到安全保护的地方停留。从湖南向西、从广西向北的公路沿线难民最多，省城贵阳、黔东马场坪、黔南都匀、黔北遵义和桐梓、黔中安顺等城镇聚集的难民最多。难民无论是从东、南两面经过贵州到重庆和云南，还是最终停留在贵州谋生存，他们涉及的范围都十分广泛。例如，41 兵工厂安置在桐梓，42 兵工厂建厂在遵义，43 兵工厂先迁独山县，再迁贵阳市，航空发动机厂隐蔽在大定县乌鸦洞；浙江大学到贵阳、遵义和湄潭，唐山工程学院转移到平越县，广西大学避难到榕江县；还有十几所军事学校不仅坐落在中心城市贵阳，而且分散在黔南的独山、三合、都匀，黔东南的麻江，黔北的遵义、湄潭、桐梓，黔中的安顺、镇宁。无论是省会、县城，还是少数民族村镇，他们在接纳难民的过程中，都充分体现出中央机构与贵州地方组织之间良好的关系。难民大规模、有组织地向贵州转移，或者分散的个体难民盲目向贵州流亡，诉说着国破家亡的伤痛，讲述将士英勇杀敌的悲壮，宣传全民族团结抗战的思想。贵州少数民族在这特殊时刻，深刻体会到的是民族灾难，已经摒弃了狭隘的群体意识和乡土观念。

虽然贵州绝大多数村寨在民国时期仍然经济凋敝、生活贫困，《贵州近代经济史资料选辑》有大量记载抗战时期贵州农村的资料：全省八种主要粮食作物中，只有玉米（苞谷）、小麦、大麦的亩产略有增加，其余的五种（籼粳稻、糯稻、高粱、谷子、甘薯）都出现亩产降低的问题。黔东南少数民族聚居区大多停留在“刀耕火种”“轮歇丢荒”“栽白秧”“种白地”的粗放式原始农业水平。贵州中部的农村生活也很贫苦，1938 年编《桐梓县概况》也感叹“农民生活甚为忙苦，因农村经济破产，十九文盲，既无资本，复乏智识，举凡肥料、农具、耕耨所需，纯属旧式，耕耘方法则墨守成规……每年收获，惟靠天赐，此所谓靠天吃饭是也。今年收获稍丰，因交通不便，农产品价格降低，又呈谷贱伤农之象”。1939 年编《开阳县志稿 · 土地》说当地的农民“维持生活尚感不易，焉有余资以从事开发”！但是，信息比以前畅通了，接受的新事物比以前更多了。大批难民聚集，对生活必需品的要求，客观上刺激着近郊农业生产的商品化，农民将有限的粮食、蔬菜拿到市场交换，打破了过去自给自足的生活状态。城市的难民或主动到郊区农村进行抗日宣传，或因时局危急被疏散到郊区，加强了城乡交流。“沙驼剧社”成立后，提出“人到哪里，戏就演到哪里”的方针，分赴许多县区巡回演出，不仅清镇、狗场、花溪、乌当、二戈寨等城市周边地区经常有戏剧活动，而且深入息烽、平坝、龙里、贵定、安顺、黔西、瓮安、遵义等县。1939年贵阳遭日机轰炸，市区学校向郊区扩散。1944年年底日军从广西向贵州进犯，省府机关转移黔西北，机关、学校、工厂、企业纷纷外迁，城郊数十里的庙宇茅屋都被抢占一空。在城市人口疏散转移过程中，农村经济生活与思想文化都受到冲击。

二、村寨生活与全国接轨

经过明清两朝500多年的经营，贵州人口结构彻底发生了变化，汉族已成为人口结构的主要组成部分。少数民族不仅基本上退居城镇以外，而且汉族也成为山区村寨中的组成部分。汉族因为在政治上处于强势，在人口数量上扭转了劣势，在生产技能上占有优势，所以在文化上流露出自豪感，在民族身份上表现出优越感。少数民族村寨原始公有制成分越来越少，租佃关系广泛建立，私有观念逐步加强，对汉文化的吸收越来越多。在民国时期，少数民族村寨已表现出与全国一体化的现象。

（一）产业结构和社会制度与全国趋同

这一时期的贵州少数民族村寨文化虽然还是多样化，有些地方不通汉语，经济发展水平不尽一致，但所有的少数民族村寨都已出现阶级分化，土地租佃制盛行，都已对政府行政管理不陌生，都在基层普遍实行保甲制度，只是各民族、各地区在人身依附关系上还略有不同。例如，黔东南月亮山和雷公山的有些村寨带有原始社会部落制的痕迹，朴素的民主和平等色彩依然浓厚；黔西南布依族聚集的罗甸、贞丰、望谟、安龙、兴仁，因为在元代就推行亭目制度，封建关系时间长、影响深远，亭目在名义上早已被废除，而实际上当地人民仍然受其剥削和压迫，清中叶以后出现了新兴地主，民族内部的阶级剥削普遍存在，亭目和地主的政治压迫由来已久；黔西北彝族土目享有等级特权。由此可见，民族意识掩盖不了阶级矛盾，地缘社会的表象背后是等级关系。

在20世纪五六十年代，全国少数民族地区都开展过社会历史调查，贵州也留下了许多关于民国时期少数民族村寨的资料。在这些资料中不难发现，贵州少数民族村寨当时存在着劳役地租、实物地租和货币地租等多种地租形态。在学术上，通常认为劳役地租反映着地主对佃农强烈的人身控制，但是在贵州少数民族村寨并非完全如此，它恰恰反映出土地所有者和租种者之间关系简单，还有着亲情或乡情，劳役中包含着租种者的自愿帮助，包含着土地所有者的施舍和救助。实物地租在剥削程度上有四六分、对半分和六四分,人身关系和中原地区基本相同,看似剥削很重,但完全靠租种土地的村民很少,所以受剥削的程度和租种土地的村民生活不可与阶级分化严重地区同日而语。另外,在有些少数民族村寨出现了折租,它是实物地租转化为货币地租的一种过渡形式,主要出现在过去土司制度推行很久的黔北土家族、黔西南布依族和黔西北彝族地区。即地主、亭目、土目在土地出租时,本来议定对半分租或倒四六分租,但交租时却不愿要实物,而要佃户以货币交付。这种地租形态在贵州乡村比较少,只在个别二地主[1]租种佃主田土时才采用。所交货币的数目表面上是依实物价格计算,但在实物折价时,却往往是低于市场价格,佃户除以粮食和货币交纳地租外,如果地主、亭目或土目看中了佃户家的其他东西,佃户也被迫要将其看中的东西送去顶替租子交纳。[2] 中原地区的货币地租是经济发展的产物,有助于佃农减轻对地主的人身依附关系,有助于刺激工商业发展,而贵州乡村的折租却是契约关系不健全的体现,是土地所有者对租佃者的盘剥和歧视。村寨土地制度的变化,改变了历史上的人际关系,改变了村寨内部传统的社会结构,从而建立了私有财产决定政治地位的新型村民关系,长期由村寨长老和社会习俗来规范村寨生活的礼俗社会转变成了以乡绅财主的权力左右村寨的强权社会。即使在土地租佃出现比较早或现象比较普遍的少数民族地区,租佃手续大多比较简单,不立租约,不交押金,仅凭双方口头约定或请中间人当面协商即可。土地租佃期限,只要出租人认为佃户可靠便可继续租种,如果想更换佃户,在粮食收割之前打招呼就可在收获之后完成土地转租。同样,佃户也可自由退耕,不存在约束。这样的经济关系反映出他们的人身关系和社会组织还具有传统的乡谊和亲情色彩,道德和习俗的约束力远胜于契约文书。

在乡村社会制度上,贵州少数民族地区自古具有各种自治性的基层社会组织,如苗族的"议榔"、侗族的"款"、瑶族的"石牌"等,村寨长老、寨老、榔头、款首、活路头等是村民生产的组织者、纠纷的调停者、宗教仪式的操办者和民族文化的传承者。这些基层社会组织议定社会公约,制定村民共同遵守的行为章程和道德伦理规范。民国时期,国民政府在贵州农村基层推行保甲制度,希望地方上有声望的士绅来担任保甲长的职务,"区长就保内遴选富有能力而孚众望

---

① 二地主:指整体承租地主的土地再分零转租的人。——编辑注

② 《中国少数民族社会历史调查资料丛刊》贵州省编辑组:《黔西北苗族彝族社会历史综合调查》,贵阳:贵州民族出版社,1986年,第22页。

之公正士绅三人,备具简明履历,并注明性行能力,荐由县长择委”[①]。贵州省政府甚至规定:“遇有地方声望素著或能力富强之人士不愿充任保长或甲长者,得由县政府强制指定充任,否则予以怠职处罚。”[②]但实际上,在贵州乡村“知识分子士绅及城区居民,多不愿为保甲人员,而无业游民、奸猾‘流痞’则侧身保甲,鱼肉乡民”[③]。当“无业游民、奸猾‘流痞’”充任里长或甲长后,他们的做派完全不同于传统的村寨长老,严重破坏了村寨的传统文化,扰乱了村寨传统的生活秩序。也有一些在村寨中享有令誉的乡绅、寨老充任了里甲长,看似是传统的寨老和行政体制下的里甲长的结合,也对村寨的管理发挥了积极作用,其实里甲长在性质上完全不同于传统社会中的寨老。前者是一种政治身份,在组织关系上隶属于乡长,代表政府行使政权赋予的行政权力;而后者是一种民间身份,体现着社会威望,属于村民中的一分子,在传统规约中行事。当两种身份合二为一之后,与其说是利用传统服务于现实,不如说是为了现实需要而颠覆传统,导致民族文化特色鲜明的村寨长老很快摇身变成了和中原地区一样的地方基层长官,曾经属于民族文化传承的代表人物,如今变成了官方文化和现代文化的引领者。“无业游民、奸猾‘流痞’”充任里甲长,他们缺少民族文化的担当意识,反而把现代行政权力异化,在少数民族基层播下不良的种子。享有美誉的乡绅、寨老充任了里甲长,他们行走于官场,穿梭于民间,有可能将官场习气引入少数民族乡村。在这种看似与全国接轨的政治生活中,少数民族村寨的民主、平等、互信等思想变得淡漠,而强权意识开始滋生。

尤其在原本就存在着剥削和压迫,存在着等级观念和事实的地方,特权者一旦掌握了地方基层权力,便将政府赋予的行政权力和村寨历史上形成的特权结合起来。例如,在威宁龙街的风俗是不论黑彝、白彝、红彝(铧匠)、干彝(篾匠),有事要见土目,一般都得带一壶酒、一只鸡,先请土目家的头人、管事等吃一顿,然后再由他们带着去见土目。见时不能和土目坐着说话,更不能在一起吃饭。称土目为“官老爷”,称其儿子为“官少爷”,称其姑娘为“官小姐”,称其妻子为“官大娘”。总之,称土目家里的人都要带上官字。土目仅和同等级的本民族人开亲,不与低等级的人结亲。据说,县官在见土目时也要行礼,县官经过

① 黄强:《中国保甲实验新编》,正中书局,1935 年,第 247 页。

② 贵州省政府民政厅编:《贵州省保甲概况》,贵州省政府民政厅编印,1937 年,第 41 页。

③ 《贵州省保甲户口编查统计之考察报告摘要》,《统计月报》,国民政府主计处统计局编印,1938 年,第 35 号第 21 页。

土目家门口时，也要在一定距离之外下马徒步去见土目，或徒步从土目的家门口经过，其他各族人民当然更不能骑马从土目门口经过。土目担任着区长、乡长等职务，家中设有私人法庭，有专门的审判人员，由断长、大队长、管事等负责审理案件，并备有监狱。其刑具有一百斤以上的大铁链和脚镣、手铐等，其刑罚一般是捆、绑、吊等，而下层被剥削和压迫的村民居然对土目仍保持绝对忠诚。清代赵翼《簷曝杂记·黔中倮俗》说："余在贵西，尝讯安氏头目争田事，佐证皆其所属倮人，群奉头目所约，虽加以三木，无改语。至刑讯头目已吐实，诸倮犹目相视，不敢言，转令头目谕之，乃定谳。"[①]这种情形在民国时仍然可见。但是，也出现了一些变化，在中华人民共和国成立前的十几年，威宁牛棚子地区有一部分土目年轻时在大都市读书或者后来经常在大城市居住，受到先进思想的影响，在对待某些问题上就不像过去的老土目那样苛刻。他们平时也和其他人随便谈话，尤其是在外出后，一般人和"娃子"不但可坐着与土目交谈，甚至也可在一起吃饭。[②]

（二）生活方式和思想观念与全国接近

生产关系的变革、政治制度的调整，必然促进文化形态的改变。少数民族的服饰历经明清两代的演变，到民国时期，那些与汉族人口杂居的村寨和与汉族在经济上交往比较多的少数民族聚居的村寨，服饰已经和汉族趋同。凯里舟溪是一个苗族人口占多数的地方，男子服饰在清朝末年"普遍仿照满族装束，留长发，但一般不编辫子，挽椎髻于头顶上，髻后戴木梳，以长巾缠头。少数编辫子的，就将辫子缠在头上，也包长巾。到民国后，已逐渐作光头。民国二十年（1931）前后，苗族上学读书的人日益增多，在青年学生蓄发为'中山头'或剪'平头'的影响下，大多青年农民也蓄了'中山头'。"在当时，只有少数读书人或其他上层人物穿汉人式样的长衫。民国以后，穿汉式服装的人逐渐多起来，民国二十年（1931）前后，这种款式的衣服在少年、青年、中年中非常盛行。还有一种对襟短衣，形式同汉族农民穿的一样，多为 40 岁以下的青年和壮年所穿。在 20 世纪三四十年代，青年穿"中山服"的相当普遍，穿衬衣的也日渐增多。[③] 即

---

① （清）赵翼，姚元之：《簷曝杂记　竹叶亭杂记》，北京：中华书局，1982 年，第 69 页。

② 《中国少数民族社会历史调查资料丛刊》贵州省编辑组：《黔西北苗族彝族社会历史综合调查》，贵阳：贵州民族出版社，1986 年，第 51 页。

③ 《民族问题五种丛书》贵州省编辑组：《苗族社会历史调查》（二），贵阳：贵州民族出版社，1987 年，第 252 页。

使地处边远比较封闭的村寨,服饰也发生了变化。在地处边远的赫章县海确村(今海雀村),苗族壮年男子留着本民族传统的长发,在头顶处"绣"成一个高髻,远看就如同一顶大高帽。一般年长的老人,多缠白布大头巾,而青年小伙子大多数都蓄"中山头"。①

毕节燕子口大南山一带土地贫瘠,信息闭塞,经济落后,据说聚居于此的苗族村民在民国初年以前,男人的服装基本和妇女相同,只是不着裙而穿裤子。裤脚很大,有一尺五寸宽,但较短,只超过膝盖。头顶留有发,周围剃光。头发朝后梳成一根长辫盘在头上,外缠一条长六七尺的白色或青色头巾。清同治十三年(1874)编纂的《毕节县志稿》记载:"(花苗)男子结发作髻,以色线扎之,加梳于顶前。衣前短、后长,无衿钮,窍其上而纳首焉。裤及缠胫皆麻布。"但是到民国初年,男子服饰已有所变化。在中华人民共和国成立前夕,除少数老年人穿长衫外,青壮年多穿制服或对襟短衣,同当地汉族已经没有明显区别。男人曾经穿着同妇女一样的服装,后来发生改变的原因,据当地老年人的解释:"穿原来的服装,被汉族统治阶级歧视,进城上街,一些无赖之徒都指手画脚讽骂'苗子',因很受气,所以到民国初年,头发改作像现在妇女们的那种式样,但头绳是用黑的(妇女用红色)。到民国十几年时,衣服也逐渐改变,不穿原来那种样式了。改穿蓝麻布长衫,外束一根长约二丈的白色或蓝色麻布腰带,再穿'褂褂'。褂褂就是无领背心,是以多层布帛密缝在一起,背背篼时可搪背,春、秋稍冷可穿御寒,现仍普遍缝穿。"②从这种记载中可以得知,传统服饰改变的重要原因是民族歧视,当地的苗族在民族交往中,在经济、政治上都处于弱势,由此在文化上被汉族歧视,自己内心也产生了文化自卑。

民族服饰改变的另一原因来自生活。一是生活环境开放,经济发展水平提升、社会制度、思想观念以及服装、饮食等都与外界接轨。(民国)《贵州通志·土民志三·百粤族》转引《黎平府志》:"黎平府境洞苗向化已久,男子俱薙发,耕凿、诵读与汉民无异;其妇女有汉装弓足者、与汉人通婚,住平坡及河上。"二是产业结构调整,种棉种麻的村寨变少,市场交换日渐成熟,村寨无线可纺、无布可织,或者无须纺纱织布。例如,黔西北彝族,当地妇女从前做刺绣相当普遍,村民穿的衣服、裤子和鞋子大多绣有各色各样的花纹,大致分成大袖花、小

① 《民族问题五种丛书》贵州省编辑组:《苗族社会历史调查》(三),贵阳:贵州民族出版社,1987年,第23页。

② 《民族问题五种丛书》贵州省编辑组:《苗族社会历史调查》(三),贵阳:贵州民族出版社,1987年,第46页。

袖花、披肩花、裤脚花、押边花和飘带花等。“但近三十年来已很少有人刺绣，所以穿花衣服的已不多。”[①]扁担山地区布依族在清光绪年间针织较多，清朝末年兴起许多集市，村民自给自足的生活逐渐解体。民国时期机织日益普遍，购买成衣变得很寻常。[②] 成衣的特点是批量生产和款式大众化，而少数民族村寨因为服装的大众化，进而影响服饰的制作技艺，村民逐渐淡化了服饰的审美功能以及其他诸多社会功能。

在饮食起居方面，地域文化特色也不如从前那样鲜明。贵州少数民族不仅有强烈的祖先崇拜意识，而且大多数人认为祖宗的“灵魂”是住在坟墓或回到祖先的发祥地，灵魂不应该在后代仍然居住的家里或者村寨中游荡，因此在家里不安放神龛奉祀祖先。[③] 晚清至民国年间，汉族的建筑形制逐步取代了贵州少数民族的风格，新式平房板壁用木枋做框，中间竖装木板，每一开间都有窗、户，正中的一间有大门，门是两扇，两边各有一窗。这间做堂屋的屋内正中设有神龛，并仿照汉族形式，书写“天地君（或国）亲师位”、左昭右穆神位等。两头的开间各隔成两小间，里边做卧室，外边设有火坑，做吃饭、休息和客房之用。[④] 仅从住屋的形制及神龛的设置就能看出汉文化已经影响到少数民族村寨的物质生活和精神层面，少数民族正在汇入时代潮流，建立起国家意识，形成对中华民族的认同感。

第四节　改革开放之前的三十年：贵州少数民族村寨文化的“断”与“续”

中华人民共和国成立前，贵州的经济仍是旧式的农业和手工业，绝大多数人口仍从事小农经济，仍以家庭或家族为主要生产单位。从区位结构上看，贵

① 《中国少数民族社会历史调查资料丛刊》贵州省编辑组：《黔西北苗族彝族社会历史综合调查》，贵阳：贵州民族出版社，1986 年，第 20 页。

② 中国少数民族社会历史调查资料丛刊贵州省编辑组：《布依族社会历史调查》，贵阳：贵州民族出版社，1986 年，第 34 页。

③ 《民族问题五种丛书》贵州省编辑组：《苗族社会历史调查》（三），贵阳：贵州民族出版社，1987 年，第 47 页。

④ 《民族问题五种丛书》贵州省编辑组：《苗族社会历史调查》（二），贵阳：贵州民族出版社，1987 年版，第 253 页。

州的新型经济关系乃至社会结构变动大多发生在城镇，城乡文化的二元格局并不突出，新的生产方式以及由此形成的新的生活方式的结构性变动几乎都集中发生在城市，乡村基本社会结构模式没有出现“结构性”变动，即使在土地比较肥沃，汉族村民相对集中的贵阳、遵义和安顺等地，乡村社会结构的变动也不明显。1949 年中华人民共和国成立，同年 11 月贵州解放，从城市到乡村，从政治经济到文化艺术，都开始迈入剧变的时代。少数民族村寨文化在时代剧变中有承接，也有断裂。

一、土地国有制与村寨历史上林地共有制的契合

在贵州很多少数民族的传统村寨，家庭并非独立的经济单位，以血缘为基础的村寨才是一个经济单位。村寨拥有共同的山林、芦笙场、跳花场、踩歌堂，家族拥有共同的族田和墓地。水井、堰塘、水车、石碾等农具属于村寨共有，斗牛和用来祭祀的牲畜也是群体共有。人们在村寨中生活，视村寨为一个不可分割的活动空间，依靠村寨提供的物质基础，共同为村寨创造财富。

（一）公有制巩固村寨传统文化

中华人民共和国成立后，中国共产党和中央人民政府对旧有的村落经济进行改造，重点是要建立以集体为单位的新型经济社区。以消除贫困和剥削为奋斗目标，汲取土地革命时期根据地的经验，否定了地主和富农对土地和生产资料的占有，同样也否定了家族或宗族的公共土地，将所有的土地归国家所有，把所有的土地无偿地分配给农民耕种。贵州少数民族村寨在中华人民共和国成立后，和全国一样，立即启动农村集体化工作，对传统的村落社会加以改造。首先推行互助组，替代家庭单干模式。政府组织村民以发展农业生产及其副业为中心任务，引导村民逐步按照自愿和互利原则，组织各种形式的劳动互助和生产合作。在全国各地快速推进国民经济改造的伟大征程中，贵州各级地方政府遵循中央指示，没有其他选择。贵州少数民族村寨在全国一体化进程中，尽管不可能完全理解劳动互助和生产合作比起单纯的孤立的个体经济具有更大的优越性，但是这个时期的贵州乡村局势已经稳定，行政管理体制已经建立，少数民族村寨热情高涨地按照中央指示，自觉地选择由个体经济逐步过渡到集体经济的道路。

在贵州少数民族村寨推行互助组和农业生产合作社的工作进展很顺利，几乎没有遇到阻力。其中有两个重要原因，一是其规模与村寨的空间范围相应，基本上是以自然村为单位成立互助组，再将多个相邻的自然村组成合作社。虽

然互助组、合作社是社会主义的经济组织,但是当地的村民仍觉得其是传统的村寨组织,他们历史上的议事联盟组织和今天的经济组织在范围上基本一致。二是土地国有、集体劳动、共同分配的方式和村寨原来的土地制度、劳动习惯、生活方式非常贴近。他们在历史上就是村寨内部相互帮助,就是血缘家族联盟共同组织祭祀或民俗节日活动,和如今的互助组、合作社的精神契合。中国在人民公社后期又形成了“三级所有,队为基础”的经营规模,并一直延续到改革开放,贵州少数民族村寨同样如此。对村寨自然经济改造,构建村寨集体经济,这是中共中央改造乡村的重要基础性内容,对于破除几千年来中国乡村自耕农经济有着重要的意义。后来,国家采取“统购统销”政策,将村寨经济完全控制起来,长达几千年的村寨自然经济被纳入国家的整体经济行动中,初级合作社发展成为高级合作社,进而成立人民公社。土地在事实上归村民所有,人人平等,集体劳动。在这样的管理体制和劳动方式中,村民的内部组织结构没有被打破,对村寨的归属感没有受到影响,村寨内部的凝聚力继续保持。

(二)行政干预撕裂村寨传统文化

此时的贵州少数民族村寨,无论过去经济发展的程度如何和社会组织如何,都按照全国一致的模式,打破了村落社会中的自给自足状态。过去集体劳动是村民按照传统习俗开展家庭互助,是一种自发行为,在本质上是“换工制”,它只出现在农忙时节或某个家庭修建房屋的时期。而村寨修筑道路、农田水利设施的时候出现集体劳动,其实是在村寨长老带领下的集体活动。当互助组、合作社、人民公社建立后,集体劳动则是政府有组织的行为,几乎是每天不间断的劳动状态,村民不是在为某个家庭换工,不是在为某个家庭义务奉献,不是村寨内部的组织活动。人们在这种活动中没有自由选择,不存在人情关系。更重要的是村民很少有对生产活动的自主性,是在具有行政职务的村干部安排下奉命行事,最终的劳动成果“统购统销”,村民不能支配自己的劳动成果,村落的经济资源分配基本被国家所控制。这一政策不仅具有经济意义,而且具有重要的政治意义,对村寨文化产生了很大的影响。第一,由于村寨社会的集体化、公社化,使村民的生产与生活表现出高度的一致性,村民的时间被其他的力量支配,他们的传统生活状态被改变了。集体化、公社化是依赖国家的权力把昔日较为分散并完全依循血缘与地缘关系而生存的村民网罗到自己的管理体系之中,村民在统一管理中的各种社会活动空间自然也由集体预先规划。在集体化的共同体中,村寨成员的社会关联链条已经不再是神性的、伦理的和契约的,而是由国家权力所编织的融政治、经济与社会关系为一体的集体化共同体。它由社会组织人为设计,每一个村民都牢牢地拴在人为设计的集体组织模板之上,并在它所设计的空间舞台活动。[①] 第二,由于村民的劳动目的是上级行政部门决定的,所以他们集体生活的动机以及人际关系都不同于以往。在消灭地主阶级和一切剥削阶级的同时,也消灭了村寨中的寨老和家族长老,"彻底颠覆了传统秩序观和道德价值体系"。公共山林和族田的消失,"改变了农村的家庭结构和社会关系"。以血缘为纽带的家族势力不复存在,"取而代之的是现代乡村政府治理结构,政府开始通过乡村干部直接管理农民"[②]。

传统村寨的集体劳动,不仅营造出文化传承的环境,创造着文化传播的机会,同时也是集体观念和互助传统的直观体现。集体劳动既是生产活动,也在交流情感,延续村寨的生活习俗。村寨长老和家族长老作为村寨生产的组织者,举行村寨生产活动中的传统仪式,安排或协调生产活动中的具体分工。公共林地、族田、花坡、跳月场、踩歌堂等既是村寨共同的生产资料和物质财富,也是凝聚村民情感的载体和文化传承的空间。从前村寨办丧事动辄几天,有的几十天,亲朋聚集,巫师为死者超度亡灵。以前村寨中只要操办婚事,远亲近邻都要在嫁女娶媳的家庭热闹好几天,叙说旧情,结识新亲。还有一些民俗活动,如黔东南九洞地区侗族村民在秋收之后"走寨",长期关系密切的同一民族支系的数个村寨到某个村寨聚会,每年轮流。又如丹寨县排调镇也改、党早、麻鸟、羊先等村寨的苗族"嘎闹"支系,在苗年、吃新节、斗牛的时候有跳锦鸡舞的习俗,穿着短裙的女性在芦笙的伴奏中从白天跳到黑夜,笑声不断。在紧张的集体生产时期,劳动纪律是不允许举办这样的活动的。当组织生产的村寨长老取消,当生产活动的目的和状态改变,当日复一日的集体劳动成为常态,村寨传统文化就失去了领导者和组织者,失去了属于村寨的文化空间,失去了属于特定状态下的村寨文化传播的时间和激情。即使那些会唱古歌的巫师还健在,熟悉"榔规""款约""贾理"的寨老对村寨传统文化非常珍视,但政治环境使其难以继续从前的活动。

二、各民族平等与"破四旧"的行为冲突

中国传统乡村的基本结构形式是村落,村落是乡村社会政治、经济、文化生

---

① 曹海林:《乡村社会变迁中的村落公共空间——以苏北窑村为例考察村庄秩序重构的一项经验研究》,《中国农村观察》,2005 年第 6 期。

② 武力:《要重视土地改革对乡村社会的深远影响:读〈土地制度变动与中国乡村社会变革〉有感》,《当代中国史研究》,2011 年第 1 期。

活的主要空间。自20世纪初“新文化运动”以来,无论是革命者还是改良者,都把村落视为封建社会的基础,都将村落改造与重建看成中国社会现代化的基本前提,中国共产党也将改造封建村落作为重要任务来抓。中华人民共和国成立后,村落改造进入一个较为彻底和全面的时期,目的就是要将传统村落的宗法空间转换成为具有现代特征的行政社区,从而为中国现代化的整体目标服务。①

(一)制度变革冲击传统村寨文化

与全国一样,贵州少数民族村寨的组织结构发生了根本性的变革,全体村民连同土地一起被纳入“三级所有,队为基础 ”的人民公社。与此相一致的是,彻底废除了传统的以家族组织、宗族组织甚或民族部落制残余为基础的村社组织,如彝族的“则溪制”、苗族的“议榔制”、瑶族的“油锅制”、侗族的“合款制”。以传统宗教信仰为基础的宗教组织以及其他一些民间组织,如村寨中的戏班子、唱经会、青年会等也被废除,代之以集经济、行政为一体的社队组织及党团青妇民兵组织。在文化方面,包括思想观念、行为习俗等,都代之以党和政府、科学、现代的思想观念和行为方式。国家运用行政的力量传播新文化,组织大规模的移风易俗、文化下乡活动,乃至“社会主义教育运动”等。同时,村民的传统教育也被现代教育制度所取代。“总之,传统的民族村寨文化被现代化的国家以强力消解着。”②在今天的实地调查中,村民总会把传统建筑的毁坏和古老风俗的废除指向这一段时期。

新中国的民族政策使各民族在政治地位上一律平等,享有充分的自治权;新中国的文化方针主张“百花齐放、百家争鸣”,尊重民间文化。然而,在实际操作中却很难做到。在少数民族地区,很多时候都把“民族平等”简单地理解为少数民族与汉族一样享有政治权利,一样开展文化活动,却忽略了少数民族在政治上的起点不同,在文化发展进程上的历史阶段不同,在社会生活中的具体环境不同,片面追求同一性而未考虑差异性。曾经掀起的“破四旧、立四新”在执行中失去合适的度,无论是“破旧”还是“立新”,只注重形式而很少去辨别内容,只在乎过程而不关心效果。一切传统的思想文化都在扫荡之列,一切在形式上或风格上不符合现代的文化都被看成“落后”“愚昧”和“封建”。全国上下的思想文化严重趋同,连形式上的“百花齐放”也不允许了。在服装上,全国普

① 谢迪斌:《论新中国成立初期中共对乡村村落的改造与重建》,《中共党史研究》,2012年第8期。

② 施惟达:《民族村寨文化的现代建构》,《民族艺术》,2004年第4期。

遍地身着蓝色中山装，少数民族的服装不再视为民族特色，而被看成落后。村寨中的传统标志性建筑不再被当作文化遗产，而是作为封建残余一概加以摧毁。少数民族歌舞也不例外，所有带有民族色彩的文化活动都在取消或禁止之列。保存了数百年的戏楼被拆了，耸立在村寨几个世纪的鼓楼被推倒了，镌刻在窗户或门楹上的精美装饰被拆卸了，坟前、井边、路旁、桥头的古碑给砸了。粟周榕编著的《六洞九洞侗族村寨》[①]列举的许多古建筑，相当一部分都毁于这个时期。

在贵州少数民族中，一小部分村寨与汉文化交流比较充分，在文化上烙上了儒家文化、道家文化、佛家文化的印迹。另有一部分信仰伊斯兰教的移民在明清时代来到贵州，在他们的住地建立了清真寺。还有一部分村寨从晚清开始，受西方传教士的影响，转而信仰天主教和基督教。而更多的村寨一直处于原始宗教信仰阶段，他们敬畏鬼神，崇拜自然。

作为贵州少数民族村寨精神支柱的各种宗教思想和民族观念，是村寨文化的核心内容，它不仅是村寨社会外在秩序的重要规范，也是村民保持内心和谐的情感基础。村民用它规范自己的外在行为，建构自己的内心世界。“新政权通过从根本上摧毁其赖以存在的物质根源而废止乡村道德空间与仪式发挥作用的做法，在现实中产生了非常明显的效果。”[②]如宗族公共祠堂变成了村民召开会议和从事其他公共活动的场所，为祭祀活动提供经费支持的族田收归国有，传统娱乐的器具变成了主流意识形态下文化表演的设备等。这些历来都是村寨文化传承的重要物质基础，在建构现代文化、实现人人平等理念的支配下，丧失了原来的作用。祠堂是在汉族文化影响下，由村寨中具有同一祖先的所有家庭集资兴建，是家族共同财产，也是凝聚家族力量和传承家风的重要载体。通过国民经济改造，“村中宗族、家族所拥有的土地已收归集体所有，原有的宗族祠堂等建筑物亦多被没收或毁弃，各宗族已没有公共财产，原有的宗族族规、族约和族训不为人们承认，早已失去了权威和约束力”[③]。祠堂的性质发生转变，它虽然还是村落空间文化活动的重要场所，一定程度上还承担着村落空间中文化中心的功能，但是以国家权力为后盾的主流文化进入村寨空间后，它必

---

① 粟周榕：《六洞九洞侗族村寨》，贵阳：贵州人民出版社，2011 年。

② 谢迪斌：《破与立的双重变奏——新中国成立初期乡村社会道德秩序的改造与建设》，长沙：湖南人民出版社，2009 年，第 112 页。

③ 曾绍阳，唐晓腾：《社会变迁中的农民流动》，南昌：江西人民出版社，2004 年，第 348 页。

然被改造成新政权、新社区的活动场所，使得村落传统文化传承的空间被挤压。

中华人民共和国成立后的一段时间内，在整理祠堂、教堂、鼓楼、芦笙场等村寨空间中旧有文化的同时，又给它赋予了一套能够承载、建立、传播现代主流文化的使命。第一，宣传无神论和普及科学知识。万物有灵、超自然力量，曾经是少数民族传统村寨空间中社会规范与精神世界的文化基础。人民民主专政的国家政权建立后，将土地收归国有，废除旧制度的物质基础；大力宣传无神论，努力从文化基础上摧毁村寨空间的意识形态存在的条件。一批具有先进思想的外地人组成的工作队进入村寨，他们是新生政权的拥护者，同时也是新思想的宣传队，结合各地的实际情况，利用村民能够理解的途径和方法宣传无神论思想，指出村寨中原来的思想错误和认识荒谬。特别是通过宣传和普及最基本的科学文化知识，帮助广大村民用科学知识来解释身边的自然现象和生活规律，让村民们明白风雨雷电是自然现象，生病和死亡是身体机能的变化所致，既不是上天或者其他神灵的安排，也不是祖先在天之灵的操纵。第二，倡导自主意识。工作组通过宣传和讲解，让村民认识到人生的顺利或坎坷、贫穷或富有，不是冥冥之中的超自然力量在左右，不要相信宿命，人的命运掌控在自己的手中。只要相信科学，在中国共产党的领导下勤劳苦干，每个人都可以有出息，每个家庭都会富有。政府在意识形态领域的改造和制度变革一样有威力、有成效，“独立自主、自由恋爱、男女平等这些新观念通过政治教育、宣传机器、娱乐活动等方式被引进了村子”①。经过大力宣传，民主和自主意识很快在村民心中建立起来，村民在选择恋爱对象的时候不再请巫师卜卦，所谓生辰八字的相生相克不再是婚姻的前提，所谓纳吉和送聘礼等礼仪一概被视为繁文缛节。医学观念深入人心，生病之后不一味地迷信驱鬼除魔。

（二）传统村寨文化抵御政治运动冲击

新生的社会主义国家在经济和政治制度上的创新、在意识形态上的改造，使贵州少数民族村寨的迷信思想在一定程度有所缓解，村民的观念发生重大变化，民国时期已经形成的民族国家意识此时变得更加清晰，主人翁精神开始树立。但是，我国对乡村社会的改造基本上采用的是行政手段，过分依赖政治权力，尤其是在经济发展极不充分、社会组织还保留着诸多原始成分的少数民族地区，采取和全国“一刀切”的政策和措施，结果就难免会导致一些错位和混乱。

---

① 阎云翔：《私人生活里的变革：一个中国村庄的爱情、家庭与亲密关系 1949—1999》，上海：上海书店出版社，2006 年，第 60 页。

另一方面,政治运动又不可能将传统村寨文化全部连根拔掉,传统村落文化在面对政治运动时也不可能轻易顺从。例如,在村寨整体极度贫穷的地方划分地主、富农成分,在一直处于平等和民主氛围中的村寨开展阶级斗争,不仅产生了很多"黑色幽默"和人为的悲剧,而且使村寨传统的朴素文化逆袭并生存。民间文化学者余未人在侗族村寨作口述史调查时,往洞村一个名叫吴老归的村民告诉她,这里的两个地主吴秀忠和吴秀青是村民开会评选出来的:"他们两个人是国民党的保长。他们当保长那阵,也没做什么坏事。旧社会往洞人都穷,都没得钱。上面说,你们这里没得地主,咋个行?我们也就和别的寨子一样,评了地主。其实,吴秀忠和吴秀青的田不比别人多,钱也不比别人多。那时候,大家都不清楚当地主有哪样坏,糊里糊涂的,他们两个就把地主当了。""评"出来之后,工作组就发动群众在鼓楼里对其展开批斗,由于他们没有什么财产,后来就把他们和朋友投工的时候朋友给他做的活路算成"剥削量"。"乡亲们都明白投工是怎么回事,但工作组的同志不懂侗话,又很严厉。群众越来越害怕,没有哪个敢站出来说公道话。"往洞乡乡长王乡雨还讲述了"文化大革命"时期在榕江县苗兰村发生的另一件事,当时的队长悄悄带领村民搞单干,效益反而比其他村子好,工作组为此非常气愤,带着民兵去制止这种行为,并要求村民开批斗会,结果村民在鼓楼里进行了一场换人挨批的游戏,保护了队长。[①] 我们在调查中也不断听到年长的村民讲起那一时期的往事,阶级成分已经深植于他们的观念,阶级斗争的情景还在脑海中挥之不去,但是他们至今仍没有把阶级成分和家庭财产挂钩,没有把阶级斗争与曾经受到的剥削连在一起,留在心中的是一场化为陈迹的政治运动和慢慢消失的历史场景(图2-7)。

黔东北土家族的花灯戏、黔中屯堡人的傩戏、黔西北彝族的撮泰吉、黔西南的布依族戏、黔东南的侗戏等传统民间曲目在特殊的政治语境中都被禁止演唱,可是他们的演唱人还以"文艺积极分子"身份活跃在乡村文艺舞台,他们使用的道具和乐器以原有的形态保存。少数民族寨老的传统职责不只是主持宗教仪式,他们还充当生产活动的组织者,当政治运动压制了他们的文化功能之后,他们仍然在其他事务中扮演着重要角色。村寨中被称作巫师、端公、掌坛师、祭司、土老师、毕摩、布摩等的人物大多生活贫穷,但很受当地村民尊重,即使在划分阶级成分和批判封建余孽的运动中也没有受到严重冲击,他们掌握的民间信仰规程、咒语、经文没有被完全毁掉。因为村寨文化的传承者还在,所以

---

① 余未人:《走进鼓楼　侗族南部社区文化口述史》,贵阳:贵州人民出版社,2001年,第28-31页。

图 2-7　施秉县龙塘村的农家院墙上，“战无不胜的毛泽东思想万岁！”的巨幅标语仍清晰可辨，每天进出村寨的人们经过石桥都能看见。熟悉那段历史的村民都能回想起政治运动，而年轻人觉得这就是一幅标语，几乎没有在意它的文化内涵。

在政治氛围缓和之后，一度被中断的传统还能延续。

总体看来，这一时期的贵州民族村寨文化是在政治指导下的“破旧立新”，是一次文化的解构和建构。破除了他们的愚昧和迷信，也破除了他们对大自然的敬畏和对祖先的崇拜；建立了他们对科学的认识、对民主的理解、对国家和民族的体认，也建立了他们对传统的立场和对人生的态度。村民新的人生观和世界观的建构基于对传统文化的解构，这种建构不是经济发展到相应阶段的必然结果，不是村民在生产力作用下的内在需求，而是来自上层建筑的力量。而村寨传统文化的解构不是村民的文化自觉，村民是在按照主流意识形态进行他者的话语叙事。在大多数的民族村寨，新的文化建构其实就是他者的文化植入，缺少生活土壤，并未得到普及，而对传统文化的解构并不彻底，种子还埋在村民的心中。

三、尊敬寨老与崇拜领袖的文化张力

在少数民族村民看来，寨老有文化，辈分高，品行端正，德高望重。按照这个逻辑，比寨老更有地位和更有知识的领袖理所当然也值得尊敬。当政治运动

中把寨老当作宗法制度的代表和封建余孽的时候，普通村民朴素的情感陷入两难境地。

（一）政治运动对传统社会组织和观念形成挤压

中国传统村落文化的结构支柱是宗姓的血缘关系，它是维系村落文化时空的基本纽带。通过这一纽带，相关人员可以将社会等级不同、经济实力不同的村落成员整合成一个利益共同体，在很大程度上淡化了村落中社会地位不同、生活状态不同的成员之间的不平等关系。在贵州少数民族村寨中，宗族关系更加亲密而且牢固。彝族曾经建立过地方政权，贫富差距非常突出，阶级压迫普遍存在，但是“家支”观念十分牢固，乌蒙彝族广泛流传着“缺不得粮食，离不得家支”的谚语。布依族古代所谓的“五姓蕃”“七姓蕃”，在本质上就是以宗族为基础而形成的部落，今天仍能感受到王、黄、龙、潘、班、韦、石、吴、伍等姓氏在社会基层的影响力。在黔东南苗族，最隆重的“吃鼓脏”就是以家族为单位的神圣祭祖活动。在土家族，田、彭、向、冉、舒、罗、覃等家族都像汉族一样建立宗祠和宗族学堂，组织多种宗族活动。侗族的鼓楼建立在村寨的公共空间，是家族的象征，也是家族议事的地方。又如苗族“九股苗”“九名九姓”等名称，侗族“六洞”“九洞”等称呼，其中也包含着家族的意味。

家族往往聚集在一个村寨和相邻的村寨，推选宗族长老，定期举行宗族祭祀。宗族长老安排祭祀活动，调停家族内部纠纷，领导宗族制定族规和处理对外事务。在历史上，无论是迁徙、抵抗侵袭，还是建立村寨，宗族的凝聚力都发挥决定性作用，每一位村民都不可能脱离家族而独立生存，人们依赖家族，尊敬宗族长老。

中华人民共和国成立后，把废除宗族势力作为改造乡村的一项重要内容。对于中原很多乡村而言，打击作恶乡里、欺压弱小家族的豪强，铲除披着血缘外衣剥削宗族中贫苦者的封建家长，清算建立家族武装抗衡政府的世家大族，是维护新生的人民政权和实现人人平等的应有之策。贵州少数民族虽然存在着这样的宗法势力，如黔西北彝族的土目、黔西南布依族的亭目都不仅剥削异姓村民和其他民族的村民，而且家族内部的其他成员地位也不平等。但是，绝大多数村寨的宗族长老（即使多个姓氏组成的村寨中的寨老）都没有特权，他们受到村民普遍的尊敬。对这样的村寨采取和中原地区相同的改造方式，以阶级关系取代血缘关系，建立新型的乡村社区，其效果甚微。首先，贵州少数民族村寨的贫富分化并不明显，阶级压迫远不如中原地区严重，让村民去对原本和自己生活几乎没有差别的人开展批判和斗争,这不符合生活逻辑。其次,村民以前就没有“阶级”的概念,寨老或宗族长老一直是他们尊敬的人物,他们不可能在心理上形成对抗。“传统民间规则的运用和遵循,主要出自乡民行为的传统性和情感上的认同,它是在民众生活与劳动中逐渐形成的,凝聚着人们的心理、智力与情感,体现了民众的生活习惯、行为方式、道德观念以及心理结构等方面的特点。”[①]传统民间规则深深植根于民间的精神观念和社会生活之中,它仿佛被模式化为一种带有遗传性的特质。强行改变少数民族村寨的传统民间规则,村民在心理、智力与情感上难以产生认同感。

家族文化是以血缘认同为标志的文化形态,重视同祖同宗与骨肉亲情,它“有一种朴素的集体主义理念和凝聚人心的团结作用,能在一定程度上舒缓社会性的紧张,促进社会互助和农村公益事业的发展,并能在一定程度上保障农民权益,弥补基层组织功能的某些不足”[②]。采用新的意识形态反对宗法势力、族权和家长制,但是并没有因为建立互助组或合作社而导致以血缘为基础的村寨内部结构瓦解,村民之间的亲情关系以及尊祖的传统还在。

在对经历过这个时代的村民作采访调查时,他们谈到毛主席的时候,话语集中指向三个方面:毛主席是中国最大的官,所有的人都听他的;毛主席不准坏人欺负好人;谁是好人或坏人,谁做了好事或坏事,毛主席都知道。如果把村民的这些表述作简单的分析就会发现,它包含三个意义:权利、公平、神秘。当问及“文化大革命”时,村民只能回忆起时间和发生的一些具体事情,老一代村民都知道这是毛主席领导的,而几乎没有一个村民能说出它的目的、性质和意义。再问及“社会主义”的时候,村民的反应只是听说过,没有人知道它是什么,仅有几个当地“有文化的人”说是“大家一起做活路,都有饭吃”。因为在贵州少数民族地区的村寨,历史上多数时间并没有国家权力渗透,也没有出现一个士绅阶层和抗衡国家权力的宗法集团,基本上是一个“自足的社会”,由村民自己管理村寨。众多的村寨广泛分布,基本上是一个个分散的经济、社会结构,体现为独立性的社会单元。正如费孝通教授所言,中国经济的基本结构是一个个并存排列在无数村子里的独立小农。[③] 他们无意于政治活动,也没有参与政治的意识,在封闭的自然环境中,在自然领袖的组织中,在神灵崇拜和祖先崇拜的思维

① 祝丽生:《乡村社会变迁下的民间规则认同模式研究》,《四川行政学院学报》,2011年第5期。

② 任映红:《论村落文化与当前农村的政治发展》,《江汉论坛》,2005年,第18页。

③ 费孝通:《费孝通文集》(第四卷),北京:群言出版社,1999年,第328页。

中,在人人平等的社会状态中。所以,当全新的政治体制和社会主义意识形态通过国家权力在这里推行的时候,村民的思想被高度整合到社会主义意识形态之中,与主导意识形态相矛盾的文化观念根本就没有生存空间,更难以发挥较大影响;全国范围的阶级斗争,不仅构成了对"越轨"势力强有力的打击,而且极大地震慑了可能出现的反抗行为。在此种形势下,村民即使对自己的生存危机感到不满,也极少将此种不满指向国家。①

(二)传统社会组织和观念牵绊政治运动

事实上,贵州少数民族村寨也没有感受到社会主义制度和主流意识形态会给自己带来生存危机。明清两朝的统治者对贵州少数民族采取武力威慑,对贵州少数民族表现出文化傲慢和歧视,掠夺少数民族的田土,由此造成少数民族生存危机。中国共产党奉行民族平等的主张,对当地的田土和财产只是在内部重新分配,而且国家对贫困地区和贫困人口提供了智力支撑和物资援助,人们的生活在改善,官民之间和民族之间没有制造冲突。所以,少数民族村民只是对全新的社会制度还有些不适应,对主流意识形态还不了解。对村寨中的族长或寨老,政府并没有对其进行政治迫害或精神摧残,只是通过教育,规劝其放弃有违国家政策和主张的行为。很多族长或寨老因为主动接受改造,支持政府的工作,被任命为村寨的生产组长、队长,继续管理村寨基层行政事务。旁观者从制度层面看,族长或寨老转变成村寨的生产组长或队长是政治身份的转换,由民间角色转变成了政府在基层社会的代理人;而在村民的眼中,一切还是和过去一样,改变的只是称呼。贺雪峰将20世纪下半叶的贵州农村以改革开放为界,划分为毛泽东时代和后毛泽东时代:"毛泽东时代强大的现代政权一方面将现代性的因素快速地注入这个有5 000年文明的传统国家中,国家强力改造社会。不过,在国家改造社会,在政治强力改变文化和传统时,这种改造显得十分粗疏,往往是消灭了器物层面的、外在的东西,而没有真正触及观念(灵魂)及深层行为逻辑。从前门请出去的传统,往往又从后门进来了。政治(暴力)在一夜之间打碎了所有的东西,但经过一段时间,这些被打碎的东西又自动拼接起来改头换面地发挥作用。"②在对贵州少数民族村寨的改造中,认真地执行着土地公有和人人平等的制度,反复强调社会主义理念。但是,在具体的执行过程中,

---

① 贺雪峰:《论乡村社会的秩序均衡》,《云南社会科学》,1999年第3期。

② 贺雪峰:《乡村社会关键词:进入21世纪的中国乡村素描》,济南:山东人民出版社,2010年,第258页。

图 2-8　黄平县谷陇苗族雷家大寨木板墙壁上“文化大革命”时期的标语至今仍清晰可见。

村民的思想意识不可能与传统突然割裂，他们将对毛主席的崇敬和对祖先的崇拜联系起来（图 2-8），用对待族长和寨老的态度接受生产组长或队长的管理，用村寨原始的平均主义理解社会主义，以传统的宗族“守望相助，疾病相扶持”来迎接主流价值中的平等自由，按照村规、民约、祖训来履行制度和法律上的义务。

总之，在这一时期，贵州少数民族村寨的社会处于平静，文化在表面上与全国保持同步，但经济上的贫困面貌没有得到根本扭转，制度上的滞后不可能通过“国家强力”而迅速改变，传统的风俗和观念只是转变为另一种形式。随着改革开放，政治制度、经济体制、文化政策出现调整，曾经蛰伏的、改头换面的传统文化又相继恢复本来面目，继续发展。

第五节　改革开放后：贵州少数民族村寨文化传承的机遇与风险

在“以生产队为基础”的农村三级所有制和“以阶级斗争为纲”的年代，村民不可能自由地支配时间去开展文化活动，而且特殊的政治气候极大地压抑了人们的文化空间。20 世纪七八十年代，农村体制改革，不仅调动了农民生产积极性,使村民的温饱问题逐步得到解决,而且文化需求不断增长,物质条件和政治生态在不断地满足着村民的文化需求。

另一方面,农村实行“联产承包责任制”,继而大力发展乡镇企业,推行市场经济、城市化、工业化,农村集体劳动的组织形式、统购统销的分配制度、村民固定在土地上的人身关系发生变化,乡村社会结构和文化面貌发生改变。一是农业生产的组织形式改变,村民不再必须服从生产队的安排从事集体生产,可以自由地支配时间;二是产业结构改变,在不毁坏耕地的前提下,村民可以在自己承包的土地上自由地选择经营方式或种植农作物;三是城乡二元结构开始改变,大量的人口从农业转移到非农业,从农村转移到城镇。城市与乡村、工业与农业、现代与传统相互激荡,以农耕为基础、以村寨为载体的乡村传统文化经受着史无前例的冲击,进入了实质性解构的阶段。村民从观念到行为、从经营方式到生活态度,村寨从建筑形态和布局到交通条件和自然景观,从社会风气到精神状态都正在经历一场“现代化”。贵州少数民族村寨和全国其他地方的乡村一样,在这场“现代化”的过程中,其文化传统的解构从根本上说是一种社会进步,但解构本身也带来了一系列急需关注的“现代化问题”。

一、传统的重建与超越

传统在某些因素影响下会遭到破坏甚至消失,而在破坏之后重新修复,在消失之后再重建。从理论和实际上都不可能完全做到。因为修复总会留下痕迹,重建一定会打上时代烙印。村寨文化亦然,它的重建可以连接过去,也反映着当下。

(一)重建村寨传统文化

在改革开放之前的30年,贵州少数民族村寨的传统社会组织、生活方式都经历了一次巨变,传统文化生存的空间受到明显挤压。此后,村民自由支配的时间更充裕,政治环境变得宽松,村民可以更从容地重建他们的传统文化。

其一,在原来的政治语境和文化语境中被挤压却未曾磨灭的传统文化,到这一时期扩大了规模,丰富了内容。例如,彝族的火把节、苗族的姊妹节、布依族的六月六、水族的端节和卯节等节日,以及各民族吸收和改造的汉族春节、端午节等民俗活动都可以如期举行。村民既有了充裕的时间,又有了充足的物质基础,他们就把曾经搁置的仪式和民俗内容重新添加进去。又如土家族的花灯戏、布依族和侗族的民间歌舞,在政治运动和集体生产时期被改造成了主流意识形态的话语。在群众性的政治活动中,原先表演者需要接受政治审查,现在可以让它回归传统的本色,成为村民自己的娱乐方式。苗族春节期间的"跳花"、水族"卯节"活动中的赛马等,很快就规模超前。

其二,一度被禁止却还没被淡忘的村寨文化重新回到村民的生活中。苗族以家族为单位祭祀祖宗的"吃鼓脏"、侗族以村寨或村寨联盟为单位祭祀始祖母"萨玛"的活动、土家族祭祀"土王"的活动,还有各地的祭灶神、树神、山神等习俗,求子、求雨、驱鬼、降魔、超度亡灵等活动,这些在"破四旧""反封建"的时期被视为封建迷信,村民不敢公然行之。随着政治的解禁,村寨中的祭祖活动声势比从前更壮大了,尚未泯灭的鬼神观念在一部分村民中复活了,依然健在的巫师又可以坦然地重操旧业了。黔东南有些苗族村寨的"吃鼓脏"持续数日,参加祭祖的村民上千人,他们杀牛、吹芦笙、唱"醒鼓""起鼓""安鼓"的祭辞。侗族雄伟的鼓楼旁边重新垒起了萨坛,每年都由寨老如期组织盛大的祭萨仪式。废弃的宗族祠堂再度修缮,竖起了祖先牌位,续族谱、定家规,抚恤贫困。村头建立了一座座神坛或土地庙,村民在这里进香还愿。丧葬活动由简单的追悼会又演变成了浓重的亡灵超度活动,"做道场"成为必不可少的环节,经幡林立,很多村民杀猪宰牛。建房子看风水、敬祖宗、祭祀神灵的民俗活跃起来,从选房址、建地基、砍伐树木、架房梁到新房落成,有一整套的仪式。粮食丰收之际,苗族、侗族、仡佬族祭祀祖先和神灵的"尝新节"又恢复了往日的盛况。

其三,日常生活中的文化增添地域性的传统内涵。礼俗文化总有鲜明的地域性,而在改革开放前几十年,贵州少数民族村寨文化的地域特征被时代抹去了,到了新时代又展示出各自的文化个性。客人进村寨时喝"拦路酒"、宴请中唱"敬酒歌"的习俗,主要存在于黔东南和黔南的苗族、侗族、布依族、水族等少数民族的村寨。秋收以后、春节期间,整个村寨的男女老幼集体到另一个村寨做客的"走寨"习俗基本上局限在南部侗区(图 2-9)。尽管黔西北的彝族和苗族、黔东北的苗族和土家族也非常好客,在那里却难得看到"拦路酒",也没有"走寨"。又例如,黔中安顺、平坝、清镇、紫云等地,黔西北和六盘水地区,这里的彝族、苗族和布依族都有在丧葬活动期间杀牛的习俗,虽然有的地方称为"打嘎",有的地方称为"砍嘎",有的地方直接叫"敲牛""打牛""棰牛",但是杀牛的目的和表现出来的特征是一样的。可是在黔东北和黔东南苗族聚居地、黔东南和黔南侗族布依族聚居地,通常不在丧葬期间杀牛,而是在祭祖的时候才杀牛,黔东南和黔南的苗族、侗族、布依族、水族在丧葬期间一般用鱼类和素菜供奉。这种地域上的文化差异显然不是因为黔东北、黔东南、黔南地区的人们不能承受

图2-9　在黔东南榕江、从江、黎平三县交界处生活着一支俗称“都柳江支系的苗族”，他们有一个古老的节日“阿达堆”（译成汉语即“相思节”）。在春节过后几天，几个村寨约定一个具体时间，集体到其中的一个村寨做客。届时，主队先在寨内设祭坛，念祭词，请祖先来过节，同时祈求祖先保佑村寨和主客平安。先在寨门设拦路仪式，客队到来后，双方相互对古歌，喝牛角酒，当晚将客人分散各户对歌，次日吹笙跳舞狂欢。第三天客人离寨时，举行盛大的欢送仪式，集体给客队赠送一头大牯牛和一只羊，每家均另送一包糯米饭、一只鸭、一包腌鱼、一包红鸡蛋，双方均芒筒高奏，芦笙狂舞。

杀牛的经济负担，而是传统使然。

（二）村寨传统文化中增添现代元素

传统文化回归，显然不是简单地回到过去，而是在继承中发扬光大，融入新形式，增添新内容，无论在风格、规模和理念上都打上了时代烙印。

文化不可能凝固，总在随时代而变化，沉淀传统，表现当下。彝族的火把节、苗族的姊妹节、布依族的六月六、水族的端节和卯节等节日，现在有了更鲜明的现代元素。活动举办者已不可能只是纯粹的民间组织，企业和政府也加入其间；活动的内容不再是单一的传统娱乐歌会，更多的时候把它作为文化品牌在推广，包含着不同于传统的动机。在活动的具体过程中，用现代媒介作为宣传载体。而且活动的区域性越来越淡化，外地的游客成了活动中的重要组成部分，甚至对外地游客的吸引力成了评价活动成功与否的重要标准。

在晴隆县中营镇新红村，当地的“四印苗”从大年初三开始，载歌载舞，举行纪念“四印苗”传统节日“跳花场”。[①] 如今的“跳花场”已融入许多现代元素，形式上追求视觉效果，内容上增加了歌颂改革开放、颂扬移风易俗、赞美各民族美好生活的节目。从贵阳到安顺，从六枝到盘州市，从黔南的龙里和贵定到黔西北的金沙和织金，但凡举行“跳花”的苗族村寨，已经把这项传统民俗活动的参与人群扩展到吸引远村近邻的一切人群，活动的性质已经不是同一民族支系的村民聚会和青年男女的歌舞恋爱，而是对民族文化的展示，同时创造一个商品交流的机会。2014 年 2 月 1 日（农历大年初二），六盘水市西宁村举行首届苗族山花艺术节（图 2-10），地点不在村寨，而安排在钟山区白鹤公园。举办者不是当地的村民，而是一家企业。最耀眼的明星不是参加表演的村民，而是行政机关的领导。2014 年 2 月 5 日（农历大年初六），安顺市张家坪寨村照例举行一年一度的“跳花场”，一大早商贩们就摆好了小摊，卖裹卷、烙锅、素粉等小吃，还有销售服装的，贩卖手工艺品的。

又如婚姻习俗，很多传统的程序已经省略，经济条件好的人家也不再使用花轿，而是准备庞大的车队。直到今天还照例要跪拜父母以示感恩，却很少在祖宗牌位前磕头，也不像从前还特意请巫师（长老）讲述天地开辟和人类起源的

图 2-10　舞台上的村民表演的是当地苗族喜闻乐见的舞蹈，台下坐在前几排的是当地领导。

① “跳花”也称“跳花山”“花山节”等。各地节期不一样，通常都是在农历正月初一到十五间举行。“花杆”是花山节的重要标志之一，通常都要选择笔直高大的青松或柏树，再扎上鲜花、彩旗。人们则围着花杆盘旋舞蹈。

图 2-11　思南县一位土家族姑娘在出嫁前哭嫁，当地民间认为出嫁前不哭嫁是没有教养的表现。

神话，而是采用现代最流行的婚礼仪式。很多村寨已经将芦笙曲或其他民间乐曲改为现代音乐，将新郎和新娘的传统民族服装换成现代的西装、礼服。在黔北土家族、仡佬族个别村寨偶尔还有新娘哭嫁习俗，体现了即将出嫁的女人对父母的感恩和对亲人的依依不舍，尽管从中能感受到一些传统文化的碎片，但是新娘哭嫁不再是因为对婚姻的恐惧和对今后难得再见亲人的感伤（图2-11），而仅仅是风俗使然。更不用说苗族、侗族、布依族等民族曾经流传很久的“不落夫家”习俗，现在早已废除。

很多曾经被废止的村寨文化重新回到村民的生活中，过去的那一套仪式恢复了，对祖先和神灵的敬畏之心还保留着，它重新点燃了人们古老的虔诚心，民族意识、血缘观念和敬畏之心进一步得到加强。但是这个时候的民族意识不再包含对其他民族排斥的成分，血缘观念中淡化了传宗接代的简单思维，神灵和祖先变得更抽象。原本只限于家族内部的祭祖、只限于本民族支系的“萨玛”祭祀，如今成了公开的社会活动，甚至政府领导取代了族长和寨老来主持祭仪。乌蒙山麓威宁板底村神秘的“撮泰吉”，它应该是在夜色朦胧的山间举行，属于人和鬼神的对话，现在改换了地点，也可以在任何时间举行。很多村寨的“扫寨”习俗，其文化核心是关闭寨门，将所有扰乱村寨安宁的鬼怪驱逐出去，活动期间外面的人不能留在村寨内。可是，现在已经对外开放，游客用照相机、摄像机记录着全过程，似乎成了“真人秀”节目制作现场。

日常生活中的村寨文化，当地村民自己都明显感觉变化太大。会讲家乡方言和本民族语言的人越来越少，穿本民族服装的人已不是少数民族村寨的常态。村寨月夜对歌只是留在老辈们心中的记忆，“玩月亮”“摇马郎”“浪哨”等浪漫的传统恋爱方式在年轻人看来只是美丽的传说。人们在旅游景点看到的少数民族情歌对唱，那只是面向游客的表演，生活中早已不存在（图 2-12）。媒体反复报道的西江苗寨“长桌宴”令游客惊叹不已，事实上它已和传统不是一回事。传统的“长桌宴”是村寨中的人们集体聚会，一年之中偶尔为之，它是“熟人社会”的亲密人际关系的生动体现，而且长桌摆在房子前；现在围着长桌用餐的

图 2-12　黔南州平塘县掌布乡旅游景点民族风情表演。舞台上演绎的青年男女通过情歌对唱结为恋人，布依族姑娘牵起心仪男子的手，这只是 20 世纪六七十年代以前的事。

图 2-13　如今的西江长桌宴，在文化上已经变了味。（熊诚摄）

游客互不相识,把长桌摆在了街道中央或广场上,并且是经常性的。“长桌宴”不再是村民的文化习俗,它已经成了村民招揽游客的经营方式(图 2-13)。

现在的村寨不可能抗拒时代潮流的冲击,社会组织在变,生活质量在变,产业结构在变,村容村貌在变,行为方式在变,只有村民内部的交往、村民对祖宗的祭奠、村民对家庭和家乡的理解还保存着传统的气息。

二、在道德理性与工具理性之间

工具理性有两个突出特征:实用主义和披着科学的外衣。它体现为在思考问题、采取行动时首先考虑是否有具体的用途,同时考虑是否具有科学性,是否符合法律。工具理性追求利益的最大化,一切为我所用。道德理性则不然,它也关心切身利益,但会把事情放在自我和群体的关系中,放在天、地、人的关系中,放在过去、现在和未来的关系中考虑,它把情感因素放在首位,非常在乎社会良知和整体和谐。

(一)工具理性的气息正在扩散

当少数民族村寨还处在封闭的地理环境和社会环境中,还处在生存环境非常严峻的时候,人们凭借着集体的力量求得生存,在村寨集体中发挥着自己的力量,因此每个人离不开集体,也非常关心集体。在这样的环境中,人们习惯于集体生活,集体意识强烈,总会从集体的角度思考问题,由此形成与之对应的村规民俗和道德。所以,传统村寨的文化,从物质形态到行为方式,从乡规民约到情感思维,主要是道德理性的范畴。

自改革开放以来,村民切实感受到物质生活水平有显著的提高,也深刻体会到观念变迁和身份转换,生产行为由被动听从安排转为主动规划,文化活动由自在趋向自觉。首先从集体生产的社员变为“联产承包”体制下从事个体生产的村民,接着在大力发展乡镇企业时,一部分农民与土地分离,随后又从世代生活的农村奔赴城镇。21 世纪初,国家加大农村税制改革力度,启动“建设社会主义新农村”工程,全面取消农业税,推行农民宅基地确权和土地流转,实施农村新型合作医疗。这一系列改革,发展了农业生产力,改善了村民生活,促进了农村的城镇化和现代化。与之相伴的就是村寨中传统的人际关系解体和对传统生活方式、生活态度的摒弃,乡村传统文化的集体性失落。“而传统乡村文化的断裂与破坏又使得广大农民在家庭观、社会观、个人观以及价值观、文化观等方面发生了文化认同的迷失,传统意义上的乡村精神家园不复存在,而现代意义上的乡土文化认同又尚未建立。"①

贵州少数民族村寨在生产发展、农民身份转型的同时,道德理性旁落,工具理性占据上风。决策部门此时最看中的是民族文化有利于形成丰富多彩的中华文化景观,有利于将各民族凝聚在中华民族的大家庭中,强调文化的政治功能,注重其内容的现代价值和社会价值。各级地方政府都尽可能将民族文化转化成可以用货币交换的商品,高调地喊出"文化搭台,经济唱戏"的口号,注重民族文化的传统形式和经济价值。在这样的理念指导下,在不违背法律和政策的前提下,少数民族村寨文化的传统形式受到空前重视,被前所未有地改头换面和精心包装,内容可以忽略,关键是要有吸引人的形式。例如,风俗的奇异性、服饰的美观性、歌舞的独特性等。对于村民而言,他们好像还是文化的拥有者和传承者,其实被政策制定者的意念左右,被大众文化裹挟,受经济增长方式和游客的欲望主宰。

尽管贵州少数民族村寨耕地不足而且贫瘠,但是自实行"联产承包责任制"后,多数村寨的粮食很快实现了自给。在市场经济的作用下,剩余的农副产品一部分流入市场。农副产品进入流通领域,改变了村民的传统经营方式和生活方式,农村产业结构应时调整,村民的眼光瞄向了村外,村寨通过市场架起了与城镇联系的桥梁,村寨由"自足"转变成对市场的依赖,村寨文化由"熟人社会"的村民群体自我建构转变成在市场化的互动中不断调适。另外,现代电子媒介技术发展,为村民市场化活动提供了方便的通信工具,村民的视野变得开阔,他们不只是种植传统的农作物以满足基本的温饱需求,不只停留于传统农耕时期的娱乐歌舞、神灵敬畏、祖先崇拜、技术传授、情感抒发、历史传承等。从广播、电视、网络、手机等渠道进入村寨的海量的信息淡化了传统文化的神秘和神圣,降低了村民对传统文化的学习兴趣和对传统娱乐方式的热情,世代吟唱的山歌、秧歌、苦歌、古歌远不如流行歌曲、迪斯科、都市剧、欧美大片具有吸引力。大众文化通过高科技手段制作出具有冲击力的信息产品,刺激着人们的欲望,渗入穷乡僻壤。先进的媒介在方便村民获取信息的同时,也在通过信息改变村民的思想;媒介不只是信息传播的通道,它也成为村民的生活方式的一部分。

(二)道德理性仍保持坚挺

有的学者在分析中国农村思想变迁的论述中指出,村寨的传统文化,尤其

① 沈小勇:《传承与延展:乡村社会变迁下的文化自觉》,《社会科学战线》,2009年第6期。

是民间信仰在“文化大革命”期间受到了毁灭性打击。“文化大革命”之后，虽然村寨中的歌舞、节日、礼俗、祭祀仪式等得到了一定的恢复，但是很多村寨的人际关系、传统组织、生产力水平都发生了改变，村民的交流方式，娱乐途径、谋生手段与传统有所差别，歌舞的对象、节日的场所、礼俗的氛围、祭祀仪式的空间都与从前不同了。很多村民在内心深处已失去了对民间神灵的虔诚之心和对祖先的崇拜之情，甚至对家族的认同感也大为削弱。① 在对贵州少数民族村寨的具体考察中发现，这种现象存在，但并不具有普遍性。由于村寨的自然环境和历史文化不同，因此文化变迁的程度各不一样。例如，一些交通便利、经济较发达、传统的民族文化影响不深的村寨，村民的家族意识、祖先崇拜、鬼神观念、家乡情怀变得淡薄；而在另一些地方，村民的劳动技能还未能适应现代化生产、生活习惯，与现代都市人群存在差距，因此大量的村民在城镇只能从事简单的劳动，生活往往陷入困顿，甚至他们的行为也与城市格格不入。留在家乡的村民，通过现代媒介知道了外边世界的精彩，而村寨的处境依旧贫穷和落后；通过许多媒体可以获取外面的信息，而村寨的真实状况却不为外面所知晓，完全处在信息不对等的状态；村民开始了市场化的生产，有了获取信息的传播媒介，但在生产中缺少市场化生产的思维和经验，不善于借助已经拥有的媒介为生产服务。因此，贵州少数民族的村寨在总体上是信息超前而生活滞后，思想上接受或倾向于都市时尚文化而行动上跟不上，村寨当前正处于文化断裂和社会环境混乱的窘境。社会学者贺雪峰说：“整个中国农村在很短的时间内便被抛入一个巨变的潮流之中。现代性不仅在器物层面，而且在观念（灵魂）和逻辑层面，在根本的行为动力和人生目标上面改造和重塑中国农村。现代化这一次不只是粗疏地掠过传统，而是细密地改造和改变传统，是彻底地消灭传统。”②这个总结虽过于笼统，忽略了差异性，但在贵州大部分农村确实如此。一些民族传统文化深厚、信息比较闭塞的大村寨，因为现代文化的冲击不是骤然而至，所以两种文化之间有一个对接、调适、交融的过程，即使一部分人因经济结构调整而改变行为习惯，也不至于使整个村寨的传统面临毁灭。这样的村寨凭借着传统文化的影响力，引起了外面世界的兴趣。目前贵州被冠以“魅力村寨”“传统村落”的村寨都是规模大、民族文化特色鲜明的，而那些紧跟时尚文化的村寨在打

---

① 张旭：《从村里的祭祀活动看乡村社会中的宗教信仰——以山东济宁微县湖村为个案》，《青年文学家》，2011 年第 19 期。

② 贺雪峰：《乡村社会关键词 进入 21 世纪的中国乡村素描》，济南：山东人民出版社，2010 年，第 259-260 页。

造“多彩贵州”的语境中却失去了话语权。

对贵州少数民族的很多村寨而言，在追求现代文化和弘扬传统优秀文化、向往都市和回归田园、崇尚现代科学和尊重神秘思维的交织关系中，村民对待传统文化的态度和行为正徘徊于工具理性和道德理性之间。他们的经济活动越来越市场化，无论是被裹挟，还是主动顺应，结果都是为产品交换和盈利而生产，开始从自给自足的村民转变成消费品的生产者，从传统农耕社会的“伦理人”转变成追求利益的“经济人”，从朝作暮息的农业劳动者转变成具有竞争和开拓意识的“市场人”。在这一转变过程中，他们不仅自身完成了身份的转变，也正在进行着思想意识和行为观念上的转变。[①] 因此，在贵州少数民族村寨，原本是少数民族村民使用的工具，如今变成了展示的物品，村民从习以为常的物品中感受到了文化价值。他们开始珍惜这些正在使用的物品，开始按照这些物品的模样再制造，于是就传承了物品的制造技艺，同时也就保存了这些物品制造和使用过程中的相关文化。原本是村民生产并自己使用的物品，如今变成了用于交换的商品。物品在村民自己使用的过程中，附着在物品中的文化出现代际传承；物品变成了商品后，因为交换，使产自村寨的物品流出村外变成了商品，附着在商品之中的村寨文化表现出空间传承。村寨文化原本是代际传承，一代又一代村民对文化的理解在潜移默化的生活之中完成，这种理解保持着本真，其文化在村寨中再生。现在通过商品交换或流通而发生的空间传承，拥有商品的人对附着于其中的文化理解各不一样，它固然扩大了村寨文化的影响，但是并不能因为购买商品而出现文化再生。

现在走进贵州少数民族村寨，看到的是传统与时尚、历史与潮流、乡村与都市的文化碰撞：女儿结婚前的彩礼明码标价，而结婚后为女儿及其孩子不计报酬的付出；兄弟之间在赡养父母方面出现了斤斤计较，而当兄弟遇到困难时慷慨解囊；集市赶场或借贷时精打细算，而招待客人时极其热情大方；有时为了自己或家庭的利益不惜招致全村公愤，而有时为了村寨利益不顾身家性命；当走出村寨时表现出尊重科学、引领时尚的姿态，而在回到村寨后又自觉地认同传统习俗；有时抱怨村寨的种种传统却又从传统中享受快乐，有时向往都市而又深感都市存在诸多弊端。总之，他们对现代生活的追求通常从工具理性出发，对传统文化的抗拒反映出私利主义，对都市的向往源于物质享受，而不愿走出传统则是因为还在吮吸道德理性的营养。

---

① 刘金海，杨雪婷：《农民非农化及对乡村社会影响研究》，《社会主义研究》，2007 年第 6 期。

三、拟态与真实

近30年中国传媒业快速发展,从电视普及到网络无处不在,从对媒体实行企业化运作到自媒体时代的真正到来。媒介发展依赖科技进步,传媒发展改变生活。今天的少数民族村寨已离不开媒介,它在改变村寨环境和人们生活的同时,也改变了村寨的文化和村寨文化的传承方式。

(一)现代媒介改变传统村寨文化空间和文化认知

在从事农耕的村寨,村民以前束缚在土地上,在"熟人社会"沿袭着从前的生活方式。自从家里有了电视后,闲暇时间基本上聚在了电视机前。当出现卡拉OK后,年轻人更愿意在歌厅消遣。随着网络开通,电脑游戏和丰富的资讯消解了村寨内的歌舞和古老传说的魅力。如今智能手机普及,刷微信和QQ聊天成为时尚一族的必备。不管村寨自然环境是封闭还是交通便利,电子媒介正在使传统的文化空间逐渐失去意义(图2-14)。从理论上讲,一个群体将自己完全封闭起来,就能够保持自己文化的独特性;而在现实生活中,这是不可能的。村寨之间总会有人口流动,村民总会有向外拓展的冲动,村寨的地域边界不可能一成不变,民族文化的稳定性永远是相对的,区域文化的特征和符号也随之发生变动,村寨传统文化的要素在人口流动和边界变动中随之被部分取代或全部取代。如果说贵州少数民族封闭型村寨的文化在历史上主要靠婚姻实现交流,那么在改革开放后的一二十年里又进一步通过商品交换扩大买卖双方的文化交流,并借助商品自身负载的信息改变着文化时空。进入21世纪以后,城镇化、工业化和新农村建设直接改变了

图2-14　三都县周覃镇板料村是一个极其边远的布依族村寨,很多年龄较大的村民讲汉语还不流利,而小孩即使在家也很少讲本民族语言了。手机已成为最基本的交流工具,村民们能够非常熟练地用手机上网,特别是刷微信。

村寨的有形边界,信息的流动跨越民族和地域边界,信息全球化、经济一体化改变了村寨的文化边界,所有民族村寨都难以按照传统方式继续生活,都难以建立保存了自身文化独特性的“孤岛”。[1]

现代电子媒介的出现和普及,对贵州少数民族村寨的影响广泛而且深刻,它在信息消费上打破了城乡二元结构,扩大了大众媒介的辐射力,村民通过电视节目、网络平台、手机等可以与城市无差别地获取资讯,城乡居民可以享受一样的信息服务。这看似抹平了城乡信息消费的差距,村民争取到了大众传播的平等地位,但在表象的背后仍暴露出很多问题。从报刊的发行和村民的阅读看,贵州几种主要的都市类报纸只限量发行到县城,民族村寨至今还没有购买和阅读报刊的习惯,虽然在乡村推行“农家书屋”计划已很多年,可是为数不多的“农家书屋”的书刊数量少而且内容陈旧。从报刊、广播、电视、网络等媒体传播的内容看,恰恰是对乡村的忽视和村民信息需求的漠视。大多数内容都是反映城市生活,几乎所有的表述都采用城市的现代话语,为数不多的关于少数民族的影视剧或新闻报道,基本上都是“传者叙事”,媒体几乎没有意识到以村民为本位。所以,少数民族村民在接受大众媒介信息的同时,也在接受大众媒介的“文化暴力”。市民和村民、发达地区和贫困山区在大众传媒面前,其地位根本不对等,对大众传媒的态度和信息的反应也因此会不一样。年轻人有现代学校教育打下的汉语基础和文化基础,年岁大的男性有曾经出远门见世面的社会阅历,他们对现代媒介传播的内容和表达方式不完全陌生,并通过接受媒介的传播进一步增加对现代都市文化和社会主流价值观的认识。而年岁更大的村民、广大妇女和没有走出村寨的人们,既对大众媒介的汉语符号和表达的都市生活、主流价值等都存在着理解上的困难,又对现代传媒的高科技有一种抗拒。以市民为中心的现代话语向乡村的渗透,是通过视听感官刺激对农民单向度的灌输,大部分农民依然限于当代都市话语符号理解门槛的制约,更不用说掌握当代话语并以此维护自己的权益。[2] 王学文前几年在三都县水利大寨做调查时,发现年轻人看电视的比老年人多,男性看电视的比女性多。[3] 这种状况在贵州的少数民族村寨正在改变,原因是听不懂汉语的人越来越少了,男女村民的

① 严庆,王伟:《民族民间话语及其启示》,《西南民族大学学报》(人文社会科学版),2011 年第 8 期。

② 林茂松,晋佑顺:《渗透和变异——论现代话语在乡村社会中的传播》,《东南传播》,2011 年第 9 期。

③ 王学文:《规束与共享:一个水族村寨的生活文化考察》,北京:民族出版社,2010 年,第 228 页。

休闲时间越来越多了,对电视节目中所表现的情景越来越不陌生了。村民已经习惯了媒体的话语叙事,习惯了这样的休闲方式。如今,绝大部分村寨已开通网络,年轻人转而醉心于网络交流,年长的村民则成为电视观众。

现代电子媒介冲破了自然环境对少数民族村寨的束缚,村民足不出户可以了解世界大势。同时,电子媒介打破了村寨传统的生活空间,以地点为中心和以事件为中心形成的信息交换的公共空间正被以电视为中心和以计算机为中心的个性化空间取代。村寨的传统公共空间位于村民共同认可的芦笙场、鼓楼、花桥、家族祠堂等地,是传统话语的表达场所,是典型的地域性文化符号。个性化空间位于家庭客厅或卧室,为私人活动场所。即便电视内容是大众化的,而在个人空间的收看行为也是私人化的;在计算机上浏览的信息是公开的,而浏览信息和发布信息的行为属于个人的。从现代电子媒介上获取信息看似体现了村民的信息选择权,也能够增强村民的个体意识,可是选择到的信息并非都是自己希望获得的。另外,村民通过现代电子媒介实现了与现代主流意识的对话,了解到都市生活。因为我国影视剧制作和电视新闻节目叙事的角度遵循主流价值,所以村民在观看影视剧或电视节目的过程中逐渐实现了对主流价值观的认同,实现了从村寨公共空间中朴素的群体文化传播到个性化空间中培养民族国家意识的文化飞跃。

另一个事实也不应回避,少数民族村民在理解现代媒介的传播内容和表达方式上并不总是与都市人群保持一致,对媒体极度渲染的都市生活在认知上很容易把“拟态”当作现实,身处贫困却不断被媒体描绘的绚丽世界强烈刺激,于是就在巨大的反差之中对村寨贫困生活产生悲观情绪,否定村寨传统文化。此外,少数民族村寨中的村民虽然拥有了现代传播工具,但基本上停留在单向度的信息接收,还不足以借此向大众反映村寨真实的生活和情感。“乡村农民在以现代话语为主流的国家、社会话语系统中处于弱势的地位,表现为农民话语权的缺失,成为信息传播意义上的弱势群体。”①村民了解的都市生活和国家形象并非客观真实的全貌再现,而是大众媒介描绘的“拟态”环境;在现代媒介上展现的少数民族村寨,是媒体运用自己的话语建构出来的形象,村民在这种建构之中是缺位的,都市人也不可能借助现代媒介看到真实的少数民族村寨。更何况,少数民族村寨在经济上处于弱势,在政治上还没有完全走入社会前台,他们也刻意用现代都市话语进行自我建构,从语言、服饰到建筑,从行为举止到生

---

① 林茂松,晋佑顺:《渗透和变异——论现代话语在乡村社会中的传播》,《东南传播》,2011年第9期。

活习惯都模仿现代媒体上的时尚。

(二)现代媒介改变村寨文化的传承方式和表达方式

在历史上很长的时期,贵州少数民族村寨的文化主要靠口耳相传,他们的知识体系、历史传承、文化积淀、艺术创造都体现在口承传统中。即便在明清时期建立了府州县学、宣慰司儒学、义学、书院等,也没能从根本上改变乡村文化的传播格局。口头传播不利于文化扩散和保存,但它有利于保持传统的生活状态,有利于情感沟通,有利于保持文化的本色。正如中国社会科学院的学者朝戈金所说,口头媒介对文化的传承具有现代媒介不可取代的功能。人们在成长过程中,因为接受了儿歌、民间故事、家规、村规、敬酒歌、哭嫁歌、丧葬歌等,它会无声地浸润人的灵魂。"事实上,在很多民族中口头传统不仅是补充,而且还是非常重要的一部分。对于许多民族的文化传统、文化历史来讲,缺了口头传统,一些民族的来龙去脉就说不清楚了。""对于许多不使用文字的民族来讲,它的地方性知识、关于宇宙和自然的知识、宗教信仰体系是全部体现在口头传统中的。"①我们在实地调查中切实感受到两点:一是口头媒介传播文化的过程本身就是一种文化事项,它使村寨文化具有特殊的魅力。村民在文化传播的过程中表现出来的关系、使用的语言、对内容的理解、营造出来的氛围等立体地呈现出地域性文化;而口头媒介依旧盛行的民族村寨,其地理环境的封闭性、生活节奏缓慢、生产力水平低下、思想观念与时代落伍等问题确实非常突出,村寨传统文化的生动鲜活与村民物质生活贫困之间的矛盾格外突出。二是现代电子媒介运用比较普遍的村寨,固然也为传统文化的传承找到了一条新的途径,但村寨丰富的传统文化不可能全部都用现代电子媒介传承,电子媒介表现的传统文化不可能和口头传承的传统文化一样;运用现代电子媒介传承村寨传统文化的村民看似有一种文化自觉,但他们没有深刻认识到电子媒介对传统村寨文化的冲击力,却更看中现代电子媒介实用性的一面,甚至有很多人的工具理性已经取代了道德理性。

不可否认,电子媒介在影响着村寨生活,在改变着村寨文化的传承方式。录音机进入村寨后,很快就有人将古歌、山歌、酒歌等录制出来,用来自己欣赏或让晚辈学习。当摄像机不再是奢侈品、摄像技术不再显得高深之后,村民自觉地将他们认为有意义的活动拍摄下来,刻录成光碟,定格一段难忘的时光。

① 梁卫国:《中国民俗学会会长朝戈金:保护非遗就是保护优秀传统文化》(王方录音整理)。

图2-15　图为月亮山腹地的加榜苗族娶亲时的一个场景。老年妇女还是一袭传统装束，年轻女性已经很时尚，男性几十年前就改穿汉服了。在婚礼活动中，老年人最在乎的是传统礼俗，而年轻人主要是图热闹，用手机录像或拍照，既可留作纪念，也发到朋友圈分享。

网络开通后，信息获取可以不在村民之间进行，更不一定需要采取传统的口传心授，可以自己从网上获取信息，也可以网络聊天，网上看电影电视，网上打游戏，在网上实现娱乐。村民之间的交流部分地被大众传媒取代了，传统的娱乐活动也更少了。现在，村民越来越多地借助现代媒介传播地方性文化，很多村寨都将本地的自然风光拍摄并制作成光碟，将本地的民俗活动用DV记录下来并上传到网络，将个人的点滴生活用手机拍摄下来并分享到QQ空间或微博（图2-15），还有很多村民将老一代人传唱的古歌制作成录像带或光碟。这种传播方式，完成了村寨文化的时空传播，实现了客观事实与声音、影像的分离，不仅扩大了村寨文化的传播范围，而且通过复制，增加了村寨文化的保存方式。

随着媒介的多样化，村寨文化的传承方式由单一化向多元化发展。从组织形式上看，在改革开放前近30年，政府通过行政命令取消了一切个体的文化活动，村寨文化中唯一可称为民间个体传承的就只有被改造过的社会礼俗文化，即使被村民视为最严肃的丧葬活动也被改造成全国一致的追悼会，其他的活动都打上了官办的烙印或政治运动的色彩。改革开放之后，尊重民间文化，生产回归家庭，经济活动转向个体，因此传统的村寨民俗活动很快回归到以家庭、家族、村寨为单位的组织形式，许多原来属于官办的文化活动又转为民办、个体办，地方传统文化样式释放出前所未有的活力。例如，过去农村开展文艺演唱多是上级号召，行政部门组织，往往由党支部组织一个文艺宣传队，指定排演节目和演出人员。现在，不用政府安排，群众也能自发组织起各种歌唱表演队，人员不固定，自愿结合，形式多样，不拘一格。在黔东南侗族村寨有老年歌队和青年歌舞队，有男人结成的斗牛协会和女人结成的刺绣蜡染小组。在黔西南布依族村寨，有若干村民自发形成的八音坐唱队，有邻近几个村寨热爱歌唱的女人自愿组织的歌唱队。在苗族村寨，年轻人主动向技术工匠拜师学艺，传承其银器打造、房屋建筑、芦笙制作的绝活。在土家族村寨，村民聚在一起扎龙灯或者制作藤编商品，有的不定期参加花灯戏表演。从活动内容上看，过去只是电影、歌舞、戏剧等展现中华人民共和国的建设成就，或者揭露旧社会的黑暗，或者反映阶级斗争的新动向。现在，少数民族村寨也举办诗歌、书法、绘画、棋牌、球类、拔河、游园、民俗活动等，从村民自身的文化需求出发，展示民族村寨的传统文化或社会发展。有专业的演出队伍，有村寨的歌舞爱好者结成的娱乐团体，在学校的课堂传承，有政府任命的传承人传授，还有村民自发的文化生活。

在媒介社会，村民接受媒介信息，也在使用媒介的过程中认识媒介和改变角色。村民过去在文化生活中曾经很被动，并且带有鲜明的政治宣传色彩，原本属于村民自己的文化却被转化成他者的文化，以他者身份来表现。作为观众的村民在台下观看演出或接受教育，极少有机会上台演出或参加娱乐。村民从舞台上看到的文化与自己的生活有距离，村民处于被表达的地位。现在村民的文化参与意识加强，都在寻找机会积极参与文化活动，自办晚会，自己筹划村寨民俗节日，按照自己的生活意愿组织生产，根据自己的经济实力建造房屋，采取传统的方式处理村寨内部事务。他们借助现代媒介获得丰富的信息，在获得信息的同时也在对照自身和反观村寨文化，知道了村寨传统文化与都市现代文化的差别，从而在比较中发现了村寨传统文化的特殊价值，进而对村寨传统文化产生自豪感，并自觉地做一个村寨传统文化的保护者、传承者和宣传者。在那些规模很大且民族文化特色鲜明的村寨，村民的文化自觉正在增强，曾经搁置的手摇纺织机重新走入生活，古歌、宗教习俗、服饰、语言、特色建筑、地方性娱乐活动等因为受到外地人青睐反过来引起当地村民重视，习以为常的植物染布、农家肥种植、家畜放养等因为都市人的追捧，竟在一夜之间成了生态文化的传统典范，荞麦、燕麦、红米、薏仁米等并不被当地村民看好的粮食也因在科学饮食宣传中备受推崇而得以延续传统种植方式（图2-16）。总体而言，颇具特色的贵州少数民族村寨传统的物质文化、生产习俗、代表性的歌舞等都还保存在现实生活中。这些传统文化之所以仍然存在，与现代电子媒介分不开。电子媒介的宣传使村民进一步认识到自己的传统文化具有价值，电子媒介的传播技术和功能也促使村民尝试着运用媒介扩大传统文化的影响力。

电子媒介还在很多方面深层次地影响着少数民族村寨。其一，媒介在改变空间，同时也在构建空间。贵州少数民族村寨被置于地球村，贵州少数民族村寨文化被现代媒介建构之后置于公共视野；贵州少数民族村寨的村民因为有了电子媒介而改变了活动空间；村民也在利用电子媒介对自己的文化再建构，向

图 2-16　其实在少数民族村寨,年轻人的服装主要是从市场购买,手摇织布机在生活中的意义不大。但是,通过媒体或游客,村民意识到古老的织布机具有文化价值,于是通过开展比赛等活动促进孩子们掌握这个传统的生活技能,也希望通过媒体宣传,扩大村寨的影响。

外界展示着一个被构建的文化空间。其二,从电子媒介中看到的贵州少数民族村寨和村民都是被符号化的。特色鲜明的建筑、全身盛装、芦笙阵阵、舞姿翩翩、歌声飘荡,庄严的祭祀、铺张的宴席,都越来越被符号化了。现代媒介用民族文化特色浓厚的符号构建了村民的"文化公民身份",受众因此形成刻板印象,村民也按照"文化公民身份"在现实生活中塑造自己。事实上,在调查中看到的贵州少数民族村寨平日里与其他地方的村寨基本相同,在没有被置于大众视野时的各种民间活动基本承袭几十年前的遗风,而一旦有官方组织重大活动或成为公众关注的焦点时,村寨则以"文化公民身份"出现,用他们特有的方式表现那些被认可的文化符号。村民现在的生活分成了原生态的生活和向外展示的表演两个部分,原生态的生活属于村民内部,表演性质的活动则是提供给媒介和公众的。

第三章
贵州少数民族村寨文化传承的现状分析

近些年来，贵州在发展交通、推进城镇化和加快新农村建设的过程中，传统村寨正在快速消亡，少数民族传统文化的生存空间明显萎缩。而另一方面，为了保护传统文化，从民间组织到公共权力部门都做出了许多努力，有一些行将消失的民族文化焕发出了生机。

第一节　贵州少数民族村寨的消失与村寨文化的严重消亡

贵州村寨在全国传统村落名录中数量较多，还有很多未列入名录的村寨也保留着非常完整的传统文化形式。但是，在现代化建设、经济一体化和信息全球化的过程中，贵州少数民族村寨及其传统文化也正面临着生存的危机。

一、少数民族传统村寨呈现出破败凋敝状态

和全国其他地方一样，贵州少数民族传统村寨遭到破坏和逐渐消亡的情形具体表现在以下几个方面：历史性老化；在时尚引领下的与乡土环境、历史风貌不和谐的各类现代建筑破坏着村寨的古风古貌；铁路和高速公路建设对村寨及其历史景观“开膛破肚”；国家和地方水力发电站建设导致河流流域内的传统村寨大量搬迁或生活环境改变；生态建设工程中的移民搬迁造成一些传统村寨消亡；旅游经济带来开发性破坏；村民外出务工致使村寨出现空巢现象；土地集约化引发对民居宅基地的兼并；城镇化发展进程对传统村寨保护构成的压力和威

胁;新农村建设过程中形成的千村一面现象。①

(一)交通发展改变传统村寨的人文环境

贵州是一个内陆山地省份,交通不便严重阻碍了经济发展,束缚着人们的思想,因此发展交通成了贵州追赶时代潮流的重要举措。1927 年从外地抬进第一辆汽车,抗战时期修通连接周边省区的公路,"三线建设"时期形成贯通湘桂川滇的铁路,到 2015 年年底,贵州成为西部地区第一个县县通高速的省份,全省高速公路通车里程达到 5 100 千米,实现了从"大道入黔"向"大道出黔"的转变。

同时,贵州也在加大铁路建设规模,已经建成和正在建设的高速铁路,形成"三横、四纵、五射"架构。高速铁路建成后,贵阳至黔中城市群中心城市 1 小时车程,至其他市(州)中心城市 2 小时车程,至周边省会城市 2 小时车程。通过多条铁路建设,将贵阳打造成全国性铁路枢纽,使毕节、遵义、六盘水、兴义等地成为区域性铁路枢纽。

这些高速公路、铁路在贵州形成网状分布,不可避免地会影响原有的村寨,并导致村寨的传统文化发生变化。

其一,有些村寨需要搬迁,有些村寨被分割,有些村寨被置于交通路口,还有些原本彼此没有联系的村寨连在了一起(图 3-1)。这表面上只是改变村寨的自然环境,深层次则使村寨的经济结构、社会组织、生活习惯、文化观念、人际关系等都发生了变化。例如,黔东南苗侗地区很多村寨自厦蓉高速公路建成之后,寂静的山村很快成为喧闹的旅游区,村民家庭的住房功能开始改变,村寨建筑的结构布局发生变化,生活节奏和谋生手段悄然变化,村民之间的关系出现疏离,传统的村寨文化开始变化。再如黔西北苗、彝等少数民族生活区,自杭瑞高速公路通车以来,当地政府对村民的产业结构作了重大调整,长期自给自足的生产逐步转变成以交换为目的的生产模式,规模经营正在取代传统的一家一户小农经营。从而使个体经济下的生活习惯、传统观念、家庭关系等开始淡化,传统村寨中的节日、礼俗、建筑、用具等功能淡化,宗教人物、村寨长老、能工巧匠的作用变小。

其二,极大地便利了村民交往,不仅促进了物资流通,而且人们对自己的生活方式及生活用品有了新的选择。自己的物产可以去市场交易,并依据市场需

① 周骏羽:《从历史文化传承角度保护中国古村落》,《人民日报》,2011 年 7 月 27 日。

图3-1 从黔东南州府所在地凯里市至苗族人口聚集的雷山县高速公路。总体而言,高速公路开通,传统村寨封闭的人文环境因此改变;具体而言,又有些村寨之间相连的道路被高速公路隔断,甚至有些村寨被切割。

求而生产,从而带动新的产业出现。在人们的日常生活中出现了更多新鲜事物,传统产业渐渐被淘汰,进而引起人们思想观念的变化。设计时速120~250千米的贵阳市域快铁,包括贵阳枢纽白云至龙里北联络线的东北环线、贵阳至开阳的贵开线、久长至永温的久永线、林歹至织金新店的林织线、改貌站货运中心、小碧至白云联络线的西南环线共六个项目,沿线村寨在市域快铁通车前就已完成从传统村寨向现代小城镇的转变,将村民变成市民、村寨变成城镇。开阳县将快速铁路带来的交通便利向内地辐射,把最有民族文化特色的村寨开发成乡村旅游景区,把禾丰乡水东宋氏土司遗址打造成"土司文化体验区"。[①] 龙里县的村民和领导面对交通格局的重新调整,想得最多的就是如何承接和延伸贵阳市的房地产业、物流业和产业园区。[②] 可是这些地方的领导和当地村民,很少思考传统村寨的命运和传统村寨的文化传承,没有拿出保护和传承村寨文化行之有效的方案。

其三,人们的社会交往范围扩大,社会交际频率加快。交际范围扩大之后,

---

① 谢江林:《市域快铁贵开线明年试行 开阳沿线乡镇发展提速》,《贵阳日报》,2013年12月9日。

② 路榕:《贵阳市域快铁建设中的龙里"畅想"》,《贵阳日报》,2011年10月19日。

历史上的村寨联盟受到冲击,原来彼此联系密切的村寨关系淡化,但又与其他村寨或城镇增进了联系,外部的习俗和生活方式快速涌入。社交频率加快,历史上定期举行的村寨联谊活动不再像以前那样被视为重要的交流机会,村寨之间互相串门被视为寻常,原本隆重的进寨门喝“拦路酒”、做客时唱“敬酒歌”的习俗在当地人的心中已不再像从前那样意义重大。

虽然如此,但并不是反对贵州少数民族地区发展交通。人的生存是第一位的,为解决生存而发展生产不仅正当而且必要。贵州有很多的少数民族村寨因为交通闭塞而经济发展受制约,生存困难,他们迫切需要改善环境和提高生活水平。在印江县桃映乡溪口村,生活在此的2 000多位村民到河对岸极不方便,只能乘坐铁皮船渡过80余米宽的河流,经常发生翻沉事故。正因为交通不便,这个人均只有0.6亩耕地的村寨长期生活贫困,人均年收入目前勉强达到千元,超过一半的劳动力被迫选择外出打工。[①] 贵州还有很多类似溪口村的村寨,交通落后制约着经济发展,迫使村民外出,结果形成留守村寨,传统的村寨文化因此陷入萎缩。又如,习水县土城镇的统一村,与赤水河高差近千米,全村120多户人家数百年来出行都要走一万多级台阶,到最近的集镇都需要3个多小时,购买最基本的生活用品不便,经济非常落后。因此,贵州要在2020年与全国同步实现小康,就必须发展交通以改变少数民族村寨贫穷的生存环境,而发展交通又势必会改变少数民族村寨的文化环境,影响传统文化的生存。贵州现在正处于这样的矛盾交织之中,既不能为了保护村寨传统文化而放弃发展生产,否定发展交通,也不能为了改善交通环境而无视村寨传统文化保护。在有些官方讲话和文件中也提到注意传统文化保护,但目前所看到的更多的是开发传统文化的冲动、引入大众文化的热情,切实保护少数民族文化的措施还不得力。传统文化正遭受破坏的当地少数民族,还有一部分人对此没有表现出我们所想象的忧虑。

(二)工业化、城镇化和农业现代化冲击传统村寨

贵州在大力推动交通建设的时候,工业化、城镇化、信息化和农业现代化的“四化”工程也全面启动,波及少数民族村寨。

贵州省十一届人民代表大会第五次会议上提出:“十二五”末(2015年)力争实现城镇化率达到40%,2020年达到50%左右,到2030年提高到60%左右,

① 简冰冰:《“孤岛”村民有个心愿》,《贵阳晚报》,2011年10月31日。

努力实现与全国同步。贵州省第十二届人民代表大会第一次会议进一步明确提出,今后一段时间在贵州省集中打造“5 个 100 工程”,即重点打造 100 个产业园区、100 个现代高效农业示范园区、100 个示范小城镇、100 个城市综合体和 100 个旅游景区,并把这作为贵州“后发赶超、同步小康”的战略支撑点和发展增长点。

如此宏大的工程在贵州省全面迅速铺开,少数民族村寨很难再保持平静,或将纳入工业园区建设规划,或划入旅游景区范围,或改变原来的农业经营方式,或被改造成小城镇。

当改善生活、发展生产、增加收入成为贵州少数民族村民最强烈的愿望,当“一切以经济建设为中心”“改善民生是最大的政治”这种口号成了各级领导的施政理念,当地区生产总值、财政收入和消费水平成为考核的首要指标,就可以想象文化建设在人们心中所处的地位,也可以预见传统的民族文化在目前和今后一段时间要经受的冲击。

对此,已经有很多学者从文化保护角度提出了理性评判。杨铜铜指出,村落一旦消失,村落文化亦会消失,这使得农村所传承的价值体系中断,农民的精神信仰逐渐丧失。新农村建设很可能会改变乡土文化世代所依赖的生活与生产方式,把乡村农民整个地抛离他们熟悉的存在环境,破坏他们之间已然存在并努力维系的复杂社会关系网络。村落建设向现代化、城镇化、景观化等方向发展,如果不对村落文化加强保护,就会导致乡土社会的乡土性本质发生改变。经济发展不应以牺牲乡土文化为代价,现代化转型不应以牺牲乡土社会形成的传统为代价。[①] 李银河也对我国城镇化直接提出了自己的观点,她认为,城镇化是对传统村落形成冲击的最重要力量:“在我看来,村落才是当今中国农村社会最基本的组织形式;它不会像宗族的命运那样,由于‘打击’而消退,只有工业化和都市化的进程才能最终动摇它的根基。”[②]还有学者对城镇化建设与村寨保护之间的关系作过科学分析,使用 SPSS17.0 进行数据统计发现,城镇化率和村落数量之间存在负相关关系,即城镇化率增大,村落呈减少趋势。“城镇化率越快,传统村落消失的速度也越快。”[③]可是,贵州现在和将来相当长时间的一项重要工作就是加速城镇化。在大力推进城镇化的过程中,已经导致孕育和蕴藏传

① 杨铜铜:《村落文化的变迁》,《商业文化》(下半月),2012 年第 5 期。

② 李银河:《生育与村落文化》,呼和浩特:内蒙古大学出版社,2009 年,第 69 页。

③ 吴理财等:《城镇化进程中传统村落的保护与发展研究:基于中西部五省的实证调查》,《社会主义研究》,2013 年第 4 期。

图 3-2　城镇化进程加快催发了少数民族村寨推倒传统民居再建砖混水泥新居的热情，村寨文化首先从外在形式上开始消失。

统村寨文化的自然空间和文化空间都在发生改变，特色鲜明的传统文化发生断裂，有些村寨宁静的社会变得喧嚣，有些传统村寨消失（图 3-2）。

贵州目前的绝对贫困人口主要分布在少数民族村寨，省委省政府为了充分利用少数民族村寨丰富的传统文化资源和改变其贫穷落后的现状，启动了“四在农家·美丽乡村”创建活动。根据规划，贵州省每年投入不少于 300 亿元资金解决“小康路、小康水、小康房、小康电、小康讯、小康寨”六大行动计划，重点解决村民最急需的饮水安全、道路硬化、房屋改造、环境整治等问题，2015 年创建点覆盖 70% 以上的行政村，2017 年覆盖 90% 以上，2018 年实现全覆盖。这项深得民心的工程，不失为一条解决贵州深层贫困的途径，很多村寨已经或正在改变基础设施，村民从中获得实惠，非常拥护该政策。

然而，这项工程不一定在每个少数民族村寨都与传统文化保护完全吻合。从“美丽乡村”实施的情况看，它着力解决的还是村民的物质生活条件，虽没有对传统村寨“伤筋动骨”，传统村寨文化生存的土壤还基本上保留着，但已经出现了破坏的趋势。“要保护好民俗这块土壤，必须让民众从民俗活动中感受到生活的愉悦、快乐和乡情、亲情，让他们在世代相传的民俗文化活动中感受到独特的文化情致和魅力，感受到传统文化与他们的生活密不可分。如果有了这一点，各种乡土艺术、民间信仰等，都会融入民众的日常生活，成为他们日常生活的一部分。”[①]现在很多决策层的领导都明白这个道理，而在操作层面执行起来绝非易事：开发商最原始的动机是获得利润而不是文化担待，基层干部通常把带领群众快速致富作为工作的中心任务，长期饱受贫困煎熬的村民一般会首选物质追求而不会考虑村寨环境和传统文化。所以，既要发展经济，又要保护好传统的优秀文化，这个美好愿望在实际生活中往往不如预期。在过去的几十年里，这是一个不可否认的事实。

贵州少数民族的村寨建筑绝大多数为木质结构、土木结构或者以土石为基本材料，以血缘家族关系的亲疏为基本布局格式，火塘、鼓楼、芦笙场、踩歌堂等长期是乡村生活的基本空间，村寨中以家庭为基本单元。频繁的邻里关系交流构成“人情社会”的生活状态，面对面的人际口头交流为主要方式，家族和村寨的历史在代与代之间通过唱古歌、讲故事、叙家史的方式得以传承，宗族的血缘关系和以婚姻为纽带的亲情关系维系着一个健全而又相对独立的乡村社会，村寨礼俗的物质性交换频繁。“为了追逐现代生活，许多民族村寨新修了砖混结构住房，用砖混结构改造了部分住房和附属设施，并在建筑立面用墙面砖贴面，使‘天人合一’、富有传承文化的原生态民居出现砖木杂混、土洋结构的怪胎。”[②]这不仅与原有的建筑风格大相径庭，失去了民族文化的诸多元素（图3-3），而且以钢筋水泥和瓷砖玻璃为主要材料，以及以楼房为主要形式的建筑格局打破了乡村空间状态，住上楼房的人们之间的交往日渐减少。正如建筑学家拉普普（A. Rapoport）所言，文化影响着建筑风格，居住形式也改变着居住者的生活方式和文化。楼房改变了原有民族建筑的住房功能，新添的设施又将人们带入另一种生活。

“美丽乡村”改善了村寨物质生活条件，美化了村寨环境，方便了村民出行，有利于村民的身体健康，提高了村民的生活质量。但是，从民族文化保护和传承的角度而言，有些因素应该引起注意：硬化后的道路完全失去原来石块或鹅卵石镶嵌的小径的那种文化意蕴，乡村风貌特色、空间格局与文化内涵被快速简化和消解，每家厨房接通自来水之后，原来联系村民并与之相伴的水井文化逐渐淡出（图3-4）。

① 杨福泉：《少数民族文化保护与传承新论》，《中国民族报》，2008年1月25日。

② 杜金林：《贵州省世居少数民族传统民居面临的危机及保护对策》，《理论与当代》，2008年第3期。

图 3-3　这是从凯里市通往丹寨县城路边上的一座村寨,传统民居差不多已经被现代建筑所取代。这种现象在贵州农村普遍存在。

图 3-4　凯里市龙场镇石龙寨 56 户人家自称“果苗”,已有 700 多年的寨史。村寨如今道路硬化,墙体景观化,整洁干净,村民自己都说现在完全是另一种感觉,很多行为习惯悄然发生了变化。

（三）水电工程和厂矿侵蚀传统村寨

电力、水利、矿产等重点项目建设，不可避免地要与传统的民族村寨文化发生碰撞。很多时候为支持国家建设，可能会牺牲传统民族村寨。新中国成立之初和“三线建设”时期的厂矿布局如此，西部大开发之后的能源规划同样如此。建设就需要奉献，现代化总是对传统的超越，全局性的发展就需要部分人或部分地区作出更多牺牲。

1994 年国家大型电站东风电站蓄水形成，黔西县新仁乡东风村化屋基苗寨的村寨环境彻底改变。这里的“歪梳苗”从前生活于河谷深处的峡谷，在封闭的生活区中传承着无伴奏多声部民歌、干练芦笙舞、芦笙拳舞、打鼓芦笙拳舞、精美的苗族服饰、古老的献山节祭祀活动，而水库建成之后正好位于东风湖与上游的支嘎阿鲁湖、下游的索风湖交汇处，这里很快成了乌江源百里画廊中东风湖景区的核心景区。村民因生活环境的改变，传统文化的生存空间和传承目的发生变化，产业结构也随之发生变化。

索风营水电站作为贵州省“西电东送”首批项目之一，位于黔西、修文两县交界的一条深沟峡谷上，与六广河风景区毗邻。2002 年 7 月开工，当年截流，水库淹没了黔西县、清镇市、修文县数十个村寨。村民离开了原来的生活环境，传统文化因村寨的迁移而深受影响。十几年后，村寨、村民、村俗都发生了巨大变化，曾经的服饰、民俗很多都消失了。

罗甸县龙滩水电站使库区龙坪、八总等 11 个乡镇的村民生产方式和产业结构受到不同程度的影响，红水河镇因龙滩电站 4 800 人搬迁，其中 3 100 人异地搬迁，1 700 人后靠安置。搬迁意味着村寨布局调整、人际关系改变；搬迁不只是离开故土，还离开了祖坟；搬迁不只是地理空间发生位移，同时也是文化空间的再造。

黔东南三板溪水电站湖区大坝高 185.5 米，为国内第二、世界第三高坝。湖区主航道达 130 千米，支航道 120 千米，湖面近 85 平方千米。清水江沿岸几个县的众多村寨因此消失，剑河县原县城被淹没。有些关系亲密的村寨在搬迁后相距遥远，有些有着世代恩怨的村寨搬迁后近在咫尺。传统文化因村寨之间的关系而形成，今后也必然因村寨之间的距离改变而建立新的关系，传统文化必将被解构和重建。

位于余庆县境内的构皮滩水电站建成后淹没了余庆、翁安、开阳等县数以百计的木结构小青瓦传统民族村寨，取而代之的是一大批现代民居。与铜仁市沿河县隔河相望的龚滩土家族民族村镇历史悠久，由于大型水电站的建设，极富土家族特色的传统建筑面临灭绝的危机。他们的产业结构因电站而调整，生活方式和文化传统也因电站而改变，延续数百年的纤夫文化、渔业文化、客栈文化失去了生存的基础。

发展水利建设是对贵州资源优势的充分利用，也是在保护环境理念下的经济决策。但是水库建立对贵州乡村传统文化造成的影响也不可否认：水库淹没山头、田地和村寨，使村寨的布局、村民的产业结构和谋生手段都发生改变，传统的人文环境被新的自然环境置换。剑河县柳川镇展依村是2003年因三板溪库区移民而整体异地搬迁建立的一个苗族自然村寨，村民在搬迁至此前属于两个村寨，因为这里耕地有限，在充分尊重村民意见的前提下合并组建成一个村寨。村民不仅生活环境不同于以往，建筑样式、人际关系也发生变化，谋生手段也从单一的农业转变成了兼营水产养殖（图3-5）。罗甸县红水河镇羊里村在2006年整体搬迁，最初村民选择在县城买商品房，可是不到两年时间，大多数移民都卖掉房子悄悄回到了羊里村。村民回到原地却没有了土地，他们要么在岸边靠网箱养鱼，要么回到湖心岛上搭起茅草棚帮别人打鱼。① 传统的村寨文化消失了，回迁的村民心态也变了。

图3-5　剑河县展依村村民在水库中从事网箱养鱼。

① 申欣：《贵州罗甸县红水河畔“农民渔夫”的生活》，《贵阳晚报》，2012年8月30日。

人们长期生产、生活于一定的环境之中，从而建立起与之相适应的思想观念、行为方式，而礼俗就是这些思想观念、行为方式的集中体现。“环境既包含山水田园、气候土壤等自然环境，也包含思想观念、态度信仰等人文环境。不同的环境，就会形成不同的礼俗，不同的礼俗也只能存活于相应的环境之中。”①贵州推动经济建设，必须要突出实体经济的地位，因此开发矿产、建立工厂不可避免。矿区形成城镇，矿区周围的传统村寨在交通、文化氛围、产业结构和生计方式上都深受影响。而村寨文化以村寨实体为依托，当村寨实体因工矿企业兴起而变化，那么原来的村寨文化则必然随之发生变化，新的工矿企业文化也就代替了旧的农耕文化。贵州少数民族村寨既是栖居之所，也是千百年生存于斯的各民族传统农村生产生活方式的载体，是其传统农业文明和农村文化载体。贵州少数民族的村寨文化既是千百年生活于斯的各民族历史的记忆和智慧的结晶，也是各民族的身份识别标志和民族认同的依据。因此，工矿企业如何布局，就不能只从眼前的经济利益考虑，还应寻求人居环境、文化保护等因素的最大公约数，借鉴西方发达国家的经验、吸取中国东西部和贵州“三线”建设时期的教训。

（四）生态移民工程消减传统村寨

贵州在同步小康的过程中，始终坚守经济社会发展和生态保护两条底线。首先要向绝对贫困发起总攻，加大生态移民搬迁的力度，将居住在生态环境恶劣地区的贫困人口转移安置，并积极为之提供发展生产的机会，培育其发展生产的技能。为了具体实施此项工作，制订了《贵州省扶贫生态移民工程规划（2012—2020 年）》（以下简称《规划》）。

《规划》指出，用 9 年时间将生态区位重要、生态环境脆弱以及生存条件极差地区的 200 万农村人口搬迁到城镇（集镇）或产业园区、旅游景区的服务区安置，规划建设移民安置点 1 041 个。搬迁对象以居住在深山区、石山区特别是石漠化严重地区的贫困农户为主，迁出地点以生态位置重要、生态环境脆弱地区的地方为主；搬迁区域以三个集中连片特困地区和民族地区为主，安置地点以小城镇、产业园区为主。扶贫生态移民工程于 2012 年 5 月正式启动，当年实现 10.13 万人搬迁。

自 2013 年开始，贵州省政府每年都制订《扶贫生态移民工程实施方案》，明

① 周红才，胡希军：《非物质文化遗产视野下传统礼俗的保护与传承：以湖南张谷英村为例》，《经济地理》，2011 年第 11 期。

确搬迁任务和安置房建设任务。2013 年全省搬迁 151 083 人,2014 年搬迁 172 000人,2015 年安置搬迁 200 000 人,2016 年易地扶贫搬迁 450 000 人。生态移民有利于改善村民的生存状况,有利于生态修复,有利于基层行政管理,有利于推进义务教育。而且,各级政府将生态保护、农村危房改造、广播电视村村通、义务教育、扶贫、城镇化、新农村建设等工程捆绑在一起,经费集中了,工作重心突出了,成效显著。政府通过移民搬迁可以解决一系列问题,绝大多数年轻的村民也乐于搬迁。但是,对少数民族村寨文化保护而言,"数字的背后,是居住环境之变、生活改善之变、发展理念之变,这些变化交织在一起,让我们看到了易地扶贫搬迁的真切实践"[①],也有些问题需要正视。移民搬迁不只是简单的物理空间转换,生活空间是主观感觉和体验的一种文化现象。文化依赖物理空间,物理空间因为人的生活而具有了文化属性,客观的物理空间对生活于其中的人而言则具有主观性,一定空间中的文化既是物质存在,也是生活体验。因此,主观性与日常体验是建构生活空间最为重要的特征,人或社会群体通过对生活意义的体验与诠释来理解自身的身份与自我存在。不同年龄、性别、民族等类型的人是生活空间的创造者,地理区域被认为是基于民族、性别和阶层的认同,它构成个人或社会群体身份的一部分。

如果说历史上的外来移民到贵州建立村寨是向贵州输入文化,并构成了贵州当今村寨的传统文化,那么今天贵州因为水利工程、生态保护或城镇化等原因而出现的移民,则意味着传统文化的大变革。新的定居点在自然景观和社会关系上不可能与原来的村寨完全一致,"村落失去了日常生活的土地和院落等社会空间,虽然要等些时间搬入安置房中,但原有的村落社会结构已经被打破,原有的乡村秩序也被打乱。人与人之间之所以能有一体感和连带感,也是因为他们彼此拥有共同的记忆。村落空间的失去,使得村民们的情感归属落空,村落成员的记忆受到很大的损伤,人们在长期历史积淀以及一辈子生活习惯中累积的心理认同感及文化归属感荡然无存"[②]。村民离开故土重建家园,势必导致村寨文化重建。因为地方认同建构以景观为媒介,景观是形成认同的基本元素,每一处传统景观都表达了独一无二的地方感和地方精神。不同地方的人的体验和精神总会体现在景观上,地方变为有意义和符号的核心以传达不同的思想、观念和情感,因而唤起了群体清晰的归属感,是群体表达认同的符号。地方

---

① 邹晨莹:《2012 年以来,我省易地扶贫搬迁 62 万人——迈出贫困山区 踏进幸福生活》,《贵州日报》,2016 年 1 月 25 日。

② 穆昭阳:《民众记忆与村落民俗传统传承》,《民俗研究》,2012 年,第 6 期。

通过景观储存和唤起个人和集体的记忆,使之得以通过景观来唤醒并进一步塑造民族认同。[①] 所以,新的社会群体建立新的社会关系,在新的环境中形成新的情感认同和文化认同。

现在有些决策者和学者存在着一种认识,以为村民的贫困就是因为原先的居住地太偏僻或土地太贫瘠,相信只要村民搬迁到交通便利之地或农耕条件较好的地方,生活就会改善,可是他们没有注意到传统村落才是广大农民社会资本的有效载体。村民的生活除了需要经济资本和自然资本以外,还有赖于对周边环境、自然和人际关系等的熟悉和了解,以及已经具有的传统技巧和知识,这些才是村民的社会资本。对村民而言,丧失社会资本很可能比丧失经济资本和自然资本的后果更加严重。贵州村寨中大量的事实证明,对现在的一些水库移民、矿区移民、生态移民、城镇化建设移民,尽管政府部门给予了大量的经济补偿,但村民仍然处于贫困状态。因为他们被迫背井离乡迁入别处,几乎丧失了全部社会资本,丧失了对自然环境和气候的熟知与适应。众多亲朋好友的人际关系失去了,传统的互助关系消失了,传统的生活技巧和劳动技能没有了运用空间。所以,有许多获得足够补偿的移民现在又回到原来生活的地方,其实不是思想僵化和因循守旧,更不是故意与政府对抗,一个重要原因就是想要重新融入拥有社会资本的地方。"传统村落不仅是农民心理认同的地理环境,同时也是其社会资本的有效载体,更是众多地方方言、风俗、手工艺品、传统节庆等非物质文化的有效载体。这些都可以成为经济社会发展的宝贵资源,破坏了这些资源,就等于切断了农民致富的一条门路。"[②]在索风营库区、三板溪水库附近,在洪家渡水库两岸,在罗甸县红水河镇羊里村,在乌蒙山区、武陵山区、黔西南石漠化区的生态移民搬迁点,政府给予了很高的搬迁补偿,甚至建立了居住条件良好的新村,为村民提供了就业机会。可是,相当多的村民在一阵兴奋之后陷入了对故乡的深深怀念,有些村民甚至宁可放弃新居和补偿也要返回原地。面对这样的现实,如果只是抱怨或嘲笑村民愚昧无知,那么只能说明自己对村民的传统文化无知,没有充分注意到村民生活的社会资本。所以,对此应该反思的不止村民,也包括他者。须知,让村民掌握新技能固然重要,而让村民发挥传统技能更重要。

---

① 杜芳娟,陈晓亮,朱竑:《民族文化重构实践中的身份与地方认同:仡佬族祭祖活动案例》,《地理科学》,2011 年第 12 期。

② 仇保兴:《深刻认识传统村落的功能》,《人民日报》,2012 年 11 月 29 日。

(五)行政村合并调整传统村寨之间的关系

城镇化建设必然牵涉行政区划的再调整,原来的村寨在行政管理上就会有一些相应的改变。

中国的行政村合并最初开始于20世纪80年代中后期,从2000年开始,行政村合并成为农村改革的一个新热点。贵州省自1992年实施乡镇撤销、合并和重组工作,数以万计的村(包括很多民族中心村、自然村)被撤掉。[①] 据不完全统计,截至2011年年底,全省约50余个县(市、区)的村委会从2000年的25 756个减至18 091个,减幅29.8%,少数县的减幅达到一半以上。[②]

各地少数民族特色村寨因工业园区规划建设、城镇规划建设等被征用,或因撤乡改镇、村寨合并等,传统文化受到很大影响。2013年,为了更好地推进少数民族特色村寨保护与发展工作,经各州、市认真调查、筛选、申报,省民委决定对"十二五"时期全省500个少数民族特色村寨进行调整。按照"做大中心村、合并弱小村、治理空心村、培育特色村、搬迁不宜居住村"的基本思路,本着大村并小村、强村并弱村、交通便捷的村并交通不便的村、有特色产业带动的村并产业发展不明显的村,合并临近村、能并则并、相近相邻、整合整并的原则,原来的行政村再一次整合,新建村人口规模一般为2 000~5 000人。

贵州少数民族村寨大都是在长期的历史发展过程中形成的,村寨内部都有着自己相对独立的宗族血缘关系、相对独特的文化习俗以及各式各样的邻村关系,生产和生活中形成的"熟人社会"具有很强的排他性。村民对于新并村组缺乏地缘认同,也不可能从社会管理、政治建设的高度加以理解。由于历史原因和调整过程中出现的客观因素,如原行政村之间存在的新旧矛盾、中小村的村民存在被"吞并"的想法、富裕村对调整后本村集体资产处置的种种忧虑、调整后富余干部的思想情绪等,使得调整后许多新行政村的村民在思想上短期难以融合。[③] 行政村合并,即使自然村的地理空间、人际关系、生产方式、产业结构等都没有发生变化,但行政关系调整后,政治力量对村寨文化的诸多方面或显或隐地产生着影响。自20世纪80年代以来,乡村城镇化和行政地域调整,使不少行政村、自然村大量撤并,并且一些地方政府以城乡统筹发展、调整土地资源

---

① 杜金林:《贵州省世居少数民族传统民居面临的危机及保护对策》,《理论与当代》,2008年第3期。

② 苟红礼:《并村与强组:是背道而驰还是殊途同归》,《当代贵州》,2009年第11期。

③ 蒋桂珍:《贵州省行政村合并难点及对策思考》,《法制与社会》,2012年第21期。

图 3-6　平坝区场边村将该行政村所有的苗族村寨集中安置到一处，按照统一的风格修建住房，原先的村寨布局因此解体，过去的公共文化空间消失，而新的人际关系不可能持续传统的文化活动，也没有为传统的文化活动提供公共空间。

为名，在大规模的行政村撤并、迁并活动中，存在着整村推倒重建或整村搬迁合并，无规划无秩序，使不少传统村寨不断遭受毁坏，大量消失并持续失去“可印象性”[①]，传统村寨文化萎缩、破坏、消失了（图 3-6）。通过调查发现，几乎所有被撤销的行政村或被合并的自然村寨，在传统文化上都存在失落现象，规模较大的村寨或家族人口占多数的村寨都有在文化上被取代之势。

（六）留守村寨面临文化传承困境

贵州村民外出务工是以政府有组织的劳务输出为标志的。1987 年 2 月，正安县政府组织 300 名女青年南下广东番禺务工，官方和学术界都认为这次有组织的劳务输出开创了贵州外出务工的先河。据劳动保障部门统计，从 1987 年至 2006 年的 20 年间，贵州省共计输出劳务人员 900.89 万人次，其中跨省输出 574.53 万人次，有组织输出 118.01 万人次。[②] 据官方公布的信息，2012 年贵州省有 630 万名进城务工人员在省外打工。[③] 除了政府有组织的劳务输出之外，

---

① 周乾松：《我国传统村落保护的现状问题与对策思考》，《中国建设报》，2013 年 1 月 29 日。

② 杨锦福：《贵州劳务输出 20 年》，中国共产党新闻网，2007 年 7 月 14 日。

③ 《贵州外出务工人员 630 万　留守儿童待关注》，贵州省政府新闻网。

村民自发的外出务工也非常普遍,数量比政府组织的还要大,表现为分布地域广、行业分散、聚合自由。

目前所看到的关于贵州劳务输出的政府文件和学术研究文章,绝大多数都从正面积极地评价它产生的经济效益,认为农村劳务输出促进了农民收入增加,促进了贫困农村经济发展,加快了贫困农户脱贫致富的进程;或者认为它对丰富村民知识和开阔村民眼界大有裨益,为农村锻炼和造就了一大批具有改革开放意识的骨干力量,“在较好地解决农村劳动力就业的同时,还以‘借地育才’的方式提高劳动力素质,成为‘没有围墙的大学’。外出务工人员不仅增加了收入,而且学到技术和管理经验,增强市场意识,转变了观念”①。村民大多是从贫困、落后地区向富裕地区流动,从农村向城镇流动,他们在打工过程中“受到现代工业和城市文明的熏陶,不仅增加收入,而且学到了生产技能,管理知识,更重要的是,开阔了眼界,更新了观念,锻炼和培养了他们敢于冲击旧体制的胆略,勇于开拓创新的勇气。他们中的不少人返乡创业兴业,用在外打工时建立的人际关系和掌握的信息,帮助家乡引进资金、技术和人才,发展农村二、三产业,他们中的许多人已成为农村创业兴业的带头人”②。

但另一个事实是,村民外出务工产生的负面影响越来越突出,对传统村寨文化的冲击至深至远。走出村寨的基本上都是最好的劳动力,这就使得当地的农业生产重任要由妇女和年迈的老人承担。一方面青壮劳动力在外地挣钱,另一方面贵州本地的农业生产停顿;一方面外出务工的村民在都市接受现代文化,另一方面村民家乡的传统民俗难以为继。这些文章清楚地指出,大量的青壮劳动力外出后,农业生产工具、农作物品种、农业经营方式、农村居住环境和建筑、生产习俗和生活习俗、婚姻和家庭关系都发生重大变化。③

2012年年初习水县在外务工的农民超过14万人,全县有1.6万名“留守儿童”和1.2万名“空巢老人”。大安村有140名“空巢老人”和61名“留守儿童”。④ 紫云县水塘镇中洞组有22户人家,近90余人,年轻人几乎都外出打工,

---

① 赵晓芬:《贵州农村劳务输出研究》,《中共贵州省委党校学报》,2011年第5期。

② 单晓娅:《加快贵州省农村人口向城镇转移的思路与对策研究》,《贵州大学学报》(社会科学版),2010年第3期。

③ 罗贤贵:《少数民族人口流动与村落变迁:以贵州9个少数民族村落为典型》,《贵州社会科学》,2015年第7期;龙翠芳:《少数民族人口流动对民族婚姻的影响——以贵州两个村寨为例》,《南京人口管理干部学院学报》,2009年第4期。

④ 王念,陈森,闫起磊:《有人关心,我们安心——贵州省习水县“留守儿童”和“空巢老人”的幸福生活》,《西部时报》,2012年3月20日。

图 3-7　仁怀市三合镇安居村陈坤云的家。原本热闹的山村，如今只剩下父女俩，方圆数十里杳无人烟。(王洒，黄黔华摄)

洞内就剩下年迈的老人和幼小的孩子留守。[①] 仁怀市三合镇安居村是一个有10多户人家的村子，村民外出务工挣到钱后，一家家相继搬走，现在村里只剩下70多岁的陈坤云以及他的养女(图 3-7)。三合镇另一村民组，村民外出后，村里只剩下7位老人，以至于一位老人去世后竟无人抬丧。普安县的龙吟镇号称"苗族第一镇"，下辖的文笔村距龙吟镇18.5千米，紧邻北盘江，与水城、六枝、晴隆交界。全村辖中心、乙心、齐心、荒田、长田、大洼田、大冲、河田、麻水、小泥、黄寨、齐田、长箐13个村民组。2013年年初，全村共有人口488户、2 350人，外出务工人员达700余人，占全村总人口1/3，留守人员大多是妇女和儿童。在毕节七星关区大南山苗寨，在大方县新堡乡六寨，在天柱县老海村，在施秉县龙塘村，几乎没有年轻人留在村寨。

有些官员和学者认为村民走出乡村开阔了眼界，在外出务工的同时培育了现代思维。其实他们看到的只是一种表面现象，在这种表象的背后，"一方面，长期外出的村民难以领略传统文化的深刻内涵，传统文化的传承出现断层；另一方面，长期在外的农民受现代文明和城市文明的影响较大，思想观念变化显著，难以与村落传统文化有效融合，村庄的空心化成为传统村落文化保护与发展的重要影响因素"[②]。村寨传统民俗活动以年轻人为主体，在20世纪八九十年代还有一部分年轻人在家乡或附近的乡镇，能够基本维持民俗活动；21世纪初还有相当多的外

① 颜桦，王晶：《洞穴部落农家乐　条件不好生意差》，《贵州都市报》，2014年4月17日。

② 吴理财等：《城镇化进程中传统村落的保护与发展研究：基于中西部五省的实证调查》，《社会主义研究》，2013年第4期。

出务工村民春节期间回乡参与乡村民俗活动。当第一代农民工差不多进入老年而纷纷回到村寨后,他们的下一代有一部分随着打工的父母降生在城市,从语言到生活习惯、教育形式已经脱离了乡村的原生环境,已经不能也不愿意再回归乡村的生活,返乡的年轻人成了乡村文化表演的"看客"。①

在村寨中,适龄劳动力进城务工,传统文化传承就失去了日常维系的纽带。劳动适龄人口的转移也意味着在地区社会中起核心作用的各种组织在弱化②。如今村寨中的老人和留在家乡的孩子维系着村寨传统文化传承的链条,而一旦这个链条随着老年人的逝去而断裂,乡村文化的消亡将成为无法挽回的事实。

历史上村寨文化的传承通常融合在传统的生产或生活时节中,但是传统时节随着大量村民外出务工而正在失去传承文化的功能。插秧上坎后的农闲期间及水稻收割后的三四个月,是稻作村寨维持和巩固原有的社会关系、进行社会再生产的重要时段。农历三月中旬是黔东南台江县老屯、施洞一带苗族传统的姊妹节,而这个时候很多年轻人外出了,因此在节日中谈情说爱的文化内涵就变得非常空洞。土家族从前在农历五六月份村民换工薅秧,照例要唱《薅秧歌》,而且男性青年属于主角。当年轻人外出之后,薅秧的基本上是老年人和一部分妇女,唱《薅秧歌》的习俗很难照常进行。在水族生活区,插秧上坎后正是卯节,差序性的节日安排,使处在水族卯节区域的村寨流动起来,一方面伴随着大范围长时间的走亲访友,一方面还有以谈情说爱为主的赶卯坡,但由于大部分年轻人外出打工以及村寨中的人都在忙于到处挣钱,卯节中的本地村民流动已经减少,赶卯坡的人也在逐年减少,卯节原先的社会功能正在逐渐丧失。

节日是传统文化的展示,在节日中又推动着传统文化传承。大量事实证明,外出务工已经危及少数民族村寨的传统节日体系。会唱本民族本地区民歌的年轻人越来越少,通过传统节日认识进而缔结婚姻的情形也在减少。年轻人通过在外打工,扩大了生活圈,结识了新朋友,改变了恋爱方式,与外地人成亲的情况增多。这无形中改变了少数民族村寨长期以来形成的婚姻缔结传统。秋收后的三四个月,通常是村民举行各种仪式的时间,盖好的新房举行建新房礼,定好的婚事举行婚礼,还有许多供神、解鬼的仪式大多安排在这一时间段。"现在,离家找钱的行为也影响了这些仪式。因此,从时间制度的角度来看,外出务工正在改变着农业生产张弛有节的一种韵律,原来用来调整社会关系和完

① 陈国忠,孙晓静:《古村落保护的困局与出路》,《中国艺术报》,2012 年 8 月 1 日。

② 刘金荣:《新型农村社区建设背景下农村传统文化的传承与保护》,《甘肃农业》,2013 年第 11 期。

成人类再生产的‘做人’时间已经悄然发生改变。”[①]另外，全家男女老少一起挣钱的行为也模糊了传统家庭的性别和年龄分工。挣钱是伴随着市场经济的深入而形成的行为，生产生活也因此出现货币化倾向。在礼物交换中，人们更多地用礼金来代替传统的礼物，礼金的多少成为衡量亲疏关系的重要指标。货币，正如安东尼·吉登斯(Anthony Giddens)所言："是现代社会生活的一个内在组成部分，是象征标志的一种特殊类型。它对从总体上现代经济活动之脱域是极其关键的。"吉登斯所说的"脱域"，是指"社会关系从彼此互动的地域性关联中，从通过对不确定的时间的无限穿越而被重构的关联中‘脱离出来’"。货币在礼物交换中广泛使用，使人们不再在生产中提前准备礼物，礼物准备过程中所具有的社会性含义减弱，而衡量礼物的标准也逐步单一化。[②]

农民外出务工导致村寨空心化，这在当代中国属于普遍现象。它应该是农村经济体制改革后，农民对土地的依附性出现松弛、农民不满足于农业生产而获得温饱、农村劳动力过剩、城乡二元结构没有得到根本调整等多种原因综合形成的，绝不只是因为贵州农村贫困而造成的特殊社会现象。"原住民流失，无论在经济欠发达地区，还是经济发展较快的地区都普遍存在。"在工业化和城镇化发展缓慢的地区，村民外流而形成空心村；在城镇化发展较快的乡村，又面临被城镇包围和外来租户冲击的威胁。随着村民大量离开乡土，村寨原有的民俗、生活方式、生产方式、社会关系也渐渐逝去，乡村文化瓦解。城建研究专家曹昌智认为，原住民的消失将导致传统村落丧失活力，如果失去了农耕文明的活态传承，那么传统村落就只剩下僵死的躯壳。[③] 贵州少数民族村寨传统文化总量大、文化内敛性突出，因此空心村对传统文化的冲击程度更深。历来靠口头传承的文化在空心村会失去继承者，靠节日和日常生产生活传承的文化在空心村便失去了传承机会，负载于村寨建筑、服饰、传统用具、语言等媒介之上的文化在空心村也就失去了载体。

在安顺西秀区鲍屯村，据当地村民传说和家谱记载，这个村寨建立于明朝洪武初年，是明代屯军在黔中地区最早建立的军事据点之一，距今已 640 多年历史。来自江南的屯军运用故乡的灌溉技术，在新建驻点的河边开挖水渠、筑

---

① 王学文:《规束与共享:一个水族村寨的生活文化考察》,北京:民族出版社,2010 年,第 218 页。

② 王学文:《规束与共享:一个水族村寨的生活文化考察》,北京:民族出版社,2010 年,第 219 页。

③ 李佳霖:《传统村落每天消失 100 个　应避免空心化和过度商业化》,《中国文化报》,2013 年 3 月 28 日。

拦水坝、架水碾，创造出农业水利工程杰作。他们还把江西的弋阳腔、江浙的昆曲传播到贵州，在军营中逐渐演化成高亢激越的军傩。此外，鲍屯还保留着独有的“鲍家拳”和“丝头系腰”编织工艺等。时代发生多次巨变，他们的建筑形制、服饰、歌舞等都保持着传统。但是近几年，他们很难抵御外部文化对村寨的冲击，留不住村民渴望走出去的脚步。在发展乡村旅游中，屯堡文化被打造成一个卖点，间或有游客光临，乡土节庆活动看似比以前更多了，乡土文化仿佛出现繁盛的迹象。而事实上，封闭数百年的屯堡高墙隔不断村寨与时代的关系，鲍屯也和其他很多村寨一样，“空心村”现象已十分明显，传统文化表面的繁盛淹没了背后沉重的叹息。活化石般的屯堡文化将鲍屯定格为数百年前的江南乡村，令历史学、社会学、民俗学的专家痴迷。但是，秀丽的田园风光和积淀深厚的文化遗产至今仍没让村寨实现富裕。当地大多数年轻人认为他们村寨的文化遗产与自己眼前的生计无关，从出生以来就熟悉的传统文化对他们没有吸引力。他们已被都市的绚丽迷惑心智，显然不可能像先辈那样融入传统，陶醉其中。在消费日益多样的时代，年轻一代的村民不满足于基本解决温饱。守着家里的土地、重复传统的农业方式，这不是年轻人的选择，外出打工几乎成了他们的主要生活途径。鲍屯距离安顺城区和省城贵阳都很近，并且附近的乡镇很多，因此在家乡附近选择职业的机会也很多。这几年基础建设、交通运输、物流业等一直兴盛，为村民离开村寨提供了就业机会。特别是贵安新区成立，众多的高等院校、职业技术学校、企业在此落地，为餐饮、商品零售、服务业创造了条件，同时因交通设施改善而带动了乡村旅游业。目前，村寨中传统文化复苏和传统文化流失并存，村民“走出去”和“留在家”并存。地戏表演、抬汪公等表演在鲍屯成为常态，做面具的、绣花腰带的、穿传统服装的大有人在。但是，保留和传承传统文化的主要是中老年人，青壮年对本土文化的疏离和淡漠已经非常明显，他们染头发，穿破洞牛仔裤，唱流行歌曲，感兴趣的是电脑游戏、QQ 聊天、发微信、看偶像剧。当地的学者在调查中发现，年轻的村民并非比他们的先辈繁忙许多，他们闲暇时间宁愿闲聊也不愿花时间学习地戏①和拳术；他们在家乡的的生计并非比先辈更窘迫，可是宁愿在外漂泊也不愿留在村中过安稳日子②。

镇宁县布依族石头寨距离黄果树大瀑布约 6 千米，寨子里的民居全为石头建筑。村民世代相传，明朝洪武年间的“调北征南”使其先祖从江西移民至此，

① 地戏，安顺地区对“傩戏”的民间称呼。——编辑注

② 刘晓辉，郜捷：《“空村化”境遇中贵州乡村文化遗产保护与社会发展思考》，《贵州师范学院学报》，2012 年第 11 期。

世代定居于斯，并与当地土著逐渐融合而形成现在的布依族。这里的节庆文化丰富，保留着传统的对歌习俗和精湛的蜡染工艺。以前每逢农历三月三、四月八、六月六、尝新节、赶牛洞等布依族民族节日或赶场天，男女青年都以歌为媒，娓娓地诉说衷肠。平日里村民遇到值得庆贺的事就杀鸡宰牛，欢聚一堂，尽情唱歌跳舞。但这些景象渐渐远去，因为年轻人大多不安于石头屋子里贫困、单调的生活，带着对城市的向往和挣钱致富的梦想而外出打工，把传统习俗留给了留守的老人们，蜡染技艺与对歌习俗已经从年轻人的生活中淡出。尽管留守的妇女们继承了从历史上传承的蜡染技艺，但年轻人不再穿民族服装，其蜡染制品也只作为旅游工艺品卖给偶尔到来的观光客赚些生活收入。石头寨有一些石屋原本是妇女日常从事蜡染的地方，今天却改成“蜡染展示厅”，看似尊荣，实则悲凉。

由于年轻一代大量流向城镇，老一辈失去了文化传承的对象，村寨传统文化很可能因此终结。即使村寨里建筑依旧，但已人去屋空。传统节日在只有老人的参与下，更显得陈旧和苍凉。有些村民永远离开了村寨，家乡从生活中淡出；在城镇诞生的第二代农民工，家乡只是父母的记忆，他们游荡在城市边缘，远方的乡村跟他们没有关系。有些村民在外漂泊多年后回到村寨，而他们的生活态度、价值观念已经和传统村寨格格不入。村民离开故土不是在城镇传播家乡的文化，而是汇入都市，从语言到生活习惯，从服装到生活方式，从生产技艺到价值取向都发生了变化。老人们守着村寨、守着祖屋、守着农耕生活、守着文脉，在空空荡荡的山村盼着儿孙的归期，时间在流淌中敲击着传统文化的晚钟（图 3-8）。

图 3-8　施秉县龙塘苗寨年轻人很多都外出打工了，留下老人和孩子，当天气暖和的时候，他们总会聚在一起，聊以打发寂寞。

图 3-9　贵州荔波县拉平村董平寨原本是布依族吊脚楼建筑群,村民打工挣钱后,纷纷建起砖混结构的楼房。

村民外出务工也许比留在家乡挣的钱要多一些,挣了钱有助于家人改善生活,但在主要劳动力外出挣钱期间,留守家中的老人和孩子的生活反而大不如从前。挣了钱之后,村寨的传统居住环境大多没有因此得到改善,村寨又缺乏积极的建筑保护政策引导,有条件建房的村民在传统村落周围另起炉灶盖屋,或者弃旧建新(图 3-9)。陈鹰和傅德荣批评浙江省金华市"大拆大建"苗头出现,指出有的地方不顾村落周边环境、历史背景、文化传统等实际情况,把一些依山傍水、古朴宁静的村落,推倒重新规划,建设成一排排整齐划一的小洋楼,传统村落患上了文化"失忆症"。① 这种问题在贵州一样存在,凯麻高速公路两旁,贵毕高等级公路沿线,铜仁锦江岸边,甚至边远山村,到处都能看到建筑风格一样的村寨。所有外出打工的村民,第一愿望就是改善家庭居住环境,挣钱之后的第一件事就是建造楼房。

历史上的村民也会修缮旧居和另建新居,但其建筑风格是一脉相承的,村寨格局没有中断传统文化的连续性。近年来,村民生活水平提高之后,改善居住环境的手段往往是拆旧建新,没有政策规定和技术指导,随心所欲,要么将原来的具有民族风格和地域特征的房屋推倒后建起砖墙楼房,要么在空地上新建贴上瓷砖的流行式现代建筑。位于三穗县良上乡的雅中村近 300 户、1 000 多村民都是苗族,木屋吊脚楼依山而建,绝大多数建筑都建于 20 世纪 50 年代以前,其中两栋木屋建筑历史已达 150 年之久,如今在这些建筑物中间却新增了几栋格格不入的砖混结构的楼房。麻江县龙山镇白岩、河沙、清平、岩脚、屯上

① 陈鹰,傅德荣:《关注新农村建设中乡村文化的保护与传承》,《红旗文稿》,2006 年第 16 期。

图 3-10　天柱县三门塘不协调的建筑景观。

等 10 余个自然寨连片分布，共 930 余户、3 500 多人，他们自称“绕家”。传统的吊脚楼顺着河岸排开，共有木房 700 余幢，其中有百年以上历史的就有 300 多幢，年代最久远的已达 400 余年，极为壮观。可是近几年在村头、寨中也出现几间外墙贴满银色瓷砖的砖混楼房，不用打听，这些现代建筑的主人一定是在村寨中比较富裕的。天柱县三门塘是一个有数百年历史的典型的民族村寨，现在村寨中心却有一户村民在自己的宅基地上重新建起了一栋西式风格的楼房，绿色尖顶式的建筑与其他传统建筑极不协调，格外刺眼（图 3-10）。村民却对这栋房子表现出欣赏，对房子的主人表现出羡慕，当地基层组织也没有权力干涉村民在自己的宅基地重新建房。

虽然把村寨文化视为“草根文化”有些片面，但是绝大多数村民确实属于“草根”，他们的文化品位具有庸俗的成分，知识有限，对事物的认知能力不高，对时尚潮流的追逐缺少理性，因此对他们的行为和思想需要加以正确引导。尊重村民不等于一味迎合村民的意愿，否则会导致真正有魅力和价值的传统文化遭受劫难。近十多年来，在中国的乡村，无论是古建筑、传统工艺、产业经营方式，还是民间歌舞、故事、道德伦理等，都留下了惨痛的教训。由于受城市建筑时尚潮流的影响，很多保存数百年甚至上千年的民居被村民毫不吝惜地拆掉，村民认为钢筋水泥的楼房才显得气派，才是进步的和现代化的。这种现象正在贵州广大少数民族村寨蔓延，从城郊向边远山区，从旅游景区向传统农业区。

二、少数民族传统村寨的文化正处于变迁和消失状态

贵州少数民族村寨现在已经不可能保持封闭，交通得到很大改善，通信设

备和技术取得长足进步,人员流动变得频繁。村民的生活环境、社会关系、产业结构变化,活态的村寨文化必然也随之变化。

(一)村寨传统文化在产业结构调整中悄无声息地变化着

贵州少数民族村寨文化总体上是农业文化,绝大多数村寨文化形成于漫长的传统农业时期,打上了鲜明的地域、民族和传统烙印。农业文化和产业结构密不可分,产业结构决定了文化特质,影响着人们的居住方式、劳动方式、生活节奏、人际关系以及与自然的关系。从文化的内容和风格看,主要是与产业结构相关的农耕技术、农耕环节中的祭祀礼仪,表达对自然环境的尊重、祈求神灵和祖先保佑风调雨顺。从文化传承看,主要贯穿在日常生活中、农业生产过程中、祭祀神灵和祖先的仪式中。从农业生产工具的使用状况看,农业生产水平高低最直观的表现就是对土地、农具和农耕技术的使用。曾经代表一个时代、一个地域农业发展最高水平的传统农具和灌溉设施,正在被现代化的农机和水利系统等取代。鸭舌锄、连枷、石磨等作为贵州传统农耕生活方式历史记录的工具几近绝迹,无工业污染和能源消耗的风车、水车、水碾技术在化学和电力"工具"的冲击中备受冷落,大棚养殖和化肥已经成为农业生产的常态。农民与传统农具疏离,与机械化生产工具亲和,对现代生物技术依赖,正宣告着乡村生活方式的变革。笔者在思南县思林乡金龙土家族村寨、锦屏县隆里汉族村寨和贵阳近郊花溪区湖潮乡新寨布依族村寨看到多副石磨,要么当成了石墙的基石,要么铺在了路面。这种情形不是个案,在黔南惠水县好花红乡辉岩布依族村寨和黔东南雷山县西江苗族村寨把传统的农具置于陈列馆,即便是当地村民也觉得传统生活方式渐行渐远(图 3-11)。

土地、农具和居屋是农耕民族赖以生存的资本,传统的产业结构在特定生产力水平下与自然环境、人口相适应,村寨的生活方式和文化形态总是与产业结构相对应。黔东南土地相对肥沃,气候温暖湿润,人口众多的大村寨、单一民族村寨分布在河谷、平坝或山腰。经营稻作的苗族、侗族、壮族、水族的节日都有很强的季节性,水牛在他们的娱乐活动和祭祀中具有非同寻常的地位,大型农具和灌溉工具是重要的生产资料,其村寨文化的历史很厚重,传承的基础很坚实。贵州西部石漠化地区的土地硗薄而且分散,因此旱地农业占主导,产业结构多样化,其村寨的规模相对较小,各民族杂居更普遍。人们在不同自然环境下,找到了或培育出适合本地环境生长的作物,探索到最能满足生存需要的产业结构,各自形成了与之相适应的人际关系和劳动方式。他们的"农业劳动

图 3-11　惠水县好花红乡辉岩村除了继续种植水稻自给外，大部分土地改种经济作物，传统农具因此从生产中退出，已经陈列在博物馆了。

充满了‘综合的人性’，人们感谢神灵赐予食物，把每一种可以食用的动植物都视为神灵的恩赐，其独特的教育作用有助于对‘完整的人’的设计与培养”[①]。然而，全球经济一体化正在对祖辈固守的农耕传统形成冲击。农耕不再只是为了自给自足，在市场经济时代也不需要自给自足。生产追求效益最大化，那些没有经济价值或低产的品种被淘汰，而被市场看好的非农作物（如核桃、花椒、金银花、天麻、茶叶、竹笋等）则广泛栽培，脱贫致富和增加产量成为从事生产的终极追求。为了达到这个目的，传统的农耕技术被摒弃，顺应动植物生长规律的农耕制度被现代化工具和技术改变。大棚技术改变了农作物本来的生长环境和周期，嫁接技术提高了植物的产量和抗病虫能力，饲料添加剂缩短了家禽、家畜的饲养周期。农村家庭原本是从事饲养和种植的经济综合体，现在变成单一从事某个产业的经营单位，单一的经济作物种植或家禽饲养越来越成为众多村民的选择。这种生产方式的革新，改变了农民的日常生活和价值观念，也改变着家庭关系以及村民之间的关系，人们对神灵和祖先不再笃信与虔诚，传统的农事信仰对人们的约束与规范日趋松弛，与农事相关的社会组织逐渐解体，通过农事传播文化的途径变少。

惠水县好花红村（原辉岩村）原本是民歌之乡，这里的布依族村民过去都爱唱民歌，不同的节日和不同的场合有对应的曲调和歌词。60 岁以上的村民都记

① 孙庆忠：《乡土社会转型与农业文化遗产保护》，《中州学刊》，2009 年第 6 期。

得，在他们的童年时代，家乡的妇女都穿本民族服装，小女孩的裤脚很小，无花边；结婚后的妇女裤脚要大一些，还镶有花边。现在，只有一部分老年妇女穿民族服装，年轻女性只有政府组织活动时才穿上民族服装。50年前，节日活动、亲友聚会、人生礼仪等场合都有歌会，现在只有政府安排的活动才唱本民族山歌。现在很多家庭只有老人在家，年轻人或在外地工作，或外出打工，多在镇上安家。老人守着经过改造的庭院，大多在门前种几株果树和几株葡萄，葡萄藤缠满庭院。农户零星点缀在宽阔的坝子中，水泥硬化的乡间公路连接着外墙镶嵌瓷砖的村舍。河水清澈，从田畴中缓缓流过。当地的妇女认为本民族服装刺绣、缝纫的工序太复杂，头帕戴着不适用，而且穿着裙子干农活不利索，布料厚了在夏天感觉很热。现在几乎每个家庭都是砖墙楼房，不可能像以前那样楼上住人，楼下关牲畜。最主要的是，这里的土地平坦，便于采用机械化耕作，而养牛不仅成本高，而且失去了价值。除了种植少量的水稻可供一家人食用之外，其余的土地大多种植蔬菜、西瓜、草莓以供应市场，原来的生产工具用不上了，农家肥也换成化肥。这样一来，既造成土壤硬化、经济作物单一，又导致传统生产技术和农具制造技术消失，同时也使传统耕作中的换工劳动方式、在换工劳作中形成的文化习俗等退出历史舞台。在黔北仁怀市的很多村寨如今为茅台集团定点种植酿酒的高粱，湄潭县农村很多农田改成了茶园专为几家国内著名茶叶生产商提供原材料；在黔西北赫章县大量的村民以种植核桃作为主要产业，威宁县广大农村放弃了原来产量很低的苦荞种植；在黔东南地区，麻江县的民族村寨正在走一条种植蓝莓的产业发展之路，施秉县村民纷纷把种植中药材作为主要营生。产业结构改变了农业生产技术和生产工具，改变了原来在生产中形成的劳动关系，铁犁铧、风车、木耙、簸箕、石磨、石臼等传统的工具失去使用价值，关于传统作物种植和动物养殖、关于传统生产生活用具的制作技艺都开始从村寨生活中淡去。

（二）村寨文化在生产经营方式变化中发生巨大而深刻的变革

如果说从前的村寨文化是生产经营方式长期积淀的结果，那么现在又因为生产方式变化，历史上的村寨文化正在发生转变。

历史上社会发展缓慢，村寨中信息闭塞，生产经营方式基本上处于稳定状态。在稳定的生产经营中，文化保持着原有的风格和类型：一张曲辕犁，从祖父传到孙子；一副石碾，在村头转动几个世纪；一架纺车，孙女摇着奶奶的故事；一把猎枪，比村头的大树还古老。先辈们守着村寨的宁静，踏着昨日的足迹，可是到了现在，今天难以重拾昨天的记忆，孙辈觉得祖辈的故事邈远而奇幻，历史似乎都随风而逝(图3-12)。

图 3-12　传统生活中不可或缺的石磨今天被随处弃置，村寨中的老人通过这些古老的生活用具还能依稀回想起往事以及和往事相关的人、活动、文化，而年轻人不在意这些被弃置的工具，也不知道这些工具所承载的物质文化。

一种情形是村民主动改变经营方式以顺应时代的节奏，成为村寨文化变化的推动者。

在很多乡村，农作物种植从自给自足的经营转变成为市场化生产，手工业从家庭副业壮大为规模化生产，产品生产过程变成分工协作的流水线，经营手段引入机械化和智能化。因此，传统生产经营中的烦琐仪式失去载体，在传统经营中成长起来的文化不再像从前那样神圣，村寨在新的生产经营中悄然培育出别样的文化空间。文化空间的改变是不经意的，后辈的文化生成是无意识的，后辈对历史文化的集体失忆也是无意识的。例如，开阳县禾丰乡底窝坝，元明时期这里是布依族聚居区，农户沿着青龙河畔，田园与村舍辉映。在宋氏土司的管理之下，每一个寨子都聚族而居，每一个寨子都有自己的畛域，保持着既定的通婚原则，延续着本支系的土语。就在最近几年时间，产业结构开始调整，水稻种植在经济生活中的地位明显降低，旅游业渐成规模，文化心理由保守转向开放，文化圈由相对固定转向动态，语言由布依族土语转向汉语，传统的生产生活用具一个个失去了使用价值，生产这些用具的技艺、由这些用具衍生的物质产品或文化产品随着时间而凋零。[①] 传统农耕文化、布依族文化、土司文化从这里快速消失，已然成为贵阳市民的休闲度假村。

苗族的银饰制作、布依族的蜡染、水族的马尾绣等在历史上分属不同民族的家庭生计，今天却开始作为商品来生产并成立了生产合作社或企业。尽管这些制作技艺得到传承，但是村寨文化不只是孤立地拼接一系列的文化元素，而是村寨环境中所有文化要素的统一体，新的经营方式下的技艺改变村寨文化的风格，它已与商品经济时代的社会相适应。黔东南地区的稻—鱼—鸭共生系统已被联合国粮农组织和教科文组织共同遴选为中国的世界农业文化遗产，它不仅有着独特的人与自然和谐共处的生态意义，还蕴含着深厚的民族文化遗产。

① 李慧超：《“禾丰八寨”吸引好奇眼光》，《贵阳晚报》，2014 年 4 月 15 日。

图 3-13　侗族过年时，村民都有吃五彩糯米饭的习俗，祭祖一定少不了供奉完整的烧鱼。

侗族是中国南方传统的稻作（糯稻）民族，很多文化传统与糯稻密切相关。如婚恋过程中，五彩糯米饭、鸭蛋和鸭子扮演着重要角色，鱼是侗族对祖先追忆的一种符号，等等。现在村民专门用鱼塘网箱养殖，或者承包土地机械化种植糯稻，或者建立养鸭基地，产业结构没变而经营方式改变，原来的稻—鱼—鸭共作文化因此消失。侗歌在饮食文化、服饰文化、歌舞文化等方面都与传统的产业结构密不可分（图 3-13）。因此，糯稻—养鱼—放鸭是侗族文化诞生和发展的地方物质基础。糯稻种植好的地方，侗族传统文化才能较完整地保存下来，侗族村寨就是这种具有生命力的文化遗产的载体。

另一种情形是，在外力的干预下，村寨被动地改变经营方式，无力维持村寨文化的传统面貌。

文化表现社会，反映社会，也会推动或阻碍社会进步，但文化终究是由社会生产力和生活方式决定的。当今中国传统文化的社会经济基础正在削弱，“原本存在的一些传统产业已经不复存在或受到了现代产业的剧烈冲击。皮之不存，毛将焉附，这就使依附于这些传统产业而存在的传统文化及有一定价值的工艺、技术等特殊技能，面临失传的危险”①。自 2012 年开始，贵州计划在全省范围内形成 100 个文化旅游创新区，很多自然环境宜人的农耕村寨被纳入旅游经济的运行模式之中，村民经营着餐饮、住宿、旅游产品销售、歌舞表演等（图 3-14）。

---

①　刘金荣：《新型农村社区建设背景下农村传统文化的传承与保护》，《甘肃农业》，2013 年第 11 期。

图 3-14　紫云县的大花苗生活在地处偏远的苗族山村，自 19 世纪末开始信奉基督教，村民沉浸在自己的世界中。最近几年大搞旅游开发，村民告别了平静的生活，每天为游客重复着歌舞表演，甚至将信仰仪式也变成了表演。

随着文化旅游经济的快速发展，村寨文化遗产在“保护”中被“破坏”的问题日益突出。这种怀揣保护传统文化梦想或打着弘扬民族文化旗号的做法对保护生态环境诚然有效，但它却引起了文化遗产专家的普遍忧虑。由于受到旅游市场需求和游客消费习惯的影响，村寨文化遗产不可避免地会被商业化利用，表演性文化遗产、民族民间手工艺、景观性文化遗产和特殊饮食文化在业已推行的旅游经济中被普遍推向了市场。在利益驱动下，一些迎合市场需求的“伪文化”以多种面目出现在村寨文化旅游发展中，有的将村寨文化加以“包装”而失去本色，有些将村寨文化改头换面重新“打造”而丧失本质。经过一番“提炼”“升华”之后的村寨歌舞，变成了纯粹的表演，村寨文化遗产服务于村民生产生活的功能弱化了。

最受学者诟病的当属雷山县西江千户苗寨。在 20 世纪末，这里还是一个平静的山村，白水河静静地流淌，一座很不起眼的小桥横跨其上。村寨的对面青山翠绿，村寨的左边数百亩梯田从山脚盘桓而上。顺着曲径从河边爬上村寨的顶端，就会看见村寨背后同样是梯田如带。夜幕降临，星火点点，偶尔听到婴儿的啼哭或老人嘶哑的歌声。寨中一直流传着两兄弟建寨的传说，所以村民坚信大家都是一家人，一起祭祀祖先，彼此尊重、相互帮助，这里是一个苗族人的生活空间，一个家族社会。自从 2008 年贵州省第三届旅游发展大会之后，西江被确定为贵州省最重要的文化旅游目的地，从此西江的自然环境、人文景观彻底改观。先是在山脚的河岸开辟出一个民族风情表演场，扩宽小桥，继而又在河上仿造侗族风雨桥的形制，建起几座规模更大的桥梁。然后将表演场再度改造成广场，围绕广场建起回廊式的观众看台。当地村民的芦笙场改变了功能，新建一根高耸的图腾柱。曾经悠长、幽静的鹅卵石小径，早已变成石板铺成的宽阔马路。有多条柏油路通往雷山县城和凯里市区，有多条匝道与高速公路相连。每天游客川流不息，节日期间更是水泄不通。表演一场接着一场，展示苗族歌舞和服饰，表演苗族礼俗和生活方式。当地居民只有几千人，可是日均接待游客上万人，“黄金周”期间更是人头攒动。劲爆的旅游给西江富有地方特色的苗族文化带来深刻影响：村寨日常生活中的节日、祭祀、礼仪、巫术、建筑、歌舞、服饰以及生产活动都变成了演出性的展示。传统不再是历史，而变成了可以随意打扮的“新娘”，在展示中根据游客的偏好进行修改。黔东南苗族不同支系具有特色的服饰和歌舞都集中到西江进行表演，台江的反排木鼓舞、剑河稿午的水鼓舞、丹寨雅灰的锦鸡舞几乎每天都在重复表演，吸引着来自国内外的游客。村民像游客一样看着各种歌舞表演，村寨自己的文化传统只能黯淡地寻求逐渐狭小的生存空间。在 2013 年 9 月，黎平肇兴侗寨也步了西江苗寨的后尘，吊脚楼和鼓楼翻修得失去了原来的时光痕迹，看不到层次。人工修筑了一个拦水坝，弯曲的鹅卵石村道拓展为宽阔笔直的青石板马路，开辟一个宽阔的广场，搭建一个很有创意的舞台。原本属于同一个大家族的村民淹没在熙熙攘攘的游人之中，在农耕中作息的村民变成了接待游客的餐饮店老板、歌舞表演者和小商品推销者。村寨面貌、住屋功能、人际关系、产业结构、谋生手段发生明显改变，因此价值观念、人生目标、待人接物方式、对待传统文化的态度都发生了重大变化（图 3-15）。

还有一种情形是村民结构发生变化，从而导致经营方式改变，进而影响村寨文化的内涵。

任何一种能被传承的文化并非是被刻意地去创造、维持和继承的，它具有“生活史”的特点。村寨文化是典型的地域性文化，在一个空间范围和人际关系都很固定的区域形成，创造文化的村民习焉不察，继承文化的村民生于斯或长于斯，濡化过程悄无声息。村寨文化是生活于此的村民共享的文化，他们接受它、运用它、传承它。这种接受是不知不觉的，运用是顺其自然的，传播过程是贯穿于生活之中的。村民在村寨中完成社会化，其社会化的过程就是接受、运用和传承村寨文化的过程。每一个村民都必然要经历社会化，因此传承村寨文

图3-15　肇兴在2013年进行大规模改造，自然景观和人文环境都不同以往。

化的过程很长，传承的途径和方式很多，村寨文化传承在村寨中具有"全民性"。村民的社会化在生活中实现，传承村寨文化的过程往往也被村民视为普通的生活，他们并不一定意识到它的价值。正因为村寨、村民、生活与村寨文化传承相统一，彼此之间无法割裂，传承村寨文化几乎是一个无意识的社会行为，所以村寨传统文化是否能延续，与村民的构成、村民的经营方式、村寨的生活方式、村民的文化意识等密切相关。尽管贵州少数民族的村寨文化绵延不绝，底蕴深厚，但这是建立在社会发展缓慢、信息非常闭塞的前提之下。

然而，这个基础其实很脆弱。村民长期是无意识传承，这种缺少文化自觉的传承没有牢固的根基。"现在有很多情况是在向下一代的传承中只是传递了行为的规范、习俗，即做法，却没有说明其渊源、缘由、变化的过程。传统文化，只有当它的渊源与地区间深厚的关系共同传下来，它才会被作为宝贵的财富加以认识，否则，一些重要的东西因没有意识到它的存在，认为其没价值，就有可能就此消失。"[①]也就是说，村寨文化在过去保持延续，那是因为生活状态本身保持着延续。村民生活的集体无意识，决定了村寨文化传承的集体无意识。而随着现代化推进，村寨传统生活发生重大改变，城市和农村的差异造成村民对城市生活的向往和对家乡文化的游离。现在村民的生活大多已经与传统告别，这

① 刘金荣：《新型农村社区建设背景下农村传统文化的传承与保护》，《甘肃农业》，2013年第11期。

就造成传统文化传承的脱节，如果继续靠村民集体无意识的文化传承，必然不能保证区域性的传统文化在现代化进程中不出现断裂。虽然有些传统农耕文化已被列入保护对象，但是在现代化进程中，如果被列入保护对象的传统文化失去生存土壤和传承载体，如果列入保护对象的文化传承人失去了热情和传承，那么这种保护就只是空谈。农民守住了自己生活的村寨，就意味着守住了文化繁衍生息的家园；而离开了村寨则不仅意味着村民与故园在空间上的分离，也昭示着村寨文化对村民失去了魅力。村民离开村寨，开启一段新的生活，如果说在他们身上还保留着一点传统文化基因，那么到他们的下一代就很有可能与传统文化永别。如果大量的外地人进村从事非农业生产，就必将导致村民的构成和社会关系出现变化，村寨的经营方式发生改变，村寨传统文化的根基可能被摧毁。

村民构成和经营方式发生转变的现象在历史上任何时候都发生过，但在贵州少数民族村寨，这种现象从来没有像今天这样突出。为了壮大本地实体经济，为了解决越来越严重的“空心村”问题，从 2012 年以来，贵州增加了本地新开工项目，实现进城务工人员就地就近转移就业。有关部门通过开展就业指导、订单式培训、推荐创业项目、提供贷款扶持等活动，支持进城务工人员返乡就业创业，形成了一股返乡务工潮。据贵阳市就业中心数据显示，2013 年，贵阳市新增跨省返乡进城务工人员数量为 23 771 人，进城务工人员“回流”明显。[①]应该说，就近就业缓解了贵州本地企业的劳动力压力，方便了外出务工的村民，在一定程度上解决了农村留守老人和留守儿童问题，兼顾了村寨传统农业。但是，村民在贵州城镇就业或者在长三角、珠三角就业，区别只是就业点与村寨的距离，而本质上都是离开了村寨，都会使村寨文化传承的主体与村寨分离。所以，就近就业只能延缓村寨传统文化变迁的速度，不可能成为保护村寨传统文化的良方。

（三）村寨建筑结构和布局在物质空间改变中失去传统风格

村寨的建筑关乎地势和材料，村民的生存离不开土地和气候，村寨文化的形成深受自然环境支配和产业结构影响。不同自然生态下的村寨，其外观形制不同，生产活动的内容和方式不同，村寨文化的内容、风格和传承也不同。环境制约着村寨的规模和风格，也决定了迥然不同的村寨在文化上不会一样，“人创

---

① 罗海兰：《加速发展 贵州吸引农民工回流　苦练内功 本地企业留人谋发展》，《贵阳日报》，2014 年 3 月 10 日。

造了文化，文化又规范塑造着人。文化环境一旦被创造出来，它同时就要求人为适应这种文化环境去进行新的文化创造”①。当一个与自然环境完全相融，有着自己独特文化环境的村寨因为行政命令或经济干预，突然改变自己的物质空间结构，那么这个村寨的传统文化就很难保持延续。

村寨首先是一个空间坐落，存在地域边界。村寨中生活的村民在其内部和外部都存在着社会关系，因此空间坐落的背后有着无形的社会边界和文化边界。边界在村寨之间隐藏着经济利益的分割，明晰了责权划分。而在村寨内部，边界强化着群体意识，决定文化传播的范围和社会交往的空间。贵州少数民族村寨的边界通常与血缘、民族相对应，一个有历史的村寨，村民都会有归属感，是一种对自己作为本村成员的心理确认，或者说是村寨传统共同体的集体认同。这种建立在血缘或民族基础上的心理认同，就是一种向心力和凝聚力，就是对村寨内部的社会组织、村规寨约、传统习俗的接受和遵循，它能从村民的内心唤起对村寨利益的关心。村民的“边界”心理和行为，是村寨文化的重要组成部分。当村寨的物质空间变化，村民的心理和行为也会发生变化。无论是政治行政手段推行的乡村合并，还是农民自发的乡村改造，它都直接地改变了村寨的自然边界，同时影响着村寨的社会关系和文化。

村民的村寨文化认同，在某种程度上比外在的制度形式更有力地左右着村民的态度和行为。在传统农耕时代，土地是村民最主要的生产资料，房屋是村民重要的财产，村寨中建立的人际关系是直接影响村民生活质量的社会资源。所以，村民认可自己的村寨文化，很在乎村寨对自己生活的意义，竭尽可能地捍卫村寨的每一寸土地，十分珍惜村寨安定和谐的社会环境，十分关心村寨的未来与发展，自觉地把自己的命运与村寨的兴衰联系起来。村民积极介入村寨生活几乎就是一种习惯，自觉地履行传统习俗赋予的义务和责任。他们有强烈的村寨归属感和文化认同感，经常能听到这样的语言表述：“这片土地是我们村寨的”“那块林地是我们村寨的”“某个人是我们村寨的”“某个风俗习惯和我们村寨一样”。在这样的话语背后，是地理边界划分，也是物质空间意识。

而最近这些年，村寨在扩容或收缩，村寨内部的建筑结构在调整或改造，村寨公共活动空间的布局在发生位移。随之而出现村民对传统生活空间的意识变得淡漠，对村寨传统文化的情感变得淡薄。村民一旦对村寨文化失去认同，对村寨失去情感依恋，其实也反映出村民对村寨缺乏归属感，对村寨文化的传

---

① 杨鹍国：《民族村落文化：一个“自组织”的综合系统》，《中南民族学院学报》（哲学社会科学版），1992 年第 6 期。

承和弘扬失去责任担当，就容易把自己当成一个村寨事务的“局外人”和村寨文化的“看客”。这其实是一种政治系统失序的表现，会影响政治安定和社会的稳定。① 剑河县南寨乡南包村因为三板溪水库造成水位抬升，尽管村寨在原地整体向上迁移，但是农田几乎全部被淹，改换成水产养殖，原来的村寨自然空间发生变化。新农村建设中将很多规模较小的自然村集中到某一处，村民改变的不只是生活空间，还有与地理空间相对应的社会关系。在平坝区高峰镇大狗场仡佬族村寨，绝大多数村民对搬迁表示担忧，尽管上级组织承诺搬迁后的居住条件绝对比现在更好，并为村民未来的生计进行了规划，但是村民对这个不知生活了多少代人的地方有一种深沉的依恋，这里有老屋和祖坟，这里的每一座石桥和每一个地名都有故事，这里远近不同的邻居之间有着亲疏不同的血缘和姻亲关系。平坝区场边村的布依族村民在原址重建家园，总体上地理空间没有变化，但是村寨的建筑风格改变了（图 3-16）。“旧貌换新颜”不仅是形容村寨的自然景观，而且隐含着村寨的文化特征。其内部的结构布局改变之后，老年人除了不适应之外，还产生文化的陌生感，而年轻人在新的建筑布局和文化空间中又形成显然不同于老一代的生活样式。

（四）村寨新的生活状态和文化空间冲击传统文化

“文化空间”是指某种民间传统文化活动集中的地区，或某种特定的文化事件所选择的地点。人类学意义的“文化空间”指传统的或民间的文化表达方式

图 3-16　左图为剑河县南寨乡南包村，因坝区水位抬升后改变了村寨环境；中图为平坝区高峰镇大狗场仡佬族村，村民习惯了这里的自然环境；右图为平坝区马场镇场边村，布依族村民在原址全面改造而形成新的村寨，村民在原址开始了不同于以往的生活方式。

① 任映红：《论村落文化与当前农村的政治发展》，《江汉论坛》，2005 年第 5 期。

有规律地进行的地方。[1] 村民生活于村寨,村寨是村寨文化的生存和展示空间,即形成和传承村寨文化的环境。这个环境又称为“文化生态”。[2]

贵州少数民族村寨中的传统文化传承本身就是当地的民俗,古歌吟唱、神话或咒语的讲说、祭祀活动的开展、具体仪式的举行等都有特定的时间、地点,都有特定的对象,都有属于自己的程式。而现在,这种民俗基础正在被消解,有些出于移风易俗,有些则因为村民的思想观念改变,有些是活动失去了民众基础或存在的价值,更多的则是村寨出于发展旅游业的需要。村民或当地政府为招揽游客,将特定场合和特定对象的情歌对唱变成舞台表演,表演者甚至是具有血缘关系的同辈或者不同辈分的男女;祭祖时吟唱的古歌搬上舞台,完全消解了其神圣感。神秘的驱魔、解禳、消灾的巫术活动置于众目睽睽之下,念咒画符被视为儿戏。这与其说是为了迎合或满足游客的需要,不如说是对自己传统文化的亵渎。同时,随着电影、电视、影碟机、计算机、手机等在少数民族地区普及,科技在改变村民命运的同时也在改变村寨面貌,传媒在改变传播载体的同时也在改变村民的思想观念和生活方式(图3-17)。村民对世代积淀的传统文化有了新的认识,彼此交流和自我娱乐的手段、途径、内容更加多样。因此,少数民族村寨的传统民俗活动从核心走向边缘,“饭养身、歌养心”的时代变成历史记忆,村寨中的换工、祭祀等民俗活动被取消,建房、婚丧、祝寿等民俗活动被再建构,文化传承的传统载体在多媒体时代反而被破坏,肩负文化传承重任的村民数量在人口增长的时代反而萎缩。

图3-17　即使在交通还非常不方便的榕江县“短裙苗”生活的村寨,电视也基本普及,差不多每家吊脚楼外都安置有电视接收天线。电视走进少数民族家庭,拓宽了人们接收信息的渠道,改变了村民娱乐的方式,村民闲暇时看电视,已不可能回到晚上一家人听老人讲故事的年代。

① 乌丙安:《非物质文化遗产保护:理论与方法》,北京:文化艺术出版社,2010年,第77页。

② 黄德林:《文化生态视野下布依族古歌的传承》,《贵州社会科学》,2013年第6期。

图3-18 黔东南一个苗族山寨的小孩，虽然她的童年和父辈一样生活在乡村，但是娱乐方式和内容已经不一样了。她身穿传统的民族服饰，一边坐在电脑前看动画片，一边在手机上玩游戏。因此，在思维习惯、认知方式上都和城镇的孩子趋同。

年轻人接受了新的生活方式和价值观念，不愿唱传统的民歌，不相信古老的祭祀活动具有神奇的力量；而老一代村民因为村寨的社会生活不断变迁，失去过去从事民俗活动的场所和机会，传统文化传承的空间变小（图3-18）。从家庭来看，传统社会的每一个人自幼跟着长辈学习古歌，在火塘边聆听古老的传说，女孩按照传统学习针织，男孩按照传统的人生目标培养生产生活技能。但是打工潮带来“空心村”，听故事或学唱歌的人少了，学针织失去了原先的生活价值，家庭传统文化教育空间被挤占。尽管有些人对村寨传统文化充满好奇，可是这些人深入村寨之后，村民只能用汉语与之交流。无论是村民外出务工或经商，当地干部招商引资或开展其他业务，讲普通话被当成惯例。村寨文化的价值在目前的现实生活中并没有广阔的空间，基本上还停留于学术研究者的著述和一部分文件、讲话中。

文化空间是自然生态环境和文化生态环境的综合体，它以村民生活的自然环境为基础，在生活资料和生活产品上都留下自然生态的烙印。村民又在改变生态环境，创造性的生活决定了生活空间的封闭或开放，交通和通信可以将边远的山村与世界连接，一场变故也能够把村寨与世隔绝。自然环境变化、经济结构调整、生活水平提高、政治环境改变、内部社会关系变动，都会影响文化空间。村寨文化包括丰富的内容，它是村寨事象、村民行为和心理的浓缩，犹如每个人的身体特征都是运动着的复杂系统。例如，村寨的建筑，既有地域风格和民族风情，还有时代特征和个体差异，当居住者的生活方式、审美取向等发生改变，建筑的传统风貌也就难以延续。又如少数民族古歌、情歌、苦歌、劳动歌、敬酒歌、哭嫁歌、咒语、神话、花灯戏、地戏、阳戏、芦笙舞以及传统体育等，都不是一种孤立的存在，其生存总是与一定文化生态相适应。古歌的文化生态包括民间各类歌谣、传统音乐、生产技艺、民俗和文化空间等，还包括产业结构、生产力水平和人际关系等。黔东南苗族古歌在叙事内容、吟唱风格、表达方式上就不同于黔中紫云县一带的《亚鲁》。所以,要保护、传承好少数民族古歌,就必须保护好民间的各类音乐、艺术、体育、民俗生存的地理空间,还要保护农作物生长、家禽家畜饲养、手工业产品制造的自然空间,同时还要营造家庭、学校、社区等民俗活动开展的社会空间。再如祭祀民俗,它首先取决于生产力水平和文化发展程度,在战胜自然的能力非常有限的时代,在对很多现象认知水平还很低的阶段,在现代科技还不发达的地方,人们对自然充满敬畏,相信神灵。它其次与生活环境、生活水平密不可分,如果狩猎民族失去了山林和野兽,农耕民族没有了土地,游牧民族离开了草原,其祭祀活动必然不能照常进行,并且难以提供祭祀的供品。最后要有相应的社会语境,不仅从事祭祀活动的人群愿意开展此项活动,而且要社会允许他们开展此项活动。黔东南苗族的鼓脏节、侗族的萨玛节、布依族的三月三祭社神、瑶族的祭槃瓠、水族的祭陆铎公、穿青人的祭五显神、屯堡人的祭汪公等曾经被废止而又再度恢复,便足以说明。在贵州东北部的松桃县,"农涅"(苗语音译,即"吃水牛"的意思)是当地苗族同胞最隆重、耗费最大的一项祭祀祖先的活动,通过杀牛祭祖,祈求祖先的神灵赐予家族昌隆,人丁兴旺,五谷丰登,免去灾祸。水牛在他们的历史上不是耕种的工具,而是代表着财富。杀牛祭祖活动只有当地家道殷实、声名显著的家庭才有实力举办。举行"农涅"一方面表达对祖先的虔诚,另一方面也是以一种自豪的姿态告慰祖先和炫耀于村邻。祭祀活动持续三天三夜,斯时锣鼓喧天,唢呐和鞭炮齐鸣,欢声雷动。由于此项祭祀活动耗资巨大,也有"封建迷信"成分,因此在中华人民共和国成立后已极少举办。现在虽然很多村民具备这样的经济实力,官方也不会视之为封建迷信而禁止,但是虔诚祭祖、笃信神灵的文化生态远不如当初,"农涅"在年轻一代中难以为继。[①] 黔东南苗族的鼓脏节也是如此,20 世纪末重新恢复的时候极为隆重,榕江县摆贝村一次性屠宰十几头水牯牛的场面成为绝响,村民的思想观念发生改变,认为祭祖不在于铺张,表达虔诚可以通过多种方式。当杀牛献祭不再重演,隆重而繁缛的仪式和神秘的文化氛围也随之消失。

文化空间不等同于地理区位或地理范围,它表现为一定范围内的人际关系和生活状态。贵州少数民族村寨在历史上大多是封闭的文化空间,独具特色的村寨文化产生于此并在此传承,它不具备扩散性,也没有经受外部冲击。村民依附于村寨,活动范围基本上局限于村寨地理边界,文化影响力基本上和地理

---

① 王维其:《浅谈贵州民族传统节日文化的生态变迁》,《品牌》,2013 年第 1 期。

图 3-19 对于老一辈村民而言，他们传承村寨文化是因为他们喜爱祖祖辈辈传承下来的村寨文化，在今天的民俗节日中，他们依然是主角，而年轻人大多数只是凑热闹。

边界相吻合。20 世纪后期改革开放，村寨人员自由流动、交通条件大为改善、媒介技术革命性变化和传播渠道明显增加，这在客观上已经改变了村寨的文化空间，对民族传统文化的传承与节日活动的开展产生了巨大影响。许多地方的年轻人对传统节日活动兴趣降低，一些本应由青壮年承担的项目无可奈何地只能靠老人担当（图 3-19）。有的地方尽管仍在开展传统文化活动，但是要么青壮年很少在场，活动主体的变化非常明显，要么青年一代只是作为看客旁观，活动的文化氛围淡化。

文化由人创造，文化也塑造人。人群的生产生活空间往往与文化空间叠合，一定区域的人群表现为相同或相近的生活方式、经济类型，也就构成了文化内涵或文化风格基本一样的空间。人活动于文化空间之中，也在影响甚至改变文化空间。在没有人类活动足迹之前，这个世界只有地理空间；在建立村寨之后，定居的村民便形成了文化空间。村寨创建之初，是文化空间的形成时期，此时的文化空间不可能与村寨发展以后的文化空间完全一样。当进入工业化时代，特别是到了经济一体化时代，村寨文化内容或风格中的区域特色和传统气息越来越淡薄，大众化和时尚元素正在消除文化空间的边界。20 年前的贵州村寨明显能感受到“十里不同风，五里不同俗”，现在却出现了模式化的现象。

在贵州少数民族乡村，尽管地理空间还是过去的，甚至生活于其中的人还是和过去从事一样的生产，但文化空间因为文化内涵的改变而发生变化。首先是社会前进的步伐加快和现代传媒进入村寨，村寨之外的价值观、行为方式源源不断地涌入传统农耕生活空间。现代媒介改变了信息传播渠道，改变了村民在人际交流和口语传播时代建立的社会关系。村民受到市场化、工业化背景中流行的以感官刺激为主的物质文化、享受文化、颓废文化的严重冲击，金钱意识、交换原则、感官刺激对少数民族乡村的传统道德和价值观念产生强烈的影响。在城市五光十色的生活映照下，少数民族乡村显得物资匮乏、生活单调、信息闭塞、经济落后。村民对村寨传统文化认同产生动摇、焦虑与困惑，曾经保持高度认同的传统文化被一部分村民怀疑或否定。村寨许多传统的歌谣、故事,言辞之间流露出村民对生活的满足和家乡的热爱,表达着对先辈建立的家园深深的眷恋。但传统文化发生动摇后,一部分村民带着对城市生活的向往走了出去,又以城市文化为标准对村寨全方位改造。无论走出村寨还是回到村寨,村民都已开阔了视野,转变了思维方式。新的视野和思维方式又成了村寨传统文化的异己力量,改造着文化空间。接受现代学校教育的年轻一代改变传统的价值观、世界观和历史观,正在用自己的思想和行为置换生活空间中的文化内涵①,尤其是在大力推进文化旅游的村寨,他们的文化和生活同步迈开了市场化、舞台化、同质化的脚步。

文化空间虽不由地理环境决定,但总会受地理环境影响,当地理环境发生改变,其文化空间很难保持不变。贵州省在 2015 年年底实现县县通高速,省城贵阳至其他市(州)构成交通多通道,形成 15 个出省通道,交通网覆盖全省重点产业园区和风景名胜区。网格化的高速公路方便了村民出行,带动经济结构调整,也将村寨与村寨、村寨与城镇连在了一起,村寨从过去独立的生活单元变成可以与外部世界有充分互动的生活单元。被称为"中国最后的穴居部落"的紫云中洞,过去几十年当地村民一直盘桓于天然石洞,拒绝搬入政府给他们修建的房屋之中。其实,他们宁静的生活早已被打破,外地人猎奇般的不停造访,村民在洞中办起"农家乐"旅游接待业,年轻的村民纷纷外出打工。现在,贵州格凸旅游开发有限公司对中洞进行改造,在周边修建停车场、道路及相关旅游接待服务设施,并改善洞中人居状况。虽然公司负责人一再宣称保持原有的自然环境和得天独厚的人文环境,②但是一系列规划本身已经改变了这里的自然环境,"穴居部落"今后留下的只是地理空间,他们的眼界、信息、生活方式、产业结构、人际关系、思想情感等都不可能定格在过去。

文化空间越来越呈现为开放的状态,这是世界发展趋势,没有一个地方或聚落能够保持自我封闭,也不应单纯为了保护传统文化而拒绝社会前进。贵州少数民族村寨在封闭的时代形成和发展起来的文化,今后必然会因文化空间的改变而改变。改变不可抗拒,惊惶或阻挠都是枉然,但应该充分思考文化发展的可持续性,应该在发展生产和改善生活的同时,力求新的文化空间与传统文

① 林庆,李旭:《论城市化背景下少数民族乡村文化的保护》,《大理学院学报》,2013 年第 11 期。

② 颜桦,王晶:《洞穴部落农家乐　条件不好生意差》,《贵州都市报》,2014 年 4 月 17 日。

化空间实现最大的重合度,力求避免具有区域性和历史底蕴的传统村寨文化发生断裂。

三、少数民族村寨的文化传承人存在隐忧

(一)文化传承人日渐凋零

我国自加入《联合国非物质文化遗产保护公约》以来,对非物质文化遗产保护高度重视,其中一个重要举措就是推荐和评选非物质文化遗产传承人。目前推选出来的各级非物质文化遗产传承人的数量很多,足以说明我国传统文化还没有大量消失,但也暴露出诸多隐忧。姑且不去评论传承人推选办法、管理机制中可能存在问题,单从传承人本身看,也是问题重重。其中最突出的问题就是传承人年龄普遍偏大,随着年长的传承人谢世,传统文化有可能出现断层。曾经有学者对中国传统古村落数量最多的黔东南苗族侗族自治州 108 个苗侗非物质文化遗产代表性传承人作过调查,结果发现 70 岁以上的传承人有 21 人, 占 19% ,60 ~ 69 岁的有 26 人,占 24% ,59 岁以下的有 61 人,占 57% ;国家级传承人平均年龄 64 岁,省级和州级传承人平均年龄 52 岁;国家级传承人不仅平均年龄相对偏高,而且身体状况欠佳,记忆模糊,传承活动受限。[①]

传承人在传承项目中的分布情况也不均衡,世俗文化的传承人显然比民间宗教文化的传承人多,具有生活价值的技艺传承人显然比失去生活价值的非技艺传承人多,内容可公开的传承人显然比封闭环境中进行的传承人多,能够转化成经济效益的歌舞传承人显然比自娱自乐的歌舞传承人多。同样以黔东南为例,已经被命名的非物质文化遗产代表性传承人有 192 人(其中国家级 21 人、省级 77 人、州级 94 人),其中侗族大歌和侗戏的传承人数量最多,分别为 15 人和 10 人。其次是具有广泛群众基础的苗族古歌、苗族锦鸡舞、侗族琵琶歌以及在生活中广泛应用的苗绣、苗族银饰锻制技艺,每个项目的传承都还有 7 ~ 8 人。而曾经极为普遍的苗族蜡染技艺,因为村民的服装已经变成直接购买,现在很少有人再学习这项没有太大实用价值的工艺。即使苗族和侗族还经常吹芦笙,跳芦笙舞,但芦笙的制作采用了机械化,手工制作技艺开始失传。苗侗生活区木质结构建筑的营造技艺令人叹为观止,可谓建筑界的奇迹,可是现在的村民宁愿建造耐腐蚀、防火功能更好的砖混结构的楼房,因此老工匠的技术得

---

① 吴平:《关于培育苗侗民族文化传承人的调查研究》,《贵州大学学报》(社会科学版),2012 年第 2 期。

不到发挥，年轻人觉得学习之后不能挣钱，也找不到实践平台，如今已有人亡技绝之虞。更不用说给死人做道场、替病痛折磨者做祈福活动的神秘文化传承人，老一辈的去世就给其承载的文化画上了句号。

活态的村寨文化从历史中走来，服务于当下生活。文化传承固然需要有传承者，需要传承载体和传承手段，但不能缺少接受者。村民接受传统文化，首先出于工具理性，考虑使用价值，决定因素则是接受传统文化之后的经济价值。当村寨的封闭环境打破，村民在对比中深切感受到自己的生活与外面世界的差距太大，迫切需要改变贫穷的冲动强化着村民接受外部世界一切文化的热情，而村民对传统文化的考量，无论是生产和生活技能，还是伦理道德、历史文化、宗教文化等，都主要以经济价值为标准。所以，贵州少数民族村寨文化的命运、传统文化的传播效果等都不是传承人单方面能够左右的。例如，贵州苗族蜡染、水族马尾绣、苗族银饰制作、彝族漆器、布依族土布扎染制作等工艺，市场经济对此类文化的传承不一定都是负作用，很多政府部门、民间组织或村民看到了传统工艺的商机，利用传承人精湛的技艺打出金字招牌，实现传统工艺品的产业化经营，又显现出一片生机。据文永辉调查，①国家级“非遗”项目水族马尾绣省级传承人宋仙、首届“贵州名匠”第一名韦桃等都已迁居县城，他们在三都县城开有多个门面，经营马尾绣制品，当起了小老板。丹寨县排调镇的苗族蜡染传承人王阿勇在县城成立了丹寨县阿勇蜡染文化旅游开发有限公司，销售蜡染制品，在排调镇雇佣 20 多名妇女生产蜡染制品。很多村民或商人捕捉到民间传统工艺的商机，或在村寨中收购工艺品，或组织技艺精湛的村民成立生产基地，激活了传统工艺生产技术。例如，刘衡和杨秀珍在凯里市大十字设立苗都群英刺绣坊，欧光丽在台江县解放街开办台江光丽刺绣厂，黄平县新州出现阿妮民族刺绣厂。

侗族巫歌、苗族芦笙制作、水书文化、民族医药、布依族铜鼓十二则、土家族傩舞、彝族撮泰吉等“非遗”项目，虽具有一定的社会服务功能，但其提供的社会服务中具有一些为现代文化所不兼容的成分，或者其适应市场的能力在逐步减弱，传承就面临困难。人们一方面觉得其神秘，保留着非常原始的古老文化信息；另一方面，认为他们从事的活动和传承的神话故事充斥着迷信，和这些文化相伴的巫术、祭祀、驱鬼、迎神等活动被人非议。水族的陆铎公不能光明正大地完整传播水书文化，苗族和侗族的鬼师只在民间悄悄画符箓念咒诀，布依族和

---

① 文永辉：《少数民族“非遗”传承人保护存在问题及制度完善——基于对贵州的田野调查》，《广西民族研究》，2013 年第 1 期。

图3-20　苗族女孩的一套盛装，除去银饰之外，从织布、染布、裁剪、刺绣到缝纫，即使一个女红娴熟的妇女农忙之余不间断地制作，也要花费近十年的工夫。可是这套服装平时很少有机会穿戴，更多的只是女性心灵手巧和家庭财富的象征。在隆重的节日聚会时，给自己的女儿穿上华丽的盛装，这是母亲的荣耀。

土家族村民在跳傩舞时刻意隐去其民间信仰的动机，端公、布摩、掌坛师、毕摩、鬼师等宗教人物在民间的身份和官方的身份相互冲突。传统村寨中的巫、医通常合一，巫师就是医生，治病的过程伴随巫术活动，可是在今天，村寨中的一些民间医生难以通过正常渠道获得医生职业资格，其活动始终处于非法状态。媒体在宣传这些民间医术时，总是刻意隐去其原始宗教的成分。

由于新时期出生的村民对本民族文化理解不深，缺乏关注，不感兴趣，不愿意或不想花更多的时间学习本民族传统歌舞、技艺和知识，特别是依靠口传心授的传播方式，传受双方必须“在场”，要在特定的文化空间，要与情景相伴，这对传受双方都是一种限制。尤其是那些无法开发利用的村寨文化遗产，如民间文学中的祭祀歌、刻道和宗教活动中的舞蹈、讲唱、法器的制造技艺和使用方法等，即便传承人拥有较高的积极性，但学习的人数仍然较少。有些传统文化虽然市场前景较好，如苗族银饰锻制工艺、侗族建筑技术、彝族皮革制造等，但学习难度大，年轻人也不愿意下功夫学。苗族传统服装精美绝伦，从前苗族女性出嫁前都照例要给自己缝制嫁衣，在娘家培养缝纫和刺绣技能。可是，现在的女孩普遍觉得自己缝制衣服费时太长，造价太高，而且婚后也不常穿，实用价值不大(图3-20)。所以，即使在家庭中就有传承人，有传承环境，同样面临着不愿学的窘境。至于那些生存环境较差、流传区域狭小、工艺复杂、造价高昂，或者曲高和寡、完全丧失了参与者的传统文化，则更难找到传承对象。

传承人本身拥有的传统文化和社会地位，在文化传承中发挥的作用也不容乐观。很多今天还在从事传统村寨文化传承的人都承认自己在相关方面的知识和技能不如前辈，历史上的歌师、工匠、药师等都凭着实力赢得村民普遍认可，族长、寨老、宗教领袖都因具有丰富的知识和处理问题的能力而得到村民的尊重。因为各种原因，一部分村寨文化流失，一部分人对村寨文化失去热情，一部分地方不具备村寨文化传承的环境。

(二)传统文化失去传承对象

在黔南独山县基长镇狮山布依族村，响篙舞是区别于周边村寨最有特色的文化事象。据《独山县志》记载，响篙舞专为丧事而展开，在清代中期就已经非常盛行。当地人认为丧事期间最忌讳黑猫从屋梁上穿行，因此守灵人手拿竹竿相互敲打，借此驱赶黑猫，为死者家人祈福，也可给自己壮胆。这种风俗逐渐演变出富有音律的响篙舞，在覃、莫两姓中传承。一方面，现在的村民不再相信黑猫会给举办丧事的家庭带来不吉利；另一方面，很多年轻人外出务工，即使老年人愿意传授，也不可能有很多的年轻人学习。1934 年出生的莫应清是狮山村的寨老，从他上溯几代都一直是响篙舞的传承人，如今却不可能再像他的前辈那样用传统方式来传授村寨中的这一舞蹈，经常独自哼唱几段，偶尔向小孩们讲述当年和村民激情热舞的场面，讲到动情时不禁比画着自认为很精彩的招式。孩子们从他这里获得的只是片段的舞蹈动作，而那种舞蹈的场景和那个时代一样，早已远去，没法复原。独山县的文化保护工作者深知别具特色的响篙舞所蕴藏的民俗，以及这个民间舞蹈对保护与之相伴的民族服饰、民族音乐、民族乐器的重要价值，于 2008 年在狮山村小学建立响篙舞队，按照舞蹈的原样给孩子们制作衣服，添置民族乐器，延请两位传承人在音乐课和体育课环节中传授，如今总算使险些消失的响篙舞以另一种传承方式在孩子们那里得以延续。在这里可以看到，莫应清寨老对传统文化的深深眷念，他时常向孩子们讲述的村寨传统文化片段，一点一点地在孩子们的脑海里拼凑出历史的画面，激发着孩子们学习响篙舞的热情，加深了孩子们对濒危民间舞蹈的理解。最重要的是，当舞蹈在孩子们中间传授的时候，莫应清寨老还健在，他可以指导，可以向孩子们讲解每一个动作和音律的意义，从而保证了响篙舞的风格在狮山村不走样，不被曲解。

然而，不是所有的村寨文化都如此幸运，不是所有的老人都和莫应清寨老那样感到欣慰。水书是水族民间一直传承的古老文字，有的学者认为它和甲骨文一样古老。这种文字不像汉字那样掌握了形声义之后就可以运用，它滞后于语言，难以独立运用。水书记录的是一些关于天文历法、原始信仰和古老的伦理道德的内容。水书先生是当地婚丧嫁娶、灾异病痛时念经驱鬼的宗教人物。因此水书传承必须具备两个条件：一是要有懂得水书的人耳提面命，学习者要跟着水书先生识读、辨认、书写;二是要有传授的民俗环境和语言环境。出生于丹寨县高寨村的潘广礼,他的父亲潘世文、祖父潘中赛、曾祖父潘枉赛都是当地著名的水书先生,特殊的家世使他有机会在很小的时候就接触水书文献,识读水书文字。在“文化大革命”前,他已经能够随口诵读水书启蒙读本《正七卷》的一些章节,但是在“文化大革命”那几年,水书文献被视为必须要清除的封建残余,发挥水书作用的趋吉避凶习俗被禁止,他把祖祖辈辈传下来的一部分水书文献交给政府之后才勉强保住了工作。20 世纪 80 年代以后,当地婚丧中请水书先生驱鬼祈福的习俗有所恢复,往日灾异中请水书先生做道场念经的活动还有一部分村民笃信,所以潘广礼又有了传承水书的民俗环境。[①] 最近这些年,尽管政府对水书文化高度重视,并对从事水书传承尽可能提供物质上的资助,水书先生也愿意将水书文化发扬光大,然而今天的村民更相信知识创造财富,更相信物质财富是幸福的基础,更相信走出村寨与时代接轨才有美好未来。水书先生展示其作用的民俗空间越来越狭小,说本民族语言的村民越来越少。《贵阳晚报》记者白洋在一篇新闻中描述了在三都水族自治县传承宗教文化的困境:“鬼师”曾经是水族的宗教领袖,村寨的集体或家庭许多活动都离不开“鬼师”。可是人们切身感受到医生的治疗比鬼师“作法”更有效,看电视比听鬼师“讲古”更有趣,现代婚礼比请鬼师做传统仪式更时尚。行偿村是一个当地人都不甚了解的偏僻村寨,300 余户人家仍很贫困,全村非农业经济只有两家小卖部。即便在这个地方,曾经世代供奉的“陆铎公”也已从正厅的牌位上撤下来,年轻人大多已不知道“陆铎公”是什么,村寨里会说水语的人也没有几个。80 多岁的陆天道是村子里唯一的鬼师,每天孤独地蹒跚在香炉前,摊开泛黄的《水书》,念上几段,算是给行将消失的古老民俗以临终关怀。[②]

本民族语言传承、地方性民俗传承、古老神秘文化传承、民间信仰传承等,在当今中国几乎都遇到这种尴尬处境。贵州少数民族村寨曾经备受尊敬的宗教人物,在现代思潮的冲击下清冷地守候着传统精神,曾经光环闪耀的村寨舞蹈能手、歌师在现代时尚文化的“明星”面前黯淡无光。

“布依族盘歌”包含有布依族口传史诗,人们通过问答的方式,将历史上的人物、事件、规矩、技能、知识传承下来。布依族很多生活区都曾盛行这种盘歌,但是近几十年来,传统民歌渐渐远离了村民生活,即便在布依族盘歌的重要传承基地盘州市羊场乡赶场坡村,一度风光的民歌手也被村民遗忘。居住在羊场

---

① 潘朝霖:《神秘水书的传承人潘广礼》,《原生态民族文化学刊》,2009 年第 4 期。

② 白洋:《鬼师面临断代　水书谁人可读》,《贵阳晚报》,2011 年 12 月 9 日。

乡及周边地区的布依人，以前在举行婚礼的时候有一个精彩环节，男方迎亲的男歌师“报松”和女歌师“亚松”要与女方所请的男女歌师展开对唱。这种习俗不仅给婚姻过程增添娱乐，也借此表现双方的家庭对婚姻的重视。据当地人回忆，早些年羊场乡一带的布依族村民举行婚礼通常会请五六个甚至七八个歌师。后来人们热衷于现代时尚婚俗，歌师的地位在当地人看来已不再重要，学习盘歌的兴趣明显降低。当地的男女歌师现在总共也不过三四人，而按照传统婚姻习俗，盘歌时必须男女双方的家庭都请歌师才能保证活动开展。男方请来替自己接亲的一般有大“报松”和二“报松”两个男歌师，女歌师“亚松”则是一到两个不等。这也就是说，目前当地的几名歌师即使全部被邀请，婚礼双方的家庭只能有一两个歌师，此项活动已经不可能像过去那样举行了。2013 年，县文化部门以布依族盘歌的抢救保护与申报工作的名义，建议村民吴定超在娶媳妇过礼的时候按照传统习俗操办，吴家请到了羊场乡一带最有名的歌师潘方林和吴安选担任“报松”“亚松”则是远近闻名的女歌师吴定芬。从迎亲、接亲、送亲到把新媳妇娶进家门，整个过程还能维持数十年前的仪式，每一个环节都有双方的歌师对唱。这件事情固然说明当地传统婚姻习俗中口头传唱布依盘歌的文化还没有断裂，但是女歌师吴定芬却对后继无人非常感伤，她说：“以前做歌师很风光，现在不同了，因为不按老礼举办婚礼的人家越来越多，来请歌师的人家也就越来越少了。早些年，举办传统布依婚礼的人家多，我一年要唱十几回，有时遇到好日子，一天到晚都唱不过来，可现在一年到头还唱不了两三次，有时甚至唱不了一回。”①平坝区高峰镇大狗场仡佬族村（现在属于贵安新区）是传统文化保存比较好的村寨，至今在村寨中日常交流还使用本民族语言，老年人义务在村寨的小学为孩子们传授仡佬语，介绍仡佬族文化，年长的妇女平常都还穿着本民族服装，每年在稻谷丰收之前还隆重举行古老的尝新节，可年轻人最熟练的语言还是汉语，他们的服装也和外界一样。贵州民族大学部分师生很想用影像记录他们浓郁的传统婚俗，可是当地村民竟然不能按照传统习俗安排了，几个老人在一对新人结婚前反复讲解和演示，最后的效果还是没有达到预期效果。

面对传统文化式微，传承人深感忧虑，也陷入无奈和痛苦。各地在为传承人提供权利保障的同时，还规定传承人应承担相应的义务，要求传承人必须收徒传业艺。但调查发现，大多数传承人很难完成授业义务，其原因并非传承人

① 余漫江：《最后的布依歌师》，《当代贵州》，2013 年第 12 期。

不负责任，而多半是无徒可教。因此，少数民族传承人的危机，不仅在于对现行传承人的保护，更在于年轻人不愿意学习老一辈的技艺，民族文化传承后继乏人。年轻人之所以不愿意学习传统文化，大多由于现代市场经济的冲击，觉得在此过程中的付出与回报不成比例。①

随着市场经济发展，大量年轻人外出务工，传承对象主要是在家务农的中年人、妇女以及小学生。中年人及妇女因忙农活基本上没有时间和精力参与学习，小学生也因异地升学不可能持续地学习（许多村寨仅有小学），故接受学习的时间较短。即使有留守在家中的年轻人，也由于缺乏对本民族传统文化的热情和认同感，大多不愿意或不想花更多的时间学习。实际传承的对象非常有限，很难扩大传承的范围。有些传承项目实用性强，能够带来直接的经济效益，相对而言学习的人数较多，积极性也高，而民间文学、传统技艺和宗教仪轨等学习难度较大，尽管传承人拥有较高的积极性，传授对象的积极性仍然不高。②

由此看来，贵州少数民族村寨文化传承面临的问题不仅仅是传承人老龄化、传承人在地域分布和文化项目分布上的不均衡，而且文化传承的环境被挤压，接受村寨文化的村民普遍缺少热情。

第二节　贵州少数民族村寨文化自在传承与自觉传承并存

贵州少数民族村寨的文化在最近几十年确实出现了快速消失的情形，但还应该看到，传统文化仍大量保存，传承的链条并没有完全断裂，少数民族村寨中非常丰富的传统文化依然在坚挺地传承和弘扬。首先，有些村寨的生存环境尚未发生根本改变；其次，政府、学者、民间组织和个人、部分官员认识到了村寨传统文化的价值并努力保护；最后，还有一些村民对自己的文化非常热爱，对家乡怀着一份朴素的感情。

① 文永辉：《少数民族“非遗”传承人保护存在问题及制度完善——基于对贵州的田野调查》，《广西民族研究》，2013 年第 1 期。

② 吴平：《关于培育苗侗民族文化传承人的调查研究》，《贵州大学学报》（社会科学版），2012 年第 2 期。

从村寨文化传承的路径看,有自在传承和自觉传承两种。自在传承的情形反映出文化生存的环境,自觉传承反映出传承者对文化的认知深度。贵州少数民族村寨文化的传承,在历史上很长时间内都是以自在传承为主,只是到了近现代,特别是在当代,自觉传承才成为主要的传承路径。

一、自在传承的原因

在贵州省会贵阳附近的红枫湖畔,有一个拥有一百多人口的布依族村寨,当地人习惯上称之为“小平寨”。20 世纪 50 年代修筑红枫湖的时候,村寨的一部分土地被淹,村民于是将水位以上的山坡改造成水田,农业生产没有受到多大影响,改变的是周边环境——门前呈现出一片宽阔的水域。改革开放之后,来垂钓的人多了,年轻的村民走出去的也多了,村里的媳妇有了外乡人和其他民族的人。可是,小平寨的传统节日“六月六”依然保留着传统风俗,娶媳妇或乔迁新居时对歌的习俗一点都没有变,上了年纪的妇女平日里也穿着本民族的服装,娶进来的外地媳妇不用多长时间就会唱当地民歌,外出的村民每逢重大传统节日都会提前回家作准备。类似的情形在贵州乡村并非个例,如黔西北的威宁县板底村彝族村民、黔西南的望谟县新屯镇柯杉村布依族村民、黔东南的凯里市三棵树镇朗利村苗族村民、黔南的荔波县大利村水族村民、黔东北的沿河县黑水乡杨寨村土家族村民、黔中的清镇市麦格乡一部分布依族和苗族村民、六盘水市的水城县陡箐村大花苗村民都还相当完整地保留着传统,先辈的文化还在生活中传承。可是,在调查中问及传承家乡文化的原因时,村民却有些茫然,这一切对他们而言都是一种自在的行为。

作为一种文化现象或文化传承行为,它的存在总有原因。

(一)一部分变化进程缓慢的村寨保留生活总体面貌

文化总是与生活状态相对应的,甚至可以说生活状态本身就是文化的一种表现形式。虽然现在的社会走向开放,生产力水平提高,但是在贵州少数民族地区,仍然有些村寨比较闭塞,生产力水平提高缓慢。这种状况固然为贵州整体的生活改善提出了严肃的问题,可是它也为贵州保留了一笔巨大而宝贵的文化财富,无论是物质文化还是非物质文化,都依旧丰富而且完整(图 3-21)。这些文化,自在地呈现于村寨之中,没有谁刻意地去保护和传承,没有谁刻意地改变或创新。从某个具体的村寨看,其文化也许有些单一,而把贵州作为一个文化区域从整体看,不同村寨的文化汇聚成多彩的画卷。从表面看,村寨文化似

图3-21 在交通还不甚便利、经济还不算富裕的少数民族村寨，城镇化、工业化的冲击力没有到达，仍然保持着原来的生活方式，传统村寨文化色彩依然浓厚。在黔东南施秉县、黄平县，村民的生活就像他们的居住环境一样，散发出历史的气息。（吴安明摄）

乎很零碎、很分散，而从实质上看，性质不同、形态万千的村寨文化构成一个宏大的整体，没有雕琢，保持着本真。在实地调查中发现，交通不便、生活贫困、村寨规模较大的少数民族地区，其传统文化的保存相对完整，人们重复着几十年前的劳动方式和生活习惯，民风民俗就像他们的村寨一样任凭时代变迁。

在前面的论述中，我们指出了工程建设、行政村合并等政府行为对村寨文化传承的冲击，这只是一个方面。而另一方面，村寨文化是历史的积淀，是无数代村民集体创造的文化，在时间长河中经历时代变迁，它具有一定的文化适应机制和文化修复功能。有些外部文化不能适应村寨中的本土化，有些输入进来的文化经过村民改造后转化成了地方性文化，有些引入村寨的器物文化在传统观念和习俗左右下失去效力，有些看似对村寨形成强大冲击的时尚文化没有在此生根就被时间淘汰。

村民外出务工对村寨传统文化的破坏力确实很大，它对传统文化的负面影响还表现在很多方面。

一是外出务工的村民往往以血缘关系或地缘关系为纽带，结伴而行、聚族而居，村寨中相互帮助的文化传统在打工的生活中延续。他们在外地的同一个城镇打工，也许工作不在一个单位，但总会尽可能地居住在一处，这样有利于消除在异乡的陌生感和不适应，也有利于村寨文化在新的环境中保存。他们在饮食上依然保持家乡口味,在语言上依然没放弃家乡话,在内部交流中依然按照家乡的习惯。吃家乡口味的菜肴,这是从小养成的习惯;讲家乡的方言,这样显得亲近。而且,来自贵州少数民族村寨的打工族从小就缺少说普通话、江浙话、闽南话、广东话的语言环境。他们结伴外出打工,仍然在工作之余维持家乡人的群体生活状态,从而使自己尽管置身于异乡城镇的大环境,做着完全不同于家乡村民的工作,但一定程度上在异地重建了家乡文化的小环境。在与外地人交流时,这些打工的村民努力采用另一种所谓公共的、都市的方式,而在自己的小空间还是家乡本色。

二是村民外出务工时大多生活在社会底层,从文化的视角来看,存在着两种事实:一方面,他们与都市人交往时通常处于弱势,没有向外扩散文化的张力,因此会快速模仿、追随都市文化以便融入新环境,通过改变自己以获得他人的认同;另一方面,因为觉得自己地位卑微,所以会把更多的时间放在与同乡的交往上,在自己的文化空间中享受那一份自在。还有一个事实是他们在外地打工的发展空间小,打拼也难以从根本上改变命运,于是最终又回到生养自己的村寨。外出务工只是他们人生的一段旅程,小时候生长在村寨,外出打工一段时间后又回到村寨。他们属于村寨,并没有因为他们曾经外出务工而导致文化断裂。在实地调查中不难发现,很多村民都有过外出务工的经历。文化部的王学文在对黔南三都县的大利水族村调查时,看到的情形也是如此。他发现长年外出务工的青年中,男青年一般在外漂泊几年后,便会回到村寨娶妻生子,起房盖屋,无论是自愿地还是被动地,都要完成其承担着的家族香火传承重任。而寨子里走出去的女青年,似乎更容易脱离村寨、家族的束缚,不再回到寨子,而进入不同的文化群体,走上与其母亲不同的生活轨道。大寨吴国安的大女儿在外打工,便远嫁浙江。而吴国利的大儿子吴万贤在外打工三年后回到寨子,原因便是父母要求他回来结婚。吴国进的儿子回到寨子,也有这方面的原因。寨子中的男青年,也有将在外打工认识的女朋友带回来的,由于家庭乃至村寨穷困的现实,使大部分的男青年最终还是选择回到寨子,在他们周边水族村落寻找伴侣。这种状态一定程度上维持了村寨的传统秩序。[①] 少数女性在打工时认识外地人而嫁出去,不会从根本上动摇村寨的文化面貌。同样,少数男性在打工时与外地女性相恋并结婚,娶进来的媳妇几乎无一例外地在村寨生活一段时间之后便融入了传统。

① 王学文:《规束与共享:一个水族村寨的生活文化考察》,北京:民族出版社,2010 年,第 218 219 页。

三是即使打工的村民长时间在外，也很难在都市安家，建立完整的家庭，多数打工者会把孩子留在村寨。现在村寨中出现年老的父母和年幼的孩子，固然增加了老年人的负担，孩子也缺少父母的关爱，但从另一方面看，孩子在村中习得了传统文化，老年人在漫长而空虚的日子里不经意的唠叨，恰是传承村寨文化最重要的部分。打工者因为把孩子留在村寨，多了一份牵挂，最后回到了村寨。在调查中发现，村民外出打工期间把孩子留在家中的人，上年纪后通常会回到家乡，文化之根还在乡村；而把孩子一起带到打工的城镇的人就有可能在外安家，孩子从此斩断了传统村寨文化的脐带。

（二）村民感到传统文化对自己的生产和生活有用

传承村寨中的器物、技艺、礼俗、伦理观念、歌舞、民间文学等，最好的途径就是生活。而之所以能够在生活中传承，前提是其实用性。所谓实用，就是要么在生活中还能经常地，或者广泛地运用；要么能够通过市场渠道销售，获得实实在在的收入；要么在日常生活中能明显感受到其社会价值。相当一部分村民并没有保护传统村寨文化的自觉意识，他们根本不知道自己生活在有价值的文化之中，没意识到自己在享受着传统文化和传承着先辈创造的文化。尽管他们还遵循着传统习俗，使用着先辈留下来的物品，按照一代代传下来的方法创造着物质财富，恪守着古礼古规，但是他们只是为了生活。所有一切我们称之为村寨传统文化遗产的东西还在他们中间传承，完全是出于实用性原则。

无论是推动村寨文化变迁，抑或保留村寨传统习俗，最基本的动力是村民的生活需求。建筑、服装、饮食、歌舞、节日、祭祀等的变化或不变，起决定作用的是生活需求。大量的调查都在不断证明一个事实：当地的管理者和村民，没有谁赞成顽固地坚守传统民俗。在他们眼里，先辈创造的建筑、工具、桥梁等都只是物质形态的器物，都是为了使用，很少有人理性地认识到这些是物质文化遗产；先辈定下来的规矩或处理问题的方式方法，都是为了在现实生活中运用，很少有人清醒地认识到这是非物质文化遗产。他们对这些文化保留或者废除、坚守或者改造，最重要的标准就是看其是否有用，使用起来是否方便。

在苗族人口最集中的台江县，当地村民无论男人或女人、青年人或老人，平常的穿戴几乎和城市人没有区别，只在重大节日或隆重场合才穿上民族服装，原因就是现代服装方便适用。在黎平县堂安侗寨，有许多传统民居的木质墙板、门槛因雨水浸泡，腐烂较快，于是把窗台以下的部分由木质改换成砖砌，或者在木制的墙板外再加上一层砖墙。原来的窗户糊着一层纸，现在大多改成玻璃。厕所原来和猪圈连在一起,就是一个土坑,现在多把厕所建在住房外面,成为独立的一部分。吊脚楼的木梯,无论其牢固程度还是价格,都不如不锈钢,故村民毫不犹豫地选择后者。在所调查的每一个村寨,村民的厨房都没有使用木桶盛水,全部改换成了塑料桶或铁桶(图3-22)。点火都使用打火机,通电的村寨再没有继续使用松明。接受现代工具成为村民的共同特点,每个人都向往舒适的生活。正因为村民遵循实用性原则,很多村民感觉到机械打米没有传统水碾或石碾生产出来的口感好,觉得石臼舂出的辣椒酱、糯米粑更香甜,所以这些传统工具在有些家庭并没有被废弃(图3-23)。也有很多村民感觉从市场买来的布料不如自己织染的布料穿在身上舒适,或者认为买来的衣服价钱太贵,利用自己农闲织布缝衣既节约又适用,传统的生活状态和制作技艺得到延续。

在距黄果树瀑布约6 000米远的地方,有一个居住着200多户以“伍”为宗姓的布依族寨子。寨子中的街道、小桥、院墙、房屋、阶梯等建筑,屋子里的桌椅、板凳、容器、磨子等生产生活用具,差不多都是用石质材料做成的。村寨中的男子都有一身做石工活的好手艺,女人拥有精湛的蜡染技艺,代代相承。走进这个村寨,仿佛置身于蜡染之乡和石头王国。村民并不是对这种文化有高度的理性认识才精心保护,而是觉得石头取材方便、制造成本低、使用价值高。妇女从小就对蜡染技艺耳濡目染,熟悉其工序,觉得蜡染衣服色泽美观而且适用。现在砖块和木料的市场价节节攀升,耕地管理非常严格,因此,当地布依族人秉

图3-22　在相对边远的苗族村寨,老一辈妇女还基本保存着传统服装,门前场坝还保留有许多晾晒衣物的木架,而日常用具大多是从市场购买的了。图为施秉县六合村苗寨。(吴安明摄)

图 3-23　在贵安新区新寨布依族村民砖混建筑中，现代打米机与传统脱粒机置于同一房间，如今都在使用。

承传统，房子依山而建，充分利用丰富的石料，节省建房成本。石屋的基础很高，一般都在两米以上，使房屋的空间显得宽敞。石屋层层叠叠，依傍着石山，一层接一层，布局分明，既美观又视线开阔。房屋分上下两层，中间用木板隔开，下面用石头柱子支撑，稳固而且不怕受潮。村民延续了石头建筑的风水、房屋布局、房间结构以及与之相对应的石雕图案，石头建筑的传统文化凭着这样的载体而保存下来，继续传承。对于石头寨的村民而言，蜡染与其说是一种高雅深奥的艺术，还不如说是日常生活中必不可少的“技艺”。婴儿所用的小肚兜和睡袋，青年男女恋爱、婚嫁时的合卺和嫁衣，日常生活中使用的床单、被面和衾枕，老人去世时专门用的寿衣、孝服和挽幛，都是蜡染制品。因为蜡染的用处广，所以有必要掌握蜡染技艺，她们不是为了文化传承才学习这门技艺，而是在生活中习得。类似的村寨在黔中布依族生活区很普遍，镇宁县高荡村即为典型代表。

在黔北遵义娄山关村有 14 个村民组，现在村民将世代传承的藤编工艺发扬光大，原先在广东打工的马毅等人决心回乡村重操藤编技艺，主要原因就是看到了藤编产品具有广阔的市场前景，每年几十万的收入比在外打工划算。村民和他们的先辈一样在从事藤编，不过他们只是在享受村寨流传下来的藤编技艺所创造的物质财富。他们从市场中感受到了藤编技艺的经济价值，但不能就此断言他们已认识到藤编技艺中蕴涵的文化价值。很多村民都醉心于自己的技艺，都毫不犹豫地迎合市场，其实他们没有体察到自己的产品对购买者而言具有文化的内涵，都坦言在藤编产品的功能和造型等方面完全根据购买者的需要制作，不在乎自己的传统。绥阳县雅泉村一千多户村民都有制作空心面的绝活，揉面、和面、盘面、抻面、晾面的技艺令人称奇。他们做出的面条只有头发丝粗细，面条中间还是空心的。这种极具创造力的智慧使他们生产的面条附加值很高，一部分家庭每年仅靠生产空心面就能获得十万元以上的收入。调查中同样发现村民对这项已传承数百年的技艺并不觉得神奇，也没觉得这中间富有文化内涵，甚至不关心它的历史。今天做面条的村民比从前任何时候都多，就是因为空心面有市场，比做农活的经济效益高。

苗族有为自己的孩子准备一套纯手工缝制的衣服的传统习俗。这套衣服从纺纱、织布、染色、裁剪、刺绣到缝纫完毕，大约要几年时间。如果是女儿，必不可少地要准备一套结婚的盛装。这套盛装或由母亲完成，或由女儿自己做。在婚期和传统的节日里，姑娘们穿着精心制作的盛装，配以琳琅满目的银饰，随着芦笙的节奏翩翩起舞，显得光彩夺目，以精湛的手工工艺迎来她们如意的伴侣。在开阳县高寨乡平寨苗族村，现在这一习俗仍然传承得较好，年长的女性把生活中的绝大部分时间用在手工缝纫上，凭借这种文化传统可以实现向经济价值的转换。其产品近年来参加多地的大型民族服饰展销会，引起国内外民族学者、专家和商界的关注，并成为苗族同胞重要的文化遗产和宝贵财富。雷山控拜村的银饰制作在几年前几乎消失，通过几位学者的不懈努力，让仅有的尚还掌握银饰制作技艺的村民重操旧业，并帮助其打开市场，如今规模已超过历史上任何时期。抢救性的技艺传承得以实现，根本原因则是与市场的对接。

在台江施洞，当地苗族妇女的盛装做工精细，其观赏价值和文化价值都非常高，是苗族服饰的杰出代表。一套手工制作的盛装要花十几年时间，因此价格至少在十几万元。而在调查中了解到的情况却是，现在的年轻女孩很少有人再像她们前辈女性那样，充分利用农闲时间为自己缝制嫁衣了。她们仍然觉得本民族的盛装好看，很敬佩老一代人的心灵手巧，但是她们已没有老一代人十几年如一日尽心缝纫刺绣的耐心。虽说精心缝制一套衣服可以在市场上卖几万元甚至十几万元，可是扣除材料费之后，每一个工作日劳动报酬则非常廉价，更何况这样的盛装只有价格而很少有市场，当地人说："卖出去了的衣服是宝，卖不出去就是草。"缝制衣服的年长妇女说，在刺绣的过程中特别费眼力，颈椎和腰椎都常感到酸痛。村寨里长期从事刺绣的妇女视力都很差，颈椎和腰椎明显出现劳损。她们不是觉得盛装有文化价值才精心缝制，而是传统使然，认为妇女在农闲时就该如此。然而年轻人的想法大不一样,觉得穿夹克、牛仔裤、西装等都市服装既时尚又方便。女孩则觉得没必要把大量的时间花在给自己和未来的丈夫用手工缝制衣服上,也没必要在衣服上绣上老一辈人觉得精美的图案,何况新郎也不在乎女孩出嫁时是否有一套民族盛装。再说,买一套衣服远比自己缝制划算,只需几天劳动挣到的钱就能买一套称心的衣服,没必要把大量精力花在这上面。

实用性不只局限在物质层面,还包括身体和精神层面。目前,很多村寨的精神生活还没有割断与传统的联系,村民没有完全走出传统文化体系。望谟县新屯镇的柯杉村是一个以卢姓家族为主的布依族村寨,至今仍在传承傩戏和傩面具制作工艺,数百部记录傩戏唱词的手抄本保存完好。当地村民在节庆或婚丧嫁娶时有以傩戏祈福、避邪的习俗,主要用于还愿、冲傩、送瘟神、求雨、灭火等。卢兴义、卢兴坤等人继续坚持传承傩戏,尽管他们不是借此谋生,却很难说他们就深刻体会到了在这一带有数百年历史的傩戏所包含的厚重文化底蕴。他们一方面出于个人的喜爱;另一方面则是出于对先辈的尊重,不忍看见一辈辈传承下来的东西在自己这一代消失,而且当地村民对这一习俗普遍认同,为其传承提供了文化空间。在遵义市正安县中观镇桂花村富家坪村,居住着近300户黎姓人家,每逢春节,黎姓家族都会搭起戏台,表演“黎氏阳戏”。据历代口传,“黎氏阳戏”由黎氏祖先黎法显带艺从江西迁来,至今已拥有14代传人。戏班的演员全是本村普通农民,平时都要操持农事,年轻人有些外出打工,全靠每年在农闲时节以及春节前后集中时间进行排练。即便如此,每年正月以及“六月六”阳戏节的演出从未间断过。与其说是现在的年轻人仍然对“黎氏阳戏”充满热爱,不如说是黎氏家族对先辈的崇敬和对家族传统的继承。无论望谟县柯杉村卢姓传承傩戏,还是正安县桂花村黎氏传承阳戏,在本质上是传承家风,是把傩戏或阳戏视为家族遗产加以继承。

贵州少数民族村寨的许多娱乐活动和竞技体育赛事至今仍得到了很好的传承,本质上亦如此。例如,黎平县双江一带的四寨、寨高、黄岗,以及近邻周边的从江侗族村寨举办摔跤节,这个民俗活动据当地村民口传已有400多年历史。他们的摔跤技艺自成体系,有一套完整的规则。优胜者通常没有任何物质奖励,但为本寨争光的强烈愿望激励着他们以顽强的意志与对手拼搏。摔跤队队长吴再芳说,每年农历三月十五都还有村民自发组织摔跤节,所有的男性都热爱这项活动。在他家庭院前的水泥地上,经常会有孩子们在此较量,人们习惯了这样的场景。摔跤对于村民而言,不是为了锻炼身体,他们平时做农活有许多锻炼身体的机会，甚至没有通过摔跤锻炼身体的意识。吴再芳认为，村民主要觉得摔跤是一种游戏，它可以把村寨之间联系起来，获胜者有一种荣誉感，获胜一方的村寨也觉得很自豪。

再例如黔西、仁怀等地的苗族村寨，“滚山珠”活动经久不衰，村民们吹着芦笙在场坝上的树干顶端盘旋翻转，高难度的动作不仅给观看者带来惊险刺激的视觉体验，也在展示表演者的技艺。还有苗族和侗族的吹芦笙，有些地方比声音，有些地方比舞姿，有些地方比吹奏技巧；有些显示个人吹奏水平，有些表现团队合作。对于当地的村民而言，他们对“滚山珠”并不陌生，对吹芦笙或跳芦笙并不觉得稀奇，旁观者看的是竞技表演，参与者追求的是在竞技中展示能力。竞技因素才是活动的魅力，才是这一文化传承的重要原因。

又如，贵州很多地方都有舞龙的习俗，而各地的舞龙活动并不一样。舞龙不仅是对龙图腾崇拜，希望通过舞龙祈求平安和丰收，而且在舞龙的过程中可以得到诸多满足。德江土家族舞“炸龙”的习俗有悠久历史，以“炸”的特性展示当地土家人的刚毅果敢。其舞龙的动作粗犷劲猛、造型各异，有“龙滚绣球”“龙盘莲花”“猛龙跳涧”“二龙戏水”“双龙抱柱”等若干动作和套路。滚龙是松桃县寨英镇苗族在春节期间的娱乐活动，人们用九根拇指粗的竹篾捆扎连接成龙骨，把近 500 个直径二尺左右的篾圈等距排列连接成龙身，再以整幅的白布画上斑斓的鳞甲，罩在篾圈上。龙头以粗大的竹子扭转并固定成框架，再蒙上事先描绘好龙头模样的布料。寨英的滚龙全长 36 米，共分 17 节，用 34 人轮番舞动，需要协作配合和强壮的体力。天柱县侗族的舞龙包含着讨喜财心理，舞龙者通常会去做生意的门面前转上一圈，寓意做生意的人家在新的一年生意兴隆、财源滚滚。老板也为了讨个好彩头、图个吉利，给舞龙师们送喜财、发红包。台江县苗族在元宵节当天举行的舞龙活动个性鲜明，被称为“勇敢者的狂欢节”。上十支“巨龙”附带着配制好的火药竹筒，一束束火星如铁水般从竹筒喷溅，照亮夜空，场面惊险、刺激、火爆。舞龙者赤着上身在火花中将一条长龙舞得上下翻飞，直至龙衣化烬，而观看者在喷溅的火星中躲闪避让，发出一阵阵尖叫。虽然每年在台江县的苗族村寨都有舞龙活动，但并不是所有的苗族寨子都可以出龙，哪个寨子能出龙，要由“先生”决定。能出龙对寨子而言是一种荣耀，一定会精细制作可以喷射火花的龙，派出精悍的舞龙队伍，而不能出龙的寨子则以舞狮或其他方式参与。在元宵节的夜晚，会有很多龙与狮在村头寨尾接受舞龙时疯狂的火焰喷射，有的商家还会专门在大门口用烟花爆竹迎接龙的到来，讨得新年红运的彩头。在石阡县汤山、国荣、中坝、甘溪、坪山、白沙和聚凤等地则有舞毛龙的习俗，据说是仡佬、苗、侗等先民以“五溪蛮”远祖“盘瓠”（“五色锦犬”）为图腾演变而来。有人说毛龙源起于古代仡佬的“竹王”崇拜和生殖崇拜，而当地仡佬族民间则流传有“唐魏征梦斩金骨老龙之子”的故事。不管学者和游客对舞毛龙的习俗作怎样的解读，但对于参与舞龙的村民来说，主要是觉得好玩。在展示“二龙抢宝”“懒龙翻身”“单龙戏珠”“天鹅抱蛋”“倒挂金钩”“犀牛望月”“螺丝旋顶”等舞龙绝技时身心放松，能赢得一阵阵喝彩声（图3-24）。村民在舞龙活动中联系着感情，寻求刺激，展示能力，趣味和挑战赋予了活动以魅力，富有魅力的活动使传统的地方文化持久地传承。

图3-24　左图为台江县苗族舞“嘘花龙”，中图为石阡县楼上村仡佬族舞毛龙，右图为德江县土家族舞炸龙。尽管各地龙的造型不尽相同，舞龙的方式也有些差异，但是作为汉族图腾的龙却在少数民族山寨被接受。但凡舞龙风气盛行的村寨，汉文化吸收得都比较全面，同时本民族的文化个性也很鲜明，对待文化的态度比较开放。舞龙需要多人合作，因此参加舞龙活动的村民都要有合作精神和团队意识。舞龙不只是几个参与者的自我娱乐，其前提是村民喜爱这项民俗活动。通常会有相邻的若干村寨开展舞龙表演赛，在比赛中交流感情和展示村容村貌。村民在舞龙表演中实现娱乐，在表演赛中增强群体意识。年复一年的舞龙表演，使合作精神和村寨群体意识得到传承。

（三）“熟人社会”的“群体压力”在传统文化延续中发挥作用

接受某种文化或者推动某种文化传承，行为主体应该对这种文化保持着情感价值认同。“人的创造与行为是受人的意识所支配的，不仅物质文化有其潜在的文化意义，人的行为也是一样的。每一个人都生存于一个为人们所认同的文化环境中，人的行为也同样要受人们的认同所约束，超越一种文化的认同，在这一种文化中则是越轨行为。人们按照文化认同去支配自己的行为，在人的社会化过程中，每一个人都融于本文化的认同之中，因此一般情况下，人们的行为是不会超出认同的范围的。”①村寨是一个熟人社会，在熟人社会成长起来的村民不自觉地就形成了文化认同，并且只有保持传统的文化认同才能被这个熟人社会接受。村民一方面以文化认同作为自己的行为准则，另一方面如果有违这种准则，就被视为越轨行为，在心理上承受文化环境的压力。

文化认同包括生活习俗的认同、价值观念的认同和审美的认同。从生产生活工具的使用到制造技巧，从生产生活技能到生产生活环节中的礼俗，从人际交流的对象到处理人际关系的方式，从信息交流到文化传播，从关于自然的认知到对生命的体会，村民都会受到时代限制和生活环境制约，即使在村民之间存在细微差异，也不会超越特定时代和特定空间。村民对生长于斯的村寨文化接受的过程、遵循的过程，其实就是传承的过程。只要村民的文化认同还在，那么村寨文化就一定还在继续传承；只要村民在共同的文化系统中还保留着某些方面的认同，那么这方面的文化就还会传承下去（图 3-25）。

图 3-25　在水泥楼房的苗族村寨，穿着西装的新郎用小轿车娶新娘，也不用再遵循“不落夫家”的传统礼数。可是村民认为一袭盛装的新娘才最喜气，芦笙高奏才最喜庆，打着红伞才最吉利，女宾穿上本民族服装才最显尊重。这既是因群体性压力而形成的心理认同，也是传统习俗使然。

① 郑晓云：《文化认同与文化变迁》，北京：中国社会科学出版社，1992 年，第 11-12 页。

任何一个村寨的文化都包括物质、精神、制度的各个方面，都表现在行为上、语言上、思想上，都不是某个人、某些人、某一时间段创造的，它是一个内涵丰富的系统，处在不断发展变迁之中。正因为它是区域性的公共文化，具有变化的属性，所以它是共性与个性的统一，稳定性和变异性的对立统一。公共性是建立文化认同的前提，区域性是变迁的重要因素。在经济一体化、信息全球化的时代，少数民族村寨曾经体现的区域性文化特征正在消失，曾经在农业时代属于村寨区域内的公共性文化不可能与工业化和信息化时代的全球性文化相抗衡。现在是一个标准化生产的时代，是一个生物种群和文化多样性急剧减少的时代，贵州少数民族村寨文化能有多大程度的传承，还要看村民对自己村寨文化、时尚文化的态度。

活态的村寨文化一定存在于村民的生活之中，与村寨的社会形态、生产力水平、生活方式相适应。如果村寨环境变化、产业结构变化、人际关系变化，那么村寨文化就会变化。村寨文化变化，其实已表明村民的观念发生变化。过去乡村评价一个女孩，重要标准就是其女红技艺，如果女孩出嫁之前刺绣技艺不高，没有一身自己缝制的漂亮衣服，没有给丈夫提供一身图案精美做工细致的衣服，不仅婆家不高兴，旁观者会议论，自己的家人也觉得很丢脸。正因为这种观念存在，它成为母亲、姑姑、姐姐和嫂嫂等传承技艺的动力，成为女孩自幼就开始学习刺绣缝纫的压力。

现在村寨中上了年纪的父母都希望祖传下来的刺绣、缝纫技艺传承下去，觉得自己的传统服装很漂亮，但是女儿不愿意学，宁可外出打工挣钱买嫁妆，甚至母亲代替女儿精心缝制的嫁妆也只是出嫁的时候穿一次就再也没有实用价值（图3-26）。还有一些母亲因为自己长期刺绣缝纫，眼睛老花严重，颈椎和腰椎受损严重，也心疼女儿，不忍女儿将来和自己一样遭受病痛，所以不让女儿学。现在，男孩在择偶观念上和从前不一样，即使本地的男孩也没指望自己选择的对象在结婚后靠刺绣缝纫技艺维持生计，更何况女孩的择偶范围比以前广泛，外地的男孩根本就不在乎这一点。对一个男孩的评价，过去村民普遍鄙视游手好闲、油腔滑调、坑蒙拐骗等行为，青年男女情歌对唱中总是赞扬男青年忠厚本分、勤劳、礼貌，而现在出现了以财富为标准的价值认同。一旦传统的价值观发生偏离，那么与此相连的社会行为将不会受到重视，而如今依旧保存着的村寨传统文化，往往和村民的价值认同保持着一致。

通过大量的实地调查，一方面，为传统民族村寨消失或破坏而痛心，感受到工业文明和时尚文化对少数民族村寨文化形成的巨大冲击力；另一方面，也有

图 3-26 无论在苗寨还是侗寨，目前仍在挑花刺绣的绝大多数为老年妇女，而且许多都戴着老花镜。

事实证明，很多少数民族村民对世代生活的家园深深眷恋，少数民族村寨在多个方面仍然保存着传统的文化认同。

第一，虽然村民传统的建筑、服饰、生产生活用具等发生变化，甚至作为地域性标志的本民族语言、方言都趋于消失，但这些变化往往基于实用性原则，村民并没有因此而否定传统建筑、本民族服饰、先辈创造的生产生活用具的文化价值和审美价值。这种对传统文化的认同就是未来传承村寨文化的精神支柱。只要对传统文化还有认同感，就能转化成文化传承的行动。

第二，虽然村民接受了现代生活方式，迎合时尚潮流，但他们依然热衷于传统习俗，跳花节、姊妹节、火把节、端节、敬桥节等具有浓厚民族风情的节日在村寨还充满活力，祭祖、求神、拜鬼、打卦、念咒、祈福还愿等“重巫尚鬼”的习俗在民间还有一定的活动空间，乡规民约在日常生活中还有很强的约束力，并且这些传统在现代表现出继承性创新。例如，在黔东北的苗族村寨，仍保留以神鬼的力量来实现对森林管护的现象。尽管现在很少有人举行那些曾经肃穆、庄严的“神判”仪式，也没有人来执行以往种种强有力的配套措施，但这并不意味着传统文化彻底消失，也不能就此断言这种文化的约束力在他们的生活中消失。在其农民股份制林业企业的森林管护制度中，仍能看到传统文化资源的变体形式。企业的形成与发展，依靠的还是头人、寨老、家族力量等文化资源，管理模式同样是“闹清”（用神鬼力量管理森林的一种方式）制度中强制力量的延续。[①]

① 邢启顺，麻勇斌：《黔东北苗族传统文化约束力在森林管理中的嬗变》，出自何丕坤，何俊，吴训锋主编《乡土知识的实践与发掘》，昆明：云南民族出版社，2004 年，第 154-163 页。

第三,虽然宗族关系在现代生活中被冲散了,甚至有很多村民走出村寨,但家族意识和血缘观念还很强烈,传统的家庭结构还保存着,家庭文化传统并没有被抛弃。家庭作为村寨文化传承的最基本单元,它还能够在现代社会中保持传统的基本形态,其实就为传统文化的坚守捍卫了一块阵地。

(四)村寨血缘关系编织出的传统文化网络尚未完全解体

贵州少数民族村寨有其特殊的历史和生活习惯,他们的家庭在文化传承方面与中原汉族有诸多不同。第一,汉族在魏晋时期形成很多大家族,到了唐代以后,世家大族遭到沉重打击,此后主要是一个父亲下面的三代人组成的核心家庭。许多家族或宗族建有祠堂,但主要用来祭祀祖先。在贵州少数民族村寨,人们日常生活在小家庭,重要活动都在大家庭;只有那些深受汉文化影响的家族或宗族才建祠堂,家族或宗族的影响力不在于是否建祠堂,而在于族人生活于同一区域,在于众多活动都由族人共同参与。第二,汉族讲求门当户对,夫妻双方在社会地位、经济实力方面大致差不多,子女尊重父母并有明显的上下尊卑观念。而贵州少数民族在很长时期内,绝大多数村寨都没有明显的贫富分化,没有出现政治地位的明显差距,他们几乎没有财富和权势的观念,这在现实生活中和恋爱的歌唱中都体现出来。他们所讲求的门当户对,是指血缘关系符合传统习俗,严厉禁止“血缘内婚”,但重视“姑舅婚”,即同一家族的男女不得结为夫妻,姑妈家的女儿优先嫁给舅舅的儿子。夫妻地位建立在朴素的平等思想之上,子女尊重父母但不是出于上下尊卑观念。这种特殊的婚姻形态促成了血缘纽带在代际关系中不断重叠,基本固定的婚姻群体保证了家族文化代代相承。第三,中原汉族地区人多地少,一个大家族不可能长期聚集在一个地方,虽然他们安土重迁,但是客观现实决定了一个大家庭必然走向分化,他们的家谱与其说是重视血缘的体现,不如说是血缘家庭必然分化,以家谱作为今后联系的凭证。贵州少数民族在偏僻的山村,生活相对平静,人口比较稀少,一个家族可以集中连片地长期居住在一个地方。直到目前,有五六百年历史的村寨不在少数,而且绝大多数都是聚族而居。固定的生活圈,熟识的家族内部成员,他们使用彼此熟悉的传播方式和传播符号,传播彼此都能理解的信息,避免了家族传统文化因成员迁徙流动而耗散。第四,中原汉族地区交通更发达,信息更丰富,人们更热衷于传播外部新信息,家庭内部的信息往往被外部信息冲淡,而贵州少数民族的村寨交通长期闭塞,人们主要在村寨内部交流,往往只是将冗余信息加工或翻新,使历史信息几乎凝固在时间的长河里,家庭创造村寨文化、沉淀村寨文化、传承并弘扬村寨文化。第五，贵州少数民族在历史上形成并继承了许多的宗教节日和世俗活动。这些活动有的在家族内部，有的在毗邻的村寨之间。这些活动作为文化传播的节点，具有团结婚姻群体和巩固家庭关系的作用，构成家庭文化传播的重要内容。

通过以上五点可以发现一些特点：其一，家庭和家族保持着紧密联系，且分别承担着不同的文化传播内容。生产和生活的一般技能从家庭中习得，家族和村寨的历史、社会习俗、民族意识等主要是从家族中获得。父母是家长，村寨长老是家族长，他们具有威信，但不具有特权，是共同承担着生产技艺和道德习俗传播任务的人物。其二，祠堂只是汉文化传播到贵州少数民族村寨之后的产物，他们的家族活动经常进行，在不同的场合进行。苗族的鼓脏节、侗族的萨玛节、仡佬族的尝新节、水族的端节等都少不了隆重的祭祖活动，小孩诞生、老人去世、婚嫁、制定某项重大决议、建房乔迁、家族中某人地位升迁等也会举行祭祖活动。这样的祭祖活动也许在祠堂，也许在村寨的公共场所。其三，族长、村寨长老和宗教领袖往往是同一个人，他的特殊身份决定了他在生活、生产、宗教仪式中具有影响力，也注定了他不是特权的拥有者，而是村寨生产的组织者、纠纷的调停者、文化的传播者。当中原地区从 20 世纪初开始反封建运动之后，族权成了反对的目标，族长的地位不复存在，而在贵州少数民族的村寨中，族长的影响力转移到了组织生产和生活中。

尽管现在年轻的村民接受了都市文化，但并不意味着抛弃传统文化，对亲人和家乡的朴素情感延续着他们对传统文化的认同。正因为贵州少数民族村寨中的家族组织和家庭结构还比较完整地保存着，对传统的家庭、家族观念保持认同，从而为村寨文化传承提供了基本保障。

二、自在传承的方式

自在传承最明显的特征就是在从事文化传承时没有刻意去组织、安排，没有在组织的名义下作出硬性规定，人们把文化传承贯穿在生活之中，视为生活的一部分。

村寨文化在生活中形成，或为本村寨的村民所创造，或被本地村民吸收并认可。无论是产生于本村寨的文化，还是吸收、借鉴到本村寨的文化，它一定在本村寨有生存的土壤，由本村寨的村民传承，在民间习俗中传承。

文化终究是由生产力和生产关系决定的，村寨文化作为地域文化，它受地理环境、劳动方式、产业结构、社会关系、科技水平等因素的综合制约，同时又反过来影响这些因素。村寨文化和这些因素不可分离,而使村寨文化和这些因素相互交融的力量就是生活。生活创造文化,生活决定文化的特征和发展方向,文化在生活中产生、发展和变迁。村民在村寨生活中享受自己的文化,传承地方性文化。

(一)工匠在生产中形成文化传承路径

村民在劳动中建立社会关系,在劳动中积累制造工具的经验,也在劳动中传承和增强制造工具的技能。贵州少数民族传统村寨基本上没有专门从事生产生活用具制造的独立手工业,工匠没有完全脱离其他生产劳动。无论从事房屋、桥梁等土木工程建造,还是从事农具、渔船等工具制造和织布机、炊具、桌椅等生活用具制造,以及从事银饰、漆器、芦笙、箫笛、铜鼓等消费品制造,对于工匠而言,这种活动只是其劳动生产的一部分,甚至不属于主要部分。

贵州少数民族传统村寨中从事生产生活用具制造的工匠通常都是本村寨或者属于同一民族的村民。修筑道路、桥梁、鼓楼、风雨桥、寨门等公益性设施,建造者往往就是广大村民;村民家中添置农具、生活用具等,通常是自己备办材料,请村寨中的工匠制作,工匠一般不收工钱,由添置农具或家具的家庭安排生活,他日以换工的方式回报;用来娱乐消遣的芦笙、龙船、舞狮等,技艺精湛的制作者也往往是本村寨中义务劳动的村民。

工具制造的关键在于技术,要成为工匠最关键在于掌握技术并具体应用技术制造出产品。因此,其传承贯穿于生产,贯穿于物质产品的制造过程之中,这个过程中不排斥趣味性,但更注重规范,追求严谨。传者和受者之间大多存在着师徒名分,受者接受的程度和应用的能力直接影响传者的声誉,传者对受者的技术指导有严格要求。

因为制造生产生活用具不以交换为目的,故而很少出现剩余产品扩散到村寨以外,工匠缺少技术创新的冲动,跟随学习技艺纯粹是一种自在行为。工匠师傅和徒弟要么是同一家庭的父子或兄弟,要么是同一村寨中的熟人。技能掌握的程度一方面取决于师傅的传授技巧、徒弟的兴趣和悟性,另一方面受制于生产生活用具制造的重复率。芦笙为消耗品,经常要更换,所以徒弟在跟随师傅不断制造产品的过程中就能很好地掌握技巧。银饰在黔东南苗族村寨有很大的需求,而石磨、水碾等却经久耐用,所以银饰制作技艺可以很快掌握,石匠传授技艺的机会则不多。舞狮为一次性道具,在其习俗盛行的地方每年都要制作,木壳面具易于保存,即使在其习俗盛行的地方也不用年年更换,所以二者在制作技艺的传承上存在差别。侗族的鼓楼、风雨桥等制造技术难度大，而又不可能经常有实践的机会，其传承特别需要技巧、耐性和兴趣、悟性，因此文化断层的风险也非常大。

但是，有一些制造业却显出复苏或繁荣的迹象。牙舟陶瓷、控拜银器等的生产出现规模化，村民在利益驱动下纷纷加入其中，尽管传承关系和从事活动的动机发生变化，而结果是促使传统技艺发扬光大。丹寨县南皋乡石桥村则是另一番景象，全寨250户苗族村民除了和往常一样种植水稻，几乎家家户户都从事传统造纸。当地村民说本村古法造纸可能有上千年历史，过去只是造白纸，用于丧葬、上坟时给死人烧纸，或者做花圈、糊窗户和贴墙壁。在一百多年前，苗族地区有了学校，他们开始造纸用于书写。现在根据订单的需求，生产各种不同用途、不同厚薄、不同颜色、不同质地的纸张。而国家级传承人王兴武则主要为博物馆生产修复古籍的专用纸张，他的一个重要任务是继续研发造纸技艺并将其传承下去。他在家里和其他村民一样造纸，还在离村数公里外的溶洞里利用天然泉水浸泡构树皮生产特殊的纸张（图3-27）。据王兴武介绍，村子里有个传统，过去只要某个村民狩猎有所收获，全村人都去祝贺，共享野味；现在过年杀猪，都会请上村里人一起聚饮；一家操办红白喜事，全村人都理应到场帮忙；稻谷收割开镰，其他家庭自发去当帮手。这种互相帮助是村寨长期形成的风气，人与人之间坦诚、友爱的关系从来没变，唯一变化的是现在招待更丰盛，显得更阔绰。在造纸技术上，都互相切磋，不会隐瞒。王兴武也许对古老的造纸工艺传承有了高度自觉，但是对于绝大多数村民而言，参加古法造纸行列只是作为营生，属于自在的生产行为，而且传承关系保持传统色彩。

图3-27　左图为石桥村的村寨风貌，右图为王兴武在山洞中的造纸作坊。

（二）歌师、巫师和舞蹈能手在生活中形成文化传承系统

尽管现在学术界对音乐、舞蹈的起源还存在争论，但很多人都认为歌、舞一体，并且认为歌舞与宗教不可分割。在贵州少数民族，有些音乐、舞蹈是纯粹世

俗生活的一部分,还有一些音乐、舞蹈伴随着宗教活动。村民热爱歌舞,离不开歌舞,很多地方都有“饭养身,歌养心”的说法,都存在着“会说话就会唱歌,会走路就会跳舞”的客观现实。村民用歌舞的方式交流,在歌舞中释放心情,以歌舞传承文化。不同的民族、不同的民族支系有着不同的歌舞风格和内容,它成为文化符号和地域标志。少数民族村寨弥漫着原始宗教,表现为朴素的民间信仰,几乎每个村寨都有地域特色鲜明的巫师。巫师是村寨中的精神慰藉者、灵魂安抚者,传承信仰文化和民族历史,其本身也有独特的传承体系。

如果说工匠主要传承技艺,通常在生产活动中进行技艺传承,那么舞蹈、音乐、神话和传说等则主要是传承文化艺术,通常在生活中传承。制作工具的技艺传承,其传承目的具有指向性,传承关系非常明确。而文化艺术的传承则是一种客观效果,村民中多数人都缺少文化传承的自觉意识,没有明确认识到自己的行为是在从事文化传承。虽然有些村寨历代不乏歌师和舞蹈能手,歌师和舞蹈能手也存在传、帮、带。一般来说,这种传、帮、带也有师承关系,但是很少像工匠那样经过正规的拜师仪式。村民学习歌舞出于个人兴趣,而工匠拜师当学徒则是为了掌握一门谋生的技能。

巫师传授歌舞本身不是为了传授歌舞,只是把歌舞作为其驱鬼祛邪的手段;学习者掌握歌舞在本质上不是为了传承歌舞,只是把歌舞作为其巫术活动的一个组成部分。作为巫师,授徒或学巫的动机明确,传和受的关系明确,这是一种自觉行为。但是,歌舞因巫师而得到传承,这只是客观结果,很多神话、古歌因为巫术活动作为载体而得到传承。巫术的驱鬼祛邪活动是自觉的,在巫术活动中的歌舞、神话、古歌等文化传播则是自在的。

村民在世俗生活中唱歌跳舞或教别人唱歌跳舞,一般都是开放式的,自己的唱歌跳舞其实就为别人的学习提供了机会,学会唱歌跳舞的环境通常是村寨民俗中展示歌舞的空间。歌舞展示——无论是节日期间、婚丧活动的时候,还是日常生活中的劳作或礼俗交往,主观动机不是为了文化传承;文化传承——无论是歌舞艺术、民间传说,还是古歌古理、村规寨约,村民都是耳濡目染,在不断重复的生活中实现文化的代际延续(图3-28)。

正因为没有文化传承意识,没有建立师徒关系,只通过生活传承,所以如今在少数民族聚居区,会讲本民族语言和会跳本地区舞蹈的人越来越少,能演唱本民族古歌和会讲本民族古老神话的人更为稀少。年轻一代的价值取向发生较大变化,娱乐途径和方式更加多样化,欣赏、传承古老歌谣、舞蹈的热情正一天天减退。老歌师已所剩无几,中年歌师也只能支离破碎地唱其中的几段,村

图3-28　正月十五是苗族的小年节,汉族的元宵节,也是僅家的芦笙节。虽然在芦笙节跳舞的服饰经改良后加有一些时尚元素,但是基本上保持生活中的特征。有的人在节日中展示自己的舞姿,有的人在观看中了解和学习。没有明确的传与受的关系,更没有拜师和授徒的仪式,而地方性歌舞在此类活动中实现了传承。(吴安明摄)

寨中大部分青少年甚至没有听过用本民族语言演唱的传统民歌,地方戏曲和传统歌谣正一步步陷入"人亡艺绝""曲终人散"的窘境。很多村寨传统戏曲和舞蹈的道具、表演程式、动作都在失传,甚至健在的老年人也不能回忆起完整的样式。

这种现象在贵州并非只是个别。距黔西县城12千米的乌骡坝社区位于贵毕高等级公路旁,一条溪流,一块开阔平坦的空地,一样建筑风格的新民居,140多户人家除了3户苗族,其余全是布依族。这里的丧葬、婚嫁、生儿育女、寿诞等人生礼仪中已经没有布依族传统文化色彩,和汉族没有什么区别。小孩和老人、男人和女人,都不会说本民族语言,唯一能代表本民族文化的节日仅剩下"六月六",只有在为数不多的老人的衣柜里也许还能找到年少时曾经穿过的衣服。当调查中问及新民居修建前后的生活习俗有无变化时,所有村民似乎都觉得这个问题有些奇怪。在他们看来,改变的只是居住条件,劳动方式依旧,谋生手段依旧,生活习俗依旧,彼此间还是和往常一样交往,主要经济来源还是靠年轻人外出打工,留在家中的村民还是用过去的方式种植水稻。这足以说明,他们的传统文化消失并非在一夜之间,他们对传统文化的消失浑然不觉。

在贵州少数民族村寨也能看到另外一幅文化景象,村民传统的生活习俗、地方性歌舞、民间信仰顽强地保留着。村民生病了会上医院,但他们同样也会请巫师；村寨推行火葬已经有一段时间，而村寨在死者火化后继续按照原来的丧葬仪式举行葬礼（图3-29）；年轻人大多出门讲汉语，回到村寨与亲友交流仍然讲本民族语言；在年轻的时候赶时尚，而结婚成家或者年岁稍长之后又回归传统；平时村寨的很多现象与汉族没什么两样，重大活动和隆重节日时则洋溢着浓郁的民族文化气息；村民在村寨外的大众场合遵循现代礼仪，在村寨内保持着传统礼俗。村民学习唱歌跳舞出于对村寨生活的认同，能歌善舞是村民对一个人身份认同的重要标准，它和女性掌握缝纫刺绣、男性熟练操持农活一样，在日常生活中习得。只要走进村寨，深入村民的生活，就能够看到村民文化的另一面，就会在慨叹村寨传统文化消失的同时感受到其顽强的生命力，就会发现村寨丰富的传统文化有着自己的传承系统。在黔东南的宰荡、大利、晚寨、车江，几乎每家门口、院落、小路上都晒着当天制作的蜡染布，如一道靓丽的风景，扮靓古老的侗寨（图3-30）。在摆贝、文斗、加榜，苗族村寨中几乎都嵌入了现代元素，家用电器、摩托车随处可见，穿牛仔裤的年轻人和穿夹克的中年人占多数，玻璃门窗、水泥路面，但是村寨的建筑和布局、村寨四周的自然景观昭示着一种显然不同于汉族的文化风采。在印江县朗溪镇河西村、沿河县思渠镇荷叶村、江口县云舍、思南县金龙村，土家族村民的语言、服装与汉族无异，但他们的民族认同感非常强烈，几乎每个村民都能讲出许多关于本民族的故事和代表本民族文化的特色传统礼仪。距离贵阳80余千米的光中苗寨居住着近两千名村

图3-29　在距离贵阳市区几十千米的车田村是一个苗族和汉族和谐相处的村寨，而在村寨内部又按照民族分成两个聚居区。现在政府规定全部实行火葬，村民自觉执行，但传统的葬礼仍然保持，葬礼中的每一环节都与过去一样。

民，那里有悠久的历史和独具苗族特色的文化，尤其是蜡染工艺，妇孺皆会。女孩从五六岁起就跟着老人学“点蜡花”、刺绣，十三四岁就成了熟练的蜡染、刺绣能手。每到农闲，家家户户都要制作传统蜡染布料。新年到来，村民穿着新衣裳走亲访友（图 3-31）。在这样的村寨，只要传统生活状态还存在，基本的价值观念还存在，那么文化传承的内驱力就一定还存在。

图 3-30　少数民族村寨年轻人的衣服大多购买成品，女孩会织布和缝纫的为数不多，而年龄稍长的妇女还是习惯自己织布、染色和缝制。此图为榕江县三宝侗族妇女自家染布后晾晒。

图 3-31　光中苗寨的妇女农闲时常聚在一起从事针织，传统的刺绣和蜡染呈现发扬光大之势。

三、自觉传承的原因

在村寨的传统生存状态没有受到外部冲击之前,村寨文化与村寨生活同构,村民自在地生活着,村寨文化自在地延续着。村民之间、村寨之间按照常态交往,文化在生活常态下交流。当工业化、城镇化和信息化打破村寨的常态,工业文明、都市文明迅速瓦解传统农业文明,村寨文化与村寨生活的同构关系被拆解。如果村寨传统生存状态被打破后,其文化继续处于村民自在传承的状态,那么就有被代替的危险。因此,培养村民的文化自觉,树立对传统文化的保护意识,建立保护机制,探索保护方法,已成为当前中国少数民族村寨的重要工作。

从目前来看,还有人没能深刻理解保护村寨传统文化的意义,在文化保护和经济利益的天平上往往向后者倾斜,为了追求眼前的物质利益宁可牺牲或抛弃文化保护和建设。但是,有一点可以肯定:都知道村寨传统文化有价值,觉得村寨传统文化应该保护,明白保护和传承村寨传统文化是对祖先和未来的文化交代,并且在很多村寨可以看到文化自觉的行动和已经取得的文化保护和传承的实效。出现这样的局面,有来自政府、他者和村民自身等的多种原因。

(一)政府对传统优秀文化保护大力宣传和提倡

村民长期生活在村寨之中,对当地的传统文化习以为常,而且由于自身对文化的认识局限,很少有人能上升到理性高度思考身处其中的文化价值。“对传统礼俗精神的传承,有赖于群体内心对礼俗精神的自觉认同与遵循,也就是群体内在心愿情感的自觉。而这种情感的激发,需要外在客观环境的刺激。”① 政府不断地宣传、制定保护措施、提供技术支持和经济资助,这些都可以增强村民的文化保护意识,进而将这种文化保护意识转化成文化传承的自觉性。

政府用立法的方式保护民间传统文化,首先,能使基层官员、开发商和村民认识到其重要性,使其行为在一定程度上受到制约。在1961年3月,国务院就发布了《文物保护管理暂行条例》。在此基础上制定的《中华人民共和国文物保护法》,于1982年11月19日由全国人大常委会颁布实施。此后,又于1991年6月29日、2002年10月28日、2007年12月29日、2013年6月29日作过多次修订。另外,国务院还专门制定了多个相关的法律文件,如1992年4月30日

---

① 周红才,胡希军:《非物质文化遗产视野下传统礼俗的保护与传承:以湖南张谷英村为例》,《经济地理》,2011年第11期。

《中华人民共和国文物保护法实施细则》,2003 年 5 月 13 日《中华人民共和国文物保护法实施条例》。2004 年 8 月 28 日,全国人大常委会批准加入联合国教科文组织的《保护非物质文化遗产公约》;同年 12 月 2 日,中国政府在巴黎正式向教科文总干事递交全国人大常委会的批准文书,成为该公约在教科文组织第 32 届大会获得通过之后批准该《公约》的第六个国家。2005 年 4 月,为使中国的非物质文化遗产保护工作规范化,国务院办公厅下发《关于加强我国非物质文化遗产保护工作的意见》,制定出“国家 + 省 + 市 + 县”共四级保护体系,要求各地方和各有关部门贯彻“保护为主、抢救第一、合理利用、传承发展”的工作方针,切实做好非物质文化遗产的保护、管理和合理利用工作。受国务院委托,文化部分别于 2006 年、2008 年和 2011 年命名了三批国家级非物质文化遗产名录。2011 年 7 月颁布了《中华人民共和国非物质文化遗产法》。

2009 年,财政部会同国家民委开展了少数民族特色村寨保护与发展试点工作。全国 28 个试点省(区、市)共确定 121 个试点村寨,涉及 27 个少数民族,中央财政投入试点资金 5 000 万元。2010 年,安排试点资金 6 000 万元。该项试点的开展为推进民族地区社会主义新农村、新牧区建设探索了新路子,提出了新方向。2012 年,住房和城乡建设部、文化部、国家文物局、财政部发出《关于开展传统村落调查的通知》,在全国范围开展传统村落调查,全面掌握我国传统村落的数量、种类、分布、价值及其生存状态,将拥有物质形态和非物质形态文化遗产,具有较高的历史、文化、科学、艺术、社会、经济价值的村落列入中国传统村落名录。同时,为指导地方做好相关工作,住房城乡建设部、文化部、财政部印发了《关于加强传统村落保护发展工作的指导意见》以及《传统村落保护发展编制基本要求》等文件。

为贯彻中央精神和国家法律,贵州省也出台了《贵州省文物保护条例》《贵州省文物保护管理办法》《贵州省民族民间文化保护条例》《贵州省非物质文化遗产保护条例》《贵州省人民政府关于加强传统村落保护发展的指导意见》等地方法规。各级地方政府制定了相应的保护传统文化的条例和措施,如《黔东南苗族侗族自治州民族文化村寨保护条例》《玉屏侗族自治县非物质文化遗产保护条例》《丹寨县关于民族民间文化抢救和保护工作实施意见》等。2011 年,省文物局启动“百村计划”。2014 年 5 月,贵州省住房城乡建设厅专门召开加强传统村落保护工作的电视电话会议,重申国家法律以及中央各部委关于城乡建设中保护民族传统文化的相关规定,严禁全省各地在未经规划允许的条件下拆并传统村落,凡是影响村寨整体风貌、涉及传统建筑的建设活动一律暂停。

我国的传统文化保护总体而言，最早是强调文物保护，进而延伸到非物质文化保护，直到最近这些年才提出整体性保护和保护文化空间。保护历史名城的意识很早就有了，后来才提出保护历史名镇，直到最近才提出保护传统村落。在很早以前，就有人注意到民间的建筑、工艺、神话、传说、歌舞等具有文化意义，只是到了后来才对民风民俗、生活空间等的文化价值引起重视。

“优良文化生境的形成，与各种因素密切相关。除了传统文化的作用外，其中最重要的一个因素是来自各级政府层面的鼓励和支持。一种民俗活动，会随着社会的、文化的变迁而产生变异，会随着国家权威机构的态度而发生重大的变化，因此，来自政府层面的推动和支持，会有力地促成传统民俗活动的恢复、发展和繁荣。”①现在，从国家层面，以法律的形式正式提出要加强对传统村落整体保护，注重对村落建筑原貌的保护，注意对人居环境的合理利用，强调对礼仪习俗的继承。一系列政策法规出台，以多种方式推选出需要保护的村落名录，提供大量的保护资金，这些举措可以激发村民关爱家乡、珍爱传统文化的情感，也为保护村民生存的家园和世代传承的文化提供一种客观环境。

（二）村民通过他者的眼光和评价形成文化观照

几乎与国家出台一系列法律和政策同步的是，涌现出大批研究传统文化和村落文化的学者，加大了对传统文化保护、民间文化和民族文化传承的宣传力度。通过学者研究，提炼出传统文化和少数民族村寨文化的历史价值，发掘诸多鲜为人知的具有保护价值和传承意义的少数民族村寨，提出很多理解和欣赏民风民俗、传统文化艺术的方法，让人们对少数民族村寨及其文化有了更多的了解、更深刻的认识，也使当地的少数民族村民对自己的生活环境和文化开始进行重新评价。中央电视台的《走遍中国》《记住乡愁》，贵州电视台的《发现贵州》，贵阳晚报的《人文贵州》节目，用不同手段、不同眼光从不同层面展示贵州少数民族村寨的文化，“多彩贵州风”“多彩贵州舞蹈大赛”等活动从不同角度呈现贵州少数民族令人惊艳的文化，许多驴友和拍客在网络空间中发表关于贵州村寨文化的文字、图片和视频。少数民族村民在别人的赞许和推崇中建立了文化自信，在游客不断的造访和肯定中发现了村寨被遮挡住的美丽和魅力。他者的眼光也许有局限，他者的叙述难免有分歧，但他者的表达传递出另一种声音，仿佛一面镜子，使村民从镜子中看到自己的身影、村寨的景观、村寨文化的

---

① 杨福泉：《少数民族文化保护与传承新论》，《中国民族报》，2008 年 1 月 25 日。

风貌。村民按照他者的审美、价值观和愿望重新建构自己和村寨的形象。这种再建构未必就正确,但村民需要他者的肯定,在他者的肯定中萌生传统文化保护的自觉意识。

(三)村寨在传统文化快速消失的现实中产生文化危机意识和文化保护

绝大多数村寨的居住环境已经极大改善,村民的物质生活水平显著提高,政治宽松、民族平等、信息畅通、交流方便。这一方面使村寨传统文化受到现代工业化和信息化的冲击,另一方面又为村寨的发展和繁荣提供了经济基础、政治保障。有些少数民族村寨凭借其深厚的文化积淀,在新时代加强民族团结、繁荣文化事业、发展文化产业的背景下,探索本地区、本民族的文化前进方向。有些少数民族历史上因为各种原因导致本地区、本民族文化受到破坏,在新时代萌生恢复传统文化的强烈意愿。有些少数民族村寨曾经为改善生活而忽视了文化传统的保护,蓦然回首,强烈的文化危机感促使其加大文化建设力度。

现在仍坚称自己是穿青人、南京人、蔡家人、木佬人、绕家、僰家的群体,他们确实有着鲜明的文化特征,而且这些文化特征都是从历史上传承下来的。他们对自己群体的强烈认同建立在文化自觉基础之上,他们传承先辈的文化出于爱护群体文化的自觉意识。他们的文化没有出现断层,他们在其他群体挤压下表现出来的文化危机感进一步加强了其文化保护意识,并转化成文化传承的行为。

四、自觉传承表现出来的路径

20 世纪末,费孝通在实地考察鄂伦春族和赫哲族的生存状况之后,提出"文化自觉"的主张,认为人口较少民族在信息化和全球经济一体化时代必须树立文化自觉,在坚守文化传统的同时必须从文化转型中求生路。他对"文化自觉"作了深刻阐述,认为应该包括文化认知和文化行为两个层面的自觉。文化认知的自觉表现为对自己拥有的或享用的文化做出理性评价,既不会只出于情感而迷恋,也不会出于现实的生计而否定。不随声附和他者的评判,不盲目采取行动,而是把自己的文化放在传统和现实的关系之中,放在物质利益和精神世界的关系之中,放在区域性和全球性的关系之中加以考量,弄清楚自己的文化是从哪里来的、是怎样形成的、它的实质是什么、它将把人类带到哪里去。文化行为的自觉主要是指在文化认知的指导下采取的文化取舍,包括对自己的传统文化的传承或批判,对其他文化的吸收或排斥。

"村寨文化自觉"包括两个层次：一是基于历史的文化传承，二是基于未来的文化延展。文化传承以文化认同为前提，以文化保护为基本手段。文化认同是整体的而非局部的，既带有强烈情感而又非常理性；文化保护是全面的保护，既对民俗学层面的村寨物质文化遗产和非物质文化遗产进行传承，又对精神—哲学层面的观念、情感、审美、制度进行传承。文化延展以文化批判为前提，以文化交流借鉴为宗旨，它考虑的是如何降低和避免传统文化的负面影响，如何实现与其他文化的对接，如何实现传统文化的现代化转化。如果说文化传承是为了保存文化之根，体现文化的时间序列，即过去和现在的关系，那么文化延展则是为了避免传统文化的本土局限性，体现本土文化与外部文化的空间序列，即自我与他者的关系。文化传承是执着坚守，文化延展是自我扬弃，二者都建立在文化自信的基础之上，都是为了实现文化进步。

对贵州少数民族村寨文化的认知大致经历了两个阶段：一是过去在"华夏中心"观念支配下，觉得少数民族文化落后于中原汉族文化；后来逐渐改变认识，少数民族文化从边缘文化逐渐走向与汉文化靠近的位置，人们看到了二者之间其实相互补充、相互渗透。二是很长时间、很多人都认为少数民族文化基本上属于"原始文化"，其绝大部分具有愚昧的"神性"，与科学和民主不相容，不利于现代化建设；后来人们体察到了其厚重的一面，看到了其精彩的一面，发掘了其现代价值。现在学术界出现了"民俗热""民间文化热""文化遗产热"，地方政府和民间组织忙于展示民俗，打造文化景观，申报文化遗产。这其中虽然不排除功利性，但是民俗文化不再寂寞，民间文化在表面上取得了和"雅文化""正统文化"一样的地位，少数民族村寨文化进入大众视野。对少数民族村寨的民俗和文化遗产持续的、高频率的关注，事实上是少数民族村寨文化地位改变的重要表现，也是在促进少数民族文化传承走向自觉。

（一）政府、各种组织和学者引导村寨文化传承

政府、各种组织和学者传承文化的路径可概括为以下三个方面：其一，通过立法对村寨文化加以保护，通过宣传提高人们对村寨文化意义的认识。各级政府制定诸多的保护传统文化的政策和法规，贵州开通非物质文化遗产网站，创办《贵州非物质文化遗产》刊物，编撰出版《守望与思考》《传衍文脉》《贵州非物质文化遗产名录图典》等图书。人们在发展乡村经济时有法可依，在对乡村进行改造时能够认识到文化的重要性。其二，投入资金加以扶持。贵州省自2005年开展"多彩贵州风"活动以来，连续举办多彩贵州歌唱大赛、多彩贵州舞蹈大

赛、多彩贵州传统技艺大赛等赛事。通过这些活动,丰富贵州的文化生活,培养各地各部门的组织能力,发现各地的文化人才,树立民族地区的文化自信,让民间文化得到展示,借此机会挖掘各民族的传统文化。在这些活动中,少数民族村寨的歌手、能工巧匠进入大众视野,以前只活跃在村野的舞蹈走进城市的剧院。都市人因此领略到乡村文化的精彩,外地人看到贵州少数民族文化的灿烂,山村的农民站在了镁光灯下。因为美妙的歌声、曼妙的舞姿、奇妙的工艺,外地人对贵州村寨中的少数民族文化有了更全面、更深刻的认识,展示了贵州少数民族村寨的形象,助推了少数民族村寨传统文化的传承。其三,亲自参与规划,加以引导。在具体的组织中,有主次,有步骤,有直接的资金扶持,也有方法指导。尤其在以下三个方面,村寨文化得到了重点保护。

第一,把保留村民生活的物质空间和保持村民的生活状态作为重点。贵州在挪威等国的支持下,1997 年 6 月开始在六枝特区的梭戛兴建中国第一座生态博物馆。不久,又建立了花溪镇山布依族生态博物馆、锦屏县隆里古城生态博物馆、黎平堂安侗族生态博物馆。现在,又在充分借鉴生态博物馆保护模式的基础上,陆续推出了雷山朗德上寨、平坝天龙屯堡、石阡楼上村、铜仁碧江茶园村、榕江大利村、从江占里村等特色村寨的保护计划。从建立中国首座生态博物馆的“六枝模式”,到提出“村落文化景观保护与发展”的《贵阳建议》,再到文化遗产保护与社区发展并重的“百村计划”,贵州在乡村文化遗产保护的探索实践中,摸索出了独特的“贵州理念”,引导村民将村民生活区与文化空间统一起来,将活态文化传承与静态文化保护兼顾起来,将发展生产与文化建设联系起来。

第二,把保护少数民族语言作为文化传承工作的重要内容。虽然每个民族的文化都有丰富的内容,每一个民族村寨都有独特的文化个性,但是民族语言则是文化传承的关键。语言包含着大量的文化信息,不同的社会群体有不同的语言习惯,不同的语言习惯反映着不同的社会形态,它是信息的载体、意义的符号,也是思维的体现。在很多偏僻的农村,曾经使用本民族、本地区的语言传承只属于他们的文化,他们的这些文化与他们的语言水乳交融。然而,随着语言的消失,语言承载的文化也就不复存在。正因为语言具有如此重要的价值,所以保护少数民族语言成为当前中国迫切的文化工程。从教育部和国家民委,到贵州省各教育行政主管部门和民族宗教事务局,都一直强调民族地区中小学的双语教学,并把双语教学列入教育质量考核指标项目。即便在省城贵阳市周边的开阳县,也一直坚持民族村寨的中小学开设双语教育,希望通过中小学以点

图 3-32 兴义市安龙县平乐村平乐小学在课程安排中把传授本民族语言作为重要的一部分,聘请当地讲布依语的村民,利用视频资料形象生动地给孩子传授本民族语言。

带面,加快少数民族地区母语文化传承,构建双语和谐的文化环境和民族关系。其中,平寨小学目前的 14 名少数民族教师中有 11 名懂苗语,在用普通话教学之外还采用苗语教学。[①] 黔东南苗族和侗族聚居区的中心小学,黔西南和黔南的布依族、水族人口集中的小学,将传授本民族语言列入教学计划(图 3-32)。有些学校将母语教学和讲述本民族故事、教唱本民族歌曲融为一体。在黎平、榕江、从江等县,还把传承非物质文化遗产引入课堂。民族语言因为有人在真正使用,从而保持了鲜活的生命力。

第三,面对少数民族文化出现断层和后继无人的客观现实,对传承人的培养越来越受到重视。贵州各级政府非常重视文化传承人的选拔和管理,在少数民族村寨发现、推出大批传承人,从而带动村民的文化传承活动,提高了村民对传统文化的认识。据贵州省建设厅园林处张剑处长介绍,他们已经意识到贵州少数民族村寨建筑的传承人面临着消失的危险,因此制定了详细的指标体系,由各地层层推荐选拔,再进行考核论证,给最后脱颖而出的 100 名民间建筑工匠颁发“高级技术传统工匠”资格证书。这些工匠不仅凭借此证书获得了从事传统建筑的资质,而且各地今后要兴建传统建筑,在申报规划中就要明确有这些获得资质的工匠参与建设,最终验收时也要请有资质的工匠评定。除此之外,还给全省 50 个 40 岁以下的民间建筑工匠颁发“中级技术传统工匠”证书,

① 侯少华:《开阳县平寨小学获授苗汉双语省级示范点》,《贵阳日报》,2014 年 4 月 24 日。

他们在获得证书的时候,必须在相关部门的组织下举行正规的拜师仪式,确定师承关系,高级技术传统工匠必须对已经拜师的中级技术传统工匠进行传、帮、带,从而实现传承。

村民作为村寨文化的主体,政府或社会组织作出的一切关于村寨文化保护与传承的决策、计划都需要村民支持,都需要村民付诸行动,都要以村民为本位。固然可以通过宣传、教育等方式提高村民对传统文化的认识,但是他们的文化自觉首先是建立在亲身感受和切身利益之上的。所以,村民的文化自觉始终与政府或社会组织的引导、与切身利益分不开。

在许多村寨,政府或社会组织投入资金建立文化传习所,希望通过传承人的影响力使村寨中有代表性的文化得以传承,但是效果甚微。而民间组织或个人开办的企业因为能给村民带来实际利益,故而有很多村民参与(图 3-33)。即便如此,村寨文化也不可能通过传习所或企业全部实现传承目的,这是因为,最生动、有效的文化传承浸润在民俗文化活动和日常生产生活之中,村民最乐意的文化活动是参与当地的民俗。民俗文化活动扩大着村寨文化的影响,展现着文化魅力,体现出传承人的价值,也带动了广大村民对文化活动的兴趣。截至2013 年,从江县侗族大歌节已举办 10 届,以世界"非遗"侗族大歌为主线,以侗族文化为主体,汇聚从江县侗、苗、瑶、壮、水五个主体民族民俗民风节目,全面展示当地少数民族优秀传统文化的魅力。举办地点从县城到村寨,举办内容从单一的歌唱比赛到民族文化的立体展示,举办目的从以招商引资和展示民族风情到传承民族文化和增强村民的文化自信。2014 年 2 月 22 日,由小黄村民生

图 3-33　丹寨宁航蜡染有限公司苗族蜡染技艺传承。

态文明建设自治协会主办小黄村首届“环保侗族大歌”大赛，活动主办方是民间组织而不是村委会。本次大赛共有30支歌队参赛，歌曲均由当地歌师原创，指导演唱排练。

据黔东南信息港报道，榕江县为振兴侗族大歌，制订详细的发展规划，以“早抓、精挖、重打（重点打造）”为突破口，挖掘出一批精品人才和精品歌队、经典曲目，营造和谐环境，鼓励和吸引返乡创业人员成为侗族大歌传承的新生力量，通过侗族大歌的振兴带动乡村旅游发展。2014年4月20日，栽麻乡在该乡文化广场举办以振兴侗族大歌为主题的侗族大歌比赛活动，由侗学会、县文体广电旅游局、栽麻乡政府等单位组织举办，来自栽麻乡宰荡、大利、苗兰、归柳等侗寨以及该乡中小学的共37支代表队、500余人参加了这次比赛，年龄最大的歌手77岁，最小的才6岁。

大同镇大石盘苗寨是赤水苗族最集中的村寨，是贵州省“30个最具魅力民族村寨”之一。农历正月初二是大石盘苗寨的踩山节，活动内容包括祭奠、唱山歌、民族舞蹈表演、苗家青年男女对歌、相亲、民族大联欢等。近年来，当地政府每年都在此举办踩山节。龙里县草原乡的苗族从正月初十开始，就要举行“跳月”（俗称芦笙节）活动，一般持续达一个月。未婚的青年男女在这里寻找意中人，苗族老人则祈求来年风调雨顺、五谷丰登。如今在当地政府的倡导和组织下，此项活动规模更大了，内容更丰富了，青年男女身着苗族盛装，齐聚草原乡城兴村，酣歌热舞。村民不仅加强了联谊，而且使传统歌舞技艺、服饰文化、地方饮食都得以重新恢复。

尽管在具体的某一个村寨，政府或民间组织不可能全部使用以上各种文化传承方式，有些区域性文化因为自身的特点也会有独特的传承手段。但是，这些传承路径的选择，在很大程度上实现了少数民族村寨文化传播的效果。政府和民间组织站在文化自觉的高度管理文化，从而加强了村民对传统文化的认识，其文化活动多了一份自觉。

有学者曾经将20世纪70年代末和80年代中期的少数民族村寨文化与此后的情形作过比较，认为前一阶段只是少数民族村民在自己的民族和地方性的知识谱系中寻找和启用文化资源，其文化行为称为“文化镜像自恋”；而后一阶段才是在政府和社会组织引导下的文化自觉行动，是国家和民间、政府与非政府组织共同合作。[①] 在政府和社会组织的影响下，少数民族传统文化很多时候

① 王良范：《现代语境中地方性文化复兴与自我认同——以黔东南苗族文化的变迁为例》，出自杨鬃，王良范主编：《苗侗文坛》（47），贵阳：贵州人民出版社，2005年。

图 3-34 2013 中国(贵州)民族民间工艺品博览会在黔东南苗族侗族自治州州府凯里举办,开幕式邀请了当地具有代表性的少数民族村寨组成多个方队,政府征用了村民的文化,村民觉得这是一种荣誉。

被“征用”,村民甚至期待自己的文化被“征用”,导致文化传承过程、文化传承目的、文化形态都可能发生变化。但是,它有利于少数民族村寨形成文化传承的气氛,有利于提升村民对村寨传统文化的自信(图 3-34)。

毕节市梨树镇上小河村位于毕节市梨树镇东北面,处于海子街、小坝、梨树三镇交界处,总面积 4.6 平方千米。上小河村居住着白、彝、苗、汉 4 个民族,其中白族人口占全村人口总数的 80.4%,是一个典型的少数民族聚居村寨。自 2006 年民盟中央、民盟贵州省委将该村列为新农村建设的共建村以来,上小河村充分利用自然条件,整合资源,完善公共设施,培育特色养殖,打造观光农业,发展旅游产业,以白族表演场及中心居民点为核心,建设以白族寨门、风雨亭、风雨桥、文化墙、广场等为点的“一心多点”格局,将上小河村打造成为民族风情旅游和休闲观光旅游景点。村民在此前恢复或延续当地传统文化,大多出于质朴的感情,而此后的文化活动中则多了几分理性的认识,充分考虑了传统与现代、文化与生活、村寨与政府的关系。

仰阿莎[①]是苗族传说中的女神。相传苗族女神“仰阿莎”出生在乌江村境内,曾有一段与太阳感天动地的爱情神话故事。至今流传在黔东南苗族地区的古代叙事长诗《仰阿莎》,是第二批国家级非物质文化遗产民间文学类项目。过去在望丰乡乌江村及其附近村寨盛行的爬坡节,就是为了纪念这位传说中的女

① “仰阿莎”是根据苗语音译,也写作“仰欧神”或“仰欧桑”。

神,但是该节日在新中国成立后的“破四旧”运动中被废止了。2014 年农历三月中旬,在当地政府和民间组织共同努力下,已停办 50 多年的爬坡节活动在乌江村得以恢复。类似的文化现象在贵州少数民族村寨有很多,应该说它是民间和政府、传统与现代的“合谋”。村民有恢复和展示村寨文化的愿望,政府有意识地做了引导;政府有运用村寨文化扩大社会影响力、利用文化发展生产的愿望,村民乐意玉成其事。传统文化不仅没有因为“合谋”而改变其核心元素,并且因为“合谋”而焕发出时代的生命力。

今天的少数民族村寨已经不可能独立于国家行政权力之外,不可能不受行政干预和其他社会组织影响,村寨处于相对封闭环境中形成的村寨文化在现代化进程中必然要面对行政权力和开放的社会。过去的村寨文化是那个时代村民生活的反映,现在的社会文化也一定会表现村寨生活。沿河县黑水乡杨寨村杨家坪是一个土家族人聚居的村寨,全寨近 150 户人家在 2014 年自办春节联欢晚会,节目中有充满当地民间和民族特色的跳花灯和土家族歌舞,也有动感时尚的街舞与流行歌曲,还有武术、钢琴演奏、诗歌朗诵等精彩表演,最后所有演职人员和部分群众一起围着篝火跳起土家族摆手舞。与沿河县交界的务川县麻青村苗族村民 2014 年自办春晚的节目除了《跳花灯》《卖花钱》《竹竿舞》等传统节目外,更多的是体现农村新生活的舞蹈和小品。西秀区宁谷镇林哨村连续几年自发组织的春节联欢晚会,除了本村自娱自乐的节目之外,还邀请周边村寨的表演队,并且有黄果树艺术团等专业的艺术团队送上歌舞表演。所有这些晚会都是由村委筹资,由村民自发组织,在村寨中举行。晚会举办的时间是村寨传统的娱乐时间,晚会的内容符合村民的审美,尽管有些节目和参演者不同于传统,但是晚会的文化主旨还是村寨文化。在晚会的筹办中,有人倡议和组织,有人响应和支持,体现出村民的团结和对村内事务的热情,这是村寨传统;在晚会的表演时刻,村民乐于登台表演或观看,善于用新的形式表现生活,既实现了传统与现代的对接,也是在建立新的村寨文化。村委会介入了这些文化活动,但是参与文化活动的主体是村民,活动实现了表现村寨生活和服务村民的目的,它属于村寨。

在黎平县岩洞镇,当地村民在镇党委和政府的扶持下,组成了“黔·蝉之歌”农民侗族大歌队,其组织机制、管理模式全然不同于村寨传统的侗族大歌演唱。大歌队顺应当前的文化市场,大胆地走出寨门,开展商业演出,演唱者增加了收入,演唱的风格、曲目、道具、服饰等受到广泛关注,也使当地村民对侗族大歌有了新的认识。经县文化部门批准,岩洞镇铜关村接着成立了第二支侗族大歌队，与“黔·蝉之歌”农民侗族大歌队一样，从事商业巡演。这样的演出队因为要满足观众需求，要兼顾舞台环境，要考虑灯光和舞美效果，所以不可能与村民平时在乡村的演唱完全一样。但是，村民对存在于自己生活中的侗族大歌多了一分理解，其演唱行为从自然状态变成了表演状态，其文化传承从自在变成了自觉。关心村寨传统文化的村民比以前多了，对村寨中的侗族大歌保护起到了推动作用。铜关村共有 1 200 多人，会唱侗族大歌的人现在约有 1 000 人。茅贡乡地扪侗寨是“千三文化”的发源地，通过当地政府引导，村民组建了老、中、青、少、幼五个年龄段的五支侗歌队，大力推行“百首侗族大歌传承计划”(图 3-35)。基层组织演出队到黔东南苗族侗族自治州州府所在地凯里市和省会贵阳市进行表演，邀约外地的摄影家、音乐爱好者到当地采风，一方面扩大当地民族文化的影响力，另一方面借此增强村民的文化自信和文化传承的自觉性。

图 3-35　地扪侗寨演唱侗族大歌成为传统，每到农闲，村民便聚集在鼓楼，以唱歌为娱乐。(郎亚娟摄)

(二) 村民自觉开展文化传承

在漫长的历史时期，村民的文化传承处于自在状态。现在，越来越多的村民认识到村寨文化的重要性，一部分富裕起来的村民自觉肩负起文化保护的责任，他们资助家乡的教育，捐资修复古老的建筑，投资建设文化广场，集资拍摄反映民族文化的影视片。

贵定县新浦乡莲花村兰成山、兰成水兄弟拿出了多年打工的积蓄，为村里的学龄前留守儿童创办了一所玩耍和学习的乐园，采取汉语、苗语“双语教学”，解决了外出务工人员最担心的问题。三都县恒丰乡务条村农民韦兴因为贫穷，16 岁背井离乡，只身外出。在 20 多年漫长的打工生涯中，终于成为一名固定资产达 1 000 万元的企业家，他用数十万元修缮家乡的校舍，帮助家庭贫困的孩子完成学业。思南县兴隆乡群英村赵家河村旷宗义个人出资几十万元在家乡建桥修路，改善村民的居住环境，救助贫困学生。著名歌手阿鲁阿卓、阿幼朵，导演丑丑和词作家张超等都通过多种方式支持家乡的文化事业，为家乡的民族文化传承不懈地努力。

村民受他者对村寨文化认同的感染，受富裕起来的具有文化自觉的村民的感召，对家乡的文化有了更深的理解，其文化活动中增添了理性和自觉。2014 年年初，黎平县坝寨乡连洞村村民自行设计并集资修建综合戏楼，该戏楼总投资 27 万元，占地近 600 平方米，可容纳 500 余观众，流存于村寨中的文化因为有了戏楼而地位更加彰显。凯里市三棵树镇朗利苗寨举行 13 年一次的鼓脏节、雷山县很多苗寨欢度苗年的时候，已经出嫁的女性打破惯例，回娘家过节。村民热情欢迎“姑妈”回娘家，“舅爷”“舅妈”们杀猪宰鸭，在寨中摆下长桌宴，全寨人聚在一块儿吹芦笙、跳芦笙舞、对歌，这个文化现象发生的前提显然是基于对本民族文化在认识上的扩展。

因为村寨文化涉及的内容非常广泛，村寨文化传承的过程贯穿于村民生活的每一个环节，村寨文化传承的主体包括每一个村民，所以仅凭几次活动或几个人的努力不可能实现村寨文化完整的传承。在过去的农村中，孩子们在不知不觉中了解自然、熟悉社会关系、学会生活技能，在与村寨的亲密接触中长大。随着年龄的增长，他们参与的活动更多，对活动的理解更深，并发挥与其年龄相适应的作用。一方面，村寨活动在选择参与者；另一方面，参与者在活动中认识村寨文化和实现人生价值，在活动中掌握与人交往的本领并融入村寨社会。村寨的祭祀节日、传统艺术、工艺、技术、各种惯例等传统文化因为村民的广泛参与而实现了传承，村寨的一系列活动、众多的活动场所因为实现了文化传承而变得有意义。村民通过村寨中的各种社会活动认识和掌握村寨文化，村寨有赖于村民去传承其文化。历史上，村民认识和掌握村寨文化不是刻意的，村民保护村寨建筑和环境、传承村寨风俗和生产生活技能、维护村寨规约和道德伦理等也不是刻意的，村寨文化的推行或调适、部分内容的废除或补充都在生产和生活之中，是自发性的，具有“生活史”的特点。尽管不是每一个村民都会经历村寨生活的每一个方面，不是每一个人都会参与村寨文化传承的每一个环节，但是，村寨生活的每一个方面总会有人参与，每一个生产生活环节总会有人经历，因此保证了村寨文化的可持续发展。如今由于现代化的推进，农村自然资源状况发生改变，城市和农村的差异造成地区与社会之间的游离加剧，村民开始忽视或弱化传统文化，造成村寨文化传承的脱节。如果仍然和过去一样，仅靠村民以“生活史”的方式自在地传承村寨文化，势必会导致有些传统消失，故而有必要刻意地向下一代传承过去的行为规范、习俗，有必要解释说明其渊源、缘由和变化的过程，有必要营造曾经存在的生产环境和生活氛围。只有当文化的渊源与地区间深厚的关系共同传下来，它才会被作为宝贵的财富加以认识，否则，因为没有意识到它的存在和价值，没有认识到它的内容、形态与环境的关系，就不可能真正实现其传承。这就需要对村寨文化内涵的认识上升到科学层面，对村寨文化的特征和生存环境的认识上升到理性高度，对村寨文化传承途径和方法的认识上升到自觉阶段。

今天，贵州少数民族村寨文化保护与传承很难说在文化的内涵、文化的特征和生存环境、文化传承的途径和方法等方面都达到了科学、理性、自觉的认识，但是大量的事实足以说明，从政府到民间、从官员到民众、从他者到村民，对村寨文化的认识发生了改变，村寨文化的传承不再是纯粹自在的状态，其传承主体、活动过程、时空场域、生活情境、场景氛围的保护都包含着自觉的行为。认识到村寨文化真正得以存活、延续就应该融于村民日常生活过程，就必须借助实际的村寨文化语境和村寨生活过程。这样的认识体现在政策的制定中，体现在保护规划中，体现在资金运行中，体现在村寨景观中，体现在村民的行为方式中。

有了自觉的文化传承，人们的文化认识、文化活动更加理性，就能使传统文化的价值得到发掘，使村寨文化消失或破坏的局面得到遏制。但是，这并不意味着自发传承就不如自觉传承的效果好，更不是说“生活史”式的自发传承不复存在。现实生活可以证明，传统的村寨文化还在村寨延续，与过去一脉相承的生活依然是村寨文化生存的土壤，文化变迁或生活变化不是互相否定。历史已经证明，自发传承更具有“原生态”，更具有乡土气息，更具有群众基础。村民不可能每一个行为都是自觉的文化传承，文化得以传承不可能完全指望村民的文化自觉。驱鬼、祛邪、求神、还愿的习俗还在民间流行，从事这种活动的人未必就对此有一种文化自觉。从事传统手工艺，遵守老一辈的人生礼仪和生活习惯，不一定就有明确的文化保护动机。村寨文化在本质上是反映村民生产生活的文化，村民真正需要的是能够服务于生产生活的文化。

第四章 贵州少数民族的村寨类型及文化传承

贵州数以万计的村寨分布广泛，各具形态，规模有大小之分，历史有长短之别，坐落的位置不同，村民的民族构成不一样，谋生手段存在差异。这些不同类型的村寨形成的过程不尽一致，承载着不同文化，表现着不同文化，也在用不同的方式传承文化。

第一节 封闭型村寨与开放型村寨及其文化传承

当我们说一个村寨封闭或开放时，是从文化而言的。而“文化”的含义很宽泛，人们在谈论时，或指的文化形态，或指的文化共同体。在多数情况下，人们对“文化”的两种含义不加区分，或者说这两种含义既有区别又不可分割。村寨直观呈现为地理单元和生活社区，其实为地理单元和生活社区的人群共同体。文化形态的内涵包括基本价值观、文化要素、历史记忆等；作为文化共同体，包括家庭、亲族、邻里、民族、生活空间等。因此，文化形态的封闭或开放是从思维模式、信仰形式、生活样式等方面而言的，文化共同体的封闭或开放是从村民的行为而言的。

评判一个村寨是封闭还是开放只有一个标准，就是看它与其他生活区的社会交流和文化互动程度。具体而言，就是看它在政治制度、社会行为、生活方式、思想观念、科学技术等方面的反应速度和适应能力。

一、村寨封闭或开放的原因

从贵州的村寨看，那些远离城市和交通线、位于深山腹地的村寨信息更封闭，村寨之间的交流更少，村民的思想更保守，对传统更执着，而平旷之地、城镇周边的村寨，人员流动较频繁，村民对外界较为关注，从思想观念到生活方式的传统内容都不是很纯粹。那些较早得到开发的村寨、受到中央政权重视或行政干预的村寨，通常更关心村寨以外的社会变化，而历史上的“化外之地”普遍比较封闭。那些经济长期落后的社区、政治上曾经受到排挤的民族、社会生活处于边缘的人群共同体，在思维和行为上往往更保守。

（一）地理环境制约村寨的封闭或开放

地理环境会对生活于其中的人们的生活方式、文化形态等产生影响，会使当地的文化打上深深的区域烙印。也正因为如此，西方学术界曾经出现“地理环境决定论”，认为每个民族所居住的自然环境在很大程度上决定了其文化风貌，甚至认为地理环境对人类文化具有决定作用，各民族文化上的差异就是自然条件不同的结果，文化是从自然条件中诞生的，地理环境决定文化的产生，在地理环境相同的条件下，会产生相同的文化。① 这种观点我们不敢苟同，地理环境从来不是，也永远不是决定人们的生活方式、文化形态等最根本的因素。第一，在相同或相似的地理环境中，不同的人群共同体会形成不同的生活方式，创造出不同的文化。例如，贵州古代的少数民族很多都生活在深山丛林，有的人群发展了狩猎经济，有的人群形成采集经济，还有的人群出现刀耕火种的原始农业经济。又如古代生活在乌江、清水江、都柳江、南北盘江等河畔的少数民族，有的人群生活在渔猎经济中，有的人群在河谷两岸的冲积平原发展灌溉农业，还有的人从事商业贸易。第二，同一个人群共同体依旧生活在同一个地理环境中，从前的生活方式和文化形态不可能与现在完全相同。例如，黔南的瑶族，历史上以捕猎为主要生活方式，如今已变成农业民族；生活在雷公山脚下的西江苗族，原来从事农业兼渔猎采集活动，现在靠经营旅游致富。

但是，谁都不能否认地理环境对人们的生活和文化具有影响。地理环境制约生产力的发展，而生产力的发展又与经济关系以及经济关系背后的所有其他社会关系密切相关。“自然界起初是作为一种完全异己的、有无限威力的和不可制服的力量与人们对立的，人们同它的关系完全像动物同它的关系一样，人们就像牲畜一样服从它的权力，因而，这是对自然界的一种纯粹动物式的意识

① 孟慧英：《西方民俗学史》，北京：中国社会科学出版社，2006 年，第 102-103 页。

(自然宗教)。”①分别聚居在不同地区的人们,为适应不同的地理环境而分别创造和发展着各自的文化,与周边居住的其他人群在生产和生活中建立适合自身生存的社会关系。贵州少数民族在建立村寨之初,生产力水平低下,对自然环境的依赖程度高,村寨文化的内容、特征及传承方式都明显受到地理环境制约,建筑布局和材质、农作物品种和耕作方式、对自然的认识和处理手段等都留下自然环境的深刻印迹。随着生产力水平提高,人们改造自然的能力增强,自然环境对生产要素和生活要素的影响变小。村民不仅对自然的态度发生变化,而且利用自然并改造自然,村寨文化中的自然环境印迹越来越少。同一个民族或家族不可能永远囿于一个狭窄的空间,在向外扩展的过程中必然形成不同的文化;不同的民族或家族也会生活在同一个地理环境中,彼此接触、互相来往,既吸收对方的优点又存在竞争,因此在文化形态上呈现出共性和个性并存的局面。不同的民族分布和民族交往格局造就了不同的民族关系格局,民族差异和多民族文化共存的格局便由此形成并长期发展。

在20世纪90年代初,贵州少数民族村寨有很多都处于封闭的自然环境中。从荔波县小七孔风景区到瑶山白裤瑶的拉片村,需要从王蒙跨过大桥,沿着一条简易公路前行,每逢雨天就可能出现道路塌方。那时的白裤瑶居住在近似茅草棚的杈杈房里,人畜同处,几乎不能用汉语交流。在月亮山、苗岭深处的苗族、侗族、瑶族、水族等生活的村寨,20世纪末还不通公路,简陋的吊脚楼内除了原始的生活用具和生产工具以外,很难看到其他财产。村民穿着迥异于外面世界的服装,唱着祖先留下的古歌,他们的建筑、服饰、生活方式乃至思想都仿佛定格在遥远的年代。在20世纪80年代,麻山腹地和乌蒙山脚的少数民族村寨生活非常贫困,新华社贵州分社刘子富的一篇内参文章让中央高层为之震惊。

进入21世纪,贵州的交通状况明显改善,从前制约边远地区少数民族村寨文化交流的自然条件发生变化。人们以往在近乎停滞的村寨中,劳动方式重复,社会关系凝固,生产和生活技能通过祖祖辈辈流传,道德伦理和风俗一代又一代地约定俗成。当一切都变成习惯,当习惯被视为自然,环境发生变化就难以承受外部冲击。苗岭腹地榕江县的空申、卡寨等短裙苗村寨,月亮山深处从江县加鸠、加榜等村寨,黔中麻山地区的紫云县、望谟县、册亨县、晴隆县苗族、布依族生活区,还如乌蒙山麓威宁、赫章、纳雍等县乱石丛中的苗族、彝族、白族

① 马克思,恩格斯:《马克思恩格斯选集》第1卷,中共中央马克思恩格斯列宁斯大林著作编译局译,北京:人民出版社,1972年,第35页。

等村寨,其村民面对外部环境冲击,最初都明显不适应,甚至会对外来文化产生抵触。尤其是年老的村民,他们是传统文化的坚守者,在不适应之后,就转变成对外部环境的顺从。老年人对社会变迁表现出无奈,而年轻人则是盲目地追赶时尚。

在历史上由于政治原因,有一些村寨的经济、文化交流被隔绝。汉代的汉族移民驻点、元代的蒙古军队驻地、明代的军事屯堡、清代苗疆的汛塘以及满族人生活区,都被贵州少数民族村寨包围,与贵州少数民族处于对立状态,他们的文化基本上只局限于内部交流。在贵州少数民族之间,有些村寨因为文化差异而很少互动,有些村寨因为压迫和被压迫关系而限制来往,有些村寨因为矛盾纠纷没有化解而相互提防。即使到了 20 世纪 60 年代,大批三线建设企业或厂矿也从信息安全角度考虑,尽可能不与当地来往,企业或厂矿形成封闭的聚落。在安顺、平坝和清镇,在遵义娄山关脚下,在都匀剑江河畔,有很多隐蔽的村庄,村民并非从事农业生产,与当地的其他村寨交往有限。直到几十年以后,周边的人们才知道这里是一些国防工业研究机构或高尖端产品生产制造基地。

(二)文化模式影响村寨的封闭或开放

当然,在同样的地理环境中,甚至在同一个地方,生活在同一个时期的村民对外部的反应和对信息的态度也会不一样,这与村寨本身的文化不无关系。美国文化学者本尼迪克特认为,文化具有一定的模式,就像一个人一样,尽管其行为和言语表现出随意性,与不断变换的环境相应,但是或多或少保持着一贯的模式。她所说的文化模式,指的是多种文化特征相互协调一致的组合状态和构成方式,“整体并非仅是其所有部分的总和,而是那些部分的独特的排列和内在关系,从而产生了一种新实体的结果”[①]。她借鉴尼采在《悲剧的诞生》和斯宾格勒在《西方的没落》中使用的“阿波罗型(日神型)”和“狄奥尼索斯型(酒神型)”这对概念,将人类文化总体上分为两种类型,认为阿波罗型“崇尚的理想境界是威严和静穆,善于控制自己的感情,在生活中讲究适度、认真,是典型的形式主义”,狄奥尼索斯型“追求兴奋,浑然忘我之境,把它当作感情上的终极目标”[②]。虽然这种划分很笼统,缺乏科学依据,但是她看到了人类文化的差异,并

① 本尼迪克特:《文化模式》,王炜等译,北京:生活·读书·新知三联书店,1988 年,第 48 页。

② 绫部恒雄:《文化人类学的十五种理论》,中国社会科学院日本研究所社会文化室译,北京:国际文化出版公司,1988 年,第 41 页。

发现文化各部分独特的排列和内在关系。贵州少数民族生活区尽管找不到与阿波罗型和狄奥尼索斯型完全对应的村寨,但是不同区域的村寨总有一些在文化上更开放,同一个区域的村寨总有一些在文化上更尊重传统。

文化模式的形成与历史紧密相关。如苗族在历史上长期受到政治打击或生存排挤,从黄淮平原被驱赶到西南内陆的山区,在退缩中求生存,在封闭中保全文化,养成了不张扬的文化性格,形成了坚韧不拔的品质。如今,在黔西北,彝族村寨就比苗族村寨对时尚文化更具开放态度,苗族村民的传统文化在生活中传承得更多一些。长期受排挤、在政治上或经济上处于劣势的人群,往往在历史的长河中形成比较保守的文化性格,而经历的苦难相对较少的人群共同体不仅对生活充满乐观,而且文化性格多呈开放的状态。从目前尚保留的大量的古歌、传说就能看出,苗族古歌、传说中分量最重的就是民族迁徙史,在苦难的哀怨中对祖先无限缅怀,对祖先的发祥地充满赞美,对世代累积的文化景仰崇拜。彝族很早就生活在乌蒙山麓,支系繁衍,其丧葬习俗和苗族有共同之处,巫师超度亡灵回到祖先生活的地方,其古歌和传说也叙说祖先迁徙的历史。但是,他们对历史的叙述没有苗族那样浓烈的悲情,对祖先发祥地也没有苗族那样深沉的眷恋。侗族和水族并非是受到驱赶而被迫迁徙到贵州的,虽然他们也有许多关于祖先迁徙的口传历史,但仅仅只是对历史的记忆,没有表现出矢志不渝的坚守,他们更多的是在表达迁徙者建设新家园的伟大成就。各民族的历史际遇不一样,因此他们建立的村寨在对待历史、对待村寨之间的关系上就不一样。

(三)政治力量干扰村寨的封闭或开放

即使最封闭的村寨,也不可能与所处时代的政治毫无关系。安顺西秀区和平坝区有许多明朝的军士屯堡,当时民族关系紧张,自以为“奉敕南征”的汉族移民不屑于和少数民族交往,当地少数民族也视汉族移民为征服者,屯堡处于少数民族的包围之中,生活于屯堡的汉族移民不仅其建筑呈封闭式,而且生活也是封闭的(图4-1)。而到清朝以后,屯堡中的汉族移民失去了高贵的身份,其高傲的心态开始改变;少数民族也改变了对屯堡人的看法,封闭的屯堡逐步走向开放。同样,清朝“开辟苗疆”后在“生苗”地区设置的营、汛、塘也经历了类似于明代屯堡的阶段,营、汛、塘中的满族或汉族在很长时间内也是呈封闭状态,直到民国以后才发生改变。如今在黔西北百里杜鹃管委会的金坡乡附源村,这里的满族村寨在清代和周边的其他民族村寨几乎没有来往,他们真正走向开放是在新中国成立以后。

图 4-1　安顺西秀区鲍屯村是明朝屯军及其后代建立的居住区，房子用石头垒砌，外围筑起高大而坚固的墙垣，保持着与当地少数民族隔离的状态。时至今日，生活在石头房子里的屯堡人女性还是明朝女性的服装样式，但是村民的眼界、经营方式、生活习惯和思维都和过去明显不同。

村寨的一个重要特征就是人们以氏族集团居住，是一个在血缘上具有或亲或疏关系的共同体。莫里斯·弗里德曼（Maurice Freedman）在《中国东南的宗族组织》指出，中国的村落就是一个个宗族组织，宗族成立的根本原因是共同祖先的认定和共同财产的占有。贵州少数民族村寨一般都是由家族形成的聚落，家族外婚、民族内婚——甚至是同一民族的同一服饰类型内部通婚，因此相邻的村寨往往形成互为婚姻的集团。村寨除了婚姻、区域性节日、村际联谊等与外界有所接触和交流外，平时的活动基本上在村寨内部，是家族性交往。因为地理区位和社会政治经济等原因，少数民族村寨发展滞后，族际交往观念还没有彻底的改变，尤其在血缘关系比较单一的边远村寨，封闭性表现得更为突出。在对贵州少数民族村寨的考察中，能够直观地发现有些村寨传统文化保存得较完整，有些村寨从建筑到服饰、从语言到风俗已经和汉族别无二致，并且对传统文化的态度和对时尚文化的态度也不一样。在考察之后，如果想按照村寨的地理区位绘制一份空间图谱则几乎是徒劳的，事实上在同一地区，因政治力量的作用不同，村寨的文化也存在封闭和开放之分。

二、封闭型村寨的文化传承

封闭型村寨在经济上基本上是“纯粹的”生存经济，没有足够多的剩余产品用于交换，没有专业化的手工业者和商人阶层，更不存在有专门从事文化创造和传承的闲暇阶层。换句话说，如果有充足的剩余产品用于交换，有专业化的手工业者或商人，就势必会发生对外交流，就不可能保持封闭。在封闭的村寨中，由于文化共同体对外缺少交流，因此其内部一定要有互动，以确保其文化的代际传承，否则这个文化共同体就难以生存。其文化传承的物质条件是村寨应该有一定的人口数量，只有这样才能形成文化氛围，才有文化传播者和接受者，还需要有足够的文化传承空间和手段。只有这样才能提供尽可能多的传承机会，确保文化"量"的丰富性。在历史上，古夜郎的村寨几乎都是封闭的，没有形成与中原汉文化、北部的巴蜀文化、西部的滇文化、东边的楚文化、南边的粤文化充分互动，以至于出现"夜郎自大"的笑话。而仔细考察当时的经济状况，大量的考古资料足以证明古夜郎生产力水平还很低，物质财富很不充足。在现代，贵州少数民族边远山区的村寨，至今仍然有"纯粹的"生存经济遗存，还没有滋生出手工业者或商人阶层，几乎所有的活动都指向生存，而且这样的村寨几乎都生产力低下。

（一）封闭型村寨的文化传承需要具备多个条件

村寨人口的数量只是文化传承的一个条件，而真正地实现村寨文化传播，首先是村寨之中要有丰富而深厚的文化，村民对自己的文化充满着特殊的情结。在地形复杂、地貌特征多样、少数民族众多的贵州，封闭型的村寨曾经不在少数，其中相当一部分因为村民的数量少或者建村的历史短，村寨的经济实力和文化存量不足以支撑起村民封闭式的生活，从而改变了村寨的生存方式和文化面貌。而那些规模大、人数多且能够维持"纯粹的"生存经济的村寨，其村民在个体生活的历史中，首要的就是对他所属的那个社群传下来的那些模式和准则的适应。每个人都无法选择自己的出身和诞生之初的文化环境，牙牙学语和蹒跚学步时就开始"濡化"的过程，所在社群的语言、习俗、经验和行为都在无声地施加影响，对模式和准则的习得、对生活经验和生存手段的掌握几乎在浑然不知的状态下。在封闭型村寨，缺少走出去的机会和引入外部文化的条件，代代相承的生活缺少打破惯性的内在动力和机制，村民在成长的过程中，对社群的生活习惯、行为模式、信仰、戒律等都没有进行对比的参照系，因此也不会产生质疑。

但是，封闭型村寨的文化要想延续，就应该具备使其得到传承的"文化场"。

六枝特区的居都仡佬族村寨，紫云县猫营镇的牛角井村巴觔苗寨，锦屏县西北部与剑河、天柱毗邻的九寨侗族村，贵阳市郊花溪区的高坡苗族村等，都是地理环境非常封闭的村寨。从江县丙妹镇岜沙苗族村寨，岑巩县水尾镇的马家寨等，长期在文化上保持着其自身的封闭。在这些村寨，都存在着无形的"文化场"，自然环境、生产结构、村民构成、生活状态、社会制度等要素共同营造着一个村民自以为有利于村寨生存的氛围。

这种封闭型村寨既是村民在长期的生存活动中形成的行为反应机制，也是这个群体的文化传播机制。在这种行为反应机制和文化传承机制中，一种情形是因为长期生活在信息闭塞的环境中逐渐习惯了在村寨内部交流，对村寨以外的世界不太关注，甚至对有可能接触到的、可以获得的信息表现出惰性；另一种情形则是信息交流的自然条件并不差，而村民有一种抵御外部因素影响和对村寨本能防卫的心理和文化机制。前者如麻山腹地紫云县中洞苗族聚落，他们生活在石漠化严重的深山之中，自己很少出去，外面的人一般不会到来，几乎处于相对独立的环境中。在调查中发现，他们不在乎聚落外的世界如何变化，对目前自己的生活没有不满足，对今后如何生活没有预设，其内心就和这个山洞一样平静，其视野就如他们看到的山川大小，其精神就像他们脚下的泥土一样纯朴。后者如岜沙苗寨，一条柏油路直通县城，他们出入方便，游客络绎不绝。他们知道外面世界的发展，知道别人的生活状态，但是直到如今，仍然不改变他们那一袭具有符号性的传统装束，保持着过去的村寨形制和布局，延续祖祖辈辈只在村内通婚的习俗。他们绝大多数人都曾到过城镇，见过车水马龙，感受过桨声灯影，但是他们依然钟情于自己的生活，甚至很担心传统生活会失去(图4-2)。很多人对此感到困惑，而深入村民生活就会发现，当地村民白天给游客表演并没有与游客深入交流，没有形成实质性的文化互动，晚上游客退场，村民回到真实的生活之中。更何况，每天只有极少数村民参与旅游项目表演，大多数村民仍在从事传统的农耕。

在封闭型村寨中，人们的生活节奏慢，生产结构和社会组织单一，人际关系简单，思想和行为倾向于传统。因此，村寨的物质文化、制度文化、精神文化、行为文化等保持着传承的连续性，他们把现代纳入传统。紫云中洞的苗族村民家里有塑料凳、铝合金洗菜盆，个别家庭还有电视机。岜沙村民很多都有手机，都使用电磁炉。但是，这些元素植入村寨之后仍被传统消解了，村民的内心世界还是传统的，弥漫在村寨中的文化氛围还是传统的。

但是，封闭型村寨内部结构的稳定性是建立在传统的自然环境和生活方式之上的，是某个特定时代下的封闭。当交通环境、周边的社会环境、自身的产业结构变化之后，村寨就很难继续维系传统。而且一旦封闭的状态打开缺口，它

图 4-2　尽管从江县岜沙苗寨每天都有游客光顾，表演场上从早到晚都在展示民族风情，而对于多数村民而言，还是习惯于原来的平静生活。他们的生活是游客眼中的一道风景，游客其实也是他们眼中的一道风景而已。

缺少自我调节、自我修复的机制，其传统遭受冲击、文化遭到破坏的程度比相对开放的村寨更严重。例如，黔西北织金和大方交界处的很多苗族村寨在 20 世纪中叶还朴素如古，黔南三都、荔波的许多瑶族和水族村寨在 30 年前还一如从前，可是今天却几乎找不到村寨的原貌。结合曾经的文化人类学调查资料以及当地老人们的回忆，甚至有一种感觉：封闭型村寨的传统行为反应机制和文化传播机制一旦被破坏，其传统文化流失的程度相较于其他村寨更严重。

（二）封闭型村寨的文化在交流中传承

所谓封闭型村寨，并不是指其文化各方面都封闭，而是在某些方面具有保守性，事实上也不可能在各方面都不与外部世界发生任何联系。例如，前面提到的居都仡佬族村寨，其传统节日、祭祀活动、丧葬形制等与相邻的"箐苗"就有诸多类似，对汉族文化也有某些借鉴，尽管这些借鉴很可能不是主动的和自觉的。而就在这个并不大的村寨，直到 20 世纪末，本民族的语言却保存得非常完整。紫云县猫营镇的巴坳苗寨与外界也有某些交往，但是他们的女性头饰和发型、丧葬仪式等近乎顽固地保持到现在（图 4-3）。岑巩马家寨、遵义苦竹垭村的语言、习俗、建筑等都和周边村寨没有两样，但是关于其先辈的身世却在很长时期内绝对保密，对某一些信息的传播，或者在某一些行为上绝对封闭。位于贵州正安县城东南约 53 千米的中观镇桂花村，是中观镇的一个行政村，村民习惯于在村内交往，历史上一直缺少与周边村寨交往的热情，黎氏阳戏成为该村独特的标志,在村寨中传承了几百年。

图 4-3　紫云县巴夬苗族村寨有许多古老的传说和歌舞,丧葬习俗独特,女性至今仍保持着个性鲜明的服饰和发型。

能够形成一个封闭型的村寨,并且能够使其行为反应机制和文化传承机制得以延续,离不开村民的心理机制。无论是对两汉时期、明清时期封闭的汉族移民村寨的历史考察,还是对当今一些封闭的少数民族村寨的田野调查,表面上看,这样的村寨都对自己的文化充满自信,但是深入分析就会发现,促成村寨形成封闭的原因则是强烈的恐惧感。历史上深入贵州腹地的汉族移民,他们置身于少数民族的包围之中,将自己封闭起来就是一种自我保护。今天那些对现代文化持抵触态度的村寨,他们并不是对自己生活的真正满足,而是习惯了传统,担心传统生活受到冲击之后找不到生存坐标。人们在传统文化的熏陶、教化和规范中生活,传统文化已经成为他们认识世界的思维方式和从事生产生活的解决方式,传统文化规定着每个村民的社会角色和行为方式,谁也离不开传统,谁也不会想到抛弃传统或叛逆传统。村民以一种自觉的意识和行为维护和充实村寨的传统。一代又一代被传统濡化,同时又成为传统文化的塑造者。德国人类学家兰德曼说:“人类的行为是由人们已获得的文化所控制的,人如何养育和繁衍,如何穿着和居住,在实际上和伦理上如何行动,如何说话和看世界,他所利用的一切文化形式,都以历史上的创造为基础……然而它们却必须流传下去;前辈们所发现的东西,必须有益于后代。那么,它们就必须用另一种纯精神的保存形式,而不是由遗传来传递。这另一种保存形式,被叫作传统。知识和技巧通过传统,像火灾前线的水桶一样,被一代又一代地传递下去,并按他们前辈的榜样和教诲,传递给后代。”①这种心理机制为封闭型村寨的文化传承创造着条件,它维系着传统文化的延续,抗拒着周边其他文化的冲击。黔西北的穿青人、黔南的绕家人、安顺市一带的南京人、以黄平县为中心的僅家人、镇远县周围的报京人、麻江县的木佬人以及黎平县的撬人,这些人分布的村寨都有鲜明的文化个性,对自己共同体的文化非常珍爱,对世代传承的文化强烈认同(图 4-4)。

在贵州少数民族村寨还能看到另一种现象:封闭型的村寨分布区内部根本

① 兰德曼:《哲学人类学》,阎嘉,译,贵阳:贵州人民出版社,1988 年,第 257 页。

图4-4　左图为镇远县“报京人”。他们与苗族、侗族在服饰、建筑、饮食习惯、节日等方面都能找到相似之处,同时又有自己的文化个性,如讨葱节。(吴安明摄)右图为黄平僅家女性服饰。僅家有自己的古老传说和诸多独特的风俗习惯,还有自己强烈的群体认同。(熊诚摄)

不可能有一个或几个开放型的村寨傲然屹立于其中,而在相对开放的村寨之中却不难看到封闭型的村寨。江口县桃映乡新寨漆树坪村有一个古老的羌族村寨,他们自称“尔玛”或“尔咩”,意为“本地人”。全寨共有 60 多户人家近 300 人,其中羌民 200 余人,全都姓胡,部分田姓、石姓均为苗族。这里和江口县城相距 15 千米,距离铜仁市碧江区 21 千米。羌寨漆树坪地处武陵山脉的梵净山,林茂水急,山高谷深,过去一直交通闭塞,因此至今仍保持一些古朴独特的民族习俗,如每年农历十月初一过羌年,杀猪宰羊,设坛祭祀,敬奉祖宗和太阳神。祭祀的供物须屠宰健壮的白色公羊,在宰杀前烧香敬拜。举行祭祀时,焚香燃烛,全寨男女老少齐聚,小孩的脸部画上羊形图案,给祖先和太阳神斟酒作揖,口中念诵代代相传的祭辞。祭祀结束后,人们在宽敞的场坝欢歌起舞,跳着锅庄,围在一起喝咂酒。他们的建筑还部分地保持着羌族的古朴风貌,隐约可见羌族雕楼建筑的特点。各家的住房互相连接,多为三层建筑,家内住房安排通常把上层或中层作为住房,下层作为牛圈或者堆放农具和纺织工具,在房屋的檐顶四角或一角还能看到垒着的白色石头。据 2000 年第五次人口普查,贵州的羌族人口 1 431 人,石阡县和江口县约有 1 200 人,而且石阡的羌族人口还要略多一些,可是羌族遗风只有在江口县桃映乡才能较丰富地存在。这主要是地理环境闭塞和羌族人居住比较集中的原因,还有重要的一点就是,村民对自己的文化有强烈的认同感。据铜仁学院庄鸿文女士实地调查,她发放的 30 份问卷全部收回,统计表明:60% 以上的人了解羌年来历,全部热衷于过羌年,对本民族的舞蹈、歌谣及其他情况的知晓率达到 60% 。[1] 这里毕竟离江口县城和铜仁市区不远，毕竟是一个苗族人口和汉族人口占多数的地方，羌族村民不可能不受其他民族的文化影响，他们不仅了解当地苗族和汉族的风俗习惯，而且存在许多共同的习俗。

在村寨人际交往的空间里，村民并不单纯满足于日常接触，还会积极参与需要集体协作的事情，如婚丧嫁娶、造屋建桥修路等。他们愿意按照一定的规矩出钱出力或担当角色，在封闭型村寨尤其如此。至于节日、庙会或临时举行的全村性仪式活动，更是为人们提供了充分交往的机会。不同于平日的是，这些活动既是村民集体凝聚力的突出体现，也是满足人们对环境、社会进行认识和情感交流的大好机会（图 4-5）。总之，在早期的封闭型村寨中，村民生活在“熟人社会”，社会关系简单而且紧密，村寨内部互动频繁，没有根本的利益冲突，没有强烈的物质欲望和冲动，所以村民内心平静，村寨内部的社会平静。当交通发展、媒介进步、人员流动加快等出现之后，封闭的村寨形成巨大的外部

图 4-5　这是黔东南施秉县六合村苗寨一户村民女儿出嫁的场景。当地的建筑明显汉化，而婚姻习俗保存得相对完整。在这样的隆重礼俗活动时，村民会按照传统礼俗帮助操持婚事、随礼。相聚在一起，实现信息交流和情感表达。村民并非刻意保持封闭，甚至没有意识到村寨是封闭的。

① 庄鸿文：《对漆树坪“羌年”的考察与思考》，《铜仁学院学报》，2011 年第 1 期。

“文化压力”。[①] 村民在物质生活和精神需求上不再和从前一样自我满足，萌生想打破平静、走出去见大世面，想和村外人拥有同样富裕生活的愿望。在内外两种压力之下，即使最偏远的封闭型村寨也必然走向开放，拒绝开放都将不可能，外界压力势必会冲破封闭型村寨原来的组织结构。但是，今天和将来走向开放并不等于村寨彻底抛弃在封闭型时代创造的文化，只有珍惜和传承历史文化才能使村寨在开放的时代仍然保持个性，而且只有充满个性的村寨才能在开放的时代具有竞争力。

三、开放型村寨的文化传承

开放型村寨只是与封闭型村寨相比较而言，不可能列出具体的指标对其做量化界定。总体而言，它表现出两个特征：一是自然环境开放，不可能阻挡住外部的经济、政治和文化思想进入，也不可能阻挡本地的人们走出去。二是因政治干预，政府或民间机构采取措施加以调控；或因时代变迁，媒介技术发展，本土文化与外来文化、传统文化与现代文化交流、碰撞。平旷之地、江河沿岸一般比大山深处交流更方便，历史上如夜郎“君长”时期，黔北就和巴蜀发生贸易，牂牁江一带就和“南越”保持来往。道路两侧、城镇周围总是信息更丰富，如秦朝在西南开“五尺道”，一直延伸至川滇黔交界处，道路附近的村寨必然变得开放。而随着秦朝很快灭亡，五尺道废弛，曾经活跃的地方又陷入沉寂。从事商贸经营的地方大多比农耕村寨更开放，如南宋时期，乌蒙马是朝廷重要的战略资源，许多朝廷官员和马匹交易的商人活跃在黔西北和黔西南，沿途的村寨一度成为商贸中转地。政治中心通常比权力边缘的视野更开阔，如清朝入关以后，南明小朝廷朱由榔从广西退避至贵州安龙生活数年，使这个边远的少数民族地区成了汉族达官贵人聚集的地方，封闭的村寨骤然之间敞开大门，又随着晚明政治中心西迁云南而很快从热闹转为冷清。人员流动的地方往往社会发展进程较快，如明清时期与汉族移民聚居区毗邻的村寨、抗战时期大量难民涌入的村寨、新中国成立后建立厂矿和工厂的村寨、改革开放后变成城镇、工业园区或修通轨道交通的村寨，都从封闭变得开放。

（一）开放型村寨的文化表现为多元性

多数村寨是农业文明的产物，主要以血缘家族集团为纽带，因此比工商业城

---

① 刘铁梁：《村落——民俗传承的生活空间》，《北京师范大学学报》（社会科学版），1996年第6期。

镇封闭,其开放性不可能很充分,只表现在某个层面或某些方面。在早期,贵州民族村寨的开放是与封建文明对话,是游牧、游耕或山地经济文明与中原农业文明的对话,结果促成一部分血缘集团的分裂和阶级社会的确立。到近现代,贵州少数民族村寨走向开放,则是内敛型的农耕文化与扩张型的工业文化交汇,是本土文明与西方文明的相遇。进入现代社会,村寨开放则是对都市文明的重新认识,对自己的传统文化再一次理性评价。开放的结果不应该是农耕文化的退缩、消失,而应该是各种文明在交流、聚集中的融合。任何一个村寨都必然走向开放,只是时间的早晚、程度的轻重不同而已。影响村寨开放程度的因素既有自然条件,也有社会环境,当制约因素发生变化,村寨的文化面貌也就发生变化。

相比较而言,封闭型村寨的村民构成一般比较单一,而开放型村寨的村民成分通常不是纯粹的血缘集团,大多是由多个家族,或者多个民族,或者同一民族的多个支系共同建立的。例如,天柱县鲍塘村有吴、粟、潘、李、刘、罗、龙、杜、覃、谢等姓,都是陆续从不同地方迁到这里的。在清代乾隆、嘉庆至道光年间,村民就建起了别具特色的屋角上翘的燕子屋,建立了宗祠,开办了学馆。而同一姓氏或同一民族支系的封闭型村寨,其走向开放则往往是受到强烈的外部冲击。例如,从江县的加榜、加鸠、加磨,榕江县的摆贝,乌蒙山中的大南山等苗族村寨,贞丰、望谟、册亨、紫云等地边远山区的苗族和布依族村寨,瑶山深处的瑶族村寨,长期是村寨内部或相邻的几个村寨之间通婚,过去很少与外部交流,传统习俗和生活方式保存得很完整。促使其改变原来村寨状态的根本原因是民国后期和新中国成立后的政治变革,到20世纪末,经济体制变革、交通环境改善、传播途径多元化,进一步冲击维系其封闭状态的机制,一步步走向开放。这种开放不仅体现在自然环境方面,更主要的是体现在生活观念、村民构成以及对待传统文化的态度等方面。今天这些村寨已经有很多人走出了家园,已经找不到只按照传统方式进行生产的家庭,已经在婚姻上突破了地域界线和民族界限,年轻一代的村民没有人会拒绝

图4-6　榕江县兴华水族乡高排村苗寨原本是一个地理环境相对封闭的山村,而现在从生活用具到服饰都与外界没有太多的差异了。图为村寨妇女正在包粽子,和汉族一样过端午节,她们平时穿的服装与汉族人没有差别。村民没有意识到自己的服装何时开始发生改变,也没有觉得端午节就是汉族的节日。

流行文化和都市生活方式(图4-6)。

镇远位于𣵀阳河畔,有驿道经由其地,是从湖广进入滇黔的"门户",素有"水陆之会"之称,三清洞的浮雕将儒佛道三教融为一体,彰显着这里文化的多样性和包容性。安顺是明代开发贵州的首选之地,"地据省城上游,为滇南孔道""内与省会为声援,外以四镇为犄角,因地以定制,供署之密,呼应为最灵矣"。少数民族村寨流传的地戏既有明代屯军的军傩风格,又融入当地的布依戏和花灯元素。明清时期在清水江沿岸发展起来的很多村寨,来自湖南、江西等地的木材交易商人来往频繁,村民行走在许多码头,他们也像汉族一样建立家族祠堂,并在祠堂建筑中融入汉族神话传说和基督教的故事。三门塘地处清水江下游,江面宽阔,水流平缓,宜于摆渡,至今尚存谢家码头、吴家码头、王家码头、刘家码头等五座古码头。鲍塘也位于清水江畔,从明代中后期至民国年间主要以木材贩运为主,湖广、江西乃至陕西的木材商人长期在此设立客栈,今天还能依稀看见古老驿道的痕迹。苗族村民的语言也变得多样化,他们既会讲周边村民的侗语、汉语,也还保留着本地的酸汤话。所以,在清水江流域,包括茅贡、卦治、文斗等地的村寨,都不是典型的传统少数民族村寨了(图4-7)。当地至今还流传着这样的民谣:"鲍塘的燕子,三门溪的银子,三门塘的痞子,菜溪的棍子。"意思是说在木材贩运的年代,鲍塘出现大量的屋院,形状如燕子的建筑群。三门溪生意兴隆,三门塘和菜溪的市面上滋生出抢劫闹事之徒。

岩脚古镇其实就是一个并不算大的村落,位于六枝特区西北部。该村始建于明洪武年间,迄今已有500多年历史,曾经是东去湖广、西进云南、北入巴蜀的古驿站,历史上有"小荆州"之称。村寨里很多古旧房屋的形制都不一样(图4-8),青石黛瓦的"小屯古堡"、徽派建筑的"武衙门"、粉墙青瓦的"三官庙"、木栏雕花的"龚家四合院"、高墙矗立的"西洋楼""东洋楼",它们都有着不一样的年岁和历史,所以它们构成的群体不突兀、不单调。钱庄、马店、盐号作坊、花园、会馆、客栈、染坊的遗存依稀可见,虽然有的已破损不堪,然而无不诉说着当年这里生意兴隆的盛况。

开放型村寨有几大特点,第一,在其物质形态的建筑、服饰、生产生活用具等方面兼容并包。清水江畔三门塘、鲍塘、文斗等村寨,百年前的民居外形都不是某一个民族的风格。三门塘刘氏宗祠、鲍塘吴氏先祠不仅在建筑结构上深受汉文化的影响,设计为四合院形式,而且许多石雕、彩绘,包括龙凤、麒麟、八仙及福禄寿喜之类的吉祥图案,还有取材于圣经故事的人物形态(图4-9)。文斗姜氏家族的老式木质建筑保留有当地传统特点,而门框和窗户的牡丹、卷云、回

图 4-7　左图鲍塘的吴氏先祠整体外形是西式建筑，大门却是传统的汉族形态，还有歌颂祖先功德和盼望子孙发达的对联，其墙体上的彩绘既有基督教故事，也有佛家和道家的传说，将历史与现代、西方文化与东方文化融合在此。这些丝毫没有影响村民的民族认同，也没有对村寨传统文化形成冲击。右图为镇远四方井巷，从建筑形态看，真是“五方杂陈”。聚居区从建立的那个时期开始就不是单一民族或单一姓氏，在多元文化中建立聚落，也在多元文化中形成聚落文化。

图 4-8　岩脚古镇上基本保留完好的西洋楼已有近 200 年历史，其建筑体现出多元文化共生性，今天这里的村民在生活习惯、观念上都能快速融入时代。

图 4-9　左图为三门塘侗族村寨的一个老式四合院，天井两侧砖墙结构的房子为汉式建筑，正面的正房为典型的吊脚楼，所有的窗花充满汉文化色彩。右图为隆里汉族聚居区的一栋四合院，建筑结构为吊脚楼，窗花和匾额则为汉族风格。

纹图案又有汉文化的风格。第二，在其制度文化和精神文化中也有包容性。村寨中保留本民族传统的议事方式和处理问题的方式，而所谓的"议款""议榔"形式没有封闭型村寨那样传统，汉族的封建家长制、市场经济下的协商制色彩很明显。第三，其宗教或民间信仰并非一种，其行为文化表现出对传统的留恋感不强，其心理上对外部文化不排斥甚至欣羡仰慕。思南许家坝土家族的花灯戏，据说起源于唐代，当时仅是少数民族祭天拜鬼的歌舞。随着乌江航运兴盛，越来越多的商人和移民进入，他们将自己的文化融入歌舞之中，增加了说白成分，植入了傩戏的弦乐，添加了湖南辰河戏的要素，保留了土家族的服饰。① 在时代发展中，花灯戏与时俱进，没有人刻意去改变，也没有人对它的变化抵触或反感。所有的改变都没有背离其核心，始终在腔调、风格、内容、趣味上根植于当地民俗，始终是当地村民喜爱的娱乐形式。第四，日常生活中的风俗模糊了地域性和年代感。在赤水河畔、乌江两岸的码头形成的村寨既有巴蜀风情，又有贵州少数民族的地域特色。在清水江旁、㵲阳河边、湘黔滇古驿道沿线的村寨，村民的饮食结构、歌舞、传说故事等都具有多种文化的交融性，散发出湖湘文化的气息。

（二）开放型村寨的文化传承有迹可循

从共时性看，同一时期的村寨有开放和封闭之分；从历时性看，同一村寨也有封闭与开放之别，许多曾经很封闭的村寨，如今也改变原来的文化状态，渐趋开放。

---

① 李慧超，简冰冰：《花灯戏进课堂，传承千年技艺》，《贵阳晚报》，2014 年 8 月 19 日。

开放必然带来社会多方面的变化，而其变化并不是混乱或无序的。村寨在借鉴、吸收外部文化时，其社会内部有协商机制，其开放的程度、文化借鉴吸收的内容和时间先后都总是与社会组织、经济发展水平、村民的群体心理保持着一致，以村寨内部关系的和睦、文化的连续性为前提。就在今天，很多少数民族村寨的老人们穿着本民族服装，而年轻人则一副现代时尚的打扮；住在老式房屋之中，享受现代都市生活，用沼气灶烹饪本地风味的菜肴；在传统节日之中哼着流行歌曲，用现代器皿祭祀祖宗和神灵。尽管有些老人对居住在新房屋中的生活有些不适应，对年轻人的某些行为举止未必认可，对有些传统文化消失心存留恋，但是在代与代之间没有产生强烈冲突，在文化更替的过程之中没有出现村民集体心理失衡和社会失范(图 4-10)。近几十年社会剧烈变迁对贵州少数民族村寨普遍产生冲击，城市附近和交通沿线的村寨无疑变迁的速度最快、程度最深，甚至远离城市和交通要道的村寨也未能逃脱变迁的命运。而在同样的地理环境中，曾经属于封闭型的村寨变迁更深刻，在村民心中引起的反应更强烈，村寨社会的秩序更动荡，传统文化的流失更严重，重要原因就是开放型村寨在面对外部文化冲击时的自我调节能力更强一些，这种自我调节能力包括心理适应能力和行为反应能力。

图 4-10　图为榕江卡寨苗族民众正在津津有味地观看自发组织的斗牛比赛。这里的短裙苗历史上长期与外界很少来往，交流主要在同一服饰类型的村寨之间进行。在民族平等政策实行之后，特别是在人口流动之后，村寨生活发生重大变化。有些女性穿着当地传统的短裙，有些则穿着都市人服装，彼此都没在意服装的差异，都认同是本村人，都喜爱传统的斗牛比赛。

以侗族大歌闻名的从江小黄村，当地侗族的生活在很多方面已经和汉族差不多了，家庭用具基本上已淘汰侗族传统的器具，年轻人多会说汉语，房屋有的改成砖混结构，有的传统建筑也在改变其空间结构。但是，传统风俗与现代价值观念并行不悖，穿着民族服装的妇女和改穿汉族服装的很多人同属于一个家庭。他们都知道什么场合遵循传统礼俗，什么时候运用现代大众交流方式，清楚哪些规矩是可以改变的，哪些行为是不能接受的。在鼓楼为慕名而来的游客表演侗族大歌可以增加一点收入，而祖祖辈辈从事的稻作农业依然还是其主要产业。一部分人外出务工，多数人还在村寨中。为游客演唱侗族大歌带有一点表演成分，农闲时村民传习侗族大歌则是生活常态。每当鼓楼里歌声响起，游客凝神屏气地欣赏天籁之音，村民或许会驻足聆听，而孩子们若无其事地做着自己的游戏，他们习惯了这样的场景。游客在歌坪、花桥、小巷捕捉奇风异俗，村民却照常过着本就属于自己的生活，或在田地中翻土、插秧、除草、收割，或在家中浸泡蓝靛染布、剖竹划篾编制各种用具、裁剪缝纫刺绣、做饭带孩子喂养牲畜，或在鼓楼看电视、在花楼聊天。他们知道外面的世界正在发生变革，自己的生活诸多方面正在改变，而这种改变似乎悄无声息，没有慌张，对传统也并非否定或抛弃（图4-11）。同样是以大歌闻名和从事旅游业的侗族村寨肇兴就面临文化被颠覆的危险，主要原因在于贵广动车和厦蓉高速骤然提供的便利交通，村寨的建筑格局被快速地大规模改变；同时，大量的游客晚上徜徉在村寨，改变了村民的生活状态。

图4-11　小黄村侗族村寨一家村民正在筹办婴儿满月酒，大人在张罗，孩子在等待美味。妇女穿着本民族服装，男人们的服装已经汉化。鼓楼中接待游客的歌声和吊脚楼内村民的笑声分属于两种人际关系，互不冲突。

在百里杜鹃管委会附近的普底乡跑马村，平日里妇女的服饰和当地汉族一样，而在逢年过节或走亲戚时，有些妇女会穿上民族服装。即便是民族服装，有些是传统手工用土布缝制，有些则是机织化纤衣料。无论穿什么样式，无论布料是什么质量，当地人都视为常态，并不觉得不妥。但是，有些传统道德观念和礼俗没有丢掉，也不是将外面的一切全盘吸收。日常交往中的一些礼数正在与时代接轨，而村寨内部的凝聚力、家族内部的亲情、民族或民族支系的文化认同在新的时代没有消失。平时从服饰、建筑和语言上都难以判断他们的民族，而在节日或婚丧的时候，文化特色就非常明显。在与本民族支系以外的人交流时，人们都会流利地使用当地汉语方言，而在内部交流中都习惯于本民族支系的语言，甚至把语言作为评价一个人的民族感情的重要标准，会鄙视放弃自己语言的人(图 4-12)。

所以，评价一个村寨是否为开放型村寨，应该把它放在一个时段，而非某个时间点；应该动态地观察多种现象的过程，而不是静态地注视某个现象的表征。但凡开放型村寨，历史上对外总存在一定的交流，而且并不因为交流而丧失个

图 4-12　图为跑马村苗族村寨王姓村民乔迁新居时前来祝贺的亲朋亲切交谈。多数妇女平时也和男人一样穿着现代汉式服装，对外也能用汉语交流，而在节日或家族聚会时，妇女更愿意穿本民族的服装，相互间都使用本民族的语言。现代交通工具和通信手段促进村民融入更广阔的社会，同时也方便了村民家族内部和村寨之间的联系。血缘纽带依然牢固，传统习俗中最深沉的文化内涵继续传承。

性，它对外部文化的冲击有一定的调适能力，在与外部交流中培育文化个性，在不断地与外部交流中增强自己的文化底蕴。例如，清水江流域的很多因为历史上林木采购而兴起的村寨，福泉、镇远、安顺等明清驿道沿线的村寨，沿河、德江等乌江两岸的村寨，其文化具有动态感，同时其文化的核心部分又具有稳定性。

位于镇远县县城南端39千米的报京寨，是中国北部侗族地区最有代表性的侗族村寨之一，居住着400多户、2 300多人，距今已有300多年的历史。报京寨虽然是一个多民族文化兼容的开放型民族村寨，但在这里能明显感受到侗族风情。尽管其建筑风格和村寨布局一直处于变化之中，语言、服饰和饮食也不是一成不变，但侗族的审美观念、侗族对自然和生活的态度、侗族的民族情结等仍保存得比较完好。他们保留传统干栏式风格建筑，房屋用途上继承侗族祖先的“人住上、畜在下”习惯。报京寨也有自己本民族的节日：正月初一吉利日，二月初二修桥补路节，三月初三播种节，六月初六吃新节，七月十三祭祖节。还吸收苗族的节日：四月初八姊妹节，十一月三十苗年节，还有13年一次的鼓脏节。也和汉族一样通行大年三十除夕、正月十五元宵节、五月初五端午节等。

马头村位于贵州省开阳县禾丰布依族苗族乡，是一个以布依族为主的少数民族古村寨。唐宋之时，此地归蛮州宋氏管辖，布依族的先民在此繁衍生息，至今已有千余年历史。元朝初期将底窝紫江等处的长官司置于寨内，正式建立行政体制。马头村之名可追溯到明代初年的马头寨，因当时此地为水东宋氏土司直辖的十二马头之一，故得名马头寨，并沿用至今。明末清初，朝廷平定水东土司宋万化，原水东十二马头改土归流后置开州。在漫长的历史过程中，马头寨成为布依族文化和汉文化有机融合的交汇点，村中古建筑民居就是这一融合的完美体现（图4-13）。该村中民居多为干栏式四合院、三合院，依山势而建。房屋主体采取汉族民居的穿斗抬梁式悬山青瓦顶木结构，而在装饰艺术上则带有明显的布依族特色。正房大门外加建腰门，左厢前部多建有朝门。门窗以及楼上走廊装饰木雕图案，有汉文化中常见的龙凤等吉祥图案，也有布依族的“万”字格图案，异常精美。

总之，开放型村寨与外部有交流但不刻意，对传统文化热爱但不偏执，对外部文化借鉴但不膜拜，村寨文化处于变化之中但不会与历史断裂，村民对村寨有认同感但不是强行约束。村寨充满活力，村民有归属感。

图 4-13　马头寨的四合院、大门外的“万”字格图案、缠绕在柱子上的龙形花雕。

第二节　大村寨和小村寨及文化传承

从目前贵州的少数民族传统村寨来看，上百户和数百户聚在一处的村寨多集中在黔东南和黔南地区，主要是苗族、侗族和水族村寨。在黔东北和黔西北的苗族聚集地却很少有大村寨，在黔西南布依族集中的地区大村寨也为数不多，彝族和土家族聚居区通常是几户或几十户村民形成的村寨。黔东南从江等地的壮族村寨规模较大，黔北遵义和黔中仡佬族虽居住集中但村寨规模有限。瑶族、畲族、毛南族都没有规模壮观的村寨出现。村寨规模大小既受地理环境限制，也和生活习惯及历史有关。村寨大小不同，其文化风格就会不同，对文化传承也产生着影响。

一、村寨规模描述

村寨的规模有大小，其规模取决于不同的自然条件和历史文化。因此，村寨的外观、村寨内部的人际关系、生活状态和文化景观都不可能一样。

（一）自然条件制约传统村寨的规模

传统村寨差不多都是自然形成的，很少或者没有政权组织干预。自然形成的村寨需要两个条件：村民自然的聚合；耕地能够承载自然聚合的村民负荷。苗族早在阶级社会形成之时就从中原辗转向西部迁徙，他们在漫长而艰辛的跋涉中始终攥紧血脉亲情，用亲情和团体力量战胜无数困难。他们从内心体会到团体力量的作用，也非常珍视群体关系，所以他们在建立村寨时通常是结伴而行的群体。有些村寨刚建立之初人数很少，而另一个家庭到来之后，彼此建立

"结义兄弟"关系,形成更大的群体。在黔南三都水族和黔东南侗族还流传着《祖先上河》古歌,讲述他们的祖先在唐宋时期从广西一路向北,顺着都柳江和龙江进入贵州。他们也是作为以血缘纽带形成的团体一路迁徙而来,并以血缘为基础建立村落。彝族早在东汉时期就活跃在乌蒙山一带,虽然他们的血缘观念还很浓厚,分散到各地之后还保持着家支制度。但是,在社会发展进程中,阶级关系更明显,人们更在意等级观念。土家族自称"毕兹卡",即本地人。他们迁徙流动主要是为了寻求更好的生存环境,村寨的形成非常依赖自然环境,人群流动性不大。布依族在秦汉时期已经出现在红水河,南、北盘江流域,现在则广泛分布在贵州很多地方。但是,他们的迁徙没有经历苗族那样的苦难,也没有形成侗族和水族那样大的规模。因此,没有苗族、侗族、水族等民族那样的迁徙古歌和传说。他们的村寨形成也多与大规模的迁徙无关,为数不多的大村寨基本上是一个或几个家族在良好自然环境中历经数代发展而成的。

今天许多规模较大的村寨不乏外力作用,如新农村建设统筹安排、工程建设搬迁而聚合、山体滑坡摧毁家园后政府安排等。它不是由家族亲情、民族认同等内生动力作用而自然形成的一个相互扶持的群体,而来自"外原动力";也不是村民的自我行为,而是"把原先居住在自然村的农民通过政府动员的方式鼓励农民集中居住到规划好的小区中,本质上是对乡村空间一种重构的过程"①。因此,"外原动力"建立的新村寨不是为了传统文化的传承,而是出于资源节约和管理成本的考虑,借此促进公共设施的区域性覆盖,实现城市文化向乡村的集中辐射,方便村级管理和优化社区环境,从而最终实现城乡一体化的目标,其结果很难做到传统村寨文化的保护和传承。

在生产力水平较低的年代,团结互助有利于战胜困难,结成规模较大的村寨既是集体谋求生存的手段,也是克服艰难险阻的结果。传统大村寨的形成,前提条件是要有较优越的生存环境,要有大量的比较肥沃的可耕地,这些可耕地要么天然灌溉条件好,要么便于建设灌溉设施。例如,距离雷山县城数公里的陶尧村,如今村寨规模发展到500多户,村民人数超过2 000人。它的形成离不开三个条件:一是内部关系简单,村民团结。该村共有虎阳、干皎、干常、干乃则、干勒略、干尧、雄水、新寨、碗厂九个自然寨,只有杨、唐两个姓氏,其实同属一个宗族。二是土地肥沃,可供大量的人口生存。此地是一个典型的坝子,发源于雷公山的小河从坝中流过,河的两旁是千百年来苗族代代接力开垦而成的

---

① 于水,孙金华:《乡村社会发展之动力:乡村集中居住》,《甘肃理论学刊》,2012年第6期。

稻田,村民依山临坝而居。三是历史悠久,不断地壮大。据寨上老人说,若以30年一辈计算,村寨的历史已有1 000多年。相距不远的西江苗寨号称“千户苗寨”,其形成情况与陶尧大致相同:村民同为一个宗族,由兄弟二人开基(另一种说法是两个亲兄弟和一个结义的异姓兄弟);寨前的一条小河水量充沛,寨子两侧和后面梯田环绕,土质肥沃,灌溉方便;寨子从建立到如今数百年,并且长期处于比较安定的环境中。榕江县乌公侗寨和黎平县肇兴侗寨都坐落于水边,数百亩水田连成一片,村民数百年来按照房族分布在若干个区域。三都县怎雷村按照血缘关系形成前寨、上寨、中寨、下寨,位于都柳江畔,世世代代开垦出一大片梯田。都柳江是他们先辈迁徙的路径,这一片梯田则是他们安身立命的基础和繁衍壮大的物质条件(图4-14)。

在大村寨分布的地方也零星点缀着小村寨,如果它们远离其他村寨且比较独立,有较长的历史,那么就一定具有提供村寨生存的良好自然环境,诸如土质、灌溉、物产、气候、生态等。很多这样的小村寨流传着动人的故事,讲述他们的先辈发现山泉,或看见谷物生长繁盛,便因此停留下来创建家园。在黔南平塘县城西约30千米,有一个30余户苗族聚居的孔王寨,村民自称是一支红花苗,在村民中一直流传着祖先在此定居的美丽故事。很久以前,他们的先辈一直过着迁徙的生活,一天突然听见花孔雀传来阵阵叫声:“到美丽的山谷坝子去,那里会让你们过上幸福的好日子!”人们于是跟着花孔雀向前跑,历经许多坎坷和磨难,终于来到这块土肥水清的山谷坝子。这支苗族人在此定居下来,根据当地的自然环境建起一排排整齐的吊脚楼,吊脚楼周围是数不清的竹林和果树,饲养了成群的牲畜,种植了金黄的稻田。后来人们为纪念孔雀,就把这个建好的寨子起名为“孔王寨”。为了记住孔雀的美丽,更为了将本民族的历史加

图4-14 左图榕江县乌公侗寨,大河流淌,灌溉便利。右图雷山西江苗寨曾经是一个灌溉便利、耕地充足的农耕村寨。在这样的村寨内部,都有传承下来的组织系统,村民的行为在无形中受到共同遵循的传统约束。

图4-15 平塘苗族村寨红苗支系的服饰。这种与周边其他人群区别明显的服饰与其说是文化展示，更确切地说是在强化同一服饰类型的村寨之间的凝聚力。人数少和村寨规模小，使他们感到自己的传统文化可能受到冲击的压力，而这种压力又转变成保护传统的动力。与周边布依族村寨相比较而言，孔王寨的苗族村民今天的群体意识和文化保护意识更强，对村寨的历史和先辈迁徙的历史记忆还很清晰。

以展示与传承，她们用五彩线将独特、古朴、繁复和美丽的图样刺绣在衣服上。图样取自苗族迁徙的历史、神话、自然和生活，据说女性裙沿的几条横线象征其祖先跨过了黄河、长江等大江大河，披肩上绣的花纹表示先辈曾经生活过的地方有山林、田园、城池。整个衣服的花纹图案山环水绕，田连阡陌，就像一幅美丽富饶的田园山水画。当姑娘们张开双臂展示绣衣时，宛如孔雀开屏（图4-15）。这支苗族的女装具有强烈的表意功能，被誉为“穿在身上的史书”，其线条、色彩、图案组合表现了苗族女性的内心情感世界，反映出她们对大自然的认识，记录了其祖先迁徙和战争的历史。

规模较小的村寨内部人际关系往往非常简单，文化内容比较单一。这样的村寨通常坐落在大村寨附近，和大村寨形成依存关系，有些是从大村寨中分离出来的，有些则是大村寨的前身，在本质上属于大村寨的组成部分，因此在文化上与相邻的大村寨表现出一致性。例如黔东南的七十二侗寨绵延数十千米，在大的聚落周围总能看见一些小村寨。在台江反排村、榕江摆贝村、剑河展留村等上百户村民的大村寨外围，总能看到数户人家的小寨子坐落在山腰或坡头。

规模较小的村寨大多位于土地比较贫瘠或者耕地分散的地方，村寨的选址和规模总是与之保持一致。荔波县西南角的拉片乡白裤瑶位于距县城30千米处的瑶山中，是瑶族众多支系的一个分支，因男子常年身穿自家缝制的白布裤子而得名。瑶山瑶族乡共辖26个自然村寨，分布非常分散，规模最大的董蒙村只有30余户。生活在黔西北、黔中麻山地区的苗族虽然也是聚族而居，但这里的土地很贫瘠，分散地建立村落更适宜生存。毕节大南山苗族、大方县八堡乡苗族建立的村寨都不大，30户人家以上的寨子不多。黔东北武陵山区很少有成片的坝子，土家族和苗族在有限的耕地附近建立起规模不大的村寨。分散在各地的仡佬族几乎都居住在山旮旯，有限的物产难以承受较多的人口。在历史上，村寨是农耕生活的结果，它不可能超越农业自然条件。如果生产力水平较高或者土质较好，村寨的历史就较长，建筑就较精致；而那些生存环境很恶劣的地方，生产力水平较高的村民一般不会选择在此定居，村寨建筑简陋，内部的社会组织形式松散。因为受自然生存条件本身的限制，只能承受有限的人口负荷，故而小村寨以一个姓氏或两三个姓氏居多。位于荔波县永康乡西南部茂兰国家级自然保护区的腹地有一个布依族山寨尧古寨，全寨住有20多户人家，都是覃姓。后来者如果想在人口负荷有限的小村寨立足，要么将原来的村民赶走，要么得到原来的村民接收。现在天柱县雷寨人口最多的欧阳氏，在明朝永乐年间从邛水(今三穗县境)迁来之时，这里绝大多数为杨姓，他们很难在此立足，于是娶杨氏女为妻，并将后代改为杨姓。

（二）人文历史浸润在传统村寨的规模中

具有一定规模的村寨通常都有较长的历史，有一个由小变大的过程，体现在村寨布局上则是留下来的历史的年轮。据说台江张家寨的苗族张氏家族迁入剑河境内昂英、久脸至今已120多代，大约相当于夏朝时期。20世纪80年代末90年代初，编写《剑河县志》的调查人员通过对九股苗“西”支的考证，认为“西”支从久脸迁到党奉后，又分成数支，其中一支历经42代到温泉张往沟，定居于此已有1 000多年。这样的历史不仅流传在口头，而且在久脸村北面约500米处的一个山梁上还保存着九股苗遗址，九根方形石柱至今尚未完全风化，每根石柱代表一个分迁支系。[①] 位于黔东南州剑河县久仰乡西南面的久吉苗寨也是一个至少已有300多年历史的大村寨，坐落于两山之间的半山腰，久吉大寨、对门寨、万故相寨、仰一阿寨四个自然寨首尾相连，一条小溪纵贯其中。现在有30个村民小组、600余户、近3 000人，分成两个行政村。邰氏家族早在清朝前期就迁居于此，然后李氏家族又接踵而至，最后迁居这里的余氏家族也已有近200年历史了。施秉县将军坳苗寨，当地人至今还有许多关于吴氏和丁氏争夺村寨土地的故事，《镇远府志》中还有关于建寨的只言片语，村头差不多完全风化的石碑还能证明一段往事。据当地村民说，吴氏族人出钱出力，于清朝嘉庆年间刻了两块一样的石碑，立于界边，也就是现在的小米山村入口处，一边一块，当地人叫它“勾往碑”，记载了丁氏和吴氏一段曲折的恩怨，确定吴氏对此

① 王小梅：《剑河县发现久脸苗族分迁古遗址》，《贵州日报》，2010年7月15日。

地拥有支配权。

村寨发展到一定规模,人际关系就会变得复杂,只有村寨内部村民关系和睦才能保证众多的人长期共存。而要确保人们长期友好相处,就一定在村寨内部存在着维系和睦的机制。许多历史悠久的村寨,在其口述传播中留下创业史、发展史和村规民约。其村规民约包括婚姻选择、山林田土界限、水资源利用、公共设施建设和管理、村寨安全保卫等。因为村寨的规模越大,并不一定社会关系就越复杂,事实上很多规模很大的村寨内部的社会关系很简单。村寨规模很大,仍是熟人社会,仍是家族内部关系,个人在行为上受到的群体性压力更大。规模大的村寨通常有悠久的历史,传统会变成维系村寨的力量,村民背负的历史重担更重。

此外,每一个大村寨的命运都离不开安静的外部环境,它确保村寨尽可能免受外部干扰,从而保证村寨发展壮大的进程能够延续,保证村寨内部和睦发展的机制延续。历史上,贵阳周围、安顺和平坝一带、遵义附近的农业自然条件好,曾经建立过规模很大的村寨。同时,这里也是强势者争夺之地,汉族、彝族、布依族都曾为之白刃相向,中央王朝、地方武装、家族集团都曾为之对垒厮杀。所以,这里的村寨远不如边远山区的历史悠久,目前尚存的具有较长历史的大村寨几乎都不在城市周围和交通发达之地。位于贵阳市郊的镇山村布依族村寨、高坡苗族村寨之所以今天还能保持如此规模,就因为在历史上这里交通不方便,位置偏远。相反,贵定音寨、开阳南江村、平坝马家坡等具有一定规模且富含民族文化的村寨,因为今天的外部干扰因素太多,正在走向崩溃。许多历史悠久的村寨,因为交通建设、工业园区建设、矿产开采、水库修建、城市扩建、行政村合并等外部力量介入,其前景堪忧。

二、村寨规模与话语权

在历史上,规模大的村寨几乎都是由同一民族同一文化类型的人们构成的。而不同民族共同建立的关系和睦的大村寨差不多都出现在20世纪中期以后,在中国共产党的民族平等政策推行以后。一个家族甚至一个姓氏聚集在一个村寨,对内有利于管理,便于相互扶持;而对外可以形成强大的力量,保护家族权益不受侵犯。

(一)话语权表面上与村寨规模、村民数量相对应

现实生活中,在一个规模较大的村寨里,通常情况是占人数最多,或者文化

水平最高,或者经济实力最强的姓氏、民族居于话语权的主导地位。在一个区域内,也同样如此。黔西北长期是彝族和苗族杂居,而彝族在过去居于统治地位,话语权事实上就掌握在彝族手中。清代满族移民到贵州,他们在最初的上百年里享有特殊的政治待遇,即使那时处于当地少数民族包围之中,照样拥有政治和经济等方面的话语地位,而到清王朝衰败之时,他们的话语权也随之降低。在阶级社会,话语权与政治地位、参与社会的机会紧密相关。在阶级分化不很突出的时期或地区,话语权则与人数的多少、人群的团结程度相关。榕江县的乐里、寨蒿、晚寨、栽麻等地,侗族按照家族建立众多的大村寨,话语权当然掌握在侗族手中;空申、加簸、卡寨、摆贝等地基本上是苗族以血缘关系组成的大村寨,苗族显然更有话语权。从江县小黄村、岜扒村、占里村等是侗族聚集地,加榜、加鸠等地是苗族聚集地,平正村、银平村等地是壮族聚集地,翠里乡高华村是瑶族聚集地,当然每个民族在自己的聚集地最具有话语权。黄平县重安镇重兴村潘姓苗族居多,安顺黄果树附近石头寨以伍姓布依族为主,黎平县地扪居住的几乎都是吴姓侗族村民,占人口最大多数的姓氏一定在当地实力最强,说话最有分量,对文化的影响最深。所以,关于大弯梯田的开辟,潘姓苗族的传说最有影响力;关于石头寨的源流,伍姓布依族的传说就成了定论;关于"地扪千三"的繁衍分支①,吴姓侗族的解释最有分量。在三都水族自治县,总体而言是水族更有话语权,但在拉缆乡排烧苗寨,1 500 多人中苗族占绝大多数。寨子后面由40户人家形成的水族寨子,当地人称之为"小寨"。排烧村的苗族一般都会说或听得懂水话,但他们讲苗话。小寨的水族至今还讲自己本民族的语言,但在很多场合说苗话,他们也和当地苗族一起参加"鼓脏节""粽粑节""吃新节"等节日活动,也存在开秧门、洗犁耙等习俗(图4-16)。

历史上存在大村寨欺负小村寨,小村寨依附大村寨的现象。小村寨在实力上处于弱势,在心理上不敢高攀。侗族地区,过去由于视野狭小,对外界不了解,怕引入"根骨不正"者进寨,给村落带来不利,影响后代延续,因此规定不同

---

① 地扪吴姓村民解释说,"地扪"是根据侗语音译的地名,直译为泉水源源不断的水源头,意译村寨发祥、人丁兴旺的地方。相传在唐朝时期,他们的先辈就在此建寨,至今已有上千年的历史。当人口发展到了一千三百户,他们为了生存,分住到茅贡七百户,腊洞二百户,罗大、登岑一百户,因此地扪就成为"千三"的总根,至今仍称为"千三侗寨"。吴姓村民对这些村寨的名称也有他们的解释:茅贡旧时称为茅洞,"茅"在侗语中指牛粪,茅洞原为地扪人关牛积肥种田的地方。腊洞的"腊"在侗语中的意思是摔破,腊洞原为地扪人携锅在此宿棚种田而不小心摔破锅的地方。"罗大"侗语谐音指"干田荒田",罗大原为地扪人种田因路远干田荒田最多的地方。"登岑"侗语指田坝脚,登岑就是指居住在地扪田坝脚的地方。

图 4-16　三都排烧苗寨据说是黔南规模最大的苗族村寨，在山腰平地依次排开。苗寨的水族村民建筑形制和生活习惯上都带有明显的苗族色彩，他们在村寨文化表达上显然不具备和苗族村民一样的话语地位。

等级村落之间不通婚，“婚姻各分寨类，若小寨私与大寨结婚，谓之犯上，各大寨知之，则聚党类尽夺其产或伤命”①。这项规定当然出自大村寨，违反规定后的具体惩处当然也由大村寨决定。苗族也有此类现象，在同一地区的大寨与大寨之间通婚比较多，虽没有明显的界限，但习俗上和心理上多少存有看不起小寨的态度，小寨的青年往往不敢到大寨去“游方”。直到民国年间，这种情况在台江、黄平、炉山（今凯里）还有。②

话语权存在于村寨之间，大村寨比小村寨更有话语权。在一个区域或一个村寨，如果同一个民族或同一服饰类型的人占多数，那么在村寨中就享有更多的话语权。三都县排烧苗族村寨、丹寨县上丛水族村寨，总体上他们享有更多的话语权，而具体到某个小区域或某个民族杂居的村寨，情况则有不同。

（二）话语权本质上并非就是村寨规模的体现

在村寨内部，民族之间、民族支系之间、家族之间、等级之间也存在话语权的大小之分。黔东南苗侗地区虽然直到清朝雍正“改土归流”时仍是无阶级的

① 张民：《侗族婚姻家庭》，严汝娴：《中国少数民族婚姻家庭》，北京：中国妇女出版社，1986 年。

② 《民族问题五种丛书》贵州省编辑组：《苗族社会历史调查》（三），贵阳：贵州民族出版社，1987 年，第 105 页。

社会,但是在其内部早已出现等级分化,不同等级享有不同的话语地位。(乾隆)《贵州通志》黑苗条云:“黑苗在都匀之八寨、丹江,镇远之清江,黎平之古州。其山居者曰山苗、曰高坡苗,近河者曰侗苗,中有土司者为熟苗,无管者为生苗……寨分大小,下户不敢通上户,洞崽不敢通爷头……”清代林溥《古州杂记》曰:“招抚之初,苗寨繁庶者,即自行出名就抚,小寨不能自立,附于大寨,谓之洞崽,尊大寨为之爷头,凡地方公事,均大寨应办,小寨概不与闻,亦不派累,如古附庸之例。大寨所有庆吊之事,牛羊酒澧,悉取于洞崽,而偿其职,事爷头苗稍不恭顺,即结讼频年,终无了期。”毛贵铭《黔苗竹枝词》云:“洞崽与爷头分寨而居,爷头称大寨,洞崽称小寨,听爷头使命,婚姻各分寨类,若私婚,大寨谓之犯上,大寨聚党夺其私产,有伤命者。又爷头男女多苟合,惟洞崽人敢通爷头,盖洞崽为下户,爷头为上户。”①在黔西南贞丰、兴仁、安龙、册亨、望谟等布依族聚居区,历史上出现明显的阶级分化,当地的农民自称“唯”,称土司为“布苏”(老爷)。当时有一个规矩,土司生下长子的第三天,领地内的农民必须携带礼物,不分长幼地向婴儿下跪,通过这个仪式“认主”。布苏为了保证社会身份的纯洁,禁止和穷人通婚,否则如同“喝下自己的洗脚水”,曾经拥有的话语权也将因此失去。财主的家里还出现女家奴(“勒唯”)、身性家奴(“勒结”)。她们是服侍土司、亭目的家庭奴仆,大多是买来或陪嫁来的,终生寄养在主人的家庭内,可以出卖、陪嫁或赎身,因此不可能与主人形成平等的关系。话语权是政治地位的副产品,也反映着政治地位。土司或农民、家奴的等级身份规定着不同的生活待遇和社会行为,农民不能骑马经过土司家门,农民平日骑马都不得用红色坐垫,农民衣袖不能过长、不能用石灰粉刷墙壁,农民结婚只能在夜间迎娶新娘,不得鸣锣放炮,新娘子只能走路到婆家。

黔西南彝区的等级更是分明,《普安厅志》卷四说:“罗罗分三种,一曰刚夷,最贱,世为臣仆;白夷次之,世为把目;黑夷即乌蛮,最贵,世为酋长。”在不同等级之间共同遵循身份禁忌、行为禁忌,但是彼此之间不会有充分的信息对流,即使因生产和生活的接触而发生交流行为,地位也显然不平等。因此在村社组织的传播中,信息主要在村社内部流动;在村社内部,信息又是分层流动;在村社内部的不同等级之间,低等级者没有资格向高等级者交流,而高等级者有权力向低等级者训话。

话语权表面上由人数的多少决定,本质上则是由政治势力和经济实力决定

① 童振藻:《黔苗近况述要及调整纲领》,史继忠,张永国:《民国年间苗族论文集》,贵州省民族研究所编(内部),1983 年。

的。位于罗甸县西南角的平亭村,有滑里、绕里、百望、母羊等布依族聚居的村寨,定居的布依族有侬、黄、王、罗、白、杨六姓。据说他们的先辈大约是在明末清初由广西泗城府(今广西凌乐县)迁来,王姓亭目是由桑郎土司管辖的罗暮亭分支到这里来设亭统治的。平亭村有七八个较大的姓氏,每一个姓基本上是一个家族。由于姓氏的来源不同,也有一个姓其实为两个不同的家族,如王姓中有的是属于王姓亭目的王姓家族,有的是王姓亭目统治下的另一个王姓家族。亭目王姓在经济上实力强,政治上有特权,在平亭村当然控制着话语权。直到中华人民共和国成立后,这一局面才有所改变。在兴义下午屯,刘氏是清朝时从湖南迁徙而来,最初仅依附于当地做点小买卖,后来略有积蓄,子孙读书识字,与殷实之家联姻。晚清时期办团练,养家兵,扩充势力,又在辛亥革命之后趁着贵州社会混乱,刘显世夺取了政权,刘氏家族因此就在当地建立了最气派的庄园,成为当地乃至贵州最有权势的家族。

锦屏县文斗寨如今以姜姓居多,其先辈姜仕朝靠做木材投机生意发家致富。据《姜氏家谱·世系纪略》记载:"仕朝幼失怙,惟母教是从。及长,兴家创业,生理大顺。晚年值坌处与卦治争江,两年不通买卖,吾祖(仕朝)罄其所有,广囤木植。嗣事结(按,指争江平息),沿江半属我家印木。以一二年购进万数之木,四五旬尽卖之,获利数倍。其时,田山虽未广置,黄白已冠千家。"姜仕朝曾经是个遭人白眼的穷小子,在坌处与卦治争斗之时,趁机囤积木材,高价倒卖,转眼成为富翁。有了钱就能广置田产,修很多房子,家中人丁于是兴旺,成为当地说话最有分量的人。

作为普通村民,最关心的是切身利益,所谓的村寨文化对他们而言太抽象。村寨规模就是村寨的实力展示,与村民利益直接相关。在与其他村寨的利益较量中,规模大的村寨通常能够保住和扩大既得利益,在当地就有影响力,说话就有底气。20 世纪 90 年代,潘年英对贵阳附近的高坡苗族聚居地作田野调查时,甲定村的支书王道邦就指出大村寨更能抗拒外面的欺侮。"人少了不好办事,人少被人家欺侮,外人来打我们,抢我们,都无法反抗。"从老祖宗的时候开始,"我们就尽量团结宗族房族,不到万不得已不外流,大家团拢来做成大寨子,大寨子就不容易受人轻视了。我们地方,争田土、争山林的事比较多,人强马壮的寨子,往往占上风,人寡兵少则往往吃亏"。这样的事情不只发生在过去,现在仍然如此。高坡的高寨因和惠水县的摆省寨争夺山林,高寨人少,别人打到村门口也无可奈何。因为高寨和甲定有亲戚关系,甲定前来助威,摆省才不敢把事情闹大。五寨村也和摆省有山林纠纷,而五寨是大寨子,所以摆省没有采取像对待高寨那样的举动。甲定村和龙里县的新庄村因争夺山林打过架，甲定、五寨、高寨、杉坪等村寨属于同一个家族，团结起来，结果新寨扛枪提刀前来也不敢放肆。新庄村和附近的长冲汉族村寨发生矛盾，他们的行为就大胆多了，公然到长冲牵别人的牛，毫无忌惮。[①] 在村民看来，村寨规模和村寨中家族人数的多少密切相关，与家庭利益攸关、与个人命运紧密联系在一起。

话语权依托实力，大村寨比小村寨有实力。在同一个民族构成的村寨中，往往人数多的家族更有实力。在多个民族构成的村寨中，通常是人员占多数的民族更有实力。但是，话语权并非说话的权利。大村寨更具有话语权，其实是指大村寨在社会上更具有影响力。在文化部等四部门评选出的传统村落名录中，贵州的村寨几乎都是具有相当规模的大村寨。在贵州自己评选的最具魅力村寨中，30 个村寨全是大村寨。大村寨的文化内涵丰富，有一段很长的村寨历史，有很多文化足以引起社会关注并值得传承，有很多的文化传承人，有很多的人可以成为文化的传承者，有很多开展的活动成为文化传承的载体和平台。大村寨的经济总量大，物质基础的体量大，每一个家庭在农田水利设施、道路和其他公用设施建设上可以用较少的投入便可获得很高的回报，在抵御自然灾害和抗击外来侵犯方面更有实力。现实的回报能促进村民对自己的村寨更加热爱，村寨的实力可以使村民对自己的村寨文化产生自信。当地村民出资修建的古桥几乎都位于大村寨之中或村寨附近，有一定规模的水利工程总是大村寨的杰作，高大的鼓楼必然屹立于大村寨，气派的祖宗祠堂只有经济实力雄厚且人数众多的家族才能修建，声势浩大的祭祀活动或民间聚会通常只有大村寨才有实力承办。这样的建筑、民俗活动对局外人是文化遗产，而对当事人则是身份象征和话语权的符号。大村寨各种设施、各类民俗、各项规约，共同构成不同凡响的传播力。大村寨的人多、活动多、事情多、涉及的关系多，更能引起社会关注，产生社会反响。社会反响进一步提升村寨的影响力，进一步刺激村寨自身的环境建设和文化建设。

社会影响力需要自身创造、积累，不可能凭空而来，不可能无端而生，不可能强加于人。历史上，人口少的姓氏在村寨里缺少话语权，人数少的村寨在当地的话语权不够，就是因为他们缺少足以影响当地社会的力量。相反，某个姓氏的人口在村寨中占多数，某个村寨的规模在当地最大，就足以左右某种行为或形成某种局面。如果某人因为政治地位、文化水平、思想观念等在当地独树

---

① 潘年英：《百年高坡》，贵阳：贵州人民出版社，1997 年，第 30-31 页。

一帜,属于“意见领袖”,此人因此就拥有与众不同的话语权,此人所在的家族和村寨也会因此提高话语地位。如果在一个村寨中,某个民族或某个姓氏占多数,其影响力必然最大,其话语的分量也因此增加。在雷山的羊排、陶尧等村寨,杨氏占人口绝大多数,杨氏的声音基本上代表当地村民的诉求。在扁担山布依族村寨,任何一项涉及村寨公共事务的计划,都不能无视占人口最大多数的伍姓的存在。在三都水族聚集区,大村寨或分别以莫姓、石姓、罗姓、覃姓、潘姓等为主,在具体的某个村寨,人数最多的姓氏影响力最大,而在整个水族生活区则由这些大姓共同掌控着话语权。三穗县台烈镇寨头村据说是仅次于雷山西江的全国第二大苗族聚居村,万氏在村中占人口的绝大多数,如今共发展为十二个房族,因此在村中也最具影响力,他们的习俗直接反映着村寨的文化特征。这一带的苗族在“二月二”举行禳桥节,寨头村的活动安排基本上由万氏家族决定。在这一天,十二大房都参加祭桥,族人把集体凑钱买的猪、牛牵到距离寨子约五里路的后山龙脉九纳老地方,作为禳桥节祭祀仪式的三牲贡品,要把龙脉接进寨中,祈愿家族繁荣兴旺(图4-17)。其他家族在禳桥节活动中当然就亦步亦趋,其社会影响力也不可相提并论。黔西北金坡乡的满族村寨,宋氏人口居多,在过去也是政治地位最高、经济实力最强的家族。咸丰年间的一座与众不同的石雕花坟无声地诉说着家族高贵的身份,也将家族的地位牢固地捍卫到今天。在凯里舟溪一带,吴姓在甘超、黄金寨、虎场坡、牌坊边、吴家寨、鸭塘等寨尊崇一个祖先,每到旧历七月的第一个卯日,这些村寨的吴姓就过“吃糟节”,苗语叫“能粑稿”。他们对这个节日非常重视,一直延续至今,也成为当地文化的重要内容。20世纪50年代以前,黔西北和张一带的苗族村寨通常都是十来户,有少到三四户的,二三十户人家的村寨就算是大寨子了。海确(按,现在写作“海雀”)户数达50余家,并且还曾到过百余户。这个村寨的传统文化保存得最完整,很多男子都不会说汉语,妇女只有少数从外面嫁进来的才会说汉语,服饰比较古旧,习俗非常传统。所以,海确就成了这一带苗族村寨的关注中心,无形中就成了其他村寨参照的中心。在1957年恢复合作社时,许多小寨就公开说:“海确办,我们就办;海确不办,我们也不办。”当时的区党委在执行政策时,对海确也采取极其慎重的方针,根据情况,妥善安排。①

话语权离不开社会影响力,村民创造着影响力,也只有延续着影响力才能确保话语权不至于旁落。在漫长的历史长河中,有些村寨消失,有些村寨壮大,

---

① 《民族问题五种丛书》贵州省编辑组:《苗族社会历史调查》(三),贵阳:贵州民族出版社,1987年,第3页。

图4-17　万氏家族众男丁从村寨出发前往当地的也雾山禳桥接龙，到了接龙活动的桥上，由当地德高望重的寨老将准备祭祀的香烛酒礼敬奉给神灵，祈愿风调雨顺、五谷丰登。其他家族的人口少，不可能组织如此大规模的活动。

今天能够见到的具有千年历史的村寨屈指可数，有五六百年历史的村寨也为数有限。因为自然环境变迁、政治更迭、自然灾害、家族变故，有些原本规模大、文化浓的村寨随着风雨沧桑渐渐被同化，这样的现象/情况在过去是很常见的。两汉时期的汉族移民在贵州务川、平坝和兴义就只剩下考古遗存，五代时期楚王马殷的军队在今惠水布依族地区建立营盘的辉煌就只留下口传家谱和文献记载。有些仅存一个地名让后人产生无限遐想，如贵阳市区原名黑羊大箐，据说是彝族聚居区；花溪原名花仡佬，本来是仡佬族聚集区；兴义原名黄草坝，为少数民族贸易集散地。而在今天，已找不到一点历史的痕迹。有些在现实生活中还有只鳞片爪和口头传说相印证，如黔东南月亮山深处的苗族聚居区，土家族污讲村隐蔽在榕江县计划乡的莽莽大山中，相传他们的先辈在几百年前逃亡至此。至今这里没有公路，不通邮政，没有电视信号，也没有手机信号。封闭的状态保全了他们免受外部冲击，群体聚居保全了他们的传统世代延续，而长期处在其他民族村寨的包围之中，则使土家族的文化特征所剩不多。还有一些村寨仍保留着鲜明的自我文化特征，他们的文化沉淀在传说里、建筑内、服饰上、语言中、民俗活动间。在台江县的施洞、久仰等地，在麻山腹地、乌蒙山脚，民族村寨深沉苍凉的古歌触摸不到历史的尽头，近乎诡谲的祭祀仪式将人们带到天地混沌的远古时代，无法捋清村寨发展脉络，只会强烈地感受到村寨的文化古老、绵长。

（三）不同规模的村寨构建不同的话语体系

贵州的民族分布格局是大杂居、小聚居，大杂居就是不同民族的村寨彼此相邻，小聚居就是在某个村寨通常为同一个民族的村民。在不同民族的村寨彼此相邻的居住环境中,受其他民族的文化影响非常普遍。而只受到其他民族的文化影响却仍然保持本民族文化的村寨,它一定具有相当大的规模,而且存在着一种行之有效的文化传承机制和心理机制。

据《贵州省少数民族调查资料之十三》介绍,黔西县沙井乡罗都寨在新中国成立前有31户仡佬族村民居住,这个寨子就是一个自给自足的"小天地",村寨傍山而建,每户人家鸡犬相闻,村民种植玉米、小麦、大麦、红薯、土豆、高粱、水稻及豆类,饲养猪牛和家禽,村中有石匠、铁匠、木匠,每家都有一片麻园,自种苎麻,自织麻布,没有做生意的意识,很少与外界往来,偶尔看见陌生人进村,纷纷关门闭户。而在寨子内部,他们有自己的"头人",称之为"寨老",负责调解邻里纠纷,安排公共事务。尽管他们人数不多,但居住集中,没有被周边其他人群撕裂其内部组织,自在状态下建立的人际关系和形成的习惯便成为文化得以传承的机制。

而绕家、僅家、蔡家、龙家、穿青人等的文化之所以能够坚挺地保存,要么是他们的村寨规模很大,要么是众多的小村寨构成一个规模很大的村寨群,有着强烈的文化认同、和谐的村民关系、稳定的村寨内部结构。

在黔南都匀市洛邦镇境内,清澈碧绿的绕河两岸,10多千米散落着10多个自然村寨,住着500多户村民,他们自称"绕家"。村寨依山傍水,果树竹林环抱,一栋栋造型别致的吊脚楼掩映在绿荫之中。绕河之名或许是因为河道弯曲,随着山势土丘盘绕的缘故,绕家人的称呼也许是因为村民世代居住在绕河而得名。[①] 距洛邦镇并不太远的麻江县龙山乡的河坝村,有30个自然村寨,总人口超过3 400人,也称为"绕家"。他们自称"育",史称为"幺家""禾苗",居住于此距今已有700多年。1993年8月,麻江县河坝"绕家"被认定为瑶族,而村民对这个民族身份识别并不认可。他们强烈的群体认同,成为文化传承的内生动力,这也是他们巩固话语地位的基石。

在黔东南黄平县、施秉县、凯里市等地也有使用苗族西部方言的人群,他们自称"僅家",对官方认定的苗族身份并不赞同。据(民国)《贵州通志》载:僅家是镇远府的"附郭土著民族",被蔑称为"黄平蛮僚"。(乾隆)《镇远府志》曾有记载:"犵兜,镇远、施秉、黄平皆有之。好居高坡,不篱不垣,男子衣类土人,女子短衣,偏髻,绣五彩于胸袖间,背负海巴,蚕茧累累如贯珠。人多嗜酒,四时佩刀弩,入山逐鹿罗雀,其药箭伤人,见血立死。"还有蔡家、宋家、穿青人、南京人

① 杨启刚:《神秘"绕家"》,《西部人》,2003年第10期。

等分布在贵州多地，他们都只认同人群内部的自称，不愿意接受官方的民族识别。虽然他们不接受官方认定的族属关系，但这并不妨碍他们与其他民族的平等交往，也不妨碍他们对中华民族大家庭的认同。他们坚持自己的群体归属，恰好是因为他们在文化上有自己的诸多特征，在建筑、服饰、饮食、婚姻、丧葬、民间信仰、神话传说等方面有着与众不同的风格，并且这些特征在生活中一直延续。他们与其他文化群体杂居，在对比中体现、张扬自己的文化特征，同时感受到文化传统可能遇到的威胁。“在群体边界的互动中，为了避免群体认同的削弱而导致被周边民族所同化，他们又通过宗教仪式及生活习俗等自我认同和归属意识，维护群体边界。他们把这种从内部构建独特文化表征的方式作为维持群体内聚力的有效手段，从而控塑着自己的群体认同。”①有了群体认同，就有利于形成和坚守群体话语，从而以群体文化与其他村寨对话。

凯里市龙场镇石龙寨已有 700 多年的寨史，村寨距市中心 20 千米，全寨有 56 户、258 人。村民自称“果苗”，其他民族对其称呼各异，如苗族称“嘎斗书”，东家称“莫嘎下”，僅家称“沙赛”，汉族称“西苗”或“西家”，史书称“西苗”，新中国成立后通称为“西家”(图 4-18)。石龙寨西家人世代讲述他们的祖先是西北的西夏人，跟随成吉思汗西征，遭遇灭绝的危机，他们的先祖为了保全种族，一路辗转迁徙到了江西。之后且战且退，来到贵州这个四面环山的地方落脚。尽管人口锐减，但总算一定程度上保全了群体，在这山中一隅繁衍生息。西家歌舞中的“一统(桶)江山”舞别具一格，村寨中的老人一直流传着一个他们引以为傲的传说。民居的外门多是宽大的木板门，住房多为四排三间青瓦顶木房，堂屋的两根中柱和中梁必须是不断尖、不空心、未被雷打过的杉木或紫檀木，房梁和屋檩的建材要求树木根左梢右。房屋的板壁为立装，中间为堂屋，前壁退后一柱装，后

图 4-18　凯里市龙场镇西家女性的服饰别具一格。石龙寨今天已经很难看到古老的建筑，西家人的文化能够传承下来固然凭借多种载体，但最重要的是西家人自身对传统文化的重视，传统文化成为凝聚村民的向心力。(何琼摄)

① 周莹：《僅家服饰蜡染艺术的族群认同研究：贵州黄平重兴乡望坝村的研究案例》，《原生态民族文化学刊》，2011 年第 2 期。

壁设神龛,装道巷,上装天花板。堂屋左右两间,楼下为宿舍、厅堂中是火塘、楼上为粮仓。这古朴的民居一般沿山而建,又依山对峙,形成一个和合的家园。西家人的迁徙传说和"一统(桶)江山"舞传说未必有据可查,未必就是真实历史,但是它划分了西家人和周边人群的文化边界。西家人的房屋建筑中那些特殊的风格未必就比周边其他建筑更符合科学思想,但它是西家人的审美、思维和历史文化的固化。他们有着很清晰的群体边界意识和自我文化认同,在地处城郊的文化互动中用他们的传说故事、建筑、习俗等塑造着本群体的文化认同。

黔北仁怀市是一个汉族占绝大多数的地方,而就在汉族附近,后山乡却分布着多个苗寨。1936 年编修的《续遵义府志》,将后山苗寨称为"笙韵苗寨"。每个寨子只有几户或十几户人家,但是若干寨子形成一个庞大的聚落,今天共3 000多名苗族同胞生活其中,他们仍保留着滚山珠、踩月亮等苗族习俗。其中惊险刺激的"爬花杆",因为要爬上 10 多米高的独木进行芦笙吹奏表演,被称为"云端上的舞蹈"。据当地人的传说,"爬花杆"已有上千年的历史。即便在当代,后山苗族芦笙舞传承不绝,村民对滚山珠的兴趣不减。他们用这样的独特习俗表明群体的文化边界和群体记忆,也用这样的方式加强村寨的凝聚力。也因为他们保持着吹芦笙、滚山珠、踩月亮等习俗,所以他们和相距甚远的黔西北纳雍一带的苗族有了对话的基础,构成了共同的话语系统。在时尚文化的强烈冲击下,他们还坚挺地保留着自己的传统话语。

村寨的话语系统是一种文化建构,它以村寨的经济实力为基础,以对外影响力为前提,以具体的文化要素为资本。没有经济实力就难以支撑一个村寨成长壮大,村寨没有规模就不可能产生足够的社会影响力,没有丰富的神话传说、民间歌舞、民俗活动、建筑设施以及独具个性的服饰、语言等文化要素,就不可能建立自己的话语地位。村民是话语系统的建构者,不同的民族、不同的家族在不同的历史时期、不同的自然环境和人文环境中创造出不同的村寨文化。因此,村寨就不只是一个地理单元或人群的居住地,它代表着一个地域的人文空间,其话语地位本质上就是一个地域的文化面貌,而一个地域的文化面貌总会体现出空间、时间等多个维度。一座有历史文化价值的村寨,往往就是一个社会和一段历史的缩影。

村寨是由定居在一定地域内的若干家庭组成的群体,由生活于此的家庭创造出包括血统关系、家风家教、家规家法、宗族组织等为内容的家庭文化。贵州少数民族的村寨一般都融宗族、亲族和地缘关系为一体,形成一个自足的文化空间体系。在大村寨中,掌握话语权的家族展示着家族势力,用家族礼仪、祭祀活动等张扬宗族文化。他们的祭祀活动具有典型的原始性和宗教性,其内容和形式渗透在丧葬、庆典、节日等活动的各个方面。黔西北很多家族有自己的掌坛师,负责家族的各种祭祀。在黔东南苗族,很多村寨有鬼师,巫鬼文化氛围非常浓厚。在黔东北土家族村寨有端公、梯玛,在贵州西部彝族分布区有主持灵魂超度的毕摩,在南北盘江布依族村寨有驱鬼禳灾的摩公,在水族村寨有捉鬼降妖的水书先生。这些人活跃在丧葬、庆典、节日等活动中,是村寨大型祭祀活动中的主持人,是地方文化的传承者和表现者,是家族精英和村寨精英,他们遵循当地民间信仰的系统,用宗教仪式表现神灵的位序结构,曲折地反映祖先、家族和民族在当地的历史地位和社会影响力。在村寨祭祀中经常看到民族图腾、本地鬼神、家族祖先与外地传入的神祇列入同一个祭祀系统,而在不同的时间维度和空间维度中,图腾、祖先、神灵和鬼怪在祭祀系统中的位置发生着变化,并且这种变化总是和民族的命运、家族的话语地位、村寨的规模、村民的文化交往程度保持着一致性。“家族精英正是依靠对宗族话语权和民间文化诠释权的垄断,利用其在家族中的权威、地位和声望,有意识地摒弃信仰中‘朴野’、巫术性的一面,使其正统化。”[①]所以,在南部侗区由哪个村寨主持祭萨,在黔东南苗族生活区由哪个村寨主持鼓脏节,在黔西北彝区由哪个村寨主持火把节,其实也是村寨话语权的宣示。几乎在贵州的每一个少数民族村寨,丧葬活动和结婚仪式都办得很铺张,民俗活动都极力彰显声势,这种表象的背后都反映着家族或村寨社会影响力的大小。

话语权本来是在历史上形成的,村寨的实力决定话语权,话语权彰显村寨实力。但是,今天却成了有些地方政府或村寨刻意追求的目的,所谓的“天下第一苗寨”“中国第一侗寨”“中华第一布依村”“黔南第一水族村寨”等,与其说是客观事实,不如说是对一种头衔的炫耀或期待。而头衔的背后隐含着对话语权掌控的心理,对物质利益的擘画。似乎有了这种头衔,该村寨就成了其民族文化的代表,就在建筑、服饰、民俗诸方面成了标杆,就拥有了对外展示传统文化的话语权;似乎有了这个头衔,更能吸引外界注意,可以为村寨发展壮大提供动力。

话语权其实也是文化坚守的责任。村寨话语权建立在一定的人口数量、经济实力基础之上,但更重要的是自己本身应具有很鲜明的文化特色。而鲜明的文化特色指的就是有代表性的文化符号、得到众多的人认可的文化元素、悠久

① 侣传振:《村落仪式:乡村社会的结构与反结构:一项来自村庄祭祀仪式解读基础上的分析尝试》,《内蒙古社会科学》(汉文版),2009 年第 1 期。

的文化传统,这一切不是靠自己的鼓吹或随意打造。为了捍卫或扩大话语权,就必须增强文化影响力和传播力,就必须坚守文化传统和保持文化个性。每一个有影响力的民族村寨都意识到了传统文化的重要性,每一个试图争取话语权的村寨都不会忽视传统文化。遵义县平正村、石阡县尧上村、务川县龙潭村、平坝大狗场村等都是仡佬族聚集较多的地方,都对传统文化有一定的话语权,但是目前没有一个村寨具有足够的实力宣称自己是"仡佬族第一村",所有的村寨都在展示传统文化以证明自己才是"仡佬族第一村"。这种宣示至少说明村寨具有一定的规模,具有强烈的文化期待,而这种期待也有助于传统文化的保护,有助于增强民族凝聚力,有助于扩大村寨规模。

话语权也能使村寨对外部文化保持更开阔的胸襟,一方面,它使村寨对自己拥有的文化有了更足的底气,敢于大胆地面对、吸收、改造外部的文化。三都排烧苗族热衷于水族的赛马习俗,和水族人一样过端节,说明他们对自己的文化很自信,从而促进民族文化交流。另一方面,具有内敛特质的村寨传统文化在已经形成开放环境的当今,其他民族的村寨文化、都市文化很容易从这里冲开缺口。

综观这些村寨,他们的文化能够传承至今,并不完全取决于村寨规模。他们有几个共同特点:首先是村寨内部保持亲密的人际关系,良好的人际关系促成内部充分互动,使文化传承的通道畅通。其次是有清晰的口传历史,它反映着村民自己的文化自信和对自己文化的珍爱,同时这种口传又在不断地强化着他们的文化,使文化转化成建设村寨和发展村寨的内生动力。最后是他们有代表其文化特征的传播载体,如建筑、歌舞、民间信仰和习俗等,通过这些载体将文化加以延续。

第三节　单一民族村寨与多民族聚居村寨及其文化传承

在各民族大杂居的格局中,一个地区要始终保持单一民族分布几乎是不可能的。不同民族或同一民族不同支系毗邻而居,这是贵州少数民族村寨分布的普遍现象。各民族在大杂居的格局中小聚居,一个村寨之中只有一个民族或一个民族支系,这在贵州少数民族村寨分布中并不鲜见。而随着人口增加、交通改善，民族交流和文化融合的不断发生，单一民族或单一民族支系的村寨将会越来越少。村寨之中的民族构成不同，文化面貌必然不一样，文化传承的内容、方式和机制也会不一样。

一、各民族文化交流描述

从历时性观察，单一民族的村寨和单一民族支系的村寨越来越少，村寨物质文化和非物质文化中的多样性越来越明显。从共时性观察，多民族共处的村寨从城镇郊区和交通沿线逐渐扩散，进而使边远山区原本村民构成比较单一的村寨也在发生改变。

（一）村民的构成影响村寨文化色彩

单一民族构成的村寨如今已为数不多，而在单一民族村寨中只有一个家族的就更少了。例如，铜仁茶园山徐氏、岑巩水尾镇马家寨吴氏、黎平肇兴纪堂寨陆姓、务川蕉坝乡麻青村李姓等单一家族构成的村寨正在被改变，绝大多数单一民族村寨从历史上就是由多个姓氏组成的混合型村寨。多姓氏混合型村寨从形成看，有一种类型的村寨的形成与婚姻有关：女人在丈夫去世之后改嫁，前夫所生的儿子也跟着来到这里，继父视之如己出，并让孩子保留原来的姓氏。这样的村寨在本质上仍然是单一姓氏村寨。真正的混合型村寨有的是几个异姓结为兄弟共同在一地扎根，共同开发。如施秉县马鞍山西北 20 千米的陶家塘，当地村民至今仍在传说陶家塘为陶姓人最早居住，明朝洪武年间前来驻军于此，后奉命外迁他地，由彭氏和杨氏接防。彭氏与杨氏二姓随军来到贵州，在施秉定居下来，彼此以兄弟相称，并共同购置陶氏山林田地等家业，建立村寨。还有一种混合型村寨建立的过程是不同姓氏的人先后到同一个地方，或先前到此地的家族接纳后来者，或后来者实力强大，先前到此地的姓氏不得不承认事实。前一种如雷山西江的也薅苗寨，据说他们的祖宗是从一个叫“鸡叫寨”的地方迁来，南贵的祖宗收留了他，并以兄弟相称。[①] 又如天柱三门塘侗寨，最早来到三门塘的应该是谢氏，时间在明永乐二年（1404），由黔阳来。[②] 刘氏迁入此地，时间在明宪宗成化十五年（1479），由铜鼓卫迁入。[③] 此后又有王氏、吴氏、

---

① 张晓：《西江苗族妇女口述史研究》，贵阳：贵州人民出版社，1997 年，第 5 页。

② 钱晶晶：《历史人类学视角下的村落空间：三门塘人的谱系建构与姓氏空间》，《青海民族研究》，2013 年第 2 期。

③ 蒋家林：《贵州天柱三门塘刘氏宗祠研究》，《经济研究导刊》，2012 年第 8 期。

尹氏等加入。剑河县久仰乡久吉苗寨如今有30个村民小组、600多户、2 600多人。邰氏家族早在清朝前期开始迁居于久吉大寨，接着李氏家族又迁居于此，最后迁居这里的余氏家族也已有近200年历史。

因为后来者实力强大而形成多姓氏村寨，从前这种村寨在经济很落后或阶级分化不明显的地方并不多见，而在社会分化比较明显的地方则很常见。例如，黔西南罗甸县布依族村寨平亭村，最先到这里定居的布依族有侬、黄、王、罗、白、杨六姓，据说他们的祖先是在明末清初由广西泗城府迁来。而在后来，另一支桑郎土司管辖的王姓分支也来了，并成为这里的统治者。单一姓氏的村寨中家族文化色彩很浓，同一个姓氏以婚姻血缘关系结成社会单位，村寨长老其实就是宗族长，内部组织非常简单，其礼俗文化形成一个比较封闭的传播圈。多个姓氏组成的混合型村寨，其社会规约虽然受到家族势力较大姓氏的左右，但终究是多个姓氏协商的结果，特别是各姓氏来到村寨的时间不同，会使村寨文化的变化显示出节奏感和层次性。

在目前贵州少数民族聚集区，多民族或同一民族不同支系建立的村寨非常普遍。从表面看也有两种不同的类型：一是不同民族或支系在同一时间到该地共同建立的村寨，另一种是不同民族或支系先后到该地共同建立的村寨。前一种村寨在民族观念很强的历史时期几乎不可能形成，如西江苗寨，据说是在汉朝时，引虎飞、莫虎飞、雕虎飞三兄弟迁来西江。三弟雕虎飞是父辈收养的义子，本来是姓黄的汉人。① 这种勉强可纳入该类型的村寨，其实应该是同一民族的同一家族共同建立的村寨，三弟雕虎飞在两个兄长看来就是亲兄弟，他们的后代互不开亲，都只与外面的村寨联姻。后来——尤其是20世纪50年代以后，各民族平等，民族界限淡化，不同民族或支系同时到一个地方建立村寨的情形才多起来。由政府组织而建立的村寨中，此种类型的就更为普遍。所以，传统的多民族或同一民族不同支系建立的村寨，村民有一个先后进入村寨的过程，这中间流传着许多故事。凯里舟溪苗族据说是从外地迁来的，在他们到来之前，舟溪和大中一带原来为仫佬人和未作识别的俈家居住。当苗族迁来时，坝和田都被原住的两个民族所占有，苗族就排挤他们。后来他们迁到"都噜、都拉"（按，可能是凯里大风洞侧边的都黎、都兰地方，那里现在还有仫佬人居住）去了，苗族才占有这里的田园。据说原住的民族迁走后，苗族的生产并不顺利，人也不健康。于是派人到都噜、都拉去交涉，请仫佬人遣回几个人来带头搞生

① 张晓：《西江苗族妇女口述史研究》，贵阳：贵州人民出版社，1997年，第5-6页。"引虎飞"是苗语音译，也写作"寅虎飞"。

产。仫佬人怕受欺骗，不接受请求，苗族才以70人去换得10人回来。从此，苗族的生产搞得好了，人也平安了。此后，每年过年后的生产动工仪式就由仫佬人先举行。这个习惯一直保留到20世纪50年代。现在大中的罗姓就是这十个仫佬人的后裔。大中原名仫佬寨，1930年前后，罗姓才将此地改称大中。罗姓的人口在这里不多，而且由于近几代的通婚关系，已大部分融于苗族，另一部分融于汉族，如今没有人能讲本民族的语言了。这里的苗族居住比较集中，只有少数人与汉族杂居。汉族多住在市集和从前的屯、堡以及城乡大道附近。据说迁来最早的汉族是在明朝洪武年间，并且只有余姓。其余的张、王、陈、徐、戴、左、刘等姓都是以后迁入的，大多是屯军的后裔，也有小商贩等迁来居住的。[①] 关于村寨形成壮大和家族历史的传说未必就能真实地反映过去，但它折射的村寨心理和家族心理则是真实的，反映着村民对自己生活的村寨的情感态度和家族关系。

由多个姓氏或者多个民族共同组建的村寨，在居屋、日常活动等方面虽有血缘单位的特征，同时也有生产单元和经济单元的色彩。这样的村寨无论大小，村民都离不开地缘性的联系。不同姓氏或民族的各个家族从不同的地方和不同的时间分别迁来，带有自己的文化个性。生活在同一个村寨之后，既是一个利益共同体，又必然有各自的利益，所以和其他村寨有地理边界，村寨内部不同姓氏之间也会有利益分割。村寨保留着自己的公共牧场、山林和民俗活动场所，与其他村寨的界限划分开来。各个家族都有自己的居住区、坟山、公田等，在土地范围、家族活动上都有各自的空间。在苗乡侗寨或彝族聚集区，在黔东南规模庞大的村寨或黔西北散落各处的小村寨，在吊脚楼错落分布的家族式村寨或院落独立存在的多姓氏组合的村寨，在建筑风格和服饰一致的单一民族村寨或文化差异性很明显的多民族村寨，都存在公共空间和家庭空间，都有村寨共同利益和家庭利益之分。具有村寨共同利益保护意识和村寨归属感，才能建设和谐村寨；具有家族观念和存在家庭利益，才会不断奋斗，提高自己的家庭和家族在村寨中的地位。

（二）村寨文化个性反映村民构成

既然村寨内的各个家族生活在同一个地区，属于同一个利益共同体，那么在文化上就一定存在共性。各个家族、各民族或支系的个性其实又在村寨生活

---

① 中国科学院民族研究所贵州少数民族社会历史调查组，中国科学院贵州分院民族研究所编：《贵州省黔东南舟溪地区苗族的生活习俗》，1963年，第1页。

中彼此调适,相互影响,共同构成区域性的村寨文化。这种具有区域性的"地区文化是一种纽带,使生活在同一地区的村民相互联系,并形成具有本地区特色的地区个性。在同一地区生活的人,为了能持续地共同生活,因此,在风俗传统、谈话方式、思考方式、生活方式、礼仪、习俗等各个方面发展共同性。这一共同性从其他地区社会看来,是被认为具有个性的方式,是地区独立性的魅力源泉"①。今天贵州少数民族村寨的魅力不在于其规模大小,不在于其历史长短,不在于其村民的构成等,而在于其文化的个性。这种个性表现在建筑风格、服饰、语言、劳动方式、生活习惯、歌舞、村民关系、节日、婚丧嫁娶等方面。

从空间维度看,单一民族村寨的文化具有整体性,多民族村寨的文化呈块状分布。

久吉苗寨的久吉大寨、对门寨、万故相寨、仰一阿寨四个自然寨首尾相连,村寨的房子都是苗家特色木房,或两层,或三层,有窗、有栏、有阳台,屋内摆放一对牛角,置于正堂中作为装饰。房子的上层住人,下面堆放杂物。家家户户的房子盖的是木皮,猪牛圈盖木皮,粮仓盖木皮,凉亭小卖部也盖木皮,颜色一体。村民将粮仓布置得很规范,基本呈一条线,而且粮仓的结构都是两层三间,旁有一个小木梯,形状大小保持一致,整齐排列。在房屋和粮仓建造过程中,村民几乎都没有考虑过其他外观或结构,都不可能会想到改变粮仓的地理位置。从视觉上表现出村寨规划有序,而有序的规划则以村民的团结、和谐以及对家园的热爱为前提。规模宏大的建筑群凝结着智慧和汗水,留着岁月的痕迹,与当地的自然环境相协调。

台江反排村苗族服饰别具一格,历史上老年男子习惯留长发,挽髻于头顶,包大头巾,穿无领大襟右衽短服,长齐腹脐,系自织的花格腰带,下着大裤脚,颈部还挂项链或项圈。今天仍有很多妇女挽云状发髻,包藏青色头帕,帕脚拖到背部,上衣为无领无花大襟左衽衣,后摆较长,盖及裙子下缘,前盖过腹部,苗语称"udbidlid",意为燕尾服;下着半长筒裙,细叠无花,前面围一张青布素帕,与裙子一样长短,以花带束腰。女性盛装时戴手镯,不包头巾,佩戴银冠、银凤尾,耳缀鸡爪耳环或牛鼻孛耳环,颈挂一两个项圈、项链,胸挂银牌压领。还有那节奏欢快奔放的木鼓舞,足以作为地域文化的标签。村民不清楚这种服饰形成于什么时候,也不知道为什么会形成这样的款式,但是村民一代代沿袭,而且能够通过服饰就能识别自己的婚姻圈,选择社交行为。

---

① 刘金荣:《新型农村社区建设背景下农村传统文化的传承与保护》,《甘肃农业》,2013 年第 11 期。

贵安新区湖潮乡车田村由苗族和汉族构成,马场镇场边村由苗族和布依族构成,榕江县卡寨由苗族和汉族构成,百里杜鹃管委会附源村由苗族、彝族和满族构成。和谐的村民关系没有掩盖文化的块状分布,每个民族都集中居住在一处,民族之间的文化风格非常明显。在车田村,苗族在娱乐时少不了芦笙,而汉族则选择敲锣打鼓的方式;汉族丧葬活动中苗族村民会送礼,苗族丧葬活动期间汉族村民也会随礼,但都不会介入对方的丧葬仪式。在场边村,苗族非常重视“四月八”节日,布依族最重视的节日则在“三月三”这一天;布依族村民在正月间的苗族“跳花”活动也会去看热闹,但他们都认为这不是本民族的节日内容。卡寨短裙苗在春节时也很隆重,但与马路下边的汉族有不同的习俗:当马路上边的短裙苗沉醉在本民族节日之中时,村寨中的汉族显得很平静;苗族和汉族的房屋建筑都为木质结构,但汉族家庭几乎都不是吊脚楼;苗族和汉族在交流中没有语言障碍,但汉族妇女肯定不穿当地苗族标志性的短裙。附源村各民族在建房、婚丧等重要活动中互相帮助是一种常态,但是到吃饭的时候只有本民族村民饮宴,其他民族的村民却回到自己家中用餐;村寨中的生日宴请、农忙时节的帮衬等,一般都在本民族内部。因此,在多民族村寨中,民族意识非常清晰。一方面,民族意识不是民族隔阂,不是利益集团,但是频繁的交流主要还是在本民族内部,民族意识有助于保存传统文化的特质。另一方面,在村民认为触及核心利益的时候,民族界限成为决定立场的标准,如两个不同民族的村民吵架,或者两个民族的家庭之间发生纠纷,其他村民要么劝解,要么旁观。但是,如果另一个人出来偏袒本民族的个人或家庭,则极有可能被对方视为民族意识,最终导致民族之间的群体性事件。两个不同民族的家庭之间出现利益冲突在所难免,其他家庭不会太在意,如果这个利益冒犯民族习俗、损伤民族感情,后果往往非常严重。

从时间维度看,单一民族村寨的文化内容和形态相对而言都比较稳定,发展往往是受外力推动。多民族村寨的文化一般都存在发展节点,动力既可能是外力,也可能是村寨内部的因素。

在贵州,少数民族“小聚居”非常普遍,单一民族村寨大多存在于小聚居的地方,其村寨文化在没有外力作用的情况下很少发生变化。黔西北的彝族、白族、回族、苗族和穿青人村寨,黔北的仡佬族、苗族村寨,黔东北的苗族和土家族村寨,黔东南的苗族、侗族、瑶族、水族和壮族村寨,黔南的水族、布依族和毛南族村寨,黔西南的苗族、布依族村寨,他们形成单一民族村寨,其变化的主要原因几乎都是自然灾害、政治或军事力量介入等,并且政治或军事力量会在村寨文化中产生深刻影响,具体表现在物质形态的建筑、生产生活用具、非物质形态的村寨的组织关系、风俗习惯、故事传说上。例如,明代设立卫所的影响力波及少数民族村寨,引起少数民族的生产工具、服饰、语言发生变化;清代雍正和乾隆年间改土归流,乾隆年间镇压腊尔山石柳邓、吴八月的苗民起义和黔西南王囊仙领导的布依族起义,咸同年间镇压贵州各地的少数民族起义;中华人民共和国成立后的各项政策推动等,都必然引起单一民族的文化发生变革。而在没有外力强大作用的时期,村寨的社会组织、生活状态呈稳定态势。

在多民族共居的复合型村寨情形就不同,生活在同一村寨的不同民族必然有不同程度的交流。例如,黔北同一个村寨中苗族、土家族和仡佬族都有哭嫁习俗,村寨中土家族和汉族都会唱薅草锣鼓和花灯戏。在石阡县的很多仡佬族和侗族共同生活的村寨,村民一起开展舞龙活动。在黔东南苗族和侗族中,村头或河上有侗族特征的花桥,侗族家庭也有苗族特征明显的"美人靠";在丹寨县、荔波县苗族和水族共同构成的村寨中,不仅饮食制作方法相差无几,而且有共同的节日。每一次学习对方的文化,其实都能找到时间节点,或者是婚姻,或者是危急时刻得到资助,或者是共同抵御外村人欺侮。在这些节点留下的成为美谈的传说故事就成为民族团结的黏合剂。这些变化在村寨内部发生,不一定与外力有关。

从多维度看,无论单一民族村寨还是多民族共居的村寨,其村寨文化的内容或形态、变迁或传承都受到很多因素影响。

每个村寨都位于特定的区域,有特定的自然环境和人际关系,都有形成文化个性的基础条件,但是其个性并不一定都能得到彰显。村寨文化个性不突出,或者文化个性在时间长河里渗漏、干涸的因素有很多,而那些具有自己文化的村寨无不善于培育文化并悉心经营着自己的文化。

荔波县永康乡西南部的尧古布依寨规模不大,全寨 20 多户人家都是覃姓,民居是具有布依族风格的干栏式建筑——吊脚楼。这些吊脚楼以石为墙、以石为廊、以石为柱,沿着山坡自下而上兴建,布局井然有序。全寨石屋层层叠叠,依山修建,依水而居,地面都由石板铺就,女人都掌握织布、绣花、蜡染这些传统的民间手工艺。土花布的制作工艺已有上千年历史,用自纺、自染的棉纱线在土织机上完成,用蓝、青、黑、白四色搭配织出柳条、格格、梅花、鱼刺、桂花等近 10 种布纹,有 150 余个花式。土花布以深色调为主,浅蓝相映,纹饰古朴大方。男人们熟练地掌握土法造纸,代代相传至今。尧古造纸是用山上的竹子做原材料,经过捶软、浸泡、洗净、碾碎、捣烂等十几道工序。最为奇异的是这里的"矮人舞”（图 4-19），它只存在于尧古寨。据传说这种舞蹈产生于明末清初，为庆祝百年罕见的旱灾之后迎来的丰收。男孩用箩筐做帽，肚皮做脸，女孩以撮箕为笠，手舞稻穗，旁观的人们用谷桶、扁担、稻秸、镰刀等为乐伴奏。每逢秋收时节，就以此舞庆祝丰收，传承至今。后来，当地人给此舞命名为“雯笃哷”，汉意译为“矮人舞”。至今，荔波尧古村仍保存着古老的建筑风格、古朴的纺织和造纸技术、独特的地方舞韵，构成了其地方文化。村民在独特的地域文化中享受生活，传承历史，也因为其文化具有个性，这座规模不大的偏远村寨绽放出异彩。

在独山县上司镇墨寨村及其附近传承着一种以刺棰为道具的舞蹈，当地布依语称之为“德莎呱”。刺棰取自山中一种周身长满荆棘的树木，木质坚硬且生长范围广，便于就地取材又实用。从棍梢削皮至底端约 40 厘米处，留下最坚实的荆棘做“棰头”，长近 2 米，整体很像冷兵器时代的狼牙棒。布依族村民代代口头相传着很多关于先祖的故事，说是一千年前，大小部落之间相互冲突，又有外族来攻，周围山林中野兽横行，“德莎呱”就在这种情形下出现。村民世代舞枪弄棒，这个习惯经过许多代提炼，把常用的武器刺棰和打斗动作演变成了可供娱乐的刺棰舞。跳刺棰舞的男子要坦露上身，露出雄健肌肉。直到清末民初，“德莎呱”舞者都会身裹草皮、树叶起舞，近几十年才演变成穿衣舞蹈。独特

图 4-19　尧古寨跳“矮人舞”的孩子，他们是这种独特舞蹈的传承者。而这种舞蹈只有和传统的服饰搭配，利用传统生活用具作为头上的道具，在传统吊脚楼层层叠叠的环境中，才具有韵味。孩了们从长辈那儿学习舞蹈，他们在舞蹈中获得愉悦，没有外在力量介入。

的舞蹈勾起村民对历史的回想,也成为与其他村寨进行文化识别、身份识别的标志。从村民的讲述中可以看出,这个单一民族村寨独特的舞蹈形成,既与生活的自然环境有关,又与周边的社会关系有关,还与村寨中传承关系、审美趣味等因素有关。

正安县中观镇桂花村富家坪规模很大,居住着近 300 户黎姓人家,每年春节,黎姓家族都会搭起戏台,表演“黎氏阳戏”。不仅如此,黎姓家族还把农历六月初六定为“阳戏节”,每次演出三天三夜以欢庆节日。迄今,“黎氏阳戏”已拥有 14 代传人。据年过八旬的黎氏阳戏第 13 代传承人黎天星介绍,黎氏阳戏起源于唐朝贞观年间,至今已有 1 300 多年的历史。“黎氏阳戏”属于傩戏的一种,在祭祀仪式中进行若干戏剧性表演。经过 1 000 多年的发展,祭祀仪式有所淡化,戏剧娱乐因素得到强化,演出剧目愈加丰富,内容主要包括惩恶扬善,庆贺五谷丰登,祈愿平安吉祥,讲述历史故事和神话传说等。但是,表演佩戴传统面具,全部用地方语言,唱腔、步伐、身段、手法等均保存着古老的神韵,充盈着浓郁的生活气息和乡土气息,地方原生态特色十分鲜明。“黎氏阳戏”的唱腔、台步等表演技巧全靠代代口传。黎氏用阳戏证明着家族在当地的影响力,强化着家族血脉,延展着先辈的生活状态。而这段漫长的坚持又成了黎氏家族文化的重要组成部分,创造出村寨文化的一道独特景观。这种独特的文化不是村寨出现后慢慢形成的,它的出现与村寨同步,是村寨建立者从外地迁徙至此时植入的文化景观。它之所以能够得到传承,起初因为其封闭性,后来则因为家族力量壮大,现在面临消失的危险则是因为村寨环境开放和村民构成发生变化。

二、文化在村寨中交流的类型

各民族的形成过程、文化心理不可能一样。由于各村寨的地理位置、经济结构、村民构成不同,因此村寨文化交流会有差异,有些较封闭,有些却较开放。但是任何一个民族都不可能无视其他民族的文化,任何一个村寨都不可能与外界断绝来往,文化封闭只是相对的,而交流是绝对的。

我们在对贵州少数民族村寨进行大量实地考察后,将形态不同的文化交流加以梳理总结,简要概括出几种类型。

(一)同一村寨内部或相邻村寨的不同民族或支系之间很少来往

按照马克思主义的观点,民族是社会发展的产物,是在长期的生活中形成的具有心理认同和文化认同的人群共同体。对每一个人而言,民族成分是一种身份,而这种身份来自历史。20世纪50年代,中国开展了一次全面的民族识别工作,将原本服装和生活习惯不同,历史上交往并不密切的同一区域的人群划为一个民族,也把历史上语言相通、情感相同、长期保持交流的同一生活区的人群划成不同的民族。前者如现在的穿青人、南京人、俘家人、木佬人等,他们并未因为归入某个民族而改变自己的传统交流范围;后者如黔西南罗甸、安龙等地的布依族,依然与红水河、南盘江对岸的壮族保持着传统的交流,坚持认为属于同一个人群共同体。这些生动的事实足以证明马克思主义的民族观是基于历史的,是唯物主义的:民族是历史的产物,是在长期的现实生活中形成的。穿青人、南京人等是历史形成的人群共同体,是在共同地域中形成共同生活方式、共同语言、共同文化、共同情感的结果;黔西南的布依族和广西的壮族在历史上本来就是一个人群共同体,并没有因为后来贴上了不同的民族标签而出现情感疏远和文化断裂。

按照安德森的观点,民族是一个“想象的共同体”,似乎把几个语言不通、生活习惯不一样、文化存在差异的人群置于同一生活区,他们就会把自己想象成一个共同体,就会产生情感认同。这种观点对于个体而言,在现实生活中能够找到实证。一个人一旦被赋予某个民族身份,就会对这个民族产生亲近感,就会努力使自己成为该民族认可的一员。共同体又会不断强化具有相同身份成员的文化色彩,注入其成员民族身份的实质性内涵。在贵州很多地方,村民原来居住在相邻地区,彼此交往并没有以民族身份为依据。当划分民族成分时以山脉、道路、河流为界,把山前和山后、道路左边和道路右边、河流这边和那边的村寨确定为不同的民族后,于是村民按照民族身份寻找归属感,曾经很亲近的村寨逐渐来往稀少,而曾经并不热络的村寨之间却联系日益密切。

历史上,外地人对贵州本地人很少作民族区分,早期统称为“夷”或者“百夷”“百濮”,再称为“夷濮”“夷僚”“蛮夷”“苗夷”“苗蛮”“百苗”等。在贵州的各个人群共同体,历史上不是像今天这样称呼自己,也不是像今天这样看待自己与其他人群的关系。例如,黔东北苗族自称为“果雄”,他们从前没有觉得自己和黔东南、黔西北的苗族是同一个民族;镇宁、紫云、安顺一代的苗族自称为“蒙阿洞”,他们在过去也没觉得自己和黔东南、黔东北的苗族属于一个民族。杨庭硕在他的《人群代码的历时过程——以苗族族名为例》(贵州人民出版社,1998)中,对此有非常详细的论述。更多的人(包括当地的少数民族)都是根据服装或发型来区分、选择自己的交流群体的。清代有一部非常有影响力的著作名曰《百苗图》,反映了贵州人群的文化类型繁多,也反映了人们对贵州少数民族的认识很直观。历史上村民之间的交往基于传统和现实的统一,基于语言、服饰等外在标志和情感、利益等内在需求的统一。

不同的民族或支系在居住地选择上,会尽量选择和自己身份相同的人在一起,直到今天仍是小聚居状态。安顺、平坝等地的屯堡在明代为汉族生活区,屯堡之外居住着当地少数民族。又如罗甸县平亨村,在20世纪50年代全是布依族,七八里以外的胡家湾有10多户汉族聚居,堡上村、昂外村有20多户苗族聚居。即便是居住在同一个村寨的村民,情形也是如此:具有300多年历史的三都县怎雷村现有四个自然寨,由水族和苗族分别居住;具有500多年历史的荔波县排烧村,苗族居住在前面的大寨,水族聚集在后面的小寨;贵阳市近郊湖潮乡车田村的苗族和汉族分别有自己的居住地界,不会贸然破坏;平坝区场边村(今属贵安新区)的布依族和苗族不会侵扰对方的生活,存在着无形的边界。

人际交往固然可以促进相互了解和文化相通,而人际交往却更愿意选择相互了解和文化相通者作为对象。居住在同一个村寨的不同民族,更愿意与其他村寨的相同民族交往。例如,车田村的苗族与贵阳桐木岭、清镇市的苗族交往的深度和频率都远远超过其与本村寨汉族的交往;场边村的布依族与邻近的布依族村寨一直保持密切往来,而与本村的苗族交往一般只局限于生产活动。文化相同或相近的毗邻同一民族或民族支系村寨,如果没有历史恩怨或严重的现实利益冲突,那么就会有经常性往来,而不同民族或民族支系的村寨之间则往来稀少。紫云县的巴鲰苗族分支宁愿选择在服饰、女性发型、习俗等方面相同的镇宁县、西秀区自称为"蒙正"的苗族分支交流,在紫云县石岩乡新驰村、水塘镇塔井村还有多个苗族村寨因为周边的村民与他们不属于同一个民族支系,而没有和他们建立密切关系。新驰苗族属于"大花苗",历史上从乌蒙山迁徙而来,他们和安顺西秀区、毕节威宁等地的"大花苗"交往反而更多。20世纪前后,基督教新教在贵州传播的时候,安顺的党居仁和威宁石门坎的伯格里能够遥相呼应,最根本的因素是这些苗族同属一个支系,他们内部存在相同的传播机制。在黔西、清镇、大方和百里杜鹃管委会,分布着"歪梳苗",每逢节日或者婚丧等活动,他们都会聚在一起。在水城南开乡许多村寨,小花苗和歪梳苗基本上是分开的,至今仍只在相同服饰的人群内部通婚。从江县的岜(biā)沙苗,他们的服装、语言、习俗和周边的其他苗族差别很大,历史上和周边的其他苗族几乎不相往来。据调查了解,从1949年至今,只有一人娶的妻子是外地人,而且是因为此人当兵后在外地工作。在惠水县好花红乡,毛南族所占比例很小,他们周围绝大多数是布依族,虽然彼此语言相通、习俗相近,但是他们更愿意和居住得很远的毛南族交往。黎平县肇兴镇主要是侗族，还有一部分苗族，在日常生活中，苗族的节日属于苗族，侗族的节日也不会有苗族参与。而且肇兴距离从江县只有几十千米路程，但是他们的服装、习俗差别很大，从江的侗族与榕江的侗族来往更密切。荔波县青裤瑶有自己的活动范围，直到民国年间，官府和周边其他社群才深谙他们的传统，称他们为“尧陆”或“瑶六”。现存的清嘉庆十二年(1807)立的《河界碑》就记载有“尧六”领地的部分界线。相互畛域分明，直接影响着村寨的文化。距瑶麓“青裤瑶”仅十余千米的瑶山“长衫瑶”以及相距30千米的瑶山“白裤瑶”，语言差异很大，甚至难以通话交流，服饰上的区别更是明显，并且成为婚姻选择的一个参考条件。

不同的民族在文化上存在着差异，而服饰的差异往往是不同文化类型的外在体现。在民族观念很强的时代，不同民族之间的男女结为婚姻只是少数，要么得冲破重重阻力，要么出于感情之外的动机。在一个民族内部，服装类型往往就是一个支系，不同服装类型群体之间很少交流，也很少通婚。民族之间、民族支系之间的通婚问题，虽无明确规定，但在历史上一般是本民族支系内部通婚，青年男女选择配偶通常限于同一类型的服装范围之内。虽然也有个别地区村寨毗连，服装不同，但是彼此接触频繁，存在通婚，这只是极个别的特例。“因为不同的服装，不仅意味着不同的生活标志，而且也意味着不同民族的不同特点。”[①]学者们分析，“民族间的不通婚，除受了历史上长期的隔阂的影响外，不同的语言和不同的生活方式，无疑的也是一种重要因素”[②]。

当然村寨之间选择交流对象、决定交流的深度还受民族观念、财富思想和等级意识等影响。在黔东南苗族聚居的村寨，只限于同一服饰类型之内选择配偶的习俗直到20世纪50年代仍很普遍，即使不同服饰类型的人混居在一起，事实上也很少通婚。黔西北大南山一带的村寨汉苗杂居，稍远一点还有彝族。中华人民共和国成立前，汉、苗或彝、苗之间不通婚，尤其是汉、苗之间更严格，当时从事少数民族社会历史调查的专家走访了许多村民，口述者找不到中华人民共和国成立前通婚的例子。据说从前不许苗女嫁汉人，如谁家有姑娘跟随汉人去了之后被家长捉到，就将姑娘绑上石磨投水处死。[③] 在大南山，苗族一直生

① 《民族问题五种丛书》贵州省编辑组:《苗族社会历史调查》(二)，贵阳:贵州民族出版社，1987年，第76页。

② 《民族问题五种丛书》贵州省编辑组:《苗族社会历史调查》(三)，贵阳:贵州民族出版社，1987年，第97-99页。

③ 《民族问题五种丛书》贵州省编辑组:《苗族社会历史调查》(三)，贵阳:贵州民族出版社，1987年，第56页。

活在社会底层,经济上非常贫苦。贫瘠的土地也难以承载家族式的大村寨,苗族村民势单力薄。他们的服装色彩艳丽,纹饰复杂,语言自成一体,被形象地称为“雅雀苗”。处于弱势的苗族村民在过去受到汉族歧视,汉族人不愿与其通婚姻,他们出于自卑或其他原因也不愿意攀附汉族。历史上现实的生活导致这里的苗族和汉族产生互不往来、不屑于往来的心理,这种心理又作用于现实生活,彼此刻意保持距离。这种心理在时间长河中将现象演变成观念,将个别发展成普遍,使过去影响到现在。虽然民族平等的政策在汉族和苗族中间都已推行,两个民族之间的交流变多,通婚的现象不断出现,但是民族意识不可能完全消除。黔中扁担山地区是布依族聚集地,周围杂居有汉族和少数的苗族,但历史上彼此不通婚,只有个别布依族地主娶汉族女性,布依族姑娘不嫁汉人,同苗族更不通婚。其原因主要是“语言不通,不方便”①。但是,不能否认村民的民族意识在其中发挥作用,尤其是布依族人数多、实力强,会有一种优越感。即使个别布依族姑娘对其他民族的男青年有好感,但在那个时代,她们也不得不屈从于群体压力嫁给同民族小伙子。桑郎村位于黔西南的望谟县东面,距离县城110千米,据1959年统计,全村居民459户,共1 870人,20余户汉族居住在桑郎场坝之外。两个民族之间缺少互动,甚至在经济上都不大往来,婚姻只局限在本民族内部。罗甸县西南角的平亨村,西与望谟县的桑郎区毗邻,南临红水河北岸,与广西的凌乐县隔河相望,在1952年时全是布依族,几乎都说布依语,只有少数成年男子会说汉语。各民族之间在经济上有来往,情感上也不排斥,但不通婚。②

婚姻是交往的深层反映。这种婚姻并非全是出于民族偏见,婚姻毕竟不只是当事的男女两个人的事,也不是当事的男女两个人可以完全自主决定的。如居住在贵州省册亨县巧马镇纳贤行政村的三家寨白苗,通婚圈“几乎全部局限于本支系以内。本支系的无论居住多远也相互通婚,非本民族本支系的离得再近也不通婚”③。在调查中没有发现民族偏见或歧视,村民觉得这是传统,人们习惯了传统。兴仁县三家寨是一个回族聚居区,村民在婚姻选择上几乎都在民

① 中国少数民族社会历史调查资料丛刊贵州省编辑组:《布依族社会历史调查》,贵阳:贵州民族出版社,1986年,第77-78页。

② 中国科学院民族研究所贵州少数民族社会历史调查组,中国科学院贵州分院民族研究所编:《贵州省罗甸县平亨村布依族解放前的社会经济情况和解放后的发展变化》,1963年,第10页。

③ 张晓:《三家寨调查》,翁乃群:《南昆八村——南昆铁路建设与沿线村落》(贵州卷),北京:民族出版社,2001年,第593页。

族内部进行,与上百里外的贵州盘州市及云南曲靖回族在婚姻选择方面毫无障碍,却很少出现与其他民族通婚的现象,原因不是民族偏见,而是宗教信仰和生活习俗的差异。

百里杜鹃管委会附源村共有八个自然村寨,生活着满族、苗族和彝族,每一个自然村基本上是一个单一民族,而在一个满族村寨中居住着一家杨姓苗族。这家杨姓苗族居住在这个自然村的边缘,和满族人几乎没有生活上的来往,处于被边缘化的状态。其生活被边缘化并非因为地理位置上位于边缘,而是因为与其他村民的满族身份不同才选择在村寨的边缘居住。这一家杨姓苗族与河对岸的同一支系的苗族保持着密切联系,共同的民族身份缩短了空间上的距离。在附源村,满族、苗族、彝族平日里分别在内部交流,他们对其他民族没有排斥和反感,但是对其他民族的文化缺少认同。在这样的生活环境,村民有明确的民族意识,因此在和其他民族的村民打交道时,语言和行为都很谨慎。

几乎在所有的地区、所有的民族村寨,都明显表现出这一文化交流特征。这一特征使贵州的村寨文化总体上丰富多彩,而从某个地点的村寨来看又呈现出相似性。即使在黎平、榕江、从江侗族聚居区,在台江、剑河、雷山等苗族聚居区,在贞丰、望谟、晴隆等布依族聚居区,在沿河、德江、印江等土家族聚居区,村寨布局、建筑结构、服饰等也都各具形态。在多民族交错分布的地方,因居住的人数、地点、时间长短等不一样,村寨的文化差异性也很明显。

如果说文化差异影响了不同文化类型的村寨之间的社会交往,那么,不同文化类型的村寨之间很少有社会交往,各自的文化特征就显得个性鲜明。

(二)同一村寨内部或相邻村寨的相同民族或支系之间有限度来往

如果只使用“民族”概念,很难清晰地勾画人们实际生活中生动的文化交往画面。在同一个村寨,在相邻的地区,村民的关系非常复杂,文化交流呈现出多样性。很多村寨的文化互动在相同民族或民族支系内部更加频繁,而在不同民族或支系之间仿佛有一种难以逾越的屏障。也有另一种情形,即使同一民族或支系居住在一个村寨或相邻村寨,人们仍然有多个显而易见的社会群体,保持各自的独立性。在这里,“民族”对于村民而言只是一种身份而已,不同民族的村民共同形成一个社区,在同一个社区的人们其实属于一个群体。

川滇黔彝族很早就有“六祖分支”的传说,这一带的彝族被分为武、笮(乍)、糯(泸)、恒、布、默六支,贵州主要是默部和布部两支,谁都不愿混淆家支。每一支又有黑彝和白彝之别,黑彝和白彝的内部还有等级的差别,不同等级享有不同的政治地位。同一家支的同一等级各自有着政治利益、经济利益和家族恩怨,冤家械斗接连不断。所以,在彝族集中分布的地方,历史上很长时期的村寨交往受到诸多因素影响,不可用简单的民族身份、地理位置来考察其文化交流。

明朝初年,大批汉人进入贵州。生活在安顺、平坝、关岭、水西等地的汉族移民因为来的时候身份不同,时间有先后,定居的地方不一样,故而形成不同的群体。洪武时期"奉敕征南"的军人,他们建立屯堡,以征服者的姿态出现,人们习惯上称之为"屯堡人"。紧跟而至的普通移民,居住在屯堡周围,时日既久,因此被称为"土人"或"归人",另有一些成为"里民子"。在明代前期进入水西的一部分汉人,在经济上依附于龙氏家族,改变原来的风俗,而且隐姓埋名,后来就被称为"南京人"。现在主要集中于纳雍、织金等县的穿青人,就是明清文献中"里民子""土人"的后裔。"穿青"是和"穿蓝"相区别的一种群体界别,因为当地多数汉人的衣服为蓝色,而"穿青"人既不认为自己是少数民族,又不同于当地"穿蓝"的汉族,所以人们习惯上称他们为"穿青人",当地少数民族还曾经称之为"白汉人""穷汉人""大脚汉人""吃荞麦的汉人""当里民子的汉人"等。"屯堡人""南京人""穿青人"在清代以来就在当地的村寨"插花"式分布,即所谓"插村不杂户",彼此间在日常生活中不是完全隔绝,经济上密切联系,依赖同一个市场。但是直到 20 世纪中期,南京人有自己的习俗,坚信家谱记载不虚,入黔始祖在南京;穿青人始终认为他们的始祖从江西吉安府来,每年春节都要祭五显神。无论南京人还是穿青人,民族身份对于他们并不重要,重要的是群体认同,是不能离开生活的社区,是要保存群体的文化。

在多民族杂居区,至今还保存民族文化的多样性,主要因为同一个民族的村民还相对集中地居住,还对自己的民族依旧认同(图 4-20)。集中居住不至于民族文化被耗散,民族认同有助于传统文化在生活中的延续。坡嘎的苗族是贵州苗族中很小的一支,称为"小花苗",他们主要分布在纳雍的猪场、龙场、建新河、巴雍台沙坝和水城与纳雍交界处。他们的风俗与当地的穿青人、蔡家和汉族有很多不同,虽然他们接受了汉族、穿青人的某些风俗,如汉族的端午、春节、重阳、中秋,穿青人的三月三、四月八、六月六、十月初一等,但是在这些节日里他们不会穿盛装,也不会特意组织芦笙会。在小花苗的传统中,不是每个时候都穿盛装,不是每个时候都吹笙,盛装只有在有喜事(如家里人高考中榜)、乔迁、高寿的老人去世、亲人婚嫁、庆贺丰收等时节才穿,平时只穿便装。也只有在这种他们认为隆重的场合,才组织跳芦笙。穿盛装和跳芦笙,在他们看来是

图 4-20　坡嘎“小花苗”成年女性的便装。坡嘎小花苗村寨规模都比较小，村民成分都比较单一，他们不愿意和其他群体杂居，也不愿意参与其他群体的民俗活动，交往基本上限于群体内部。

传统，是与其他群体的区别，是对自己群体文化的展示。正是这种对盛装和跳芦笙的严肃对待，才不至于传统文化被泛化。而传统文化的泛化，不是对传统文化的尊重，不利于对传统文化在真正意义上的传承，而是对传统文化的贬低，对传统文化意义的消解。坡嘎的小花苗没有像生活在同一个区域的穿青人那样供奉五显神坛，也不像当地的汉族那样供菩萨，他们只供祖先。当家里的老人过世后，他们遵循传统的“打嘎”习俗，用牛来活祭，然后用斧子敲打活牛的头部，令其致死，这个传统又和当地的苗族以及一部分布依族非常接近。

在清水江沿岸，清代至民国时期存在“内三江”和“外三江”之分。“内三江”为王寨、卦治和茅坪，“外三江”就是新集、三门塘和菜溪。“内三江”和“外三江”因争夺林地和码头，长期对峙。不仅内外三江对峙，而且在“外三江”内部的三门塘和新集之间也积怨很深。三门塘和其上游坌处的新集村因为争夺码头而长期不和，已经打了几代人的冤家。现在因为修建水库，新集村从坌处整体往下游搬迁，和三门塘靠得更近了，两个村的王氏都有祠堂，但是不相往来。历史上积怨太深，从小就听老辈人讲那些不愉快的往事，心里种下了怨恨的种子，特别是很多代人以前就立下家规和村规，在家族祠堂和村寨严肃场合郑重地承诺，把彼此仇恨转化成了对祖宗的崇敬和捍卫村寨的使命，先辈们曾经对峙的行为如今演变成村寨的文化传统。今天两个村寨都坦承这一历史，周围的其他村寨也知道这段历史，两个村寨的年长者都说自己的内心其实没有仇恨。至于是否愿意握手言欢，所有的人都讳莫如深。不相往来已有几百年，要想突然改变传统有些不现实。不相往来已经成为家规和村规，要想改变现状更不是某一个村民可以决定的。

锦屏县的文斗村在历史上也一度处于孤立状态，据说是因为这部分苗族曾经被清朝官府收买，引起其他村寨的敌对，视之为“苗奸”，并准备按照当地苗族的观念将他们处决掉。这部分苗族为了活命，悄无声息地搬到三面环水的山上，垒砌一道高高的石头墙以防攻击。在山顶的石头寨，他们避开了原本和自己属于同一文化类型的苗族，而另一方面仍和官府保持交往，学习汉文化，进而形成具有鲜明个性的村寨文化。

相邻的村寨大致有两种关系:一是互为姻亲,或同属于一个宗族,声气相通;二是存在利益之争,彼此关系紧张,防范有余而文化互动不足。前一种村寨关系通常形成村寨联盟,各村寨的文化差异不大,庞大的村寨群维系着文化共性,榕江七十二侗寨就属于此类;后一种村寨关系促进村寨内部的团结,形成凝聚力,有利于村寨的文化传承和个性的保持,锦屏、天柱等清水江畔的很多村寨就属于这样的情形,村寨内是一个关系和睦的社会共同体,人与人之间关系密切、守望相助,富有人情味,连接人们的是具有共同利益的血缘、感情和伦理纽带,人们基于情感动机,形成亲密和信任的关系。换言之,如果内部关系紧张,则村寨就失去了赖以生存的社会基础。

群体意识在贵州少数民族村寨依然很浓,每一个村寨的村民都清楚自己的群体归属,他们对身边的村民也能清楚地加以群体识别,并按照当地的习惯自如地在群体内和群体外进行交往。但是群体观念并不是民族矛盾的根本,更不应该夸大群体观念在社会上的负面影响。历史上的冤家械斗不是民族矛盾引起的,今天尚存的村寨隔阂也不是群体意识的产物,恰恰是冤家械斗和村寨隔阂强化了群体意识。现在民族平等,村民热爱自己的民族和民族支系,而这种热爱并没有导致对其他民族或民族支系产生排斥心理。因为对自己的民族和民族支系充满热爱,所以才会对自己的传统文化倍加珍惜,增强民族凝聚力,激发建设家乡的动力;因为对其他民族或民族支系并不排斥,所以他们保持友好,虚心学习其他群体的文化,并因此产生与其他群体的竞争意识。从过去到现在,没有一个群体愿意冤家械斗,没有一个村寨愿意将相邻的村寨视若仇敌,只是导致冲突的因素还没有完全根除,还没有找到解决问题的最佳方式。现在需要做的是避免矛盾激化和升级,引导村民化解积怨,建立互信和培育友谊。事实上,许多曾经矛盾尖锐的群体之间早已泯灭仇怨,关系融洽。

现在还存在着群体差别,我们不仅要正视这个差别,而且要乐意看到这种差别,善待这种差别。差别是历史形成的结果,差别造就生活的多样性和文化的多样性。差别不是群体交流的阻力和新农村文化建设的负担,它可以促使人们在交流时探索手段的多样化和方式的灵活性。历史上群体的差别和村寨的封闭为今天留下丰富而且精彩的文明,这种文明有助于我们认识历史,更是现在生活的宝贵财富和步入未来的力量源泉。

今天在贵州还能看到传统村寨的许多文化遗产,许多文化遗产具有区域性特征,保留着群体意识的痕迹,这是不同群体的村民给予后代的文化馈赠。

在黔东南，舟溪与凯里、下司等地的较大集市距离不远，地势平坦，气候温暖，土质肥沃，适宜农作物生长，一些汉人居住的屯、堡和苗族村寨掺杂。所以，这里的苗族村民在中华人民共和国成立之初，既保留着生活的独立性和相对封闭的文化空间，又在民族间的经济、文化交流影响下而有所变化。他们的建筑，最大的为五开间，七柱六瓜或四瓜，板壁用木枋作框，中间竖装木板，每一开间都有窗、户。正中的一间作堂屋，有大门，门分两扇，两边各有一窗，屋内正中设神龛，并仿照汉族形式，书写“天地君（或国）亲师位”，立有左昭右穆神位等（图4-21）。堂屋两侧的开间各隔成两小间，里边作为卧室，外边设有火坑，供吃饭、休息和待客之用。有的人家在灶房另设一小间，或另建一小间作为厨房。此外，都在附近另修牲畜圈和厕所，也有的村民在这种房屋的一头或两头建有厢房，颇具汉族特色。他们分别和剑河的久仰、台江的覃膏和孝弟、从江的加勉和加磨等苗族同属一个支系，而生产工具种类要比这些地区复杂，生产设备比较

图4-21　现在很多汉族家庭已经没有牌位了，可是在凯里舟溪，即使今天已建成现代住屋，每家的客厅中间都置有牌位，重大节日都一定焚香敬拜。

齐全，农作物品种也较多。但是他们的婚姻习俗没有因汉族的影响而改变，村民如果同属一个汉姓而不同宗的则可以开亲，如果汉姓不同而被认为是同宗共祖的则在被禁止之列。前者如大中乡新寨的杨姓和舟溪乡大营盘的杨姓就保持通婚，后者如大中乡平寨的杨姓认为与河对岸新寨的潘姓同宗，彼此不能开亲。他们的节日，有汉族的春节、清明节和端午节等，还有许多地方性的民族节日。旧历七月的第一个卯日，甘超、黄金寨、虎场坡、牌坊边、吴家寨、鸭塘等村寨共一个祖先的吴姓就过吃糟节。这是一个祭祖的节日，苗语叫“能粑稿”，当地汉族称为“灰糟”，主要祭品是将糯米饭浸在灰水里做成的“糟”，吴姓对这个节日非常重视。而在凯里枧腰寨以及其他村寨也在旧历七月的第一个卯日举行祭祖活动，但在形式上显然不同。他们还会在这天到田里采几棵稻穗回来，备上酒肉供祭祖先。在青杠林、岩寨的龙姓更看重另一个节日，每逢十月第一个丑日就过“能九由”节日。苗语“能”意为“吃”“由”是龙姓宗支的专称，即“吃由这个宗支的粑粑”。吴姓和龙姓在同一个地区，属于同一个民族分支，各自在不同的时间用不同的方式祭祖，形成具有家族色彩的节日。[①] 这种节日上的特色，展示着家族的势力，强化着家族意识，影响着村寨的文化，形成了社区边界。同时也说明，同一个生活区的同一民族或民族支系的人们，其交往也是有限的，更频繁和深层的交往多在家族内部进行。

边界不是群体之间的鸿沟，不是村民文化交流的禁区。边界是村寨建立过程中逐渐形成的行为规范和群体意识的外化，它可以提醒村民在与另一个村寨或群体交流时对他人要尊重，也可能会降低村民交往的频率，影响村民交往的程度，但它不应该成为束缚村民交流的枷锁。有了这个边界，就多了一份对其他群体、村寨或家族生活习俗的关切，有助于构建和谐的村寨关系；有了这个边界，就可以增强村寨内部凝聚力，减缓村寨之间、村寨内部强势群体对其他村民的文化冲击，有助于对自己的文化保护和对他者文化从容的吸收。有了这个边界，就不至于在复杂的群体关系中迷失自我。

群体意识确实会给村民的生产生活造成一些不方便，尤其在婚姻的选择上，为了避开其他群体而不得不舍近求远。历史上这种限制有的源自民族偏见，而更多是从婚姻的实用性考虑。在过去，民族或群体之间很少通婚，除了因为长期的隔阂导致互不了解外，不同的语言和不同的生活方式也是一种重要因素。当交往增多，文化共性增多之后，双方的通婚也就出现了。事实上，凡初迁

---

① 中国科学院民族研究所贵州少数民族社会历史调查组，中国科学院贵州分院民族研究所编：《贵州省黔东南舟溪地区苗族的生活习俗》，1963 年，第 32 页。

到苗族地区的汉族人不易解决婚姻问题。但当他们与苗族长期相处,生活方式已经与苗族融合后,通婚就比以前要容易。少数汉族人深入苗族聚居区后,“变苗”的过程在无形中不断地进行着。可是,在另一部分人的心目中,虽然经过漫长的年月,民族界限仍未消失,民族因素在影响婚姻选择。例如台江覃膏堡和雷山掌披寨有几家汉族,尽管在经济上和生活上都已与当地苗族融合,但婚姻还维持着界限。[①] 今天看来,这种婚姻习俗未免过于刻板,它反映出当时的人们群体意识很浓,对传统不敢违拗。如果从文化传承角度看,尊重传统无疑确保了文化延续,选择文化相同的群体作为通婚对象无疑可以避免文化在延续中流失。

尊重传统,就需要对文化的坚持。只有坚持,才能实现文化传播中“质”的稳定和时间上的连续。在施秉县下坪河老屋场村,现有 19 户人家,汉族 3 户、苗族 16 户。老屋场苗族为潘姓,来自黄平县谷陇,其先辈在民国时期就到达这里。他们坚守自己的传统,与汉族村民的交往没有失去其文化本性,一直恪守苗族的习俗,服饰、语言、生活方式等都一如既往。那三户田氏汉族对自己的传统则没有苗族那样执着,与以前相比有了变化,他们在和苗族交流当中不仅学会了苗话,而且在饮食习惯、传统节日等方面也越来越和村里的苗族靠近。老屋场村潘姓村民所谓的苗族文化或汉族身份,是他者的眼光观察,是他者的思维。在这个村寨中,文化差异性主要受到群体意识影响,村民以田氏和潘氏来划分群体和考虑言行,而不是以民族身份来判别交流的对象。位于盘州市东北部的羊场乡,现辖 149 个自然村寨,居住着布依族、苗族、彝族等少数民族 1.48 万人。这里的少数民族传统文化还能较大程度保存,无论在村寨还是在乡镇,现在每个星期的赶场天都可以看到妇女穿着本民族的服饰。但村民并不是为了与其他民族区分开来才刻意保持传统,人们以不同服饰作为群体的区分标准,在他们的谈话中很少听到“民族”,而更习惯于用村寨名或姓氏来指代某个群体。晴隆县三宝村居住着彝、苗、汉、黎四个民族,全村辖七个村民组,共有 359 户、1 600 多人,村民各自有不同的生活习惯,他们分成不同的群体,但没有谁在选择交往对象时出于民族身份的考虑。当外地人向村民问及村寨中另一个群体的民族成分时,很少有人能立刻回答上来,看来他们缺少这种意识。务川县青堂营寨住着 100 多户人家,冯、杨两姓各占一半,他们并不因为是同一个民族而淡化彼此的界限,姓氏成为区分人群的依据。当他们与其他民族交往

---

① 《民族问题五种丛书》贵州省编辑组:《苗族社会历史调查》(三),贵阳:贵州民族出版社,1987 年,第 97 页。

时,并不像外地人想象的那样心存芥蒂,而是表现出和同一民族其他姓氏交往时一样的心态。

尊重传统不等于拒绝接受其他文化的影响,文化坚守不是拒绝改变。在施秉县城南部12千米处的将军坳苗寨,村民全部为吴姓,他们宣称自己的先祖来自江西。其族人在寨子下方立有一通石碑,记录他们的先祖到杨柳塘开山劈岭建设家园之事,而且特别指出其先祖来的时候就是苗族,不是汉族。他们坚持祖先来自江西而又表明自己苗族身份,足以说明他们对汉文化的认可和对苗族文化的肯定,说明他们有文化的选择和汲取。他们强调先祖从江西来的时候就是苗族而不是汉族,似乎是在否定"汉变苗"的历史,似乎担心被人指责为背叛汉族,似乎想表明自己的苗族身份很正宗。在很多苗族村寨、侗族村寨、水族村寨、布依族村寨都遇到村民郑重地表明他们的祖先来自江西吉安府或南京朱市巷,同时又对自己的少数民族身份坚信不疑。这种现象尽管可以从历史的角度作出许多解读,但是谁都不能否认任何解读之中一定包含着文化交融、传统变迁的内涵。

传统是相对的,群体意识有一个形成过程,也有转变的历程。村寨文化与村寨传统是一个有机整体,它们为村民所拥有、靠村民传播。当一个村寨刚建立的时候不具备传统,没有属于自己村寨的文化,但刚建立的村寨已经为村寨传统的形成涂上了底色,村寨文化的风格因此确立了基调。在毕节大南山王氏苗族中一直流传着他们祖先到这里建立家园的故事:他们的祖先原本是汉族,生活在湖南衡州府松树湾大鱼塘村,经商离开故园,辗转到了四川古蔺县的海螺堡居住。不知在此居住了多少代,仍然是汉族。后来有两兄弟迁徙到毕节市的水海口,其中一人到小哨这地方,他和苗族杨姓姑娘(一说马姓)发现井中有银子,二人共同拾得这笔钱财,并因此结为夫妇,定居韩家山。婚后生四子,其中两个迁回湖广,成了汉族;而留住本地的兄弟俩成为苗族,其后裔繁衍到现在,壮大成几百人,全是苗族。① 这个传说很朴实,感觉不出有渲染的成分或刻意掩饰的内容,从简短的家族发展的故事文本之中,人们应该可以读出以下几点意义:大南山王氏对现在的苗族身份表示认可;王氏现在的文化不同于汉族而和周围的苗族一样;他们在内心深处有汉文化情结;他们现在的传统是从四川古蔺的汉族王氏迁入毕节与当地姑娘结婚后逐渐形成的;王氏在四川古蔺生活若干代却仍保持湖南衡州府的文化,是因为没有与当地少数民族建立婚姻关

---

① 《民族问题五种丛书》贵州省编辑组:《苗族社会历史调查》(三),贵阳:贵州民族出版社,1987年,第29-30页。

系;迁入贵州毕节能够与当地苗族结婚,是出于共同的物质利益;苗汉婚姻后的第一代还有强烈的汉族情结,产生回到祖先发祥地的愿望;定居韩家山后的第二代,生活在当地便受到环境熏染,其文化特征已不同于来自四川古蔺的父辈;长大后回到祖居地湖南的另外两个儿子从此不属于这个群体,说明血缘或出生不能完全决定文化特征;韩家山的王氏不断壮大,于是一个新的群体产生了。这个传说朴素地表达了民族归属是以文化为依据的,文化受生活环境影响。这样的故事既是对家族源流的含蓄表达和家族历史的模糊记忆,也在一代代地影响着对汉文化的态度和与周边其他村寨处理关系的行为。

在贵州少数民族村寨,许多生动的事实表明:传统营造着生活环境,生活环境巩固或改变着传统;传统是区别群体的依据,群体的聚合或分裂直接影响村寨传统的走向和村寨文化的内涵。至迟从宋代的《溪蛮丛笑》《岭外代答》等文人笔记中就能看到当时的少数民族生活区分成“生苗区”和“熟苗区”。两个生活区的人们因为环境不同,文化存在差异,被分别称为“生苗”和“熟苗”。文化差异的根源虽然在于生活环境,但是人们在划分群体的时候,有的不是根据生活环境,而是基于文化差异;人们选择交流对象不是固执于祖先源流,而是按照群体。施秉县将军坳苗寨规模并不算大,在明清两代则是当地的苗疆汉界,向南是“生苗”区,向北就是汉统地。当时的苗族以此界划分群体,村民在文化传播中也以此为界。今天尽管没有了“生苗”和“熟苗”界限,因为生活环境的变化而使原来的群体界限模糊或消失,但是今天生活的环境仍有不同,所以仍有群体之分。此外,在划分群体的时候,还有的既不是根据生活环境,也不是基于文化差异,而是从经济利益出发。清水江边的文斗苗寨,上寨和下寨的主要村民都是出自一个祖先的姜姓,居住环境和谋生手段一样、文化一样,但在清代分别隶属于开泰县和天柱县,互相避免来往。两个村寨的姜姓都承认共同的祖先,却在生活上分别是两个群体,其实质就是因为存在利益之争。文斗与平鳌的关系也较为特殊,两村都是古老的寨子,中间隔着马斗溪,土地相杂,鸡犬相闻,很早就彼此通婚,至今多数人家都与对方寨有亲戚关系。只因为平鳌寨地处山顶,田土比文斗略少,经济上比文斗稍逊,故而文斗就有人姿态傲慢,引起平鳌人反感。两寨之间因经常发生山林土地纠纷,互骂对方为“兽亲”,甚至动刀动枪、大打出手。但纷争归纷争,亲戚归亲戚,从来互不影响,所以村民不无嘲讽地说:“上山是冤家,进门是亲戚。”[①]

① 王宗勋:《文斗看得见历史的村寨》,贵阳:贵州人民出版社,2009年,第31页、第38页。

黔南瑶山的"白裤瑶"直到中华人民共和国成立前还处在狩猎和游耕阶段，食尽一山再迁徙到另一山，这就决定了他们不可能有固定的住所，也没有坚固的建筑设施和大规模的建筑群，土地缺少精耕细作，私有财产非常有限。与此相对应的是姻亲—血缘群体，内部有较稳定的社会关系，而在流动之中难以和其他经济水平较高的人群建立亲密关系。他们与毗邻而居的布依族、水族村寨很少交往，主要不是出于群体意识或情感冲突，也不是经济利益纠纷，而是生活习惯不同。他们与瑶麓的青裤瑶同样没有深度交往，尽管他们的生产力水平相当、生活习惯差不多，原因就在于彼此都居无定所。

(三)同一村寨内部或相邻村寨的不同民族之间密切来往却各自保持本民族的文化

人与人之间的交流本质上是文化交流，村寨文化传承本质上是人与人之间的交流。人与人、村与村是否属于同一个民族支系，这是历史铸就的文化产物，其文化相似性可以确保人们之间更便于交往，但是它不能确保彼此间乐于交往；相互之间的情感认同可以突破空间距离，但是这并不意味着空间距离不会影响文化交流与传承。人们常说"时间可以淡忘一切"，而在现实生活中，如果因为迁徙流动，原本属于同一个民族支系的人群共同体被分隔，必然会造成交流不便，交往因此变少，情感也就会淡薄。如今生活在紫云县、丹寨县、望谟县等地的苗族有很多支系，他们和其他地方同一支系的人们逐渐疏远了(图 4-22)。更不用说百年前从贵州迁入东南亚的苗族、布依族、仡佬族，他们早已和这里中断了联系。虽然也有人说"距离会产生美"，但是相隔太遥远，分离的时间太长，残酷的现实并不是如此具有诗意。安顺和平坝的屯堡人、纳雍和织金的穿青人，还有许许多多的汉族人，家谱记录和口传故事

图 4-22　兴仁县苗族的服饰与松桃苗族基本相似，传说清朝乾嘉年间黔东北苗族起义失败后，清王朝将黔东北松桃苗族的一部分安置到黔西南。黔中紫云县也有一支苗族的服装与此相似，其口传迁徙史也与兴仁这支苗族大致相同。但是，兴义、紫云、松桃的这几个苗族聚落间早就没有了往来。

把自己的祖籍定格在江南，而几百年的时间长河却已把文化的脐带剪断。文化传承固然需要顽强地坚守，但是对传统文化形成冲击的因素很多，每个因素都可能是文化发展和创造的增长点，也可能是传统消失的催化剂。

每一个村寨总是处在具体的环境之中，绝不可能完全封闭，所以文化交流的同支系选择原则总是和地理上的就近原则结合在一起的。当多个支系的村寨广泛分布在较近距离，文化交流通常会选择同一支系的村寨；而当同一支系的村寨彼此相距遥远，文化交流就不可能回避邻近的不同支系甚至不同族系的村寨。生活在同一地区或相邻地区的村民，面对同样或相近的自然环境，在获取物质资料的手段上、在生产类型上、在生活习惯上就会存在共性，就会产生经济上的往来，如共同使用水源，协力修筑道路、桥梁、防洪和蓄水工程等，彼此交换产品等。这些交流也许是自觉自愿的，也许是被迫和无可奈何的。无论何种原因形成的交往，经济上的往来必然会为其他方面的交往打开通道，推进到文化交流，包括技术交流、习俗了解、心理沟通、民间组织建构等。

明代屯堡人、清代绿营兵驻扎的汛塘为外来移民聚集地，和当地少数民族本来心存壁垒，最初的交往局限在集市贸易中的产品交换，从原来的相互排斥到谨慎接触，再到建立信任。在接触的过程中，从各取所需的纯粹产品交换到投其所好的产品生产，从产品交换层面到了产品生产层面，从自我的物质利益满足到对交易方的生活习俗的观察了解，从为了达到交换产品而学习对方的语言到建立信任而尊重对方的风俗习惯。

镇远县当地各民族自明清以来就与汉族交往频繁，汉化程度逐步加深，不仅在生活习俗上与汉族接近，仿效汉族传统过春节、元宵节、清明节、端午节、中秋节等，而且在语言上，许多苗族人会说侗话和汉语，许多侗族人会讲苗语和汉语。当地苗族老年人中至今还流传一首民谣，生动地反映出民族交往的事实："天大地大皇王大，我讲贵州四种话：'某拢余呵拢'，'嘘计呀国计'，'相鸦沟骂鸦'，'你掐我猫掐'。"这四句的意思都是"你吃我没吃"。"相鸦沟骂鸦"是哪种语言，当地人现在也说不清楚了，其前两句分别是苗语和侗语，最后一句是汉语湘西方言。

一方面少数民族接受汉文化，另一方面汉族学习少数民族习俗，也和当地的苗族、侗族一样唱伴嫁歌、祝酒歌和回门歌等。历史上许多汉族在血缘上已融入当地少数民族之中，清代徐家干《苗疆见闻录》说："其地有汉民变苗者，大约多江楚之人，懋迁熟习，渐结亲串，日久相沿，浸成异俗，清江南北岸皆有之，所称熟苗半多此类。"[①]当地流传的一首民歌可以与这段文字记录相佐证:"多承贤妹把我招,哪管路窄和坡高!得吃三年岩浆水,不成仡兜也成苗。"仡兜,是当地人对僅家的称呼。

在黔北遵义市的务川、凤冈、道真、正安等县和铜仁市的沿河、印江、德江、江口等县,土家族、苗族的仡佬族因为村寨毗邻,这三个在民族学上被认为属于不同族系的民族不仅都有哭嫁的习俗,而且风格接近,这显然是互相交流的结果。而黔东南苗族聚居的台江、剑河、雷山等地没有哭嫁习俗,在贵阳花溪和六枝特区的仡佬族也没有哭嫁的习俗。黔北的仡佬族与土家族、苗族的交往远远多于和花溪、六枝的仡佬族的交往,黔北苗族与身边的仡佬族、土家族的交往明显多于更远地区的本民族。在仁怀后山苗族布依族乡,当地的苗族在语言、服饰、风俗习惯和歌舞等方面与织金的有些苗族非常接近,他们应该是一个支系,但因距离较远而如今来往不多;周围的布依族尽管在语言和习俗上都不相同,地理上在同一个区域,两个民族因此都不可能无视对方的存在,必然发生产品交换和文化交流。

在丹寨县,苗族和水族村寨相邻,甚至生活在同一个村寨,金钟乡的高寨村、雅灰乡的乌棉村、杨武乡的水家湾寨、排路乡的上丛寨等地主要是水族村民,他们已在此生活几十代,但是四周的苗族人数比他们多,两个民族在还没有国家权力干预的年代,在还没有出现明显的私有制观念的时期,相互交流处于一种自在的状态,文化在平常的生活中不自觉地交流。该村寨是目前母语保留最完整的村寨,潘姓家族据口传家谱可以追溯 38 代定居于此的历史,大约有 900 年的时间。他们最初都是讲本民族语言,在距今一百多年前的清代同治年间开始使用苗语人名,再后来就部分使用苗语,20 世纪中期又开始使用汉语。在一些民族杂居的村落,如金钟乡的高排村、小羊昌寨以及烧茶乡的高坡寨等地,使用苗族语言的时间更早,讲苗语的人更多。高排村王姓口传家谱说从三都迁入此地的第五代就改用苗语名字,至清代咸丰年间就已经是全村使用苗语。[②]

黔东南的苗族和侗族都有村寨之间斗牛的风俗,姑且不去考证谁学习谁,但它足以说明相邻而居的两个民族交往之深。端节、卯节是水族的风俗,而在

① (清)徐家干著,吴一文校注:《苗疆见闻录》,贵阳:贵州人民出版社,1997 年,第 163 页。

② 王凤刚:《从丹寨水、苗杂居现状浅谈水族、苗族的文化交流与融合》,贵州省水家学会编:《水家学研究》(一),贵阳:贵州民族出版社,1993 年。

与水族近邻的布依族也有过端节、卯节的习俗。在谈到建筑时，都把“吊脚楼”和“美人靠”作为苗族的标志性符号，把“鼓楼”和“风雨桥”作为侗族的身份象征。可是有两个现象不容忽视：一是在黔东南，很多侗族干栏式建筑使用了吊脚楼技术，房屋结构也有美人靠；很多苗族村寨也有风雨桥，个别村寨也建有鼓楼。二是在黔中、黔西南、黔西北，苗族的建筑难得见到吊脚楼，也不存在美人靠。在天柱县三门塘村的侗族没有鼓楼，人们早已不穿侗族服装，他们的建筑有许多汉族的四合院和反映中原文化的图案；在榕江县大利村有高大的鼓楼、神圣的萨坛、侗族典型的干栏式建筑和风雨桥，而个别家庭的干栏式建筑呈现为四合院布局；在黎平县堂安村耸立着一个个鼓楼，设置有祭祀的萨坛，其干栏式建筑没有四合院，却出现苗族的吊脚楼斗拱（图 4-23），还有戏台，服饰和大利村差别很大。置身于贵州少数民族村寨，最明显的感受就是村寨文化同中有异、异中见同。即便在人们常说的“六洞九洞”“七十二侗寨”，各村寨是同一个民族，村寨间保持着紧密联系，但是每一个村寨总有自己的特色，寨蒿的月饼最有特色，晚寨的琵琶歌最有特色。堂安寨和厦格寨上下相望，而厦格寨的泥人节就独树一帜。控拜村和著名的千户苗寨都隶属于雷山县西江镇，但是银饰制造工艺当属控拜村的传统文化亮点。

差异是社会发展的结果，也是文化交流的反映。在贵州少数民族村寨，交流促进村寨文化的发展，但是很多传统村寨并没有因为发展而丧失本民族或群体文化的基本特征。一方面，他们在处理村寨关系时首先坚持实用主义原则，

图 4-23　民族文化交融在建筑上的体现尤为直观，堂安侗族的建筑有明显的苗族吊脚楼特征，左边建筑的挑梁采用了苗族建筑技术。

对有利于自己生活的其他村寨不加排斥；另一方面，坚持自己的群体认同，在自我认同的群体中传承文化。只要深入村寨就会发现，村寨文化交流的情形非常复杂，对群体的认同或疏离也有很多原因。例如，榕江县宰荡寨的侗歌和侗戏都非常著名，可是和宰荡寨近在咫尺的井村没有侗族大歌。在举行侗族传统的“吃相思”民俗活动时，井村人宁愿到几十公里外的黎平县中潮镇佳所村，而佳所的村民又和从江县往洞乡孔寨一起开展民俗活动。宰荡寨和井村之间平常有很多交往，关系和睦，但是在某些具体文化事象上又不会充分互动。同样，黎平县西南部诸多侗寨分布在同一条河的沿岸，却以岩洞村为分界线，河流的上游和下游形成两个文化交流圈。即使在同一个文化交流圈，不同姓氏之间的交流也不尽相同。就在黎平口江乡一带，龙姓、吴姓和杨姓在当地占人口的多数，龙姓和吴姓交往密切，吴姓和杨姓接触频繁，可是龙姓和杨姓之间却很少往来。

关于文化的流动性、文化区域的扩散性，现代民族学和民俗学还可提供许多鲜活生动的实例。目前生活在贵州省毕节市织金、黔西两县的布依族，其人情风俗就与布依族分布密集的安顺、清镇多有不同。这里的布依族，几乎无人穿戴本民族的服饰，只有少数老年人会说布依语、会唱布依歌，其节日与汉族基本相同。但同时还保留自己的风俗，有自己的婚丧嫁娶仪式，有自己的神话传说和民歌。文斗村的“举人宅院”雕梁画栋、古香古色，但它既不同于中原汉族的四合院，又有别于普通苗族村寨的民宅，从中能够感受到汉文化的气息，也能触摸到苗族文化的肌理。晴隆县中营镇新红村是一个“石印苗”（也有人称之为“四印苗”）集中居住的村寨，“石印苗”过去称为“红苗”。而“红苗”就是湘鄂黔渝毗邻区的苗族，那里没有“跳花”的传统。清乾隆年间石柳邓领导的湘黔苗族农民起义被镇压后，一部分“红苗”被强制迁徙到丹寨、都匀和黔西南，晴隆县中营镇的“石印苗”应该属于这一支苗族。中营镇“石印苗”妇女的盛装至今仍不同于当地的“花苗”，衣服上绣着四边形而酷似“玉印”的图案，帽子呈长方形，边缘下垂串串五色珍珠。民族迁徙使他们的“红苗”文化扩散到了黔西南，同时也因为他们定居黔西南，又在群体交流中接受了当地苗族支系的文化，一年一度的“跳花节”逐渐成了他们的传统（图4-24）。平塘孔王寨的“红苗”很可能与中营镇的“石印苗”是同一时期迁徙的，他们今天的服装个性鲜明，但在生活习俗上和当地的布依族、毛南族已经有了很多相似之处。一方面，在村寨内部有强烈的群体认同，在与布依族和毛南族村民交往时相互都能比较自如地转换语言；另一方面，在学习和借鉴生产技能、生活习惯时完全遵循实用性，不保守不固执。

图4-24 晴隆县中营镇“四印苗”妇女身着盛装在跳花场翩跹起舞。在当地的“四印苗”村寨之间一直都交往密切，同时也不排斥与其他群体交往。

在贵州，不同民族居住在同一个村寨的现象非常普遍，凯里舟溪镇多数村寨都是苗族和汉族杂居，扁担山很多布依族村寨中都夹杂着汉族家庭，丹寨县很多乡镇中的苗族和水族共同居住在一地，务川县和道真县的仡佬族聚集地不乏苗族和汉族，印江县和松桃县的村寨中苗族、土家族和汉族邻里相亲。在这样的村寨中，有些村民的建筑、语言、服饰、生活习俗都完全没有了差别，只有民族身份成为一个外在的标签，在平时交往中不会想到彼此的民族身份。而有些村寨还存在民族意识，例如在三都县拉揽乡苗族和水族杂居的村寨，苗族村民在生病后可请水族的鬼师驱魔消灾，而在丧葬和祭祀中必须按照本民族的传统；在贵阳市花溪区高坡乡，苗族村民在生病后可请布依族的巫师，而丧葬和祭祀一定由本民族的宗教人物主持。在对这种文化现象的调查中，拉揽乡的村民认为水族鬼师“捉鬼”的本事很强，高坡乡的村民都认为布依族的巫师“捉鬼”的能力更大，但是祭祖和超度亡灵不能请其他民族的人，因为苗族村民有漫长的迁徙过程，其他民族对此不了解。他们在超度亡灵的时候要念“指路经”，将祖先迁徙的路线和曾经停留的地方告知死者的亡灵。如果在超度亡灵时念错了“指路经”，那么死者的灵魂就不能准确地到达祖先的发祥地，可能会在村寨“作祟”；如果在祭祖时念错了迁徙路线，祖先就不会来到这里享用供品。又如榕江县卡寨，短裙苗和汉族在同一个村寨生活了上百年，上寨的短裙苗建筑大多为木质吊脚楼;汉族村民居住在下寨,建筑多为木质的平房。农闲聊天时,短裙苗村民习惯性地聚集在上寨,汉族村民一般不会加入其中。当村民家中举办老人寿庆、小孩满月、婚礼、丧事等活动时,村民不分民族都去参加,在上寨办就按苗族风俗进行,在下寨办就尊重汉族风俗。如果上寨苗族姑娘嫁给下寨汉族男子,那么去姑娘家娶亲就按照苗族风俗,男方家的迎亲则按照汉族习惯;同样,如果苗族男子娶汉族媳妇,也是上寨和下寨各自按照本民族传统。这已经是村民都熟悉的规矩,没有强求,也未觉得不妥。小孩在一起玩耍,当他们在上寨就都讲苗语,嬉戏到下寨时又都讲汉语,他们对两种语言一样熟悉,一样运用自如,一样看待,没有人去硬性规定,完全出自传统(图4-25)。如果说短裙苗和汉族各自不同的传统文化共同构成了这个民族杂居村寨的文化,那么这两个民族之间的交往方式和民族关系本身就是村寨文化的一个组成部分。

不同民族杂居于同一地域建立的村寨,从历史上考察,最初只在经济生活中有限地接触,后来则是因为抵御外部力量或抗拒自然灾害而形成命运共同体,进而在生产、生活、社会关系等方面产生交流,其文化在保持各自鲜明的民族性的同时,或多或少地出现借取、吸纳、和合、交融现象。在贵州少数民族聚集的地区,不同民族交错杂居的现象十分普遍。多民族杂居村寨在建筑空间布局上井然有序,相拥而不相混;在传统节日上互相吸收,选择性接受其他民族或群体的文化而又不抛弃自己的传统,不接受其他民族或群体的某些习俗而又不贬损鄙视这些习俗。这种民族杂居而又布局井然的空间格局,使得不同民族的

图4-25　榕江朗洞镇卡寨分上、下两寨,共406户,上寨为短裙苗,下寨为汉族,两个民族的分界只有一条小路。这条路就是汉族和短裙苗居住的界线。

村寨聚落往往因地理位置上的接近性而促成更多的文化接触与交流契机。随着时间推移，无论是独立的民族村寨文化单元，还是杂居的民族村寨文化单元，都不同程度地吸取周边其他民族的文化因子，从而呈现出相互吸纳却又“和而不同”的村寨文化特征。①

图4-26　平塘县卡蒲毛南族乡新关村，从外观看与汉族村寨别无二致，而在生活习俗、口传历史、民间信仰等方面还保留有明显的民族特色。

和合交融的村寨文化既表现为物质文化，也存在于非物质文化之中；既在民族杂居村寨中普遍表现出文化的和合交融，也能在单一民族村寨中看到文化和合交融的诸多现象。在月亮山、雷公山、瑶山，许多村民居住在传统建筑中，讲本民族语言，而服装和汉族没有什么区别。在黔南和黔西南的布依族、毛南族村寨，人们穿汉族服装，说汉语，但还保留着自己民族的传统节日和诸多风俗习惯（图4-26）。在黔北土家族村寨，几百年前就没有了自己的民族语言，而多数村民的民族服装却一直保留到20世纪中期。在丹寨县，水族人和苗族错杂分布的村寨，现在一部分水族村民在绝大多数时候还使用水族语言。他们在吟唱古歌和祭祀活动中用水族语，但在唱情歌和酒歌时使用苗语，在一些官方活动中又使用汉语。在祭祀食品的安排上，虽然丹寨县的苗族和水族平日里都喜爱白酒、甜酒、酸汤、辣椒，但在祭祖的时候，苗族用的是蒸馏白酒和荤菜，水族在端节祭祖时用的是发酵的甜酒和素菜。在节庆习俗上，丹寨高排、小羊昌、底甲等村寨的水族过端节，当地的苗族也参与，但苗族最隆重的还是过苗年。在贵阳高坡乡的“背牌苗”和其他很多地方的“四印苗”，饮食起居都发生了改变，而作为他们祖先迁徙路线的服饰图案仍然保持传统。在凯里舟溪苗族村寨，有些家庭也像汉族一样，在堂屋立着祖宗牌位，而祭祖的仪式则与从江县加榜、加鸠的苗族同根同源。黔西北大南山苗族丧葬从横埋转变成头上脚下的顺山埋，和当地汉族一样了，但丧葬椎牛“打嘎”和请巫师唱“指路经”的传统则是当地汉族所没有的。黔西南贞丰县布依族在语言和风俗习惯上的汉化程度都很高，许多汉族节日已经成为当地村寨的本土节日，但传统节日“六月六”才最富有他们的民族特色，并且在“六月六”

① 肖青，李宇峰：《民族村寨文化的理论架构》，《云南师范大学学报》（哲学社会科学版），2008年第1期。

图 4-27　穿青人在年节一定少不了打糍粑，敬奉五显神坛。

这一天，村村寨寨都杀猪、杀鸡，祭神、祭祖。在黔西北的织金、纳雍生活着数量庞大的待识别民族穿青人，他们几乎都说汉语，目前只有少数老年妇女还穿着显示“群体”身份的“三节衣”。他们的节日也和汉族基本一样，但每年农历的九月二十六日至二十八日都隆重地祭祀“五显神”（又叫“五显坛”），请一帮称为“道士”的穿青人，戴上各种面具，装扮成各路神仙和鬼怪，做 1 ~ 3 天的傩戏（俗称“跳菩萨”）。在织金和纳雍的村寨，供有“五显神”的基本上都是穿青人。穿青人把“五显坛”作为互相联系的标志。穿青人的大年从除夕至初五共五天，初五以后叫“放年”。除夕打糯米粑供神，分量一般准备够吃到正月十五（图 4-27）。供神粑五个，供饭五碗，供酒五杯，这都代表着对五显菩萨的虔诚。正月初五用一个供神粑煮在甜酒中吃，相信这样才会得到五显神保佑全家平安。在日常生活中，即便素不相识之人，只要见其供有“五显坛”便认为是本群体的人。“五显坛”在穿青人的心里占着神圣地位，被视为维系群体精神的纽带。

（四）同一村寨在不同历史时期的民族构成或村际关系影响村寨文化传承

以上所列举的诸多现象，只能说明不同民族或群体之间的文化交流呈现出许多形态，而很难勾画出一个适合于每个村寨、每个时候的文化交流进程的路线。虽然在人际传播时代，文化交流始于人际交流，但从人际交流的发生看，又有几种情况。明初大量的汉族人进入贵州，汉族和当地少数民族不可避免地发生接触：有的在生活领域，从物资交换进而形成赶场交易；有的通过战争，残酷的流血冲突迫使人们了解对方；有的通过婚姻，即使是抢夺或者买卖。少数民族之间的文化交流则主要发生在生产、生活之中，通过物资的交换或婚姻的嫁娶。可是具体考察，又会发现文化交流不尽相同。物质层面的交流固然要懂得对方的语言，但不一定非要改变自己的语言；接受对方的服装，不等于放弃自己的文化；也许在文化交流初级形态就出现物质文化变化，也许文化交流进入较深层面之后还保留着自己的物质文化。在他者的眼中也许就是物质文化，而在当地的村民心中却沁入灵魂；在别人看来可能是神圣的文化，也许当地村民只把它作为一个工具。更何况，文化交流并不等于完全同化，文化变迁并不是在所有的物质文化都在变化之后才开始出现制度文化变迁，也不是物质文化和制度文化都完全改变之后才开始精神文化变迁。即使语言、建筑、服饰等方面都与另一民族趋于一致，即使语言、制度、生活方式告别了传统，但是总有一些仍属于自己的祖先和群体的文化。文化交流在内容上非常广泛，对另一个民族或群体的文化不可能在同一时间全部接受，不同的村寨在文化交流的具体过程中也不可能一样。如果要弄清楚村寨文化的变化首先从哪个环节开始，或者语言、服饰、建筑、饮食等文化之间决定与被决定的关系，似乎都是徒劳。

但有一点是可以肯定的：文化吸收或借鉴总表现出内容的广泛性，总会在接受的节奏上出现不一致。当接受另一民族或民族支系语言的时候，也一定会在其他方面一并接受，村寨之间的交流不可能只局限于某一点；当与某个村寨发生文化互动时，也许在某些文化内容上快速产生影响，而在另一些文化内容上有很长时期的磨合。丹寨县的高寨、乌棉、台浪等水族居住最集中的村寨，水族语至今仍是村寨中的主要语言，建筑在总体上仍然保持本民族的风格，普遍遵循堂屋不铺装顶楼的传统。而那些已使用苗语的水族村寨，其堂屋普遍铺装顶楼，和当地苗族的住房内部结构一样。保持水族语言的村寨，其服装和水族中心区三都县还有一些类似，而说苗语的水族村寨的服饰则和当地的苗族几乎一样，讲汉语的水族村寨在服装上已完全汉化。

在民族认同或群体认同上，总是与特定历史阶段相对应，镌刻着群体记忆。“记忆也需要来自集体源泉的养料持续不断地滋养，并且是由社会和道德的支柱来维持的。”[①]记忆或在服饰、建筑等物质形态上，或在人生礼仪或岁时节庆等生活中，或在道德伦理和歌舞传说里面。记忆是一个群体的共同遵循。

而且集体记忆在村寨中各不一样：有的村寨极力保存集体记忆，有的则似乎在某个时期或对某个问题集体失忆；有的村寨记忆最深刻的是祖先迁徙史，有些则是创业史；有的村寨记忆最深刻的是与周边村民团结互助，有些则是久久不能释怀的仇怨；有些村寨记忆最深刻的是道德伦理、村规寨约，有些则是生产生活技艺。

传统的村寨文化在封闭的环境中、慢节奏的生活中、口语媒介生态中，作为村寨的集体记忆，保存得比较完整。而环境变化、生活变化、媒介生态变化，村寨传统文化就变得破碎，渐趋消失。关于其破碎、消失的情形，几乎每一个村寨

① 莫里斯·哈布瓦赫：《论集体记忆》，毕然，郭金华，译，上海：上海人民出版社，2002年，第60页。

图4-28　2014年1月，家住纳雍县张家湾镇的苗族老人杨氏去世，当地人按苗族习俗操办丧事，打嘎、吹芦笙。将一头雄健的黄牛在老人的棺木前用钝器打死，意思是死去的老人可以带走它，在阴间用牛来耕地。打牛时，死者的大儿子手提带有长棍的尖刀，嘴里不停地喊："别抢我父亲的牛。"当地苗族坚信，会有孤魂野鬼来和自己的家人抢牛，所以要不停地叫，以便驱走那些孤魂野鬼，让老人能带走属于自己的"牛"。停棺未葬期间，年轻人还在老人的棺木前挂上鼓，边击鼓边跳芦笙。在整个活动中，虽已看不到苗族服装，听不到苗语，而苗族的文化还是那么浓烈。

都是一个特例。当人们断言城市附近、现代时尚文化辐射的村寨难以幸免地葬送传统文化的时候，坐落在高等院校墙根的一些布依族村却顽强地抵挡着车流如潮的喧嚣，孩子们在村寨中依然使用本民族语言，很多年龄并不大的妇女依然还是布依族装束。当人们信心满满地期待少数民族聚集区的村寨坚守传统文化的时候，却失望地看到数千年的历史骤然被抛弃，大方县、赫章县等地是水西彝族经营了几个世纪的地方，如今却找不到几个会讲本民族语言的村寨了。当人们感叹民族服饰和语言都消失的时候，却惊奇地发现很多传统文化根植于村寨，生命力很强大。就在黔西北纳雍县苗族村寨，老人去世后椎牛（当地人称之为"打牛""打嘎""砍嘎"）、吹芦笙、巫师念经超度等仪式仍是必不可少的内容（图4-28）。当人们天真地以为单一民族居住的大村寨会保存传统文化的时候，却无奈地看到这样的村寨有的只剩下一个空壳。例如，经常被媒体作为新农村建设亮点的黔西县城关镇乌骡坝，140多户布依族依山而居，蔚为壮观，可是在调查中看不见丝毫布依族文化色彩，村民对民族节日和风俗习惯没有丝毫兴趣。

有的村寨传统文化在消失或被淡忘，习焉不察；有的村寨传统文化一直在坚守，历史涌动；有的村寨文化一度断裂，现在又极力寻找。在百里杜鹃管委会金坡乡附源村，这三种文化现象表现得非常突出，很有代表性：彝族文化的传统几乎全面消失，浑然不觉；苗族传统文化仍比较完整地保存着，从服饰、语言，到家风、村俗，都仿佛从历史穿越到现代；满族正在尽力寻找历史记忆，追述往事成为这个群体的共识。

彝族曾经是贵州西北部最有影响力的民族，本民族典籍和传说、汉族史书中丰富的记载,都无可争议地证明其上千年的辉煌。彝族至少从东汉早期就在此生活,唐宋时期还建立罗殿国、自杞国等地方政权,从元代到清康熙年间,彝族上层控制着这一带的土司政权。无论是在这一带生活的时间和人口数量,还是社会地位,彝族完全可以称为主人。但是,彝族的传统文化在这里已所剩无几,百里杜鹃管委会附源村的一位负责人介绍,黔西北多民族聚居区和彝族聚居区,已经没有多少彝族人讲本民族语言,年轻的彝族人已经听不懂自己民族的语言,彝族服饰只有在官方组织活动时才能见到,马背上的彪悍化成一道缥缈的幻影。附源村有几个自然村是彝族聚集地,如今从任何角度都已看不到本民族的文化特色。

附源村苗族的情形恰恰相反,他们还保留着自己的语言,女性基本上还穿着本民族的传统服装,民俗活动一如既往。他们的住房也和其他新农村建设的地方一样,都改造成了每户一套二层楼的砖墙水泥房,但是他们的生活习俗和交际圈没变。和金坡乡邻近的普底乡跑马村紧挨着百里杜鹃管委会所在地,交通便利,建筑和中原地区没有区别,男性的服装没有一点民族特征,但他们的民俗还是原来的,在本民族支系内部交流时还使用本民族的语言。在乔迁、婚丧等活动中,居住在百里以外的同一支系的亲友还一定会前来参加,女性在这种场合总会着盛装。

附源村的满族在百年前就已经没有本民族的文化特征了,说的是汉语,穿的是汉服,过的是和汉族人一样的生活。虽然代代相传他们是满族,但是唯一能够证明自己民族身份的只剩下村子附近两座坟茔上面的特殊花纹。20 世纪 80 年代改革开放后,他们选派几名代表到东北考察满族风俗,通过文献查找满族的历史,然后把传统的满族服饰、建筑风格引入黔西北这个偏僻的山村。在历史上,满族在黔西北被其他民族包围着,他们隐忍、退避,文化因此而凋零。而现在,他们都坚信自己是满族,也认为在东北考察一番看到的景象就是满族的文化,更相信史书上记载的满族习俗就是自己历史上的习俗。他们的文化不是世代传承的,而是几个村民代表去东北寻找的,不是世世代代留下的集体记忆,而是被重新唤醒的民族情感。

第四节　其他类型的村寨及其文化传承

贵州地形复杂、气候多样,少数民族在族源上不尽相同,建立家园的时间有先后,建立村寨的原因和过程不可能都一样。村寨建立后的文化演变存在差异,因此现在的村寨类型很多,文化形态不一。

一、宗教村寨的形成及其文化传承

在定居生活刚开始的时候,村民主要表现为自然崇拜和祖先崇拜,村寨中的信仰是多元、朴素的。虽然中国后来出现道教及其变种的教派,又引入佛教并衍生出多个分支,但是很难找到某个村寨只是单一地信仰道教或佛教,民间的信仰总是表现为杂糅特征。

贵州少数民族村寨中弥漫着万物有灵的原始宗教信仰,鬼神崇拜、祖先崇拜是最突出的表现。范晔《后汉书·南蛮西南夷》指出:"牂牁地多雨潦,俗好巫鬼禁忌。"《宋史·蛮夷四》也说:"西南诸夷,汉牂牁郡地……病疾无医药,但击铜鼓、铜沙锣以祀神。"元代李京《云南志略·诸夷风俗·罗罗》说,彝族"有疾不识医药,惟用男巫,号曰大溪婆,以鸡骨占验吉凶"。明代(嘉靖)《贵州通志·土民志》介绍水西罗罗的风俗时说:"信男巫,尊为鬼师,杀牛祭神,名曰做鬼。"清代檀萃《说蛮》记载:"居水西者曰黑罗罗,亦曰乌蛮……疾不医,惟事巫,号大溪婆。"清代田雯《黔书》也说:"居平远、大定、黔西、威宁者为黑罗罗……疾不延医,惟用巫,号曰大奚婆。""奚婆"就是男性巫师,在贵州彝族民间通常称之为"毕摩",他们的主要职能是主持祈求庇佑的各种祭祀、禳解祸祟、占验吉凶、主持诅盟和进行神判。[①] 湘黔边区的苗族在20世纪40年代前"信多神,尤其畏鬼,有病唯一疗法,即为鸣锣请巫师,在家代其捉鬼"[②]。几乎每一个村寨还都有鬼师,在郎德寨就有很多鬼师,包括大鬼师和小鬼师,只要某个村民生病或村中出现某种异常,就会请鬼师念咒捉鬼。

除了鬼神信仰之外,贵州少数民族村寨因为受到汉文化影响,道家和佛家文化不同程度地存在着,拜观音菩萨、建寺庙道观。从现有的文献资料看,道教在宋代肯定已传入贵州,佛教在贵州广泛兴起大约在明代,到明末清初达到鼎盛。普通民众接受的主要是道教和佛教中有关生活、价值观的内容,而对宗教体系并不感兴趣,甚至根本分不清儒佛道之间的区别。少数民族村寨的村民关心的是宗教对生活的价值,寺庙或道观中除了供奉着天师、真人、佛祖、菩萨之

---

① 何耀华:《彝族社会中的毕摩》,左玉堂,陶学良主编:《毕摩文化论》,昆明:云南人民出版社,1993年,第40-41页。

② 王静寰:《湘黔边区苗人情况拾零》,史继忠,张永国等:《民国年间苗族论文集》,贵州省民族研究所编,1983年,第45页。

外，还供奉有南霁云、关帝爷、财神爷、药王爷、灶神爷等。直到伊斯兰教移民大量进入贵州之前，贵州村寨中普遍为多神教信仰，没有任何村寨是真正意义的单一宗教村寨。

(一)军事移民形成伊斯兰教村寨

自伊斯兰教传入中国后，信仰伊斯兰教的穆斯林就形成了很多信仰单一宗教的村寨。宋元以来，中国广泛出现景教、明教、白莲教等组织的村寨。

贵州少数民族地区的宗教信仰既不同于西北地区的黄土高原和天山南北，不同于青藏高原和蒙古草原，不同于中原地区和东南沿海，也不同于川西、滇北和滇南的少数民族生活区。

自忽必烈和兀良合台率领蒙古和"回回"军征云南时，就有一批信仰伊斯兰教的军人屯戍贵州西北的威宁。当时的威宁先称为乌撒军民总管府，后改为乌撒军民宣慰司，再改为乌撒乌蒙宣慰司，隶属于云南行省。伊斯兰教随同信教的移民一起在贵州立足，移民建立驻点，伊斯兰教就在这些移民的生活区传播。尽管这些移民与贵州原住民生活在同一区域，但由于二者之间存在严格的身份差别，原住民几乎不可能进入军事移民的生活圈，因此伊斯兰教最初对贵州原住民并没有产生影响。蒙古和"回回"军人在驻地的生活相对封闭，他们的宗教信仰和生活方式没有受到贵州原住民的冲击。

元朝灭亡必然影响这一批军事移民后代的生活，但是伊斯兰教在这一带的影响并没有减弱，因为明清两代又有信仰伊斯兰教的军人进入贵州这些地方。据学者考证，明初征讨云贵的大将军沐英、蓝玉都是伊斯兰信徒①，他们的军队有一部分来自陕西和甘肃，后来驻屯在乌撒卫、普定卫、安庄卫等地。曾经挞笞奢香，险些激起水西彝族反叛的贵州都指挥使马烨就是回族人，他从陕西带入贵州的上万人屯驻在赤水卫、层台卫，这些军人中的相当一部分信仰伊斯兰教。元、明两朝先后驻屯贵州西北部的军事移民大都来自中国西北，而且民族成分和宗教信仰相同，这就避免了后来者刚入贵州时的文化不适应，还使先期的穆斯林带来的伊斯兰教进一步壮大。清代雍正年间鄂尔泰在贵州极力推行"改土归流"，他的手下悍将哈元生就是回族，曾担任威宁营游击，不久升任参将，镇压乌蒙土官安万钟后，又提升为安龙总兵、贵州总兵，最后被朝廷封为扬威将军。哈元生和他的信仰伊斯兰教的将士进一步充实了贵州伊斯兰的实力。元、明、

① 丁中炎：《关于沐英、蓝玉原籍、原姓及族别问题的新探讨》，《贵州民族研究》，1982年第4期。

清三个朝代，三批信仰伊斯兰教的军人入黔，他们的军营最后都演变成村寨。在这期间，穆斯林的活动范围越来越广泛，素以经商著称的回族普通移民纷纷来到贵州，按照宗教信仰和民族习惯结群而居，伊斯兰村寨由此增多。

伊斯兰文化特色明显的村寨在贵州建立并不断壮大，既是宗教信仰的结果，也在不断地强化着村民的宗教信仰。如果从元朝初年算起，伊斯兰文化传入贵州已经700多年，并没有因为时间长河冲刷而萎缩。伊斯兰文化不是贵州的本土文化，却能在贵州植根生长，究其原因应该离不开以下几点。

第一，和伊斯兰文化传入贵州的过程有关。大致经历元朝忽必烈的蒙古和“回回”军人进入云贵、明朝初年蓝玉和沐英的陕甘晋豫穆斯林军人驻防云贵、清代以哈元生为代表的将士镇压贵州各地反抗三次移民，他们整体而来又整体定居，直到今天仍集中分布在毕节市、六盘水市和黔西南。他们不仅具备传播伊斯兰文化的实力和环境，而且每一次都给原有的伊斯兰文化注入生机。并且伊斯兰村寨自形成之后，他们的文化没有发生断裂，时代和环境的变化没有影响到伊斯兰文化的本质。

第二，和传入贵州的伊斯兰文化个性有关。穆斯林虽然在元、明、清三个时期陆续进入贵州，每个时期的伊斯兰文化虽然因时代不同而有所差异，也存在门宦区别，但是门宦之间没有形成教派之争。并且伊斯兰教有讲经传教的阿訇，有清真寺作为传教场所，在饮食、起居、丧葬等方面有严格的禁忌，这就如同一道防火墙，有效地防止了其被其他文化同化。从黔西北到黔西南，伊斯兰信徒差不多都是独立形成村寨，他们几乎不会和其他村民杂居，坚持着自己的习俗，有规律地到清真寺听经朝拜，不影响周边其他群体的村寨，也不受其他村寨的干扰。他们也许不是同一个民族，但宗教信仰使他们凝结在一起，形成一个群体。信奉伊斯兰教的村民定期到清真寺集体敬拜，每年都会积极参加清真寺一年一度的开斋节、古尔邦节(图4-29)。贵州省普安县青山镇的过年习俗也别有一番风味，饮食上很讲究卫生和清淡，而且回族人民过年的时候门上不贴对联。过年的前一天，镇上的穆斯林都会提前在家准备好“油香”和“果碟”拿到清真寺，等阿訇和其他的师傅念完经就分批依次抬到清真寺的桌上请阿訇口道，以示对宗教的忠诚和祈福来年平安。口道完果碟之后，其他人才能品尝。过年的时候穆斯林不能擅自宰牛和鸡鸭，必须拿到清真寺给阿訇宰。之后他们会在桌上摆上白斩鸡和凉片牛肉，到家里做客的人(一桌八人)都会把蒸菜夹到一个小袋子里，包起来拿回家里，以示沾点“好”。村寨里的穆斯林家中的大门、房间里大多挂有经文，家里请阿訇来念经的时候都必须到有经文的房间里，过

图 4-29　普安县青山镇回族村民的清真寺。

年的前一个星期之内穆斯林家里还会请阿訇来念经，意为“做好事”。

在贵州威宁县勺口村、七舍村、果化村、水塘村、朝阳村，这些村子都有清真寺。他们都做礼拜，信仰真主安拉（图 4-30）。勺口村平河组的清真寺是这里的回民信仰最重要的地方，也是他们主要的活动地方。他们用自己民族的传统方式做礼拜，向他们伟大的真主安拉做礼拜。这里的人用行动表明自己的信仰，那就是对伟大的真主安拉的信仰。礼拜后，这里的人们还要坐在一起学习，然后各自回家，由此可见他们对真主安拉的信仰是多么坚定。

图 4-30　勺口村的回族村民每周都会到清真寺听阿訇讲经，敬拜真主安拉，这是村民生活的重要组成部分。清真寺是村寨中标志性的公共建筑，也是村民的公共文化空间。

(二)传教士布道形成基督教村寨

明清时期,西方传教士从中国沿海深入内地,信奉天主教、基督教的村寨大量出现。虽然贵州少数民族地处边远,但是在鸦片战争后也出现了西方传教士的身影。基督教在贵州出现于19世纪中后期和20世纪前期,有天主教和新教两派,零星分布于贵州各地,没有形成一个完整的文化区。塞缪尔·克拉克(Samuel R. Clark)、韦伯(Webb)在黔东南黑苗中布道,在今凯里市旁海村猴场中寨建立教堂。党居仁(J. R. Adams)在黔中安顺传教,西秀区的柴家苑和白马洞、清镇的幺岩苗寨和安平苗寨、赫章的水堂子和葛布村都发展了信徒。伯格理(Samuel Pollard)从云南昭通来到黔西北威宁石门坎建立教堂,乌蒙山下许多苗族村寨都皈依基督教。基督教文化逐渐成为村民的精神信仰,并改变了村民原来的生活方式。

基督教作为外来宗教,它能够在贵州少数民族村寨取代传统民间信仰,这与它的内容及传播方式都分不开。

首先,它的教义迎合了当地村民的精神追求。宗教产生于社会生活,同时宗教又表现出社会生活。世间的秩序似乎是神圣秩序复制的主体,宗教是用象征的语言书写下来的社会生活,是观念和行为的隐喻体系。[①] 基督教宣称每个人都是上帝的子民,上帝希望每个子民都有权享受幸福生活。长期生活在社会最底层的少数民族感激传教士在物质上的赐予和精神上的安慰,他们希望摆脱一直处于受欺凌、打压的弱势地位。传教士带着上帝的福音,给他们指出了一条出路:只要信奉上帝,死后就能升入天国。尽管这个天国是虚幻的,但是它能慰藉苦难中的人们。马克思曾经说过,宗教在特定的时候可以抚慰人们的心灵,苦难中的人们"既然对物质上的解放感到绝望,就去追寻精神上的解放来代替,就去追求思想上的安慰,以摆脱完全的绝望处境"[②]。正因为如此,生活贫困且处在主流文化边缘的村寨特别容易受到传教士的感化,在一段并不长的时期内,很多少数民族村民皈依了基督。

其次,西方传教士因地制宜地采取了符合少数民族生活需求和社会认知的传教方式。伊斯兰文化虽非贵州本土文化,却是信奉伊斯兰的移民带进来的,

① 罗伯特·F.墨菲:《文化与社会人类学引论》.王卓君、吕迺基,译,北京:商务印书馆,1991年,第210-211页。

② 马克思,恩格斯:《马克思恩格斯全集》第19卷,中共中央马克思恩格斯列宁斯大林著作编译局译,北京:人民出版社,1963年,第334页。

对这些移民而言,伊斯兰教是他们自己的文化,基督教的传播则不同,它是西方传教士向贵州本地居民植入的文化。基督教传播之初,采取在西方惯常使用的方式,结果应者寥寥,于是改变手段,从生活入手,在贵州少数民族地区建医院、办学校,向贫困的村民开展慈善救济活动。例如,在20世纪初期,英国传教士伯格里到威宁县石门坎传教时,就是把传教融入当地苗族的生活,巧妙地将宗教信仰传播和情感交流结合起来,将上帝的仁慈转化成传教士的物质赏赐,从改善教民的物质生活状况开始,进而达到拯救教民灵魂的传教终极目标。他和他的团队在石门坎改良和引进农作物种子,改进植物栽培及纺织技术,改变人畜同居的习惯,鼓励村寨之间修筑道路以供出行,引导村民在风俗上模仿和学习西方的一些好习惯,通过对新的生产和生活方式体验,感知西方的文化和观念。此外,传教士注意从孩子开始灌输基督教信仰,在青少年中开展体育运动,偏僻的山旮旯出现中国西南最早的露天足球场和露天游泳池。当地人在强身健体的娱乐活动中改变对传统的认识,不自觉地接受了基督教的教义、西方人的行为习惯等。伯格理和他的同伴们在贫穷落后的乌蒙山腹地建立了中国最早的麻风病院、孤儿院和一所近代西式医院,帮助世代生活于大山深处的穷苦人解除病痛折磨,使他们改变了传统的鬼神崇拜,感谢上帝。建立学校,免费为贫苦的儿童提供教育,不仅传授西方科学知识,开阔村民眼界,而且实行男女同校,开创中国近代男女同校之先河,孩子们在系统的知识获取中形成传教士所预设的世界观和人生观。从这个时候开始,黔西北的苗族和彝族同胞初步懂得食物营养、病毒感染、遗传基因、维生素、染色体等医学知识,认识到文化知识除了语文、算数之外还有地理、音乐、几何、生物等学科,知道了娱乐除吹芦笙和唱山歌之外还有篮球、足球、游泳等门类,并且知道了游戏应遵守规则。从此,大山深处走出了一批博士、教授、名家和大师。处于经济发展底层和文化思想边缘的石门坎,成为西南苗彝文化高地,被誉为"苗族文化复兴圣地""锡安圣地"。

基督教相比贵州少数民族村寨的原始宗教而言,教义完善,势力巨大,渗透性强。它在村寨确立后,村民的生活、教育、文化、社会和观念等方面都会迅速变化。

第一,人们的思维和认知发生变化。基督教的传教士把西方的宗教和贵州的原始宗教信仰进行嫁接,接受教义的村民到教堂做礼拜,唱赞美诗,信奉上帝,他们仍然保持本民族语言,穿本民族服装,和不信教的本民族其他村寨保持交往。伊斯兰教村寨文化是穆斯林来贵州建立村寨的时候形成的村寨文化,村寨文化和村寨历史一样长,村寨文化是村民自己的文化。而且信教者到贵州后连片居住,各村寨首尾相望,因此伊斯兰村寨可以形成一个文化区域。基督教村寨文化则不同,它是传教士先向村民传播宗教,先有村寨再有传教士,然后在村寨中才有基督教文化。当基督教文化成为村寨文化后,村寨原有的文化被否定,此后的村民表面上和原来的村民在民族身份、血缘关系上一脉相承,但是文化品质完全不同了,这是一种典型的"文化置换"。原来维系村寨的精神纽带是血脉亲情和原始信仰,组织者是村寨长老、族长和巫师,现在变成了基督教和牧师。原始信仰为祖先崇拜、鬼神崇拜、泛神论,基督教排斥祖先崇拜,只崇拜上帝,为一神论。自从信仰上帝之后,村寨的文化和过去告别,新旧文化之间出现一条鸿沟。而且,基督教是在村寨中植入的,原来毗邻而居的同一民族或同一民族支系的村民密切往来,文化基本相同,当有些村寨接受基督教以后,就和没有接受基督教的村寨成了两个不同的文化系统,村民之间的交往必然受到影响,因此也就成了两个文化轩轾的人群。

位于威宁县西北的龙街是一个多民族杂居区,共有彝、回、苗、汉、布依等 7 个民族生活于此。民国年间四方井教会的名称为中华基督教循道公会、西南教区、四方井联区,属昭通教区。教区设有教区长 1 人,一般由外国人担任,随后也有中国人担任的,还有书记 2 人,英、中各 1 人,会计 2 人,也是英、中各 1 人。教区又辖若干联区。四方井辖 5 个堂区:四方井堂区、索罗多堂区、狗街子堂区、海戛堂区、锅底堂区等。每个堂区设执事 1 人,具体管理所辖村寨的传教事务。

法地区位于威宁县的东北部,北邻龙街区,西邻观风海区,南邻小海区、羊街区,东与赫章县交界。法地全区有 12 个乡,约在 19 世纪末,西方传教士深入威宁一带,法地区的大松树就建立了教堂和教会学校。法地区信仰基督教的人较多,特别是苗族,信仰的人约占 80%。大街、法地的彝族村民信仰基督教的为数不多。据说基督教内地会在大松树正式建立基督教堂以后,英国牧师就经常从赫章葛布至大松树进行传教活动,每年至少来一次,多时达五六次,每次住三至五天。葛布教会属于基督教内地会,中华人民共和国成立前管理附近几个县区基督教的教务。共辖 26 个支堂,遍布威宁、赫章、水城及云南彝良四县交界的 11 个区,覆盖 26 个乡 148 个村寨的范围,大松树教堂是葛布教会的一个支堂。在教徒中,苗族最多。在大松树一带,信仰基督教的苗族人家有一百多户,约占信教总人数的 95%，彝族信教的只有十几户白彝，约占信教总人口的 5%。①

第二，每一个被传教士感化而皈依了上帝的基督教村寨，社会面貌都发生了巨大变化，从物质生活到思想观念，从社会组织结构到精神状态都体现出独特个性。首先，村民的关系发生改变。村寨内部不再以血缘亲属相互称呼，全部是上帝的子民；不再按照辈分反映尊卑高低，男女老少一律平等；根据基督教的教义明确规定只信仰上帝，因此村民对上帝的信仰大于对祖先的崇拜，对基督教信仰的追求大于对传统习俗的传承。每到周末，所有的基督教村寨传出一样的赞美诗歌声，传播一样的教义，做一样的礼拜（图 4-31）。村际交流不再以血缘远近作为第一标准，而是以宗教信仰来选择。安顺市的紫云县有几个信仰基督教的村寨经常互相来往，并且与黔西北威宁县的基督教村寨保持信息互通，而附近同一民族支系的村寨如果信仰不同则很少交流。其次，村寨的生活习惯发生改变。他们在选择结婚对象时仍沿袭亲族内婚，而婚礼在教堂简单举行，定期在教堂唱赞美诗和接受教义。丧礼不再椎牛和请巫师超度，民族节日被宗教节日替代。所有的基督教村寨都不祭祀祖先，不建家族祠堂，不供奉祖

图 4-31　紫云县新驰村的大花苗都是耶稣的信徒，现在每个星期都安排固定的时间，全体村民到教堂做礼拜，唱赞美诗，村民积极到台前交流自己学习《圣经》的体会。

① 《中国少数民族社会历史调查资料丛刊》贵州省编辑组：《黔西北苗族彝族社会历史综合调查》，贵阳：贵州民族出版社，1986 年，第 81 页、第 96 页。

图 4-32　伯格理墓。1914 年,伯格理因救治学生感染伤寒,病逝于这个边远小山村。教徒将他安葬在此。“文化大革命”中他的坟墓受损,后又作修复。墓葬兼具中西风格,既有十字架,又有带中国文化色彩的“英国伯牧师讳格理之墓”的字样,显得十分别致且耐人寻味。

先牌位,不修家谱族谱。例如,农历六月初六是布依族的固有节日,传统的布依族村寨在这一天要举行重大的民俗活动。黔西南布依族村民这时要包粽粑,杀猪祭社神。每寨都在寨中或村边修有一座社神祠,为祭社神之所。“三月三”也是布依族非常重视的传统节日,在这个节日里多数村寨都会祭社神,如者楼、秧坝、者岳、弼佑、乃言等地。而当乃言等一些村寨改信天主教以后,在这些重要节日就不杀猪敬社神了。①

村寨信仰的改变也使村寨的传统文化流失,导致村寨的民族特色消失,与祖先相关的神话传说失去传播载体,伴随在祭祖驱鬼活动中的传统文化失去传播空间,和家族文化联系在一起的制度文化被取代。虽然在基督教村寨还保留一些过去的歌舞、服饰和饮食等,但是此类村寨的文化共性大于个性。新中国成立后,基督教在中国农村走向衰落,这些信仰上帝的村民再也不能完全回到传统,陷入了祖先与上帝、民族传统与西方文化的尴尬之中。即便最负盛名的石门坎,曾经追随伯格理的张道惠、王树德、甘铎理、顾华文、慕博理等人士一度将这里建设得风生水起,可是在“文化大革命”时期也失去了光彩(图 4-32)。20 世纪后期,中国改革开放,其中一部分基督教村寨恢复了信仰,同时又想保住传统的民族习俗,他们在二者之间力求获得平衡,事实上却不可能做到,毕竟这是两种不同性质的文化。

二、非传统农耕型村寨的文化风貌

总体而言,村寨是定居农耕的产物,村寨文化建立在农耕文明基础上。但是村寨起源于农耕文明并不等于村寨永远只属于农业,村寨文化在农耕文明的基础上发展起来并不等于永远只局限于农耕文明。原始社会发展到一定阶段,农业和畜牧业分工,农业和手工业分离,这只是相对而言。尤其在中国,自给自

① 《中国少数民族社会历史调查资料丛刊》贵州省编辑组:《布依族社会历史调查》,贵阳:贵州民族出版社,1986 年,第 111 页。

足是农村突出的特点，直到今天仍没有彻底改变，农村的每个家庭都习惯养殖，多数村寨都有生产农具和建造房屋的匠人，而村寨密集的地方通常会形成集市。因此，有些原本从事农耕的人转变了生产结构，原本依附在土地上的村民改变了经营手段，有些被山水田园环抱的村寨后来变成城镇或被城镇包围。村寨在发展变迁，村寨文化也必然在丰富和改变。

（一）传统农耕村寨转型引起文化变迁

贵州少数民族所有的村寨都离不开农耕，无论早期少数民族原住民建立的村寨还是后来军事移民建立的村寨，无论在河谷平坝建立的村寨还是山腰峰顶建立的村寨，无论从事狩猎和捕鱼的村寨还是从事码头运输或林木经营的村寨，村民都离不开耕播收割，都对土地有深深的热爱之情，对家园有浓浓的眷恋之情，在村寨中有许多关于农事的习俗，有许多与农业有关的生产技术和传说故事。不同身份的人建立的村寨呈现出不同的风貌，村寨内部或村寨之间结成不同的关系。不同地理环境中的村寨表现出不同的村寨布局，有不同的耕耘方式和生活习惯。差异性彰显出村寨文化的个性，千姿百态的村寨共同构成贵州村寨美丽的画卷（图4-33）。

贵州少数民族的村寨在很早之前就不完全是典型的传统农业村寨，瑶族习惯于“赶山吃饭”，彝族曾经“逐水草而居”，狩猎和游牧村寨并非个别。随着社会变迁，村寨也在变化，曾经的军事据点逐渐转变成普通村民的栖居地，简陋的棚舍渐次发展成蔚为壮观的村落，偏远冷清的小村寨演变成热闹的集镇，摆渡的小码头扩展为街市，人口众多的大村寨因为战争或自然灾害而荒废，炊烟缭绕的乡村因为政府指令而改造为繁华城镇或者转变成水库，静谧的山村因为旅游规划而变得喧嚣嘈杂。从村寨形态来看，一方面，狩猎和游牧村寨后来发展为农耕村寨；另一方面，农耕村寨也有的演变成商业或手工业村寨。前者的转

图4-33　在从江县就能够看到分布于不同地理位置的村寨。左图是水边壮族村寨平正村，中间是山腰苗族村寨加榜，右图是下江镇聚集于山顶的中华村。三个村寨的建筑风格、生活习惯迥异，却都对土地有一种朴素的情感。

变可以追溯到遥远的年代，后者的演变主要出现在明代以后，越到后来越明显。卫所周围和驿道沿线兴起一批集镇，郊区的乡村变成城镇的一部分。贵州西部六枝的岩脚寨位于滇黔驿道，在明代颇为繁盛，后因驿道废弛便改变了文化特征，而有些过去交通闭塞的村寨，因为附近人口增多，或交通发展，顺势发展了集市（图4-34）。到了20世纪末，城镇化步伐加快，发展交通的力度加大，贵州的农村产业结构开始出现重大调整，村容村貌和村民组织结构发生转型，村寨文化进入快速变革时期。

农业文化是趋于内向的文化，中国的传统村落总体上比较封闭。非传统农耕型的村寨在文化上则显得开放些，文化变迁的节奏要快一些。贵州少数民族一部分村寨在历史上与汉族有交流，中原文化对它的影响不尽相同。一是渐进式的影响，从彼此陌生和警惕到物质产品的偶尔交换，从个别人或个别家庭接触到一小部分人的交流。在渐进式的文化交往中，少数民族村寨不失文化主体地位，能够保证文化的连续性。二是吸收式的影响，无论少数民族村民主动或者被动接受汉文化，都是吸收而非取代，从而保证文化基因不至于丧失。三是叠层式影响，当传统的本土文化被汉文化涂抹一道色彩后，少数民族村民在渐进式的节奏中，在作为村寨文化主体地位的舞台上，总会用自己的文化将汉文化覆盖。例如，在早期主要引进来自汉族地区的新品种、新作物、新技术，他们总能用传统与之嫁接，没有使传统农业产生革命性转变，村民的生活习惯和社会组织没有发生颠覆性变化。又如汉语言、文字、服饰等被少数民族村民接受后，他们总能将其加以转换，古老传说的内容和形式能够得到较完整的保存，祖祖辈辈吟唱的歌谣节奏维持原样，祭祖敬天地的仪式继续进行。而真正出现的

图4-34　都柳江畔的从江县下江古镇，原本只是一个规模不大的村寨，后来在码头兴起集市，如今发展为城镇。（易华摄）

颠覆性变化则源于村寨类型改变，谋生手段直接影响思维方式和人际关系。当一个村寨的农业地位削弱，手工业、商业或现代工业的成分增强，其传统的社会关系、意识形态都会因此动摇。横贯贵州的驿道从湖南经贵阳到云南，在明代成为重要的军事设施和文化通道，沿途的许多村寨由寓兵于农的屯堡演变为客栈或商业据点，当地居民的经济来源和生活方式因此迥异于农耕。清水江流域很多农业村寨因为在清代大规模种植杉树，所以长期从事林木贩运，原有的文化从内部渐趋解体。当代许多村寨或变成集镇，或转变成货物中转站，或作为旅游示范点，或形成工业园区，其形态和传统农耕村寨不同，其文化内涵和传承途径也不一样。

非传统农耕型村寨不一定改变了村寨规模或村民群体，还是原来那个村，还是原来那些人，但是因为村寨的经营方式改变，导致村民群体的内部关系、组织形式、思想观念发生变化。从历时性看，这样的村寨在文化上都有一个转化过程，前后反差强烈。例如，雷山西江苗寨，在20世纪90年代以前，村民基本上都从事农业，村寨很安静，传统的家族组织和寨老制度维系着村寨的基本关系，所有的传统节日如期举行，服饰为自己而穿戴，民族语言为自己而运用。后来旅游开始兴起，且最终变成支柱产业，于是村寨变得热闹，夜晚霓虹灯闪烁，传统农业化成一道景观，节日民俗随时表演，服饰歌舞尽是为了展示，民族语言成了旅游中的一份佐料。生活空间扩大，产业结构转移，社会组织变化，村民按照旅游公司的意图从事经营，村民的活动实质上成为旅游经营的一部分。村民原来在家里招待亲朋，现在为游客服务；原来唱敬酒歌是亲朋之间表达情感，现在为素不相识的游客唱敬酒歌是特色旅游的一个项目；原来的村民是村寨的主人，现在游客成了村民服务的对象。贵定县的音寨布依族村，10年前还是一个平静的河边农耕村寨，当休闲旅游兴起之后，春天借助数百亩金黄的油菜花和漫山遍野的梨花作为旅游资源招揽游人踏青，夏天利用碧波荡漾的水坝吸引省城贵阳的市民郊游。村寨中的布依族村民再也没有时间、没有兴趣组织传统的“三月三”“六月六”等民族节日了，男女老幼一起投入旅游接待，村寨的主人被湮没在潮水般的游人中。每逢周末或节假日，自驾游的车辆填满村寨的所有空地，床位早已预订一空，客厅和庭院摆满餐桌，吃了一轮又一轮。游客为了来这里看风景，却在这里共同描绘着风景。“熟人社会”已不再是村寨人际关系的特点，“自组织”已不再是村寨的社会特点。村寨的文化不再是日落而息的农耕文化，不只是村民创造或享有的文化（图4-35）。

非传统农耕型村寨因为谋生手段更多样，村寨中的人际关系更复杂，所以

图4-35　曾经平静的西江苗寨，旅游开发后变得一片喧嚣，村民的传统生活空间不复存在，村寨文化被置换。外村亲友觉得像以前那样去串门会耽误西江人的时间，西江人也难以像以前那样悠闲地接待亲友。最富有特色的节日期间，正是游客爆满的时候。年长的村民为了旅游经营而放弃传统生活，年轻人根本没有条件体验传统生活。

获取信息的途径更多，内容更丰富。多样的谋生手段和社会关系复杂的人们不仅在创造村寨文化，而且也在改变村寨文化；多途径获取的信息不仅丰富村寨文化，而且也会稀释村寨传统文化。黔北的丙安（图4-36）、大同位于四川和贵州交界的赤水河畔，是赤水河上航运最繁荣的码头，曾经是川盐入黔的必经之地，村寨应商业而生，先天缺乏农耕基础。它们从一开始就不是一个血缘群体，寨老制或家族制没有繁衍的土壤。在这里发展起来的盐运文化属于一种典型的商业文化、码头文化，当地人以开客栈为生，其建筑风格接近四川，在布局上集中于河边，在结构上设计为回廊单间。由于袍哥曾经长期把持着盐运，当地的客栈不可能摆脱袍哥的控制，因此具有浓厚的四川袍哥文化色彩。村寨逐渐壮大为集镇，由单一的盐运客栈发展为货物集散地。村民经营客栈，也闻听南来北往的各种故事。盐商、袍哥、艄公和小商贩在这里云集，各色人等在这里打尖、贸易、交流、传播故事，村民在这里听故事、汇集故事、整理和讲述故事。虽然如今很多古老的客栈被现代化建筑取代，村民也不再以经营客栈为主，但是他们还习惯于开茶馆，还在茶馆讲述着当年的故事。据大同古镇的老人们讲，他们还能讲述从元朝的战役到夜郎王选址等3 600个故事。他们的故事在客栈、茶馆的贸易者的闲谈中，在当地居民的聊天中，在残存的建筑中，在生活习惯或规矩中传播。

清水江流域的所谓“内三江”和“外三江”非传统型村寨则是另一幅文化景观。这里的村寨建立之初依赖于农业，以后的村民也从事着农业，村寨附近开垦出一片片稻田，而在明代后期和清代开始转型，农业逐渐成为副业，村民主要从事木材种植、租赁和贩卖。江边的每一个村寨都是木材交易的码头，都有客栈和从事木材贸易的外地“山客”。在这样的村寨，人员不断流动，村民只是村寨成员的一部分，从事木材贸易的人和租赁山林种植木材的人共同创造着村寨文化。木材是一种商品，山林被视为赚钱的资本，村寨中的人们形成经营意识，赚钱的冲动激励着人们，人与人之间结成经营关系，通过契约规范和制约经营关系。所以在这里，一方面，耕地依然保存，传统农业还在继续，家园使村民留恋，农耕使村寨祥和，农业文化气息浓厚，定居的村民留住了民族的传统文化之根。另一方面，商业文化色彩鲜明，村寨中汇聚的人不只是买了土地和建了住所的村民，信息不单产生于村寨和传播于村寨，人们的眼光不仅仅局限于栖息之所，谋生的手段不仅仅停留在农业生产，人们充满了挣钱的欲望，精于算计、信息敏锐、视野开阔、思想开放。挣了钱的村民重视发展教育，发了财的家族开始建宗祠和修家谱，见过世面之后对外面的文化多了几分包容。就在清代和民国年间，这里通过科举走出了很多读书人，这里的村寨形制丰富多彩，这里的语言和服饰几乎找不到历史的痕迹。在这些村寨，族长和寨老大多成为订立契约双方的“保人”，成为交易纠纷的调停人。村寨的风格更多地表现出湖湘文化特征，从饮食到观念都是传统农业与商业、本土与外地的杂烩。

图4-36　赤水市丙安古镇因河水对岸建起了新的城镇，已失去了昔日的热闹，但居民的传统生活状态还在。

（二）“城中村”诞生新的文化样态

现在，最极端的非传统农业型村寨要数“城中村”。所谓城中村，就是被城市包围着的村落，村民失去了赖以生存的土地，不可能再继续进行农业生产，而又没有融入城镇，缺少在城镇生活的基本技能。农业文化在这里正在消失，都市工业文化和商业文化却还没有形成。

城市数量不断增加、规模不断扩大，这是社会发展的趋势。贵州在明代兴起大批城镇，或由卫所、府州县治所发展起来，或由交通要道和码头的客栈壮大而成，或由赶场贸易的商品集散地逐渐演变而成。中华人民共和国成立后，一大批厂矿和企业不仅改变了贵州的产业结构和人口布局，而且加速了贵州的城镇化进程。尤其是改革开放之后，城镇化和工业化脚步加快，很多城郊在城市扩建中被高楼包围，很多农村在新的产业园区规划中被圈在其中。从此，城中村作为特殊的现象在贵州各地出现，它深刻地影响着贵州的社会发展进程和传统文化命运。

地处贵阳市老城区黔灵山脚下的二桥苗寨是一个苗族村落，拥有 200 多户，共计 500 余人，苗族占 95% 以上，以唐、鲁、朱、王等姓为主的苗族村民在这里至少居住了九代以上，算下来应该有 200 年历史了。20 世纪 90 年代，在二桥苗寨修建了一个粮油批发市场，村民纷纷推倒古屋，毁掉田地，修建砖房出租。轻松获得的收入令村民对失去的土地毫不吝惜，将历代延续的村寨传统断然抛弃，年轻人满足于稳定的房屋租金中，陶醉在都市文化里，白天骑着摩托车兜风，夜晚便去 K 歌、看电影、泡夜场。可是在 2002 年，又因城市规划而将粮油市场搬迁出去，当初为收房租获利而匆忙改造的“城中村”还没有回过神来，转眼就只剩下一堆简陋的砖混建筑。租房客走了，村民的收入没了，留下的是改穿西装和牛仔裤的现代苗族村民，他们面对着民族文化并没有被完全同化的老一代，却跨不过时代犁出的文化鸿沟。老一辈还在迷恋“二月十五”“三月三”“四月八”等苗族传统节日，他们对传统一往情深却触不到年轻人的兴奋点。尽管有些村民在平时还会制作民族传统乐器、刺绣、酿制苗家米酒、唱苗族古歌等，可是在城市风景的映照之下，这些举动反而多了几分悲情。为数不多的几个还会说苗语的老人颤巍巍地行走在钢筋水泥的村寨里，与其说在悲壮地诉说历史，不如说是留给历史最后一抹温柔。老辈子和年轻人在城中村并肩而行，却彼此牵不住对方的手，城市和农村在城中村交会，却让现代都市文化和传统民族文化都找不到停靠的港湾。平坦的城市街道在城中村外戛然终止，昔日的古老苗寨迷茫在尘土之中。

现代化的脚步越来越快，贵州的城镇化正在加大力度，城中村必然会越来越多。城中村的文化将走向何处？传统的民族村寨文化如何面对现代化？那些创造过和传承了村寨文化的村民有义务保护他们的文化、繁荣他们的文化，但他们在当今却左右不了村寨文化发展的走向。

尽管影响村寨的因素有很多,但社会生活永远是村寨文化传承和变迁的第一因素。尽管村寨文化的传承会影响社会生活,但归根结底还是社会生活在影响村寨文化传承,村寨文化的传承只能适应社会生活。尽管村寨文化包括的要素很多,各要素的生成机制相当复杂,但是无论其要素有多少,各要素的生成机制有多复杂,社会生产力永远是第一要素,是第一性的,社会生产力的变化必将引起村寨文化其他诸因素变化。

第五章 贵州少数民族村寨的文化类型及传承

依照日本学者横山宁夫的文化分类法[①],村寨文化也可相应地分为村寨物质文化、村寨制度文化和村寨精神(理念)文化三种类型。村寨文化的类型不同,其传承方式也会不一样。

第一节　贵州少数民族村寨的物质文化传承

少数民族村寨的物质文化指由村民创造的文化遗存,或服务于村民生产、生活的物质存在,包括村民创造的一切物质形态的产品,如生产工具、生活用具,还包括通过人类活动改造过的自然景观,如道路、田园和山水等。它的外在特点是可看见、可触摸、可感知、可使用、可保存,会占用具体的空间;它的内在特点是承载着"人类的创造和文化信息,在这些器物中反映出了少数民族的创造、意识和心理信息,因此它们虽然是物质、是器物,但又都是少数民族文化的载体,反映了少数民族的文化"[②],它记录着、展示着村寨的历史,并用客观存在的物质形态展示其文化存在的历史。它承载的历史不同于口传的、文字记录的以及其他媒介展现的历史,前者是创造者的智慧、观念和生活状态的客观反映,是同构关系;而后者包含着表述者、书写者的主观建构,是对客观历史的再建构。

---

① 横山宁夫:《社会学概论》,上海:上海译文出版社,1983 年,第 168 页。

② 常嫣:《浅谈少数民族传统文化的继承发展及其保护》,《网络财富》,2010 年第 12 期。

一、建筑文化传承

建筑文化由建筑物、建筑布局以及人们对建筑的使用等方面组成。村寨主要由村民和建筑构成，建筑供村民栖居和生活，村民创造村寨的建筑。“任何民族的居住文化，也都是一种综合性的创造，它关乎技术的、生产的、生活的、家庭的、社会的，甚至观念形态的等等物质文化、精神文化和政治文化的几乎所有主要的方面。”①在历史上，贵州很多地方的村寨直观地表现着民族文化，建筑结构和建筑形式凝结着建筑技艺，建筑形式和布局反映着村民的审美、对自然环境的利用和人际关系，建筑的使用表现着生活方式。

（一）村寨建筑之中凝结民族性格

许多研究贵州文化的学者认为，建筑和民居体现着民族性。苗族建筑最突出的特点为吊脚楼和美人靠，即房屋的底层悬空，外侧以木柱支撑，形如“吊脚”，第二层三面为墙体，外侧通体为木板靠背长椅（又称“美人靠”），第二层以上为歇山顶的住屋。侗族建筑在外观上和苗族一样为吊脚楼，不同之处为二楼外侧一般不设美人靠，而是开窗；在村寨中有鼓楼和花桥（俗称“风雨桥”）。布依族、水族、瑶族等虽然不是苗族、侗族那样的吊脚楼，但在性质上也属于干栏式建筑，结构为穿斗式木楼。土家族民居结构和汉族比较接近，通常分为正屋和厢房，正屋位于房子的中间，两侧为厢房；正屋的开门处设计为“吞口”，两侧的厢房前伸，通体围成三合院的样式（图 5-1）。彝族代表性的民居大致可以分为瓦房、土掌房、散片房、垛木房、茅草房等，居室内正房为堂屋，左侧有常年不息的火塘，俗称“锅庄”。正房位于居屋的中间，两侧房间为卧室。

如果进一步观察就会发现，建筑的民族特征是在特定的地理环境下形成和发展的。生活在气候潮湿、燠热地方的苗族、瑶族、侗族、布依族、水族、壮族等，其住屋几乎都是干栏式，底层往往用于圈养牲口和堆放杂物，楼上作为住房；而且因为林木茂盛，故而多为木质结构。黔西北和黔东北苗族传统建筑不仅在外观上不是吊脚楼，而且多为歇山顶单层建筑，土夯墙体，盖青瓦或茅草，屋内地面平整。北侗地区是土坯房和木质建筑混合，吊脚楼的规模远不如南部侗区那么有气势。生活在黔中花溪、龙里、平坝、西秀、镇宁等地的布依族、仡佬族、屯堡人、南京人、龙家、穿青人等利用当地丰富的石材，在干栏式建筑的基础上改

① 白佩芳，杨豪中，周吉平：《关于传统村落文化研究方法的思考》，《建筑与文化》，2011 年第 8 期。

图 5-1　左图为苗族建筑中的美人靠；中图为侗族村寨中的花桥；右图为黔东北武陵山一带土家族民居。

建石板房。除檩条和椽子外，整座房屋全用石板建成，冬暖夏凉，防风、防雨又能防火。黔东北的土家族和黔西北的彝族、白族、回族都生活在山区或丘陵地带，气候相对干燥，冬天阴冷，建筑主要是土夯而成，很少有楼房，房内空间紧凑而且暖和。

各地的建筑与经济结构、生活水平和社会因素不无关系，它表现为居住环境的选择、建筑群的规模和空间布局等方面。黔东南和黔南的苗族、侗族、布依族、壮族、毛南族和水族都主要从事稻作，气候温暖，雨水充沛，粮食产量相对较高，因此他们的很多村寨都规模较大。而黔西南的苗族、布依族也从事水稻种植，也一样气候温暖潮湿，但石漠化非常严重，集中连片的耕地不多，不利于形成规模较大的村寨，这里的村寨分散在河谷或山坳，规模不大。乌蒙山区和武陵山区属于山地经济区，不适合大家族或民族支系整体集中居住，更多的是一个家族或一个民族分支相对集中地分布在某一个片区。瑶族同样生活在贵州南部，但历史上生产力水平落后，流动性较强，故而其村寨规模小，建造水平不高。黔西北彝族以旱地农业和畜牧业为主，对村寨的选址追求开阔。安顺市辖区的屯堡人在明清时期长期处于当地少数民族包围之中，安全成为村寨选址和建筑中最需要注意的问题，依山傍水，墙体坚固，内部有完备的防御设施。

因为建筑在本质上是人的创造物，人在建造住屋的时候依赖自然环境，受制于生产力发展水平，所以表现出主观能动性，建筑风格不可能一成不变，各民族的建筑风格也不可能毫无相似之处。如果说贵州南部若干少数民族的建筑都是木结构楼房，几乎都是干栏式吊脚楼，这主要是由自然环境决定的，那么后来有些苗族村寨也出现风雨桥，有些侗寨和汉族风格相同的一底四榀三间的小青瓦房，有些布依族和屯堡人一样的石头房，谁都不能否认其中包含着文化交流的影响。

例如，黔中镇宁县高荡布依族村寨，目前人口1 400多人，有600多年历史的一部分石、木结构的干栏式民居兼具汉族屯堡和布依族建筑的特点。据当地人口口相传，村里的石头建筑大多从明清时期遗留下来。在村子东边的小山上建有古屯堡，称为小屯；寨后与之遥相呼应的大山上建成的是大屯，几十间房屋建筑的墙体完整地保留着，据说都是在清朝守寨拒敌的攻防设施。贵州土家族大多分布于北部乌江流域和武陵山区，一般聚族而居，民居自成群落。传统民居的材料和形制都充分吸收土家族和汉族的特点，有茅草屋、土砖瓦屋、木架板壁屋、吊脚楼等类型，结构分为正屋、厢房和司檐。正屋一般为三间，中间一间为堂屋，前面有"吞口"；在正屋两头前面并与正屋垂直的两间为厢房，正屋后面的为司檐，也称拖檐。家庭富裕的建成四合屋，四合屋的前面称门楼子，中间为天井(图5-2)。

住屋建造不需要太长时间，它看似只是建造者或住屋主人短期劳动的产物，而事实上，建造技术是若干代人技术的积累，住屋的选址、规模、样式等由生活方式、社会关系、家庭实力、审美意识等综合决定。黔东南和黔南苗族、侗族、布依族、水族的建筑基本相似，都是木质的"吊脚楼"，而彼此间的差异显而易见(图5-3)，鼓楼和花桥是侗族建筑的核心符号，苗族最常见的是房屋一边临空而

图5-2　左图为从江岜扒侗寨鼓楼；中图为榕江卡寨苗族吊脚楼；右图为镇宁高荡布依族石头寨。

图5-3　吊脚楼的差异很明显。左图为黎平堂安侗族吊脚楼；中图为黄平滚水苗寨吊脚楼；右图为黔西南布依族吊脚楼。

建,布依族的单体建筑要更长一些。在黔中石头寨,布依族的建筑显然比仡佬族精致,布局更有层次。黔东北的土砖瓦房,土家族一般在单体建筑上比苗族更在乎正屋与厢房的搭配,苗族一般在村寨建筑整体布局上更能体现家族血缘关系。黔西北众多的土坯房建筑,苗族往往聚族而居,建筑分布反映血缘亲疏;而彝族贫富分化明显,地理空间折射出等级地位和贫富差距;回族信奉伊斯兰教,建筑空间中的宗教功能区具有特别重要的地位。

(二)村寨建筑的年轮蕴含故事

住屋等建筑一旦被创造出来,就成为村寨的重要组成部分,并投入使用,经历岁月。每一个村寨都有自己的历史,从一个村寨的建筑可以看出其年轮。村寨在发展,不同时期的建筑样式、建筑材料、建筑布局不可能始终保持一致。从宋代的《岭外代答》《溪蛮丛笑》《老学庵笔记》等书中看到的贵州少数民族村寨绝大多数为"层巢穴居"。"层巢"反映侗族和布依族等百越族系的生活状况,人们基本上是"杈杈房",即固定几根上方有杈的树桩做立柱,然后在树杈上再放几根略细一点的树棍做横梁,在横梁上再铺上枝条,作为避野兽、防潮湿的栖息之所,"虽有屋庇风雨,不过剪茅叉木而已"[①]。后来的"干阑式"(干栏式)建筑还依稀能够看到其原型。"穴居"主要是苗瑶族系的苗族和瑶族的居住特征,他们长期处在迁徙状态,"赶山吃饭",以洞穴为庇护之所。现在仍有些苗族乐意居住在岩洞之中,有些还习惯于把住址选择在山上,还有些苗族吊脚楼建筑的第二层外部半截为立柱支撑的吊着脚的"楼",里面半截与地面衔接,保留着"穴"的遗存。

到明清以后,贵州少数民族基本结束迁徙不定的生活,定居成为习惯,各民族交往进一步密切,建造房屋的技术进一步提高。村寨的规模随着家族稳定的农业生产而逐步壮大,建筑风格随着文化交流的密切而彼此借鉴,建筑技术随着代代传承而越来越高明,建筑材料因为居住地的环境不同而选择石头、木料或土夯。有些古老的建筑在岁月的侵袭中倾颓、尘封,但古老的村寨建筑总能看到颜色的新旧、范围的盈缩、材料的更替、制作技艺的变化、风格的演进、陈设的嬗变。现在已不可能在任何一个村寨看到纯粹某个风格、某个时代的建筑(图5-4)。因为村寨建筑呈现出多种风格、多种形制,所以它能最真实地反映文化传承的代际关系,沉淀历史的记忆。正如同济大学教授常青所言,建筑遗产

① 符太浩:《溪蛮丛笑研究》,贵阳:贵州民族出版社,2003年,第269页。

图5-4　左图为从江县高增侗寨，砖墙布满青苔，而且有修补的痕迹，砖墙之上用木柱支撑，搭建了简易板房；狭窄的巷道深处，砖混结构的楼房仍然散发着侗族干栏式建筑的文化光彩。中图为锦屏县隆里汉族村寨，左边最底层的土夯墙壁是明朝初年朝廷屯军建筑的遗迹，土夯墙壁之上是近年垒砌的砖墙，土墙右边则是陈旧的侗族风格木楼。建筑的质料、样式清晰地呈现着村寨的历史。右图为丹寨县龙泉镇卡寨苗族传统的吊脚楼改进后的形态，没有传统建筑半悬的底层关牲畜的空间，但在整体建造技术和外观上仍具有民族特色。

不同于一般文物，建筑物是一种生活空间，除了在历史中被尘封起来，大多数建筑遗产是被持续使用着的，必然会有变动。建筑负载着原初的历史信息，建筑空间及其演变是一种动态的人类活动过程，每一处不同时期的遗留物或痕迹都真实地铭刻着一种文明进程延续与断裂间的矛盾与冲突。[①] 有些村寨的同一个文化空间中，不同文化和不同年代的建筑交集，祖先崇拜的祭坛和佛堂、道观、教堂并列；很多村寨中不同风格的建筑会有叠加，古老的吊脚楼旁矗立着现代的楼房；在同一个建筑物中，不同的建筑材料会发生混合，石头墙与木板墙、土墙和砖墙、木雕窗和玻璃窗、小青瓦和树皮混搭在一起；同一间房屋中采用当今先进的生产工具和技术表现历史上的建筑风格，并在传统的建筑部件中加入时尚的元素。在省级文物保护单位榕江大利侗寨，可以看到侗族的干栏式吊脚楼设计成汉族的天井式布局。在清水江边的文斗寨，苗族木板房的窗户上，雕刻的花纹和湖湘汉族大户如出一辙。黔中屯堡人建房的材料、房子的风格都与当地布依族一样，而建筑布局和屋内空间处理还保持着汉族文化特征。

每一个村寨都会有人口增加或减少，也可能会有村民迁出或迁入，从而影响村寨建筑的范围。而村寨建筑范围的扩大或缩小，记录着村寨的兴盛或衰退。“留存于当下的建筑物，给予了不同姓氏空间的确认凭据，各个家族的居住

① 常青：《建筑遗产的生存策略　保护与利用设计实验》，上海：同济大学出版社，2003年，第6-9页。

格局展现了入迁的时间序列。”①罗甸县平亭村有七八个较大的姓氏，每一个姓基本上是一个家族。但由于姓氏的来源不同，也有一个姓是两个不同的家族。例如，王姓中有的是属于亭目的王姓家族和亭目统治下的另一个王姓家族。又如施秉县城附近的黄金屯(原名“王建坉”)，据《镇远府志》记载，这里最初建立村寨应该是在明代，而将村寨改建为军事驻点的屯则是清朝同治年间镇压农民起义之后的事，到清末民初就根本没有了军事屯塘的性质。该村目前有近百户人家，是苗族和汉族混合型的村寨，有十多个姓氏。据当地传说，最早到这里居住的是陈、陶、周、韩、邓、刘、尹等姓的汉族，如今却只有陈姓还在这里，其他各姓已远走他乡。陈氏自洪武二十二年(1389)迁入此地，经数百年创业，家族地产累增，20 世纪 40 年代末，田产已上千亩，在村里建有祠堂。沿陈氏宗祠的中轴线依次为祠门、莲池、阁楼、中殿和大殿等。苗族到这里的时间在 20 世纪早期，最初只有 3 户，到 20 世纪 50 年代以后，才有多个姓氏的苗族陆续迁来，现在村里的苗族人口竟已超过一半。村寨建筑的消失或新建，反映家族的兴衰或社会的更替。村民关于村寨建筑或村寨规模的讲述，似乎只是各姓氏迁入或迁出村寨的历史，而在其话语的背后透露出不同姓氏在村寨开发中扮演的角色，暗示着不同家族曾经拥有的地理空间。

村寨之间有着强烈的边界意识，村寨内部不同家族或民族也有明显的空间意识。建筑的坐落不只是纯粹的地理位置，它还和家族、家庭发展的历史相对应。在贵州少数民族，多民族村寨通常按照民族身份选择聚落而不会混杂居住，同一民族的村寨几乎都按照家族划分地理空间，同一祖先建立的村寨无一例外地都按照房族和家族形成生活区间。所以，村寨的名称有很多是以姓氏命名的(如金家寨、王村等)，还有很多分成上寨和下寨、老寨和新寨等，这些不同的寨名隐含着村民的空间意识以及村寨之间的微妙关系。在黔东南凯里、麻江、丹寨和雷山交界的舟溪居住的苗族属于同一支系，且着同一服饰类型，他们聚姓而居，很少几姓合寨。当地村民至今口传，他们的先辈在不同时期由别处迁来，据说先到的是“咀由”(由家)和“咀堆”(堆家)，后到的是“咀稿”(稿家)。“咀由”就是现在青杠林、漫洞等寨的龙姓，“咀堆”则为现在舟溪附近的潘姓，“咀稿”即现在甘超、黄金寨等处的吴姓和上平寨等处的杨姓。现在虽有两姓或

① 钱晶晶：《历史人类学视角下的村落空间：三门塘人的谱系建构与姓氏空间》，《青海民族研究》，2013 年第 2 期。

图 5-5　左图为黎平堂安，村寨中间有很多坟茔，足以说明这里曾经是村寨外围，坟茔见证着村寨的发展壮大；右图为从江县岜扒侗族村寨，每一座鼓楼表示一个家族，每一座鼓楼都位于家族居住的中心，鼓楼的数量和位置可以反映出村寨建筑布局和村民的内部组织。

几姓合寨的，但都以某姓为主，其他姓是后来迁入的[1]。因此，在这些村寨，居住的位置表明各个姓氏到来的时间先后顺序，也表明了他们的土地权属和家族文化边界。一个家庭如果有几个儿子，通常给准备结婚或结婚不久的儿子建新房子，老屋留给最小的一个。另建的新居在老屋附近，以老屋为中心。子孙一代代繁衍，曾经的新宅又成了老屋。新建筑一栋栋环绕在老建筑周围，村寨不断延展（图 5-5）。不同年代的老屋反映着不同的代际关系，围绕老屋的建筑诉说着家族的血脉繁衍。老屋因为岁月侵蚀会翻修或重建，但老屋的地基仍然是家族繁衍的中心。

一个村寨由多个家庭构成，因此必然有多栋建筑，它是居屋及其附属建筑的复合体。贵州少数民族历史上很长时间贫富分化不突出，所以村寨的建筑有空间大小之别，有因地势不同而形成的外观差异，而村寨的建筑一般没有明显的等级之分。村寨建筑在空间上有公共建筑和私人建筑的划分，有先来者和后到者的界线，有民族和血缘的空间范围，却没有明显的财富、权力的象征性，这一点和中原汉族村寨大不相同。

建筑是人修建的，居屋为村民栖居，它凝结着人类的劳动成果，体现着村民的社会关系。在修建房子的时候，家族的其他人会来帮忙，同村寨甚至周边村寨的亲友也会伸出援手。从挖地基、伐木、解板，到上梁、盖顶，本家族的人热心参加，不计报酬，主人只备酒饭招待。血缘关系很近的亲属通常还送来粮食、肉

① 中国科学院民族研究所贵州少数民族社会历史调查组：《贵州省黔东南舟溪地区苗族的生活习俗》，中国科学院贵州分院民族研究所编，1963 年，第 8 页。

或菜,有些还在资金上接济。到搬家时,家族的人还会送礼祝贺。每一栋房子,房主人都能向他的后代讲述建造的过程,后代牢记着前辈奋斗的历史,感恩亲朋的支持,也激励着他们像前辈那样创业,也要在亲友需要支持的时候给予回馈。所以,每一栋建筑都浸透着汗水,凝结着亲情和友谊,并通过这一栋栋建筑把奋斗的精神和互助的传统传承下去。

村寨是村民活动的场所,村民创造着村寨的历史,在村寨中演绎出无数生动的故事。建筑物的产生、变化和消失有故事,建筑物也在讲述和见证着村寨中的故事。村寨有关于其开基、发展、变化的历史,而建筑就是表现历史的一个个故事。村民通过不同时期的建筑,把记忆的碎片连缀成完整的村寨历史。如果一个村寨有自己完整的历史,那么这个村寨才显得文化厚重。贵州存在着大量的历经了数百年沧桑的古村寨,虽然绝大多数古老的建筑仅留下零星的痕迹,但是它叠压在新建筑的底层总会唤起人们的记忆,它被后来的建筑修改、包装之后总还残存着部分真迹。村寨的建筑是历史的层累,村寨中留下的口述内容和文本记录也如同其建筑一样是层累的产物,村寨的文化就这样层累地传承、延续。今天村寨中稳如泰山颓圮的土墙或石基承载着厚重的历史,看上去与其他新建筑不甚协调的破旧老屋用最悲壮的方式证明着村寨久远的历史。它经历"岁月沧桑,承载着厚重的历史文化积淀,是中华民族的文化记忆和文化标志,是一种不可再生的文化遗产"[①]。也许建筑物在数百年间多次翻修,而建造者的技艺永远定格在当年。也许只留下断壁残垣,而每一次的损毁都留下印记。也许新的建筑遮蔽了古老建筑的光彩,而相互映衬让历史更加清晰。"就保护而言,建筑遗产并非都只是受保护的历史标本或遗骸,也并非只是标识形式、风格的躯壳,而更加有意义的则是建造和持续使用中所曾经发生的事件、风习及其与建筑互动作用所留下的印记。"[②]有些变化增添村寨的故事,有些变化使村寨更加灵动。在石阡县的楼上村,村民能讲述第一代先辈迁徙至贵州并在此建立家园的故事,与周边村寨风格迥异的建筑无声地描绘着600年来的风雨。在铜仁徐氏的家谱中,清晰地记录着他们的始祖在明朝中叶从江西南丰辗转至贵州,又几经迁徙,最后定居到茶园山庄的历史,至今尚存的南山第、锦山第等门楼还在讲述那一段值得自豪的经历。在锦屏县的文斗寨,巍然挺立的石墙和蜿蜒而上的石阶仍在无声地诉说姜氏在清朝建立村寨的过程以及从辉煌

---

① 《幽幽古村落 专家话传承》,《浙江日报》,2012年5月25日。

② 常青:《建筑遗产的生存策略保护与利用设计实验》,上海:同济大学出版社,2003年,第3页。

走向衰落的历史。在施秉县城南部12千米处，有一个叫将军坳的苗寨，苗话叫“翁埂角”（苗文写作 Ongd gid diol），意思是“走入汉族地方的寨”（苗族也叫“尚将举”，就是“捶死将军的地方”），村名就包含着故事（图5-6）。在寨子下方，其族人还立有一方碑，碑文说到他们的先祖到杨柳塘开山辟岭、建设家园之事。在黎平县肇兴镇皮林村侗寨有一座始建于清朝乾隆四十八年（1783）的鼓楼，至今保存完好。鼓楼经历了230多年的风风雨雨，也留下许许多多的故事，从鼓楼的“碑记”中可以领略当年建造的场景。

图5-6　施秉和黄平县南端交界处的塝嘎浇传统建筑。磨得锃亮的石头路面，石块高垒的屋基，黢黑的木板墙体，踩上去吱吱嘎嘎发出响声的楼板，把村寨的历史拉得悠长，留下许多故事。（吴安明摄）

（三）村寨建筑深烙着时代的印记

建筑物的建造者是人，住屋的使用者是人，不同时代、不同地方的人在建造技术上不一样，对住屋的使用有不同的要求。因此，建筑物不只是为了栖居，还是文化的载体。文化具有时代性，建筑物随着时代而变化。住屋的形式不是任何一个因素作用的结果，“而是最广义的社会因素系列的共同结果，并同时为气候条件、构筑方法、可用材料及技术所修改。而在此，社会文化的影响力是主要的，其他的条件都是次要的和修改性的条件”①。在贵州少数民族村寨建筑中，留存着不同时代的文化印记。天柱县三门塘的刘氏宗祠、鲍塘的吴氏宗祠，使用的建筑材料不是当地最有代表性的木板，而是烧制的灰色砖头，建筑形态主要采用西方风格，内部空间布局为汉族的天井结构。锦屏县文斗苗寨姜氏的居屋显然是苗族传统建筑与湖湘汉族民居的结合，墙壁为木板，屋顶为小青瓦，屋脊设计为燕尾翘，窗花和门楹均为木质镂空的“福”字、“寿”字或牡丹图等。位于开阳县禾丰乡的马头村，布依族文化和汉文化的有机融合，体现在至今仍保存完好的古建筑中。

建筑是物体，而创造这些物体的人们和享用这些物体的居民却在其中赋予了文化。建筑是静态的，而建筑表现出来的则是社会变化、文化变化和人的变

① 宋琦，左芊：《住屋形式与变化》，《黑龙江科技信息》，2001年第3期。

化。例如,施秉县龙塘苗寨,从明清以来一直是来自江南的汉族居住。村寨地处一个山冲半坡的斜面上,村前小桥流水,村中青砖白墙,飞檐翘角。建筑风格及墙上的浮雕彩绘都与明清江南建筑的风格十分相似。横匾门联的内容大多取材于《孟子》《论语》等儒家经典,全然没有苗族传统文化的痕迹。但是,这些砖墙的里面全为木质结构,完全是苗族传统建筑的特色,木地板、吊脚柱、走廊外的"美人靠"等无不具有浓厚的苗族传统文化色彩。我们可以从这里的建筑形态推断出民族建筑变化的时间和原因,可以看出其间留下的历史印迹。

即使在最偏僻的山村,即使在民族成分最单一的寨子,即使在没有经历过社会动荡和政治运动冲击的最平静的山乡,他们的居屋建筑也绝不可能全是一个时期建造的,总会有损毁、有修缮、有新建。居屋的变化在任何地方都存在,文化保护者对古老建筑的珍爱与居住者对时尚建筑的向往永远都是一对矛盾(图5-7)。

历史的印记首先体现为时代足迹,包括政治变革、经济发展、社会转型、技术进步、观念转变等。中央政权对贵州管理的每一次重大的政策调整,都使少数民族村寨在地理位置和规模大小等方面发生变化;经济体制、产业结构的每一次变动,不仅影响村民的生活方式,也在村寨布局上产生影响。科学技术进步在带动生产力发展的同时,也总会使建造居屋的能力提高,使建造工艺和建筑材料出现变化。思想观念改变带来的影响则是全面而深刻的,村民的人际关系、村民对生活的认识、村民对家乡的情感都在改变,居屋的形态、功能也因此改变。

图5-7 左图为印江县土家族民居,村民对屋脊、墙体都做了修缮,而总体风格完全保留,居屋之间的空间依旧和从前一样;右图为雷山县大塘苗寨,建筑材料和居屋结构都有改造的痕迹,而吊脚楼文化内涵还没丢失。

历史的印记其次体现为村寨内部的变化轨迹。侯绍庄等贵州民族史学者在《贵州古代民族关系史》一书中指出,贵州的各单一民族大致在唐代晚期至宋代形成。在此之前人们不可能有强烈的民族意识,当单一民族形成之后,必然体现在民族意识、交往方式、服饰特点、建筑风格等方面。随着中央政权力量的不断深入,汉族不断向这里迁徙,各民族一方面为保护或拓展生存空间而加强内部的凝聚力;另一方面也在彼此交往中学习和借鉴其他民族的文化,村寨的选址、规模、建造技术、装饰、陈设都会出现变化。正如前面所介绍的那样,土家族的三合院或四合院、布依族的石板房、侗族干栏建筑中的天井、苗族和布依族窗户上的吉祥图案等,都是汉文化渗透后的产物;黔东南苗族和侗族的吊脚楼风格非常接近,黔中布依族和苗族具有本民族传统风格的建筑越来越少,黔西北彝族和苗族建筑技术不断进步,村民不一定能说出每一个变化发展的详细脉络,但这些建筑的变化可以真实地记录历史面貌。

(四)村寨建筑的变化有迹可循

以居屋为主要组成部分的建筑,其首要功能就是遮风避雨和御寒防身,因此人们首先考虑的是建筑对生命的安全保证,然后才会兼顾舒适性等其他需求。从字形和词义来看,汉字“居”和“屋”都是“尸”字旁。“尸”是一个象形字,一种解释说“尸”像房屋的形态,另一种解释说像弯曲的人体,它的本义指躺着身体,放松伸展四肢,《说文解字》对其解释曰:“陈也,象卧之形。”“居”和“屋”词义相近,或云“尸所主也”,或云“至所至止也”,或云“安也”等。总之,意思就是身体得到保护的地方,可以停歇放松的地方,让身体和心情都能觉得舒适的地方。从建筑的起源来看,人们建造居屋的根本目的是追求使用价值,居屋能够实现多大的使用价值则取决于建造技术、建筑材料、难易程度。人们根据自己的经济实力,在居屋保证安全的前提之下,再去满足舒适度和彰显身份地位的需求。从贵州少数民族村寨建筑来看,南部湿热地区的干栏式建筑、北部高寒地区的土掌房,都是基于安全考虑,当地的木质建筑、石头房或土坯房都是顺应自然环境而追求成本最小化。当村民的经济实力增强了、建筑技术提高了、获取建筑材料的途径拓宽了,居屋等建筑的变化也就随之出现。

变化最明显的是建筑材料,变化趋势是追求实用、卫生和舒适。贵州村寨建筑中最普遍的为木板房,它容易风蚀、雨蚀和虫蚀,保存性远不如砖混和石混结构的建筑。而且,木质建筑主要分布在降水量丰富、空气湿度大的贵州南部,在这样的自然条件下破损速度很快。此外,纯木结构的建筑很容易发生火灾,而苗族、侗族、布依族等村寨的人们习惯在木质房屋内设火塘,火灾隐患很大。这些少数民族又有聚族而居的传统,村寨规模大,建筑密集,一旦发生火灾,顷刻殃及整个寨子。凯里市三棵树镇格细苗寨、锦屏县清水江畔的文斗苗寨、榕江县以侗族琵琶歌闻名的寨蒿镇晚寨、从江县有着600多年历史的高增村上寨、从江县刚边乡宰别寨、从江县秀塘乡平岸村、台江县方召乡巫梭村、黎平县孟彦镇芒岭村、镇远县距今已有300多年历史的北侗地区最大的村寨报京村、施秉县唯一还过鼓脏节的苗寨马号乡平扒村等,都因为火灾,顷刻间化为灰烬(图5-8)。

尽管村民偏爱木房子,但是生命和财产对任何人而言都很重要。更何况,如今森林保护严格,木材价格飙升,建造砖混楼房远比建木房成本低,建造技术更简单、建造速度更快、防潮防虫蚀的性能更好。现在农村不乏完全“去传统”的新建筑,但是在“去传统”的新建筑和传统建筑之间存在着大量的“过渡形态”建筑:有些把木质建筑材料改为砖混材料,而房屋结构没有变(如黎平县堂安村侗寨);有些房子外面的楼梯改为大理石,或者房子的辅助部分材质发生变化,而主体建筑的材料和风格都保持传统(如惠水县雅水村布依寨);有些回廊扶手改用不锈钢,内部结构略有变化,整体风格保持原样(如丹寨县王家村苗寨);有些讲究卫生,猪圈不再和厕所在一起,而且和人居建筑分开,人的居所基本没变,猪圈和厕所以砖头或石头做材料(如务川龙潭村仡佬族村);有些村寨的外部建筑几乎都现代化了,村民居屋的墙基或抬高,或用水泥浇筑,窗户换成了玻璃,而其他方面基本上维持原样(如江口县土家族云舍村)(图5-9)。

建筑材料的变化清楚地反映出居屋的使用者和所有者首先考虑的是实用功能,对于居屋的主人而言,最看重建筑的实用性、舒适感,在财力允许的范围内,在建筑技术能够达到要求的条件下,首先改变建筑材料、外观和空间大小。

图5-8　曾经美丽的平扒苗寨及其化为灰烬后的惨象。该村传统建筑几乎全是木质材料,当火灾出现后人们只能眼睁睁地望着其被吞噬。

图 5-9 左图为丹寨县王家村苗寨，部分栏杆换成不锈钢；中图为黎平县堂安侗寨，一楼的多面墙体用烧制的红砖代替了木板；右图为平坝区平寨布依村，建筑材料完全改变，只在房子的结构和外观上留下些许民族特征。

而空间布局则受生活习惯、家庭人口数量和结构的影响。因此，村寨建筑中关乎实用性的部分变化快，而涉及观念层面的部分变化慢。不管材料和结构怎么变化，保存得最久的是与建筑有关的观念。直到现在，村民选房址仍然看风水，建房开工和乔迁要选择时辰，门窗的大小和朝向很讲究，门楼或窗棂上的饰件有内涵，主卧室和次卧室的位置非常讲究。

但是，很多村寨的建筑发生变化与实用性并没有关系。随着村寨走向开放和文化交流的增加，村民追求时尚的心理也在建筑中有明显的体现，建筑外观形态发生改变。至今还存留着的明清建筑，中原形制、徽派风格、湖湘气派就是那个时期村民追求的时尚。明代军事移民建立的镇远卫、隆里千户所以及普通移民建立的铜仁茶园山庄，都特意标明“弘农第”“南山第”等，矗立的门楼就像它的主人那样矜持，傲视当年贵州山村的少数民族文化。贵州本地的少数民族建立的房舍也在外观上引入汉族建筑的样式。例如，施秉双井的龙塘村苗寨，青砖蓝瓦，飞檐翘角，横匾门联，浮雕彩绘，有的门楣上还题写着“平庐郡”“延陵郡”“树德”等字样。在这些民居之间，最为常见的是马头墙，墙上用瓦片堆成梯级脊面，既是一种装饰，也是一种护体。石灰抹成的墙壁上，绘有山水草木、花卉鸟虫等图案（图 5-10）。200 多年来，村中还在讲述关于这些建筑来历的故事。说是湖南洪江的汉人到这里来采买杉木，当地人因此跟

图 5-10 施秉县新塘村苗寨的汉式建筑。建筑材料或建筑风格的变化都有迹可察，犹如地下文物的层累。

着这些湖南人贩运木材,挣了钱,开阔了眼界,聘请湖南洪江的工匠建造居屋。建造这些居屋的主人未必就真正理解汉族文化,他们建造汉族风格的居屋也未必就是对自己民族文化的否定,飞檐翘角未必就比原先的建筑更美观,青砖马头墙未必就比石头墙更坚固。但是,新材料和新样式的建筑出现在新塘村,它反映了这里的文化交流和村民审美发生变化,同时也显示村民财富增长。现在,贵州很多村寨的建筑出现千屋一形、千村一面,村民毫不吝惜地将传统民居推倒之后建起水泥楼房,当地政府特意将村寨中所有的水泥楼房设计成一个模型,从窗户到屋檐都统一样式,从墙体到房顶都刷一样的颜色。新农村建设中的村民建筑变得如此整齐划一,如果说地方政府的领导是为了让村寨“好看”,让政绩能被看得见,那么除了部分村民是出于“听安排”外,还有很多村民是赶潮流,甚至是为了炫耀家庭经济实力。似乎只有建水泥楼房才能显示自己有本事和儿孙有出息,似乎只有把传统居屋变成现代砖混结构的方形建筑才体现出不保守落后。

从建筑物的变化进程看,总体上是由缓慢到加快、从较小到较大。漫长的历史时期,生活于贵州的人群很多一直停留在“穴居野处”状态,自唐宋以来,贵州等西南少数民族的文化个性基本定型,各民族的建筑风格呈现出差异。明清时期,汉文化不断渗入,建筑风格更加突出了汉族特征,部分建筑的布局有所调整,零星出现三合院或四合院,而且这些变化主要出现在交通沿线的城镇。清末到民国时期,除了汉族成分越来越多之外,西洋元素也在增加,建筑材料有所改变,尤其是宗族祠堂等公共建筑最为明显。自20世纪中叶以后,汉族风格的建筑在民族地区已经非常普遍。自20世纪80年代起,少数民族传统建筑锐减,建筑材料、建筑风格、建筑总体布局和住宅内部空间都与都市接近。进入21世纪,政府对传统文化保护更加重视,少数民族村民也对村寨的都市化现象开始反思,传统村寨的消失速度有所放缓。这样的变化进程既受生产力水平的制约、文化交流的影响,还与产业结构、家庭结构等密切相关。例如,近几十年,村民受外界经济发展的诱惑,大量的青壮年劳动力外出打工,家庭成员结构发生改变,居屋的各功能区势必会调整。计划生育政策的施行,家庭人口数量没有以前多了,住宅卧室的数量和空间不再像从前那样分配。取暖、做饭的燃料和器材改变,导致火塘的功能降低和厨房空间调整。电视进入家庭后,摆放电视机的房间成了全家的“厅堂”。传统农业地位削弱、机械化农机推广,建筑物中堆放粮食和农具的空间减小。卫生观念加强后,不仅排污系统更合理,而且厕所与住房分开布置。

从传统建筑保护的情况看，几乎与村寨的规模没有关系，与村寨的地理位置也关系不大，但与村寨建筑的所有权关系密切。家庭收入增加后首先考虑改善居住条件，再建一栋更宽敞、更有安全感的大房子，房屋规模和建筑风格的选择都完全是家庭内部的事。而翻修改造村寨公共建筑，对个体家庭而言不是最紧迫的，而且不是某个家庭可以自作主张的，所以要么原样保存，要么获得多数村民同意后修葺。目前在村寨中看到的总体情形是，传统私人建筑破坏严重，而公共建筑变化要缓慢一些；私人住宅要么全部变成了砖混楼房，要么是部分材料、外形、内部结构发生变化，而公共建筑如鼓楼、花桥、祠堂、戏楼等基本保持原貌（图5-11）。

图5-11　地扪鼓楼宛若久经沧桑的老人，久远的家族故事在岁月中飘摇。村民并非没有财力修缮改造，而是认为改造公共建筑需要广泛征求意见。

在历史上，村寨的私人建筑或公共设施一直发挥着它所处时代的正常功能，都是由建筑的主人在保护，私人的住房必然有居住者悉心保护着，鼓楼、祠堂、戏楼等公共建筑必然受到它所属的群体保护。即使有些建筑的主人离去或消亡，通常会有另一些人再度进入，所以不存在专门保护的问题。除非有些村寨的村民整体迁徙，或因为瘟疫、战争等原因集体消亡，才会使这个村寨的建筑消失。

村寨建筑整体性骤然受到毁坏一定是遇到以下四个原因之一：战争（如明代中央王朝的卫所屯军与当地少数民族的争夺，清代"改土归流"过程中的镇压，民族之间或民族内部的仇杀，农民起义被屠杀等）；火灾或山体滑坡等自然灾害；政治运动；社会思潮。

现今贵州少数民族村寨整体性遭到破坏主要是后三种原因。传统村寨中火灾时有发生，山体滑坡难以预料，此类事件一旦发生，建筑物多会遭到毁灭性破坏。20世纪五六十年代，在"破四旧""反封建"的政治运动中，很多建筑因为其外观、花纹、色彩、装饰或者功能具有"原罪"而遭到破坏。20世纪80年代以后，极"左"错误被纠正，社会上对传统文化的态度发生转变，同时兴起文化遗产保护的热潮，这些古建筑成为珍贵遗产。但是，此时开始的对古建筑的保护是由行政部门主导的，具体来说是由县旅游局来领导、主持的，纷纷给村民的建筑“穿衣戴帽”，真正的传统村寨被“打扮”之后变得面目全非。中央政府提出城镇化、工业化和农业现代化，反复强调因地制宜，要在尊重农民意愿和保护传统文化的前提下提高村民的生活水平、医疗条件和受教育的程度。但是，一部分地方政府和领导采用强制手段圈占村寨及村民土地搞开发，或者追求形象工程把村寨建筑整齐划一。很多村民觉得拆旧居建水泥楼房很新潮，争相攀比。在这些因素交互作用下，传统村寨少有幸免。现在保护传统文化、保护传统村寨、留住乡愁的呼声越来越高涨，中共中央和国家领导人对民族文化遗产和历史记忆非常重视，其实从另一个侧面反映出传统文化破坏趋势尚未得到遏制。

村寨中传统的私人建筑之所以破坏更严重，主要原因有两点：其一，私人建筑特别在乎实用性，当时代发展、村民生活改变之后，客观上要求住宅也提供符合当下的服务。而公共建筑的功能比较固定和单一，原来的建筑在新时代基本上能够保持其基本的服务功能，或者现在的村民对原来的公共建筑功能没有太明显的服务性要求。其二，村民的家庭对私人建筑可以自行支配，而对公共建筑的处置由村民群体决定。随着财产确权的法律更加明晰，村民、村委会、民间组织或个人对村寨建筑的影响力也更加具体。虽然政府、村委会、民间组织觉得村寨的有些传统建筑具有保护价值，但是这些建筑曾经是这些村民祖先的居所和设施，它现在仍然为村民所居住和使用，建筑的主人作为法定的财产继承人，可以从家庭的实际情况出发决定是否对其修缮或改造。即便政府或民间组织出资购置了村民的传统建筑，真正意义上的保护依然困难重重。因为在这个建筑的里面或周围住着村民，村民享有村寨整体空间，如果将需要保护的传统建筑空间与整体分隔开则有违法律精神和村寨传统，而且古建筑不是脱离具体时空的空中楼阁，它是特定社区的生活设施的一部分，不仅与拥有它的村民的历史息息相关，也与其现实生活密不可分[①]。传统古建筑只有在村寨环境中才有生命力，圈占起来的静态建筑则失去了村寨文化的活性。公共建筑位于公共空间，它由一个群体共同出资兴建，为公众服务，其处置权也属于这个群体。尽管时代变化之后，它当初发挥的作用在目前也许减小，但它只要存在于村中对村寨没有坏处，村民都不会轻易提出毁掉的建议，谁也没有权力加以废除。而且，公共建筑是一个群体共同创造的产物，它凝聚民心的作用超越时代，作为村民共同记忆的价值永恒，它在村民

---

① 黄涛：《古村落的文化遗产保护与社区发展——以浙江省楠溪江流域苍坡古村为个案》，《温州大学学报》（社会科学版），2009年第5期。

的心中已经超出建筑本身的意义（图5-12）。

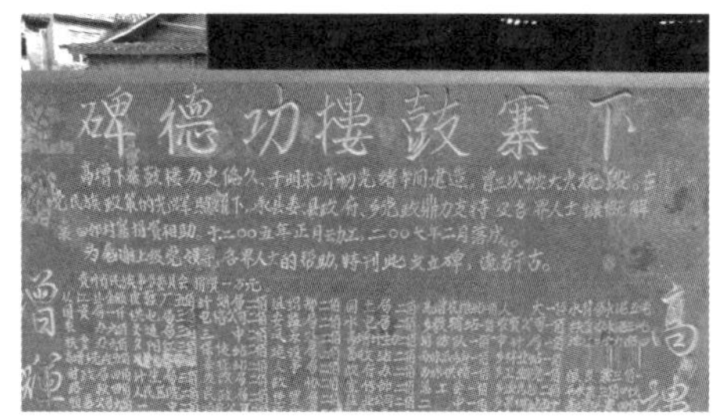

图5-12　贵州少数民族有捐资兴建公共建筑并为此立“功德碑”的传统。此图为从江县高增下寨鼓楼碑，上面记录着重修鼓楼的原因，以及村民为了重修鼓楼捐资的数量。村民为自己的家人曾经捐资而自豪，也因为家人曾作出过贡献而对鼓楼特别珍爱。

（五）村寨建筑的变化影响着文化传承

技术是物质文化创造中最活跃的因素，技术进步不仅会导致居屋的结构、形式和材质改变，而且结构、形式和材质的改变还会影响内部空间的改变。在贵州少数民族村寨建筑的静止形态后面，都有一个形成、变化、消失的过程。每当建筑外观形态和材质发生改变，其空间结构必然也会发生改变。例如砖混结构，虽然直接体现为居屋的建造方式，但是它也能突破木质建筑的选址局限，扩大内部空间，增加空间的用途。又如玻璃在住屋中的应用，不只使房间更加明亮，还可能模糊私密空间和公共空间的界限。

居屋的第一属性是供人居住，人们生活于其中，就必然要使用和安排其空间。著名建筑文化学家拉普普把住屋分成恒常的和易变的两部分，他认为住屋中恒常的部分指的是“厅堂”等被服务的空间，而易变的部分基本上是指功能性技术性的“厨房”等服务空间。居屋由于时代的变迁而产生新的功能，如权力空间、职业空间和兴趣空间等。贵州少数民族家庭内部对父子、夫妇、兄弟等关系的认知不同于汉族，各民族或各村寨之间的产业结构、生活水平存在差异，因此对居屋的服务空间和被服务空间有不同的安排。当家庭内部关系、生活水平、住屋结构发生改变，则会对住屋空间有不同的要求。总体而言，在生活水平较低的地方，对厨房、卧室等服务性空间要求不高；在群体意识很强和人际传播很盛行的时期，对被服务公共空间很在乎。使用传统建造技术和形式的老房子对气候条件、地理环境的依存度非常高，比新技术新形式的新房子更具个性化，更适合居住。而随着建筑技术的提高，住屋的复制特点更明显，个性化越来越少，居屋空间的传统功能区分越来越模糊，私密空间越来越“开放”，神圣空间越来越世俗化，公共空间被挤压，人在“厅堂”和“厨房”里的行为在现代社会的区别越来越小。[①] 贵州少数民族村寨很多传统的建筑没有“厅堂”，他们不像汉

① 宋佳颖：《住屋形式与文化的评述》，《山西建筑》，2007年第35期。

图5-13　紫云县布依族家里的火塘,冬日里的夜晚一家人围坐在火塘边,夏天也有很多时候直接在火塘的三脚架上炒菜。火塘是贵州少数民族村民的家庭情感交流场所。

族那样设置供奉祖先的“堂屋”,但通常都设有火塘。例如黔西北大南山一带苗族是崇拜祖先的,但在家里不安神龛奉祀祖先,他们认为祖宗的“灵魂”住在坟墓。[①] 火塘既是全家人聚集时间最长、最频繁的场所,又是天气寒冷时做饭菜和用餐的地方(图5-13),家中老人还在这里安置炕榻,所以他们的居屋服务区和被服务区不同于汉族。

住宅是家庭居住的单位,家庭是社会组织的基本单位。贵州少数民族村寨的传统家庭有其时代的和地域的内涵,包括三个基本层次:以父母为核心的基本家庭、数代聚族而居的扩大家庭、聚居在同一村寨祭祀共同祖先的大家庭。体现在住宅的布局、居屋的形式和空间结构上,不同于中原和华北汉族地区的四合院、三合院那样有严格的长幼尊卑秩序。在封闭的少数民族山村,一方面,因为生产生活技能主要靠家庭长辈传承;另一方面,因为他们强烈的祖先崇拜意识固化着对长辈的尊敬,所以长辈在居屋中拥有特别的空间。他们大多没有重男轻女的观念,兄弟姊妹中间不按排行决定地位,所以基本上家庭居屋的卧室空间大小和位置与性别无关,与长幼次序无关。在同住一个村寨的大家庭建筑布局,通常以老屋为中心,父母随最小的儿子居住,其他儿子成年后在老屋附近另建新房。另外,贵州少数民族在历史上有着迥异于汉族的恋爱习俗,青年男女自由恋爱,每到农闲的时候,其他在血缘上可与本村寨通婚的未婚男青年通常结队前来,以歌为媒,寻找伴侣。恋爱在当地传统的“游方坡”“浪哨场”“踩歌堂”之类的地方进行,南部侗区叫“行歌坐夜(月)”,北部侗区叫“玩山”“玩月亮”,苗族有些地方叫“游方”“摇马郎”。这种活动用布依族语言来说,就叫作“浪哨”(“囊哨”),但在各地的具体说法又不一样,贵阳、惠水、龙里、贵定等黔中地区谓之“唱歌”,都匀、镇宁等地叫作“赶表”,独山一带称为“打老表”,荔波叫“闹门墙”,平塘的说法是“玩表”,黔西南贞丰、兴仁、安龙等北盘江地区叫“坐表”。苗族地区村前、屋后有“游方坡”,布依族地区的河边、山角有“浪哨

---

① 《民族问题五种丛书》贵州省编辑组:《苗族社会历史调查》(三),贵阳:贵州民族出版社,1987年,第47页。

坡”，侗族地区有花桥、踩歌堂等，可供青年男女谈情说爱，而且在居屋空间布局和家庭成员房间的安排上，也要考虑女孩与外村寨男青年交流是否方便。现在的村寨大多已经没有“花坡”“游方坡”“浪哨坡”了，伴随着这些空间的民俗活动也成了老一代人远去的记忆，传统的恋爱文化至此终结。

少数民族的村寨，尤其是规模较大历史悠久的村寨，绝非只是一个自然空间中的物质形态，它是一个文化空间中的活态文化系统，是历史与时代的对话，是人与自然的亲和，是物质生活与精神追求的共生体。贵州少数民族的村寨大多是在非政治因素干预下形成的，村寨内部的社会组织由宗族、亲族和地缘关系构成。在过去长期封闭的环境中，形成了一个生产自足、信息自足、社会关系自足的空间体系。这样一个空间体系形成了建立在血缘宗族之上的伦理道德和行为规范，其祭祀礼仪弥漫着神秘气息，娱乐充满了生活气息，民间信仰具有典型的原始性和宗教性，其文化内容和形式渗透在丧葬、庆典、节日和日常活动的各个方面。村寨“空间的盈缩或者空间范围内物质形态的变化，都会影响文化的传承和引起文化的变迁”①。当村民进城务工成为社会常态，年轻的一代告别村寨，不仅传统文化缺少了传承对象，而且村民挣钱回到家乡，仿照城市建筑改变村寨布局。新建筑打破了村寨原来的自然空间和文化空间，正在构建新的生活空间。原来的生活空间包括建筑之间的距离和建筑的布局、形态、分布范围、结构等，它既在展现文化，也在生产文化。在传统的村寨中，每个人从出生之日起就无可选择地生活于其间，接受生活空间中的一切。而新建筑中的村民则必须改变原来的生活习惯和居住方式，必然改变家人之间的关系以适应房间的结构设计，也不得不放弃一部分老式家具和添置一部分新家具。他们不再和从前一样在晚上围着火塘叙说往事，不再姊妹共用一间卧室，不再兄弟同挤一个阁楼；家人独立的生活空间在培养个体独立的意识和确保个人的私密，同时也在淡化亲情和传统文化。属于时间主导型的文化空间，如家人亲情空间、故事空间、家庭劳作空间、口传文化的传承空间等不可能和旧的建筑空间一样了，人际交流的频率和强度逐渐变低。属于地点主导型的文化空间，如节日空间、集会空间、坝场空间等因为新建筑而导致活动规模、环境、方式等逐渐发生改变②。如果说新建筑和老建筑之间最初反映的只是家庭财力的差距，那么时间

① 龙开义：《湘西南苗族村落文化的混融性》，《萍乡高等专科学校学报》，2002 年第 3 期。

② 余压芳，刘建浩：《论西南少数民族村寨中的“文化空间”》，《贵州民族研究》，2011 年第 2 期。

长久之后则将造成彼此来往减少，即使减少来往的原因是老式建筑中的村民对新建筑中的生活感到不习惯、行动不方便，而最终结果是老建筑和新建筑分别形成密切交往的两个群体。

二、服饰文化传承

多数人认为，衣服起源于原始人对身体的保护，后来衣服才逐渐有了遮羞的功能，进而又有了审美功能，并以衣服作为身份的象征。但我们从存留下来的岩画以及泥塑观之，很可能衣服产生之初同时满足着保护身体、遮羞和生殖崇拜三种需要。生殖器部位固然是身体最脆弱的一部分，但是最原始的衣服几乎只遮掩着生殖器部位；生殖崇拜几乎是原始人都曾有过的认知思维，遮掩生殖器既是对身体的保护，也是对其崇拜的表现。① 贵州少数民族一直延续着朴素的思维，对身体的认知和态度一直保持着神秘性和高度尊重。而随着社会发展，他们的服饰有些元素坚守恒常，而有些则发生变化，恒常中隐含着民族文化的符码，变化中跳动着时代的音符。

（一）贵州少数民族服饰具有丰富的文化内涵

关于贵州少数民族服饰的记载，在《后汉书》《华阳国志》等文献中都相当详细。在《新唐书》和《旧唐书》的《南夷传》中，都用了大量的笔墨介绍贵州地方首领谢元深朝觐时的穿戴。这些文字与其说是为了记录贵州的奇风异俗，不如说真实地流露出大汉族主义眼光中的满朝文武对贵州少数民族服饰的态度。宋元时期的诸多文献记载都反映作者对贵州少数民族的服饰充满好奇，也反映出作者对贵州少数民族的了解基本上还停留在对服饰的直观描述上。明清时期的地方志用大量篇幅介绍各民族的服饰特点以及汉化的特征，字里行间反映出叙述者把服饰作为民族的标志和文明的标志，言辞之中对“衣冠同于中原”“服饰一如华夏”表现出欣慰。晚清至民国，有些深入贵州腹地的外地人，把他们看到的、知道的贵州少数民族的服饰细加分类，并配上图画，出现了不同版本的《百苗图》。且不论其分类是否科学、记载是否完整，但由此可见，贵州少数民族的服饰风格多样、特点明显、内涵丰富。

法国学者罗兰·巴特曾经说：“衣着是规则和符号的系统化状态，它是处于

① 戴平：《民族服饰中的生殖崇拜》，《戏剧艺术》，1994 年第 1 期。

纯粹状态中的语言。”[①]在人类生活史中，衣服是生活的外化形式。“服饰如同语言、建筑和生活方式一样，是一种明显的标志和区别符号，它被用来区别群体的特征。”[②]事实上，贵州的少数民族也在用服饰判断各群体的文化属性和族源，服饰是他们的文化符号。

第一，服饰是群体符号。

服饰虽然是物质形态的，表现为质料、款式、色彩、装饰等外在特征，但是每一个民族、集团或人群共同体，在不同的场合、时令、年龄等条件下对服饰有具体的文化规范。贵州少数民族众多，民族的支系众多，各民族支系分布广泛，其服饰异彩纷呈，但人们总能从服饰上辨识出民族、民族支系、区域分布、所处的文化环境等细微差别，原因就是服饰具有文化特征并受文化规范（图 5-14）。服饰以及服饰穿戴属于民俗，如女性的服饰在结婚前后存在差异，平常和隆重场合的服装不太一样。服饰表现民俗，民俗为服饰文化提供展示空间。换言之，岁时节令、宗教活动、人生礼仪对服饰都有内在的规范。这种规范制约着个体行为，也内化成文化传承机制。同样，具有相同规范的人群在交往中共同遵守着规范，具有不同规范的人群在接触时都不得不考虑对方的规范。例如，彝族姑娘只梳一条辫子，婚后才梳两条辫子，不拢髻、不缠足。大方县六寨喜鹊苗

图 5-14　左图大狗场披袍仡佬衣服是贯首型，并且是在长衣外套短袖；右图布依族衣服是右衽型，习惯在衣服外再加上围裙。两个民族的女性盛装都是百褶裙，但风格不一样，从服装的差异就可直观地分辨出二者分属于不同的文化系统。

① 罗兰·巴特：《符号学美学》，董学文，王葵，译，沈阳：辽宁人民出版社，1987 年，第 21-22 页。

② 周莹：《倖家服饰蜡染艺术的族群认同研究：贵州黄平重兴乡望坝村的研究案例》，《原生态民族文化学刊》，2011 年第 2 期。

少女的腰间有一条黑白相间的束带,交叉捆扎在胸前,十五六岁以后就把长发挽束成高高的发髻,并在发髻上别上一把梳子。黔西北的歪梳苗凡是上了年纪的女性都将长发挽于耳畔,扎成一个发髻,未婚女子的发髻上绑着缀有彩珠须吊的彩绣圆环状发带,已婚的女子则在外梳的发髻旁斜插一把梳子,并戴上环状黑色假发式的帽子。布依族妇女结婚前后服饰有明显的区别,有的地方婚前戴银碗而婚后包头帕,有的地方婚前包头帕而婚后戴假壳;有的地方婚前头发拢成拱形,发上插骨椎,婚后戴银碗。镇宁县玉京一带的村寨,姑娘在十三四岁之前都包头,不穿裙子;十五六岁以后穿裙子,挽发髻作拱桥状垂于脑后,发髻上从前往后插一只大银插;生育后卸下银插,在发髻下端改戴银碗;生育期已过,就既不戴银碗也不戴银插。银碗一般是在女人生育后的第三天由娘家带去并换下银插。通过头饰的变化,把已婚女性和未婚女性区别开来,头饰特征成为人生两个主要阶段的标志。有了这个标志,女性用它来规范自己的行为,男性用它来处理和女性的关系。在对歌玩山的民俗活动中,具有婚后头饰特征的女性就只能把玩山作为一种娱乐活动,而不是为了恋爱,男性在与她对歌时就不应表达恋爱的内容。[①] 在村民看来,服饰应该符合自己的年龄,服饰提醒或规范着人们的活动内容。

第二,服饰传承着文化。

据古代文献记载和世代流传的古歌,苗族曾经遭受战败的悲剧,遭受过家园被摧毁的苦难,承受过被驱赶流亡的屈辱,他们将沉重的历史凝结在服饰中,今天还有很多村民能够讲出本民族女性服饰上的符号所表达的意义。对他们而言,“服饰图案不是神话、史诗这种口头文学,亦不是舞蹈这种动态艺术,作为一种凝固文化符号,集体潜意识同样发挥作用,只是显现方式,将与上述有别”。在黔东南以雷公山为中心的清水江和都柳江流域,这里是全国乃至全世界最大的苗族聚居区,其服饰图案、造型多以鸟兽虫鱼、草木花果为题材,有的还用线条语言描述了开天辟地、洪水滔天、兄妹结婚、射日射月等人类起源的神话,将千行古歌凝结成一纸图幅、一方绣绘。黔西北喜鹊苗女性服饰的下装为百褶裙,自腰以下由三个部分缝制而成:第一部分为蓝色,代表蓝天和大海,那是祖先曾经生活的地方;第二部分面积最大,上面有许多蜡染图案,代表现在居住的天地与河流;第三部分是长约四寸的精美刺绣裙边,褶皱里隐藏着苗族故土的城池、高山和一路迁徙经过的河流与山川。“一般地说,神话、史诗长于叙事,舞

---

① 马启忠,王德龙:《试论布依族服饰文化》,《贵州民族研究》,1991年第3期。

蹈亦可以叙述；而作为美术范畴的服饰图案长于表情拙于记述，而恰恰难于叙事的服饰图案，苗族居然成功地用它生动地记叙了艰辛的族源史、战争史、迁徙史。这是服饰图案在苗族文化中替代文字语言功用，发挥出图画文字文化价值的显著例证（图5-15）。又由于它艺术、翔实地记叙苗族生息、发展、战争、迁徙的历史功绩，而使苗族在凝固于服饰上的花纹图案中找到了自己的特殊文字。”[①]在《苗族古歌》中，叙述了蝴蝶同苗族祖先有血缘关系，最早是枫木变成蝴蝶妈妈，蝴蝶妈妈生出人类的祖先姜央，然后才有了苗族。苗族人民把对蝴蝶的崇拜外化在自己的服饰之中，并通过服饰的图案表达母神崇拜，同时也通过这种图案把对母神崇拜的思想传承下去。[②] 侗族传统服饰按“佬、坦、纹”三大支系分三种类型，构成特定的风格，并由之所表现的款式、审美原则作为民族间相区别的标志之一，本民族服饰可以相互认同，因此，它具“族徽”的文化功能。侗族是多神崇拜民族，在服饰上往往绣有与图腾崇拜相关的图案，以此表示对神祇的崇拜，表示有神灵附身，并相信这样可以得到它们的保佑，尤其是在少儿服装和妇女盛装上体现出这种信仰性价值功能。[③] 彝族是一个尚黑的民族，尊虎为祖先，称为黑虎的后裔，以黑虎、黑鹰为图腾。乌蒙山一带的彝族自称“罗罗”，彝语的意思为“虎”。他们的服饰大都以黑色为基调，辅以红、黄色等。至今乌蒙山彝族的服饰还完整保留了尚黑传统，在衣服上绣有虎斑、虎纹图案或老虎形象等。这样的颜色和图案一方面表达了当地彝族同胞祈求虎祖先庇佑的愿望；另一方面表示他们是虎的后代，永远都不忘祖。他们的服饰上还有一种叫蕨菜的植物纹，

图5-15　苗族女人衣裙上方形或长形的花纹都饱含着历史的传说，是独特的文化符号。

① 杨鹍国：《苗族服饰——符号与象征》，贵阳：贵州人民出版社，1997年，第127页。

② 戴平：《民族服饰中的生殖崇拜》，《戏剧艺术》，1994年第1期。

③ 刘宗碧：《我国少数民族文化传承机制的当代变迁及其因应问题——以黔东南苗族侗族为例》，《贵州民族研究》，2008年第3期。

相传在饥荒年代,它曾帮助彝族祖先度过了最艰难的时光,繁衍了后代。①

第三,服饰具有地域文化色彩。

服饰总是区域性的,在贵州少数民族聚集区,不同的地方会呈现出不同风格的村寨建筑和穿戴服饰。几十年前,人们都习惯于按照服饰的区别来划分民族或民族支系,如文献中的红苗、黑苗、青苗、花苗、紫姜苗、长裙苗、短裙苗、长角苗、花仡佬、红仡佬、长桶仡佬、披袍仡佬、青裤瑶、白裤瑶等。人们各自按照服饰类型选择婚姻交流圈,也按照服饰类型选择建村立寨,选择群体归属,形成相对固定的生活区。所以,服饰类型既是群体的标志,也是区域文化的外在表现。黔西北大花苗、小花苗、歪梳苗,回族,彝族,白族,布依族,满族与汉族等错综分布,但是具体在某一个村寨或者某个局部地区,仍然是以某个民族或民族支系为主体,服饰特征非常明显,各自散落在本支系居住相对集中的村寨中。安顺市的镇宁县城关镇大山村和石头寨距离很近,但是大山村属第二语系布依族,石头寨属第一语系,两地的服饰差异较大。平坝区高峰镇(今划归贵安新区)的平寨布依族和大狗场村的仡佬族毗邻而居,服饰明显不同。黔东南苗族分成很多支系,清代的文献中就有上九股和下九股之别,现在他们的服饰色彩、花纹、刺绣、佩饰、款式等差别依然很大。

彝族服饰样式很多,可分为凉山型、乌蒙山型、红河型、滇东南型、滇西型、楚雄型六个款式。贵州彝族的服饰属于乌蒙山型,具体又可分为威宁式和盘州市式。黔西北彝族和滇东北、川南彝族整体分布在乌蒙山,其服饰类型基本上一致,而且因为在此居住的时间久、人数多,生活方式和文化形态变化小,因此服饰传统保存得比较完整。而盘州市、安顺市、黔西等地的彝族居住地更分散,与其他民族交流更频繁,其服饰就借鉴了其他民族的元素。清朝末年《大定府志》记载,当地的彝族服饰就吸收了汉族的笠帽装束,女子的发型和汉族一样中分为二,用青布缠盘,服装质料改为细棉布或丝绸。到了近现代,大方、黔西、织金一带的彝族与汉族服饰已几乎没什么差别。而盘州市、兴仁、安龙等地的彝族和其他少数民族杂居,服饰也受其文化影响,与汉族、布依族、苗族等的服饰文化有交融。从清前期爱必达《黔南识略》卷二七记载可知,兴义府的彝族服饰与布依族相同或相似:兴义府,古夜郎地,宋为于矢部,元为普安路,隶云南行省。倮(按:指彝族)男薙发,以白花布巾缠头,衣同仲苗(按:当时称布依族为仲家)。妇女长袍薙裙,银环贯耳,髻首稍异仲妇。由于杂居区民族间的文化接

---

① 黄瑾:《浅谈彝族服饰的变迁与传承因素》,《贵州民族学院学报》(哲学社会科学版),2006年第5期。

触，彝族吸收别的民族的文化成分，成为区域性服饰变化的一个重要因素。

苗族、侗族、瑶族、水族、壮族和汉族等在黔东南广大地区都有分布，尽管今天已形成杂居局面，但是仍能直观地从服饰上就分辨出各民族或民族支系的居住范围，看出民族或民族支系之间的文化差异：台江县施洞苗族的服饰显然有别于丹寨县南皋乡或兴仁镇；榕江县空申村、加簸村的短裙苗服饰在色彩上就不同于卡寨、宰岑寨（图 5-16）；榕江的晚寨、从江的高增、黎平的地扪分属于不同服饰类型的侗族。

布依族村寨分布在许多环境不同的区域，其服饰也呈现出各种各样的特点。总体而言，布依族服饰的类型与三个土语区相吻合。贵州西南部的望谟、册亨、罗甸、安龙、兴义、兴仁等县属第一土语区，其服饰是大襟衣、大裤脚、盘肩、袖口，襟沿有图案纹样；中部地区的惠水、长顺、龙里、贵定、紫云等县大部分为第二土语区，这一带的布依族喜欢穿青色、蓝色衣裤，头饰较复杂，服饰多样化；西北地区的镇宁、关岭、六枝、普定等县属于布依族另一土语区，这里地理位置相对边远，其服饰保持着诸多传统样式，特别是百褶长裙的纹样与铜鼓图案相似。由于大区域中又有小区域，因此在一个土语区甚至一个县内，又有不同的服饰。在贵州的瑶族，即使同样生活在黔南荔波的瑶麓，东西两边的村寨服

图 5-16　左图为空申短裙苗，上衣、短裙和裙摆都为深褐色，帽子前端呈尖角；右图为卡寨短裙苗，衣服、短裙和裙摆均尚黄，而且绣有回纹，头饰为毛巾帕。两地相距约 20 千米。

饰就明显不同,一为白裤瑶,一为青裤瑶。

(二)贵州少数民族服饰传承与变迁有规律可循

服饰显然不只有遮羞、护体的作用,它还具有审美和社会交流的功能,随着社会发展和时代变迁,服饰也在发生变化。体现在外观形态上,服饰的材料、做工的精细程度、款式等方面都和自然环境、生活状态、生产技术关系密切。一个地方的服饰款式、色彩、图案无不透露着当地人们的思想和审美观念,而思想和审美观念都具有一定的稳定性,通过制作和穿戴将服饰所蕴含的思想和审美表现出来,因此对服饰的接受也就意味着在某种程度上对其所蕴含的思想和审美的接受。

第一,服饰变化与时代发展同步。

在贵州少数民族村寨,过去人们的服饰不是通过购买得到,而是从纺线、织布、染色,到裁剪、缝纫、刺绣,整个过程都由家庭成员完成。村寨是相对封闭的社会单位,家庭又是村寨中相对封闭的基本单位,在相对封闭的环境中完成服饰制作工艺的全部过程,所以,服饰文化是典型的农业文明时代的封闭文化。在历史上,贵州各少数民族都非常注意服饰制作技艺的传承。女孩从幼年开始,家中的年长女性就指导她缝纫、裁剪和刺绣,到出嫁之前必须缝好自己的嫁衣和新郎的衣服;有些女孩还给自己的家人缝制衣服作为留念,给未来的公婆缝制衣服作为见面礼。女子出嫁前或出嫁后,每逢重大活动,都穿上盛装,以此表明自己精明手巧。在村寨中,缝纫和刺绣的水平通常是评价女孩的重要标准,也是评价其父母教育好坏的标准。正因为衣服基本上靠家庭内部生产,衣服制作基本上在家庭内部完成,衣服缝制技艺被作为评价女子及其家庭的重要标准。所以,少数民族村寨过去都非常重视服饰制作技艺的传承和学习,精美的服饰反映出女孩心灵手巧,代表着家庭教女有方。服饰制作技艺的学习过程,表面上是在掌握一项重要的生活技能,实际上也是在传承文化:传承着服饰审美文化,传承着关于服饰中图案的故事,传承着制作过程中的所有技艺,传承着家庭伦理和民族认知。例如,荔波县洞塘乡板寨村的长衫瑶,又称“大屁股瑶”,该地的女性和榕江、剑河、雷山等地的短裙苗一样,过去都崇尚短裙,女性的裙子长度仅有几寸,就是因为当地人在审美上认为女性臀部丰满肥大是富贵和好运的象征。在黔东南很多苗族和侗族,女性的服装、头饰、项圈、手镯、脚链都是银质的,因为当地人觉得银不仅是财富,而且寓意着吉祥,女孩全身都披金戴银表示家庭富有、父母勤劳,本人在家庭中有地位。

但是，不管我们怎样发掘服饰中所蕴含的文化，怎样解读服饰所表达的文化，服饰最基本的功能就是实用性。既然人们的生活方式、生存手段在发生改变，那么服饰的实用性特征就决定了服饰一定会变化。当我们惊叹贵州少数民族服饰款式多样、色彩斑斓、做工精美时，当我们为贵州少数民族传统服饰大量消失而感慨和痛惜时，我们其实应该明白，所谓的传统服饰只是特定阶段的服饰，是服饰变化的阶段性产物，包含着对历史上服饰文化的传承和自我创新。清代八寨（今属丹寨县）理苗同知陈浩在嘉庆年间所著的《八十二种苗图并说》（简称《百苗图》）中绘制的贵州少数民族服饰，时隔200多年，和今天的服饰已经有了很大的区别（图5-17）。没有多少人再坚守在手摇织布机旁，没有人再会拒绝纤柔的棉布和绸缎，没有人固执地不穿皮鞋，没有人觉得穿斜衽长衫干农活比穿对襟短衣更方便。

贵州少数民族服饰的变化，其实就是贵州社会变迁和文化交流的一个缩影，它与时代同步。明代以前变化较小，民国以前变化较慢，最近几十年从材料到制作方式、从色泽到款式都在发生巨大变化。今天，在贵州的城镇，日常生活中很难看见身着民族服饰的人，也难以根据服饰去判定人们的民族身份。虽然在少数民族聚集的村寨还能够领略其风采，但是变化已然成为不可阻挡的趋势。

第二，服饰变化因民族而异。

结合爱必达《黔南识略》、罗饶典《黔南职方纪略》、（乾隆）《贵州通志》等书对贵州少数民族服饰的描绘，黔东南苗族、黔中关岭和紫云等地苗族、黔西北苗族的服饰还基本上保留着当时的风格。主要分布在黄平县、凯里市、施秉县等地的待识别民族僅家人，其服饰至今仍保持着鲜明的个性。（乾隆）《镇远府志》对僅家人服饰的记载和今天僅家人的状态非常接近："犵兜，镇远、施秉、黄平皆有之。好居高坡，不篱不垣，男子衣类土人，女子短衣，偏髻，绣五彩于胸袖间，背负海巴，蚕茧累累如贯珠。人多嗜酒，四时佩刀弩入山逐鹿，罗雀，其药箭伤人，见血立死，然无敢为盗。"相比较而言，侗族、水族、布依族等民族妇女的服饰尽管保留着一些传统特征，但是其男子服饰几乎没有本民族特色了，只有极少数男子在重大而隆重的祭祀场合还穿戴传统服饰。尤其在黔西北和六盘水市的很多地方，苗族村寨相对而言更有传统气息，身着传统服饰的人更多，即使在同一个生活区域，苗族村民服装的本民族特色更鲜明。这种现象，在黔东南榕江县的朗洞、丹寨县的雅灰等地也同样存在。尤其是穿青人、僅家、绕家等待

图5-17 绘制于200多年前的《百苗图》,内容是关于彝族的“白倮罗”。画上绘一夫妇带一小孩在棚子内烧饭,地上放一个三足釜,内有食物,一老者背着背篓归来。文字曰:“白倮罗在大定府属,与黑倮罗同。负茶叶生理,茹毛饮血,无论鼠雀蠕动之物攫而燔,饮食无盘盂,以三足釜攒食。人死以牛马皮裹尸焚之,居普定者名‘阿和’亦同此类。”如今这些地方的产业结构和食物来源完全与周边的其他民族一样,丧葬也完全通行土葬,“白彝”服饰几乎完全汉化。

识别人群,他们的群体意识表现得很突出,服饰的传统特色更明显。

第三,服饰变化受村寨人口构成影响。

在黔中关岭县和镇宁县的扁担山地区、黔西南贞丰、兴仁、安龙、罗甸、册亨、望谟一带,是布依族集中聚居区;在黔西北的大方、黔西以及清镇等地歪梳苗比较集中,在威宁、赫章、纳雍等地花苗居住集中连片;水族差不多聚集在贵州南部的三都、荔波、独山、丹寨等地。在这些地方,民族服饰的消失速度显然比该民族零星散落分布的地方要慢得多。一个民族如果散落分布,从人数上削减了文化传承的力量,就更容易陷入其他文化的包围之中。(嘉靖)《贵州通志》安庄卫地杂百夷,“环城百里皆诸夷窠穴……异言异服,然与卫人错居,近亦少变”。清康熙三十六年(1697)《贵州通志》:“思南府汉夷杂居,语言各异,渐被华风。汉民尚朴,务本力穑,屏异教,行四礼,黜浮崇实,士慕正学,骎骎文献之风。”“石阡府淳庞朴茂,不离古习,服饰婚丧悉效华风。土著夷民,其俗各异,涵濡日久，可拟中州。”[①]同时，也有另外一种现象，某一个或几个村寨在另一个民族人口占多数的聚集区，文化受到挤压，反而促使其文化保护意识的加强。例如，清代乾嘉年间从黔东北辗转迁徙到黔西南的红苗，至今在布依族聚集区还较好地保存着传统服饰。

第四，服饰变化与居住环境相关。

目前城镇周边的村寨，无论在建筑风格还是在服装形制上，能看到少数民族特征的村寨已经不多了，而在边远地区，村寨的民族特征还在一定程度上保存着。这种变化现象在历史上就是如此。（弘治）《贵州图经新志》卷十二记载：“（平坝）卫自开建以来，百年于兹，渐被王化”；普定卫（今安顺）“附郭夷民五种，习尚不同，自立军卫以控制，卫之熏陶，渐染中原衣冠之俗，亦尚义重文”。今天在城镇附近，手摇织布机早已废弃，所有的服装都是购买而来，而在边远的少数民族村寨，还有人在家织布，亲手缝纫，用蓝靛印染，这些古老的技艺还在民间传承（图5-18）。也许当地的村民并没有强烈的文化传承意识，只是对传统的偏爱，或者就是传统的惯性，但是封闭的环境、基本上自给自足的生活客观上促成了传统服饰文化延续。

第五，服饰变化存在性别差异。

今天所说的少数民族服饰，在一定程度上只是特指女性服饰，男性的服装多数已汉化，只有在特定场合才能看见男性着民族服装（图5-19）。清代《安平县志》卷五：“仲家（旧时对布依族的称呼）……男子服饰与汉人同，妇人衣尚青。”

图5-18　左图为黎平肇兴侗寨，尽管旅游开发已经多年，但在喧嚣街面的背后，村寨的一角，植物染色的布料仍晾晒在门前；右图为黔东南偏僻的苗族山村，老一辈人还在使用古老的织布机。

---

① 张海荣：《梵净山神》，贵阳：贵州人民出版社，1997年，第54页。

图5-19　左图为在黔东南黄平县苗族山寨,在节日期间女性通常会穿上本民族服装,而男性几乎和汉族没有区别;右图为贵阳高坡苗寨人在日常生活或劳作中,男性装束与汉族一样,而女性装束还保留着民族服装的遗痕。

《安顺府志》卷十五:侬家"男子薙发以青布裹头,衣服与汉人同,妇女长裙细褶,多至二百余副,衣甚短"。"罗鬼(彝族)……男子薙发与汉人同。"补依男子"薙发,通汉语"。《镇宁县志》卷三:夷族"男子服装同于汉族……妇人则异,短衣长裙";"黑苗……男装同于汉族,女子黑衣黑裙,头耸高髻,包于黑帕"。从历史文献的这些记载可知,男性的服饰变化比女性快,自古亦然。但是,我们不能由此得出一个结论:男性更具有权力,或者说男性更容易接受外来文化。从过去到现在,苗族、侗族、布依族、水族、毛南族等民族都没有形成男权社会,在家庭内部或村寨内部都只有性别分工而没有地位高低之分。男性服饰变化快,主要是因为劳动分工,男性的传统服装在劳动中没有后来接受的汉族服装方便,实用性才是服饰发生变化的主要原因。在这方面,唯独彝族的男性稍有不同,尽管他们的服饰也有变化,但很难说其变化速度和程度就超过女性。彝族在历史上是一个崇尚英勇而且男权色彩较为突出的民族,因而象征勇敢、威猛的黑色得以传承下来,椎髻发式象征英雄而被视为"英雄髻",成为彝族男子的至尊,披毡和"擦尔瓦"表现出男子的英姿,腰佩双刀的装束也成为勇敢的象征,因而这副装束一直保留到20世纪中后期。在黔东南的苗族各支系中,男子的服装到今天已区别不大,但妇女的服装和头饰还十分复杂,地方性的差异非常显著。以成年妇女的裙子为例,有些地方长到盖住脚背,有的短到只有数寸,束在脐下几乎不能盖住臀部。上衣也是这样,有的是对襟,有的是右衽,有的是左衽,有的满身绣花,有的全身素净。在装饰品纹样、数量和制作方法等方面也存在很大差异,有些厚重、有些轻盈,有些为植物图案、有些为鸟兽图案,有些简洁、有些繁复。由这些特点所组成的服饰类型有一定的地域性,尽管在杂居地带也发现有相互影响的地方,但各自的特点还是充分地在各自的地区保持着,人们可以从服饰上断定他们的支系区别。[①]

第六,服饰变化基于实用性。

即使在最边远的少数民族村寨,也不可能见到任何一个人的全身穿戴是纯粹传统的。细心观察就会发现,村民很少用当地人自己纺的线、织的布,染色做成衣服,更难得由家庭成员亲手缝制;即使正在举行神圣祭祀的寨老或者穿戴一新的新娘,也不可能是全身盛装,他们的鞋子已经很现代,里边的衣服已经跟上时代;上装和头饰保留有传统特色,而穿着高跟鞋和牛仔裤的青年女子,在村寨中随处可见,她们只剩下发型和头饰仍保持本民族特色,这在民族特色很浓厚的村寨中已成为普遍现象(图 5-20)。原因很简单:脚部是人们在劳动中活动量最大的部位,里边的衣服是直接接触身体的,购买布料比纺纱织布更便捷。

图 5-20　左图为从江侗族高增乡,儿童服装已经完全汉化,侗族老年妇女服装的传统特征还很明显,但脚上却穿着塑料拖鞋;右图为丹寨县卡拉村苗族年轻妇女,一身苗族正装,却穿着当下最时尚的皮鞋。

服饰的变化总是和时代的变迁保持一致,自 20 世纪 30 年代国民政府有效地管理贵州以来,贵州在政治生活中一直与中央政府保持一致,少数民族村寨因此在文化上与主流社会靠近。最近 30 多年,中国社会稳定,坚持以经济建设为中心,致力于经济结构调整,贵州少数民族村寨的生活发生了重大改变,人们有购买衣服的能力,因此村民衣服的布料、色彩、款式以及缝制方式都发生了改变。中国的政治走向开明,思想越来越开放,贵州少数民族村寨的自然环境和村民的思想观念都发生了重大改变,不仅学习外面的生产经验、科学技术,也吸收了外面的生活方式,接受了外面的服饰文化。虽然目前保护传统文化、张扬

① 《民族问题五种丛书》贵州省编辑组:《苗族社会历史调查》(三),贵阳:贵州民族出版社,1987 年,第 98 页。

民族个性的呼声高涨,但是挡不住村民走出去的脚步,不可能关闭迎接时代潮流的山门,传统民族服饰穿戴的人数、场合、时间、目的都不同于从前。如果说贵州少数民族村寨呈现在人们眼前的服饰是村寨文化的剪影,那么村寨服饰的变迁历程则反映着村寨社会发展的足迹。

第七,服饰的变化受观念支配,年轻人的服装比年长的人变化快。

年轻人接收的信息多,见的世面多,更愿意跟随时尚潮流而不拘泥于传统。今天贵州少数民族村寨中,年轻一代平时都不会穿戴本民族服装。如果穿本民族服装,一般有以下几种情况:一是结婚等人生礼仪、重大的民俗节日或者政府组织的庄重活动;二是在村寨旅游接待或表演中向游客展示本民族风情;三是还处于幼年期,只能由长辈安排自己的穿着(图5-21)。

在过去,无论在学术话语还是在实际行动中,弘扬中华民族传统文化往往被扭曲、挤压为弘扬汉族优秀传统文化,甚至被视为弘扬儒家优秀传统文化。中华民族优秀传统文化是由中国各民族优秀传统文化共同构成的,各民族优秀的传统文化不仅保存在文化典籍之中,而且保存在口头神话、传说、故事、谚语、格言和歌舞之中,保存在民俗活动以及建筑、服饰等器物之中,体现为日常行为,体现为人际关系,体现为对待自然和其他生物的态度,体现为对时间和空间的认知。贵州少数民族历史上瑰丽的服饰是历史的浓缩,是社会空间和人际关系的表现形式,折射出生产力水平、生活状态,凝结着科学技术、思想观念、审美情趣,规范着道德伦理,约束着行为,是民族符号和文化传承的载体。

图5-21　左图为施秉县双井镇凉伞村老年妇女服装,总体而言传统特色还很明显,但是脚上却套着简易拖鞋;右图为该村年轻的苗族女性,夏天或穿短裤,或穿超短连衣裙,而头上的装饰依旧显示出传统风格。

随着时代发展,贵州少数民族的服饰也在发生变化,但它的变化有迹可循。我们一方面要尊重它的变化,另一方面又要看到传统服饰的丰富文化内涵以及曾经发挥的历史作用,更要思考它在当下的价值。如果认识到它蕴涵的优秀文化和历史作用,就会从内心对它的创造者产生敬意,就会对它本身倍加珍爱。如果对它在当代的价值形成正确的认识,人们就会在保护和利用中少一分功利心。

中华民族优秀的传统文化是立体的,贵州少数民族优秀的传统文化也是多维的。传统服饰既是其优秀文化的重要组成部分,同时也是传承优秀文化的重要载体,它自身的传承也与生活水平、生产关系、自然环境、社会价值观等相互联系。今天保护传统的民族服饰,不可能单靠传承技艺就能实现,这是一项宏大的系统性工程。

三、生产和生活用具文化传承

村民从事农业生产、渔猎等活动的劳动工具,以及在日常起居中必须使用的器具,无论是自己制造的,还是购买的,都是生产和生活中所需要的,它不仅和村寨的经济结构、生活水平具有一致性,而且具有传承文化的功能。

(一)生产生活用具浓缩地域文化

位于山上或水乡平原的村寨与从事渔猎或经营贸易的村寨,其劳动工具和生活用具不可能相同。沿河、德江、思南等县建立在乌江边上的村寨,天柱、锦屏、剑河等县坐落在清水江边的村寨,镇远县位于㵲阳河畔的村寨,黔西南红水河和南北盘江沿岸的村寨,都以捕鱼作为生活的重要组成部分,几乎每家都有渔船和渔网,那里的村民以水稻栽培为主,水稻种植的农业工具是村寨的必备物件。

在黔东南和黔南少数民族村寨中,差不多每家的吊脚楼都有一间房子用来堆放农具,巨大的木斗占去了房子很大一部分空间。木斗(图5-22)是收割稻谷时放在稻田中间装谷粒用的,村民在割谷穗之后,就在稻田握着稻草秆对着木斗拍打,将抖落的谷粒挑回村子,脱出谷粒的稻草就堆在田里。长江中下游平原地区则是将稻草秆扎捆后运回家门前的禾场,用碌碡将谷粒碾下来,或者用脱粒机收割。贵州使用木斗收割稻子,是因为稻田离村寨距离远,路窄坡陡,而且阴雨天多,所以直接从稻田把稻穗上的谷子取下来挑回家,运送比较轻便,也能避免谷子被雨淋。苗族、侗族和布依族村寨,很多家庭都有一个用粗大树木

图5-22　在黔东南很多村寨，巨大的木斗一直是每个家庭收割稻谷时必备的生产工具。村民一边收割稻穗，一边就在稻田中将谷粒从稻穗上甩下来，稻草堆在田里，第二年泡在田中作为肥料。

挖成的木槽，作为打粑粑的专门工具；有一口大缸或陶泥坛子，常年储存着酸汤和泡菜。绝大多数家里都一定在厨房或客厅的角落放着一个大坛子，里边装着当地自酿的米酒。在房屋附近，或树荫下，或水槽旁，经常能看到高大的木盆，那是染布的基本设备。有些老式家庭还摆放着手摇织布机和纺车，山居村民的墙上挂着火药铳以及套捉野兽的工具，近水村寨还有些村民的屋檐下晾着渔网或吊着捕鱼的器具。悉心包裹着的芦笙挂在墙壁上，永远是重大节日不可或缺的乐器。

这些生产工具和生活用具服务于村民生活，村民生活决定着这些生产工具和生活用具的价值，生产工具和生活用具的多样性是村民生活多样性最真实的写照。巨大的木斗至今还是收割稻谷必不可少的工具，它和镰刀、铁犁耙一起构成了农耕工具的要件。木船仍然停靠在埠头，它和渔网、渔叉、鱼篓一起成为水边村寨的生产资料。粑粑槽、酸菜缸、酒坛、染缸大致勾勒出村民的食谱，描绘出村民的饮食习惯。土家族的锣鼓和面具、布依族的马骨胡和月琴、水族的铜鼓、苗族的芦笙、侗族的琵琶等丰富着村寨的生活，也因为村寨的生活使这些乐器保持着生命力。染缸逐渐从村寨中淡出了村民的视线，纺车和织布机在很多村寨中找不到自己的位置，它们的命运和曾经使用过的主人一样悲凉地守着黄昏。火药铳的历史已经终结，只有捕兽的铁夹和它相伴，一层层灰尘覆盖了过去，模糊了记忆。

生产和生活用具作为村民生产和生活的必需品，具有工具性，同时这种工具性体现出所处时代的生产力水平。时代在发展，社会在变迁，村民谋生的手段悄然发生变化，经济结构出现变革，代表着生产力的劳动工具和反映着生活水平的家庭用具总是与村寨的社会发展水平相一致。在许多村寨，拖拉机取代了牛耕铁犁，电动船取代了小木船，沼气灶或电磁炉取代了柴火土灶，塑料或金属容器取代了木桶和陶泥水缸。摩托车在村寨差不多普及，电冰箱和洗衣机成为常用家电，电视机摆放在村民家中最宽敞的公共空间，缝纫机挤占了手摇织布机的位置。这不只是生产工具和生活用具的简单取代或者更换，每一个物品除了实用价值以外，都是富含信息的。每一件新的生产工具出现，都意味着村寨生产力的进步或者经济结构调整；每一件包含新科技的生活用具的添置，都可能影响村民的生活习惯。当拖拉机成为重要农机后，村民不仅大大地解放了劳动力，而且传统的"换工""换牛"等习惯随之消失，附载于其上的团结互助的村民关系消失。养牛的价值不如以前，在"换工""换牛"过程中的集体劳作和民俗活动不复存在(图5-23)。当染缸、手摇织布机从村民家中退出后，作为染料的植物蓝靛就没必要继续种植，染布技术、蜡染工艺、挑花刺绣绝技就不可能再是村寨中所有妇女都必须掌握的基本技能。火药铳和一系列捕捉野兽的工具失去其原来的价值之后，狩猎的组织关系、狩猎中的仪式、关于野兽和野禽生活习性的知识都没有了传承的载体。电视机进入村民家中，除了电视传播的内容在影响村民的观念和改变村民的行为以外，同时也改变了村民的娱乐方式，消解着家庭传统的生活习惯和交流方式。晚辈不再痴迷于聆听神话故事，家庭口传最重要的地点——火塘已经让位于电视机前。

图5-23　惠水县罗坪村布依族村民扶犁牛耕，翻地准备插秧，这种景观越来越少了。在耕地比较平整的村寨，很多已使用机械耕作，也不用养耕牛，原来在生产中结成的社会关系和民俗活动随之消失。

(二)生产生活用具描绘社会风俗

另外，在调查中发现，贵州少数民族村寨中生产工具和生活用具的变化，和地理位置有密切关系，而与村寨的大小、村寨的民族构成、村寨的历史长短没有直接关系。因为交通便利的村寨更容易与外界交流，在交流中就会改变生活方式，改进生产工具。现在，农业生产环境较优越的村寨中，生产工具和生活用具的现代化程度都较高，石磨、风车、犁辕等退出了生活舞台(图5-24)。有些村寨因为历史上的文明程度本来就较高，和外面的文化相似度较大，文化调适能力较强，能够从容面对外部冲击，或者在自己的传统生活与社会变化中找到结合点，所以村寨传统的生活不至于发生质的变化。而麻山、瑶山、雷公山、月亮山、乌蒙山、武陵山地区的村寨中，一方面，生产工具还保留着很多传统色彩，镬头、薅锄、连枷等农具仍在使用；另一方面，在生活用具上则有很多现代家电和时尚产品进入家庭。但是,传统农具依旧,却不能证明其传统文化保存得较坚挺,只能说明恶劣的自然环境很难和现代化的农业接轨。恰恰相反,这些地方在落后的农业基础上形成的传统文化非常脆弱,具有工业文明和信息时代特质的生活用具进入村寨,对传统文化的冲击非常强劲,导致传统文化出现严重断层。

图5-24 曾经伴随贵州少数民族村寨走过若干世纪的最常用的生活用具,如今被现代机械化、电气化产品代替。它们要么被弃置在杂草中,要么被摆放在村寨的文博馆。左图为石磨,右图为石碓。

生产工具和生活用具作为村民生产、生活的必需品,它体现生产力水平,服务于社会,建构着社会关系,总是和村寨的社会关系具有一致性。犁耙等农具和农业发展的某个阶段相适应,木船、火药铳、水车和特定环境相适应,染缸、酒甑、石磨和生活状态相适应。在生产力水平较低的农业社会,在农业基本条件并不优越的贵州少数民族村寨,劳动很艰辛,而且通常需要集体协作,因此形成了具有地域特色和民族特色的生产文化:农忙时节,全村寨的劳动力集中起来挨家抢种抢收;在春播和秋收时,举行隆重的仪式祈求丰收和庆贺丰收;在农闲时,慢节奏地从事家庭手工技艺。和这样的生产文化相对应的社会关系就是村寨成员团结互助、和睦相处、平等互惠,在经常性的集体劳动和共同生活中创造着文化并传承着历史。家庭之间坦诚相待,村寨内部安宁祥和。走进边远山村,数百家人的寨子里,出门干活时都门窗洞开,人们没有防盗意识,村民如果萌生盗窃的邪念就难以在村寨中立足。在苗侗村寨,房前屋后竖着一排排禾晾,稻穗和玉米收割后挂在上面晾晒,不用人看管;每户人家的谷仓都放置在离村寨数百米远的地方,从来不用上锁;有些牛圈设在村头或田边,村民没有丝毫戒备。这些禾晾和谷仓建造的目的固然是贮存粮食,是使粮食防潮、防鼠患、防火灾,但是它们不用防偷盗。这些设备简单、简陋,反映的社会风气和它一样朴素。它们看上去杂乱无序,折射出的村寨内部关系却井然有序;它们陈旧得近

图 5-25　左图为从江县岜沙苗族村寨禾晾；中图为从江县银潭村侗族谷仓；右图为榕江空申寨短裙苗禾仓。

乎破败，却无可争辩地说明村寨朴素的民风源远流长（图 5-25）。

四、老树、古井、桥梁、墓碑、梯田等村寨附属物文化传承

在贵州少数民族地区，有古树的地方不一定有村寨，但在有村寨的地方通常都有古树。很多村寨都说不清是先有古树然后才有村寨，还是先有了村寨才在后来有了古树。古树用年轮记录着村寨的历史，见证着村寨历经的岁月。古树与村寨交相辉映，那是村民对寨子的眷恋，对树的呵护，对人和自然之间关系的理解。

（一）老树折射村民的精神世界

苗族古歌《枫树歌》把枫树看成其祖先的化身，枫树被许多苗寨村民选为护寨树，古枫树不能砍伐，就连折枝、剥皮、挖根都被视为罪过。从江岜沙苗族相信树是有灵性的，每个人出生时，家中老人都要为这个孩子种一棵树，这棵树与这个人的生命连在一起，直到这个人死的时候用这棵树做棺木，同时再在坟头栽上一棵树。这种观念催生了风俗，风俗又强化了观念，所以至今在岜沙还是森林茂密。侗族和杉树有着不解之缘，房子的墙板是杉木，屋顶用杉树皮，鼓楼建成杉树形态。侗族村寨广泛流传着一则谚语：“栽树又种粮，山上半年粮。”从（乾隆）《贵州通志 · 风土志》和（光绪）《黎平府志》的记载可知，侗族聚居区在清朝初年就注意培育杉木：“山多载土，树宜杉。土人云，种杉之地，必预种粟及包谷一二年，以松土性，欲其易植也。”看来在很早的时候，清水江流域的侗族不仅人工种植杉树，而且经过长期的生产实践，成功地掌握了林粮间作的营林技术。在黎平、从江和榕江，侗族村寨中往往有高大的榕树，村民相信古老的榕树可以带来福祉。布依族古歌《安王和祖王》讲述其祖先和鲤鱼结婚繁衍出后代，所以他们非常注意保护水源，爱护森林。他们最喜欢把村寨的地址选择在河边、湖畔的平地上，掩映在树林之中。即使像惠水县雅水布依族村寨，坐落在高

图5-26 左图为丹寨县王家村的寨门口,古树下搭有简易的小棚,村民每年都会祭树祈福;右图为贞丰县坡棉村一角,村民把老树当作神灵来敬奉。

山上,也依然古树葱茏,村民在村边的大树底下架着棚,烧香祈福(图5-26)。彝族和土家族都是虎图腾崇拜的民族,他们对森林有着特别的感情,相信只有茂密的森林才是老虎的栖息之地。在贵州,很多民族支系都坚信自己是竹王的后代,他们崇拜竹王,喜爱竹子,在村寨周围栽满竹子。

少数民族村民相信有树神存在,村寨的安宁需要树神保佑,很多村寨都有祭树神的习俗。在三都县水各寨子西边的一座山上,有两棵千年红豆杉,被当地人称为"树公""树奶",被视为村寨的树神。树神也是男女爱情的见证人和保证人,更主要的功能是保佑夫妻生育,正如水族情歌所唱:"哥拉妹登树神山,同把树公树奶参;保我双双添贵子,保我夫妻白头欢。"寨子门口还有几棵大树,是护寨树,是整个寨子的保护神。塘党的村民信奉石头菩萨,特别是猪头形状的石头菩萨被认为最灵验。寨子里有两座供奉石头菩萨的小庙,为塘党人公共的信仰。另外,几乎每家都在房前屋后供奉了自家的石头,作为私家祈福的神灵。他们普遍相信,塘党寨今天之所以能有那么多大学生,是因为风水好的缘故,而这种好风水则归因于寨子中的几棵大杉树,这些树都是神树,不得砍伐,否则会遭到众人惩罚,也会受到树神惩罚,导致生病或死亡。①

安龙县钱相乡打凼布依族村,有56株树龄为数百年至千年的重阳树至今仍枝繁叶茂。这种树在植物学上属大戟科,高密度且较为完好地保存在贵州西南的布依族山村。其中最古老的一株是村里的图腾树,胸径达3米左右,需5人方能环抱。另有一株藤缠树,粗壮的树藤缠绕古树而上。这里的村民以九为

---

① 文永辉:《外来文化冲击下水族习惯法的不同变迁:贵州省三都县两个水族村寨的比较》,《贵州民族研究》,2010年第4期。

阳数，九九相合即为重阳，重阳树与重阳节相对应。古老的重阳树繁茂地生长，表面上是村民爱树，深层的文化则是村民具有尊老敬老的传统，是生态文化与孝文化的融合，这其中蕴藏着深远的历史渊源和丰富的文化信息。高大的重阳树和慈母碑无声地叙说着打凼村尊老爱幼、父贤子孝、妯娌和睦、婆媳相互关心的优良传统。

在贵州榕江县八开乡摆列苗寨，有一棵树龄两百余年的古红豆杉，据传是该苗寨村民陈胜德的祖太公陈老牛在两百多年前种植的。与其说祖太公当年栽下的是一棵树，不如说是留下了纪念，留下了对后世的寄托。后人保护着这棵树，流传着种下这棵树的先辈的许多故事。通过这棵树，凝结了血脉亲情，也扎下了在这里世代居住的根。随着树的生长，村寨的历史在延伸，家族在这里壮大。2007年，陈老牛的第九代后裔陈胜德在这棵古老的红豆杉旁又种了一棵红豆杉，他发誓要守护“宝树”，并代代授命不许人破坏。由此可以断定，再次种下红豆杉，其实就更坚定了这个家族继续在此居住的决心，从而延续了村寨的历史。通过这棵古老的红豆杉还能看到，两百多年前的村民就有爱护森林、保护树木的意识。在该县的章鲁村、口寨村等地，发现了多块先辈人栽种榕树的纪念碑。依然生机勃勃的红豆杉和留存下来的纪念碑，是村民生态观念的历史见证。

村寨因为有了一片森林就显得生机勃勃，因为有了古树就突出了绵长的历史，因为给古树赋予了故事就使得村寨的文化传承非常鲜活。例如，贵州西部盘州市石桥镇妥乐村，村寨共有1 700多人，有千年古银杏树1 145株。如此多的古老银杏树生长在一个地方并保存完好，这在全世界极其少见。每一棵树都有故事，每一棵树都受村民敬拜。村民认为树中有我、我中有树，人树合一、不可分离。他们能分得出“姊妹树”“夫妻树”，并给这些树命了名，加了昵称。村寨里为保护古树早已立下规定，毁树者以不敬神灵祖宗论处，“轻则罚跪，重则棒捶”。又如在贵州东北距石阡县城15千米的楼上村，现有4个村民组，150家住户皆为侗族，寨中生长着一大片古树，有紫薇、丹桂，还有红枫、柏树。据专家考证，这些古树年龄在300年以上。最为奇特的是，居然有7株枫树呈“北斗七星”形状分布，该村以“北斗七星”树为中心，把村寨划分为4个不同的分区，东南为生产区，西南为居住区，西北为娱乐区，东北为墓葬区，功能分区明确。古树在漫长的岁月中陪伴着村寨，它守候着村寨，注视着村民，为村寨注入了人文内涵。

（二）古井映衬村寨的道德风尚

古井和老树一样，也是贵州少数民族村寨的重要组成部分。贵州绝大部分地区都是典型的喀斯特地貌,村寨的饮水问题关乎村寨的位置选择、规模大小、结构布局。贵州具有悠久历史的村寨一般有三种情形:一是位于河边、湖畔,村民饮水便利;二是地下水、泉水比较丰沛的地方;三是位于山腰、山顶,或者水资源不丰富的石漠化地区。前两类村寨也不排除有水井,后一类地方修水井的则很多,也有些村寨长期到很远的地方挑水饮用。水井的位置主要有两种:要么就在村寨内,如黎平县的堂安村;要么在村外的路边,如榕江县的宰岑村。在居住着数十家甚至上百人家的村寨,水井不但提供了人畜饮用、洗漱用水,还能提供园圃浇用水。为了保持水源清洁卫生,保证每一户村民都能使用,这不仅要求有效地对水井进行管理,而且要求村民有爱惜水井、尊重他人的思想意识。村寨的成年人用自己的言行引导孩子正确地对待水井,塑造孩子的美德。几乎每一口水井都有打井、护井的故事,人们讲述与之相关的故事,培养感恩之心,而且会在水井旁刻碑记载建造水井的村民的功德。石阡县楼上村有数百户规模,一条小溪从寨中缓缓流过。村民于民国二十七年(1938)集资修建了天福井,井水从龙舌状的水孔中流出,再经两口露天井流向廖贤河,井水清凉甘甜,一年四季从不浑浊,也不枯竭。在周氏宗祠西廊还保留着《轮水石碑记》石碑一通,镌刻着修井的经过和捐资者的姓名。

有古井的村寨,绝对不允许污染井水的行为发生,都有爱惜水的习惯。在荔波县城有一口古井,今天井水依然清澈,它见证了从村寨到城市发展的历史,也承载着居民对水井的认识,同时也在考量城镇化进程中人们对生态、文物的态度。施秉县双井镇以“白沙泉”和“黑沙泉”而得名,附近的凉伞村苗语写作“liangx hsangt”,意思是“寨祖”“祖寨”或“宗祖寨”。当地苗族村民为保护水井,特制村规民约,并立碑刻文,文曰:“祖先建井历史悠久,龙泉夏冰冬热,晴雨清澈同量,四季长流,灌田万亩,声名远扬。井共五间,民律论定,上隔饮水,下隔洗人用菜,中间两隔洗衣,最下隔洗猪菜。粪便脏物严禁入内洗涤,不得牵牛入井洗澡,规章分明,永传流芳,不得故犯。如有违者,按当村民约有关条例惩罚。”在贵安新区高峰镇平寨布依族村,原先有四眼古井,目前尚存一眼,1997 年村民捐资重修,将水井分为饮水、洗菜、洗衣和清洁四个功能区,同时订立保护水井的五条公约,明确各水池的使用规范,按户轮流负责古井卫生,严禁随意乱扔垃圾。这个公约得到了严格遵守,十多年来一直保持着水井的卫生,尽管有些家庭或分家,或从外地嫁娶新成员,或迁移到城镇,或外出打工,但是轮流值日的规矩至今没有因任何原因而改变(图 5-27)。

在黔北正安县仡佬族村寨,现在还留存着一些保护水井和合理使用井水的

图 5-27　左图为台江台拱镇展福苗族村的两口水井；中图为从江高增侗寨的阴阳双井；右图为贵安新区平寨布依族村民正在清理水井。

碑文。在安场镇下烟房村一口水井旁，有一尊立于清宣统元年（1909）的石碑，碑文规定："公议上下水井不许浆洗衣物、小菜等，倘若违者罚钱一千文。"在安场镇石井坝有三口箍井，第一道箍井不仅有井专供挑水饮用，而且另有多池分别用于洗菜、浣衣。为了保持井水清洁和防止各池混用，当地民众于民国三十六年（1947）在井旁勒立一护井碑。碑文规定："（井）分为三池，第一池汲饮，第二池洗菜，第三池浣衣，各有规定，不得紊乱。"近些年，为了重申和加强对该箍井的保护，当地仡佬族在对古井进行修整后又新制定了《护井公约》：保护水井设施，不得在墙上乱写乱画；保持饮用水卫生，不得乱丢乱扔垃圾污染水源；保持水井周围地面卫生，不得在井口冲洗车辆和放养畜禽；必须在水井挑水饮用，一池洗菜，二池洗衣，三池淘杂，不得将杂物投弃在池中。

在有水井的村寨，不仅形成了保护水源的风气，而且考验着人们在缺水的时候如何分配水资源。它折射出一个村寨的民风，是村民团结友爱的体现，是村寨管理水平的反映。例如，安龙县海子村，一股喷泉从山脚涌出，为全村数十户人家提供了充沛的生活用水，村民自觉地在泉水流经的不同地段取水或洗涤。在三都水族怎雷村、榕江大利侗族村、都匀坡脚苗族村、梵净山脚下的云舍土家族村、惠水县涟江河畔的辉岩布依族村，村民都非常注意保护水质。还有些村寨，在多次旱灾期间，基本上都能保证村民用水，在艰难时刻彼此帮扶。保护村寨饮用水卫生，不用去向村民灌输这种意识；村民都有文明卫生地使用水的习惯，不用去监督其行为（图 5-28）。清澈的井水和河水滋养着村民，也培育和传承着爱护村寨、尊重他人的品格。

图 5-28　榕江大利村，一条小河从村中流过，数百户村民能保持河水清澈，从上游到下游，村民在不同的河段取饮用水、洗菜、洗衣服、涮秽物，都谨守规矩。

（三）古桥叙说村寨的传奇故事

桥梁是贵州少数民族村寨的重要组成部分，有木桥、石桥和水泥桥，有单拱桥和多拱桥，还有风雨桥。它没有河北的赵州桥古老，没有金沙江上的大渡河铁索桥狂野，也没有苏杭的石桥那么精致，但它是少数民族村民集体创造的出行通道。修桥需要经费和技术，对于斯时斯地的村民而言困难重重；有了桥，出行变得更方便，它对于闭锁于深山的村民意义非同一般。修桥是谋划、集资、共同劳动的结果，护桥体现了村民珍惜劳动成果、爱护村寨公物的品质。桥是团结的见证，是联系村民的纽带。桥有历史，有故事，有实用价值，有文化内涵。在福泉市教场村，有一座古桥横跨于麻哈江两岸绝壁之上，在没有钢筋水泥的明朝万历年间，这是一个奇迹。在修建过程中，该桥曾两次被水冲毁，当地募款建桥的乡人葛镜毫不气馁，并立下“桥不成兮镜不死”的誓言，最终将桥修成。这座桥的建造技术至今令人惊叹，葛镜捐资建桥的善行和永不言弃的精神仍激励着村民。晴隆县紫马村一座大约修建于乾隆年间的石拱桥，将当地聚居的布依、苗、仡佬等民族村寨连在了一起，促进了文化交流。荔波县王蒙乡孟塘河上有一座七孔桥，建于清道光年间，历时四年（1847—1850），是新中国成立前荔波县境内第一大石拱桥，桥墩上、石缝间的苔藓布满岁月的痕迹。在印江县杉树乡黄土村与德江县枫香溪镇木佬云村交界处的天马桥，始建于清道光年间，桥拱正中悬挂着一柄斩龙剑，当地村民都说不清这柄长剑何时悬挂，意欲何为，两百多年来，它留给人们太多的感叹和神秘（图5-29）。修文县的蜈蚣桥，最初由彝族首领奢香在明朝洪武年间所建，她的后代多次重修维护。从始建到重修，每次都与民族关系相牵连，都有一段沉甸甸的历史。

图5-29　天马桥的桥拱正中悬挂着一柄斩龙剑，它反映着少数民族村寨对桥的作用、保护桥的方式以及对桥与河流关系的认识。

（四）古碑镌刻村寨的厚重历史

石碑具有纪念性质。贵州少数民族村寨的石碑可分为文字碑和无字碑，或分为墓碑、功德碑和凭证碑等。

在百里杜鹃管委会金坡乡附源村，一座宋氏花坟连同墓碑，证实了当地人是清代满族人移民聚落子嗣的观点，它在风雨中诉说着满洲八旗子弟从荣耀走向平凡的点点滴滴。在台江县台拱镇有个叫“翁嗡往”的村寨,大山深处的森林里,至今还有许多雍正年间迁入此地的汉人坟茔和墓碑,碑文清晰地记录着死者的籍贯及其子孙的姓名。这些墓碑静静地立在大山深处,无声地铭记着清朝在贵州苗疆“改土归流”的波澜壮阔和外地移民入黔的浩荡脚步。在距离施秉县城南部12千米处有一个苗寨“翁埂角”(汉名“将军坳”),因明代偏桥千户宋诚征苗战亡于此而得名。在寨子下方有吴氏族人立的一方石碑,碑文提到他们的先祖到杨柳塘开山劈岭,建设家园之事,并申明其先祖来到这里的时候就是苗族,而非汉族。通过这块石碑,可以追溯吴氏和此村寨的关系史,可以更多地认识这里的民族关系演变史。在村寨北面公路旁的石人冲还有一块石碑,石头风化严重,字迹已经模糊,老人们的传说和石碑文字都指出,在明清两代,施秉(过去名“偏桥”)的苗疆汉界就在此处,向南就是“生苗”区,向北就是汉统地(图5-30)。明万历时期贵州巡抚郭子章在他的《黔记》中就有记载:偏桥卫(现施秉县城)“南十五里木叶冲(即石人冲),有石柱,石崛起山上,高数十丈,苗界止此”。石碑及其村民的传说正好与文献记载相印证。

图5-30 将军坳的两块石碑:左为界碑,右为吴氏建村碑。

在雷山县西江苗寨,陈列室中摆放着一块石碑,上面刻画着几十个符号,当地人说那是他们祖先的文字,尽管至今没有人能识读其意义,但它为研究苗族文字和西江村寨的历史提供了值得思考的要件(图5-31)。在黎平县堂安村,村寨中间有一处坟茔,坟头的碑文如今已看不清晰。这一片原本为村边公用墓地,其四周又布满了建筑,它用一种特殊的方式昭示着村寨发展壮大的历史,也不容置疑地反映出村寨的悠久历史。这一座座坟茔和墓碑既是村寨遗迹,也成为村寨文化的一部分。黔北桐梓县尧龙山镇金山村和箐

图5-31 西江千户苗寨存放着一块石碑,刻有若干符号,据说是在雷公山发现的。有苗族学者认为其为苗族文字,虽然多数学者对此没有定论,但它作为一种文化现象不容忽视。

图 5-32 黔北桐梓县田氏家族之王太君墓碑，通过墓碑上的文字记载可将王氏迁徙至此的时间追溯到明末清初。

头村有一处田氏家族墓地，尚存数十座清中期古墓，大多尚有墓碑，一部分铭文还可识读。田茂玉、王太君、田母刘氏三座古墓的石碑保存最为完好，从铭文可知其祖田守勤、田守书从陕西蓝田县迁徙至遵义倒流水再转迁田家岩，渐次开垦至茅坝坪，不仅成为殷实之家，而且受到官府的嘉奖和旌表（图 5-32）。因为有这些碑文存在，田氏家族今天还能厘清其家族源流，家族的自豪感和凝聚力得到加强，清代中叶黔北的开发史通过这些文字也显得更加清晰。

在苗族、瑶族、侗族等少数民族村寨有“栽岩”的传统，村寨长老在对公共事务作出执行决定后，为了周知村民和传之后代遵守，在隆重的仪式中栽上一块自然的石头，作为“对制定和执行传统习惯法规的形象记忆和标志”①。村民从这块石头中可以读出村规民约，可以讲出“栽岩”的时间和缘由。当汉字传入当地后，文字碑取代了所栽的石头，但是它的功能没变，意义没变，村民不在乎栽的石头上面有字还是没字，他们遵守的是传统。

（五）梯田昭示村寨的辉煌

田土和村寨一样，也不是自然景观，它是村民创造的物质文化，是农耕社会的反映。村寨以耕地为依托，“所有的村落规模都是由其耕地面积的多少所决定的，村落空间布局与耕地保持适当的距离”②。田土的肥瘦、地理位置、灌溉情况等因素和村寨的劳动方式、饮食结构、生活状态直接相联系。黔北遵义有大片肥沃的稻田，黔西北毕节主要是零碎的旱地，而武陵山、月亮山、雷公山的绝大多数村寨都坐落在大大小小的梯田附近。贵阳市花溪区高坡乡石门村是苗

---

① 黄才贵：《独特的社会经纬——贵州制度文化》，贵阳：贵州教育出版社，2000 年，第 146 页。

② 谢迪斌：《论新中国成立初期中共对乡村村落的改造与重建》，《中共党史研究》，2012 年第 8 期。

族聚居的高寒山区,最高海拔达到1 712.1米,与市区海拔相差六七百米。这里有一片壮观的“望天”梯田,或如绸带盘旋,或如棋盘,从山脚延伸到山顶。黔东北玉屏县亚鱼乡郭家湾侗族村位于武陵山腰,万亩梯田环绕着村寨。丹寨县龙泉镇高要村的西南面,层层叠叠的梯田随着地势由高到低呈东西走向,从高要村寨脚延伸到沟底,宽约1.2千米,面积约400亩。位于北盘江岸水城县野钟乡新发村的梯田,从山脚到山顶落差不小于500米。最有特色的是地处月亮山腹地的从江县加榜梯田,从党扭村至加榜乡所在地连绵25千米,一片连着一片,从河谷顺着两边的山坡扩展,蜿蜒起伏,形态各异(图5-33)。村民开辟梯田,梯田养育村民。村寨文化因梯田而厚重,梯田成为村寨的风景。村民最初开凿梯田只是依山就势平整土地,可是梯田一旦形成,就涉及梯田的水利权和土地分配,还涉及环境保护和产业结构安排。梯田客观上保护了重要的农地资源,协调了村寨中的土地使用,统一了产业结构,配置了劳动力资源。“此类为了生产而形成的与自然共生的传统文化,起到了保全土地、创造独特景观的作用。”①

图5-33　从江加榜梯田一角。

贵州在明代以前一直是少数民族占多数,地广人稀、平坦肥沃的地方就可以承载生活于其中的人口,因此,需要付出繁重劳动的梯田应该出现在土地紧缺,或者少数民族原来的生活区被强占之后。大范围的梯田绝非短期内能够开辟出来,说明拥有大范围梯田的村寨一定具有悠久的历史。有了大范围的梯田,便足以承载更多的人口负荷,从而使这个村寨具有相当大的规模。具有悠久历史且颇具规模的村寨,有利于其传统文化的传承,并能形成村寨的文化个性。

黄平县重安镇重兴村桥木屯村有一片奇特的耕地,远看像城堡,当地人都叫它“大弯田”。这片耕地的田埂都是用红砂石垒砌而成,形似一道道非常陈旧的城墙。据当地的村民传说,这些耕地建于清代嘉庆十五年(1810)左右,是当地潘姓的老祖宗潘老浅率领全家老少开凿而成的。从潘老浅夫妇开始,连续挖了30多年,才将两座山梁挖平。他的儿子潘老薄长大成人并娶妻生子后,每天又从附近的山坡上抬来石块,堆嵌在父亲开挖的山弯里,逐渐建成了雄壮的田

① 刘金荣:《新型农村社区建设背景下农村传统文化的传承与保护》,《甘肃农业》,2013年第11期。

埂。孙辈继续平整土地,修建水利设施,才建成了这片耕地。堆垒耕地的田埂平均约 8 米高,最高的则有 14 米。田埂看起来整整齐齐,可见建造者为此付出的艰辛劳动。有的田埂还有弯曲度,部分位置的弯曲度甚至超过 90 度。这一片耕地改变了村寨的环境,改善了村民的生活,也激励着村民自强自立,培育了村寨精神。

有了经过艰苦奋斗开辟的土地,村民对这片家园更有感情,对土地更珍惜,用汗水书写的故事更让后代怀念。所以,在城镇化过程中,在村民涌入城镇的浪潮中,梯田往往成为村民的牵挂。

第二节　贵州少数民族村寨的制度文化传承

"村落既是指农业社会中人们共同居住、生产、生活的空间,又是指在这一空间中生活的一个群体,此外还是指一种制度性的人群组织类型。"①人们在村寨中有组织地生活,形成了许多规范村民行为的制度,这些制度成了村寨文化的重要组成部分。研究村寨就不能不关注村寨的制度文化,研究村寨文化就应该关注村寨制度文化的传承。村寨的制度文化及其传承,离不开村寨的组织,离不开村寨中的人际关系。

一、村寨制度文化的基本内涵和特点

村寨是许多家庭的集合,而且许多家庭在此长期相处。村寨往往都有由传统的地缘观念和强烈的村境意识决定的惯制,还有一些维护村落的秩序和管理乡里共同生活的规章,如村规民约、家规族规、仲裁契约等,这些都是村寨制度文化的重要内容。村寨作为一个小社会,不同历史时期的政治制度、社会规范都会在村寨中有直接或间接的反映,并对村寨制度文化的演变和发展产生重要作用。同时,村寨社会的惯制和村规民约在向城镇、都市和整个国家的转移过程中,也为法律与政权建设提供素材和依据。②所以,今天的村寨既建立了新制

---

① 刘铁梁:《村落——民俗传承的生活空间》,《北京师范大学学报》(社会科学版),1996 年第 6 期。

② 卢荣轩,童辉波:《试论村落文化的基本特征及历史性变革》,《社会主义研究》,1993 年第 1 期 。

度，又延续了昨天的旧制度；既吸收和借鉴了城镇的制度，也为城镇提供制度参考。

（一）村寨制度的基本内容紧扣维护村民群体利益

村寨制度，简单地说，就是对村寨内的所有村民行为具有约束力的规范。规范有正式的和非正式的，约束力有强制性的和软性的。正式规范通常以村民普遍认同的形式固定下来，作为对违反者进行惩罚的依据，具有强制性；非正式规范是村民在社会化生活中可以感知却并未明确规定的那些对思想行为的约束，属于软性约束。最重要的村寨制度往往是村民团体绝大多数人公认的并在村寨中得到运行的规范，主要包括祖训、族规、习惯法、民间规章等，涉及财产继承、婚姻选择、土地分配、村寨安全、邻里关系等内容。

村寨制度的内容主要包括五个方面：一是维护村寨内部的社会秩序。对生产、生活造成危害的人一定要受到严惩，杀人、放火、抢劫的人会被村寨联盟的会议讨论决定判处重刑；凡有人勾结外村寨人来伤害本村寨或具有联盟关系的村寨，必须用最严酷的方式处理；发生重大偷盗行为，或者放火烧山的人，往往会受到严惩；有小偷小摸行为的人，也会受到严肃处理，使之在村寨中颜面尽失。关于此类内容，在《苗族社会历史调查》《布依族社会历史调查》《黔西北苗族彝族社会历史综合调查》等资料中都有很多记录，至今在村寨中有很强的约束力。二是维护村寨之间的传统关系。有血缘关系或者曾经盟誓结为兄弟的村寨之间不能通婚，有仇隙的家族或村寨禁止通婚，[①]有联盟关系的村寨必须共同参与械斗去对付仇敌。在集市贸易中平等交换，互利互信。例如，月亮山地区的计埃寨、翁堆寨等村寨就曾举行过栽岩议事，至今流传的《议事词》中说："开这个集场，巩固买卖，有吃有穿，谁不要拐谁的东西，谁不要抢谁的生意。哪个破坏市场就要罚哪个，抢别人东西的就要拿来杀。"三是维护婚姻和家庭。包括对同姓不婚的限制、对离婚的约束、对丧偶再婚的规定、对彩礼数量的限制等。荔波瑶麓定于清同治二年（1863）的习惯法《永流后代》就对聘礼作了明确规定，1948 年的习惯法记载了"自古以来，覃姓与卢姓同系同宗共族，不能通婚"，卢金贵与覃氏女先通奸后结婚，违背礼俗，予以严惩。这些约束今天虽然

① 例如加勉寨和加磨寨，因为过去互争地盘，两寨斗殴七年，在双方愤怒之下，发誓诅咒："如果谁结婚，谁就绝子灭孙。""有吃无穿，有穿无吃。""有吃有用就断根。"再如党翁的姑娘不能嫁入加勉老寨，因为他们的祖宗是从老寨去的，如果违例，就会"寿命不长"。除此之外，尚未发现其他寨子有此限制。（《苗族社会历史调查》（二）第 71 页）

不再成为对村民的婚姻加以制约的依据,但是在很多年轻人中几乎成为潜规则。四是维护边界和社会安定。在过去,村寨之间有边界,通过习惯法加以处理。如月亮山摆拉寨与从江县加牙、加叶等寨曾经发生山界之争,后来通过协商,划定边界。村民依然承认当年的约定,遇到类似情形也习惯性地采用传统的协商方式,不同之处在于现在基层行政部门会介入其中。五是维护自然环境和生活安全。每个家庭都要看护好自家的牲畜,以免到处便溺而污染环境。禁止人们在生活用水的上游刷洗粪桶或不洁之物,更不能在水源地及附近大小便。300 多年前,锦屏县文斗苗寨就出现一系列保护生态环境的村规民约,被专家称为"民族环保第一碑"的"六禁碑"刊刻于清乾隆三十八年(1773)。"六禁碑"规定:不拘远近杉木,不许大人小孩砍削,如违罚银十两。各甲之街日后分落、颓坏者自己修补,不遵禁者罚银五两,兴众修补,留传后世子孙遵照。四至油山,不许乱伐乱捡,如违罚银五两。后龙之街,不许放六畜践踏,如违罚银三两修补。不许赶瘟猪牛进寨,恐有不法之徒宰杀,不遵禁者众送官治罪。禁逐年放鸭,不许众妇女挖前后左右锄虫蟮,如违罚银三两。碑文内容为保护山林和村寨人居环境,保护的措施包括禁止肆意砍伐,禁止无节制开垦,禁止牲畜和家禽对林木和水质的破坏。它在当时当地具有"法典"的性质和制度的约束力。在"六禁碑"旁,另有一块晚立十二年的环保碑,碑文专门对文斗村寨附近的林木管理作了具体的规定:"此本寨护寨木,蓄禁,不许后代砍伐,存以壮丽山川。"在黄平县翁坪乡王家牌村,也有一块立于清光绪二十九年(1903)的"万古千秋"石碑,铭文除了叙述当地苗族王氏迁黔的过程及咸同苗民起义之事外,还严厉禁止王氏家族"地基买卖""里应外合分赃""老少乱淫""同族成婚""与匪结合"等行为,违禁则以"罚款五千"或"将伊沉水"等手段进行处罚(图 5-34)。

图 5-34　位于黄平县王家牌村巴莪芦笙场的"万古千秋"碑。(吴安明摄)

（二）村寨制度的特点基于家族伦理

村寨的规范，或是在村寨生活中形成，或是由村寨的村民制定和沿袭，它是具有空间边界的区域性文化。贵州少数民族村寨在历史上的很长一段时期都具有相对独立的地理空间和社会空间，因此村寨制度的适用范围也有边界。村寨规模和村民活动范围有大小之分，有各自的地理环境，有不同的社会关系和组织结构，因发展程度不尽一致，故而村寨制度也与此相对应，显示出层次性。

贵州少数民族村寨多是以家庭为核心，若干个家庭共同形成村寨。村寨是扩大的家庭，家庭是村寨社会的浓缩。在这样的社会中，人们对待村寨就像对待家庭一样，村寨的利益总是和家庭利益、个人利益紧紧连在一起，村寨社会也用对待家人的态度对待村民。于是产生了一套与此相一致的伦理观念和习俗，观念和习俗又内化为家庭、家族和村寨的不成文规定。家庭是村寨制度最小的执行单位，家规、祖训也是空间边界最小的村寨制度，主要包括财产继承制度、家庭成员的社会行为准则、择偶要求、丧葬惯例、家传秘方或家庭秘密传承方式的规定等。

具有共同父系血缘关系的多个家庭根据血缘的远近亲疏形成房族或家族，有些房族或家族聚集在一起形成血缘村寨，有些房族或家族分散在多个村寨形成村寨联盟。在黔东南月亮山，多个同一支系的苗族村寨集中分布在计划乡一带。这里的苗族村寨组织都是以婚姻和血缘关系为基础形成的，若干个同一父系血缘且关系相近的家庭组成一个房族，几个同一父系血缘而关系较远的房族组成一个家族。在家族成员的基础上，又有以地缘为纽带的松散组织。他们的房族和中原汉族差不多，根据家庭的多少，或是同一个曾祖父，或是同一个高祖父，基本上多是在五代人以内。每个房族都有族长，苗语称之为“大罗”或“巴罗”，意思是比自己父亲大的人。例如计怀寨，潘氏家族中就有八个房族，杨氏家族有六个房族，侯氏家族有四个房族，杨氏家族有三个房族。侗族也有类似的家族组织，在侗语中称之为“头”或“督”。例如从江县高传寨的王姓就分为七个“头”，黎平肇兴陆姓分成十三个“督”。这些“头”或“督”就是一个个家族单位，界限分明。每个社会组织有自己的公共墓地、山林和祭祖田，议事、祭祖等活动在各自的社会组织范围内进行，择偶在各自的社会组织范围外。“头”或“督”之内，包含着若干个“基”或“翁”，相当于汉族的房族。例如高传寨的“头拱”有三个“基”，肇兴的“督井个”有三个“翁”。“基”或“翁”内的成员在婚丧大事的时候有相互帮扶的义务，在老人去世期间所有子孙都要吃素，在扫墓祭祖时全体成员都要参加,发生纠纷之际由该组织内部排解。比“基”或“翁”更小的血缘组织单位为父系大家庭,称作“高然岱侬”,意思是共一个火塘的兄弟姐妹,它是侗族血缘组织中最核心的部分,通常居住地很集中,甚至居住在一个干栏楼。[①] 布依族、土家族、彝族等的家庭之上也都有家族、房族和宗族,分别承担不同的义务,具有不同的权力。

家族、房族、宗族制定的对其成员具有约束力的行为规范,统称为族规。族规的主要功能是维系直系血缘群体的共同利益,确保该血缘群体发展壮大,抵御其他群体或组织的伤害。族规主要包括家族公有土地和其他财产不受侵犯的规定、血缘群体内部互相帮扶的要求、团结一致抵制外侮的信条等,还包括确保以上各部分得到执行的组织机构、形成制度的程序、执行制度的保障等。贵州少数民族的分布格局总体上是“大杂居、小聚居”,与之对应的家族、房族、宗族通常集中居住,并且随着血缘的疏远呈现出层级形态。血缘在五代之内的家族制定的行为规范最具约束力,再依次为房族和宗族的规约。而互为姻亲关系的村寨联盟制定的规章往往很宏观,如土地山林纠纷解决、婚姻缔结或解除、抵御外敌等。

家规主要是一些待人处世的原则和要求,大多数属于伦理范畴。房族、宗族的训诫和规定除了祖宗立下的规矩、准则之外,大多数内容属于财产的管理、分配。20 世纪 50 年代以前,贵州少数民族村寨的绝大多数家族都有一块面积或大或小的公共墓地、公共林地、祭祖田。家族对于这些公共土地的使用和管理都有具体规定。另外,家族对每个家庭的土地流转也有明确要求,各民族普遍遵循土地买卖“先里后外”的传统习惯。如果本家族、本姓中有人卖地,就只能先卖给本家族、本姓之内的人。如果本家族、本姓中没有人购买,方可卖给他人。彝族社会中家庭的财产一般弟兄平分,个别的最小的儿子可以多分一点;有的地方在弟兄分家后,和父母住在一起的儿子也享有较多的财产继承权。女儿一般无权继承财产,没有兄弟的独女除招赘上门外,对土地也没有继承权。无子的土地遗产,由近亲叔伯或亲兄弟继承。女儿在出嫁时可以带走“姑娘田”或“姑娘地”,但只有姑娘在世时,男方才有占有和使用“姑娘田”的权利,到姑娘死后,土地仍须归还女家,由女方兄弟子侄继承。[②] 在台江反排苗族村寨,家

① 黄才贵:《独特的社会经纬——贵州制度文化》,贵阳:贵州教育出版社,2000 年,第 230-233 页。

② 中国少数民族社会历史调查资料丛刊贵州省编辑组:《黔西北苗族彝族社会历史综合调查》,贵阳:贵州民族出版社,1986 年,第 12-13 页。

族规定父母的田地由儿子继承，绝嗣则由同胞兄弟继承，无同胞兄弟者则由死者亲房叔伯或他们的儿子继承，如果子死父存则由父承子产。没有儿子的家庭，上门女婿养老送终则视为儿子，生养的子女随女方的姓氏。继承土地的时间，通常是在次子结婚以后进行，由父母主持，请本家族中有威望的长者或“娄方”参加。分田的办法，通常是先由父母（主要是父亲）将田产分为好、坏两类或好、中、差三类，平均分配。兄弟中如有残废者，就照顾性地把较好的田分给他，并由他决定和哪个兄弟一起生活，共同生活的兄弟即负有帮助或代耕的义务。居住的房屋一般不分配，惯例是父母随谁住则房屋就给谁（父母大多随幼子居住），其他儿子则另起新房居住。

贵州少数民族村寨的家规不像汉族的世家大族那样有专门记载，一般没有具体的条文，只是世代相传，或者是由家长根据具体情况立下的规矩。自明清以来，能用汉字书写的人渐渐多了，家族或宗族制定的行为规范要么是在族谱中记录了的，要么是由若干家长集体商定，最后再明确为具体条款。

比族规的空间范围更大的是村规寨约，它由多个家族建立的联合组织制定，通过民主协商而来，一旦确立便具有习惯法的效力。

侗族的村规民约主要是“款”组织制定的“款约”。据宋代周去非的《岭外代答》推断，侗族的“款”组织至迟在唐宋时期已经出现。“款”是村寨长老治理村寨的组织，虽然没有特定的机构和章程，但是会推举一人作为主持人或召集人，称之为“款首”。一个村寨或者几个临近的小村寨的长老形成一个小款，多个大村寨甚至上百个村寨的长老形成大款。长老开会讨论村寨治理的办法称为“议款”，将讨论的意见或规定确定下来并要求村民执行则称为“定款”。款约不一定写在纸上，也不一定会刻在立着的石头或石碑上，最通常的方式是编成顺口溜，或者由家长向孩子讲解，或者由歌师为村民传唱。

贵州南部瑶山地区西面的“白裤瑶”在组织制度上也体现为层级形态。其基层民间组织是由父系家族组成的血缘公社“油锅”，意思是“在同一个锅里吃饭的人”。家族扩大，分裂出许多兄弟家族，各自组成自己的“油锅”，各个“油锅”相互之间保持着一定的联系，毗邻的村寨构成了姻亲—血缘集团。血缘关系或姻亲关系较多的几个“油锅”又自发地结成当地人称为“排”的兄弟“油锅”。“排”与“排”之间进一步结成“大排”，产生一个作为“大王”的总头人，类似于部落联盟的酋长。这些不同层次的社会组织自然形成的“头人”，当地人习惯上称之为“瑶老”。尽管社会发生一次次变化，但是他们以姻亲—血缘结成的社会关系基本没有变化，村寨的地理分布以及村寨之间的社会组织都和“油锅”

形成对应关系。由“瑶老”组成的议事团体议定的事项,各个家族都应该自觉执行;如有违反,也按照相应的条款处理。

瑶山地区瑶麓瑶族乡的“青裤瑶”的最基层组织为以家族为单位的“播冬”,然后是有家族结构和地缘关系的“播冬及朵”,还有在此基础上的区域性组织“官侯”。“播冬”即由一个共同的父系祖先传袭繁衍的血缘集团,居住在同一村寨,甚至居住在同一村寨的同一排干栏长屋中,拥有共同的山林、田地、河流、葬洞、神社地、房屋、生活用具和祭祀仪式。由两个或两个以上的“播冬”结成的一种联合组织称为“播冬及朵”,它的功能是相互照应、共渡难关,特别是在建房、婚礼、丧葬活动中加强物资支持或提供劳动力。一个地缘关系和血缘关系重叠的社群俗称“官侯”,主要职责为调停家族之间土地分配、维护社会治安以及在面对外来威胁时组织抵抗,制定和执行习惯法。每当有重大问题需要解决,“官侯”组织的负责人就会召集家族的头人和长老制定出应对问题的条款,然后召开全体成员会议宣布条款,如无异议就作为今后处理该“官侯”内部问题的依据。①

苗族、布依族、水族等少数民族也有类似的社会组织和村规民约,它成为村寨内部以及村寨联盟化解纠纷、维护稳定、抵御外部侵袭的制度保障。苗族将家族议事或村寨联盟议事制度或称为“鼓社制”,或称为“议榔制”。例如,台江县反排村的苗族,他们的地方长者在苗语中为“娄方”,意译为“理老”。娄方的职能一是通过“勾夯”(ghed hlangb,即“盟誓会议”,一般译为“议榔”)制定共同的“夯规”,二是根据夯规或古理调停事端,处理纠纷,仲裁违反夯规的事件。在一寨或几寨的若干娄方中,威望最高的娄方被称为“扶娄”,在举行勾夯时,扶娄处于召集人和主持人的地位。每次勾夯之前,先由娄方商议勾夯的内容(夯规),然后召开群众大会,由威望最高的娄方手持芭茅和梭镖宣布议定内容,由大会通过。在宣布新的夯规之前,娄方还要背诵过去一些重要的夯规。大会还要杀黄牛一头,将牛肉分给参加大会的各村寨的每一户人家,表示大家吃了牛肉就应该牢记夯规,不要违反。同时每次确立新的夯规之后都要树立一块石头,表示夯规坚固如石,如有违反将会受到谴责。村规寨约的主要内容涉及田土和山林纠纷、偷盗、婚姻等。② 在从江县加勉、加榜、加鸠等地的苗族村寨中,为群众调解纠纷及主持执行习惯法的领袖被称为“该歪”(意思是“当官人”)。

---

① 黄才贵:《独特的社会经纬——贵州制度文化》,贵阳:贵州教育出版社,2000 年,第 111-143 页。

② 贵州省民族研究所:《贵州省台江县巫脚公社反排寨社会历史调查资料》,1965 年,第 46 页。

"该歪"有大、小的区别,但无上下隶属关系。除了重大的事件须由最大的"该歪"主持执行外,其他的纠纷或事件,"小该歪"都有权调解、处理,如果解决不了,再请最大的"该歪"进行处理或调解。"该歪"所调解、处理的事件有些是争执田土、山林所有权的纠纷,有些是婚姻纠纷,有些是偷窃事件,有些是民族内部纠纷,还有些是内勾外引互相残杀事件等。[①] (民国)《镇宁县志》记载:"每当夏季五、六月农事将成之际,乡村中多行'吃乡议'之举,其办法由二三人发起,规定村人每家出金若干(或联合邻近村寨举行),定一时间、地点,杀猪作黍置酒联欢,借此开会,共同议定一防止农作物被人盗窃,互相保护监查之规约,以共同遵守。会后即将议定规约张贴村口,并立一竿于村外显著地方以作警惕,名曰'火竿'。此后村人即有守望相助之责,凡拿获盗窃者即交公议处,照议例处理。并将犯者缚诸竿头,下用火烧熏,名曰'爬火竿',其规约较之法律条文尤觉尊严。凡曾行乡议之地区,无论村内村外人,咸莫敢或犯。"由此可见,乡村规约在当地的严肃性和执行力度。

(三)村寨制度的性质是遵循传统的核心价值

无论是家庭组织或家族组织,还是村寨组织或村寨联盟,它们都是村寨的民间组织而非行政机构,所以它们制定的规约不能等同于现代的法律,至多只能称为习惯法,主要发挥引导和制裁的作用。所谓引导,就是规范村民言行,维持村寨稳定;所谓制裁,就是对触犯了习惯法及违背村寨道德伦理的村民进行惩处。在历史上,村寨的规约因为不是针对某个人,也不是出自某个人的个人意志,具有普适性,故而它并没有因为制定者是民间组织而不具备执行力,事实上它有很强的约束力。家族或宗族的任何规矩的确立、村寨的任何制度的确定,都是从全体村民的利益出发,通过民主的会议商议,是对集体意见的表达。村寨在执行规约或家族在遵循祖训的时候,实质上就是对民主决策的执行和对公共意志的贯彻实施。也正因为如此,村寨制度的引导作用惠及群体中的每一个人。村寨对违反规约的惩戒总是公开的和有依据的,它是对村寨传统习惯的继承,体现村寨公共诉求。每一项习惯法或公共意见的确立,总是连接过去和未来的节点,遵循着传统,体现着当下,影响着未来。每一次制裁决定的宣判,总是依据业已存在的习惯法,总是希望传统的思想、价值观、风气、规范等延续下去。村寨的规章制度,无论是其制定的过程或贯彻执行的过程,都是村寨传

① 《民族问题五种丛书》贵州省编辑组:《苗族社会历史调查》(二),贵阳:贵州民族出版社,1987年,第134-135页。

统文化的体现和维持。所以,遵循传统是贵州少数民族村寨制度文化的核心价值,表现在以下方面。

首先表现在族长或寨老的产生机制符合传统,他们的角色也要符合传统的定位。每个村寨的寨老都是自然形成的领袖而非任命的行政长官,每个家族都有公认的族长(很多时候寨老同时也是族长),他们在社会生活中和其他人一样享有平等的地位,照样参加生产劳动。其特殊性只是在公益事业、祭祀活动中担任组织者和联络人,并提供更多的服务。

其次表现为规约、训诫等内容是为了维护传统,且其制定的依据符合传统。村规寨约、族规祖训在民主、平等的原则下,由多位寨老(如款首、榔头)或族长共同制定,其理念是为了村寨安宁和家族昌隆,其内容与每一个成员都密切相关,是对拦路抢劫、偷牛盗猪、调戏妇女、杀人放火、争田夺地等行为的制裁,每条每款都具体、实在,每个成员都可以直接感受到其意义。

再次表现为制定规约、训诫的过程遵循传统。族规虽由族长提出或决定,但其实是族长在回应族人的吁请;族长是族规的制定者,同时也是执行者,是模范的遵循者,他们没有特权。村规寨约的制定必须要由若干寨老或家长通过民主协商,共同议定出本群体的决议。当家族、村寨或村寨联盟将决议制定出来后,由族长、寨老或精通条规的巫师、理老身穿新装祭告神灵、祖先。黔东南有些苗族聚居区,在议榔时要杀牛煮肉让所有的成员共享,当众宣布榔规,识汉字的苗区还将榔规的主要内容用汉字写在木牌上,挂在路口的大树上,旁边挂着宰杀的牛角、牛尾和四蹄。通过这种仪式,村民不仅能感受到规约的神圣,而且在公开的场合中能彼此感染。

最后表现为惩治违背者的程序遵循传统。决议形成后,如果违反的情节不严重,就视其情节和内容,由各村寨的长老或各家族的族长在所属群体固定的议事场地,召集所有的民众,根据寨规、族规进行调解,违犯规约的当事人必须公开认错并接受处罚。如果涉及的事件重大、情节严重,则交由村寨长老或宗族长,由其召开民主会议,由众多寨老或族长集体议定后判决。执行判决由村寨自然领袖来组织,有符合村寨传统的仪式,在仪式中遵守村民熟悉且认可的程序。每次在组织这种活动时,都要由领袖人物念诵规约,复述相关条款。每次对事件的处理都公开、透明,群体内的成员几乎都会参加。每次处理完事件后,都会在群体内引起强烈反响和广泛议论。一经判决,严格执行。该杀牛赔罪的、该剁指杀头的,都毫不姑息。在月亮山的计怀大寨,至今保存着清同治十三年(1874)的“永垂不朽”记事碑。还有不少健在的老人都记得 1941 年的那次议事活动,当时的保长兼寨老潘文清采用传统的议事方式审处了一宗偷盗案。按照传统的议事条规,凡是开仓偷谷、盗牛,要罚牛一头;凡偷鱼、偷鸭、偷鸡,要罚母猪一头。将所罚的牛、猪杀死后,让各家分食,被罚者自己则得到一个猪头。潘文清援此惯例,让犯规者杀了一头母猪给全寨各族及各房族的族长、各甲的甲长、各家的家长食用。与会的众人一边议事,被罚者在另一边杀猪分肉,架锅煮肉。议事结束,到会的人们吃一碗用猪血和内脏煮成的稀饭。猪肉按户均分,每家领取一份。各户的家长将分得的一份猪肉带回去,不仅要说明这份猪肉的来历,责骂犯规者,而且要告诫家庭成员引以为戒。

这个事例说明规约是通过该组织最广泛、最民主的方式议定的,不是少数人的个人意志。参与议定的人很有威望且受人尊重,其为人正直,办事公道,因此,他们制定的规约具有权威性和约束力。对触犯规约的人进行处罚不仅有依据,而且程序公开,得到最大多数人的认可。惩罚的结果很重,一头牛、一头猪在贫困的山寨通常会导致这个家庭倾家荡产,也通常使犯规者本人及其家庭在整个群体内长期抬不起头来;分吃牛肉或猪肉的群体内成员并不觉得自己从中享受实惠,而是获得一次深刻的教训,在铁的事实面前懂得遵守规约的重要性。村寨制定的规约,其流传固然离不开一遍遍地叙述,但更多的是靠它在执行中的严肃性。

二、村寨制度文化的传承

村寨是一个自组织系统,这其中包含着两个内涵:一是它保持着相对独立的社会关系,形成了相对封闭的管理组织系统。贵州少数民族村寨大多地处边远,交通不便,而且不愿接受外面的成员,其信息封闭,人际关系封闭,缺少外部力量的冲击。在这样一个熟人社会中,形成稳定的社会关系,沿袭着代代传承的生活习俗和行为方式。二是它具有自我管理、自我约束的能力,是一个相对稳定的社会单元。村寨长期处在生产力发展缓慢、经济结构基本不变的生活状态下,缺少外部因素的冲击。在这样的社会组织系统中,其社会制度文化又发挥着调适和控制作用,因此社会形态能够保持稳定。尽管家庭内部会有意见分歧,家族内部可能有利益冲突,村寨内部的家庭之间或家族之间难免出现矛盾,村寨之间也许会发生冲突,但是他们会通过血缘亲情、婚姻、村寨联谊、赶场贸易、宗教活动等途径,由家长、寨老、亲友、宗教人物等从中斡旋来解决。这其中各种因素交互作用,最后形成的熵仍在合理区间内。

(一)村寨制度在变迁中传承

祖训、家规、村寨习惯法等制度有两个共同的特点:第一,要么是历史上流传下来的,要么是根据传统、基于当下制定的。第二,它是为了指导或规范子孙、家族或村民,并对全体成员的行为加以制约。这两个特点就注定了制度存在着内在的张力和冲突:既存的事实和未来的变化之间的矛盾、静态的规约和无限多样的动态现状之间的矛盾、多数人的严格遵守与个别人冲破禁区的矛盾。所以,村寨的制度总体上处在缓慢的变迁之中,它的变迁既体现着村民对传统和现实的关系的认识,是外部世界与村寨关系的调适,也反映着村寨内部的社会关系变化,是村寨内部社会矛盾的反映。

经济永远是最活跃的因素,并对社会形态起决定性作用,因此村寨制度首先表现为与土地相关的制度发生变化。贵州少数民族村寨在建立之初,通常有两种情况:一种是绝大多数村寨都由同一父系的家庭组成,或者由彼此视为兄弟的异姓家庭构成,全体村民拥有共同的山林、坟地和土地。当人口增加、村寨扩大之后,由村寨长老组织"议事会"对村寨的耕地按全体人口进行平均分配,同时保留一部分公共土地和山林。随着社会的发展,那些家庭劳动力多的,或者长期担任村寨长老的家庭,逐渐将公共土地变成了私有土地,其财富和地位超越了村寨其他家庭。与此相对应,一部分失去土地的村民为了基本的生存,也会违背传统规约,入山伐木,乃至偷盗钱粮。[①] 在贫富分化的现实面前,重新分配土地或重申土地使用权就显得非常迫切,双方达成暂时的妥协。另一种情况是某些人在这片区域原本处于绝对统治地位,而另一部分人只能依附或屈从,后来力量发生变化,双方的关系因此改变,在较量之中再一次确定各自的权益。如锦屏文斗寨,根据尚存的《姜氏族谱》记载,至迟在明代中期就已建寨,到清代康雍乾时期已经有了很大规模,所以文斗寨的村民将周边的九佑、中仰、南路、锦来等建村历史相对较晚的村寨视为"仆寨"。由于从前文斗寨的地盘宽广,东抵平鳌、西抵韶霭、南抵今启蒙、北抵黄门,方圆四十余平方千米,他们无力管理如此广阔的地方,于是大量招请外地人来代为耕管,现在还流传有文斗的先人与韶霭、黄门的先人骑板凳划分地盘的故事。九佑、中仰等村寨多是在清康熙以后从湖南、江西以及邻县天柱等地迁到这里的人建立的,这些人先是向文斗人租借地盘以安身,然后向山主佃种山场以维持生活。当时的文斗人以主人的心态傲视这些从外面来到此讨地谋食的穷苦人,向来称之为"来人"。然而这些人艰苦创业,集腋成裘,后来便逐渐向山主买下山场,也不愿再像当年向文斗人"租借"安身之地时下"投帖"那样忍受委屈。他们对耕种的山场拥有了

① 黄海:《瑶山研究》,贵阳:贵州人民出版社,1997 年,第 254-255 页。

所有权，积蓄了足够的力量要求与文斗人“如兄如弟”，平起平坐。因此，从光绪年间起，中仰人开始向文斗人发起争夺山林土地“永佃权”的斗争。[①] 文斗寨及其附近的村寨在土地关系上不再以文斗人的口传为依据，不再以文斗人握着的“投帖”为凭证，而是以村民实际使用的土地和订立的契约为证据，村寨之间的地理边界不再以建寨的时间先后为标准，而是以经济实力为资本。即使在台江反排村这样一个单一民族聚居的贫困村寨，过去几百年没有出现明显的贫富分化，到20世纪早期也有了田土买卖。最初的规矩是本家族的人享有优先购买权，而随着外地来此放债的地主越来越多，买卖就取决于购买者的竞价了。[②] 再如现在的西江苗寨，十年前每个家庭的经济状况基本上还差不多，在2008年旅游开发之后，位于山脚和路边的家庭接待游客更方便，生意红火、财源滚滚，而位置比较偏僻的农户几乎没有游客光顾，贫富差距越来越大，双方都不愿意维持原有的村规了。

其次，表现在村寨长老的继承制度发生变化。传统的寨老（榔头、款首、理老等）是村寨的自然领袖，不经选举，不存在推荐，在村寨中自然产生。每当村寨要举行重大祭祀活动，或者村寨内部发生纠纷，或者村寨需要共同出力建造、维修公共工程等情形，村寨长老就充当组织者或召集人。所以，寨老的威信建立在此人的道德、办事能力和奉献精神之上，和家庭财富无关。明清时期，封建政权对贵州少数民族村寨形成了一定的影响，一部分寨老同时也是地方基层的甲长、里长、保长。据光绪《黎平府志》卷五上《武备志第五·保甲》记载，在雍正、乾隆年间，黔东南“熟苗”地区就已经采取保甲制度管理当地村民。咸同年间，胡林翼在思南府、黎平府加强保甲制度，将古州厅、下江厅、开泰县、永从县、锦屏县都严格纳入保甲管理范围，责令保正、甲长按村寨逐一稽查户口，造册备案，并颁布《保甲团练章程》。但是，这些保甲长在村民的心目中仍然是自然领袖，他们自己也没有运用行政权力鱼肉村民。随着村寨中的两极分化加大，私有财产出现严重不均，私有观念开始加强，村寨中的自然领袖在性质上发生了变化。有权势的家庭借助政治权利攫取对村寨的领导权，利用在村寨中的领导地位谋取私利，血缘温情被赤裸裸的经济利益所代替。在贵州少数民族村寨中，村寨长老继承制度发生变化的时间不完全一致，黔北的土家族、黔西北的彝族、黔西南的布依族以及黔中的各少数民族村寨寨老制度很早就已经发生了改

① 王宗勋：《文斗：看得见历史的村寨》，贵阳：贵州人民出版社，2009年，第34-36页。

② 贵州省民族研究所：《贵州省台江县巫脚公社反排寨社会历史调查资料》，1965年，第25-31页。

变，而在黔东北的腊尔山、黔东南的雷公山和月亮山、黔西南的麻山、黔南的瑶山和茂兰等地或因生产力水平非常低下，或因信息封闭，或因血缘家族观念顽固，寨老制度改变的时间较晚一些。

总体来看，到20世纪初，多数村寨的寨老在本质上已经成了拥有特权并利用特权的保甲长。红水河的布依族村寨，清代的亭目几乎都是当地的村寨剥削者，逢年过节或寿诞婚庆，穷苦人都得进贡。黔西北彝族村寨，早期往往是遇到重大家庭变故才发生土地买卖现象，土地买卖遵循“先里后外”的传统习惯。如果本姓中有人卖地，须先征求本族中各户的意见。如有人要买就只能先卖给本族本姓之内的人，不能随便卖给外姓；如本姓中无人购买，才可卖给他人。在寨老没有特权的地方，土地买卖的整个过程在一个家族的共同关注之下进行，土地所有权的转换通常对卖方带有照顾性。买卖土地时要写契约，卖主须将土地执照（红契）交给买主。而在贫富加剧后，土地所有权的转移越来越频繁，越来越多的人失去土地，土地买卖时只要双方同意就可直接进行。当一个家族的多数人都陷入贫困，那么“先里后外”的原则就成了家族中富裕者的特权。当一个家族整体陷入贫困，其他家族购买土地就必然会遵循市场交换中的利益最大化原则。这时出卖土地对贫困村民来说，其实大都是承受掠夺而已。寨老将这种传统习惯变成了发财致富的手段，经常借此强迫低价购买同姓贫雇农民的土地，并且利用宗族关系来掩盖阶级矛盾，为地主阶级的利益服务。[①]

最后表现为村寨传统规约的执行力发生变化。破坏村寨长老继承制度的不是普通村民，而是寨老及其家人。他们破坏寨老继承制度的前提是拥有比其他村民更多的财富，目的是想通过寨老身份为自己获得更多的财富，享有更多特权。拥有更多特权之后，在村规寨约面前就不再人人平等。例如，台江反排村，1926年，娄方张当丢诬陷从交密逃荒回来的张定作、张牛往为土匪，并没有经过传统的裁判程序就将人枪杀，没收其家产；娄方杨岁荣兼任保长五年，不断进行敲诈勒索，曾在调解婚姻纠纷的过程中，借故强迫原告妇女必须在他家干一段时间的活，拖延一两个月以后，才进行调解，活算白做，还要付给他伙食费及“用钱”等；1947年，娄方张九往伙同其亲戚乡民代表唐正发，霸占了张正才的一片山林，张正才去乡公所告状，他们贿赂乡长，把张正才关进监牢，弄得他倾家荡产；1924年，张玉岁偷了财主张九耶几升米，根据“夯规”，张系初犯，只

---

① 《中国少数民族社会历史调查资料丛刊》贵州省编辑组：《黔西北苗族彝族社会历史综合调查》，贵阳：贵州民族出版社，1986年，第12页。

需罚款,但张九耶坚持要将偷米者枪毙,“娄方”屈从其势力,竟将张玉岁处死。[1] 地方首领要么恃强凌弱,对传统规约毫无顾忌;要么屈从于有权势的村民,不敢秉公执行,使传统规约成为摆设。

无论是通过传统的长老会议确立的村规寨约,还是约定俗成的道德伦理规范,其实都是在特定生产力水平下维持社会秩序的上层建筑,它服务于生产关系,又受社会关系制约。但凡生产力发展较快、社会关系变动较大的村寨,传统的制度就难以维持;凡是与个人财富及权利紧密相关的传统制度,在时代发展中就显得非常脆弱。换言之,传统制度在社会进程迟滞的地方表现得比较稳定,体现为道德层面的传统政治内容不太容易受到干扰。瑶山青裤瑶直至新中国成立前夕都还没有出现明显的阶级分化,他们的头人(当地人称“买怒广”)是真正意义上的自然领袖。尽管有些买怒广看上去数代世袭,实则是因为其办事公道,热心公益;而极个别的买怒广心存私欲,结果就被村民通过传统的方式否决掉。如卢金贵的家庭相对而言要富裕一些,又懂汉语,可以为当地人和官府交涉提供方便,因此被村民推为副买怒广,也被政府任命为副保长。然而此人自兼任副保长之后,勾结官府谋取私利,无视村寨的传统法规,仗势欺人,败坏人伦,于是总头人覃金荣召集众头人和村民代表议事,在 1949 年撤销其副买怒广之职,并开除其族籍。[2]

在多数少数民族村寨中,对偷盗、奸淫、挑拨是非、虐待老人等行为的处理方式能得到很好贯彻,对团结互助、扶弱济困的倡导能得到积极响应。传统的互助制度在生产力极度低下和物质财富非常匮乏的情况下是非常必要的,它既是村民共渡难关的生存方式,也是原始社会的精神遗产。在生活贫困的日子里,村寨的人们将辛苦积攒的余粮或余款汇集起来,每户提供相等的数量,轮流周济一个家庭。多数村寨称之为“合会”,有些苗族村寨称之为“西卡卜”。在民国年间和 20 世纪中后期困难时期,贵州少数民族村寨的“合会”很盛行,由一家困难户发起,担任会首,应邀参加的一般为十数人,每人每次出款一元上下或粮食若干升。第一次“会款”总额或粮食由会首先得,以后每隔半年或一年集款或积粮一次,有多少人参加就集款或积粮多少次。得会款总额的多少或积粮的次序先后,是在会首得会款或积粮后,由大家商量决定。凡已得会款或积粮的

---

① 贵州省民族研究所:《贵州省台江县巫脚公社反排寨社会历史调查资料》,1965 年,第 48 页。

② 黄才贵:《独特的社会经纬——贵州制度文化》,贵阳:贵州教育出版社,2000 年,第 141 页。

人,在以后交付定额时,要附加定额作为利息给后得者。因此,会首没有利息可得,而每次还会款或积粮时,都要付出利息,这样就使最后一家得到的利息最多。[①] 这种“合会”作为民间惯例,人们自觉遵守,它在解决眼前困难的同时,也在维系村民关系。

所以,导致村寨制度文化变化的根本原因不是村寨长老,而是时代变迁。当时代变迁,村寨长老凭借其社会资本和物质财富,率先触动了传统制度文化的根基,普通村民对不适应时代的传统制度也同样失去了忠诚,特别是对婚姻的禁锢表现出强烈不满。也正因为如此,村寨长老破坏的传统制度并非都是需要坚守的。例如,青裤瑶买怒广卢金贵,在他有了权势之后,不想被传统的“覃姓与卢姓不能通婚”禁律约束,先暗中与覃姓之女通奸,后又娶为妻室,结果被认为是“有坏伦纪”,开除了族籍。[②] 传统的规约即使代表了民意,但也不一定就是正确的,更不一定在时代变迁之后还有坚守的必要。例如,两个家族或村寨由于一件事情处理失当,致使矛盾升级,双方互发毒誓,世世代代永不来往,并且在今后的冲突中要求整个家族或村寨义无反顾地参加械斗。又如“姑表婚”“舅表婚”“指腹为婚”“不落夫家”等婚姻习俗,杀牛祭祖、隆重操办丧事、择日子安葬等村规家规,其制定的逻辑起点就不具备科学性。

(二)今天应引导村寨制度文化良性发展

在村寨中,坚守传统和改变传统的主张一直并存,二者辩证统一,没有坚守则必然失去根基,没有改变则必然失去生机与活力。每一个古老的规矩都有诞生的时间,每一个改变都留下时代的印记。2012 年 9 月,锦屏县文化工作者在钟灵乡地娄苗寨一村民家中发现了 1 000 多份清代至民国时期的文书,其中一份订立于民国元年(1912)的《计开定嫁娶规条》,反映了历史上锦屏县中部地区苗族“二十一爪半”款约组织进行婚俗改革和服饰改革的历史。这份款规共有 8 条,330 多字,内容涉及废除“还娘头”和婚后“不落夫家”等婚姻习俗,提倡“婚姻自由”“简省为上”“有媒有证”“妇女衣服俱行客装”等新式婚俗,并规定“聘礼只许六两(银子)为定,不许娘家苛求,违者鸣款公罚”,对悔婚、赖婚者处以重罚等。由锦屏县偶里、娄江、稳江、平略、八洋、甘乌、绞洞、卦治等苗族聚居村寨的 64 名款首、寨老共同商议通过,并同时在锦屏县中部苗族地区的近百个

① 贵州省民族研究所:《贵州省台江县巫脚公社反排寨社会历史调查资料》,1965 年,第 32 页。

② 黄海:《瑶山研究》,贵阳:贵州人民出版社,1997 年,第 191 页。

村寨施行。在当时，这份款规具有地方民族“婚姻法”的社会功能。流传在黔东南锦屏县偶里、娄江、稳江、铜坡等地的苗族《分亲改装歌》，不仅用男女盘歌问答的形式追溯了祖先“从前嫁男不嫁女”的习俗，后来嫁女要嫁舅爷儿、新娘在结婚初期“不落夫家”的古规，而且介绍了晚清实行“媒妁之言”、废除“外甥钱”的新变化。[①] 侗族民间传唱的《祖公上河，破姓开亲》所讲的内容真实地反映了侗族村民基于现实改变传统的情况。[②]

现在的村寨发展更快，环境变化更大，不符合时代要求的传统制度都有修改和废除的必要。当地政府一方面尊重民意，需要修改和废除的古规由地方长老民主协商议定，并且继续秉承传统的议事仪式；另一方面，政府有必要介入其中给予引导。黔南荔波瑶麓的青裤瑶在历史上长期不与其他民族通婚、不与本民族其他支系通婚、本支系内无血缘关系的某些家族之间也不准通婚，彼此之间的交流十分有限，信息通常只局限在狭小的区域内。到1987年4月24日，荔波县瑶麓瑶族乡第十届人民代表大会第一次会议通过了《关于改变覃家寨与卢家寨、洞闷寨与覃家寨、洞干寨与洞闷寨不通婚问题的决议》《关于改革瑶麓瑶族部分婚姻习俗的决议》，并结合当地传统生活习俗“石牌制”，召集众人宣读“决议”，将其勒石于村寨。此后的婚姻状况发生改变，既符合科学思想和政策，又顺应了村民的要求。榕江县月亮山地区的苗族历史上出于对祖先的崇敬和对家族力量的展示，每逢“鼓脏节”就会倾其所有，一个家族买几头甚至十几头健硕的水牯牛杀来祭祖。无论是女儿出嫁还是儿子娶亲，彩礼都超出当地一般家庭的承受能力，婚礼隆重而且铺张，表示家庭对婚礼的重视和对亲朋好友的热情，但是一场喜事操办过后，往往家徒四壁。这样的习俗曾经令当地的老一辈人引以为豪，久久不能忘怀。榕江县苗学会通过长期深入调查后，在遵守国家法律和《黔东南苗族侗族自治州自治条例》的前提下，根据当地村民意愿，改革旧榔规。新的榔规对婚姻、嫁娶、丧葬、贺礼、鼓脏节、文化传承、子女教育、卫生环境等都增添了符合时代的新内容，对早婚早育、婚丧铺张、虐待父母等行为坚决反对，提倡勤俭节约，主张加强子女教育。计划乡对此行为大力支持，在2009年3月21日举行了隆重的修改榔规的仪式，苗族村民穿着本民族盛装，高奏芦笙，载歌载舞，来自该县计划、八开、定威、兴华、三江、两汪、平江7个乡、50多个苗寨的村民以他们传统的方式立碑议榔。当地苗族祭师按传统的议榔方

① 龙小金：《从〈分亲和改装歌〉看苗族社会风俗的演变》，《贵州文史丛刊》，1998年第3期；《贵州少数民族古籍研究（一）》，贵阳：贵州民族出版社，2001年，第128-135页。

② 阮居平：《贵州民间长诗》，贵阳：贵州人民出版社，1997年，第18-23页。

式栽岩立碑，唱祭词。新榔规制定后，曾经流行于当地的攀比之风、铺张浪费现象明显好转。

贵州少数民族传统的制度文化内容不仅指具体的制度条文，而且包括制定制度条文的程序和促使制度条文发挥作用的机制。前者的变化很寻常，而后者却显得相当稳定，因此村民更看重后者，前者对村寨社会产生作用也是通过后者来实现的。现在基层政府也正是看到了这一点，充分利用少数民族村寨制度文化的传统程序和仪式，植入现代规约。锦屏县隆里乡华寨村包括 3 个自然寨、4 个村民小组，是一个侗族、苗族、汉族杂居的村寨，有龙、杨、吴等 15 个姓氏，约有 1 000 人。村寨中保持着古老的习惯，凡涉及人、财、物及关于全村经济社会发展的重大问题，都必须经过党员及村民代表大会讨论通过后方可执行，既不放松行政领导，又突出村民的主体地位。如在建设村级办公楼、综合服务楼、街道硬化及通组公路建设、“一事一议”项目等工作中，村党支部都坚持召开村民代表大会进行研究讨论，征求村民的意见和建议，在达成共识后再实施。村民沿袭祖辈管理山林和田地的契约都遵守白纸黑字按手印后生效的老规矩，将村委民主议定的规章转换为由村民自愿接受的契约式合约。村两委从修改《村规民约》入手，在广泛征求群众意见的基础上逐条逐款修改，把《村规民约》完善为《村民自治合约》(以下简称《合约》)，把原先带有强制性的条款改为群众自愿接受、自觉履行的举措，并在《合约》上全部签名。村寨还成立《合约》执行小组，负责对《合约》的执行；同时，建立执约监督领导小组，负责对执约行为进行监督。另外，成立“劝和小组”，并制作“家和万事兴”牌匾，实行流动挂牌警示。2010 年 6 月 1 日，华寨村两委把《合约》刻上石碑，立于村寨的中心活动场。每到年终召开村民大会或村民代表会议之时，村支“两委”班子成员就要向全体村民述职述廉，并把述职评议工作办成群众满意的工程。如今村寨家庭和美、邻里和顺、寨邻和睦、乡邻和谐，全村农民年人均纯收入超过 5 000 元，2013 年被黔东南州委表彰为“先进基层党组织”，被贵州省委党的建设工作领导小组表彰为“省级‘五好’基层党组织”。当地村委在自我总结时认为，其取得成效的经验在于《合约》的制定充分发挥民主性且制定的程序充分尊重传统，议定的内容符合现代法律精神，结合《合约》采取的管理常态化，执行《合约》的理性化，互相监督制约。

华寨村的经验很快在其他地方得到推广，锦屏县河口乡培陇村《培陇联寨自治合约》将村规民约改为群众自愿参与修改并签字认可的“合约”；锦屏县大同乡章山村推行“寨老协会”管理模式，寨老协会班子成员出席村“两委”会议，对村内事务进行参事议事，监督村级财务，反映村情民意和提出建议性工作措施，积极协助村委加强和创新村寨管理，及时化解村内社会矛盾。台江县施洞镇平兆村通过村民大会修改了《村规民约》，对在禁渔河段电鱼、网鱼和毒鱼的行为，将处罚四个“120”，即 120 斤肉、120 斤酒、120 斤米和 120 元钱。处罚得来的四个“120”，将用来招待全体村民吃“和谐饭”。四个“120”制定并执行以来，清水江的河鱼得到了有效保护。

第三节　贵州少数民族村寨的精神文化传承

精神文化是在物质文化基础上衍生出的意识形态和文化观念的集合，表现在饮食习惯、语言、习俗活动、传统技艺、民族歌舞、宗教、历史记忆、思想观念等方面。其具体内容，有些人认为包括文化精神、文化道德、价值观念、文化理想、行为准则等，另有人认为包括科学文化和思想道德两个方面，也有人从心理学角度认为主要是指情感、认知和态度等，还有人从哲学角度认为是指世界观、价值观、人生观。尽管学者在解释“精神文化”的概念上有分歧，但是都承认精神文化是一个群体创造的文化中最持久、最根深蒂固的部分。结合贵州村寨的文化内容，以下拟从认识论、价值观、人生观三个方面作些阐述。

一、认识论：崇尚神秘文化

在贵州少数民族，无论哪一类村寨，无论哪一个民族的村寨，都不同程度地保留着神秘文化色彩。所谓神秘，就是不可捉摸，既体现在对事物或现象的理解上，也体现在解决问题的方式上。

（一）思维和认知具有神秘性

首先，体现在对世界本质的认识具有神秘性。村民要么认为人类或本民族的产生都有一个匪夷所思的过程，如仡佬族竹王出世的传说，苗族和瑶族的槃瓠传说，苗族还有蝴蝶妈妈的传说，侗族有“龟婆”用蛋孵化出人类的神话。而彝族神话《开天辟地》则说他们的祖先是一个名叫蒲么列日的女神，在她似睡非睡之间，一只神鸟飞过她的头顶并在她的身上留下一滴血，她就神奇地怀孕了，彝族始祖由此诞生。他们要么认为天地和人类是神创造出来的（贵州的每一个少数民族几乎都有自己的造物神)，要么认为人类和万物的生命起源都非常诡异(布依族故事《赛胡细妹造人烟》说轻气和浊气复杂运动而创造天地，苗族古歌《开天辟地》说宇宙万物最初由“云雾”生成)。

其次，表现为思维的神秘性。第一，村民相信万物有灵，世间一切都有生命、意志和情感，还有些事物和人类同根同祖。他们深信日月星辰、山川河流、草木鸟兽都和人类一样，各自在宇宙中都有属于自己的位置，都按照自己的方式在生活，在发生作用，彼此间都存在着特殊、微妙、复杂的关系。所以，人类应该尊重万物，不能违背其意志和情感，不能伤害其生命，不能破坏万物间的关系。他们认为，天地间的一切异常，如洪涝、干旱、地震、冰雹、虫灾、瘟疫、人畜伤亡等，都是由于某个具有灵性的对象受到伤害所致，而生产丰收、人丁兴旺、风调雨顺则是万物顺遂的结果。因此，在村民的观念中有着数不清的鬼神，如雷神(雷公)、雨神、风神、月神、日神、灶神、社神、土地神、药王神、水神、水鬼、树神、树怪、老树精、石怪、蜈蚣精、蛇精等，他们没有汉族民间宗教中的神和鬼的区分。每一个村寨有寨神，每一个民族或民族支系都有属于自己世代崇拜的神灵(如竹王、槃瓠、萨玛、蝴蝶妈妈、白虎等)。寨神和祖先的神灵有些是分开的，有些是统一的。他们所说的“鬼”不同于汉族人理解的“鬼”，“鬼”就是看不见的神奇力量，在苗语、水族语、侗语中，“鬼”的含义是“天机不可泄露”“不可乱讲”“神奇”的意思。他们相信宇宙之中、万物之间、人类社会都充满神奇的力量，有许多不可捉摸而又必须遵循的“天机”。在这种观念的支配下，他们相信有一种神秘的力量在影响甚至左右人们的命运，在世俗社会之外还有一个可以沟通并可以到达的彼岸世界。第二，村民相信灵魂不灭，无论是人，还是动物和植物，其生命的终结只是一种生物学意义的结束，而灵魂在躯体消失后还将永存，并且鬼魂会附着于其他人或动植物的身体上，影响村民的生活。黔东南苗族的鼓脏节(亦写为“牯脏节”)，就是源于当地的村民认为祖先的灵魂回到了人类借以诞生的枫香树上。他们用枫香树做木鼓，通过一定的仪式把祖先的灵魂安放于木鼓之中。鼓脏节就是将置于山洞中的木鼓请出来，祭祀祖宗的灵魂，然后再将旧鼓换成新鼓。黔西南贞丰县的纳孔、岩鱼等布依族村寨，每年阴历六月六有“祭田神”的习俗，因为村民相信先辈逝世之后，灵魂就在田地深处。所以，在这一天上午，家家户户带上准备好的菜肴来到自己田地有“水口”的地方，将旗帜状的竹签插在田里，点上香烛，宰杀一只活鸡祭拜。黔西北彝族在丧葬活动中少不了要请布摩念“指路经”，他们认为死者停止呼吸之后，灵魂要回到祖先的发祥地，念诵“指路经”就是引导死者的灵魂回到发祥地与祖先团聚。

鬼魂观念深入村寨中的每一个角落,反映在生产生活的方方面面。因此,世代相传的故事中关于鬼神和万物有灵的最多,有些是专门讲鬼神来源、鬼神活动、鬼神法力,有些是讲人鬼关系,还有些是讲神秘、灵异现象。在这些故事中,要么表现人对鬼神的敬畏,要么体现人和鬼神的亲近,要么反映人对奇特现象的不理解。在故事中,曲折地表达了村民对自然、社会的认识,对本群体的历史记忆,对生活的态度。有些学者从民俗学角度考察,认为这是贵州少数民族村民的民间信仰,但是深入村寨实地观察后就会发现,这其中有很大一部分与信仰无关,只是对事物或现象的一种认知、对祖先的情感、对生活的态度。

再次,认为许多物体和景观具有神秘性。有些村寨在进村的路边竖着没有文字的石头,有些村寨在外围用石头垒砌成诡异的形状(图5-35),有些村寨的大树旁供奉着香火。村寨内部的房子布局、家具陈设、服饰和用具的色彩花纹等都充满神秘感。例如,紫云县有些苗寨,在禾场上竖着一根木杆,木杆上挂着篾条编制的形状奇特的物件。在黔东南,有些村民的家里收藏着一些刻有长短深浅不同印记的木棍,还在很多村头田边用小树条或茅草编制的各种形状的东西。很多村寨都有各种各样与祭祀、安魂、驱鬼、祈福有关的用具或建筑,如侗族的萨坛、穿青人的五显神坛、布依族的社坛、土家族的土王祠、仡佬族的二殿神君。村寨中,还有随处可见的巫师常用的神锣、令牌、法衣、法冠等。这些物件或景观,有的具有宗教性质,有的完全属于世俗生活,村民习以为常,而对于不了解当地民俗的人来说都显得很神秘。

最后是在行为上不可捉摸或者难以解释,即行为和原因之间、行为与效果之间的关系不可验证。认识论决定着方法论,在神秘主义世界观指导下,解决

图5-35 左图为贵安新区湖潮乡新民村布依族土地庙,右图为堂安侗寨的萨坛。无论在苗族、侗族、仡佬族,还是彝族、土家族村寨,庙宇或祭坛都很常见,烧香敬拜是村民生活的重要组成部分。平时少有人理会,而民俗活动期间却香火袅绕。

问题的方法也同样具有神秘色彩。例如,土家族很多村寨,如果婴儿爱哭闹(当地人俗称"吵夜"),家里的人就会舀一碗水放在自家的神龛上,有人来了就请他把水倒掉,接着用美食招待那人。倒水的人在饭后抱起爱哭闹的小孩,说一些"长命富贵,读书戴顶子"之类的吉利话,然后这个人就被婴儿拜寄为"干爹"或"宝爷"。还有些村寨认为婴儿哭闹是犯了"关煞",于是许愿请当地的宗教人物土老司"扛神""冲傩""打太保""上刀梯""下火海",以此敬神"度关"。这一系列活动与婴儿哭夜之间到底有没有关系?采取这些活动有没有依据?村民很少去思考,也很少有人表示怀疑。只要小孩有夜晚啼哭的毛病,家人就会采取世代传承下来的这个方法来解决,很少去思考这种方法的科学性和有效性。传统留给村民的不仅是行为方式,同时也是思维方式。

几乎在贵州所有的少数民族村寨中,都有许多关于灵异、奇怪现象的叙述。例如,月亮山苗族村寨中,关于山鬼的传说随处可闻,很多村民生动地讲述自己被山鬼"收魂"的经历:有的人说看见过体型约两尺左右,全身金黄,状似猴子的山鬼;有人清楚地记得自己在山上砍柴找不到回家的路,白雾弥漫,阴风嗖嗖,四肢麻木,不能张口说话,思维一片空白,好长时间后,云开雾散,神智恢复;有人说亲眼看见山鬼学着老农的模样赶牛耕田,手忙脚乱好长时间却犁不起来,便生气地卸下犁铧,用自己的双腿代替犁铧来耕田。如果问及巫师神婆打卦占卜是否灵验,村民总会眉飞色舞地讲述一个个自己经历过的或者道听途说的故事,而且这一个个故事都匪夷所思。村民相信这类传闻,也乐于传播这类传闻,并习惯用这类传闻所反映的思维去思考和解释那些灵异和奇怪的现象。

即使在今天,贵州少数民族村寨的医疗条件明显改善,义务教育普及程度已经很高,通过广播电视等媒介宣传科学技术已经成为常态,但村民在接受现代医疗的同时并不排斥传统巫术,在用现代科学解释或处理日常生活的同时仍然不放弃传统。结婚之前要"算日子",建房子要"看风水",殡葬既要看风水还要择日子,生病了要请巫医神婆占卦和祛魔,甚至插秧和收割也要选时间。事实上,在有些地方,巫师用奇特的方式确实达到了奇特效果。[①] 然而,没有人能说清效果和行为之间究竟存在什么关系。正因为说不清,就更增添了神秘

① 据高冰和杨俊江介绍,他俩在2002年冬,曾亲眼看见两个水族妇女抱着一个不满周岁的孩子到三都城郊去请当地资深的"先生"龙钟诊治。年过八旬的龙钟用当地传统的"蛋卜"方式,断定小孩近段时间烦躁哭闹是受惊吓"丢魂"了,并把占卜用的用火烧过的鸡蛋剥开,掰下一点蛋黄,由小孩的母亲喂给小孩吃下,让小孩"安魂",小孩也顿时安静,症状解除。(高冰,杨俊江《逸世之河——都柳江》,贵阳:贵州人民出版社,2005年,第35-37页。)

之感。

神秘就是说不清道不明，就是只知道这样做而不能解释为什么这样做。在贵州少数民族村寨，很多人都有“上刀山”“下火海”的能力：把锋利的刀片插入木杆形成一个刀梯，刃口朝上，村民赤脚踩在锋利的刃口上一直爬到顶端，而脚掌完好无损（图 5-36）；燃起熊熊大火，将铁犁铧烧得通红，村民赤脚踩在犁铧上，发出“哧哧”声响，散发出肉被烧焦的煳味，但是踩着犁铧的人竟毫发未伤。这种与生活常理不符的事情没有人能解释清楚，但是它在村寨中广泛存在。村民——包括“上刀山”“下火海”的人自己，都相信有一种神秘的力量在其中发挥作用，都认为不是任何人都可以做到的，都认为只有特别的人物在做了特别的仪式之后才会有神秘的力量附体。没有任何一个准备“上刀山”“下火海”的人不经祖上传下来的仪式就敢赤脚踩着锋利的刀刃或者烧得通红的铁犁铧，也没有人能科学地论证举行特别的仪式与“上刀山”“下火海”的骇人行为之间的关系（图 5-37）。又如，在从江县高增乡占里村，自有人口统计以来，该村的出生率一直保持零增长，每对夫妻几乎都是生一男一女，如果第一胎生的是儿子或女儿，当地的一名专门负责控制人口出生的妇女就会配制中药，让有意生第二胎的女人饮用，第二胎就会生女儿或儿子。当第二个孩子出生不久，再服用另一种中药就可避孕。当地人都不清楚这种控制生育和胎儿性别的手段的科学依据，但事实上确实如此。人们觉得很神秘，村寨中对这种名为“换花草”的中药配制方法及传承也始终保持神秘。再如，雷山县部分苗族村寨有一种被当地人称为“嘎吓”的小屋，据说它可以抵挡恶鬼，能保佑全寨的人吉利。嘎吓通常位于村边古树之下，没有偶像，也没有牌位。每年夏历二月，寨头寨尾同时祭祀一次，具体日期不定。祭物主要是狗和鸡，由全寨各户凑钱购买。按照惯例，寨头是雄性，用一只公狗，寨尾是雌性，用一只母狗，并各用一只小鸡。祭祀仪式须请鬼师主持，由鬼师念唱巫辞，把狗交给嘎吓。经过此番程式之后，接着就杀狗。狗肉煮熟后，连同酒、饭再供祭。祭祀不用筷子，祭品摆在小屋的小凳上，传说这就是嘎吓常住的地方。陪同嘎吓住的还有一个“商大”（意思是土地鬼），供祭用的鸡据说就是给它吃的。在祭祀之中，鸡肉摆在小凳的脚下。这种祭祀程序、祭品种类在当地人看来理所当然，没有人去深究为什么非要以狗和鸡为祭品而不是其他，没有人去细想为什么寨头的祭品为公狗而寨尾的祭品为母狗，没有人质疑祭祀的时候为什么不用筷子，没有人觉得鸡肉摆在小凳的脚下有什么不妥。所有这一切的依据是什么？是否合理？没有人能够回答。恰恰因为不能回答，人们就更加坚信不疑，更觉得神秘。恰恰是这种集体无意识，才最能反映村民的精神世界。

图 5-36　武陵山区土家族村寨的村民正在展示“上刀山”的绝活。这位村民是当地的一名巫师(当地人也称他为“土师”或“土老司”),他赤脚踩着锋利的刀口爬到“刀梯”顶端,然后再踏着刀口下到地面。

图 5-37　巫师在“上刀山”“下火海”之前,按照自己师父传授的仪式画符,念咒语,吞下念过咒的“符水”,神情肃穆。这套仪式绝不能随意更改,也不能随意告诉他人。据说,如果按照传统把仪式传授给弟子后,弟子就从仪式中获得了神奇的能力,师父原有的这种能力因此消失。传说和仪式使“上刀山”“下火海”举动显得更加神秘。

(二)解决问题的方法体现神秘感

神秘不等于每个人都可以胡诌,不等于宗教人物就可以随意而为,不等于在处理问题的方式上可以随性。正好相反,神秘意味着规矩、严肃、庄重和不可变更。他们对很多问题的处理都有严格的规范,很多活动都有庄严神圣的仪式。贵州少数民族村寨的很多事情都是和神灵、祖先联系在一起的,做某件事是为了祈求神灵或感谢祖先,不做某件事则是担心触怒了神灵或惊扰了祖先。

他们的节日超越了现世，把人置身于更加悠远、浩渺、灵性的时空中，营造了极其神圣的节日氛围，让节日成为村寨社会生活中一个重要的时刻，也成为村民生命中一段辉煌的记忆。在这样的一些节日里的活动，大多由“鬼师”“祭师”引领，村民绝对遵从仪式来开展活动。“仪式性，是贵州少数民族节日延续千百年的重要准则。”①苗族的鼓脏节、水族的端节和卯节、侗族的祭萨、瑶族的祭盘王、穿青人祭五显神等都要举行仪式。甚至在过去，每到农忙季节就要把芦笙收起来，等到农闲时再举行仪式将芦笙请出来；每到插秧时请活路头“开秧门”照例举行仪式，即将收割时的“尝新节”也少不了要举行仪式，哪怕是栽一棵树或砍一棵树也要举行仪式（图 5-38），更不用说建房、乔迁等重要民事活动，结婚、丧葬等重大人生礼仪活动，一定都有仪式。天旱祈雨、生病驱鬼等特殊关口，巫师的活动必须要经过一套仪式。土家族、布依族以及黔中屯堡人唱傩戏、跳地戏之前，也要举行仪式才能开箱取出戏服和面具（图 5-39）。很多宗教活动或禳灾祈福活动，巫师、阴阳先生都要先做完仪式才开始占卜、念咒、画符和祈祷。而且很多仪式都非常神秘，神秘的仪式使活动本身变得神圣。

在解决现实生活中的具体问题时，有些方式神秘，要么不循常理，要么难以用现代科学解释。村民在现实生活中的顺心与坎坷、收获与困难，都可能归因于鬼神，因此解决问题的手段不仅靠人的努力，还会仰仗神助。和世界各地的

图 5-38　黔东南苗族村民砍树制作龙舟上的龙头，按照惯例要经过一些祭祀过程。先是巫师摆上供品，敬山神，呼唤灵魂，将红布绑在树上，然后开始砍龙头树。树砍倒之后，巫师又将煮好的鸭子重新供上，呼唤着各路山神前来享用。祭祀完毕，才削皮修树。

图 5-39　黔东北土家族村民家中供奉的傩坛。每次唱傩堂戏之前，都要在傩坛前焚香叩拜，按照当地开坛仪式固有的程式完成每一个环节。

① 余未人：《“祖灵”贵州少数民族节日文化》，《民间文化论坛》，2011 年第 3 期。

许多原始信仰一样，贵州少数民族村民也相信语言具有魔力，也有“接触禁忌”。他们觉得语言很神秘，非常在意语言的场合；他们认为有些人或物不能接触，否则会带来晦气或厄运。例如很多村寨在祭神的时候只能使用本民族语言，很多祭品只能由特定的人供奉，很多特殊时间或场合只能属于特定的人，普遍存在的“祭寨”“封寨”“扫寨”习俗就典型地反映了这种意识。贵定县谷撒苗寨每年的阴历二月初一，当地的长衫苗就要用草绳和木条在寨门前做记号，以示封寨，非本村的人都不受欢迎。在封寨这一天，家家户户将住屋和猪圈牛圈打扫干净，疏通房前屋后的沟渠，全寨人齐聚寨中央的石楠古树下杀牛祭祖。黔东南侗族村寨举行扫寨时，事前先请外村人离开，全村人将所有的房屋打扫干净之后，聚在一起祭祀祖先，祈求神灵，接着由当地的巫师带着一群父母俱在、儿女双全的男子从村口出发，绕寨一周，然后将当地人熟悉的草标挂在寨门口。他们相信用这种方式可以取悦神灵和祖先，可以求得一村的平安。在从江县加榜乡加车一带的苗族，每逢秋收前后都要举行一次隆重的“扫寨”活动。此前先由寨里德高望重的老年人选定吉日，然后通知各家各户集中商量活动事宜。活动开始后，寨前和路口均安排一至二人把守，同时打个茅草标悬于寨门表示封寨。此段时间不许外人进寨，本寨的人可以从寨内出去，但不得在解除封寨前进入，直到整个活动进行完毕方能回到寨内。谁都不知道这样做的由来，但是谁都担心不这样做会招来恶果。

在他们的生产和生活中，既有提前采取一些很神秘的行为试图实现自己的愿望，也有在异常事情出现之后通过神秘的方式加以解决。前者如年复一年的祭祖敬神和村寨中常见的“开秧门”，后者如发生纠纷后的“神判”、出现“怪异”或灾祸之后的“禳解”。

在过去，村民进山打猎、下河捕鱼、出征迎战之前，照例会举行仪式，请神、念咒、祷告，希望用这种神秘的方式使接下来的行动达到目的。黔东南有些苗族村寨临近栽秧时，通常由村寨中的“活路头”选用与播种同一属相的日子举行“开秧门”仪式，八九天后村民才能栽秧。举行仪式要早去早回，路上不许遇见人，同时要带一点糯米饭、鱼和酒作为祭品。从举行浸种仪式上撒播的那块秧田中扯得一部分秧苗，到固定的那坵田间栽下。栽种时，先把捆好的两棵芭茅草插在田中，然后在芭茅的周围栽五蔸、七蔸或九蔸秧。据说栽单数才发兜（分蘖），栽双则表示已有伴，就不会发兜。插芭茅的意思是生长在这个地方的植物芭茅在先而稻子在后，所以先插芭茅，以后稻子才会长得像它一样茁壮。栽完后在田埂上陈列祭品供祭，回到家还要杀一只鸡或烹一尾鱼祭祀村寨的始祖。

村民插秧时每栽到一垅,都临时割三棵芭茅先插上,然后再栽秧。[①] 各地的仪式虽有些差异,但在某个具体的地方,今年和去年、此活路头和另一活路头的仪式却是一样的,每个村寨“开秧门”表达的观念都有神秘的色彩,都希望借助这种仪式实现丰收的愿望。所以,“开秧门”不是纯粹的宗教行为,而是生产活动的一个部分。

村民通常以祈祷神灵的方式求得生活顺利、身体健康、财富充足,当这些愿望在实践中遇到问题时,他们同样用祈祷神灵的方式以求解决。干旱之时祈求雨神、雷公,蝗灾、鼠害之时祈求农神,粮食减产之时祈求社神和灶神,病痛之时祈求药王,此类行为在他们看来都是在破解困局。而在发生偷盗或伤害事件之后,他们解决纠纷固然重视物证,但是更相信神判。位于凯里、麻江、丹寨、雷山交界地方的舟溪苗族,他们过去解决纠纷惯常采用“讨贾”“包粽粑”“砍鸡剁狗”“烧汤捞油”等多种办法。“贾”是世代相传的长篇说理词,解决纠纷时,双方各延聘懂得“贾”的人当面说理。根据事件的情况,引用“贾”来辩论,被驳倒的一方就算输理。当寨中丢失东西而无法查明偷窃者时,“寨老”(“该歪”)便采取“煮粽粑”的方法来识别。“煮粽粑”由该歪亲自主持,先通知双方各凑约一斤糯米,混在一起后包成两个粽粑,各选定一个,做上记号后同时放进一口大锅中煮。在煮粽粑的时候,“该歪”还要“念鬼”。当粽粑煮到一定时间即取出查看,谁家的粽粑不熟,就认为东西是他家的人偷的,按照习惯法进行处理。如双方的粽粑都熟了,则证明东西为外寨的人所偷。[②] 另外,“砍鸡剁狗”也是判定是非曲直的一种方法,即一方买鸡或狗,拿到土地祠之类的“神庙”前,说上几句“谁无理谁就像被砍的鸡或狗一样不得善终”之类的话后,另一方就把鸡或狗一刀砍断脖颈。此后在议定的期限内,当事人或其家人如果有一人生病或死伤就算输,反之则为赢。而最惊心动魄的则是以“烧汤捞油”来判定是非曲直:由当事的一方烧架油锅,在油锅里放一把斧头,并请鬼师唱巫辞,唱完巫辞,油锅已煮沸,另一方即伸手入锅将斧头捞出。如果手被烫伤就算输,反之为赢。还有些地方,在油锅中放两把斧头,纠纷的双方同时伸手到沸腾的油锅中取出斧头,没有烫伤的一方胜诉。[③]

---

① 《贵州省雷山县桥港乡掌披寨苗族社会历史调查资料》,贵州省民族研究所编印,1965 年,第 16 页。

② 《民族问题五种丛书》贵州省编辑组:《苗族社会历史调查》(二),贵阳:贵州民族出版社,1987 年,第 141 页。

③ 中国科学院民族研究所贵州少数民族社会历史调查组、中国科学院贵州分院民族研究所:《贵州省黔东南舟溪地区苗族的生活习俗》,1963 年,第 2 页。

图5-40 使用红公鸡驱鬼、算命的民间习俗至今仍在村寨中盛行，甚至有些村民把它带到城镇。此图便是省城贵阳街头出现的一道景观。

在贵州少数民族村寨，采用上述方法来解决纠纷的并非个别现象。村民对于神判，不会去考虑它的科学性，而是认为它在程序上具有公开性，对双方都平等，而且神判过程中的奇异现象超乎寻常，非平常人所见，非平常人所为。所以，村民中的当事人对于神判不是接受了其结论的公正性，而是服膺于其神秘性。

神判不仅用来解决已经发生的纠纷，还用来预测吉凶和决定下一步的行为。最常见的就是卜卦，鸡卦、米卦、草卦、骨卦等占卜风俗在民间极为普遍，甚至波及城镇（图5-40）。黔东南从江县加勉乡加勉寨苗族缔结婚姻时，在历史上很多时候就取决于“破蛋”和“杀鸡看眼”。据《毕节县志稿》记载，黔西北彝族过去的“婚姻自通妁言后，以鸡卦为定，鸡卦吉，则藏其骨以为征。”贵州少数民族村寨的巫师在给病人治疗前先占卦判断其病因，普通村民在捕猎或行船前往往会占卦预测收获或安危，尤其是当财物或牲畜被盗后总要请人占卦判断为何人所偷和失物的去向。例如荔波县水利大寨流传着很多关于占卜灵验的故事，吴友凤就是那一带远近知名的占卜高人。据说2007年3月，大寨村吴胜喜的母亲在坡上，本来约好与村中另一老太太一起走，结果自己却不知为什么先走了，直到晚上也没有回家。寨里六七十人到坡上找，四五天也没发现任何踪迹，于是家人找到吴友凤。吴友凤看过后，经过一番占卜，说此人没有事，还活着，断言在西面能找到，并说他们家的狗还在旁边守着。结果几个小时后就传来消息，情景与吴友凤描述的一模一样。此时吴胜喜的母亲已经在坡上住了六天，找到的地方距大寨有几十公里。

无论是在行动之前的祈愿，还是出现问题之后的“解禳”，都离不开仪式，都有巫师念咒施法，其行为上和心理上都充满神秘感。这种神秘感从发生学而言可以追溯其原始宗教信仰，从现象学而言可以管窥其传统习俗。少数民族的先辈在生产力极度低下和生活环境极度恶劣的时候，相信有一种神秘的力量主宰着万物，左右着生活。他们把这种力量解释为鬼神，他们用仪式和符咒去取悦鬼神，去破解神秘力量。他们的这种文化和世界上其他民族的文化一样，“都以原始的力量从故土中生长起来，并在整个生命周期中植根不移。每种文化都把它自己的影像印在人类身上。”[1]历代村民继承了他们先辈的原始信仰，并在这个传统信仰之中形成自己的价值体系、宗教祭仪和社会结构，敬畏大自然，崇拜祖先，认为生活中有一种人通过仪式可以与鬼神、祖先对话，认为普通村民、宗教人员、祖先和神灵之间有一种神秘的关系。在一系列的祭祀仪式中，其内部的结构始终贯穿着超自然力量与村寨世俗生活，贯穿着此岸世界的村民与彼岸世界的鬼神。

村寨中从过去到现在始终弥漫着神秘的气息，绵绵不绝。它一方面是村民面对极其严酷的自然环境的威胁，极力寻求一种超自然力量来消解现实生存状态的焦虑；另一方面是村民在构建现实生活与精神世界之间的关系。他们形成的祭祀仪式，一切都是最关乎生计的。围绕着祭祀所产生的相关仪式与活动，构成了村民的精神生活空间和基本的文化价值系统。这个价值系统影响着其生活的世界，其生存逻辑围绕着其精神空间，它们构成了村寨社会一套完整的生活与意义体系。这样的生活逻辑和意义体系以生存为基本取向，且表现为实体形态的祭祀仪式也主要是作为生存的技术而存在。在祭祀仪式的过程中，折射出村寨现实的人际关系，其遵循的是一种生存的逻辑。这样的逻辑体现在村寨生活的诸多方面，在其生产活动、交换活动乃至处世哲学和价值观念中都有所体现，并由此形成整合的、基本自给自足的乡村生活世界。[2]

因为有神秘思维和解决问题的神秘手段，村寨中多了神秘的祭祀仪式，多了敬畏之心，多了玄妙的神话和传说。村民通过神秘的祭祀仪式加强彼此间的联系，寻找人与自然之间的沟通渠道，释放内心的焦虑。村民心存敬畏之心，相信有神灵在注视，因此多了一份谨慎，力求按村寨共同的价值观为人处事。在玄妙的创世神话和传说中，无论唯物的观点还是唯心的观点，都想象奇特，都在“文本间”沉淀出历史时期的心理，都留下关于村寨历史的碎片。苗族神话《枫木歌》描绘了一幅人类产生和发展的诗意般的情景，说祖先蝴蝶妈妈从枫树里生长出来，和水上的泡沫“游方（恋爱）”，怀孕生下 12 个蛋，由一个名叫“鹡宇”的金鸡替她孵了 16 年，才第一次生出人姜央和雷公，以及龙、虎、蛇、蜈蚣等各种动物。彝族《开天辟地》神话说，从前有一个名叫蒲么列日的女神，有一天正似睡非睡、半梦半醒间，一只神鸟飞过她的头顶，在她身上滴了一滴血，于是她

---

① 黄适远：《仪式与变迁：从新疆哈萨克等族群“祭天仪式”的留存看阿尔泰语系萨满信仰的文化空间与样式》，《伊犁师范学院学报》（社会科学版），2013 年第 4 期。

② 侣传振：《村落仪式：乡村社会的结构与反结构——一项来自村庄祭祀仪式解读基础上的分析尝试》，《内蒙古社会科学》（汉文版），2009 年第 1 期。

感到体内有一种神奇的变化——她怀孕了，并且生出了一个儿子，后来取名叫尼支呷洛。我们今天仍能从这些神话中窥见这些民族的先辈关于人类起源的思考，探寻到他们的认知路径。

处理问题的神秘方式受神秘的思维支配，神秘的思维总是和生产力水平、科学技术发展程度、生活环境相适应。今天我们提倡科学，通过发展教育、提高生产力水平和扩大开放，让曾经被少数民族村民视为神秘的现象得到了科学解释，使他们内心曾经感到焦虑的问题变得直观明了，开始用理性的思维看待村寨中的现象，用世俗的途径处理现实问题。可以说，今天的村民没有从前那样迷信了，今天村寨中的神秘气氛没有从前那样浓烈了。但是，我们不能因此就否定神秘文化在贵州少数民族村寨中曾经产生过的积极影响。村民相信鬼神和超自然能力的存在，这可以“让一个人的生老病死和人生际遇变得可解释，可改变，可期待。因为它的存在，一切正常和异常的现象都变得合理化。”[①]今天仍然还有许多自然现象和社会现象难以用现有的科学知识作出解释，例如念咒之后就能够赤脚行走在锋利的刀刃上、施法之后就可以用舌头舔烧得通红的铁板、画符之后就能令正在出血的伤口迅速止血、女人服用“换花草”煎煮的汤药之后就可以控制今后怀孕的性别、小孩吃了巫师占卜之后的蛋黄就不再夜间哭闹。诸如此类现象在贵州少数民族村寨经常能见到，无法回避，而目前还没有谁能彻底破解其奥秘。只要这些现象还存在，那么就不可能消除村寨文化中的神秘色彩，就不可能杜绝灵验叙事的累积和传播，就不可能阻止村民对创造神奇的人物充满敬畏。此类神秘现象不仅影响村民对鬼神的认识和对创造神奇的人物的评价，还会影响村民对科学的态度和接受科学的热情。尤其是村民目前战胜自然灾害的能力还十分有限，生病之后接受治疗的条件也十分有限，现实的无奈往往使村民只好把希望寄托于神灵，祈求奇迹的出现。所以，村民对神灵的信仰，本质上反映的是生活的无助和科学发展的滞后。

二、人生观：尊重血缘亲情

在贵州少数民族村民传统的观念中，每个人都是家庭和家族的重要成员，为之而生，为之而奋斗，死后与逝去的亲人团聚。血缘无形中影响着每个人的情感和行为，且无时不在。

---

① 王学文：《规束与共享　一个水族村寨的生活文化考察》，北京：民族出版社，2010年，第109页。

（一）血缘亲情在生活中的形成和巩固

血缘观念贯穿于婚姻对象选择、财产继承、社会交往等过程之中，体现在语言、行为之中。血缘观念在贵州少数民族进入阶级社会前的定居生活初期逐渐形成，在以后的家族群体生活方式中得以巩固。

贵州的少数民族绝大多数都是逐渐迁徙而来的，在艰难的迁徙过程中借助血缘关系凝聚力量，在贵州安顿下来后也靠血缘群体建立家园。彝族在几千年前就发生"六祖分支"，众多支系在贵州形成完备的"家支"制度。最初生活在"左洞庭右澎蠡"的苗族，如今广泛分布在贵州全境，各支系在追溯历史的时候几乎都把源头指向血缘。即使自称"毕兹卡（本地人）"的土家族，一方面，难以靠单个家庭在恶劣的自然环境中生存；另一方面，不能只凭自己的力量应对其他民族进入自己生活圈之后带来的挑战。布依族据说早先生活于珠江上游的南、北盘江流域，还有的学者考证他们的先辈是文献中记载的"濮人"。但是，如今的布依族显然不完全是"濮人"的后裔，也不只局限在南、北盘江流域，他们的先辈出现过"夷濮""濮僚"的融合，他们还有人宣称是明代"调北征南""调北填南"移民的后代。这些事实和传说的背后是群体的融合和民族文化的交融，同时也是布依族人在不断变化的环境中努力调适的经历。仡佬族的先民很早就生活在夜郎故地，当其他群体一步步深入和中央权力一步步紧逼时，他们必须借助血缘团体的力量在边远山区保全自己。每一个民族或支系能够在历史上保持群体认同，传承群体记忆，都有赖于家族组织。

贵州少数民族村民强烈的血缘意识基于历史，他们为了生活就得依靠血缘家族，血缘家族又在生活中壮大，血缘意识在生活中强化。所以，血缘观念成为村寨文化中的重要组成部分，体现在村寨的布局、建筑空间、财产分配、生产活动、生活方式中，几乎渗透到村寨生活的全部。而这一切又反过来影响、维系和强化血缘观念与血缘组织，使村寨中的血缘意识在社会环境的变化中始终得以保存。绝大多数村寨的人口构成要么是同一血缘的家族、宗族，要么是有姻亲关系的若干家庭或家族，要么是由结拜为兄弟的异姓家庭共同形成的村寨，而居住在同一村寨却不存在任何血缘关系的家庭非常罕见。村寨中的建筑布局也总是按照家族及血缘的远近，不同血缘的家庭在村寨中交错分布也是极为罕见的。他们的建筑大多不像汉族那样有堂屋和厢房之分，但是同样会按照本民族的习惯分成不同辈分的生活空间。某一个家庭脱离这个家族而迁徙到另一个毫无血缘关系的村寨中去，这在过去是一件不可想象的事情，因为在原来的村寨有公共山林和祖田,而在另一个毫无血缘关系的村寨则意味着所有的山林和田地都是别人的。如果说自己有钱可以到别处购买土地,可以建立属于自己的家园,那同样意味着有钱之后就抛弃家族其他成员,这对其家族而言是不可接受的。所以,在少数民族村寨,最经常看到的是某个家庭富裕之后帮助整个家族,或在自己的宅基地上重建新宅,即使要搬迁也往往是举族而迁。平日里在村寨中,几乎每一个人都能在血缘关系的坐标中找到自己的位置,村民之间的关系其实是血缘和姻亲关系,所有的社会行为都处在人伦的网络体系之内。在这个体系之内会得到支持,会有安全感,而违背了人伦就会被逐出关系网而陷入孤立无助。

虽然其他地区的汉族也有自己村寨的关系网络,也有血缘意识,但是贵州少数民族村寨在历史上和汉族村寨有着许多不同之处。除了他们村寨的人口在社会关系构成上更加单一之外,在婚姻选择、财产继承和转移、丧葬、祭祖等环节上都有着自己鲜明的文化特征。汉族的婚姻也非常强调"同姓不婚",也有姑表婚、舅表婚等习俗,而贵州少数民族对血缘的界定更宽泛,对婚姻的限制更严格。除了同姓不婚的限制外,有些地方在若干不同姓之间也有互不通婚的禁忌。很多并不同姓的人据说同宗,婚姻因此受到限制。即使两个姓氏之间毫无血缘关系,而只因为先辈曾经结拜为兄弟,也被视为同宗。只要认为是同宗的人,在其有困难的时候都有义务帮助,因此扩大了团结互助的范围。只要认为同宗就不能在内部出现婚姻,而向外寻找婚姻对象就必然使姻亲关系扩大。所以,严格的婚姻限制不是对人们社会生活的束缚,它其实推进了人与人之间、村寨与村寨之间的交流。村民的关系披上了血缘和姻亲关系的外衣,行为就多了一层规范,情感就多了一分温存,面对困难就多了一股力量,社会就多了和谐的因素。在生产力非常低下的时代,在一次次面临生死存亡的关头,贵州少数民族能够渡过难关,这其中就离不开以血缘意识形成的强大组织发挥的作用。

在血缘意识形成的社会组织中,存在着与之相对应的财产分配和继承制度。在"赶山吃饭"的生活状态下,在"畲田每岁易"的耕作方式下,人们的生活尚未完全定居,土地还不是固定的资产,因此还没有土地转卖。这时的人们在家族长老带领下,依靠群体的力量艰难度日。当一个家族共同开辟出一片荒地,建立起一个村寨之后,土地和房屋成为整个家族最宝贵的财富,任何形式的分配都必将导致财富分化,只有集体生产和共同居住才能保证财富聚集。直到20世纪初,土地买卖现象在绝大多数村寨都极少见,那些自然条件较好的地方存在阶级分化和贫富差距,其他村寨仍然是以家族共同占有土地为主要形式。

在为数不多的土地买卖中，遵循血缘最近的土地转移原则，即土地买卖首先在亲兄弟中进行，只有亲兄弟表示不想购买之后再考虑堂兄弟，最后才在旁系亲属中间转卖，而要卖给非血缘的其他人则要征得整个家族同意。[①] 这种严格的土地买卖限制一方面是因为土地最早由这个家族的先辈开辟，在本质上是属于这个家族的；另一方面，也通过这种限制防止土地转移到其他家族。换言之，一旦土地转移到其他家族，也就阻止不了其他家族进入自己的村寨。如果其他家族进入了自己的村寨，那么这个村寨的土地边界、文化边界都将被打破，原本纯粹的社会关系和经济关系也将被打破。一个家族尽可能居住在一处，无形中就会形成一股力量，不至于因为遭遇一些挫折就变卖土地。而为了避免土地流转到其他家族，那么整个家族的人都应竭尽所能地帮助困难的家庭。所以，这种对土地买卖的限制既是本着维系血缘家族的目的，又在发挥维系血缘家族的作用。

血缘观又和灵魂意识相互影响，互为依存。生活在同一个村寨中的同一个家族的成员死后葬在同一个墓地，村民相信有血缘关系的人死后，他们的灵魂也保持活着时的关系，而且他们的灵魂要回到祖先的发祥地。在这种观念支配下，每个人都力求在家族中得到认可和嘉许，死后才有颜面去见先祖。违背了村寨基本规范，情节严重的将被开除族籍[②]，死后亦不能葬入家族墓地。公共墓地不仅成为村民的心灵归宿，也牵动着那些已经迁移的家族成员。例如，黎平县地扪村，传说村寨的人口发展到了1 300户，当地不能承受如此高密度的人口负荷，长老们便商议分寨而居，分1 000户到茅贡、腊洞、罗大，地扪留下300户。分出去的各支思念故土，时常回到地扪祭奠安葬在此的先辈，最后形

图5-41　三都水族自治县板料村布依族村民于2015年举行50年一次的家族聚会，展示这个布依族家族在当地水族人口占大多数的地方拥有的话语权。隆重的聚会进一步强化家族意识，加深分散在各地的同一家族人之间的情感。

① 《中国少数民族社会历史调查资料丛刊》贵州省编辑组：《黔西北苗族彝族社会历史综合调查》，贵阳：贵州民族出版社，1986年，第13页。

② 在聚族而居的少数民族村寨中，几乎没有不孝敬父母的事情发生。如果出现儿女不孝敬父母和家庭长辈的苗头，家族长老就会出面干涉。这种干涉虽然不具有强制力，但是效果明显，儿女第一担心在家族中处于孤立，第二担心将来死后不能葬入家族墓地。

成了每年农历正月十一至十五回地扪团聚的习俗。而地扪的吴姓、黎平县茅贡乡寨头村的侗族在追述先辈迁徙历史的时候，都会把地点指向天柱县的远口镇，这里成了其朝拜先辈的圣地，他们和这里的村民有着一种无以言表的亲密之情。三都县周覃镇板料村有一支布依族，后来壮大之后，有的前往独山县，有的到了广西，继而扩散到很多地方。不管迁出多长时间，又延续了多少代，他们始终把板料村视为“祖根”，每隔 50 年就要举行一次隆重集会，强化血缘认同，续修族谱（图5-41）。

（二）血缘意识体现在村寨日常生活之中

血缘在村寨中不只是生理学上的意义，而且是一种情感，影响着人们的行为，贯穿于生活的点点滴滴。村民彼此之间的称呼以血缘关系而定，人际关系的处理按照亲人伦理。村民对鳏寡孤独以亲情相待：膝下没有儿孙的老人有同龄人陪伴，有年轻人嘘寒问暖，还会有各种不同方式的照顾和关心；失去长辈的孩子在村中吃“百家饭”，任何形式的欺侮或轻慢都不允许，直系亲属有义务抚养这样的孩子，没有直系亲属的则由旁系亲属承担起抚养责任；年轻的女人如果失去丈夫，村寨中有嫂子转嫁给小叔子的习俗（俗称“转房”），她的孩子则被小叔子视为己出；如果有女人带着前夫的孩子从其他村再嫁到村中，她带来的孩子可以保留前夫的姓氏，而在亲情关系上和再嫁之后所生的孩子完全一样；入赘到村中的男人虽是当作女婿，但在情感上被看成儿子。贺雪峰、陈柏峰、陈燕分别在自己的课题研究中发现当代中国农村自杀现象非常突出，可是在生活上很贫困的贵州少数民族村寨，村民自杀现象却很少见。这不仅源于对生命的态度有不同的认知，更主要的是家族观念下的互帮互助在很大程度上能帮助村民渡过难关，让处于艰难的家庭或个体感受到家族的温暖。对贫困家庭施以援手被当成每个家族成员应尽的义务，平时送米送菜，干农活时帮助耕田犁地，生病后求医买药，孩子上学期间买衣服交学费，死后全家族承担安葬费。如果家族不团结，就会被其他家族笑话；如果对贫困家庭袖手旁观，就会被家族其他成员鄙视。家族内的每一个家庭都受到尊重，在祭祖活动中，根据规模和内容，有时候分成家庭、家族、房族、宗族等不同的级别，但绝对不会按照财富多寡来组合，无论贫穷或富有都享有平等的祭祀资格，不在乎提供祭品的多少和档次。在祭祀中突出血缘亲情，在祭祀中教育所有的成员扶危济困，认为整个血缘群体精诚团结和共同幸福才是对先辈最好的报答。所以，少数民族村寨和谐局面形成的起点是对血缘的理解和亲情的呵护，基本保障则是老有所依、幼有所靠、贫有所帮。

固然有些村寨经济发展水平相对较高,出现贫富分化的时间较早或程度较深,在家族内部存在着剥削和被剥削的现象。但是应该承认,即便清代中后期黔西南贞丰、望谟等地的布依族王姓、黄姓土司亭目对本民族其他成员的剥削,黔西北一些彝族土司亭目对本家族成员的掠夺,都导致贫困者的生活非常悲惨,但在这些地方仍然存在着血缘意识:第一,生活贫穷的家族成员保持着朴素的亲情关系,邻里相助,抱团取暖;贫穷者和富有者之间在称呼上仍按照血缘关系,富有者对贫穷的长辈至少在表面上保持尊敬。第二,富有者压迫本家族或宗族的其他家庭,却绝对不能容忍他们受到血缘关系之外的其他人欺侮。有些受汉文化影响的村寨,或建有祠堂,或家中供奉着“天地君亲师”的牌位,有发家致富的意识,有“修身、齐家、治国、平天下”的观念,有“立功立德立言”的思想,有“穷则独善其身,达则兼济天下”的追求,有“在家尽孝、为国尽忠”的人生理想,而所有这些都与传统的血缘意识不存在冲突,二者之间的内涵是叠加关系而不是互相抵消。

在晚清和民国时期开始信仰天主教和基督教的村寨,这里的村民看上去笃信上帝和耶稣基督,不再祭祀祖宗,可是他们把所有的人都看成兄弟姊妹,这种认识不同于西方立足于信仰的思想,而是立足于传统的血缘意识。其中,有些村寨依旧流传着许多关于祖先迁徙的传说,还有些村寨没有因为信仰上帝而排除敬仰祖先。贵州的回族村寨在人生观上有明显的伊斯兰宗教信仰,他们虔诚地信安拉、信使者、信天使、信经典、信前定、信后世(俗称“六大信仰”),认为“除安拉外,别无他神;穆罕默德,安拉使者”。但是,他们同样重视血缘亲情,尊老爱幼。他们村寨的日常生活不是通过宗教组织,而是靠血缘关系联系在一起。

血缘就像一张无形的网,笼罩在贵州少数民族村寨中,生活在这张网中的村民对血缘有一种不可摆脱的依赖。因此,在情感、思维和行为上缺少了自主性,不仅愿意与血缘家族、村寨成员共同分享成果,而且遇到困难和挫折时迫切希望得到他们的支持和帮助。如果自己富裕了而不帮助家族其他成员,就会在内心产生自责;如果有人生活变好了而对贫穷的家族成员不施以援助,人们就会觉得此人不道德。当家族成员受到其他人的伤害,当非血缘家族影响到了家族成员的利益,群起声援被其他家族成员视为义不容辞的责任。但是,把血缘意识当成道德和是非判断的标准,其狭隘性显而易见。义无反顾地参加家族械斗,毫不客气地拒绝非血缘团体的人员进入村寨,导致了许多无谓的仇恨和流血事件,导致了盲目排外情绪和固步自封。在当今社会生活中,村干部选举和公共事务决策、村际交往或招商引资等问题还不同程度地受血缘意识的影响,村民往往计较本家族的利益得失,拘泥于家族边界和村寨边界。

不可否认,也存在着另一种事实。个别勇敢的家族成员带头走出村寨,接着邀约很多家族成员一起到外面闯荡。一个群体在外面,就在很大程度上克服了陌生感和恐惧心理,彼此有了依靠和照应。留守在家乡的老人和孩子也在家族意识下拧成一股力量,克服了孤独。村寨中的公益活动,因为家族意识发挥作用,其组织有力、行动一致,不推诿、不扯皮、不争利。

虽然今天的贵州少数民族村寨已经不可能和过去一样在社会关系上那么单一,村寨的地理边界、经济边界和文化边界也不可能一直保持完整清晰,但血缘犹如村寨的基因,它还流淌在村寨的肌体之中。血缘意识曾经为村寨繁衍、壮大发挥过不可磨灭的作用,但也曾阻碍村寨发展的脚步。在新时代,任何人都不能否认血缘意识仍然存在,也不能粗暴地将血缘意识从村寨文化中剔除。血缘在未来的时代进程中将会发挥怎样的作用,其实不在于它本身,而关键在于怎样认识和利用它。

三、价值观:坚守原始平均主义思想

有人说中国是一个农业社会,平均主义思想在中国很普遍,春秋战国时期的思想家们就提出“不患寡而患不均”,后来的农民起义总是打着“等贵贱、均贫富”“均田免粮”等口号。这种平均主义思想在城市,在知识分子和工商业人群中有些淡化,而在广大农村,特别是在边远落后的农村仍然色彩浓厚。贵州少数民族村寨大多还保持着朴素、原始的平均主义思想。村民长期贫穷,信息闭塞,明显缺少竞争意识和开放意识,这是平均主义思想顽固存在的物质基础。村寨主要是一个血缘单位,同姓相扶,亲情关系是平均主义思想长期保持的重要前提。平均主义一直是村民处理事情的价值标准,也是村寨维持稳定的思想保证。

(一)历史上的平均主义体现在多个维度

平均主义反映在实物、财产分配上。在历史上,村寨土地长期都是公有的,人们按照人口的多少平均分配土地,共同劳动,在劳动分工上只存在非常简单的性别和年龄之分,平均分配劳动收获。即使后来将土地分配给了个体家庭,但仍存在公共林地、祭祖的公田、公共活动的“游方坡”或“踩歌堂”、公共墓地等。人们上山打猎,不论谁打到猎物,都会按参加打猎的人数平均分配猎物,即把猎物的各个部分按人头切成大致相等的份数，有些村寨对兽皮也不例外。甚至没有参加打猎的村民也被邀约在一起享用，沿袭“隔山打鸟，见者有份”的习俗。在许多村寨的家庭生活中，也在很多方面体现着平均，家庭财产按人均占有，收入的现金及粮食按人头分配，即便出生才几个月的小孩也可分到与成人相等的数额。孩子年幼的时候，父母给予一样的爱护，长大后分房子、分田土和分财产都按照平等的原则。村寨长老在分配集体财产或劳动果实的时候，总是尽量照顾贫穷者。扁担山的布依族，每寨都在寨中或村边修有一座社神祠，为祭社神之所。三月初三这天，各寨都要杀猪（或买一个猪头）。寨老看谁家的猪合用，就协商借用，秋收时再照价还稻谷。祭社神只用猪头和四肢，每家一人前去会餐。会餐时的猪肉按户数平均分配，用篾条穿成串，然后点名取肉，一家一串。村寨中如果有的家庭特别困难，通常会在竹签上多串一些。[①] 台江县台拱镇的展福村举行苗族“祭祖节（鼓脏节）”活动时，在祭拜先祖和土地神后，村民散开前，每户的男人都要到厨师处领取一份肉和一束用纸剪成的插条（图5-42）。插条的样式很多，有动物形、花草形、鬼人形等，这些东西是拿回去祭香

图5-42　展福村苗族村寨在举行鼓脏节的时候，每家都会从家里带来一些准备好的食物，供前来参加活动的村民分享。村中长老把已经用作祭祀的猪肉分成若干分量大致相当的小块，用早就准备好的篾条分别串起来，村民祭祖后不分贫贱，每家拎回一串肉。取肉时，也没有人会挑肥拣瘦。

① 《中国少数民族社会历史调查资料丛刊》贵州省编辑组：《布依族社会历史调查》，贵阳：贵州民族出版社，1986年，第88页。

坛用的。当地村民一直相传,先祖被请回来后,他们要回到家中的香坛,与主人共度几日才又被送回东方和藏鼓洞。领取肉块时,不分贫贱,不计家庭人口的多少,平均分配。这实际上又反映出平均主义不是在任何时候对每个人、每个家庭在物质利益上的绝对平均,它是一种待人处事的态度,是摒弃斤斤计较和极端自私。没有谁责怪祭祖时某个家庭提供的祭品太少,没有谁在将祭祖后的供品取回家时特意挑选分量多的。

平均主义的分配方式在个体家庭中也得到充分贯彻。村民过去在分田时,父母把田产按照好坏搭配,等额均分给各个儿子,耕牛和粮食等也大多平均分配。女儿虽没有财产继承权,但村民绝对没有歧视女性的思想和行为。父母在分配土地的时候,给女儿留一份"姑娘田"。这份田产是为了给未出嫁的女儿备办出嫁的衣服首饰等而临时留下的,通常数量不太多,一个女儿大约二三挑田,相当于每个兄弟的一至二成。在台江反排村苗族,"姑娘田"可分为以下两种:一种叫"里晤秋",即衣饰田,这种田的收益专门为姑娘备办衣裙、银饰等用。当姑娘出嫁后,即由负责为她备办婚礼和衣饰的兄弟继承田产。另一种叫"里哨伞",即搁伞田,其收益作为姑娘婚前和婚后"不落夫家"期间以及省亲时的生活开支用。以后,这种田也由负责照顾她的兄弟所得,或由几个兄弟均分。还有一类"姑娘田"可由姑娘长期继承:如果身体有残疾或生理缺陷而不易出嫁的姑娘,可以分得一份田地(一般是十挑左右)以维持生活;如果她出嫁,可以把这份田带走。还有一种无子而只有女儿的老人,经房族同意,可以赠送给女儿一部分田。[①] 贵州很多少数民族村寨在历史上都有"姑娘田",分配办法大致一样。苗族和侗族都非常喜爱银饰,有些村民把田土和房屋分配给儿子,将银饰留给女儿作为嫁妆。

平均主义在有些村寨演化成一种社会组织,在社会组织中坚持平均主义原则,达到平均主义的理想。在罗甸县平亭布依族村,新中国成立前实行一种集体放贷的"会款"制度。具体内容是:每家每年拿出部分资金作为本金,将一部分利息收入作为祭神后共同聚餐的费用。这种集体放贷的做会,不分阶层,资金由参加会款的人平均分担,每年轮流由一人负责管理。会款可按本地高利贷的习惯贷出,会员中有急用的也可借用。有的会款是互助的性质,会员借用而不取利息。会款所收利息,先提 20% 作为村寨每年农历三月初三扫墓祭祀社神、山神时买鸡鸭猪酒等祭品之用。会员借此聚餐痛饮,畅谈欢歌。其余的

① 贵州省民族研究所:《贵州省台江县巫脚公社反排寨社会历史调查资料》,1965 年,第 24 页。

80%则按会款股金分配利息。[①] 在雷山郎德上寨，近十几年发展乡村民俗旅游，村民用“工分制”方式避免分配不均。地理位置较好的家庭主要负责“农家乐”餐饮服务，有歌唱和舞蹈等才艺的村民的主要任务是节目展演，另有一部分人承担起导游、接待或活动组织的事务，尽可能做到家家有收入、人人有事做。在丹寨县的卡寨苗族村，鸟笼订单不会被哪一个家庭独揽，每个家庭根据实际情况，或编织鸟笼，或给鸟笼打蜡，保证每家都有收入。丹寨县保留有古法造纸技术的石桥苗族村寨，国家级非物质文化遗产传承人王兴武不是只追求自己的家庭创收，而是组织整个村寨的人一起加入造纸行列，并毫无保留地把祖传的和自己琢磨出来的造纸经验传授给村民。无论哪种形式的平均主义，村民内心都觉得共同分享财物、为其他村民带来幸福很光荣，是人生价值的体现。

平均主义在少数民族村寨中早已上升为一种观念，深深印在人们的头脑中，成为一种广泛认同的准则，转化成日常行为和公共事务中的基本权利，它与身份平等、办事公平同为一个价值取向。每个家庭不论贫富，都可以而且应该参与村寨中的公共事务；每个村民不论在村寨中的身份高低，都有在公共事务中发表意见的权利，都有对村规寨约的知晓权。侗族在建鼓楼之前，照例会邀约各房族的人商议选址、规模和时间，在买斗牛之前充分征求意见并安排买牛的人和今后养牛的事宜。苗族在举行“鼓脏节”之前，寨老、鼓主遵照传统选择时间，告知每个家庭，活动开展的时候每个村民都可以参加，都享受同等待遇。武陵山区的土家族，尽管在同一片耕地上的田土数量不一定相等，但是在建设或改造水利设施的过程中，只要有田土的家庭，建造者都必须去征求意见；在山寨中举办娱乐活动时，无论出钱出力的多少，村民都可以观看演出。

平均主义不只是一种权利，它已经内化为对家族和村寨建设的义务。虽然每个人的能力有大小，每个家庭的人口和经济实力不一样，但是在涉及家族公共事务或者村寨群体利益的事情上，每个人都不能袖手旁观。平均主义不是要每个村民或家庭平均摊派，而是意味着每个村民或家庭都应该积极参与，竭诚贡献。例如，在修建水利工程、建造桥梁和道路时，有些家庭负责对外联系并承担大量的工程款，困难家庭也许没钱捐助，但他们不会袖手旁观，而是积极投入劳动力。又如村寨买斗牛、家族买用于祭祖的牛，贫困的村民总会积极地去帮着饲养，总想用自己的劳动回报别人的付出。

---

① 中国科学院民族研究所贵州少数民族社会历史调查组、中国科学院贵州分院民族研究所：《贵州省罗甸县平亭村布依族解放前的社会经济情况和解放后的发展变化》，1963年，第11页。

平均主义与其说是一种思想观念,不如说是村民的行为准则。人们会自觉地在这种思想观念之中行事,并将一些体现平均主义的行为方式在社会中制度化,把平均主义作为一种社会公认的价值尺度。可以说,在任何一个村寨,某一个家庭建房子时不可能没有其他家庭伸出援手,一个家庭娶亲或嫁女时肯定会是整个村寨集体在操办,某个家庭出现意外变故时总会有其他人不约而同地来帮助和安抚。在天柱县三门塘,“老人会”习俗还在发扬光大,即某家的老人去世后,整个丧事活动及其费用由寨子中的全体村民承担。黔西北很多村寨都有一条不成文的规定:一个村寨至少要留下若干成年男性不外出务工,任务是看护妇女、儿童和老人。对于公有的财产与资源,人们都会自觉维护而不予侵犯;对于村寨中别人的财产,绝对不能动邪念。村寨中的这种平均主义思想一是基于村寨公共空间中的群体意识,人们有强烈的群体认同感;二是世代相传的遗风内化成了习俗和道德,人们把分享财富、团结互助视为公共价值尺度;三是血缘情感的延伸和泛化,把村寨中所有的人都视为同一个祖先的余脉,把关心和帮助他人视为对祖先规定的遵循。

(二)今天应该客观公正地看待平均主义

平均主义思想不是孤立的,它总是和平等、公正、扶贫助弱、敬老爱幼等思想联系在一起。在血淋淋的迫害下没有平均主义,在赤裸裸的剥夺中平均主义是奢谈,在恃强凌弱的丛林原则中不可能实现平均主义。贵州少数民族村寨中的平均主义,在过去以阶级分化不严重的社会现实为前提,以血缘意识为支撑,以相对封闭的环境为保障,以世代相传的共同价值观和习俗为根基。价值观既是对自己行为的指导,也是对他人的评价标准。村寨中广泛流行一句谚语:“不是同娘共父母,也是同山共树林。”它真实地表达了平均主义的思想基础和情感基础。村寨中普遍认同的道理是:“篱笆多层屋暖和,众人和睦事事好。”它通俗地反映了平均主义的社会价值。平均主义不是单向的奉献或索取,它基于情感和现实,提倡付出,追求回报。村寨中的家庭之间因为实行平均主义,进而达到了情感抚慰,有效避免了心理失衡和利益冲突。

有人认为平均主义与今天的发展有种种冲突,表现为商品观念和竞争意识缺乏,不愿冒险,进取精神不强等。确实在现实生活中,有些村寨整体贫困,村民不思进取,互相安慰,甚至还有“吃大户”的现象,心安理得地接受富裕家庭的帮助,坦然地享受社会救济。这种心理和行为不可能与平均主义思想毫无关系,但也不能说平均主义思想就决定或注定了村民不思进取,坐享其成。从历史上看，平均主义思想曾经帮助人们渡过了一次次难关。2008 年贵州发生罕见的雪凝灾害，很多村寨在外界无力援助的情况下，团结一心，共渡难关，富裕家庭则慷慨解囊。在 2010 年春夏之交罕见的旱灾面前，许多村寨相互谦让仅有的水资源，没有发生一起争抢水源的冲突。从当前看，很多外出务工人员将自己挣回的血汗钱积攒起来为村寨修公路、建水窖，很多经济条件好转的村民放弃个人利益，转而带领全体村民共同致富。因此，在看待贵州少数民族村寨中的平均主义思想时，不能纯粹以他者身份妄加评断。固然有些村民竞争意识不强，固然有些村民缺乏商品观念，但这与平均主义思想没有必然联系。否定村寨中的平均主义思想在历史上和现实生活中的价值是不客观的，试图在今后消除村寨中的平均主义思想也是不可取的。“这一切适合于这些民族社会发展实际，作为其传统文化中一个重要组成部分的平均主义价值准则一旦被消除，那么这个社会原有的秩序也就将改变。因此不了解这种文化认同，也就不能理解这些社会中很多事例的实质。”[①]事实上，平均主义思想在村寨中还以各种形式存在着，如村民“凑份子”办晚会或其他娱乐活动，每家入股建立村寨小企业或旅游接待站，踊跃捐款修建道路或其他公共设施，这都不是消极作用。同时，也应该看到，平均主义思想在建设社会主义新农村和社会主义现代化建设中还大有潜力：平均主义思想可以让村民发扬团队精神、集体力量、协作风气、共同智慧；平均主义思想可以转化为彼此激励、相互促进、“传帮带”。因此，平均主义思想在历史上和今后都能为村寨发展发挥凝聚作用。

① 郑晓云：《文化认同与文化变迁》，北京：中国社会科学出版社，1992 年，第 24 页。

第六章
贵州少数民族村寨文化传承活动研究

村寨文化或在村寨萌生、成长和形成，或从外面引入村寨之后被村民吸收，它一定表现在村寨的具体生活中。村寨文化是具体生活空间中的文化，是活态的文化，其生命力在村寨，其魅力在村寨中呈现。村寨文化在村寨生活中实现其价值，也在村寨生活中得到传承。生活是村寨文化的生命源泉，村寨生活勾勒着村寨文化演进的轨迹。

第一节　贵州少数民族村寨人生礼俗活动的文化传承

完整的人生都会经过若干重要的环节，包括诞生、成长、婚姻、生儿育女、死亡等人生阶段。每个节点对人生都具有标志性意义，因此每个生活区域都有关于人生节点的礼俗。贵州少数民族村寨诸多别具特色的人生礼俗构成其村寨文化的重要内容，村寨文化又在人生礼俗中得到体现和传承。人生礼俗既有随时而变的特性，也有稳定性。变化是村寨内部结构和外部关系变动的反映，稳定则折射出村寨文化的特性。

一、村寨的寿诞文化延续

人的出生是生命真正意义上的开始，所以第一个寿诞就是庆贺生命的诞生，然后便有周岁宴、成人礼，此后很长时间不再举行生日庆贺，直到儿女长大之后才为父母操办生日。

（一）婴儿诞生礼俗折射传统婚姻文化

庆贺诞生当然不是刚出生的婴儿意识到了生命的重要，对婴儿也没有意义。贵州少数民族村寨的婴儿诞生庆贺通常在新生儿出生的第三个星期，俗称“做三周”；或在新生儿满月的时候举行，民间称为“吃满月酒”。对于村民而言，孩子出生的最大意义在于增加了潜在劳动力，山区农村的生产非常需要有劳动力不断补充。从婴儿出生到成为可以从事生产的劳动力，新的生命诞生最重要，而成长的过程并不需要付出很大的成本。因为孩子满月后，尚在哺乳期的母亲就开始从事农活和家务劳动，她并不会为了照护孩子而耽误劳动，孩子一般交由失去劳动能力的老人或尚不具备劳动能力的儿童看护。从婴儿到长大成年，过去的村寨很少会有家庭投入大量的精力到孩子的教育方面，而且孩子长到几岁就可以帮助家庭分担一些家务，比如照看更小的孩子、放牛、打猪草、拾柴火、煮饭、洗衣等。所以，生孩子就是在创造劳动力，这个家庭当然会为此而庆贺。

贵州少数民族村寨对每一对夫妻的第一个孩子的出生最为重视，庆贺仪式办得最隆重。中原汉族和有些少数民族也都有把婚姻和生育连在一起的传统观念，如果结婚后很久没有生育，难免会招惹闲话，而第一个孩子出生首先可证明这对夫妻具有生育能力。而在贵州少数民族村寨，隆重庆贺第一个孩子出生的原因不仅仅如此。

首先，从表面现象看，中原汉族受儒家“不孝有三，无后为大”的思想影响，把生孩子看作孝敬长辈的重要内容，认为有了孩子就能够实现“香火”传递。贵州少数民族虽然也有延续“香火”的思想，但是他们延续“香火”不只是为了实现血脉延续，还为壮大家庭，增加劳动力，更是增强家族的实力。家族壮大就能在村寨中拥有更多的话语权，就能在村寨乃至这一地区巩固既得利益。汉族“养儿防老”的思想根深蒂固，贵州少数民族当然也有这样的生育目的，但他们村寨中的孤寡老人大多会有村民关心，也有很多没有生育过儿女的夫妻会领养直系或旁系亲属的孩子，领养的孩子长大后都会把养父母视为亲生父母。所以，生育孩子不是出于孝敬，或只是为了防老，还为了壮大家族和村寨。孩子出生不仅孩子的父母和家庭要庆贺，为孩子办出生宴也是这个家族或村寨的事。

其次，第一个孩子出生对“不落夫家”的年轻父母更具有特别的意义。在过去，有些少数民族村寨的青年男女在结婚仪式结束后，新娘子就跟着娘家送亲的姐妹一起回到父母身边,只有当夫家农忙或老人生日时才到丈夫家暂住。这种婚后分居状态一直持续到妻子怀孕之后,有些妻子直到分娩前才到夫家居住。在此之前,年轻夫妻分别生活在自己的父母家里,照样可以和从前一样参加寻找伴侣的活动。所以,第一个孩子的出生成为年轻夫妻生活变化的重要节点:妻子正式进入夫家,成为其家庭的一员,可以正式加入夫家的祭祖活动,夫妻也自此从寻找伴侣的活动中退出。另外,第一个孩子出生前,新娘子的父母一般不会到男方家,自女儿为婆家生了孩子后,姻亲关系才算完全正常化,开始频繁走动。直到今天,黎平肇兴侗族姑娘出嫁的时候仍不办喜宴,不送嫁妆,等到出嫁的姑娘生的小孩满月时,才在娘家隆重地办满月酒,然后将嫁妆送到婆家(图6-1)。

现在,将孩子出生视为潜在劳动力的增加的人越来越少了,村民也不再将人口增加作为村寨竞争的力量补充,“不落夫家”的习俗早已从村民生活中消失。但是,村民仍然会非常隆重地庆贺孩子出生,一方面习俗使然,而根本原因是对生命的重视。又由于计划生育实行之后,每对夫妻的生育都受到限制,孩子对家庭的意义更不同以往。而且村寨中的家庭之间往往有着或近或远的亲戚关系,存在着或疏或密的交情,当某个家庭新添丁口之后,办宴席也是联谊的重要途径。当然也不排除另一个原因,即村寨生活节奏缓慢而且单调,人们需要通过办宴席求得娱乐。

孩子在村寨中的成长应该说是很快乐的,也许他们的生活不一定很富裕,但也没有太大压力,有人把他们形容为“自然生长”:从出生就拥抱自然、接受自

图6-1　肇兴旅游景点用表演的形式向游客展示夫妇在第一个孩子出生后,丈夫正式以姑爷的身份携妻儿拜望岳父母的场景。

然,在一种自然的状态下接触村寨文化,不是刻意地被安排着增长知识,而是在不知不觉中长大成人。父母对子女的教育,历史上不像汉族那样强烈地追求金榜题名和光宗耀祖,现在也不奢望金银满钵。孩子们没有被束缚在父母预先设定的人生轨迹上,成长的环境很宽松。每个村民在回想自己成长经历的时候,都可以讲述一段段快乐的童年故事,回忆起下地干农活或缝补浆洗的精彩片段,陶醉于往昔情歌对唱的诗情画意,但是非常在意每个环节是否有年龄规定,似乎这不用规定也不必提醒,大家都能自觉遵守。云南的怒族儿童在成长过程中要离开父母到大家庭的"哦吆"里寄宿,进行专门的学习;基诺族孩子在十五六岁时要接受一套烦琐的仪式,女孩的服装和发型在仪式之后发生改变,男孩要参加名为"饶考"的社会群体活动直到结婚;傣族男孩在特定的年龄段要进村寨公共佛堂接受训诫,读经礼佛。而贵州的少数民族村寨没有隆重的成人礼仪式,人们身份的改变主要以结婚和生育为标志。

(二)成人的寿诞礼俗彰显尊老美德

从出生、结婚到为人父母,这是人生的第一个阶段。从为人父母到别人为自己操办寿宴,这是人生的又一个阶段。贵州少数民族村寨有一种习俗:如果自己的父母尚健在,子女一般不为自己的生日操办寿宴,而应该为父母祝寿;即使自己的孩子长大成人,但如果父母在世仍力求自己的寿诞简单;只有自己年岁很大且父母都已去世,寿诞才办得隆重。通常只有七十岁、八十岁等具有标志性的生日才大肆操办,儿孙会聚,远亲近邻祝贺,其他年份的生日通常只和儿孙围成一桌热闹而已。

寿诞总是由儿孙操办的,具体从多大年龄开始享受儿孙的生日祝福,各村寨没有定规。举办寿诞的原因,村民并不会去深究,完全是习俗使然。尊老是村寨的传统,成年后置父母于不顾的做法在村寨中是很难想象的,这样的人在村寨中几乎不能立足。当一个人已经能够自立,就会想到感恩父母,在父母生日时特意做点好菜,送上一份祝福,这是村寨中的常态。村民平日里都尊敬长辈,冬天里围炉取暖时都有严格的座次,一家人吃饭也讲求座次,夹菜也注意老幼先后。例如,一盘鸡肉,年轻的父母总是把当地人认为最好的那一部分先夹给长辈吃,再把他们觉得有营养的部位夹给小孩。给父母或祖父母祝寿的时候,也一定按照当地习俗把长辈迎入最受尊敬的位置落座,每一份菜的排列位置也非常讲究。他们不像汉族那样行跪拜礼,但是会严格按照当地的风俗进行。

村寨中为父母和祖辈祝寿,包括三层文化意义。第一,既是发自内心地对长辈的尊敬,借助祝寿的形式表达感恩,也是做给自己的后代和村寨中的其他人看,借此教育自己的后代也要尊敬长辈,同时向村寨中的其他人表明自己孝敬家里的老人。子女看到父母孝敬老人,在成长的过程中也懂得了今后要像父母一样尊老敬老。村寨中某位老人的子女为其办的寿宴,大致可以反映出这个老人在家中很受尊敬,否则老人就有可能被人耻笑,其后代就会受到谴责。第二,在村寨中尊敬长辈形成了风气,几乎每个村寨都有寨老,每个家族都有族长,村寨中的有些公共事务须征求寨老意见,家族中有些重大事项由族长决定。寨老代表村寨,多个村寨结成村寨联盟,多个村寨的寨老形成寨老理事会,民主协商村寨之间的事情。老人受尊敬,在生日时理当得到后代的敬贺。第三,在没有文字的时期,知识和技能主要靠口耳相传,老年人积累了丰富的知识和技能,是智慧的代表,尊敬长辈就是尊重知识。所以,村民尊重老人,看似是以年龄为标准,其实包含着敬重其人品道德和知识技能的意义。老年人能够赢得尊重,是因为他们经历过风雨,人格经过了砥砺,知识得到了积累,其高尚的人品堪为楷模,其丰富的知识是村寨的财富。晚辈敬重老人,老人也努力使自己受人敬重,在诸多方面表率后代,引导村寨的思想行为。寨老或族长在发表意见、作出决断的时候,总是出自公心,或以村规寨约为依据,或以家法祖训为准则。

尽管今天的村寨在很多方面已发生变化,给家庭中的长辈庆贺生日的方式增添了时代特征,年轻人在很多事情上有自己的主见,但是尊老敬老的传统一直延续着。

二、村寨的婚姻文化发展

婚姻不仅是社会关系的产物,同时也反映着社会关系。婚姻作为重要的文化事象,它表现文化,也传承文化。贵州少数民族的婚姻习俗带有鲜明的地域性和时代性,考察其婚姻习俗的变迁,可以从中理清文化交流的脉络,看到时代发展的痕迹。

婚姻从心理层面而言,包括性需求、情感需要、生育使命、家庭责任和乡规民约。如果纯粹从性需求和情感需要层次看待婚姻,则不必在乎“同姓不婚”,不用考虑家族恩怨、民族观念和村寨关系。如果只出于情感需要,那么只要两情相悦,只求长相厮守。如果把婚姻和生育使命连在一起,就必须考虑繁衍后代和共同抚育后代,排斥同姓同族的婚姻关系既是出于伦理道德,也是出于对儿女健康的考虑。如果把婚姻看成家庭责任,则要力求多生育并健康生育。如果把婚姻上升到一个家族、一个村寨发展的高度,那么性需求和个人情感等因素就已经淡化了,首先该考虑的是两人结合不能影响家族、村寨社会的延续,并要有利于促进家族、村寨社会组织的团结与壮大。正因为如此,婚姻首先关注对象选择、嫁娶环节、建立家庭的各方面和全过程,它不只是适龄男女二人之间的事,还涉及男女双方背后的家庭、家族和村寨;不只是考虑当事人的性需求和情感需求,还必须考虑双方的家庭、家族和村寨的未来。所以,历史上贵州少数民族村寨中的婚姻缔结仪式极其繁缛,它反映出人们对生儿育女、家庭命运、村寨前途等问题的高度重视。

(一)村寨传统婚姻具有鲜明的地方特色

贵州少数民族村寨具体的生存环境和社会关系不尽相同,对世界的认识不尽一致,因此各民族传统的婚姻文化既有共性,也有个性。

其一,省城贵阳和黔中安顺附近的少数民族村寨婚姻文化。

贵阳和安顺地势平坦,历史上开发较早,交通方便,其附近主要居住着布依族、苗族和仡佬族。到20世纪前期,这些少数民族的婚姻习俗基础上与汉族相近。首先,在婚姻对象的选择上,民族身份已经不成为障碍。很多尚健在的老人回忆道,当年他们的父辈或者自己在择偶的时候都不在乎民族成分。因为自清朝末年以来,汉族与少数民族之间的隔阂基本消除,而且随着贵阳市城市文化辐射力的增强,不同民族之间的生活方式、思想观念、语言差异逐步消除,所以在婚姻对象选择上主要考虑男女交往的情况、双方家庭关系以及门第。其次,在婚姻缔结的程序上,已经采取汉族的传统方式。男女双方及其背后的家庭都觉得只有互相交换生辰八字、提亲、纳吉才合礼数,明媒正娶才体面,用花轿迎娶才风光。最后,在婚后夫妻的角色上,少数民族家庭与中原汉族家庭基本一样。新郎和新娘举行拜天地仪式后,新娘正式成为新郎的家庭成员,在夫妻关系中男主外、女主内。

其二,黔西南少数民族聚居区的村寨婚姻文化。

据说在秦汉时期,珠江上游的南、北盘江流域已经有布依族的先辈在此居住。到宋元时期,黔西南出现阶级分化,民族矛盾和阶级矛盾并存。根据20世纪五六十年代的调查,这里的婚姻很长时间都存在父母包办和人身买卖现象。属于同一姓氏的家族不能通婚,和其他民族之间基本上也不通婚,只有极少数布依族财主娶汉族年轻漂亮的女人为小妾,借此炫耀其高贵的身份。在经济较富裕的地方,普通布依族人家的青年男女在互有好感之后,还要征求双方父母同意后才可结为夫妻。在一些生活贫苦的地区,男女双方都很看重对方的生产生活技能,勤劳、聪慧成为选择对象的重要标准。例如,罗甸县平亭村的妇女均会纺织,每年收割棉花后,直到冬腊月,女性都在家从事纺织。女孩十五六岁就开始学习纺织和做鞋,到十八九岁时已熟练掌握纺纱织布和缝纫技术。女子结婚之前,按当地习俗必须准备一二十双鞋,待出嫁时作为赠送夫家亲属的见面礼物。①

其三,黔中少数民族聚居区的村寨婚姻文化。

黔中扁担山地区的布依族在20世纪中期以前,婚姻已经受到汉族影响。第一,有明显的等级观念,即使在同一民族内,家庭财富和社会地位不同的人一般也不通婚,"宁愿要大户人家的奴婢,也不愿娶小户人家的姑娘""铁门对铁门,板门对板门"。少有的例外则是穷苦人家的姑娘因长得俊俏而被富家子弟看中,或者穷人家的儿子因帅气而被富人家的姑娘看上。贫穷的人家也不愿意同有钱人家结亲,因为结婚费用和以后走访亲友所需的礼物难以负担。第二,"生辰八字"的生克迷信在这一带盛行。在定亲环节之前,无论家庭贫富都会请摩公或算命先生来"合八字"。他们和汉族一样在乎属相"生克",认为属鸡的人不能和属狗的人结婚,所谓"金鸡怕玉犬";属于火命的人不能和属于水命的人成亲,所谓"水火不相容"。②

另外,扁担山地区布依族占多数,他们传统的文化和生活方式还没有被汉族文化完全取代,仍部分地保留着传统婚姻习俗。第一,民族意识浓厚,坚持不同外民族开亲。尽管他们的周围杂居有汉族,并有少数的苗族,但通婚只限于本民族内部。只有个别布依族地主娶汉族姑娘,而布依族姑娘不嫁汉人,不与苗族通婚。据说主要是语言不通,会带来不方便。第二,地域特色的家族意识贯穿于婚姻之中,不仅男女双方同宗共祖不能缔结婚姻,就算同姓不同宗,当地人也看作同一个家族,仍然不许开亲。20世纪60年代,一部分学者在这里进行社会历史调查时,当地人说:"这一习惯从来没有听说谁家破例过,也没有谁兴起这个念头,现在仍是这样。"直到20世纪70年代,星拱公社的鲁姓、扁担山公社的马姓和关岭县平寨的卢姓仍然一直坚持互不开亲。关于这三姓坚持互不

---

① 中国科学院民族研究所贵州少数民族社会历史调查组、中国科学院贵州分院民族研究所:《贵州省罗甸县平亭村布依族解放前的社会经济情况和解放后的发展变化》,1963年,第17页。

② 《中国少数民族社会历史调查资料丛刊》贵州省编辑组:《布依族社会历史调查》,贵阳:贵州民族出版社,1986年,第2页。

开亲的原因有两个传说：一说是他们的祖先由远处迁来时原本不相识，因为在中途相遇一起过河时，恰遇大雨，山洪暴发，三人手牵手平安过河，于是互通姓名，结拜为弟兄，并发誓以后不许开亲，他们的后代一直遵守这个誓言。另一个传说是这三姓的祖先都是扶风郡人，同郡视如同姓，所以不许开亲。又例如在凹子寨，最早的罗姓和关岭县黄泥寨的韦姓，相传他们的祖先曾结拜为弟兄，并发誓不许彼此的子孙开亲，否则就“不昌达”，因此他们的子孙世代遵守这个誓言。后来虽有个别开亲，但生育子女“只见生，不见长”，大家认为祖先的话很“灵验”，没有人再尝试，直到现在。第三，还有一些特别的禁忌。一个是迷信忌讳。当地人坚信世上存在着一种名为“读永”的鬼魂，[①]据说被这种鬼魂附身的人被称为“读怀”，凡是被这种鬼魂附身的人就千万不要与之开亲。村民还相信“读永”能传给后代，所以都不愿同有“读永”鬼的人家开亲，即使这个家庭富裕，别人也不愿与之联姻，甚至不互借东西，尽可能避免来往，生怕“读永”跟随过来。这种人家，只能与同样被认为有“读永”的家庭或远处不知底细的人家通婚。另一个是长相上的忌讳。当地人认为下眼皮生痣者命运不好，说那是“眼泪痣”，今后会遇上许多痛苦、伤心、不幸的事，跟这种长相的人结婚也会跟着倒霉。村民还认为龅牙的人“短命”，结婚后很可能丧偶，到头来得一个人苦力支撑家庭。[②]

其四，黔东南少数民族聚居区的村寨婚姻文化。

黔东南少数民族地区过去在婚姻上也有很强的民族意识，不同民族之间、同一民族的不同支系之间互不通婚几乎是一种普遍现象。他们在选择配偶时，一般只限于同一服饰类型之内。不同服饰类型的村寨尽管交错分布，事实上也很少通婚。许多地方不同服装类型的村寨之间在20世纪中叶已经不再有严格

---

① 也有人根据当地布依语的语音写作“读引”“督允”“都永”。当地人传说“读永”鬼能吃人，有这种“鬼”的人家，在楼上放一个坛子，并放有像纺纱车样能转动的车子。车子转动，坛子里就有虫，这种虫能害人。有“读永”鬼的人家，如果有陌生人来了，“读永”就会把客人捉弄得像醉酒一样，吃不下饭，以致死亡。所以，客人来了，主人就要嘱咐它不许危害客人。对于这样的迷信，村寨中总会编出一些信以为真的故事来。传说从前某甲新婚后，妻子不喜欢他，想逃婚，他就把妻子带到远方落户，以免逃跑。他俩路过一个村子，天黑借宿，而那个村子有的人家是有“读永”鬼的，他俩不知道，恰巧有一位好心人悄悄将内情告知他俩。他俩听后迅即逃走，因为知道“读永”要跟随足迹追人，于是就把鞋子脱了倒穿着逃跑。据说“读永”鬼由此跟随足迹沿相反的方向追去，他俩才得逃脱。

② 《中国少数民族社会历史调查资料丛刊》贵州省编辑组：《布依族社会历史调查》，贵阳：贵州民族出版社，1986年，第77-78页。

的婚姻限制，但实际上大规模的相互开亲现象仍很少见。[①] 凯里舟溪的农业生产条件总体上较好，交通并不闭塞，文化交流的条件也不算差，可是这一地区不同服装类型的村民之间很少开亲，不同民族或不同支系的村民宁愿到很远的地方和自己文化相同的村寨联姻。[②] 在台江罩膏堡和雷山掌披寨有几家汉族人，在经济上和生活上都已与当地苗族融合在一起，但在婚姻选择范围上依旧维持原来的界限，有几家甚至到百余里外的同族村寨中选择配偶。

同姓不婚的习俗在苗族由来已久，是村寨普遍遵循的道德规范，它在过去是不可违犯的禁例，并植根于村民的思想观念之中。从《苗族社会历史调查》（二）和（三）的记载看，同姓不婚分四种情况：第一种是同一个宗族内不通婚。例如，麻江县大中乡平寨的杨姓与对面新寨的潘姓据说出自一宗，不能通婚。第二种是同祖先不婚。雷山县掌披寨的余姓、莫姓、白姓、向姓、张姓、韩姓虽非同宗，但在“吃鼓脏”时同属一鼓，而同属一鼓则是敬奉共同的祖先，在过去都不通婚。第三种是不同宗族的人经过一种仪式之后而被视为同族，因此拥有象征性的共同祖先，也同样限制彼此通婚。基于这一认识，结义兄弟的子女虽不同姓，但带有象征性的宗族关系，照例也不能开亲。例如，台江偏寨有张、王二姓，原来彼此通婚，后来两姓家长结拜为兄弟，从此便不再通婚。在从江县加勉苗寨，“别鸠”大寨、“昂牛”小寨、“岩大”下寨，苗族村民的姓既是氏族标志，也是区别血缘关系的一种依据。同姓表示同宗，同宗意味着同一血缘，同一血缘的苗族在当地传统习俗中不能通婚。如果谁违反这条禁令，就会引起族人不满，为全族所唾弃，甚至被骂为畜类，要遭到严厉的惩处。即使两人不同姓不同宗，其婚姻还受辈分限制，不同辈分的男女不能通婚。第四种是当地村民对直系亲属的认识和汉族不同，同胞姊妹婚后所生的子女都互称为兄弟姊妹，彼此不能通婚。当地有一句俗语说：“姐妹的子女好像共一个爹妈一样。”所以，如果父母是“兄妹”，在一般男女社交的场合中，他们也都以兄妹相称，既不能互开玩笑，更不能谈情说爱。从这种称呼和观念中，不难看出母系氏族社会的文化痕迹。但这种限制，只维持在血亲姨表兄妹的范围内，姨侄姨孙则不在此例。

由于婚姻不只是两个当事人的事，因此过去发生村寨纠纷或家族矛盾的双方互不婚嫁。炉山县（今凯里市）马田乡学庄村杨姓在六七代以前与同一个乡

---

① 《民族问题五种丛书》贵州省编辑：《苗族社会历史调查》（三），贵阳：贵州民族出版社，1987 年，第 99 页。

② 《民族问题五种丛书》贵州省编辑组：《苗族社会历史调查》（二），贵阳：贵州民族出版社，1987 年，第 27 页。

的三江龙姓联姻,结婚后龙姓因故与杨家涉及诉讼,长期不得解决,杨姓老人即发誓不许子孙与龙姓联婚,谁不遵守誓言,谁就绝子灭孙。因此,二姓到现在除已有二人破例通婚外,其余都不愿通婚。麻江县白午乡金姓在 20 世纪前期也曾经与三江龙姓因婚姻纠纷诉讼久未解决,金姓家族担心当事人的长辈发出誓言,要求他们忍耐克制,也就是希望金、龙二姓不要因为此事而使以后的通婚受到限制。[①] 龙姓看到金姓家族的诚意,才没有发出毒誓。村民对毒誓有一种莫名的害怕,对祖宗立下的规矩习惯性顺从,谁都不愿冒犯,时日既久便形成风俗。

和黔中扁担山布依族一样,黔东南少数民族腹地苗族村民的鬼魂观念也渗透到婚姻之中,多数村民相信有些人身上有鬼魂附体,有些村寨称之为“酿鬼”,在炉山(今凯里市)、黄平则称为“老虎鬼”。他们认为这种“鬼”附身以后,本人并不知觉,但“鬼”可以通过此人任意作祟,招灾引祸,贻害他人,而且还会传子传孙。如果和这种人结婚,家庭会受到排斥。至于身附“酿鬼”的人究竟有哪些标志,却没有人能够明确指出。常有一些容颜姣好且心灵手巧的姑娘,因当地村民认为她身附“酿鬼”或出自有“酿鬼”的家庭,在婚姻上遭受挫折。在黄平县,不仅被认为附有“酿鬼”的人遭排斥,而且她(他)的家属、亲戚、朋友都受连累,也被认为有“酿鬼”。结果这些被另眼相看的人只好在自己的行列中通婚,长期遭人鄙视。新中国成立前,在迷信思想较深的苗族地区,“酿鬼”的传言经常听到。[②]

与“酿鬼”相似的另一种迷信就是相传的“放蛊”。传言在清水江流域的部分地区,有些苗族妇女暗中饲养毒虫,吸取毒汁,乘人不防备时放毒害人,有些地区一提到放蛊就胆战心惊。在炉山,缔结婚约时首先要探听对方家庭是否养蛊,是否有“老虎鬼”。有些女人毫无身心缺陷,只因为被人怀疑养蛊,结果只能嫁给身体有缺陷或家境比自己贫寒的男子,终生甚至其后代都背上沉重包袱。[③]

以从江县加鸠苗族为典型代表的村寨,在婚姻缔结方面还有另一种迷信,即其婚姻成败与否取决于“破蛋”和“杀鸡看眼”等巫术占卜。所谓“破蛋”,就是男方在未到女方家求婚前,先请“鬼师”用锅烟灰在一个鸡蛋的壳上画一条

---

① 《民族问题五种丛书》贵州省编辑组:《苗族社会历史调查》(三),贵阳:贵州民族出版社,1987 年,第 96 页。

②③ 《民族问题五种丛书》贵州省编辑组:《苗族社会历史调查》(三),贵阳:贵州民族出版社,1987 年,第 103 页。

线,分清所谓的腰、翅膀、嘴、脚等五个符号,以蛋的首端为“嘴”,末端为“脚”,然后用左手食指和拇指捏住“嘴”“脚”,同时念咒语。咒语念完后将蛋投入锅里煮熟,取出冷却,再用小刀将蛋剖成一大一小两块,将大的半边蛋黄取出,对光透视,看“嘴部”是否出现微弱白点,看蛋白是否两边厚薄均匀。如“嘴“脚”白点相对,蛋白厚薄均匀,则认为十全十美,即可前往求婚。如“嘴”“脚”白点虽然相对,蛋白却右边偏厚,则认为结婚后女方会压制男方,甚至男方有早亡的危险。碰到这种情况,一般都不结婚。万一要结婚,必须在新娘进门时把“鱼”放在桌上,让新娘自取,或请一“当官”的(即寨老之类的人物)代递。据说只有“当官”的命大,才能担当。如蛋白左边略厚,也算是吉祥之兆,因为他们认为男方占有田、地、牛、羊、猪、银、衣,今后女方要依靠男方,故无禁忌。所谓“杀鸡看眼”,就是男方完成“破蛋”手续后,如果没有不祥征兆,就请一个族内人或可以信任的人到女方家求婚。若女家同意,便杀一只鸡,煮熟后取出,看鸡眼睁闭的大小,据此判断吉凶。如两眼睁得大小一致,则认为是吉祥之兆;如两眼一大一小,或一睁一闭,就觉得不吉利,婚事便告吹。杀鸡千万不能在火坑角落处,据说这是“鬼”坐的地方。“破蛋”通常是在男女双方自由恋爱之后在男方家里秘密进行的,借此预测男女婚后的祸福,它一般只进行一次,最多三次,如果三次“破蛋”占卜的卦象都不吉利,婚姻就此作罢。也有因为妻子是“偷来”的,即未按照当地的结婚程序征求女方家人同意,来不及履行“破蛋”手续,则可用“杀鸡看眼”的办法代替。

此外,苗族很多村寨在迎亲的路途中还有禁忌。如果新娘在途中遇到蛇、野鸡,或听到鸣放“死人炮”及听说某寨有人逝世,或天空响雷,或酒坛、箩筐的绳索因磨损而断掉,或裙带和系银器的纽带断了,或失足摔跤等,其中任何一种情况发生都被认为有鬼神拦路,是不吉利的预兆。遇到上述情况,虽然照例前往新郎家成亲,但事后必须离婚,否则将有婚后病、死、苦或不生育等之虞。

20 世纪五六十年代前,在台江县的孝弟乡和炉山县的凯棠乡,如果女子的嘴长得偏大,或者嘴唇略厚,或者嘴唇颜色太红,当地人都觉得不是吉兆,认为该女子有“克夫克子”之相。女子牙齿里面生了一个额外的重叠牙,也被视为不祥之兆,认为出嫁后会“克人”。在炉山县舟溪一带,如果女子的“犬牙”生得较长,就被说成是长了虎牙,将来要“吃”丈夫或“吃”儿子。俗话说:“女人嘴大家变穷;红嘴吃丈夫,龅牙吃小孩。”此外,下眼皮有痣则被看成“眼泪痣”,将来不是早死丈夫就是“克子”。女人如果有诸如此类的相貌特征,在婚姻选择上往往不利。[①] 加鸠苗寨历史上对于长着龅牙、黑痣的妇女都很排斥，认为女人生了一副龅牙，或牙不关风，或长着一张大嘴，或眼皮、颧骨上生有黑痣，是克夫、克子和败坏家产的恶貌。[②]

其五，黔西北少数民族聚居区的村寨婚姻文化。

乌蒙山彝族很早就出现阶级分化，他们强调等级内婚，反对家支内婚，即不同社会地位的男女不能结婚，禁止跨等级联姻。严禁同一家支的任何成员在家支内部进行婚配，同一家支的成员即使血缘关系极为疏远，结婚也被视为邪恶的犯罪。[③] 他们的婚姻习俗中掺入了更鲜明的政治因素和阶级意识，自由婚姻的成分比当地其他少数民族更少。

威宁大南山一带苗族的婚姻，与黔东南苗族不尽相同。这里山多地少，常年气温偏低，苗族长期处在社会底层，生活非常贫困。这一带的民族分布表现为汉苗杂居，距离此地稍远一点的还有彝族。新中国成立前，汉、苗之间，彝、苗之间都不通婚，尤其是汉、苗之间，限制更严格。20 世纪 60 年代，从事民族地区社会历史调查的学者在当地竟然找不到一个打破民族界限通婚的例子。当时被采访的口述者说：从前不许苗女嫁汉人，如谁家有姑娘跟随汉人去了，一旦被家长捉到，立即绑上石磨投水处死。有口述者回忆，在当时的海子街公社前所，大约 30 年前，有一个陶氏姑娘随汉人去了，她的家族迅即手持器械到处寻找，但没有找到。时隔多年，这个私奔的女人生育了小孩，经过旁人在当事双方间巧舌斡旋，最后才慢慢互相往来。新中国成立后，也只听说陶、杨两姓各有一个姑娘嫁给汉人，却没有看见苗族男人娶汉族女人。

在黔西北的苗族内部，也和其他地区的少数民族一样严格遵循同姓不婚的规约。大南山苗族除杨姓从前以同姓不同宗而开亲外，其余十几个姓氏都同姓不婚。如果有人违犯，就要按照传统习惯法严厉处置。处罚是“剔骨还祖，剐肉还母”，触犯禁律的男女各自交由其家族中有威望的人“依律”处罚。

和黔东南苗族“还娘头”的姑舅表婚不同，这一带苗族和满族都盛行“侄女赶姑妈”的婚姻，姑妈有优先权选择内侄女为儿媳。据说这种强制性的婚姻习俗从前很盛行，清末光绪年间还存在。当外甥喜欢舅舅的女儿，打听到舅父和

① 《民族问题五种丛书》贵州省编辑组：《苗族社会历史调查》（三），贵阳：贵州民族出版社，1987 年，第 103-104 页。

② 《民族问题五种丛书》贵州省编辑组：《苗族社会历史调查》（三），贵阳：贵州民族出版社，1987 年，第 71-73 页。

③ 舒华：《贵州彝族传统婚姻习惯法研究》，《法制与经济》（下旬刊），2012 年第 1 期。

舅母都在家时，即乘其不备，突然进门向他们磕头，并说："我的父母老了，要你家某个姑娘去照拂。"说毕即起身逃回，此后该女孩就算是他的未婚妻，女家不敢另嫁他人。民国以后，这种婚姻已不带强制性，但遗风犹存，形式还存在。另外，当地人说舅家优先娶外甥女为儿媳的"姑舅表婚"在从前也存在过，但消失的年代较早，新中国成立之时已很少有人知道这一婚俗。关于其消失的原因，村民解释说是受生活于同一地方的汉族有钱人的讥讽，说这是"讨母猪种"，所以谁家娶外甥女为儿媳，谁家就要受苗族社会舆论的谴责。姨表兄妹互称"老表"，如果结婚则没有称呼不便的地方，所以姨表兄妹结婚在这里是允许的，也是常有的事。

也许是受当地汉族和彝族的影响较深，尽管大南山一带在过去有钱的人很少，但是他们不愿与穷人通婚，而穷人也不想去高攀，所以婚姻都在经济实力相当的家庭之间进行。穷人的婚姻很简单，彩礼只是象征性的，而婚礼却很热闹，远村近邻都会祝贺，通宵对唱苗歌。

迷信总和贫穷联系在一起，但凡贫穷的地方都很迷信，鬼魂观念很浓，他们害怕鬼魂使本来就很贫穷的生活变得更糟，也祈求鬼魂帮助自己摆脱贫困。大南山村寨曾经传播着一个名叫"阿褒"鬼的传说，认为"阿褒"是拉人魂魄的鬼，也就是令人谈之色变的"蛊"。如果听说某人或者他的家人被"阿褒"附体，或者接触过被"阿褒"附体的人，那么就没有人愿意与他家开亲。[①] 而毕节北部的苗族自明清以来受汉族的礼教和封建意识影响较深，婚姻缔结中父母包办的现象比较普遍，还习得了汉族的"拜堂"仪式。

其六，黔南少数民族聚居区的村寨婚姻文化。

黔南水族村寨的婚俗和当地的布依族、苗族接近。据资料记载，水族在传统上有"姑舅表婚"习俗。如果舅家没有儿子或儿子年幼，则外甥女在出嫁前必须交付"外甥钱"给舅舅，这笔钱也可由女婿家支付。在当地人的印象中，这一习俗消失的时间还不长。和水族邻近的荔波瑶麓瑶族过去曾盛行这种婚姻习俗，直到民国年间和新中国成立后通过说服教育才得以改变。这种婚姻习俗表面上看是部落制度的残余，具有血缘婚姻的某些特征，本质上则是因为生活贫困，借此挽留住有可能外嫁的女性。水族主要遵循"兄弟寨不通婚"和承认事实婚姻的习惯法。"兄弟寨不通婚"是指一些寨子被认为是与本寨有血缘关系的兄弟寨，不能通婚。违背此规定的男女，据说有被"浸猪笼"的处罚。在塘党，本

---

① 《民族问题五种丛书》贵州省编辑组：《苗族社会历史调查》（三），贵阳：贵州民族出版社，1987 年，第 56-57 页。

寨人由于被认为是同一祖先三兄弟的后代,因此本寨男女通婚是绝对禁止的,至今也没有人违犯过这一禁令。至于周边的哪些寨子是“兄弟寨”,则十分模糊,老人们也说不清楚。但是,塘党青年人都尽量避免在周边村寨找对象,塘党的媳妇大多来自较远的三洞乡和荔波县,事实表明“兄弟寨不通婚”习俗一直延续至今。在三都县水各大寨,“兄弟寨”就是指不远处的母下寨,水各人认为母下寨的人与他们是未出三代的亲属,彼此不能通婚。虽然村民都知道水各大寨与母下寨早就超出了三代的亲属关系,而人们仍然遵守这一习俗。[①] 随着自然环境变化,民族关系和村寨关系在今天也发生了改变,人们对生儿育女有了更科学的认识,与生育相关的有些仪式开始简化甚至被废除。当人们对婚姻有了现代的理解,对生育、家庭责任、村寨前途便考虑得少了,情感的权重更大了。

(二)村寨的婚姻文化在延续中变化

婚姻意味着家庭壮大,意味着新的家庭正在形成,意味着不久之后可能会有新的生命诞生。婚姻宣告这两个人进入新的人生旅程,表明身份发生变化,其生活指向性十分明确。婚姻在很大程度上决定着家庭的幸福、家族的未来。所以,古今中外的人们都非常重视婚姻,《礼记·昏义第四十四》云:“昏礼者,将合二姓之好,上以事宗庙,而下以继后世也,故君子重之。”自古以来,各民族、各地区婚姻缔结都分成若干阶段,每个阶段都伴有相应的仪式。

贵州各地的少数民族缔结婚姻的过程不尽一致,不同时期也有差异。总体说来,历史上的婚姻与汉族传统婚姻有两点明显的区别:男女双方恋爱比较自由;门当户对的财富观念和权利意识比较淡薄。

这里说的传统婚姻习俗,其“传统”是流于过去、现在与未来的一个概念,它的内涵处于动态变化之中。但是“传统”又并非飘忽不定,不可捉摸,它“是指相对稳定的社会文化因子,并在一定的群体中获得共识与认同,同时对于人们的行为起到某种规范或指导作用,甚至是社会建构的基础。但由于传统变动不居的特性,当其在某种内因或外力的诱导下而发生较大的改变,并且成为一种社会价值取向时,必然会引发与之关联的其他社会文化事象发生变迁”[②]。今天的村寨既在延续传统,又在发生变化。

---

① 文永辉:《外来文化冲击下水族习惯法的不同变迁:贵州省三都县两个水族村寨的比较》,《贵州民族研究》,2010 年第 4 期。

② 杨筑慧:《妇女外流与西南民族婚姻习俗的变迁》,《云南民族大学学报》(哲学社会科学版),2009 年第 6 期。

第一,婚姻选择对象范围扩大。

在贵州少数民族的每一个村寨,传统婚姻几乎都有比较固定的通婚圈,几乎都既遵循“同姓不婚”,又坚持血缘内婚和民族支系内部通婚。“同姓不婚”关乎道德伦理,不管是“侄女赶姑妈”的姨表婚,还是“还娘头”的姑舅表婚,其实都是血缘内婚,它似乎是“亲上加亲”的情感强化方式,但更确切地说则是对婚姻资源的保障性措施。水族民谣说:“表哥表妹正好恋,表妹不要表哥钱。牛圈起在田埂上,肥水不流外人田。”苗族俗话把姑舅表优先婚称为“姑姑女,伸手娶”。这些语言都非常形象、生动地表达了保障婚姻资源的思想。民族内婚、村落内婚、支系内婚、相邻村落之间的通婚等习俗,既表现为群体意识、层级观念,也表现为空间地理要求。在交通不便、对外交流较少的情形下,许多村寨社会都形成了相对固定的通婚圈,从而实现了社会效益的最大化。村寨是一个自然空间,也是一个社会空间,通过婚姻促进人群的互动,使这一空间充满生机。现在有些学者只看到血缘内婚的弊端,过分批评群体内婚的文化保守,却没有从特定时代和特定环境去辩证地分析这样的婚姻圈在经济成本、人力资源和文化传播方面的正面效益。

姨表婚或舅表婚最大的历史贡献是可以有效避免劳动力流失,为血缘团体培根固本。婚姻当事人和双方的父母本来就非常熟悉,因为血缘而铸就彼此天然的情感,故而就不会过分看中彩礼,在婚后的家庭关系中缩短了相互适应的磨合期,在出现矛盾或纠纷时更容易化解,在未来的生活中有利于达成一致目标。双方家庭语言相同、情感相通、生活习惯相近,通过婚姻关系便于将生产经验、生活技能、传统习惯乃至家传秘方、祖宗宝物代代相传。群体内婚促使共同的价值取向、相同的习俗风尚、相近的传统技艺等在村寨之间传播。婚姻连接起两个村寨,连接起和两个村寨有亲缘关系的更多村寨。更多的村寨因为婚姻的关系,相互之间形成了紧密的关系,结成了民间的朴素组织,经济上相互协作,生活上扶危济困,抵御自然灾害和防御外来侵袭的能力进而增强。对通婚圈的限制固然是经济差异、民族间的文化差异、地理区位差异、历史上民族纷争的一种反映,但是它能成为黏合不同村寨的纽带,为互通婚姻的村寨提供精神、物质等方面的支持,筑牢价值认同和情感的基础。一切历史悠久的村寨,一切至今还保持强大生命力的村寨,一切传统文化底蕴深厚、内容丰富的村寨,都是有着群体内婚传统的村寨。

在 20 世纪 80 年代中期以前,生活比较封闭的贵州少数民族村寨仍然保持着传统的婚姻缔结机制。虽然民族矛盾的政治土壤已不复存在,阶级对立基本消除,但是城市和乡村形成的二元结构、严格的户籍管理制度都极大地制约着跨地域、跨阶层的婚姻缔结。20 世纪 80 年代中期以后,农村已实现联产承包责任制,城市推行经济体制改革,少数民族村寨的人口开始大量外流。人口流动的空间改变,牵动的不仅仅是流动者本身,还关系着他们的家庭、家族与社区,其中的婚姻文化远非“嫁”与“娶”的行为过程所能包含。古老村寨中传统的通婚圈被打破,族际通婚、远距离通婚成为司空见惯的现象,传统的婚姻网络也由此解体。往昔因通婚圈外的通婚而产生的心理压力、社会压力减轻了,有的甚至通过改变通婚圈而改变了个人命运和家庭生活状况。如贵州榕江车江一带的侗族,过去长期实行族内、村内通婚,现在 60 多岁的老人大多为此类婚配。但 20 世纪 90 年代后,这种情形逐渐发生了变化,不仅与外族通婚的现象越来越多,而且许多女孩远嫁安徽、江苏、山东、广东等地的汉族,传统婚姻仪式中的诸多环节不得不放弃。天柱县白市镇新舟村是一个说“酸汤话”的苗族村寨,现在差不多有 1/3 的人在外打工,年轻人几乎全部外出。这里从前的婚姻过程非常讲究,首先要送包头礼,初次到女方家说亲要送糖,第二次去的时候又得给女方的亲戚送糖,选好日子后再“放篮子”,其中又有“小放”和“大放”之分。去女方家还要放炮,让村寨的人都知道这个女孩已经定亲。有些家庭还按照当地的“古礼”,男方到女方家多次才能讨到“日子”,男方“修书”。如果修书 50 封,那就要准备酒席 50 桌。可是,现在好多小伙子在外打工的时候就自己做主把终身大事决定了,将女孩带回村寨向家人宣布婚事已定。也有一些女孩在外找到知已,只须给家人通知婚期。村里的老人对此不置可否,只是说:“现在年轻人的事,我们做不了主。”群体内婚和血缘内婚不再成为当代年轻村民选择人生伴侣的限制,年长的村民对此也从最初的不赞成到默许,再到习以为常,甚至主动顺应。

外地媳妇嫁入少数民族村寨,带来新思想和新的生活习惯,然而几个外地媳妇不可能改变一个村寨的方方面面,传统文化不会因此而改变走向,她们也在村寨中适应传统的习惯和生活状态。在花溪镇山村,多个外地媳妇分别来自不同的地方,她们的文化之间有差异,难以形成合力。但是,她们不到几年时间就学会了说镇山村的布依族话,适应了当地的生活,俨然成了布依族村民。在天柱县新舟苗族村寨,在外地打工的村民娶了外地媳妇,而这些媳妇在和打工的新舟村民一起生活的过程中,最初出于对村民的“酸汤话”的好奇而学习,逐渐就能听懂,进而会讲“酸汤话”了。再当这些媳妇生儿育女之后,她们中的很多人便结束打工生活,丈夫继续打工,她们在丈夫的家乡赡养老人和抚育孩子,接受新舟苗族的生活习俗,从此成了当地村民。红枫湖畔布依族小平寨有好几个媳妇都是外地人,没几年时间就和村寨中的其他妇女一样在节日期间成为唱歌的能手,适应当地的生活习惯了。

贵州少数民族村寨的女人嫁到外地,她们固然不会改变夫家的生活,但是总能让夫家及其亲友对贵州少数民族村寨文化有所耳闻和简单的认知,有些丈夫多次随妻子深入村寨,变成了文化传播者。《贵阳晚报》2014 年 4 月 10 日一篇题为《在凯里朗利苗寨“鼓藏节”(即鼓脏节)上,293 名外嫁女集体回娘家》的报道,描述前几天在朗利苗寨举行 13 年一次的鼓脏节的另一道风景:9 日上午,节日庆祝进入第 4 天,朗利苗寨 293 位外嫁女身着民族服饰,邀约丈夫和孩子,用汽车载来大肥猪、大肥鸭、若干鲜鱼、电蒸锅、鸡蛋、烟花爆竹等礼品,从四面八方汇聚娘家。这篇报道传递出许多信息:第一,朗利村嫁到外地的女人很多,婚姻选择范围非常广泛。第二,外嫁的女人仍然对自己家乡的风俗一往情深。第三,外嫁女人的丈夫也在这个传统的风俗中经历了一次深度体验。2014 年 11 月上旬正值苗年,雷山丹江镇小固鲁、小郎当、羊排、乌秀、阳苟、干皎 6 个苗寨欢庆苗年,在此期间举办了千名“姑妈”回娘家过苗年活动,有 1 400 多名“姑妈”集体回娘家过苗年。虽然这个活动是特意安排的,有很大的“走秀”成分,但是它扩大了苗年的影响力,强化了已经外嫁他乡的妇女对家乡的文化情结。村寨也因为这些“姑妈”隆重的回娘家活动而感到非常自豪,对自己的传统文化更加自信。

通婚圈的扩大必然引起原有的亲属关系重组,村寨内部的社会关系从原来简单明晰的亲族关系变得盘根错节,依亲属网络而建构起来的社会结构由此也出现裂痕。通婚圈的扩大也必然改变村寨原来的文化面貌,嫁进来的媳妇在饮食起居、夫妻关系、子女教育方式等方面总会试着做一些改变,总会在与村寨的人们交流中传递一些新的信息。进入村寨的媳妇作为文化个体,受到村寨整体的同化是大势所趋,但是外来媳妇也会影响她的家庭文化。村寨中外来媳妇多了,她们的文化虽有个体性,但也会形成冲击村寨传统文化的合力,消解村寨传统文化。村寨中嫁出去的女人多了,她们不仅会动摇村寨原来的婚姻习俗,而且她们的家人也会因为串亲戚而开阔视野,转变观念。

第二,婚姻选择标准变化。

如果说婚姻圈只是界定择偶的范围,那么择偶标准就会指向具体的婚姻对象。多数村寨在定居农业基础上发展起来,以农耕为村寨生活的基础,农耕文化是村寨文化的核心,耕田种地、纺纱织布是农耕生活的重要内容,种地糊口、修房栖身、传宗接代是构建文化体系的基本要素，所以在选择配偶的时候不可能不考虑这些因素，因为它们直接关系到眼前的生存和今后的发展。具体来说，择偶标准包括家庭（家族）与婚姻当事人两个维度。作为家庭或家族，从前在允许通婚的范围内，婚姻选择标准主要集中关注以下几点：第一，“骨根”是否正，即家庭背景不能是放蛊的、有鬼魂附体的或有遗传病的，切莫因此给家族和家庭招来不幸。第二，普遍遵循“同类匹配”的原则，要顾及“价值交换”“门当户对”观念总会以各种不同的形式表现出来，如政治地位、民族身份、民族支系、经济地位等。第三，婚姻与生育连在一起，它关系到家庭的存废。生育能力是择偶的重要标准，也是家庭今后能否维持生存和发展的关键因素。彝族村寨过去有一个传统，母亲要对儿子恋爱的对象先做一道审查，捏一捏女孩的手腕，掐一掐女孩的屁股，其实就是看一看女孩的身体状况，是否具备将来操持家务以及生育的体质。民间流传着这么一句话：“屁股大又圆，儿女成串串。”而从个人维度来说，婚姻选择标准则更为具体，如相貌、持家能力、健康、品性等。如今还保存着的大量情歌，都是在赞美对方勤劳、能干、朴实、善良。村民把操持家务、从事生产的能力看得很重要，非常在乎品行。而“美丽”“漂亮”是非常抽象的词汇，是所有的情歌对唱中的应景之词。姑娘聪慧灵巧就很容易敲开婚姻的大门，她们在情歌对唱之后必不可少地要送给男方鞋垫、手帕作为礼物，在结婚的时候少不了要给新郎准备一套亲手缝制的衣服，其实也是借此表明其操持家务的能力。如果姑娘能歌善唱，小伙的传统乐器演奏技艺高超，将有助于在婚姻选择中拔得头筹。

现在的婚姻选择很少有人在乎民族身份或民族支系，对政治出身也不太在意，但随着市场经济而来的是越来越在乎对方的经济条件。家庭贫困的小伙凭一副好嗓子和高超的传统乐器演奏技艺固然会得到一阵阵喝彩，却很难让一个姑娘作出与他结婚的决定。也再没有哪位小伙指望今后妻子在家里缝补浆洗、挑花刺绣，姑娘们因此懒得像从前的女人那样学习女红。在台江苗族村寨，年长的妇女戴着老花镜在家里慢针细线地刺绣、缝纫，她们的传统针织技艺令世界称奇，却留不住女儿眺望山外世界的眼神。媒体上关于瘦身减肥的广告铺天盖地，身体健壮、臀部丰满的女孩不再具有择偶的优势。女孩眼角长的黑痣已经不会令人恐惧，“虎牙”未必就被认为是婚姻家庭的克星，“阿褒”“读永”等迷信也仅被当作历史的谈资。

至于生活习惯、价值取向、教育程度等，在过去的婚姻圈中没有作为择偶的参考条件，因为人们的生活习惯本来就相同，价值取向本来就一致，在一样的生活环境中不存在教育程度的差别。当传统婚姻圈被突破之后，择偶必然会面临生活习俗问题；当多元价值取向在择偶上出现时，谁都不能回避这个现实的问题；当教育程度不一样的事实摆在面前时，择偶时就不得不考虑。如今少数民族村寨传统的择偶习俗和标准看似变得简单，其实未必如此。由于生活的多样化决定了人们价值标准的多样化、生活态度的多样化、婚姻目的多样化，因此村寨传统的价值标准已经不足以约束人们当下的行为。年轻人和老一辈人、长期生活在村寨的人和从村寨中走出来的人，其生活习俗及择偶标准都出现了变化。

第三，婚恋习俗变迁。

贵州少数民族很多村寨在过去都给青年男女提供专门谈情说爱的场所，苗族村寨的村前、屋后的空地称为“游方坡”，布依族地区河边、山脚的平旷场所称为“浪哨坡”。少男少女到情窦初开的年龄，就会利用田间劳动的机会，或是晚饭后到村边玩耍的时候，或是节日活动之中，或是赶场贸易之际，以性别为界，向年龄更大的同伴学唱情歌。到十六七岁时就可以通过情歌对唱倾诉爱慕之情，自主地选择恋人。

罗荣宗在20世纪三四十年代还看见过贵阳附近的布依族七月歌会，“及期，至场上觅所欢，或属新知，或为旧雨，相偕至场外坡上，林木丛中，互诉倾慕，然后互唱情歌……至夕阳西下，始相将归……路远不能归者，则留宿戚家。寨中青年，夜间麇集客宿处，请唱歌，比晓方散”。安顺苗族有“跳花”的习俗，“届期，附近各寨苗民，无论贫富男女老幼，空寨结队往……跳既毕，壮年老者分组相聚饮，青年男女则偕情侣，散之田塍间，以诉其爱恋之私，家人弗禁也”。[①]

侗族的婚姻，史书记载说“或自相悦慕，或答歌意合而成”。北侗地区的天柱、玉屏等县有“看七月半”的风俗，即在农历七月十五日，男女比赛唱歌，青年人借此寻找伴侣。还有“玩山”的传统，即在喜庆之日、劳动之余，或赶场的时候，男女青年各自邀约同伴，按时到传统的“花园”唱歌作乐，从而与异性建立感情。南部侗区的黎平、从江、榕江等地有“踩歌堂”“走姑娘”的风俗，青年男子通过“行歌坐夜”展示自己的歌喉和才智，青年女子在歌会中显示自己美妙的歌声和姣好的容貌。“行歌坐夜”是历史上侗族村寨自由恋爱最一般的方式，青年男子三五成群到异姓村寨，妙龄女子群集在自己村寨的木楼里，一边做手工或其他活路，一边与外村的男子对歌，互相表白心思。男子没有动听的歌喉和丰

---

① 张永国，史继忠等：《民国年间苗族论文集》，贵州省民族研究所编（内部），1983年，第264，第268页。

富的歌词则难以打动女子的芳心，女子没有甜美的歌声和细腻的表白也不足以引起男子的倾慕。平时社交场合也通过歌声和其他才艺展示联络感情，如农闲时期的“踩堂”，来自各个村寨的侗族同胞聚集在一起欢歌起舞，那些舞技超群、芦笙吹奏出众的青年必定是整个表演中最活跃、最耀眼的明星。男子将自己的芦笙演技发挥到极致，动作刚劲潇洒；女子盛装艳姿，舞步轻盈，歌声婉转。几乎每一次这样的活动，都能成就一桩或多桩美好的姻缘。另外，北侗地区的“赶坳”“赶社”，报京青年三月初三的“讨篮子”，都是以歌传情、用歌叙旧。歌唱是侗族青年展示才艺的方式，也是恋爱最典型的表达方式。

然而，这些习俗都在逐渐消失。苗族和布依族村寨中已经没有所谓的“游方”和“浪哨”，青年男女之间也找不到通过情歌对唱而结成恋人的事例了。侗族的“行歌坐夜”习俗只留在民俗活动表演中，婚礼对歌的场景湮没在遥远的记忆里。苗族的“跳花”在村寨中似乎没有衰减的迹象，侗族的“踩歌堂”规模好像比以前更大，布依族的“三月三”和“六月六”活动看上去比过去组织得更好，但是这些活动不再是男女恋爱的最佳时机。今天社会开放、交通便捷、信息畅通，“游方”和“浪哨”等方式显然不再是青年男女建立联系、沟通感情、表达爱意的最佳途径。今天娱乐形式多、空闲时间多，因此对唱情歌显然不是当下青年男女认为最浪漫的恋爱方式。今天的价值观多元化，人生理想多样化，仅在家乡的村寨展现歌喉，或展示挑花刺绣的技艺显然不能涵盖恋爱婚姻丰富的要素。关系决定需要，需要影响着实现该需要的手段。当村寨由封闭走向开放，村民由村寨走向广阔的社会，生活由追求家庭的丰衣足食转变为自我价值的实现，村民将不再满足于躬耕田亩，不再满足于相夫教子或“老婆孩子热炕头”。没有走出村寨的年轻人希望走出去，已经走出去的年轻人扩大了交友范围。身处不同于传统村寨的生活环境，村寨中传统的恋爱方式失去了其人文环境。

也许，村寨中婚姻的等级意识还存在，年轻人也还有通过“父母之命，媒妁之言”走进婚姻殿堂的，但是今天的“等级意识”已经不同于传统，恋爱中的人们早已没有黑彝和白彝之分，没有土司家族和平民之分，却增加了财富多寡的成分。今天通过父母之命或媒妁之言走到一起的恋人，其实也许是父母或媒妁的意见正好与自己的择偶标准相契合。

因为对生活的认识和态度发生改变，所以从谈婚到嫁娶的程序也随之发生变迁。尽管许多村寨还存在着提亲、献彩礼、纳吉、嫁娶、入洞房的习俗，但是在这个过程中，很多程序发生了变化。如果说男女相识和产生爱慕之情是少数民族传统婚姻的前奏，那么请媒人到女方的家中提亲，应该是一桩婚姻的前提和关键。从前只有获得女方父母的同意才能进入谈婚论嫁阶段，而且女方通常要在征求整个家族的意见之后才作出决定。因为女儿的出嫁牵涉到过去和男方家族的交往，影响到今后家庭的劳动力，关系到送给女儿的“姑娘田”等财产分配和管理。现在男方请媒人提亲之前，男女通常就已恋爱一段时间，提亲只是出于男方对女方的家庭表示尊重，形式已经大于意义，女方父母也明白自己的态度并不能左右一桩婚姻，只是需要捍卫这份尊严。过去献彩礼不仅表现男方的家庭实力，而且显示女方的身份，还和女方家族直系父辈的人数有关。一旦献了彩礼，也就意味着这桩婚事基本妥当，而退彩礼则意味着毁婚约，毁婚约有着非常严格的条件，否则会招致两个家族的矛盾。如今绝大多数村寨献彩礼只是遵循传统礼俗而已，还有些村民变得越来越世俗和势利，把嫁女当成发财的机会，对彩礼的要求几乎到了不合情理的地步。而且彩礼不再是猪肉、绸缎、糯米粑粑等物质，更多地转化成钞票数额，先按照女方家庭对彩礼数额的要求交钱，然后根据交钱的数额和时间决定婚事成否。彩礼不一定要一次性交付，多数人会分若干次呈送。婚礼不一定要有隆重仪式，旅行结婚的形式也被村民接受了。

以前在结婚当天，贵州少数民族村寨很多地方的新郎并不亲自迎亲，而是由伴郎及一群女性带着礼物前往，从进村寨到把新娘接出村寨，要经过烦琐的程序。由一群姐妹及兄弟将新娘送到男方家，再经过烦琐的仪式才入洞房。在迎娶新娘的过程中，很多村寨都有对歌、祭祖环节，民族传统文化在对歌、祭祖环节中得到传承。很多苗族、侗族、水族、布依族村寨，当一群姐妹及兄弟返回的时候，新娘也一同回娘家，继续与父母兄弟一起生活，这叫作“坐家”或“不落夫家”，直到有了身孕，个别的直到孩子出生才正式离开娘家，成为男方家庭的一员。在黔北土家族以及一部分苗族、仡佬族地区，新娘出嫁前要哭嫁，而且母亲、嫂子、妹妹在一旁陪着哭，表达依依不舍之情和对父母养育之恩的感激。有的要连续哭几天，先哭父母，再哭兄弟姊妹，还哭爷爷奶奶，哭叔叔婶婶和嫂子。哭的时间越长，哭的家庭成员越多，哭得越伤感，当地人就越觉得新娘从前在家有教养，和家里人感情深厚（图6-2）。

图6-2　沿河县官舟镇泉坝乡土家族现在还有个别村寨有哭嫁习俗。

图6-3 左图为毕节彝族、苗族聚居区的乡村婚礼，新郎正准备将新娘从轿车中背进家门，现在的婚礼仪式中基本上看不出民族风情；右图为瓮安县汉族集中地区的村寨婚礼，新郎正把新娘抱进家门，当地其他民族的婚礼仪式与此并没有区别。

如今再也没有“坐家”习俗了，他们和汉族一样迎亲、送亲、娶亲、拜天地、入洞房。新郎亲自到新娘的父母家去娶亲，新娘到男方家后便表示婚姻完成。有条件的家庭和城里一样安排车队到新娘家迎娶，鞭炮声轰鸣。洞房布置成喜庆的红色，张灯结彩。繁缛的仪式简化了，可是有一些带禁忌性的仪式还留有痕迹。例如，新娘子从父母家出门的时候由兄弟背着走，从前是一直背到花轿上，现在是一直背到轿车中；到婆家门口时，新娘子也是脚不沾地，由新郎一直抱着或者背着进入大门（图6-3）。

图6-4 仁怀后山苗族人结婚时，“客巫”带着鸡一同前往。到新娘家后摆桌杀鸡。

在仁怀市后山苗族布依族乡的苗族村寨，迎亲的时候，男方会安排一名女人专门负责接新娘，接新娘的女人在路途上会撑伞直至新娘家。新娘离开娘家时，伴娘（多数为新娘的姐妹）拿一把雨伞与新娘共撑同行。在当地苗族婚礼上，至今还有用鸡捉魂的习俗，新郎接亲的队伍中会有“客巫”拿着鸡与队伍同行，还少不了苗家的重要乐器芦笙。到了新娘家，就开始用鸡捉魂。摆上桌子，倒上酒，“客巫”手拿一只鸡，口中念念有词，用苗族语言叙说着鸡的非凡本领，并让鸡在新娘面前拍翅，表示捉魂（图6-4）。当地人的建筑、服饰都已经汉化，说本民族语言的村民也已经不多，婚姻

图6-5　左图为黔东北思南县土家族婚礼新娘走出娘家大门;中图为黔西南兴义市捧乍布依族婚礼新娘进婆家大门;右图为黔南三都水族新郎背新娘进门(刘兴祥摄)。在三个不同地区的不同民族的婚礼上都少不了红伞。

仪式中的其他环节和汉族基本相同,可是伴娘与新娘子打伞的习俗、"客巫"用鸡捉魂的习俗仍旧存在。

在思南县土家族村寨,哭嫁习俗越来越少见,而新娘离开娘家时都一定撑上红伞,这是绝对不可疏忽的细节(图6-5)。尽管许多禁忌都被事实证明为虚妄,许多迷信的说法都荒诞不经,但是婚姻毕竟是人生大事,村民即使不相信真有鬼魂,不相信触犯禁忌会招致不幸,他们也害怕真有鬼魂降灾,害怕万一招来不幸。所以,在婚礼仪式中,凡是能直接断定不会影响婚后生活的礼节都可以简化或省略,而那些村民自己不能证明对婚后生活是否有影响的神秘活动则不敢马虎。

从这些变迁中可以发现,"同姓不婚"的观念传承得最久、最牢固。如果把"同姓不婚"仅仅视为一种道德伦理,认为道德伦理是文化习俗中最稳定的,这种解释未必能够立得住。道德伦理是时代的产物,不同的时代有不同的道德伦理。"父母之命,媒妁之言"也是道德伦理,在新时代已经被摒弃。关键是"同姓不婚"建立在遗传科学基础之上,坚持"同姓不婚"有利于后代的健康,它直接影响着一个家庭乃至整个家族的命运。对婚姻程序冲击最大的是经济因素,现在村民的生活有了基本保障,不至于因为女孩的出嫁严重影响家庭劳动力、财产("姑娘田")流失、女孩今后在男方家的生活,所以提亲程序就没有那么慎重了。现在的人比以前富裕,男方可以在很多场合和环节向女方家送礼,可以把送礼转换成多种形式,所以不在乎献彩礼的仪式。献彩礼的观念仍然很浓,对彩礼的分量仍然很看重,甚至有些村寨愈演愈烈,有些村民互相攀比。"纳吉"是一种传统意识,每个人都有追求吉利之心,每个人都不可能完全主宰自己的命运,所以宁愿相信有一种神秘力量保佑,特别是在影响个人前途乃至家族命运的婚姻问题上更表现出对神秘力量的虔诚。只不过现在村寨中选择结婚日子的“纳吉”不再像过去那样祈求巫师，而是和城里人一样找一本“老皇历”，或者选择某个“吉利”数字的年月日。结婚当天，和汉族地区一样由新郎亲自去迎娶，虽然还有些地方保留着一些本民族的习俗，如新郎穿着民族盛装将新娘背出娘家大门或背进婆家大门、新娘打红伞、新娘从客厅的火盆上迈过等。但是，最能体现民族文化的习俗日渐消失，几乎再也没有村寨长老在结婚仪式上讲述本民族古老神话的习俗，也很难看到姑娘在出嫁前和到新郎家后轮番对歌的场景，都是与汉族一样拜天地和拜父母，闹完洞房之后就结束婚礼仪式。婚礼上不再讲述神话，从此神话失去了传承的重要载体，村寨中的人们再也没有多少机会听到本民族的古老故事。婚娶过程中不再有轮番对歌，它缺少的不只是歌词和曲调，更主要的是减少了村寨文化中的情趣。

“哭嫁”习俗原本反映出女子在“媒妁之言”的婚姻中对未来的生活充满不确定性，因为婚后可能与娘家相距太远而难得有机会回乡省亲，从此步入生活的另一阶段却少有机会报答父母。而如今的婚姻已经变得自主、自由，女方回家省亲交通便利，也有很多机会和方式报答父母，所以对婚姻不再恐惧，对娘家的依恋之情和对父母的报答之心都已发生变化。过去的“哭嫁”源于生活境遇，今天不再“哭嫁”也是源于生活境遇。既然生活环境发生变化，就不可能指望原来的习俗一成不变，而原来“哭嫁”习俗所包含的传统文化在新的环境中也因此失去了传承的载体。这固然是传统婚俗文化的无奈，却也是时代变迁的必然。

关于“不落夫家”习俗，有人认为它是原始社会对偶婚的遗留，有人说是没有恋爱的一对新人缺少感情基础而需要经过一段心理调适，有人指出这是因为新郎、新娘年纪太小而需要留出一段成长期，还有人觉得是女方家庭不忍劳动力骤然失去。也许这些分析都有些道理，但未必就能揭示出本质。理由很简单：很多民族在历史上都经历过对偶婚的阶段，很多地方都存在没有恋爱的婚姻，很多人结婚的时候年纪都不大，很多家庭都缺少劳动力，却并没有因此产生“坐家”习俗。这个沿袭很久的婚姻习俗在新中国成立后迅速消失，致使其被废除的主导性力量就是国家的政令和法律。

对于是否举行结婚仪式和是否举办婚宴，现在大致有三种情形：其一，如果村寨中的男子娶的是外地媳妇，有些按照女方的意愿，有些则保持本村习俗。其二，如果村寨中的女子嫁到外地，则很少按照男方的习俗。其三，婚姻的双方都是本地人，即使新郎、新娘采取旅行结婚的方式，他们的家人照样不会省去婚宴。村民如此重视婚宴，固然不能排除借此收受礼金的想法，但最主要的并不在此。办婚宴是整个村寨所期望的：既可以通过这种方式证明本村寨懂礼数，还可以使亲友借此了却一笔人情债,谁都没指望只收礼而不还人情。办婚宴表明对婚事的重视,娶媳妇的人表达了高兴之情和对媳妇家族的尊重,嫁女儿的人则用一种含蓄的方式宣示这桩婚姻是明媒正娶,也间接地向男方家庭表明女儿未嫁时在家中是有地位的。

贵州少数民族村寨的婚姻习俗作为地域文化的重要组成部分,凝结着村民的情感和认知,反映了生活习惯和人际关系。同时,婚姻习俗还是传统文化的载体,习俗的减省将使一部分传统文化失去传播的平台。村民不再用歌唱的方式去恋爱,媒人去提亲不再与女方的家人对唱“颂亲歌”,新娘出嫁前不再哭嫁,男方娶亲时不再和女方的亲友几番唱和,新郎新娘入洞房时不再有长者讲述神话,这就导致村寨中传统的情歌、颂亲歌、打闹歌、哭嫁歌、祝福歌、神话从生活中剥离出去。恋爱双方的择偶标准发生变化,女子不再欣赏对方的歌舞和器乐演奏技艺,男子也不再在乎对方的纺纱织布和缝纫刺绣能力,这就导致传统的娱乐文化和生活技能退出历史舞台。

三、村寨的丧葬文化变迁

结婚和生育出于世俗的考虑,一方面,体现为对当下个人的关怀;另一方面,是对家族未来的关怀。丧葬则一部分出自对死者家族未来的关怀(诸如相信阴宅的风水会影响后代发展),还有一部分是出于对死者来世的关怀。婚姻基本上是世俗的,形而下的,所以婚姻的各环节基本上属于工具性的;丧葬则除了世俗成分之外,还有浓厚的宗教色彩。尽管少数民族村寨的婚姻中一些迷信因素看似玄妙(如看生辰八字、纳吉、害怕“读永”、“破蛋”占卜等),但在本质上还是世俗的、功利的。世俗的行为很容易受具体的物质利益影响,而宗教的意识往往很牢固。

(一)丧葬形式映射出村民对生命的体认

从明清时期大量的文献记载可知,贵州少数民族的衣冠、语言受汉文化影响后变化很快,而丧葬的形制,特别是丧葬中关于灵魂的祭礼仪式则显得非常顽固。丹寨县的水族,不论现在操本民族语言的,还是改说汉语或苗语的,都还保持着丧葬忌荤的遗风,整个丧事活动在程序上都按照传统进行。在黔东南,苗族和侗族文化出现深度融合,而两个民族之间办丧事的差异显而易见。苗族丧葬中要为死者“指路”,相信这样可以将死者的灵魂引向祖先的发祥地,死者的墓穴一定是头部朝东,而侗族没有这种规矩。在黎平肇兴侗区,非本村的人死了以后必须绕道抬出这里,而且要请巫师做隆重的道场将死者的灵魂赶出去。本村正常死亡的老人停棺于鼓楼,本村的人在外非正常死亡时不能将尸体运回村寨,甚至骨灰也不能进寨。贵州西部的彝族虽然近一个世纪以来由火葬改为土葬,但是请毕摩诵“指路经”的传统没有变。大南山苗族的棺材由横埋改为顺埋了,而下葬之前椎牛“打嘎”的习俗还盛行,请巫师超度亡灵的老规矩还保存着。黔西南贞丰一带的布依族丧葬中增加了一些汉族元素,但布摩念诵“古谢经”的习俗依旧。

少数民族丧葬的变化,最明显地表现在村民对死者尸体的最终处理方式上。(嘉靖)《贵州通志》记载,当地彝人“焚于野,掷散其骸骨”,(万历)《贵州通志》记载贵州宣慰司的罗罗(今彝族)“其贵者,死则集千人,被甲胄驰马若战,以锦缎毡衣裹死者尸焚于野,招魂而葬之,名曰火葬”。现在这一带的彝族已不再实行火葬,和汉族一样用木棺土葬。布依族以前也实行火葬,明朝万历年间贵州巡抚郭子章所著的《黔记》说布依族死者“三年之后,视尸朽烂,举火焚之;或其家稍有不吉,再扦(迁)埋之”。(民国)《贵州通志·土民志》也说布依族“死后作高架停尸,延鬼师念经咒,亦做戛(即杀牛)焚尸,惟焚后又藏之”。如今所有的布依族村寨都没有再行火葬的现象,也改掉了停尸三年的习惯。土家族在土司制度前实行火葬,元明时期开始接受汉族丧葬,改行土葬,但葬礼由当地的土老司主持操办,将装好遗体的棺木抬上山,埋葬或悬棺葬;在明永乐年间改土归流后至民国时期,丧葬逐渐改由道士主持,道士为死者超度灵魂后将尸体入土掩埋。紫云县格凸河、花溪区高坡、开阳、平坝、望谟、长顺、惠水、罗甸、平塘、龙里、贵定、福泉、都匀、独山、荔波、三都、榕江等地的少数民族岩洞葬都已成为历史遗迹,村民说不清这种丧葬形式是什么时候消失的。曾经普遍盛行的二次葬,如今基本上不再实行。黔西北大南山苗族过去的墓葬,到民国初年横埋的已经较少见。明代地方志说新添卫(今贵定县一带)的仡佬族“棺用长木桶葬”,这一习俗现在已不存在。

但是对于死者尸体的处理过程,即办理丧事的过程,现在和过去相比变化很小。从给死者净身、殓棺、停棺吊唁、抬棺离村到下葬,这些环节中的相关仪式至今还与从前相差不大。给死者的亲友报信、亲友前来致哀和哭丧、巫师(有些地方叫“掌坛师”“土老司”“祭司”“毕摩”“布摩”等)为死者超度亡灵等活动今天依然在进行。清代乾隆年间爱必达在《黔南识略》中记载了彝族火葬的习俗和杀牛“打嘎”传统,“殓用火葬,招魂于野,结松棚设灵幄,谓之翁车,椎牛野祭,击鼓吹喇叭,亲戚会葬者数百人,谓之‘做戛’”。这一段描述,几乎就是今天当地丧葬风俗的写照。据《毕节县志稿》卷之八《风俗篇》记载:“丧则宰牛召戚

图6-6　紫云中营苗族在打嘎前绕灵棺。一群村民抬着棺材在前，另一些村民抬着木鼓紧随其后，在空地上绕圈，口中用苗语念着世代流传下来的“指路经”，超度亡灵回到祖先生活的地方，还有些村民牵着牛。绕灵棺仪式结束后，就地宰牛招待亲戚。

属。戚属各携酒食为赙。葬，掘地成横穴，置板于内，舁尸板上，乃四周设板，加盖而掩之，乃筑土。”从这段记载看，在清末民初，当地苗族还是“横山葬”，而不采用棺葬，墓穴也不太讲究，而杀牛“打嘎”则早已盛行了。[①] 现在都实行棺葬和“顺山葬”，而“宰牛召戚属”的习俗毫无衰减的迹象，随着多数家庭经济条件变好，反而愈来愈兴盛(图6-6)。

布依族“打嘎”也有很长的历史，郭子章的《黔记》早有记载：“卡尤狆家……凡祭事，贫者用牛一，富者数牛，亲戚族友各携鸡酒致祭，绕牛而哭，祭毕屠牛分肉而散”“波笼狆家……丧则屠牛招亲友，以牛角欢饮”。从《布依族社会历史调查》一书可以知道，半个多世纪前镇宁县扁担山地区布依族成年人正常死亡后都用木棺土葬。送终和入殓等仪式，同当地汉人基本一样，只有“砍嘎”是富有民族特点的仪式。“砍嘎”，布依话叫作“顾舍”，是丧事中既隆重而耗费又大的活动。五十多岁以上的老年男女死亡，有钱人家先砍嘎，然后埋葬；中等财力的人家无力办理，只有先葬，等待以后遇家族中有人砍嘎时再搭做，包括十六七岁以上死的男人在内。而姑娘死亡后就不能搭做，因为认为她将来终归是别家的人，不必费事。[②]

和历史上的丧葬习俗相比较，首先，从物质形态上看，贵州少数民族村寨丧葬活动中有些物质形态的东西发生了变化，如祭祀的供品、用于祭祀的法器、主持祭祀者的服装等均随着时代在改变、调整或增加，而一些触及信仰的物质形态则没有变。例如，死者后代戴的孝帕必须是白色的棉布，而不能改为化纤布料或其他颜色的棉布。又如供在死者棺材上的必须是一只大公鸡，不能改成母鸡或者其他物品。黔西北苗族祭师在念“指路经”时一定是手持竹卦，紫云巴鲊苗族在死者棺材中一定放的是竹片，不可能是其他材质的物品。其次，从空间

① 《民族问题五种丛书》贵州省编辑组：《苗族社会历史调查》(三)，贵阳：贵州民族出版社，1987年，第60页。

② 《中国少数民族社会历史调查资料丛刊》贵州省编辑组：《布依族社会历史调查》，贵阳：贵州民族出版社，1986年，第89页。

上看，虽然各地的丧葬活动有趋同倾向，但是地域差异仍然很明显。纳雍苗族的杀牛打嘎祭祀就分为家祭和外祭两种。家祭在家中堂屋进行，外祭要在屋外较平坦的地方搭一个棚子作为祭房（又称“嘎房”），然后将灵柩抬入祭房祭奠。各乡镇的苗族村寨因属不同支系、不同宗族而采取不同的祭祀形式，水东箱子何氏、杨氏使用家祭，而水东箱子冲头杨氏、水东猫寨杨氏、火烧寨张氏采用外祭。全国各地的土家族，唯独印江一部分村寨的棺材是朱红色，和封建时代的皇家棺材一样（图6-7）。再次，从具体内容看，丧葬活动中涉及灵魂观念的仪式变化很小，各个环节依然相当繁缛。西部的盘州市村寨在举行葬礼时，先请先生看日子，开路那天先扬“大裙”再搭丧房，然后“行白”。孝子在大裙下披麻戴孝，然后接待前来烧纸钱的家族亲人及亲戚朋友，以及老后家和小后家，待到天黑再接待姑娘家。姑娘家要耍海马、舞狮马，锣鼓喧天，歌声振彻四方，鞭炮齐鸣，礼花冲破夜空（图6-8）。然后给老小后家、各姑娘家送火把，再请老小后家、各姑娘家来烧纸钱。这些仪式做完之后，先生正式诵经打羊，孝子洒水。先生做法事完毕后，就根据定下来的时间起棺。按照习俗，起棺的时间一般在天刚亮时。最后是发丧，将装着尸体的棺材抬至墓穴。在抬棺的途中，到了路况好的地段，要把棺材抬着从孝子身上过去。到坟地后，孝子跪下换衣服，老小后家以及各位姑娘家给抬棺材的人倒酒、发香烟答谢，还给所有帮忙的村民分发水果、撒糖果、送糕点，在一片热闹的气氛中把棺材置于墓穴。每一个环节在当地都很讲究，都有与灵魂有关的说法，都不能省略。在这里的农村，盛行有“人死饭甑开”的风俗，认为老人去世是“白喜事”，来的人越多则办丧事的家庭就越觉得有面子。奔丧者不受人数限制，尽可能地带着朋友、亲戚前往吃“流水席”。在黔北沿河土家族自治县塘坝乡石泉村，如果老人去世，女儿的婆家、村寨中的邻里都来帮忙办丧事，不来就是不给死者家属面子，自己也会被当地村民笑话。当晚还要请来六位先生（当地称“吹打念经先生”），死者的家里人还要买一只活鸡，交由先生做法事的时候使用。在死者下葬之前的这段时间，他们还要听六位先生念经——尽管听不懂意思。如果子女不请先生，当地人会认为子女不孝，“先生”按当地习俗办完事后，主人要付给“例钱”（图6-9）。

以上这些丧葬习俗或变化或保持，其实是历史与现实的交融，是世俗生活与精神世界的对话，是大环境与村寨小环境的碰撞。无论村民还是市民，无论当下的村民还是他们的先辈，其所思所行都离不开具体的时代和环境，都是指向现实生活的。生老病死，村民习以为常。但是生命逝去之后又会怎样？村民

图6-7　印江土家族的红棺葬。

图6-8　盘州市村寨丧葬活动中耍海马的情景。

图6-9　沿河县石泉村“吹打念经先生”使用的法器。

参不透其中的奥秘。办丧事既是在处理逝者的遗体,也是这个家庭生活中的一部分。家人不愿经受亲人离去的痛苦,而村寨办丧事却不足为奇。所以,从世俗的角度看,添加、减去或改变丧葬活动中的某些物质形态的东西就和日常生活发生变化一样,而从对死亡的认知角度而言,对那些世代相传的禁忌还是不敢轻易触犯。他们改变的是那些自以为可认知和可证明不会影响现实生活的那一部分,而对于没有改变的那一部分,则是因为还难以认知或无法证明它与现实生活的关系,其实都是为当下的生活考虑。

(二)丧葬活动有效实现村寨文化传承

贵州少数民族村寨的丧葬习俗,无论在同一村寨还是毗邻村寨,可明显看出民族、地域的文化特征。丧葬习俗的差异性是一种文化边界,也是村民的地域边界。文化边界和地域边界在今天的农村不可能阻挡或限制村民的彼此交流,但它在提醒具有共同丧葬文化的村民保持村寨群体意识。人们生活在同一个村寨,或拥有共同习俗的若干村寨,因其文化的共性而强化着群体意识,增强凝聚力。在一起参加丧葬活动中,在与其他村寨丧葬文化的差异中,村民不难发现文化的边界并区分着文化共同体。而文化共同体又总是与利益共同体密切相连,为了共同的利益,为了共同的文化,村民的边界意识会激发团结协作的动力,会转化为捍卫文化和传承文化的责任担当。很多村民觉得将丧事办得隆重和富有特色是村寨的荣誉,是向其他村寨宣示力量和展示形象的具体方式,如果连丧事活动的自我特色都没有了,那便是一种耻辱。

特色固然体现为丧葬的规模大,但更体现在一些具体的环节上。现在贵州少数民族村寨的丧葬仪式,按照惯例都将死者的尸体最终掩埋,这是共性,而差异性则在于掩埋死者尸体之前的一系列过程。对死者尸体的最终掩埋,虽和传统方式相比有很大变化,但这一变化对村寨文化传承的影响并无大碍。处理死者尸体的过程,和过去相比并没有发生很大变化,这对村寨文化传承起到了重要作用。因为传统文化的传承不是以死者的尸体为载体,而为了掩埋死者所举行的各种仪式才是文化传承的重要载体。

现在,人们对死者尸体最终的处理方式已经不同于以前,这是少数民族村寨非常突出的文化现象,我们不能由此就断定现在的人们对灵魂的认识比以前更清晰、更科学。有些学者把从前相信存在灵魂的观点视为“原始思维”,认为它极不理性、毫无科学依据。到了科学已经很发达的今天,人们极力证明这个世界上根本没有所谓的灵魂,可是灵魂观念还在很多人的思想深处挥之不去。今天仍有许多人和过去一样,相信万物有灵,认为灵魂不灭,他们对灵魂的认知没有与科技进步保持同步。很多村民和他们的先辈一样,认为死者有灵魂存在,死亡只是肉体失去生命,依附在身体上的灵魂因为生命的结束而与肉体分离。所以,在丧葬活动中,他们其实是在处理躯体和灵魂之间的关系,既是在处理尸体,也是在安顿灵魂。既然灵魂与肉体发生分离,那么怎样处理已经没有生命的肉体其实都无关紧要,要紧的是如何安顿从肉体中分离出来的灵魂。肉体是死者的,生命无法挽回,死者离开了人间,已经和人间无关,所以他们认为将死者的尸体火葬或掩埋都没有本质区别。村民相信死者的灵魂还在游荡,还会影响人间,它关系到生者。基于这样的认识,丧葬过程中的哭丧既是在表达生者对死者的哀思,也是在告慰死者的灵魂;巫师的超度活动既是在抚慰死者家属的情感,也是在为死者的灵魂寻找归宿。处理死者的尸体,不管采用什么方法,其实都是为了让这个物体合理地消失。安顿死者的灵魂,这是认识上的问题,它对村民来说,也是现实生活问题,因为他们认为对死者灵魂的安顿是否妥当直接关系到死者家庭和整个村寨的很多现实问题,如村寨的安宁、人们的健康等。他们相信,只有死者的灵魂安置妥当,村寨才能得到安宁,村民的身体才会得到死者灵魂在冥界的庇护。对于如此严肃的问题,村民素来很慎重,反

图6-10 正安县流渡镇的一场法事,身穿红袍的道士正在为死去的人超度亡灵。在当地,死了人后多半会请这样的道士来做一场法事,让他们死去的亲人尽快脱离苦海,轮回转世,也避免死者的灵魂在村寨游荡。

映在丧葬习俗上就是不敢轻易改变尸体的处理过程,传统的仪式保留至今(图6-10)。

保留传统仪式,就为传统文化传承提供了载体。在少数民族村寨,仪式一直以来不仅是重要的民俗事项,而且也是生活中一种特殊的文化传播媒介,典型的仪式展演通常是有关民俗、信仰、宗教、文化等信息的传递和社会互动的过程。丧葬活动中的仪式,对村民来说是整个丧葬活动不可或缺的一部分,是生者与死者对话的手段;从民俗文化角度看,是地域风情的展示,是历史与现实的交融;从传播学角度看,既是村寨文化内容的呈现,也是传统文化传播的载体。丧葬习俗中对尸体的处理过程不敢轻易改变,那么这每一个过程中包含的文化信息就不至于大量流失。对尸体处理的每一个细节都沉淀着历史上村民对灵魂和生命的认知,每一个仪式都传达着文本的或非文本的、语言的或非语言的信息。少数民族村寨传统文化的传承向来是通过口耳相传、行为示范、心理影响的方式进行,丧葬仪式包括动作演示、与之相配套的口述文本、渗透在动作和口述文本中的思想和情感,相对完整地传承下来的仪式因此也将其中的文化内涵和历史信息保存下来了。个体从出生到死亡,时时刻刻都处于村寨文化的熏陶和浸染之中,村寨生活的过程也就是其耳濡目染、潜移默化地习得本村寨文化的过程。本民族或本群体的创世神话、迁徙史诗、英雄史诗和村寨发展史都以民间口头文学作品的形式呈现,主要通过祭司、巫师在祭祀仪式和节庆仪典上讲述唱诵。祖先的历史、先辈的风采、鬼神的形象储存在村民的记忆里,活跃在村民的口头讲述或表演中。村寨中现在已经创造出本民族文字的少数民族,或许熟练地掌握了汉语和汉字,但是他们的文化很大一部分仍然体现在村寨成员的言语、行为和思想上,并依靠他们世世代代的口耳相传和循环往复的民俗活动而得以绵延传承。[①] 村寨的丧葬礼俗处在缓慢的变化之中,因此村寨的许多文化以丧葬礼俗为载体得以保存。

而且,伴随着仪式而产生的这种特殊的传播方式也有其与众不同的优势。在少数民族村民的生活中,丧葬仪式是传统文化传播的媒介和平台,通过这个媒介和平台,他们不仅表达自己的情感,而且也传播日积月累沉淀下来的稳定的民族文化因子,参与者通过焚香叩拜、哭丧、跳丧等行为传递出共同的价值信念、道德语码及对生命的理解。因为有了这样一种传播媒介和平台,村民对死亡的理解、对图腾的崇拜、对亲情和友情的感悟和对生命的态度在这种特殊的

---

① 肖青,李宇峰:《民族村寨文化的理论架构》,《云南师范大学学报》(哲学社会科学版),2008 年第 1 期。

图6-11 正安仡佬族村寨的丧葬仪式。在灵柩从堂屋抬出的那一刻，孝子孝女要用孝布遮住脸。有人说是因为对死去的长辈心存愧疚，羞于相见；有人说是担心死者看见亲人悲伤的面容而不忍离去，灵魂将因此在村寨徘徊，影响村民和家人的生活。

氛围中逐渐趋于一致。如果失去了这样的传播空间、时间、场景和对象，村寨中许多民俗文化的内容就难以传承。

村寨文化具有整体性，是一个完整的文化系统，而整体的文化由涓涓细流汇集而成，村民不可能在某一个时间或某一个场合一次性获得这个文化系统，而是通过日常生活和特殊时间、家庭内部和公共环境等不同的途径不断感受、体验而获得。丧葬存在于特殊时间和特殊文化空间，并且将持续一段时间。在这个持续的时间段，丰富的文化在这里汇集，或直接或间接地呈现。例如，正安仡佬族村寨在料理丧事的时候，要请道士先生做“上山道场”。道场分为九个词表（15天）、七个词表（13天）、五个词表（9天）、三个词表（7天）共四种。在正式出丧前，掌坛师先根据祖传下来的“黄历”看出殡日期，用罗盘选墓地，然后烧纸钱请神祇。其他帮忙的人要迎亡灵入棺，上丧杠，紧绳索，准备罐碗匙等生活器皿于棺前，并拿一把斧头放在罐旁，以便出丧者用。掌坛师请神完毕，接着手执鬼头宝剑，脚踏大门坎，面向门外大声讲出一段做法事的话语，边讲边做一些动作。死者尸体掩埋后还有“烧灵”环节，主要是孝子孝女为报答死者在世时的辛劳，烧一些用纸、竹子和木头做的房子、大头兵、金山银山、龙凤等。在这一段时间，掌坛师的地位凸显出来了，他从师父那里承袭下来的传统文化此时有了展示的机会。村民相信死者亡灵的存在，也给丧葬文化提供了生存空间。这些仪式和环节，又进一步强化了村民的传统思维和朴素的情感（图6-11）。

在过去和现在，有一部分人每当谈及乡村丧葬文化的时候，几乎条件反射般地斥责其愚昧、荒诞、落后，并对丧葬习俗在传承传统文化中所发挥的积极作用淡而化之，甚至视而不见。其实，只要深入乡村，深入体察乡村的丧葬习俗就不难发现，今天被视为愚昧落后的文化在它产生和生长的环境中客观而真实地反映了文化创造者、拥有者的认知。以他者眼光看似荒诞的丧葬仪式，却被当事人视为神圣，它是情感、认知的表达，是思维方式和价值观真实而曲折的体现。丧葬习俗作为一种文化，它的存在也反映着文化面貌。某一种丧葬习俗之所以产生，之所以还存在，总有其合理性。科学的态度应该是理性地分析其产生的原因和存在的理由，应该是全面综合地看待它的历史意义和当代价值。我们可以指出少数民族丧葬习俗中今天看来显而易见的落后成分，这将有助于推进文化健康发展。但是，我们没有权力指责这种文化的创造者，更不可能将其从少数民族文化系统中粗暴地剥离。文化总在不断创造和不断扬弃，贵州少数民族丧葬文化也一直在与其他民族，尤其是在与汉民族的不断交流与融合中发展变化。如今，现代化生活方式正在冲击着少数民族村寨，少数民族村寨的丧礼仪式已经呈现出汉化、简化、现代化趋势，新的文化因素正在向少数民族村寨注入。但是也应该看到，在少数民族村寨丧葬仪式中，那些今天看来愚昧、落后、荒诞的仪式正在被淘汰的时候，它所承载的文化意蕴也随着消失了。

传统的丧葬仪式在村寨中缓慢地变化着，它落后于社会的变化，却又随着社会的变化而变化。村民并非要刻意坚持传统丧葬习俗，也并非清楚地认识到丧葬习俗中包含着丰富的传统文化信息。但是，丧葬活动触及村民情感最柔软的部分，反映村民对生命的体认，所以丧葬习俗成了村寨文化坚守的最后阵地，丧葬仪式也成了村寨传统文化最真实的表现。每一次丧葬活动都成了村寨文化集中展示的舞台，每一次丧葬仪式展演都意味着一次传统文化、民间信仰等的传播。如果说丧葬活动意味着死者走完生命的最后一程，那么传统丧葬仪式的消失就意味着与之相对应的历史文化从生活的舞台上淡出。

第二节　贵州少数民族村寨岁时节日的文化传承

人生礼仪出现在生命旅程的重要节点，它是对生命的关注，体现一个人的社会角色变换，标志着人在某个生命节点上脱离原来的社会角色。人生礼仪旨在强调对有限的人生各阶段的珍惜，而珍惜的原因是人生各阶段不可重复。举行人生礼仪的时间因个体生命的情况而定，是关于人的生命的时间，是可把握的具体时间。岁时节日则是以自然时间为节点，它指向自然，是对自然规律的认识。它是人们按照同一方式或习惯在同一个“被提纯了的时间”举行的重复性的民俗活动，是以自然时间为周期的风俗礼仪，是人类社会特有的时间观念，是人类社会发展到一定阶段的产物。人生礼仪举行的地点以家庭为中心，岁时节日通常在社区或群体的公共空间中进行。对举行人生礼仪的个人而言,每一个礼仪只能经历一次;对参加岁时节日的个人而言,则可以在周期性的节日活动中反复经历此过程。

村寨是民族节日生存的重要空间,村民是民族节日活动展示的主体。少数民族的很多文化事项都通过节日展现,村民在村寨的节日中享受自己的文化,传承地方性文化。

一、民族传统节日反映村寨文化

节日的产生与人类对自然、生命的认知有关,可以追溯到原始社会人们对自然图腾和祖先崇拜的时期。先民相信万物有灵,认为祖先的灵魂不灭,希望借助某种方式表达对生灵的敬畏和对祖先的怀念,并希望通过这种方式得到生灵和祖先的庇佑。这种活动在不断重复之中,逐渐形成了定时间、定地点、定仪式的节日。有些学者把节日分成祭祀、纪念、祝颂三类。这种分类未必就很科学,生活中的节日很难说就只是单纯的祭祀、纪念或祝颂,很多节日都是综合性的。祭祀本身就包含着纪念,也包含着祝颂,更何况纪念也包含着祭祀,祝颂活动也要举行祭祀。苗族每 13 年举行一次隆重的鼓脏节,这是对祖宗的祭祀,同时也是对先辈创业的纪念,更是祈愿今后生活美好。南部侗区的萨玛节毫无疑问是侗族对始祖母的祭祀,其中也寄予了今天村民对美好生活的向往。苗侗生活区很多村寨在农历二月初二举行祭桥节活动(民间有些称作敬桥节,还有些地方叫禳桥节),据说是为了感恩神灵给民间送来儿女,同时也为了表达村民祝愿风调雨顺、子孙繁衍不绝的思想。吃新节(有些村寨习惯上称之为尝新节)是庆贺新谷成熟,欢庆即将到来的丰收,也借此缅怀曾经辛勤耕耘的先辈。黄平县谷陇的芦笙节,当地传说这个节日的来历和龙船节几乎一样:很古老的时候,祖先杀了吃人的凶龙,在歌舞欢庆中产生了龙船节。可是,很快天就黑了,从此不再下雨,庄稼不生长,人也无生育能力。后来有一天,一个小孩拿着芭茅叶在清水江边打水,他打一下天就亮一点,于是天开始明亮,开始有雨水,村寨中的人又有了生育。村民欣喜若狂,杀鸡敬鬼神,吹笙跳舞,连续欢庆了三天三夜。从此,五谷生长、六畜兴旺,人们就把每年的这个日子定为节日。暂且不去对这个传说作具体的文本解读,但从中可以了解到这个节日既不是纯粹的祝颂,也不只是简单的祭祀。所以,要把某个节日截然划分为某个类型的做法既不科学,也没有必要(图6-12)。

既然是传统节日,就有其形成的历史,就一定带有时代的新信息。民族节

图6-12　2013年农历九月黄平县谷陇苗族芦笙会。今天这个节日的祭祀色彩已经很淡了，纪念的对象也已经模糊，主要是为了娱乐。（吴安明摄）

日是民族文化最集中的体现，在节日里流淌着传统的精神，“它像遗传基因一样从先辈那里一代一代地传下来，把优良品质注入人们的血液和生命，构成这个民族独特的精神内涵和特殊魅力”①。

（一）众多的节日和节日类型反映村寨生活多样性和文化多样性

贵州少数民族村寨的节日数量多，种类多。有人统计出贵州各地的少数民族传统节日有200多个，其中苗族有101个、布依族有46个、侗族有21个、水族有7个、彝族有11个、仡佬族有3个、壮族有1个、瑶族有2个、土家族有10个。② 回族、白族、满族、羌族等其他各民族也有自己的传统节日，穿青人、僅家人等待识别民族也有自己的传统节日。另有人统计，仅在黔东南地区，各民族有不同名称的节日近400个，其中主要节日近80个，集会点391个。③ 而且在政府和企业的影响下，节日名目还在不断增加，如“民族风情艺术节”“鼓楼文化艺术节”等都颇有声势。

节日多固然是因为少数民族数量多，加上每个民族都有很多节日，但每个节日分布在很多村寨，这就只能说明少数民族生活的多样性以及大杂居、小聚

① 王彦达：《全球化视野下民族文化传承与发展问题的几点思考》，《中国民族》，2004年第11期。

② 贵州省群众艺术馆：《群众文化论文选集》，贵阳：贵州人民出版社，2001年，第56页。

③ 廖毅川：《黔东南少数民族节日文化的社会教育功能》，《教育评论》，2012年第6期。

居的民族分布格局。不同的节日有共同的功能，但是每个节日一定有不同于其他节日的特点和功能。众多的节日可以满足人们不同的需求，它也一定是为了适应不同人群的不同生活需求而产生的，因此每个节日的功能和特点反映了不同人群的生活状态和心理需求。从节日名称就可见其类型丰富和功能不同，这里有以祭祀为主要内容的鼓脏节、萨玛节（亦称"萨岁节"）、土王节、祭桥节、古尔邦节等，有群众游艺活动类的摔跤节、爬坡节、赛马节等，有生产劳动类的种棉节、吃新节、播种节、采桑节等。村民在活动中不仅祭祖、祭灶神、祭五显神、祭真主、祭上帝、祭山神树神等，而且吹芦笙、击鼓、跳舞、赛歌、抓鱼、捉鸭子、谈情说爱、做买卖。

有些节日规模很大，聚集人数上万。黔东南镇远一带的龙船节，往往有十几个、几十个龙舟方队参加，方圆上百里的村民前来竞赛或观战，人山人海，锣鼓喧天。黔南水族的卯节，十村八寨的人聚集在卯坡观看赛马，未婚男女对歌传情，年长者互致问候，同时在空旷场地摆摊设点。规模大的节日都具备两个特点：一是其文化的共性较强，突破了村寨边界；二是活动带有观赏性，人们可以从中获得娱乐。还有同一个节日分散在各地举行，深受村民喜爱。苗族每年

图6-13　从江加榜苗族新米节祭祖坛，当地村民聚集在田中的一块空地上，采摘一些即将成熟的稻禾，和酒肉一起供奉。仪式由当地寨老主持，口中念念有词，全场一片安静。仪式结束后，芦笙齐鸣，欢声笑语，村民共同享用从各家带来的食物。

春节之后举行的跳花节(有些地方称之为跳花山、踩花山、花树节、花山节等),各地的名称不同,形式却基本一致,内容也基本相同,这种现象真实地反映了苗族的迁徙路线和分布情况、民族认同和生活情趣。又例如稻穗即将收获之前的吃新节,在苗族、侗族、水族、仡佬族等民族的村寨中都非常盛行。村民采摘一些稻穗举行隆重的仪式:设坛祭祀,感谢上苍赐予风调雨顺,用丰盛的祭品表达对祖先的感恩(图6-13)。现在还没有充分的依据证明这个节日是由哪个民族最先开始举行,之后再对其他民族产生影响,但是可以断定的是举行吃新节的村寨都存在着历史悠久的稻作文明,都有浓厚的祖先崇拜意识。

(二)相同或不相同的节日分别勾画出村寨的文化区间和历史文化面貌

贵州少数民族地区在历史上交通不便,长期处于自在状态,村寨生活总体比较封闭,行政权力干预而形成的地域文化不明显。表现在传统节日的形式上,就是很少像汉族节日那样只以家庭为单位,或以行政区域为单位。他们的节日尽管有些如姊妹节、爬坡节等只限于青年参加,但大多是集体性的,以群体为单位。

贵州少数民族地区传统节日的区域性很强,有的节日覆盖几个县,有些节日只属于一个狭小范围内的几个村寨。例如,剑河县的迎亲节、镇远县的三月三、黎平县的泥人节只涉及一个村。又如水族在水历四月举行的苏宁喜节(也被称为娘娘节、妇幼节),仅仅被独山县本寨乡甲典村、三都水族自治县恒丰乡和勇村、板孔村这三个村的吴姓作为新年活动隆重庆祝,其他地方包括三都县九阡的村寨只是把它看作一般节日。“六月半”从目前的田野调查看,仅分布在三都县九阡镇白庙村的上荣咬寨。[①] 这些影响范围很小的节日其实已经传递出历史的信息,说明它只为少数人所拥有,它产生于信息封闭的村寨和文化封闭的年代。而它能够传承至今,又说明它的功能仍能满足村民的需要,它的文化特质还与今天村民的生活相适应。

虽然贵州少数民族地区传统节日分布广,但是它的生命源于村寨,村寨就是节日活动的空间。例如,黔西北彝族的火把节每年都在举行,规模越来越大,地点从村寨扩展到城市广场,然而城市广场的火把节远不如村寨火把节的味道纯正,市民在参与的过程中不可能像村民那样体味到火把节本来的意蕴。黔东南苗族祭祖的鼓脏节,在不同村寨的规模有大小,且有“黑疆流”和“白疆流”之

---

① 朱志刚:《传统节日中的传说、历史记忆和文化认同:基于三都水族的研究》,《韶关学院学报》,2014年第7期。

分。黑疆流祭祀规模宏大,若干个拥有共同祖先的村寨相约聚在一起,杀水牯牛是必不可少的内容,要分成醒鼓、起鼓、凿鼓、换鼓、引鼓、安鼓等烦琐的仪式,祭司在整个过程中要演绎很多历代相传的古歌,表现出神秘的色彩。而白疆流的祭祀活动就只杀猪而不杀牛,虽然也很隆重,也请寨老举行祭祀仪式,但是程序要简单得多。2011 年春节前在台江县台拱镇的展福村举办的苗族鼓脏节,几个相邻的村寨邀约在一起,沿袭栽花树的传统,杀了几头猪,寨老照例祭祖敬神。但明显没有榕江摆贝、从江加鸠、雷山西江一带苗族黑疆流杀牛的节日那么盛大和神秘,甚至与本支系毫不相干的很多外地人也闻讯前来参观,使原本封闭性的祭祖活动变成公开的展示,节日中的传统祭祀文化成分被严重消解。凯里舟溪、黄平谷陇芦笙会的主要活动只有芦笙舞,而雷山控拜的芦笙会还有铜鼓舞。台江施洞的"姊妹节"、镇远爱河的"踩鼓节"的主要内容是表演踩鼓舞,而台江番召的吃新节和鼓脏节则以木鼓舞著称。

在六洞九洞地区,萨玛节(亦称祭萨节、萨岁节)盛大而隆重,几乎村村寨寨都立有萨坛,而在北部侗区几乎就没有这个节日。每年农历四月八,从黔东到黔中的苗族盛装迎接他们的传统节日,可是黔西北苗族在这一天却很平静。黔西南的布依族非常热烈地欢度"查白歌节",黔中扁担山则没有这个节日。端节和卯节是水族最重要的两个节日,但从三都水族自治县的范围来看,过端节的村民主要分布于该县境中北部的都柳江上游,过卯节的村民则大多生活在樟江上游。很多人总以为鼓脏节是苗族特有的节日,事实上黔东南和黔南地区一部分侗族和水族的村民也把它视为自己的节日。

一个民族总会分布于多个村寨,一个村寨也可能有多个民族,因此一个村寨可以共享几个民族的节日,一个节日也可能为几个民族所共享。同样,还存在着一个民族的不同村寨分别过着不同的节日,或者一个节日在不同的村寨表现出不同的特征,节日文化就自然地成了村寨文化的一部分。由于居住地域、生态环境、村寨历史不同,同一民族的节日在不同的村寨也可能在表现的内容和形式上有不同的特征,不同村寨在节日文化上就会既反映出共性,也表现出个性。富有个性的节日要么是村民在特殊的环境下创造的,要么是对其他地方的节日文化进行了适合自我环境的改造,它是村民的文化身份和村寨的文化坐标。虽然贵州很多地方有温泉,但只有黔南独山县温泉乡附近的村寨在六月六设立洗澡节,届时由村寨长老组织全体村民祭祀温泉周围的地神,然后村民入泉中洗澡。在春节期间,安顺西秀区黄腊乡绿宝村布依族老人会拿出他们珍藏的地戏服装,穿戴好后挨家挨户"开财门",晚上村民围坐在一起边吃饭边"唱酒令”,由此形成一道不同于其他地方的文化风景。过年供奉五显菩萨是穿青人的标志性礼节,每家都会在五显菩萨面前供神粑五个、供饭五碗、供酒五杯。在正月初五将一个供神粑煮在甜酒中供全家人享用,人们相信这样就能得到五显神保佑,而留着其余的四个神粑到正月十五元宵节时拿到菜园中“吃菜虫”,这种特别的年俗成为他们有别于其他群体的重要标志。这种富有个性的节日文化,也只有在封闭的地理环境和缓慢的社会发展进程中才能保存至今。

很多村寨、很多民族拥有共同的节日,在节日里表现出大致相同的文化特征,这要么是文化扩散所致,要么是文化吸收的结果。例如,六洞九洞地区的侗族很多节日都相同,月亮山和雷公山一带苗族村民的很多节日中的仪式都基本一样,由此不难断定其社会组织保持着密切联系,群体的血缘有着代际关系,同时反映了其文化也一定有着传承谱系。如果说同一个民族或民族支系在同一个节日中有差异性,反映出文化在发展中的演变;那么不同民族或支系在同一个节日中表现出差异性,反映的则是文化扩散和吸收中的变化。苗族、侗族、水族等民族村寨都有“芦笙节”,村民的芦笙形制、演奏的曲调、节日的内容都不一样,由此可见芦笙文化在传承过程中的基本情形(图6-14)。汉族的春节、元宵节、清明节、端午节等节日现在已经普遍被贵州少数民族村寨接受,但不同民族、不同村寨对这些节日的看法与汉族不同,增加了许多当地的文化元素。

图6-14　芦笙是贵州苗族、侗族等少数民族婚嫁、祭祖、丧葬、娱乐等活动中不可或缺的乐器,各地都有吹奏芦笙的禁忌,芦笙的形制、音色、曲调均有不同。芦笙文化成为贵州少数民族地域文化的重要组成部分。左图为榕江县栽麻乡高邑苗寨的高筒芦笙;中图靠着大树根的为从江县邑沙苗族芦笙;右图为黔西北纳雍县张家湾镇的苗族芦笙。

(三)节日的时间安排凸显出西南山地农业文化特征

节日文化是信仰文化的发展和习俗文化的定格,是对村民沿袭的习俗的一种时间规定。[①] 有些节日名称相同却在不同的时间举行，有些在同一时间举行的节日却有不同的名称和内容。例如，苗族的跳花节，有些村寨在正月上旬举行，有些村寨却在二月上旬进行。侗族神圣的祭萨（也称祭萨玛、祭萨岁），有些地方在每年农历二月的第一个卯日进行，有些地方分成春秋两祭，而在黎平县通常是每年农历正月初一至初七，或是农历正月初七至十五进行。苗族、侗族、土家族、仡佬族、布依族等在吃新节中，都有"采新""献新""祭祖""吃新"等活动。但是，各地举行节日的时间不一样，黔南三都县排烧苗寨在每年秋收后农历九月十月逢兔场天或蛇场天的某一个日子，黔北土家族则在农历七月十三至十五，和当地的七月半连在一起。惠水县许多布依族村寨也有四月八，但它和黔东北松桃苗族以及贵阳近郊苗族的节日四月八有明显不同的内容。节日虽是"被提纯了的时间"，但节日的季节性很强，节日的本质是服务于特定季节和气候下人们的生活。贵州少数民族村寨的同一个节日，各地举行的时间不一样，充分反映出贵州各地的气候不尽相同，但人们已经适应了山地气候下的生产方式，而不是简单地拘泥于时间上的农时安排。

贵州少数民族村民一年四季都有节日，经常沉浸在节日之中。但农忙时的节日规模小，时间短，地点主要在家庭内部，不会影响农业生产。而规模较大，用时较长，在公共空间共同举行的节日几乎都在农闲或农忙的间隙。凯里舟溪的芦笙节在正月十六至二十，介于春节与春耕之间。布依族的三月三在春播之前，六月六在夏收之后。台江苗族农历三月上旬的姊妹节在撒谷种之后和插秧之前的劳作间隙，各地苗族的四月八在插秧之后。贵州西部彝族的火把节在农历六月二十四日，黔东南凯里、从江、雷山等地的吃新节在农历六月卯日，此时稻谷和玉米正值生长期还未收割。水族端节的时间在《水历》九月初九日，通称水年，这时稻谷已收割，是水族村民在一年中最轻松的时期。水族卯节的时间正好是初夏时节，此时正是栽秧上坎之际。生活在山地的贵州少数民族，节日时间对他们来说既是提醒生产的季节，又是提供娱乐的机会；既是祈求鬼神和祖宗保佑其风调雨顺或感谢上苍和神灵赐予其丰收的时候，也是村民交流生产经验、沟通感情或享受劳动成果的日子。

从一年中的时间来看，节日主要集中在粮食收割之后至播种之前。这段时间村民的农活少，精力旺，财物准备充足，有能力承办大型而隆重的节日。而农忙间隙的节日要么与农业生产直接相关（如"种棉节""播种节""采桑节"等从

---

① 卢荣轩，童辉波：《试论村落文化的基本特征及历史性变革》，《社会主义研究》，1993年第1期。

节日名称便可知其内容,如水族的"敬霞节"就是为了祈雨),要么只是短暂的欢乐以便有更多精力投入接下来的紧张生产(如"姊妹节""爬坡节"等)。对于封闭的村寨而言,人们需要情感交流和获得信息,也需要在单调而辛苦的劳动之中寻找娱乐,节日就是调节身心的一种很好的方式。劳作非常辛苦,农业生产非常重要,所以他们的娱乐非常有节制,许多地方都有这样一则谚语:"芦笙再响,五谷不长。"意思是提醒村民在撒谷种之后至收割稻谷之前这段时间集中精力从事生产,停止娱乐活动,即使最喜爱的芦笙也应在这段时间收起来。

(四)节日内容反映出村民敬畏圣灵、崇拜祖先和追求自由的精神

传统节日从历史中走来,汇入当代。村寨从历史上的村民定居点不断发展壮大成一个个聚落,村寨的规模在变、组织关系在变、文化在变。传统节日是民俗的展现,某些民俗形式在传承中总会形成各种内容的复合状态,并用一定的活动形式使之集中地表现出来,这就产生了节日文化。节日开始以祈禳、祭祀、禁忌等内容为主,后来逐渐转化为以纪念、庆祝、游艺、竞技等内容为主;节日本身是一种习俗,同时又是对村寨习俗在时间上的一种规定。所以,节日文化是信仰文化的发展和习俗文化的定格。[①] 在贵州少数民族村寨,几乎所有的传统节日都兼具祭祀、庆祝、祈禳或娱乐(图6-15)。布依族的"三月三"现在是一个以娱乐为主的节日,很多村民会在这一天祭社神,在寨边或寨后的古树下搭一个社神棚,棚内用石头砌一个小台,台上供一个石头以代表社神;同时,供上猪肉、牛肉或狗肉,祈求庄稼长势好。印江板溪乡的上下二洞、大塘坪、风神坳、岩底寨等土家族村寨农历六月六祭风神,以求风调雨顺、五谷丰登。但在杀牲祭风神的法事做完之后,村民一起将宰杀的牲畜当场煮来吃,村民觉得这样很有趣,玩得很开心,神秘的色彩渐渐淡去,世俗的娱乐成分越来越浓。苗侗地区最为神圣的鼓脏节和萨玛节也不只是祭祀,其间还有"跳芦笙""踩歌堂"等联谊活动。六月六是布依族最隆重的传统节日之一,黔西南兴仁县屯脚镇鲤鱼村各家各户要包三角形的粽子,据说是为了纪念屈原。在这一天早上,每户家长带着孩子,拿着事先做好的纸马到田边宰鸡,将鸡血淋在纸马上,回家后将鸡肉煮熟祭拜祖宗,将纸马插在田地里,期望丰收、免除虫灾。同样,那些竞技比赛的娱乐节日,如"摔跤节""龙船节""爬坡节"等也起源于纪念或祭祀。所有的传统节日,都或多或少地蕴含着少数民族村民敬鬼神、拜祖宗、求福祉的心理,都

---

① 卢荣轩,童辉波:《试论村落文化的基本特征及历史性变革》,《社会主义研究》,1993年第1期。

图6-15　跳花节的“花坡”上，当地苗族村民，无论男女老幼都穿着节日盛装。这里不只是年轻人的专场表演，老年人也从中享受乐趣，欢快地吹着芦笙起舞。

反映出少数民族平等、自由的内心世界。鬼神在他们的节日中抹不去，缅怀祖先在他们的节日仪式中是一项重要内容，谈情说爱、纵情歌唱、激情舞蹈、开怀畅饮在他们的节日中很普遍。

（五）节日中的行为反映村寨生活状态

其一，节日反映民族关系发展，透视出民族的历史渊源。贵州少数民族的历史十分复杂，同一民族拥有相同的传统节日，表明这个民族是古代若干个部落的人们在共同的地域内经历了共同的经济、政治生活，并有了统一的语言后，才产生共同的文化和心理认同；不同民族拥有同一个节日，表明不同的群体在一起生活，有了更进一步的文化交流，情感相融。今天虽不能断定苗族、侗族、布依族、土家族、仡佬族等民族的吃新节最先从哪个民族开始，也没有梳理出它的历史传承脉络，但是有理由相信：过这种节日的少数民族村寨发生过文化交流。事实上，他们都是稻作文化，都崇拜祖先，都相信神灵。又例如，黔东南各地节日中的芦笙会在形式和内容上大同小异，日期各异。各地各种节日中的芦笙会，规模较大的有凯里舟溪春节芦笙会、黄平谷陇九月芦笙会、雷山西江苗年芦笙会等。对于这种节日文化现象，我们很难否定这些村寨有共同的文化源头，必须承认他们有共同的生活情趣。还例如，土家族有过“赶年”的习俗。就目前所了解的情况,关于过“赶年”的来历有三种传说,仅从不同的传说以及与之对应的分布区域便可知道他们在历史上的联系和分化。

其二,节日展现民族的审美情趣。节日往往是歌舞和服饰的展示,是对世界的认知和生活态度的外化。在节日中,贵州少数民族村寨祭祀祖宗和神灵的执行者无一例外都是宗族长老或兼具宗教领袖身份的村寨长老,这足以说明他们对村寨长老的尊重、对祖宗的崇敬和对神灵的敬畏。在他们的节日中,除了村寨长老在举行祭祀仪式时有独自的吟唱和肢体动作外,几乎看不到独唱和独舞。板凳舞、木鼓舞、水鼓舞、芦笙舞、花灯舞、狮子舞、傩舞等都是集体舞,苗族飞歌、侗族大歌、布依族八音坐唱等都是合唱,即便在节日仪式之后的男女情歌对唱,也是你来我往的对唱。节日是一个集体活动,每一次节日都是集体的联欢,村民具有集体观念,又通过节日巩固其集体意识。节日中民歌的内容和唱腔、舞蹈的节奏和动作、服饰的款式和色彩等都是一代又一代人集体创造并得到群体认同的,而节日又在强化这样的认同,反映共同的审美。

其三,节日传承和谐思想,体现和谐精神。如果说很多节日最初出现是祭祀祖先、祈求神灵、纪念某个人物或事件,借此达到生产丰收、身体健康、生活安宁的目的,那么节日给参与者带来的最切实的效果则是实现快乐。因此,参加节日活动的人首先需要对节日持尊重态度,确保节日的各环节不被干扰和节日的气氛不被破坏。人们在节日活动中享受和谐气氛、陶冶性情。在节日中叙说友情,增进友谊。贵州少数民族村寨绝大多数节日都在公共空间举行,在历史上没有专门的组织者,要保证节日正常举行就需要全体参与者遵守秩序。他们遵守秩序并不是强制的,靠的是传统。如果有人扰乱秩序,破坏节日气氛,村民不会追究谁是谁非,而会觉得破坏节日气氛的人让本村寨、本家族丢尽了颜面。这种看似不科学的评判固然使当事的一方很受委屈,但是它能让村民在公共场合和集体活动中克制自己的言行,以村寨的荣誉为重,顾全村寨节日的大局。村民为营造娱乐而和谐的节日氛围,就需要克制自我,因此节日培育了村民的和谐思想,培养了村民的自我克制意识,巩固了顾全大局的观念和村寨集体荣誉感。节日年复一年,村民的和谐思想和团结精神得以传承。

二、村寨文化在民族传统节日中传承

民族节日是约定俗成的有特定主题的社会活动日,存在于特定的人群共同体中,有固定的或不完全固定的活动时间。在民族节日期间,民族文化表现得最为具体、充分、集中。民族节日是民族文化的载体,民族节日文化是民族节日与民族文化内容的有机整合。

图6-16 榕江县大利村鼓楼前的萨坛。

(一)节日空间扩散村寨文化

中原汉族的许多节日在家庭内部举行,它和汉族以家庭为本位的文化相一致。贵州少数民族村寨的传统节日大多在村寨的公共空间举行,有些是全村人参加,有些是相邻的多个村寨参加,有些是分布在许多村寨的同一个家族共同参与。它和贵州少数民族在历史上私有观念和个体意识淡薄的文化有关,与在艰难的环境中需要团结起来维系家族、保卫村寨的特殊需要有关。侗族祭萨离不开萨坛(图6-16),祭萨活动之后少不了“多也”(也有人根据侗族语音写成“多耶”)联欢,萨坛设在哪儿?踩歌堂布置在哪儿?苗族鼓脏节要杀牛或杀猪,要设坛祭祖,杀牲祭奠的场地安排在哪儿?水族卯节的重要内容就是赛马,把哪里作为卯坡最合适?彝族盛大的火把节动辄有成百上千人参加,在哪儿狂欢才能烘托出节日气氛?很多民族都有吃新节,选择在哪块空地才能达到庆丰收和祭祖的目的?诸如此类的公共活动占用的是公共空间,而公共空间的配置或确定需要尊重公共意见,需要为公共服务。每一个公共空间的选择,都反映了村民的共同意识,需要村民共同去维护。每一次能够在公共空间如期顺利进行的节日,村民不仅有资格参加,而且有理由认为这是自己的节日。只要节日一直在公共空间进行,就至少保证了节日传统的公共性文化内涵,就传承了传统节日的集体性特色,就保持了村民关心节日和积极投入节日活动的热情,就在村寨的每个人心中植入了一颗服务公益的种子。

(二)节日物体承载村寨文化

这些节日物体包括两个方面。

一个方面是举行节日的场所、建筑物所需的物品等。侗族祭萨缺不了萨坛,祭萨活动结束后必有的踩歌堂活动缺不了歌坪;很多民族在节日期间有祭树神、山神、风神、社神等神灵的习俗,各种祭坛分布在寨前、路边;苗族的鼓脏节如果没有鼓,那就不是真正的鼓脏节;芦笙会的主要内容就是演奏芦笙,形态各异的芦笙在活动中大放异彩;水族端节敲铜鼓是他们的传统,村寨中如果没有铜鼓将会成为笑柄;布依族的八音坐唱,当然要八种乐器齐全;黔东南和黔东北村寨的龙舟节,村民会用最好的树木做出龙舟来参加比赛;很多村寨都有在春节舞龙的传统,制作舞龙当属村中的一件大事。建筑物不断在维修,村民保护建筑物的过程其实就是对负载于其中的文化加以保护和传承的过程。节日举行的时间只有短暂的几天,最多也就几十天,而建筑物仍然屹立在那儿,它在无声地讲述着过去的活动和活动中的人物。活动中使用的物品是节日文化的重要组成部分,物品既在静态地展示节日文化,也在节日之后延续其文化。物品与活动互为表里,它的形制、功能、使用者、适用场合等也在揭示节日的内涵。物品的制作技艺因为节日而得到传承,物品的工艺反映出村民的审美和智慧。

另一个方面是节日期间人们的穿戴和食品。穆斯林村寨节日中的食品显然是伊斯兰教传统文化的代表,侗族过年最不能少的是腌鱼和腌菜,土家族过年绝对要有粑粑,水族过年少不了特色菜肴——鱼包韭菜,鸡煮稀饭则是雷公山苗族过年的特色菜品,黔西南布依族村民过年时每家都酿上一坛糯米酒,黔西北苗族村民过年前早已准备好了一缸苞谷酒。同样是糯米,黔东南苗族和侗族最通常的吃法就是蒸熟后每个人掐一团在手上边捏边吃,或者在糯米浸泡时就拌入不同的植物做成不同的颜色;黔西南布依族很有代表性的吃法是拌上草灰加工成方形的粽子,贵州北部的各族村民则习惯于做成粑粑。同样是酸汤鱼,黔南布依族和水族制作中使用的火锅底料通常为酸味的辣椒酱,黔东南苗族和侗族的底料基本上是用番茄汁制作的酸汤,黔北土家族和仡佬族的底料直接使用泡制的酸菜。有些地方祭祀祖宗时鸡鸭鱼肉样样齐全,有些地方忌讳鸡肉(据说祖先的灵魂听到鸡的叫声就会被吓跑)。节日期间各地的食物在品种和加工过程等方面,都体现了地方特色和思想观念,丰富的烹饪文化是节日文化的重要组成部分,也在节日中得到传承。而节日食品的需要又会影响农作物品种的栽培和动物饲养,这不仅有助于保存动植物的多样性,而且种植和养殖技术也因此而得以保存。参与活动的人们尽可能穿上自己最好的服装展现在公众面前,尤其是女性,她们按照传统习俗穿上民族服装,展示家庭的财力,展示自己或母亲的缝纫技艺(图6-17)。

图6-17　剑河大稿午村苗族女性在节日时以盛装出席，她们把历史文化穿在身上。

（三）节日语言蕴藏村寨文化

语言有地域性，人们常说的方言、土语就是地域性的语言现象。语言也具有群体性或民族性，它成了划分民族、区分群体的重要依据。语言中浓缩着文化，浸润着情感，反映着思维方式。所以，有些地方或民族的语言变化得快，或保存得好，除了地理环境、生产方式、生活水平、人际关系等因素之外，还和语言使用者对语言的态度和认知有关。少数民族村寨文化中语言是其中的一部分。传统节日有促进思想、情感和信息交流的作用，也有凝聚思想、加深情感和强化语言的作用。在历史上，贵州少数民族节日几乎全部在同一民族支系、同一家族内部进行，因此参加节日的人们语言相同、情感相通，节日不断提高村民的共同体意识，语言成了村民共同体的一个重要标志。

首先，节日中固定的语言表达内容发挥着文化传承的作用。有些节日的重要事项是祈求神灵保佑，也许在不同的地区这种节日的仪式不同，风格不一样，但无一不在表达村民对神灵鬼怪的敬畏之心。在表达的时候必须虔诚，否则可能会有灾祸降临。因此，这样的节日传承了村寨的信仰文化。还有的节日旨在希望祖宗庇佑，村民倾其所有敬奉祖宗，以求得祖宗在天之灵保佑他们远离灾祸、人寿年丰。这种节日与其说是村民的自我安慰，不如说是村民激发自己战胜困难的勇气。因此，这样的节日传递着挫折教育文化和励志文化。也有一些节日是借此进行感恩与回报，村民在收获之后举行祭祀，在岁末年初敬神祭祖还愿,表现出他们不贪功为己有,不独享丰收成果。因此,这样的节日悄无声息地进行着品德教育。

其次,节日中固定的语言表达方式传承传统思维方式。大量的实地调查发现,村民祭祀神灵、祈福禳灾、敬祖还愿的语言中,首先都是告知型的语言表达,然后是对神灵、鬼怪或祖宗表达尊敬之情和敬畏之心,接着是请求赐福祛灾,最后是保证在愿望实现之后给予回馈。整个话语表达的思想简单清晰:付出食物→祈求回报→得到回报→感恩回报。话语体现的是说话人和听话方之间简单而不对等的关系:说话人带有请求和承诺的语气,听话方(神灵、鬼怪、祖宗)不作回答且毋庸回答。这样的语言表达方式反映着村民对神灵、鬼怪和祖宗的匍匐姿态,反映了农耕文明务实却不对等的交换关系。

最后,节日仪式中保留有本民族的语言。很多村寨如今已经在语言上汉化,本民族语言作为文化的载体逐渐失去了原来的功能。但是在最神圣肃穆的节日活动中,尤其是在村寨长老主持的节日仪式中,他们与神灵、鬼怪或祖先交流的语言通常还是本民族的语言,甚至有些还是本民族古老的语言。例如,黔东南有的苗族村寨祭祖时吟唱古歌必须用古苗语,册亨县乃言布依族村祭社神时禁止说汉话,贵安新区高峰镇大狗场披袍仡佬族尝新节祭祖必须使用本民族语言。他们认为在祖先生活的时代村寨里没有汉语,老祖宗因此也就听不懂汉语,只有用本民族语言才能够与祖宗交流,只有使用本民族语言才体现出后代村民不忘本。正处在濒危状态的民族语言因为在节日中还坚持使用,故而生命得以延续。

(四)与节日相关的口述故事承载村寨文化

当代学者朱狄认为节日与神话或宗教联系在一起,“几乎所有的宗教节日都有着神话背景,世界各国都是如此。它是一种为了纪念某个神祇或被神话中某个神祇创造出来的神圣时间。有的节日是为了纪念发生在神话时代的神圣事件而设的,它渗透了神话气息”①。其一,祭祀类、祝颂类节日在举行仪式的时候,往往要用讲述或歌唱的形式复述神话故事,这是仪式中的内容之一。其二,几乎每一个重大的民俗节日都有关于这个节日来历的传说,传说是对节日的解释,在这种解释中反映出人们对节日的理解。苗族姊妹节的来历有一段浪漫的传说,四月八的来历寄托着对祖先深切的怀念,布依族查白歌节有一段凄美的

---

① 朱狄:《信仰时代的文明——中西文化的趋同与差异》,武汉:武汉大学出版社,2008年,第49页。

故事，彝族火把节的故事情节哀婉动人。其三，天地开辟的神话、发明谷种的神话、祖先迁徙的故事、乐器制造的故事等，在一些节日中均要讲述出来。

少数民族大多生活在神话的世界里，神话丰富着他们的节日，节日能使神话保持旺盛的生命力。一个民族也许没有自己的文字记述，但这并不等于该民族没有历史或者说不应该有自己的历史。没有文字与有自己的历史并不矛盾。从各地的少数民族民间流传下来的许多传说故事中，可以发现有的口传历史和零星发掘的、文献记载的历史事实基本吻合。黎平县双江乡的四寨、寨高、坑洞、黄岗以及周边的从江侗族部分村寨有传统的摔跤节，至今还在传说摔跤习俗形成于明末。据说当时政治腐败，匪盗强夺百姓钱财，双江一带的四寨、寨高等经商议，决定联合抗匪，选出德高望重、武艺高强的领头人。四寨推荐公蛮，寨高推荐公柳，两个寨子决定通过比武的方式来确定领头人。比武在当年农历三月十五举行，两人比了一百回合，仍不分胜负。因此，村民要求他们贴身肉搏，以摔倒对方为胜，结果两人分别一胜一负，摔成平手，村民决定共同拥戴他俩为首领。后来，公蛮、公柳同心同德，带领3 000民众，铲除了强盗。为了纪念公蛮、公柳，每年的三月十五在四寨田坝举行摔跤活动，这项活动便成了一个固定节日流传下来（图6-18）。贵州少数民族关于祖先的历史记忆就保存在口述的传统节日传说故事之中，而在他们祖先辗转迁徙、生产劳作和婚恋生活的历史进程中，也同时产生了表征自身文化认同的符号象征——民族传统节日。①一部分文献显示，黎平府在明末清初正陷入匪患猖獗的状况，当地村民纷纷结寨自保。

当然，口传故事中表述的关于节日的来历不一定就是真的，但是这个传说中虚构的故事，应该说是曲折而又真实地表达出了特定时代、特定人群的思想情感。例如，三穗县寨头村苗族的禳桥节，关于其来源就有这样一个传说：从前，有对夫妇香卯香和丽卯丽结婚多年，没生下孩子，因此天天哭泣。燕子问他俩何故哀哭，他们就将实情告诉了燕子。燕子说："我们在岩壁上筑窝，每次产的卵都被青蛇吃了，如果让我们在你屋檐下筑巢，就告诉你生儿养女的诀窍。"香卯香、丽卯丽都说："你们来吧！"燕子就告诉他们："孩子们腿儿短，有那些小溪沟、小河流隔着，他们过不来，你们去架桥吧，孩子们才会到你们家来。"香卯香夫妻俩就去架桥，第二年农历二月初二，真的生了一个胖娃娃。自此，二月初二就成为苗族的禳桥节。禳桥节不仅是为了感谢送子娘娘，而且还祈求保佑孩

① 朱志刚：《传统节日中的传说、历史记忆和文化认同：基于三都水族的研究》，《韶关学院学报》，2014年第7期。

图6-18　黎平县四平侗寨至今还组织摔跤活动。(陆书明摄)

子健康成长,同时反映出当地人与燕子的亲密关系。《水族民间故事》里的《端节的由来》在描述水族端节的起源时,讲述了古时候水族逃荒到广东、广西,又沿河越过南丹,最后到达今天三都县境内的三洞,从此定居下来的故事。为了表达思念故乡、感念祖宗以及希望分散安家的兄弟姐妹能够团聚的思想感情,人们于是决定在一个具体的时间开展联谊活动,从此产生了这个节日。[①] 又如,侗族的播种节也有一个美丽的故事:一对情侣在忘情地幽会时,水牛把男子家里的秧苗全部踩烂了,女子只好将自家水田中的秧苗移栽过来。没想到在秋收的时候,移植秧苗的那块田的收成最好。为了庆贺这种种植方法的成功,后来的人们就要求姑娘们送给男方一束葱蒜以象征秧苗,并一起跳芦笙舞,纪念传说中的那对恋人,也希望现在的恋人能像那对恋人一样聪明机智和发展生产。禳桥节故事里流露出来的做善事就有善报的思想,端节起源故事里表现的繁荣富裕之后不忘先辈辛苦付出的思想,侗族播种节故事表达的遇到苦难要共同担当并想方设法解决的思想,其实质都反映了村民的认识传统,并且通过故事内化成价值观。

① 岱年,世杰:《水族民间故事》,贵阳:贵州人民出版社,1985年,第55页。

（五）节日活动传播村寨文化

村寨文化具有丰富的内涵，村寨节日具有多样性。人们在多样的节日活动中，通过多种方式传承村寨文化。每一个岁时节日活动其实也是当地人们的文化传播活动。封闭在各自生活区的少数民族，除了大型的祭祖、议事活动以及重大的人生礼仪活动之外，平时的交往一般规模不大，局限在家庭、村寨和亲友之间，而在岁时节日活动时会出现跨血缘、跨村寨的大规模交流。这种交流既是物品交流、情感交流，也是信息交流、文化交流。火把节、芦笙节、花树节、龙舟节等不只一个民族参加，三月三、六月六、四月八等不只在一地盛行。在活动中，有嬉笑娱乐，还有歌舞娱乐。民族传统节日集会的场所一定是民族歌舞艺术展示、观摩和学习的园地。少数民族村民几乎人人能歌善舞，这种能力在于一代又一代的培养，离不开在一个又一个节日中的学习和传承。节日给村民提供了接触和参与歌舞的场所，村民在节日中还养成了欣赏歌舞的习惯，培养了歌舞欣赏能力。人们希望参与节日、享受快乐，而参与节日需要能歌善舞，充分享受节日的快乐则需要有尽情展示歌舞的能力。节日主要是青年人的舞台，但也给父母教育孩子提供了机会，小伙子的文明礼貌体现出家庭教养，姑娘们的服饰展示着家庭财力和母亲调教出的针线手艺。当女孩以一袭华丽的服装出现在节日场合时，当小伙子手捧着制作精良的芦笙在节日的场景中腾跃时，父母无不充满自豪。《镇远县志》有一段对龙船节南充青年交际情况的记载："是日，男妇极其粉饰，女人富者盛装锦衣项圈大耳环，与男女好看者答话唱歌酬和，已而同语，语至深处即由此定婚。"[①]传统歌舞技艺和歌舞审美、民族服饰制作技艺和审美、恋爱的方式和人生价值标准都在节日中体现并得以弘扬（图 6-19）。

图 6-19　在台江姊妹节的时候，母亲总会为女儿穿上盛装。为了这套盛装，女儿学习刺绣有了动力，也给银饰加工提供了市场，相关的传统文化因此得以传承。

节日数量、分布、时间、类型、规模等既是传统文化的反映，反过来也会影响传统文化的传承。对于一个节日而言，一年或者数年才有一次，每次都是一个样式，重复就是文化的沉淀和记忆的强化。

① 李瑞岐：《论群众文化与民俗艺术》，贵阳：贵州民族出版社，1994 年，第 114 页。

而对于一个地方而言,每年有许多节日,有许多类型和风格的节日,不仅丰富了人们的生活,而且有利于文化传承。节日多则交流的机会多,便于信息互通和文化扩散;节日类型多则交流的方式多,文化传播的内容、风格、场合、对象丰富。节日是服饰、饮食等物质文化的呈现,是歌舞的展示和其他表演技艺的比拼,也是思想情感的交流、人际关系的调适、组织能力的演练。丰富的文化在节日中展示、交流、整合、传承。各民族村寨在节日中观察和了解其他村寨的文化和生活状态,在这种观察和了解中加以对比,发现差异,找到共性,从而对自我的文化和社会生活进行反思并作出调整,村民由此获得对本民族或本社群的历史和传统的认知和认同。[①] 如果说文化差异是民族和社群的标志,那么文化共性则是交流畅通的前提,历史上业已存在的差异和共性都是传统,因此无论坚持差异或追求共性,都是对传统的发扬。在对很多村寨的调查中,村民都不认为自己的生活沉闷,因为参加节日活动达到了增长见闻和释放心情的效果,而等待下一个节日又使自己有所期待并在劳作上有针对性。通过一个个节日,为相识的人提供了交流的机会,为不相识的人创造了认识的机会。

节日具有愉悦功能,人们在节日活动中娱乐自己并使别人得到娱乐。娱乐身心不外乎两种途径,要么直接地实现娱乐,要么通过娱神、娱鬼来间接实现娱乐。娱乐的层次有肉体的和精神的,娱乐的时间有平常的和节日的,娱乐的形式有形而下的吃喝和形而上的歌舞、祭祀、祈禳等。贵州少数民族村寨在众多的传统节日中,有多种类型的歌舞和祭鬼敬神的仪式,并有聚餐、恳谈等事项安排。因此,节日一方面尽可能满足人们的娱乐要求;另一方面,又为了实现娱乐目的而在规范人们的行为。人们在节日中放松,又在节日中受到制约。放松以社会和谐为前提,以身心和谐为内涵,而制约则是实现社会和谐的手段。人们在制约中实现社会化,在社会化的过程中体验文化和享受愉悦。人的社会化并不是单纯地话语说教就能够达到的,必须从小就贯穿现实生活进程中,在具体的场景氛围里才能够使许多健康文明的理念深入骨髓,形成稳定的“观念人”,这就离不开民族节日文化活动。在侗族祭萨活动中(图 6-20),面对萨坛,每一个侗族村民都是“萨玛”祖母的后代,在这里没有高低贵贱之分。人们在这里获得了尊严,也学会了对他人的尊重。

---

① 李松,王建民,张跃等:《中国少数民族节日在国家文化建设中的地位和意义》,《艺术百家》,2012 年第 5 期。

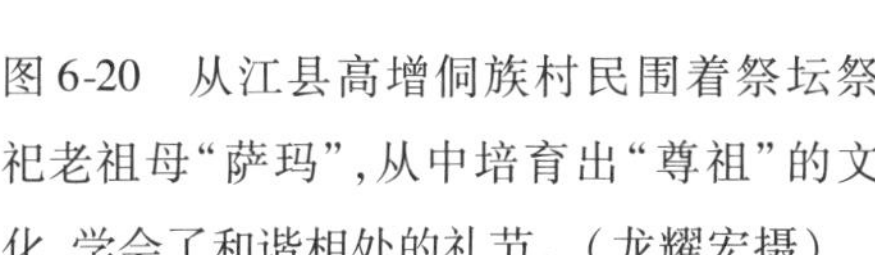

图 6-20 从江县高增侗族村民围着祭坛祭祀老祖母“萨玛”，从中培育出“尊祖”的文化，学会了和谐相处的礼节。（龙耀宏摄）

图 6-21 福寨村鼓脏节给每家准备串串肉，所有的家庭一律平等。（吴安明摄）

节日是社区或群体共同价值的体现，共同价值也在节日中传承。布依族在农历六月六的下午，全寨每户人家拿出一只鸡，由组织者向每户收 5 ~ 10 元香火钱，到观亭集体祭拜祖先。水族每一个“霞”通常由 12 股组成，到敬霞节这一天，人们抬着祭品及其他东西到霞堂边，尽管有的股带来的猪肉有数百上千斤，但是允许摆在祭坛的猪肉都必须基本平均，大致相等。人们认为祭品多少不一，霞神赐福也会不一样，多供者收成会好一些，人丁繁衍也更快；少敬者收成会越来越差，人丁也会越来越少。[①] 在霞神面前，每股都应该是平等的，都应该得到霞神一样的赐福。台江县台拱镇福寨村鼓脏节上，如今过节的时候要杀猪七八头，用几口大锅煮肉。但宰杀的猪肉并不完全煮，有的被割成小块小块的，用打着圈子的竹签串起来，放在一只大盆内。当祭祀完成之后，每家每户把这些用竹签串好的肉连同香纸、祭花带回家祭拜祖先。这些肉几乎都一样大小，不论家庭贫富，不管家庭人口多少，每家拿一份（图 6-21）。扁担山公社的红运，看谁家的猪合用，就协商借用，秋收时再照价还稻谷。祭社神只用猪头和四肢。每家一人前去会餐。猪肉按户数平均分配，用竹签穿成串，然后点名取肉，一家一串。[②] 这些做法代代相传，早已成为习惯，人们认可它并将之延伸到生活中。

---

① 贵州省水家学会编：《水家学研究》（一），贵阳：贵州民族出版社，1993 年，第 136 页。

② 《中国少数民族社会历史调查资料丛刊》贵州省编辑组：《布依族社会历史调查》，贵阳：贵州民族出版社，1986 年，第 88 页。

三、民族节日文化在当今村寨的变迁

传统民族节日今天还存在，但谁都知道它不可能保持过去的原样。节日作为生活的一部分，是生活在特定时间和地点的浓缩。生活在变化，节日时间、地点、规模、过程、环境、参加的人员、举行的仪式、目的、效果等方面也或多或少会有所变化。影响其变化的因素各有不同，地理环境、产业结构、人际关系、生活水平、价值观念、政治力量、经济动力、媒介技术等都有可能促使传统节日发生变化。我们不可能指望传统节日在某个村寨凝固，也大可不必为传统节日的变化而哀叹。现在要做的是让传统节日在变化之中保证核心的文化元素尽可能在现代社会继续传承，科学地分析社会因素如何影响传统节日，引导传统节日文化发挥其最基本的社会功能。

（一）节日文化在变迁中留下传统的基因

在对贵州少数民族传统节日当今的形态作了大量观察之后，很难断定哪一个因素的影响力最大，哪一个因素在起决定性作用。省城贵阳附近还有些节日中的传统色彩很浓，而在边远山村的大村寨有些节日中的传统文化却正在快速消失；最神圣的祭祀类节日其庄重的成分如今也在淡化，有些娱乐类的节日反而在彰显民族特色。看来，不能简单地以地理环境因素作解释，也不能根据节日的内容笼统下结论，从经济的视角去解释一切传统节日的现状有些牵强，把传统节日变化的原因全都归结于权力干预未必就是一条通则。

但是，综观传统节日的变化，总能够找到一些变化的纹理和演进的节奏。其一，所有的节日都越来越失去文化的边界，包括地域的边界、民族的边界、神圣与世俗的边界、祭祀与娱乐的边界。随着交通条件的改善，信息获取途径越来越多样，社会交流范围扩展，民族隔阂逐渐消除，如今没有哪一个节日或哪一个村寨中举行的节日在地理空间上仍局限于特定的人群。苗岭深处的节日会吸引几百公里以外的人们参与其中，有些是在外工作或学习的本地人，有些是素不相识的外地人；在某个单一民族聚居区庆祝传统节日，本民族支系的村民热情高涨，周边的其他民族也具有浓厚的兴趣。随着认知的改变和生活态度的变化，如今很少有人匍匐于神灵脚下，一如既往地对鬼怪和祖先顶礼膜拜。举行节日不再只是单纯地为了生产丰收而祈祷，为了敬祖而供奉，为了纪念而设坛，为了交流而聚会，祭祖、祈福、禳灾的节日从封闭走向开放。雷山苗族的鼓脏节已形同公开的表演，严禁外人进入的祭寨仪式居然引来了一批外地人全程跟拍；祭山神、树神、风神、河神等仪式虽然还保存，但主持祭祀和参与祭祀的人们更多地是把它作为游艺活动，心中的那份敬畏和虔诚早已不同于以往。

其二，对节日重新加以组织已成为常态，包括地点选择、时间安排、环节设计、内容表现、效果推广等都很少保持传统的自发性。传统节日的特点可以概括为“原生态”，它由村民自发组织，地点在老地方或根据村民意愿重新确定，时间按照传统或因特殊情况临时变更，环节和内容遵照传统或根据参与者的兴趣自行增减，一切都是率性而为，一切都符合节日本身的特点，一切都反映集体意见。真正的传统节日是“我们”的节日，内容是“我们”的，“我们”参与，满足自己。真正的传统节日在开展时并没有刻意去考虑传统，但它遵循着传统，在文化意义上符合“传统”的内涵。现在的节日虽仍冠以“传统”招牌，却不难看到组织者在节日活动的时间、地点、环节、内容等方面精心加入的现代元素，用“传统”装点门面，以时尚赚取社会反响。现在所谓的“传统节日”几乎没有一个是完全自发的，背后都有组织在做推手，都在节日之前就精心设计出活动方案。现在的节日功利性越来越强，越来越脱离传统节日本身的文化内涵。为了实现组织者的功利性目的，只有在时间、地点、环节、内容等方面尽量迎合别人。节日不再只是“我们”的了，不再只有“我们”参与，既满足别人也满足自己。虽然最终可以满足自己，但是这种满足的途径、满足的内容已经发生变化。

传统节日在当今的变化是时势造成的，没有人能阻止；其变化的趋势和方向也是和时势保持一致的，即便节日的组织者和设计者也不出其外。正因为其变化是时势造成的，和时势保持一致，所以它并没有与传统完全割裂——就像现在没有和过去割裂一样，传统节日的文化内涵、节日对传统文化的传承功能并没有完全消失。

今天贵州少数民族很多村寨仍在举行跳花节（即花山节）活动，而且声势越来越大，政府在扶持，民间组织在参与，专家学者在鼓吹，媒体在宣传，似乎觉得民族文化在当代得到了传承和复兴。但是只要我们把今天的“跳花”活动和历史上的这一习俗稍加对比就会发现，它的内容已发生了很大变化。虽然多数村寨举行活动的地点仍是历史上的跳花场，时间大多还选择在当地约定俗成的日子，但是历史上的跳花场是一个相对封闭的空间，本村寨的男性一般参与另一些村寨的跳花节，已经结婚并为人父母的村民通常只是去看热闹而不会参加对歌。跳花的主体内容是本村寨的未婚女性和其他村寨的男青年通过歌舞选择恋爱对象的活动，是自由浪漫的相亲会。在跳花活动中，没有专门的组织者和组织机构，参与者遵循传统礼俗和村规民约。如今的跳花，各色人等都来了，歌舞者不是为了恋爱择偶,组织者不是为了给青年男女营造相亲的环境,天南地北的男女老幼都可光临。这是一个开放的空间,当地村民为了娱乐,组织者为了拓宽旅游业发展的渠道,观光客为了满足猎奇心理。

端节是水族最盛大的传统节日,其意义相当于汉族的春节,历时将近两个月,水语称"借端"或"过端"。其举行活动的时间依据水族典籍《水书》《水历》的规定,在水族历法的年底和岁首的谷熟时节,即水历十二月至新年二月,对应汉族传统日历则大致在农历的八月至十月。时间正值水稻等主要农作物刚刚收割完毕,村民在此时庆贺丰收,祭祀祖先,预祝来年幸福。据传端节源于以血缘为纽带的原始宗教祭典活动,原来只过一次。由于族人发展壮大后散居各地,为了解决难以见面的问题,因此就按地域分批分期过节,借此相互走访祝贺,加强联系。现在水族的端节看起来还和从前一样,可是到水族聚集的村寨亲自感受之后,总有一种似是而非的感觉,会意识到有一种力量在刻意造势,会发现这个村寨的端节活动在刻意突出某种元素以吸引人们的眼光,会隐约感觉到这个刻意吸引人们目光的村寨不是在为自己过节日。因为有这么一个村寨过如此鲜亮的端节,所以其他村寨的节日就显得有些黯淡。显得节日气氛黯淡的村寨事实上传统节日的味道反而更浓,可是人们——包括当地村民会觉得那个最引人注目的村寨才是节日中的翘楚。谁都知道造势者不是村民,都清楚吸引人们眼球的不是原汁原味的传统文化,都明白如此造势和包装不是为了保留传统节日的原汁,但从造势者到媒体,从当地村民到局外人,都仍然名之曰"传统节日"。

尽管我们认识到诸如此类的传统节日已缺失村寨文化内涵,但是也应该承认它还有许多传统和地域的成分,它还具有传承传统文化的某些功能。同样以苗族的跳花节为例,其节日活动的过程透露着传统的生活节奏,节日的气氛传递着传统的人际关系,节日的用具和歌舞保留着传统的认知和审美。

毕节市金沙县马路苗族村寨的花山节一般在农历正月初二至初七举行,届时四周寨子里的苗族同胞如潮水般汇集到这几个苗族村寨之间开阔的坡地上。汉、彝、白、仡佬族村民也不约而至,他们知道这是苗族的节日,同时也觉得这是"我们当地"的节日。为了迎接"踩花山"的到来,往往要提前半个月选择场地,并到山上砍伐合适的树木来做"花杆"。在他们看来,"花杆"是花山节的重要标志,一般会选择挺直高大的青松或柏树,扎以鲜花,缠上彩旗。定花杆的人(又称花杆头)是村民公认的"好心肠的人",在这一点上不可草率。此人必须在节日的第一个早晨将花杆竖起来,并将红蓝(也可用黑白或者青红)两色的布条分别悬挂在花杆顶上，用以代表男性和女性；同时，在杆顶吊一把芦笙或者挂一个酒壶，还要预备好充足的酒水，等候前来踩花山的人们。所有这些环节，都要在太阳升起以前完成。踩花山这天，首先由花杆头向前来参加踩花山的人敬酒、祝福，随后宣布踩花山开始。此刻，花山场内外锣鼓齐鸣，鞭炮声和铜锣声此起彼伏，鲜花和彩旗迎风招展，各种欢庆活动便先后开始进行。在踩花山期间，方圆数十里的男女老少身着盛装，聚集到花山场，投身各种娱乐活动之中（图6-22）。花山场上最引人注目的是五彩缤纷的苗族服饰，年长妇女穿着青色衣装，年轻女性则华丽鲜艳。跳芦笙是最重要的娱乐活动之一，芦笙手借助节日平台，竞相展示技艺。除上述活动内容外，对歌也是踩花山期间的一项重要内容。中老年人对唱的主要是风俗歌，其次是古歌，借此跟同伴、老友交流生活中的感悟、想法等。年轻人主要是情歌对唱，小伙子健壮的体格、英武的仪态，姑娘们亮丽的衣裙、甜美的笑容，总是能够吸引人们的目光。无论是情歌还是古歌、风俗歌，一般都会有丰富的内容和悠扬的旋律。花山节后期的一个重要活动就是结束时的“倒花杆”仪式，由花杆头抱着一只公鸡，围绕花杆走三圈后，将公鸡宰杀祭祀，吟诵“祭祀经”，以此感谢花杆带来的好运。然后，花杆头就将挂在花杆上的布带分给来祭祀花杆以求生育儿女或求保佑儿女健康成长的人。

在这个节日中，参与的人不只有苗族村民，活动内容将青年男女情歌对唱扩展了，而追求热闹的节日目的其实没有变，加强村寨之间交流和促进情感的愿望没有变，推选花杆头所传递出来的尊老向善的道德观没有变，芦笙舞乐的内蕴和技法没有变，竖花杆和祭花杆的仪式所延续的神秘文化也没有变。通过节日，我们固然看到了一些改变，也因为一些改变而致使传统文化出现流失，但改变的只是一部分，一切现代的元素都置于传统的基石之上，传统因此绽放出新时代的异彩，新时代的元素也流淌在传统的血液之中。在民族村寨中，这样的传统节日是群体活动，在群体活动中，参与者都不属于个体，即使在恋爱对歌时也不是一对青年男女单独在僻静

图6-22　毕节金沙苗族跳花节热闹的场面。当地苗族女性一定会穿上盛装出现在跳花场，她们觉得只有盛装才能表明自己是这次活动的主人。男性服装尽管已经汉化，但是他们会在跳花场展示自己的芦笙技艺，多数人还会缠上头巾。节日留住了民族文化的元素，文化元素通过节日得以传承。

的地方,即使一个芦笙舞者在节日场上跳跃腾挪也不应该违背社会规范。在群体中培养出关心集体的意识和乐于融入集体的思想。在传播活动中,主体往往不是个人,也不是某个家庭,而是村寨群体。

综观贵州少数民族传统节日,剥开现代元素包裹的外衣,总能看见传统的光辉。彝族村民在篝火旁、苗族同胞在芦笙场、侗族男女在踩歌堂,他们的歌舞非常讲求协调一致,他们以和谐为美,以融入集体为乐。人们从小生活在这样的环境里,不知不觉中培养出了关心集体、热爱集体的意识。在节日期间,他们学会了把握机会推销产品,开展贸易,这其实是将生产、生活、娱乐有机结合起来(图6-23),并没有因此改变节日本身的性质,并没有破坏传统文化的传承关系,而一些传统的手工艺品以及其他具有传统文化价值的产品因为进入了交换渠道,还由此得到推广,促进了传承。

关岭布依族苗族自治县上关镇向阳村大苗寨一年一度的跳花节在春节时如期举行,女性无论老少都身着盛装,周围几个自然村寨的人们围着精心装点的花树吹芦笙、唱山歌、舞花棍、跳苗舞。村民跳花的地点由从前的荒山坡转移到了当地学校的操场,舞蹈由即兴跳跃变成了多次彩排过的文艺演出,歌唱除了原生态的苗族情歌之外又添加了流行歌曲元素,组织的成分多了,时尚元素多了。但是,它仍散发着浓郁的乡土气息,仍弥漫着传统的气息,仍具有鲜明的民族文化特征。因为有这样的节日,村民保留了传统服装,人们有幸还能看到村寨女性阵容强大的服饰展示(图6-24)。尽管节日经过了精心组织,但组织者还是村民,节日还是村民自己的。活动中增加了现代歌舞,而传统的节日气氛没变,它还在发挥促进社会和谐的作用, 和谐观念和团结精神得到传承。只要

图6-23　黔西大花苗在节日中进行民族文化产品交易。

图6-24　向阳村苗族妇女盛装参加跳花节。

村寨团结友爱的氛围还在,村民对本民族传统文化的情感还在,对节日的忠诚还在,那么民族文化的精髓就不至于丧失。

农历九月初九是汉族的重阳节,镇远县涌溪乡芽溪村的侗族村民在这一天举办斗牛比赛。斗牛比赛就是为了取乐,它的意义具有超越时代的特征。过去通过举办斗牛活动加强村寨联系,提升村寨的荣誉感,现在这种作用开始削弱,人们有了更多的娱乐方式。但是,因为斗牛比赛现场的气氛和感受无法用其他娱乐活动代替,所以它对村民还有特殊的魅力。斗牛比赛的意义超越了时代,因此斗牛节所蕴含的文化也超越了时代。

贵州少数民族还有许多祭祀神灵的传统节日,也许人们在祭祀的时候对神灵的敬畏之心没有从前那样强烈了,而仪式还存在,规模似乎比从前更大。仪式附载的文化由此得到传承,仪式的象征意义进入了当代,村民与他人在节日气氛中相处,通过祭祀仪式与神灵交流,身心得到放松,促进了人与人的和谐、人与自然的和谐、民族与民族的和谐。

(二)节日文化在传承中与时代同行

少数民族传统节日随着时代发生变化是不可逆转的事实,但是,它的变化不能背离两个基本的文化特质:地域特质和公共特质。没有了地域特质就不是"我们"的节日,少数民族村寨的文化也就不复存在;没有了公共特质就不是"我们"的节日,少数民族村民就失去了活动主角的身份。

对于多数节日而言,变化往往在悄然间,所有的村民都参与其变化的过程,推动着变化,却没有谁认真地思考该怎样变化,没有谁冷静地思考自己该怎样对待或促成其变化。变化在不经意中,但又明显可以感觉到。这样的变化因为还保持"地方性"烙印,留有"传统"痕迹,从历史中走来,根植于村寨的土壤,所以少数民族村寨都觉得这样的节日还是"我"的节日。很多不为外界关注的边远山村,村民按照传统习俗投身节日活动,都没有悉心体察到节日其实一直与时代同行,在节日中享受的快乐具有时代特征。例如在惠水县雅水村,数百户布依族村民在"三月三""六月六"的节日里,祭

图6-25　水城县鸡场乡妥倮村布依族过小年。

社神、杀猪、吃五色糯米饭、穿民族服装走亲访友、唱山歌,不受外界干扰,同时又与现代生活接轨,看电视、玩手机、唱流行歌曲、享用牛奶面包。水城县鸡场乡妥倮村布依族过小年的习俗依旧,不迎合流俗,不反对外地人看热闹,男女老少穿着民族服装到当地约定俗成的地点聚会,唱自己的民歌,过自己的节日(图6-25)。尽管这个节日的地方性特色很突出,民族风情很浓烈,文化底蕴很厚重,但是,村民不排斥节日场合观看的外地村民,也可能在活动中增加了现代的娱乐方式。现代元素悄无声息地渗透到节日的许多细节中,然而村民依然认为它还是"我们"的节日。雷山县达地水族乡的瓜年节、荔波县排烧村的苗族粽粑节、榕江县寨蒿侗寨的月饼节等都只在极小的范围内进行,村民并没有声张,它不能回避时代因素的作用,而时代因素也总抗拒不了地域特征。

对于有些节日而言,变化是有意识的,要么多数人觉得它该变并主动去促成其变,要么少数人想去改变它并左右了其变化的形式或内容。前者也许会改变节日的地域特质,但它是多数人作用的结果,所以改变之后的节日仍是"我们"的节日。例如,沿河土家族自治县黑水乡杨寨村杨家坪的土家族村民,除夕夜在寨子的一个大院里观看自办的"春晚",晚会由村民自己策划,节目由村寨中的人们自编自演,经费由村民自愿集资,舞台用木头层板临时搭建,音响为租借的专业设备。村民只是改变了娱乐方式而已,节目中有很多是富有当地民间和民族特色的跳花灯、土家族歌舞。节日晚会不乏动感时尚的街舞与流行歌曲,还有武术、钢琴演奏、诗歌朗诵等表演,但它由村民创办、娱乐村民,晚会出自村寨且属于村寨。

村民这种有意识的行为也许会影响节日的本质,也许还能保留节日的基本文化。节日在本质上是公共的,即内容的公共性、参与的公共性和服务的公共性,如果少数人对节日所作的改变充分考虑到公共文化需求和该节日的地域性、历史感,那么其所作的改变就不单是为了自我,而是代表全体村民。这些人没有仅凭个人意志去割裂历史文化,而是在将历史文化与时代对接。例如,务川县与沿河县交界的麻青村苗族村寨出了一个大学生李立方,他对家乡文化很了解,对现代都市生活不陌生,为了丰富家乡的春节文化,他向村民提议自办"春晚",得到乡亲们的积极响应。村民在舞台灯光、音响、背景等方面因陋就简,踊跃上台表演,节目内容多样,形式多样。村民觉得晚会表现的就是自己的真实生活或心理状态,晚会从筹办到结束都体现了真实的村民关系和经济状况,所以村民很认可,已连续举办多次。又例如黔东南锦屏县彦洞乡彦洞村一年一度的赶歌节,传统的节日时间为每年农历的七月二十,现在村民在这一天

图 6-26　彦洞的侗族村民在赶歌节享受自己的节日。

仍自发地参与或者响应政府组织的活动。即使此项活动由地方政府组织举办，他们也了解当地的民情民风，节目的主要内容在白天还是歌舞、斗牛，晚上还有传统的行歌坐夜和侗歌比赛，节目的参与主体还是当地村民，还是为了当地村民得到娱乐。虽然在节目内容中增加了篮球比赛，在节目表演中增加了观赏性，在节日的举办目的中增加了扩大村寨影响力的愿望，在节日的整体风格中增加了时代特征，但是村民的服饰保持了当地少数民族的本色，坚持地方性文化特色，村民的活动组织性更强，时间安排更紧凑。村民没有被边缘化，村寨传统文化没有变成节日之中的点缀，村民普遍认为这还是“我们”的节日(图 6-26)。

与农历七月二十的彦洞赶歌节相比，每年六月在剑河县举行的仰阿莎文化艺术节则呈现出另一番景象。首先，这个节日不是传统的，而是政府为了展示民族文化，扩大民族文化的影响而设立的，它也许不乏公用性，也许可以通过政府的组织而实现其广泛的参与性，也许经营多年后可以凸显其文化的地方性，但是它先天就缺少传统节日所形成的原生性和参与者的自发性特征。其二，这个节日的文化是通过移植、嫁接和自我想象打造出来的。水鼓舞原本是为了祭祀祖先，祈求风调雨顺，保村寨平安的，水、鼓、舞相结合的一种群众性舞蹈，是剑河县大稿午村独有的，原先表演的地点就在水田中。人们在舞蹈开始前，以一个大木鼓为中心围成圆圈，由村寨里的老人站在大木鼓前拿一只公鸭进行祭拜，年长者大吼一声后舞蹈便开始。而将它移到广场举行以后，就省略了杀鸭祭祀这个环节，这就抽空了水鼓舞的文化汁液。跳舞的人不是大稿午村的村民，不是为了祭祀祖先和祈求风调雨顺，因此这个舞蹈最初的目的已被改变。为了庆祝人为设计的仰阿莎文化艺术节，上千人聚集在广场上，敲击水鼓，舞蹈的动作模仿大稿午村的水鼓舞，但它显然不是村民自己的节日，不是大稿午村村民的舞蹈，宽阔的广场也并不属于村民（图6-27）。

图6-27　剑河县仰阿莎文化艺术节水鼓舞表演。

第三节　贵州少数民族村民日常活动的文化传承

在传统农业时期，村民的活动基本上在家庭、村寨以及村寨之间进行。人生礼仪、节日活动是为了交流思想和传承道德伦理等，日常活动才是学习生产和生活技能、观念形成、道德培养、知识获得的重要途径。进入新时代，村民的活动空间拓宽，文化传播途径更加多样，家庭和村寨在文化传承中的地位发生了改变，日常生活状态对文化传承的影响正在加大。

一、家庭内部的文化传承：以“火塘”为例

家庭是社会的细胞，人出生后首先在家庭接受教育，通过和家人的相处开始社会化过程。人在家庭中学习最基本的生产和生活技能，在与家庭成员的相处中开始懂得最基本的人际相处之道，从家庭走向更广阔的社会。

（一）火塘曾经为村寨文化传承发挥重要作用

在贵州少数民族村寨的家庭中，火塘一般安放在厨房和堂屋之间的房子中，安放火塘的房间在多数家庭中也作饭厅用，属于家庭成员的公共空间，人们在这个公共空间围桌聚餐，围火取暖。很多村寨还有一个习俗：孕妇即将分娩时会被转移到火塘边，老年人快要死亡时也会被送到火塘边，人在火塘边出生、在火塘边走完人生的最后行程。他们感谢火给人类带来温暖，尽可能保持火种常年不熄灭；他们敬畏火，生怕发生火灾。关于火种的来历有许多神奇的传说，关于火灾也有许多痛心的往事，关于火塘更有许多禁忌。例如，火塘中放的木头要讲究方向，不能随便架在火上；围着火堆取暖时要注意长幼次序，不能随意坐；在火塘边讲话要注意内容和分寸，有些话不能讲，更不能往火中吐痰。

贵州绝大多数地方冬天潮湿阴冷，主要农作物每年只种一季，产业结构比较单一，生活比较单调，村民要在火塘边度过漫长的冬天。老年人在火塘边给孩子们讲传奇故事和村寨逸闻，妇女在火塘边缝纫刺绣，男人们在火塘边修理农具或制作传统手工艺品。火塘是取暖的地方，是祖先历史和村寨历史传承、鬼怪精灵故事讲述、道德伦理培养的地方，是家庭传授生活技能的地方，是烧水沏茶和给小孩烤红苕、土豆的地方，是享受天伦之乐的地方。孩子们从这里习得生活经验，懂得做人的道理，接过家庭重任；中年男女在这里履行为人儿女和为人长辈的义务，尊老爱幼，担当家庭的脊梁；年迈的老人在这里回顾一生，品尝生活的滋味，感受家庭的温情，传授毕生的技能、知识和精神财富。家庭关系是最亲密的人际关系，家庭对人生的影响最深刻，传播信息最频繁，传授知识的渠道最畅通，获得的知识、技能、信息最丰富，影响最深刻。少数民族在传统生活中离不开火塘，文化传承绕不开火塘。

（二）火塘传承村寨文化的作用如今变得微弱

现在，火塘对于家庭的意义以及传承文化的作用都在发生转变。四世同堂的家庭已经很难见到，几兄弟结婚后仍不分家的已经越来越少，全家十几口人乃至几十口人济济一堂的热闹场面为数不多，能够围坐在火塘边的只有几个人，甚至只有老人。他们面对着火塘，守着孤独，埋藏回忆。另外，村寨中的建筑从结构到功能都在发生改变，有一部分家庭新建的楼房没有安置火塘的空间，改用电热取暖后就不再需要火塘，家庭中的每个人分别用不同的方式取暖，这必然导致以火塘为家庭中心的生活方式的消失，同时也使火塘文化退出家庭

图6-28　在过去,火塘是家庭的中心,道德伦理、传说故事大多在这里传承。现在,电视进入每个家庭,村民大量外出务工,火塘传承文化的作用已经变得微弱。

舞台(图6-28)。当电视进入村寨,电脑进入家庭,手机成为村民个人的信息传播媒体,全家人从火塘边转移到电视机前,从安置火塘的公共空间转移到摆放电脑的个人空间,从听老人在火塘边讲故事转变成看电视、上网和玩手机,老人们的故事对晚辈来说已经没有了吸引力。他们享受着媒介新技术带来的快乐,老人们从上一代人那里记录下来的文化知识,一生积累的生产经验,一辈子珍藏的生活感悟,浑然不觉地从身边滑落。而且,很多年轻人纷纷离开村寨,家庭中少了年轻人,甚至少了年轻人在外生育的孩子。村寨中的人少了,火塘边的老人没有了交流的对象。

当年轻的村民离开了火塘,当村民的家庭不再需要火塘,那么由火塘衍生出来的文化就在村民的家中消失了。从前安置火塘源自村民的取暖需要,今天离开火塘是因为其他取暖设备代替了火塘的功能。然而,其他取暖设施却不能代替火塘的文化功能,随着火塘消失的将是村寨的一道文化风景。

现在,伦理道德教育固然还少不了家庭长辈的耳提面命,但媒体的作用也不可小觑。年轻一代从媒体上看到的很多信息都会直接或间接地影响其道德观的形成和对家庭责任的认识。他们从电视、网络上看到不一样的家庭关系、个人行为、生活方式,会自觉或不自觉地模仿,对村寨本来的行为方式和道德伦理产生怀疑,对长辈的要求或规劝发生抵触。村寨过去是一个靠口语交流的封闭环境,如今突然变成信息开放的状态,可是村民又生活在视野有限、活动空间有限、阅历有限的地方,他们不具备科学分析媒介信息的能力,很容易混淆信息社会和真实社会的界限,其对媒介信息的错误判断便直接导致其人生观、价值观发生扭曲。此外,火塘是以家庭长辈为中心,而在看电视时以电视为中心,玩电脑游戏时以自我为中心。因此,在现代媒介进入家庭之后,老年人被边缘化,他们的知识和经验也被边缘化,进而在道德教化、知识传承、纠纷调解中的地位也发生了变化。电视节目的娱乐性强,网络游戏的刺激性强,村民不仅空余时间与这些电子媒介为伴，甚至有一部分人沉溺其中，从前在火塘边从事的手工艺生产或缝纫刺绣被遗弃，火塘建立的家庭亲情也被电子媒介的魅力所褫夺（图6-29）。

图6-29　电视已经取代火塘的中心地位。图为从江小黄村，大人和孩子坐在火塘边全神贯注地看电视，世代传承的关于祖先的故事和村寨历史故事远不如电视有吸引力。

我们虽不能说在过去少数民族村寨村民家庭亲情的培育、道德伦理的养成、生产和生活技能的掌握都归功于火塘，但是不能否认火塘在其中的重要作用。我们也不能说现在村民家庭亲情趋于淡漠、传统伦理道德逐渐消失、祖传的生产生活技能大量丧失、村寨淳朴的风气开始淡化都是现代媒介所致，但是也不能无视电子媒介取代火塘在家庭公共空间的中心地位之后，对文化传承所造成的负面影响。我们同样不能说现在年轻一代村民的人生观和价值观完全不如老一代，他们对自己下一代的教育乏善可陈，但是应该承认传统的人生观和价值观的优秀成分需要得以继承，生产和生活技能需要发扬光大。

虽然现在村民不可能重新回到火塘，而火塘文化需要被尊重，火塘曾经为文化传承发挥的作用值得肯定。

二、家庭之间的文化交流：以“换工”为例

村寨是熟人社会，家庭之间、村民之间都有着亲密交往。这种交往不定期；随性而为；交流的内容是零碎的、情景式的；交流的语言彼此熟悉，同时伴随大量的非语言符号。也正因为如此，在村寨内部长期的相互交流中，村民获得信息，增进友谊，融入群体，丰富知识，传承文化，零碎的信息一步步得以整合。日常不经意的交往是村民之间的常态，也是村寨文化传承最一般的方式。

（一）换工体现村民守望相助的社会关系

在贵州少数民族村寨，因为社会组织保存着浓厚的血缘关系，生活方式具有个性，所以在交流上呈现出地域特色。当人们看到建筑物在山坡上连绵铺展，看见层层梯田从山脚一直延伸到山顶，除了惊叹和称赞之外，还不禁会产生

疑问:仅凭一个家庭的力量能建造这么高大壮观的房子吗?距离村寨那么远的一大块农田,村民怎么种植和收割呢?其实,村寨中的每一个家庭,如果做一件个体家庭难以完成的事情,总会有其他家庭主动前来相助。帮助者全心投入,献计出力,甚至还从自己家中带上生产工具、粮食、蔬菜或肉类;受帮助的家庭负责生活饮食,协调分工,记住其他家庭投工的数量和资助的粮油肉食等,待到其他家庭也需要帮助时,就用同样的方式作为回报,并力求做得更好。村民们普遍称之为“换工”。

换工在建房屋的时候必不可少,伐木、立柱、上梁等环节需要很多人通力合作。换工在农忙的时候最为常见,通常是整个村寨的劳动力逐家犁田、插秧、割稻、晒谷,赶时间。虽名为“换工”,但没有谁去计较男性劳动力和女性劳动力、青壮年劳动力和老年劳动力的差别,也不去计较劳动强度和劳动时间,更不会计较送的物资数量多少和价格高低。

换工在村民看来完全是生活中的一件很普通的事情,觉得别的家庭有事就应该去帮助,当自己家里有事时受到别人帮助也觉得很正常。如果别人家里正需要帮助而自己漠然置身事外,这会被其他家庭耻笑;如果自己正需要帮助而没有人前来,只能说明自己这一家在村寨中的为人处事和人际关系太差。所以,换工表面上是解决临时性的具体问题,实际上反映的则是一个家庭乃至整个村寨长期的人际关系。只有与其他家庭和睦相处,遇到困难的时候才会得到其他家庭的帮助;只有真心对待村寨中的每一个家庭,在别人困难的时候施以援手,才会在自己困难的时候得到别人的回报;即使平时出现一点小误会或纠纷,只要抱以宽容之心,在别人需要换工的时候给予热情帮助,在自己需要换工的时候仍能得到别人真心援助,就会消除误会、化解矛盾。

关于换工的历史,村民已经说不清它起始于什么年代,都说这是“老规矩”“习惯了”,都说“村寨就像一家人”“应该这样”。通过村民这种表述和反映出的态度可以推断换工是家庭生产的延伸,而村寨则是家庭扩大后的产物。贵州少数民族传统村寨在形成初期,一般由一个家庭,或者几个有血缘关系的家庭,或者几个结拜为兄弟的家庭共同组成,他们守望相助,在生产中没有清晰的“你—我”界限,共同劳动,共同消费。在人口增多以后,一个或几个家庭发展为众多的家庭,一户或几户人家壮大成村寨,但是由众多家庭构成的村寨在本质上依然是一个扩大的家庭,那种守望相助的传统和“你—我”原本一家的心理还深深植根于村寨之中。从前的长期共同劳动就转化成了换工式的临时性共同劳动,从前纯粹的共同消费就转化成了换工期间的共同消费。而且历史上生产力水平低下，个人抵御各种风险的能力有限，生活中需要兄弟情谊，生产中需要换工式的相互帮助，这就为换工提供了长期生存的土壤。

换工不仅是生产活动的组织形式，也是生活中解决困难的途径。每逢村寨中某个家庭婚丧嫁娶，其他家庭总会赶来给予帮助，因为自己的家庭中也许会遇到这种事情。如果某个家庭本来就缺乏劳动力，或者失去了劳动力，其他村民绝不会袖手旁观，而是积极帮助这个家庭做农活，操持家务，解决其婚丧嫁娶中的困难，甚至还会照顾这个家庭平时的生活，没有谁指望换工能得到回报。从前生活艰难的时候还有“做会”的习俗，村寨中很多家庭协商，每个家庭等额拿出有限的剩余钱粮，按月或按季度轮流集中提供给一个家庭使用，从而解决其燃眉之急。这样周而复始，既彼此照顾，又发挥了团体的力量。

（二）换工在当今转化形式而本质没变

随着当今产业结构调整，生产力水平提高，个体家庭战胜困难的能力增强，有些农活再不需要像从前那样赶季节抢时间，有些农活因机械化生产而节省了劳动力，有些家庭改种其他经济作物后不用一次性投入很多劳动力，有些农户将承包的土地转让给外来人口从事其他经营，因此换工的需求小了，换工的空间也变小了。一旦经济生活中不再需要换工，村寨中各家庭之间就失去了这样一种特别的联系，彼此就会产生疏离感。虽不能说村寨内各个家庭之间的情感都建立在经济联系之上，但不能否认经济活动与情感交流之间存在着联系。村民个体家庭的劳动方式发生改变，家庭之间的关系必然会因此出现变化。

然而，换工在很多村寨中还存在，村民在情感上需要它，在经济生活中也离不开它。在一些外出务工人员逐渐增多的村寨，家里的土地仅靠老人和孩子没法耕种，外出的劳动力也不可能在农忙时全都返乡回村，留在村寨中的劳动力就不只是耕种自己的土地，还得帮助其他家庭，而其他家庭的主要劳动力常年在外，几乎没有机会同样以劳动力的形式回报那些帮助过他们的村民，于是只能以别的形式表达感谢。感谢只是情感的表达，不是劳动力的补偿，不是简单的经济利益层面的交换，它虽在本质上还有换工的意义，但情感层面的意义更突出一些。它维系了外出务工的村民和留在家乡的村民之间的传统关系，它让外出务工的村民少了一份对家庭的牵挂，却多了一份对村寨的依恋。另外，少数民族村寨这几年翻修旧房和再建新房的越来越多，如果将工程全部承包给建设方则费用过高，因此很多村民依然借助当地的劳动力，采取换工的方式，这样可以节省出很大一笔费用。调查得知，村寨里的房子很多都是采用换工方式先

图 6-30　普底乡跑马村的村民庆贺王氏新宅,周边的村民几乎每家都来祝贺,礼账上登记的彩礼大多在 50 元以下,而建新居的主人要杀猪盛情款待。

后建起来的,每一栋新房子属于不同的家庭,而所有的新房子都凝聚着全村人的汗水和智慧。当新房子建起来以后,房屋主人按照惯例办乔迁酒宴,村民按习俗来恭贺。调查发现,乔迁之宴很隆重,菜肴很丰盛,前来恭贺的村民只象征性地随礼,完全不同于婚宴时的送大礼(图 6-30)。村民解释说,建新房是大家的事,在建房的时候出了力,随礼只求一个喜庆而已。①

换工直观地体现在生产活动中,看似属于经济生活层面,但它源于村民彼此间的情感,以相互信任、团结友善为基础,深深折射出伦理道德层面的内涵。换工以“工”为媒介,以“换”为方式,它不只是有工可换、以工互换这么简单,最重要的是双方愿意换工、能够实现换工,以及通过换工实现了超出换工本身的意义。对于村民而言,换什么工和怎样换工其实不重要,重要的是在自己最需要换工的时候有人来了,在别人需要换工的时候自己去了。换工解决了家庭临时的困难,整合了村寨的劳动力,实现了全村劳动力效益的最大化。同时,换工起到了联络村寨家庭关系的作用,弘扬着邻里守望相助的传统,提醒着每个村

① 2012 年 7 月 12 日下午,惠水县和平镇大新村覃家寨一户毛南族村民乔迁,8 月 24 日百里杜鹃管委会普底乡跑马村一个苗族家庭的新房落成。我们在现场看见绝大多数村民送的礼钱都是 50 元,而主人家垒灶架锅,杀猪宰鸡宰鸭,酒桌从客厅一直摆到场外。按照当地风俗,如今参加婚礼至少都送 100 元。

民在别人困难的时候伸出援手，在自己得到帮助之后懂得回报。换工有助于凝聚村寨共同的情感，增强村民对村寨的认同感。只有热爱村寨、认同村寨，才会升华出建设村寨的激情，只有愿意帮助他人，懂得关爱他人，才能构建和谐的村寨。

三、家庭与村寨之间的文化对话：以“斗牛”为例

村寨是扩大了的家庭，家庭与村寨的关系犹如个人与家庭的关系。个人如果不关心家庭，就会在家庭中处于孤立地位；家庭如果不融入村寨，就会在村寨中被冷落。贵州少数民族传统的村寨因为家庭之间大多存在着血缘关系，所以他们在祖先崇拜的观念下有着不可拆解的亲密性。然而，血缘最基本的意义仅停留在生物学层面，它的社会学意义需要通过生活来建构。

在贵州少数民族村寨中有许多可以将各个家庭联系起来的活动，村民通过这些活动实现自我价值，村寨通过这些活动使各个家庭形成向心力并扩大村寨的对外影响力。例如，龙舟竞赛、赛马、舞狮子、舞龙灯、傩戏或花灯戏表演、八音坐唱表演、山歌对唱、斗牛活动等。这些活动有以下几个特点：其一，参与者以村寨的名义出场；其二，活动在村与村之间进行；其三，参与者是一个团队，或者其背后有整个村寨在支持；其四，活动具有广泛性、公开性、经常性、竞争性或表演性。

这里仅以斗牛活动为例，揭示此项活动的文化内涵以及对传承村寨文化的作用。

（一）在饲养斗牛的过程中培育村寨群体意识

斗牛，又叫“牛打架”，是许多南方民族热衷的一项民俗活动。贵州苗族、侗族、水族等少数民族居住的村寨多开展斗牛比赛，有单独举行的斗牛比赛，更多的是在其他节日活动中包含着此项内容。单独的斗牛比赛如镇远县涌溪乡芽溪村。这里的村寨在近些年，每逢农历九月初九重阳节就要举办斗牛节，精彩激烈的牯牛对决总会吸引成千上万相邻村寨的村民和远方游客前来观看，整个斗牛场被参加比赛的选手和观众围得水泄不通。在其他节日中包括斗牛比赛内容的如榕江县三江乡友埃苗族村民在农历九月初七的吃新节，除了举办盛大的祭祖活动和芦笙表演之外，还要开展斗牛活动把节日气氛推向高潮。

虽然极少数村寨内部也有斗牛比赛，但是绝大多数比赛都在村寨之间进

行。斗牛活动不是两个村民因为有对抗博弈的兴趣而让自己的耕牛一比高下，而是两个团队之间用专门饲养的斗牛一决胜负。

村民的比赛分成三类，一是人与人之间的力量或技能较量，如搏击、对歌等；二是人操纵机械或其他物体的比赛，如舞狮子、划龙舟等；三是人饲养的动物经过训练之后的比赛，斗牛活动就属于这一类。村寨间的传统斗牛活动有别于博彩，村民不需要下赌注，获胜的一方也没有奖金或奖杯。它源于娱乐，和斗鸡、斗鸟等活动一样，是人与人之间对抗赛的延伸，和摔跤、竞渡等没有本质区别。正因为它是比赛，并且是村寨之间的比赛，所以它有着很丰富的文化内涵，散发出鲜活的乡土气息。

斗牛比赛看似为两头牯牛的力量比拼，实则是两个饲养牯牛的主人之间的荣誉之战。为了这份荣誉，饲养牯牛的村民付出很多努力，洒下太多汗水。斗牛比赛的结果就在一瞬间，而培养斗牛则需要一个漫长的过程，村寨的斗牛文化就包含在这漫长的过程之中。

首先，从购买专门用来比赛的牯牛那一刻开始，村民的心已经拧在一起。选择牛犊有很多讲究，要看牛蹄、牛头、牛脖子、牛角、牛毛的颜色及旋涡，甚至还要看牛的眼神。专用于决斗的牯牛价格很高，对整个村寨的村民来说不是一笔小数目，买牛的目的就是希望将来能够在决斗中取胜，因此决定买哪一头牛犊、花多少钱都要征求很多村民的意见。据了解，在 1981 年，从江县平江寨当时有 120 多户，其中的 110 户凑足 1 700 元钱从凯里一个叫“鸭塘”的地方买了头水牯牛，取名“大雷公”。仅此一项，差不多就花掉了整个村寨全年的积蓄。现在的斗牛，几乎没有 3 万元以下的了，很多人甚至在牛犊尚未出世就提前下了订单。在正式买下之前，村寨中有经验的人会一同前往仔细查看，最后才作出决定。辨别牛犊的品质需要经验，这里面有畜牧学等学科方面的学问，但购买斗牛更包含着丰富的文化。村寨长老首先听取多数村民的诉求，再作出买斗牛的决定，初步统计愿意凑钱的户数以及大致可以筹集到的钱款数额；再搜集有关斗牛买卖的消息，进而将多方获得的消息告知村民，并选派富有识别斗牛经验的村民实地查看，经过多番比较之后才正式购买。

从这个环节可以发现：其一，是否决定养斗牛由村民集体决定，而不是村寨长老或几个有钱的村民说了算。其二，筹集钱款要发动全体村民，但又不硬性摊派，没有谁刻意攀比，也没有谁故意逃避，各尽所能，钱款数目公开。其三，准备花销多少和购买哪一头斗牛，都由村民共同商定。这个环节不仅反映出村民对斗牛活动有着浓厚的兴趣，而且反映了村民之间高度的民主和平等。

其次，斗牛买回来之后的饲养吸引村寨所有人的目光。买回斗牛之后一定要给它取一个响亮的名字，村民各抒己见，集思广益，最后确定一个多数人认可的名字，如“大雷公”“铁头王”“飞天大碰王”“角生寒”等。此后，这头牛和它的名字就成了村民茶余饭后谈论的话题。当然，还要给斗牛布置“寝宫”，侗族有鼓楼的地方几乎都将斗牛置于鼓楼，以示其地位崇高；苗族村寨通常会把斗牛关在位置很显眼的地方，这样既可以方便村民经常去看它，也可以避免外村的人蓄意伤害它。据说，历史上曾有“敌方”歹人乘人不备，将钉子钉在斗牛头上，使其丧失战斗力。最重要的是对斗牛的饲养工作，将它训练成能征善战的“勇士”。有些村寨安排全村人轮流看护，每天按照确定的次序每户抽出专人割草料、遛弯、泡澡（图 6-31），同时推选最有训练经验的村民培养斗牛的格斗本领；有些村寨则指派专人放牧，村民给饲养员一定的报酬，用全村筹措的钱款支付，逢年过节为其添置一两套衣服。斗牛的饮食很讲究，选择最嫩的青草，还用稀饭和米酒适当搭配。平时不能让斗牛与别的水牯牛见面，尤其不能让它与母牛交配。村民在牛圈附近不能高声喧哗，尤其不能做出一些危险的举动，以免斗牛受惊吓。晚上牛圈要上锁，防止外人接近。驯斗牛的村民要经常与斗牛亲近，了解斗牛的习性并训练其打斗的技能。斗牛成了村民的重要话题，发挥着凝结村民情感、增强共同体意识的作用，驯养斗牛的过程也培养了村民关心集体的责任感。买斗牛需要村民在经济上的付出，养斗牛需要村民在精力上付出。那些经济上比较困难的村民在购买斗牛时也许拿出来的钱款要少一些，但是他们在饲养斗牛的过程中总愿意多付出。在所有的村民心中，斗牛属于全村人，村民在饲养斗牛时表现出极大的热情。

图 6-31　左图是斗牛关在侗族鼓楼的情形。右图是安排村民挨家挨户割草料的名单。

（二）在斗牛比赛活动中张扬村寨集体精神

参加斗牛比赛，村民热血沸腾。很多村寨在每次斗牛比赛前，先用木牌发通知，村民称之为“送火牌”。据贵州文化学者吴正光先生所讲，他有一年到从江县，正巧平江牛圈上悬挂一个“火牌”[①]，上面用毛笔书写着：“农忙季节已过，人心欢乐，我大队定于古历五月十三日，牛斗松批牛塘，请各大队牵打牛来参加娱乐，请各地男女老少参观，请送摆也、冬岑、东孖、平查、平江止。停洞公社新寨大队。”村民所说的“火牌”，只是一块菜刀形木牌，“刀”背上砍一缺口，表示“十万火急”。新寨发出的这块“火牌”送到摆也寨后，按照牌子上的地名，逐一火速往下传送，平江是最后一站。

得到“火牌”通知后，参加斗牛与否，由村民商量决定。通常情况下，路程太远就不参加。在农村，以前二三十里就算很远，一般不会去，现在交通条件改善，相距二三十里地的村寨也有来参加的。近的地方一定会去，或走路去，或“扎船”去，现在多是坐拖拉机或汽车去。所谓“扎船”，就是扎木排或者竹排当“船”使用，在榕树覆盖江岸的都柳江上破浪前行，人和斗牛都乘“船”前往。

在出战前十多天，饲养员就开始给斗牛喂米酒、加饲料，并调整斗牛的精神状态，到出发的时候务必使斗牛产生兴奋感。男性村民常来牛圈观察斗牛的状态，围坐在牛圈前商量对策。从江高增、黎平尚重一带侗族村寨在斗牛出战的前一天，还有巫师举行神秘的“骂白口”仪式，其目的是万一失言，也不至于妨碍斗牛打架。有的大村寨为几个房族和几个鼓楼，轮流举行骂白口活动。其具体做法是：买一条狗来杀，一家来一个人，出一样的钱，一起在牛圈前喝酒、吃肉、吃饭。先在牛圈外把狗打死，煮熟，把一块狗肉、一只公鸡、一碗大米、三条鲤鱼、三杯米酒摆放在大木板凳上，然后由巫师焚烧三炷香、一叠纸，举行祭祀仪式。巫师朗诵完祭辞，点燃三个铁铳，发出三声巨响，村寨顿时火焰冲天，全村人在铁铳轰然巨响声中知道了斗牛即将出征。祭祀完毕之后吃饭，然后将芭茅草、白纸花、公鸡毛、狗骨头绑在一起，插在牛圈上。当地村民认为，只要举行了骂白口仪式，不管什么人说了对本寨斗牛不利的话，都不会起作用，等于事前就封住了他的嘴。

举行骂白口仪式的当天晚上，村民在牛圈外敲锣打鼓，吹奏芦笙，直到深夜。凌晨鸡叫即起来喂牛，天亮后将牛圈关闭严实，防备有人恶意伤害斗牛。出发前，村民在萨坛前集结。如果斗牛的地方较远，会清早就到萨坛。如果斗牛活动在附近，通常十点钟左右集中。由巫师打开萨坛大门，在门外放置一条

---

① “火牌”在黎平县口江乡银朝村和从江县高传村一带被称为“传牌”，是在一块刨光的木板上写下的“战书”。传牌一放就是几十个村，凡接牌的村寨都可应战；还有一种“定放”的传牌，发到哪儿，哪儿就非应战不可。这是一种以诚信为前提的规则化行为，尽显淳朴的民风。

长板凳，凳上摆放三杯酒、一盅茶、一碗米、一碗糯米饭、三条腌鱼，肃穆地举行祭祀仪式。仪式完毕，巫师叫众人放声高喊“嗨麻”，即“打呜呼”，由一个德高望重的人起头：“唉木鲁！”众人齐声高呼：“呜！呜！呜！”人人热血沸腾，精神亢奋。然后由两个未婚青年打开牛圈，将斗牛精心地打扮一番，用一匹红布包着一个熟鸡蛋，绑在斗牛右角根部。斗牛头戴大绣球，颈部系铃铛，背上系彩带，放在侗族村民称为“龙来”的安插彩旗的木架上，架上插五面彩旗，旗杆顶上缀有鸡毛，另有两条彩带从牛尾根部交叉挽到牛背上。全寨男女老少前来围观，芦笙奏鸣，锣鼓劲敲，燃放铁铳，声震山谷。在斗牛出征前举行的一系列祭祀仪式使村寨中的民间信仰文化有了安放之处。村民围绕着斗牛，将村寨集体意识凝聚起来。如果缺席了活动，就等于自己在集体中缺位。

传统的斗牛比赛一般安排在农闲时节，各村寨内或相邻的几个村寨间自发组织，以友谊赛的方式进行，不计名次，没有奖金和奖品，以达到观赏、娱乐、交流以及促进左邻右舍、村寨之间更加团结和谐的目的。各村寨推举一些志愿者奔走于各牛主之间，了解牛的年龄、体重、角的长度和宽度（两牛角尖的距离）等，然后协商安排打斗对象。这样实力才比较接近，比赛才公平，牯牛决斗起来才精彩激烈。在征得双方牛主的同意后，即把斗牛拉到打斗场中央拼斗，一直斗到其中一头牛逃跑即分胜负。获胜的斗牛由主人牵着绕场一圈，鸣炮呼号以示庆贺。如果两头斗牛势均力敌，打斗十几分钟仍胜负难定，有一方牛主认输或者为了保护斗牛，经双方同意即可终止比赛。比赛输了的一方卷起旗子，卸下装束，不声不响地离开现场。输了的斗牛如果还有继续打斗的潜质，村民会牵回来再加驯养，否则只好当菜牛变卖。获胜的一方趾高气扬地返回村寨，燃放火铳三响，热烈庆祝。村民晚上来牛圈前畅谈战绩，尽享欢乐。斗牛的村寨如有亲戚关系，获胜方就要到打输的一方家吃喝一两天，临走时还可随意抓一头猪带回去宰杀，损失由打输的寨子里的所有农户平均承担。比赛输了的寨子凑钱再买一头水牯牛，寻机再次对决。如果又败，赢家一般就不再去吃了。往后，打赢的寨子转而与其他寨子放牛打架，如果打输了，曾经被吃过的寨子可以与打赢的寨子一起去输家吃喝，把损失吃回来。因为寨子双方有亲戚关系，吃来吃去，其实就相当于走亲戚。

村民在乎的不是请吃或者被请吃，而是觉得本村寨在斗牛比赛中败下阵很没面子，获胜很荣耀。斗牛比赛的胜负关乎村寨的最高荣誉，九洞地区至今仍把它看作头等大事。如果一个村寨买不起斗牛，或者斗牛活动组织不起来，其他村寨就觉得这是一个笑话，甚至用语言或行为刺激不参加斗牛的村

图6-32　2014年4月29日，贵州省榕江县仁里水族乡小湾寨的侗族同胞给大湾寨拉来踩鸡的斗牛牛角上挂鸡。(王炳真摄)

寨；或故意放话过去，表示愿意买一头斗牛相送；或明知其没有斗牛，照样发“火牌”到村寨，欢迎其观战。例如，在榕江县七十二侗寨，寨与寨之间就有“斗牛踩鸡”的传统娱乐活动。养有斗牛的村寨可以牵着斗牛到“无牛村寨”，所到之处见鸡鸭就捉、见狗就牵。无斗牛村寨的人们非但不生气，还热情告知自家的鸡鸭在何处，有的还主动抓来挂在牛角上奉送。随后，牵牛踩鸡的客人将鸡鸭带回本寨，并邀请被抓鸡的村寨村民去做客，设宴款待(图6-32)。受到刺激的村寨也会激发斗志，一定要买斗牛参加今后的活动。在他们的传统观念中，不参加斗牛活动就意味着在这个地域文化圈中缺位，就是自己放弃整个村寨的话语地位。事实上他们自己也觉得，没有斗牛村寨就少了一份凝聚力，少了一件令全村关注的中心事项。

因为从买斗牛到养斗牛的整个过程倾注了全村人的心血，斗牛在村民眼里已经不是畜生，村民看斗牛比赛已经不能和平时看鸡打架或狗撕咬相提并论。从江县小黄村在每年秋收后首次斗牛时，都要举行隆重的开场仪式，全寨人浩浩荡荡前往对方的村子里做客。大家在鼓楼里要大聚一餐，用坛子盛酒，对方还要送一两头牛。在斗牛前一晚的子时以后，人们就不再到井里挑水，女人甚至不能绣花，生怕自己一点不经意的差池惊扰了斗牛。斗牛如果获胜，全寨子狂欢，杀猪宰牛，举红旗放铁炮，歌队唱起侗歌庆贺，年轻人还会“四处出击”狂欢。如果斗输了，对方的姑娘就会来将红旗夺走。斗输的牛也必杀无疑，埋在牛塘旁边并垒牛坟。葬牛时还要吹芦笙，举行仪式，另买黄牛来招待亲朋。当地的传统习俗是，如果不把斗输的牛埋掉，下次别人就不屑于再来挑战，本村寨就不斗自败。

村寨需要斗牛胜利的这一份荣誉，村民渴望分享斗牛胜利的那一份喜悦。但是当比赛结束的那一刻，对村寨文化而言，胜或败都已无足轻重，因为经历了从购买斗牛、饲养斗牛到参与比赛、一起呐喊、共同欢笑或惋惜，村寨的文化已经贯穿于这个过程之中了。斗牛比赛看似只是村民的娱乐活动，而村民对村寨的感情、家庭对村寨的向心力却以斗牛活动为媒介得到了传承。在这种活动中,为了村寨的荣誉,家家户户有钱的出钱,有力的出力。在斗牛出征的那一刻,在斗牛获胜或被打败的那一刻,每一个村民、每一个家庭都强烈感受到自己是村寨的一员。这种认同感扩散到生活、生产中,形成了建设家园的强大力量,抵制着各种消解人间亲情的负面因素的影响。

(三)斗牛文化渐行渐远

在今天,我们看到少数民族村寨斗牛风气还非常盛行,但也不得不正视一些事实:第一,购买斗牛的成本越来越高,买一头水牯牛要花几万元,这对生活本身就困难的少数民族村寨来说是一笔不小的开支,对有孩子需要上学、有老人需要赡养、有病需要治疗的家庭必然产生影响。购买斗牛后,还要确保有足够的草料,这对年轻人都到外地打工去了的村寨来说非常不易。现在的村寨也正受到市场经济的冲击,村民不得不考虑购买斗牛和饲养斗牛的成本,一定会对比外出打工的经济效益,是喂牛打架还是打工挣钱,很多人心中的天平倾向了后者。第二,村寨中的娱乐活动比以前多了,年轻人对电子媒介以及都市时尚文化盲目追随,对斗牛娱乐的兴趣锐减,他们不再考虑传统斗牛活动的文化价值,而是在权衡各种娱乐的刺激性,以个人的感觉看待斗牛比赛。第三,村寨中层出不穷、形形色色的斗牛活动已经被商业利益裹挟,从斗牛的购买、饲养到比赛都是按照商业活动运作,村民各家庭自愿出资、每户人家义务饲养的传统“斗牛精神”正在被剥离,伴随着斗牛胜败油然而生的那种纯粹的村寨荣誉感轰然倒塌,养牛和斗牛的功利性掩埋了民间朴素的娱乐性,传统文化的实质内容所剩无几。

现在,斗牛场上还是人山人海,甚至因为村寨之外力量的参与,声势变得更大,吸引了无数观众。村民也变成了观众,他们在呐喊、在尖叫,但是买斗牛、养斗牛、参与斗牛比赛的主体发生变化,而为村寨荣誉而战的斗牛思想则渐行渐远。

四、村寨之间的文化互动:以“吃相思”为例

即使最边远的村寨,也不可能绝对封闭。即使在过去被其他民族包围的村寨,也会和外界发生或多或少的联系。所以,村寨文化既有在本村寨产生、发展和传承的,也有与外界接触后学习和借鉴的。村寨的历史,其实就是不断地进行文化交流的历史。

(一)村寨集体做客习俗相袭已久

贵州少数民族村寨,很多都修建有大门。大门阻挡着外面的侵扰,大门也吹进来外面的空气。山村的道路从寨门向远方延伸,跨过溪流,越过山岭。本村的姑娘从这条路走出去,外村的媳妇从这道门迎进来。平日里,本村人和外村人通过这条道路你来我往,走亲访友,传统节日期间还会出现整个村寨的村民都走出去或外村人集体涌进来的壮观场面。这样的集体做客习俗构成了一道奇特的文化景观,充满着亲情和乡谊,形成声息相同的地域文化圈。

当地人习惯上把集体走到另一个村寨做客的行为称为“走寨”或“走客”。在20世纪三四十年代,王嗣鸿在《台江边胞生活概述》一文中把这种村寨联谊活动分成两类:一为机会走客,一为正式走客。机会走客出现在临时发生事情之时,正式走客多发生在有喜庆大事或特定节气之时,事先与亲友约定某日来“走客”,双方事先有准备,暗中有一定礼俗。事实上,村民集体做客的类型远不止两种,在贵州少数民族地区,很多村寨有各种名目和不同规模的相互走访、集体做客的习俗。时间通常选择在农闲时节,互相走访的村寨轮流坐庄。榕江空申一带的短裙苗通俗地称之为“还芦笙”,黎平瑶族称之为“义岭额”,榕江、从江、黎平三县交界处的苗族把这种活动叫作“阿达堆”(译成汉语就是“相思节”“吃相思”“做兄弟”)。侗语称作“为也”(weex yeek),有些地方又叫作“月贺”“外嘿”“鸡尾客”“吃相思”等。黎平、从江、榕江的村民习惯上称之为“为也”,其他人把它形象地叫作“吃相思”或“走寨”。

这种习俗在南部侗区和“青苗”居住区最盛行,有多种形式。一种形式是农历正月间开展的“为也戏”(做客戏),各寨数十人组成戏班到主寨巡回演出,每寨到主寨停留三天或五天,主寨热情接待。等待来年,按照共同约定的次序,另一个充当主寨的村子发出邀请,其他村寨再去巡回演出,曾经的主寨也实现了回访。按照当地习俗,娱乐时间都定为单数,客人离开的时候主寨赠送礼物,谓之“尾巴”。如果主寨新建的鼓楼落成,客寨前去恭贺则少不了送楹联贺匾,燃放鞭炮,一起踩歌堂,恭贺新楼建成,并夹杂“抬官人”活动。另一种形式是甲戌节、中秋节赛芦笙时举行的“为也轮”(做芦笙客)和“为也”,村寨之间一样迎来送往,茶余饭后的主要活动为芦笙比赛。还有一种形式是“为也暇”(做社客),即在春社赶社的时候,主寨接客寨的姑娘(腊乜)集体做客,男青年(腊汉)早晚盛情款待,白天踩堂对歌,夜晚行歌坐夜。翌年则由主寨腊汉的姐妹们去“还客”,客寨的腊汉以同样的方式盛情款待。再有一种形式是“为也鼎”(做众定亲客），也叫“开众亲”。这种类型的集体做客有的持续很长时间，甚至长达数月，是两寨的男女青年及其父母相互了解的最好时机。[①]

“吃相思”通常在同一个民族的同一支系内部进行。如俗称的“都柳江支系苗族”，他们一直保存着古老的走客“阿达堆”，时间一般在春节过后几天。例如2014年年初，从江县停洞镇摆横寨的村民集体到榕江县栽麻乡高岜寨做客。黎平县顺化乡是瑶族聚居的区域，2015年3月2日至5日，高孖瑶寨邀请金城瑶寨的同胞共度“义岭额”，同一个瑶族支系的村民齐聚一堂，吹相思笙、吃相思饭、唱相思歌、赠相思物。素有七十二侗寨之称的榕江县乐里、瑞里、仁里一带，“吃相思”的风俗长盛不衰。2016年春节期间，榕江县乐里镇乔勒侗寨和归洪侗寨村民来到榕江县仁里乡仁吉侗寨进行“吃相思”活动，联欢活动从正月初七持续到正月十一。由于民族之间来往频繁，文化差异缩小，彼此之间也逐渐出现集体性的联谊活动，如2013年正月，从江县丙妹镇岑报苗族村就到高增乡岜扒侗族村“吃相思”，气氛热闹。

（二）村寨集体做客促进文化传承

“吃相思”可以很好地巩固文化共同体或有效地建立文化共同体。开展此类集体联谊活动的村寨之间，前提是具有文化共性，双方在文化上高度一致。只有文化高度一致，彼此才有如此亲密的交流。亲密而深度的大型文化交流，又有利于促进彼此对文化形式和文化内容的进一步认同，并保持对所拥有的文化高度自信。“吃相思”不是为了体现彼此间的文化差异，而是为了追求文化的共性，只有追求共同的文化，认同对方的文化，才会在密切的交往中找到共同的话语。集体做客的村寨在地理上靠近或相邻，在亲密的相互交往中形成事实上的文化共同体（图6-33）。只有村民对自己的文化充满自信，文化才更容易得到传承；只有文化形成区域共同体，具备较大的规模，才拥有自我传承和抵御外来文化冲击的能力。

“吃相思”有助于推动民间歌舞、地方饮食和其他风俗的发展。外村寨的客人集体来到，必须要解决吃住问题并力求吃得香、住得好，必须让客人在村寨的这几天玩得开心、过得充实，这就要求饭菜必须符合客人的胃口，居住符合客人的习惯，要陪着客人一起唱歌跳舞。传统饮食起居方面的习俗因此得到传承，传统歌舞因此得到展示。到对方村寨做客或者迎接外面村寨的客人，首先是习

① 廖君湘：《侗族传统社会过程与社会生活》，北京：民族出版社，2005年，第86-88页。

图 6-33　这是从江县丙妹镇大榕侗寨 2015 年农历正月初三“吃相思”的场景。活动每三年举行一次，“吃相思”的顺序是正月初三从大榕下寨开始，次日在大榕中寨，初五到大榕上寨结束。三侗寨 500 余户、2 000 余人相聚在一起，人山人海。在露天摆桌上吃饭的全是男性，而女性则尽可能安排在屋内。平时在公共场合，男女之间有着明显的性别区分，闲谈或聚会都男女分开。在这样有数百上千人聚会的场合，人际关系的和睦，既源于村寨内部机制的约束，也源于每一个人都把机制约束内化为文化认同。

俗文化的交流和展示，是歌舞的交流和学习。而这一切，贯穿于集体做客的过程之中，融入集体生活之中。

“吃相思”为促进地方风土人情的传承创造了条件。在苗乡侗寨或者瑶村，当客人进寨的时候，主队先在寨内设祭坛，念祭词，请祖先一起来过节，并祈求祖先保佑村寨和主客平安。几乎无一例外地会在寨门设拦路仪式，敬拦路酒，唱敬酒歌。客队到村寨后，双方相互唱古歌或风俗歌，喝牛角酒。当晚将客人分散到村中各户，在家庭中开展小型歌会。第二天，苗族村寨吹笙跳舞，侗族村寨踩歌堂和跳芦笙，狂欢一整天。到节日接近尾声时，在客人离寨的送行仪式中，主寨准备丰厚的礼物相送，一路笙歌，鼓锣齐鸣。

“吃相思”能够推动村寨内部组织管理水平的提高。这不是在某个公共空间的短暂聚会，而是骤然涌入大量的客人，住在村寨吃喝，走进对方的家庭，进入他人的私密空间。这不只是深度的接触和广泛的交流，还面临着有效组织和接待的问题。要保证走寨活动顺利进行，首先要求接待方的一系列准备事项就绪，整个活动过程检验着村寨的组织能力以及村寨内部各家庭的关系。整个村寨最起码要准备充足的粮食、肉蛋和蔬菜，必须提供良好的居住条件；全村寨的每个家庭都要调动起来安排食宿，甚至细化到接待的具体对象和每餐的食谱；每一个家庭的主人都想方设法提供干净整洁的用具，包括桌椅板凳、锅碗瓢盆和床单被褥；每一个时间段的活动安排都要尽可能做到井井有条，如白天的大型活动和晚上的家庭内部活动，涉及迎来和送往、外勤和内务、管理和执行。在整个活动中的管理工作，其实是村寨婚丧嫁娶、祭祖等活动组织管理能力的放大，反映出村寨内各个家庭的协调能力、村寨长老和家族长辈的管理水平。在很多村寨，只要做一件较大的事情，村民就会自发地组织起来，做菜的、煮饭的、采购的、接待的、协调的、记账的、打扫卫生的等分工明确、配合默契（图 6-34）。一次颇具规模的走客活动，无疑是对村寨管理水平的全面检查，也为村寨组织其他活动打下了基础。

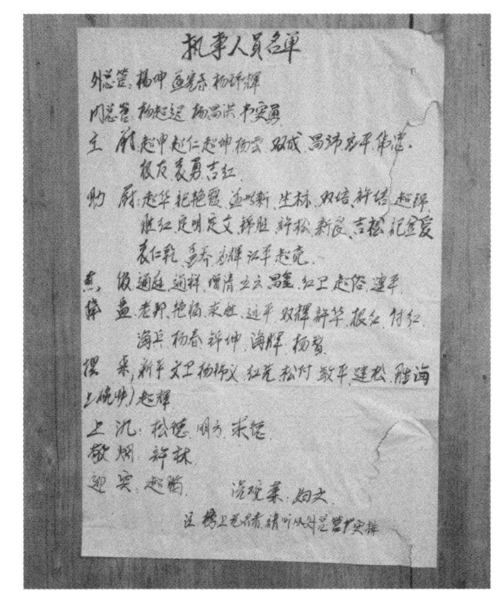

图 6-34　榕江三宝侗寨村寨活动的安排表。

“吃相思”便于传承村寨之间的友谊与和谐理念。活动从开始到结束都是集体性的，主方或客方的每一个人、每一个家庭都代表着整个村寨，需要理解对方，需要在活动中相互配合，需要融入集体。在融入集体的活动中享受快乐，在集体相处中磨合性格和陶冶情操，在集体中了解集体并学会懂得关心集体。现在生活水平提高了，在活动结束的时候，主寨一定会送上丰厚的礼物。例如，2014 年春节期间栽麻乡高岜村在送别从江县停洞镇摆横村的客人时，除了集体给客寨赠送一头大牯牛和一只羊外（有些村寨送一头肥猪），每家均另送一包糯米饭、一只鸭、一包腌鱼、一包红鸡蛋。此外，还用一根梢头带枝叶的长条青竹，缠上丝线、糖果，吊上鸡蛋，以前还有银两或铜钱等，寓意新的一年五谷丰登、财运家运均顺畅。每根竹枝上还捆一疋自家染织的青布，这既是祝福客人衣食有余，同时也象征上古时期苗族西迁时每个支系分举的一面旗帜。客队离寨时，双方均芒筒高奏、芦笙狂舞。牯牛、山羊牵在前，所有礼品均挂满长竹竿，并肩挑出村。一路上猎猎幡旗，队伍浩浩荡荡。主寨的青年男女们，此时则给客人脸上涂抹红色印记。古老节日融洽了苗胞的情感，更促进了苗乡社会的发展和幸福。

2013年2月21日，从江县丙妹镇岑报苗族村到高增乡岜扒侗族村“吃相思”，举办拦路、抬官人、鼓楼唱大歌、唱侗戏、踩歌堂、封桌对歌、行歌坐夜等活动，开拓了传统文化的展示空间。在“吃相思”活动结束时，主寨举行隆重的送别仪式。主寨家家户户用糯米草包糯米饭，煮红蛋赠送客人，以集体名义赠送锦旗、彩匾、活羊、活猪、活牛等，姑娘赠送面巾、手帕、鞋垫、绣花带等。送羊、送牛等带尾巴的牲畜，意味着此次“吃相思”尚未完结，还有“尾巴”，预示下次(来年或隔年)将要回访；若送不带尾巴之物，则说明活动已全部结束。客人收礼后，则以红包回报致谢。主人放铁炮三响欢送客人出寨门后，双方男女青年还用红、绿等有色之膏物互相涂抹对方的脸，表示祝福。

赠送礼物是村寨“吃相思”活动中必不可少的环节。将一头水牯牛送给客寨，每一个客寨的村民都会收到不少的礼物，这对主寨而言绝不是一笔很小的支出。莫斯(Mauss)在《礼物》(*The Gift*)这本著作中利用世界各地收集的民族志和历史资料，探讨了前资本主义社会中的礼物交换文化。他认为，礼物交换是一种潜在的社会力量，驱使礼物交换的是一系列被参与者视为理所当然的规范性预期。在少数民族村寨，礼物有一种神奇的力量，并且能给人带来强烈的义务感，人们有赠予礼物的义务、有接受礼物的义务。在礼物交换中，它的实用功能显得不重要，处于礼物交换情境中的人一般都能满足自己的物质需求，并非一定要通过交换物品来维持生存，交换是一种仪式，交换物品具有重大的象征意义。礼物交换有体现亲密关系的色彩：可以化解矛盾、促进团结；礼物交换有炫耀财富或权势的色彩：证明自己的富有、施予特别的恩惠。[①] 这一笔价格不菲的礼物显示着主寨的慷慨和对客寨的尊重，表明彼此间的关系非同一般。也正是这一笔厚重的礼物传递了村寨之间的情感，延续了短暂相会期间的友谊。集体走客之所以称为“鸡尾客”，就是因为这一次活动并不宣告两个村寨之间友好关系的结束，而是留下一个“尾巴”。而客寨在接受礼物的同时也会发出邀请，表明下一次他们要用同样的热情款待对方，他们收下的礼物象征着继续友好下去的承诺。李文明在他的文化散文集《千年短裙》中有一篇《百年回访》[②]，讲述了他的家乡榕江县加簸苗寨在一百多年前吹着芦笙集体走访了空申苗寨，得到空申苗寨岭九杨姓的热情接待，直到一个世纪以后才实现诺言，接待了当年走访的岭九苗寨的故事。按照当地传统礼仪，受访者接待了来访者，来访者

---

① 菲利普·史密斯：《文化理论·导论》，张鲲译，北京：商务印书馆，2008年，第114页。

② 李文明：《千年短裙》，北京：大众文艺出版社，2011年，第54-58页。

便将带来的芦笙就地存放于受访的寨子,并诚恳邀请受访寨子的村民回访。由于加簸苗寨在走访岭九苗寨之后出现灾荒,只好告知对方等到年景稍好之后再来回访。可这一等就是一百年,当年留在空申岭九的芦笙早已不知所踪,而埋在加簸村民心中的承诺却始终没有尘封。岭九苗寨现在吹着新芦笙回访了,怀揣的却还是百年前的情谊。他们这一次走的时候同样留下了芦笙,也许下了诺言。一百年,表面上延续的是集体走访的习俗,连接的却是村寨之间传统的友谊和沉甸甸的誓言。

今天,集体走客“吃相思”的有些细节随着时代在改变,“吃相思”不再是为了结成联盟捍卫群体利益,也不是为了巩固姻亲关系。但是,村寨之间在岁月风霜中凝结的友谊没有褪色,集体走客传承村寨文化的功能没有减弱,构建和谐村寨的社会意义正焕发出时代光彩。黎平县流芳村到榕江县大利村“吃相思”的目的就是学习这里的旅游开发经验;从江县洛香镇佰伍村和黎平县肇兴乡皮林村通过“吃相思”化解了长达 48 年的积怨,这不应该是个案,它增添了“吃相思”的时代内涵。

第七章
贵州少数民族村寨文化传承主体考察

村民是村寨文化的拥有者、享有者和传承人，村寨文化的生存离不开村民。但是，村寨文化非单单为村民所拥有和享用，村寨文化也不可能单靠村民来传承。任何一个村寨的文化、村寨文化的任何一个部分，都经过了很长时间的形成、发展和演变，很多人在这个过程中施加着影响。尤其在当下，村民以外的其他组织或个人不仅给村寨文化施加影响，而且成为村寨文化传承主体的组成部分。

第一节　普通村民在村寨文化传承中的地位

普通村民就是生活在村寨中没有任何特殊政治身份和社会身份的村民。他们不是族长、寨老、宗教领袖，也不是旧时代的保甲长、新时期的村委会主任或支书，但是他们在村寨中属于大多数，一直在影响村寨文化的发展方向和发展进程，是传承村寨文化的重要成员。

一、口语媒介时代普通村民的文化身份

贵州少数民族村寨在漫长的历史时期没有文字或很少使用文字，信息交流、知识和技能传承、历史记忆、村规民约保存等主要靠口耳相传。口耳相传既是传播方式，也是传播的社会环境。在这样的社会环境中，人与人亲密接触，在传与受的过程中基本保持着平等的关系。村民不仅认识到一切知识技能的传承需要口耳相传，而且养成了口耳相传的习惯，探索出许多传播的途径，形成了与环境相对应的传承机制。

（一）口语传播时代的村寨文化传承表现为“后喻文化”

许多研究乡村社会的学者都认为，中国传统的乡村在经济生活、社会管理、文化传播等方面都高度自治，体现为“自组织系统”。自组织系统的突出特点就是社会自我运行、自我约束、自我控制、自我完善。维持自组织系统的力量是传统，传统对每一个村民而言都是与生俱来的，就像自己不可能选择出身一样。村民在传统的环境中出生、成长，接受传统、延续传统，繁衍下一代。个人属于村寨，习惯了服从村寨，接受村寨的集体决议，顺应村寨多数人的意见；村寨遵循传统，习惯了按照传统解决问题，社会关系和生活方式在传统的框架下运行。

贵州长期处于中国的边缘，少数民族又处在贵州的边缘，村寨内部的经济结构和社会组织沿袭传统，缺少外部力量的强烈冲击，长期处于“超稳定”状态。正是这种“自组织”和“超稳定”，成就了贵州少数民族村寨的悠久历史、丰富多彩的古老文化和口耳相传的文化传承方式。家庭内部的礼仪人伦几乎在不自觉状态下代代相承，生活技能和生产技术在村民成长的过程中不知不觉地传授和习得，迎来送往、待人接物的人际关系几乎不需要专门学习就能逐渐掌握，村寨历史和家族源流在老一代人的不断讲述中留在了记忆中，对天地自然的认知和人生态度在一次次的宗教仪式或祭祖敬神的活动中悄然渗透到村民的精神世界里。有学者将村寨历史上这种文化传承表述为“后喻文化”，即未来的重复过去的，在生产生活中经验性的传递方式占据着绝对的统治地位，在文化代际传承中后人学习前人。这种“后喻文化”对文化的传承，使农业社会中老一辈手中的宝贵经验得以传承下来。[①] 每一个普通村民在生产和生活中必然地充当文化传承者，同时又作为文化的接受者。生活环境越封闭、村寨内部社会结构越紧密，“后喻文化”表现得越突出。

村寨是家庭的延伸，是扩大的家庭。村民一方面将家庭的相处之道应用于村寨之中，另一方面在村寨中学习和检验家庭中形成的礼仪人伦。在家庭中接受基本的生产生活技能，然后在村寨中展示和进一步丰富这些技能。在家庭中将迎来送往、待人接物的人际关系形成认识，在村寨中将这种认识进一步提高和深化。家庭成员讲述的家族创业史和村寨发展史，在村寨的其他人那里得到佐证和补充。在家庭内听到许多儿歌、童谣、神话、故事，在村寨中学习的情歌和大量的礼俗歌，在村寨的不同场合看到婚庆、丧葬、祭祀、结盟、联欢场面。村

① 段友文：《论社会现代化进程中的村落文化建设》，《山西师大学报》（社会科学版），2007 年第 6 期。

寨既是比家庭更广阔的信息交流和知识传播平台,又在对家庭文化传承的内容、途径和方法上加以规范。例如,在伦理道德方面的内容多由家长担任传者,情歌主要是跟随村中的未婚男女青年学来的。谚语、禁忌在日常生活中不知不觉地习得,神话、咒语等只有在严肃的气氛中才能听到。日常传播的主要是族规村规、生活礼仪和知识技能,定期传播通常在宗教活动之时,如祭寨心、祭树神、祭谷魂、祭祖先等(图 7-1)。传播受身份关系和场所限定,传授者对自己所拥有的知识和信息有选择地进行传授,把体验到的生活世界按照社会规范进行有条理的整合,根据传统整合生活片段,选择话题,阐释现象,呈现符号,强调观点。接受者获取知识和信息的过程,其实就是确定或建立社会关系的过程。接受知识、掌握技能和理解信息的同时,其实就是在建构意义,使自己的认识得到规范并服从传统。传播在一定的社会关系中进行,同时又符合传统规范,并且在规范中形成和巩固现实生活中的社会关系。传播在面对面的人际关系中进行,传授双方的一切行为举止都是传播活动,都会受到传统影响,历史上的"自组织"尤其如此。传统影响着村民的思想和言行,村民的思想言行又在影响他人并受到他人制约。所以,村民的言行举止表面上看似很自由,其实受到社会制约。这种制约是无形的,作用于传播活动的方方面面。

图 7-1　图为台江县革夷苗寨土地庙。各种祭祀活动是村寨文化的重要组成部分,村民在这些活动中给自己定位社会身份,也逐渐形成对村寨文化的认同。

（二）口语传播环境中普通村民的传播行为受习俗制约

家庭传播的主要内容是叙说生活民俗，传授生产技艺，其传播方式是口耳相传，示范演练，其表现形式有儿歌、古歌、故事、谚语、民谣、族规、祖训以及秘方等。伦理道德传播在家庭内部是开放性的，每一个家庭成员都可以而且应该知晓，而有些技能、秘方则在封闭的环境中传播。黔南水族民间医生传授医技多保持"单线"，大多传给儿子；如果不传给儿子，则传给最亲的"外姓"，如外甥。黔东南剑河县展留村的苗族锡绣工艺复杂，外观精美，包括剪锡、拉锡、打钩、反口等环节，现在几乎每家都还掌握制作技巧，但是祖上订立的传女不传男的规矩至今仍在发挥作用。凯里附近苗族村寨的酸汤制作有秘密配方，每个家庭都有传授的规矩，每一个掌握配方的人都不能随意告诉别人。

制约不是硬性规定，不是来自某个拥有特权的人或某个社会机构，而是传统形成的社会压力。普通村民生活于这种压力之中，同时又在给予其他村民这种压力。压力来自传统，体现在生活之中，规范着文化传播活动。村民在交流中接受制约，又将制约作为村寨文化的一部分加以传承。

制约首先表现为对传播对象"把关"。第一，有群体区分。当本村与其他村在一起参加活动时，有些语言和行为需要注意；很多村寨内部的活动拒绝其他村寨参与，例如苗族、仡佬族的"扫寨"活动，其他村寨的人员都得回避。侗族各村寨在举行"祭萨"活动时，按照传统都要先扫寨，禁止非本宗族的人员滞留寨内。第二，即使在本村寨内，传播对象也有年龄、身份、性别上的区分。黔东北苗族在"打棒棒猪"时，孕妇和小孩不得参加，汉人不得入内，甚至不得说汉语，否则就认为是亵渎祖宗的行为。黔西南布依族村寨在祭社神时要"禁寨"，不准外人入寨，禁止说汉话。妇女、妻子有孕的男子、包白帕子的人一律不能进去。黔西北的苗族遇到家里人染病或重大灾情时会举行祭祖仪式，名曰"还泰山"，此时要严守秘密，在大门上吊着刺藤，表示不让外族人进入。到夜深人静，家里的女人熟睡后，男主人邀约本家的弟兄在室内杀一头最好是产过三窝猪崽的母猪，以祭祖宗。从杀猪、去毛、洗濯到肢解、煮肉，都必须在室内秘密进行，洗猪的污水不能倾倒在室外，前来帮助的兄弟在事前事后也不能将此事传扬出去。

制约其次表现为对传播内容"把关"。历史上的许多内容不是任何场合或时间都能说能唱能展示的，不同场合有特别的语言、行为忌讳。结婚时有道喜的贺词，乔迁时有恭贺的祝福之言。丧歌有庄严的仪式，是丧葬活动的重要组成部分。恋爱歌唱、招待客人的敬酒歌唱、朋友进村寨时的拦路歌唱、亲友离开时的送别歌唱轻松欢快，是当地民俗的重要组成部分。

制约还表现在对传播方式的“把关”。各民族青年男女在唱情歌表达爱慕时，不能在私下有身体接触，不能用下流的语言挑逗对方。黔西南布依族村民祭社神时，人们经过祭祀地不能说下流话，不能大小便。在少数民族村寨的水井边、神树下，都不得有污秽之物和亵渎的行为。

另外，村寨文化传播对时间有严格要求。侗族鼓楼中放置的那面木鼓不能随便敲击，水族家里的铜鼓只在特定的时候使用，很多民族都喜爱的傩戏在开演之前要进行一番神圣的仪式。贵州各少数民族都爱歌唱，但是并非任何时候都能歌唱，并非任何歌都可以在任何时间唱。苗族从前对吹奏芦笙的时间有严格要求，每年从插秧至稻禾抽穗变黄这段时间内严禁吹奏，否则就违背了“神旨”。史诗不能在平日吟唱，只有在重大仪式上才能听到具有特殊身份的人讲述。苗族的《洪水滔天》有纪念祖先蒙难的意思，不能轻易吟诵，而且只能在户外唱诵，同时要杀鸡或杀鸭祭祀。这首歌因为涉及兄妹结婚的内容，后世很忌讳，认为在家里唱有亵渎祖先之嫌。[①]《蝴蝶妈妈》不但平时不能唱，更不允许小孩唱，否则就是对祖先的大不敬。[②] 很多苗族古歌都限定在特定环境中吟唱，这些限制成为习俗，它体现着苗族的观念、认知和心理结构，也对社会行为具有规范作用。布依族的《古谢歌》、乌蒙彝族的《指路经》、仡佬族的《开天辟地》等，歌唱不仅分特定的场合，还会对传播者的身份“把关”。任何民族、任何地方都很注意“话语权”，都知道“名不正则言不顺”，语言要和人的身份相称，只能说自己可以说的话。苗族的《焚巾曲》不能在平时唱，只有在老年人寿终正寝后，埋葬的当天夜里才能唱，并且不是任何人都能唱的，而是要请“级别比较高”的巫师来唱。在村民看来，口头传播不只是传播“说什么”，还在传播“由谁说”“对谁说”“怎么说”“在哪说”“为什么说”，村民认为传播的内容、传播行为和传播过程也是文化。

贵州少数民族村寨文化在口耳相传过程中的习俗制约，本身就具有文化意义，本身就是文化传播的过程。村民的言行举止是在践行传统，遵守规范，他们符合规范的言行举止又是在肯定传统和传承传统。因此可以说，他们既是村寨文化的接受者，又是村寨文化的传承者。

---

① 贵州民间文艺研究会编：《民间文学资料》（内部资料），第62集，1985年，第2页。

② 马学良，今旦：《苗族史诗》，北京：中国民间文艺出版社，1983年，第302页。

二、大众传媒时代普通村民文化传承的地位转变

贵州少数民族使用汉字的时间可以追溯到两汉时期，而大范围推广应该在明代，其中一项重要的标志是在少数民族地区建立宣慰司儒学。少数民族普通村民掌握汉字则发生在新中国成立以后，国家在民族地区推行义务教育。20 世纪 70 年代，村寨较大范围开通有线广播。到世纪之交，国家实施"广播电视村村通工程"，无线电传输设备建设和小水电站建设全面铺开，贵州少数民族地区的信息传播进入了一个全新的时代。

(一)村民传承村寨内部文化的地位变化

大众媒介广泛进入贵州少数民族村寨，改变了村民接收信息的内容、途径和方式，也在改变村民的观念和生活状态。村民对外面世界有了更多了解，对自己的生活开始重新定位和规划，对村寨传统文化和当前的生活方式有了新的看法。普通村民在村寨传统文化传承中的地位发生变化，传统文化的传承方式以及在村寨中的命运也不同于从前。

首先，村民获取信息和知识的途径发生改变。村民的信息渠道不再单靠彼此之间的口耳相传，对历史的认识和知识的储备不再局限于本村寨或本地区，娱乐不再只是歌舞、宴会或游戏，他们可以借助大众媒介间接地从媒体获得，交流实现了传者与受者的分离。这也就意味着在村民的文化传播中，媒体担任了传播者，以前口头传播中的传播者失去了其主导地位，接受者淡化了对口语传播者的依赖，传者和受者之间缺少了从前面对面的亲密关系，传统歌舞、宴会或娱乐的参与者变得少了，晚上坐在火塘旁听故事的人也减少了。

其次，村民在文化传播中的地位发生改变。"传统路径是由老人向其儿女传承，然后儿女再向其晚辈传承。在日常生活中，则是通过衣食住行这样的生活行为来传承传统文化的。"[①]村民现在可以通过大众媒介获得知识和信息，传统的人际交流方式一部分被取代，因此村民改变了对村寨和传统生活方式的态度，对家庭、村寨长老、民俗活动的依赖程度降低。而村民的眼界比以前更开阔，文化水平提高，对村寨历史的看法和对自然现象、社会问题的认知发生变化，对传统的信任度降低。年轻的村民从前是村寨各种活动的主体，是村寨文化的表现者和传承者，现在他们把文化传承的任务交给了老人。孩子们从前在不同场合从不同渠道获得他们这个年龄阶段所需的各类地方性知识和技能，如

---

① 刘金荣：《新型农村社区建设背景下农村传统文化的传承与保护》，《甘肃农业》，2013 年第 11 期。

今,要么没有了传授的人,要么传授人的身份变了,要么自己有了新的娱乐手段和接收信息的途径而失去了对村寨传统知识的兴趣。黔东南当地的学者在对传承人现状的调查中发现,“即使有留守在家中的年轻人,也由于缺乏对本民族传统文化的热情和认同感,加上受市场经济的影响,大多不愿意或不想花更多的时间学习,实际传承的对象人数有限,很难扩大传承的受众面”[①]。

最后,村寨文化的传承关系以及村民对传承内容的认识发生变化。以前的传承者和接受者都生活在村寨,使用同样的语言,处于同样的生活状态,传承者的阅历要更丰富一些,对历史的了解要更多一些,对村规民俗的认识要更深刻一些。自从义务教育普及后,家庭的传统教化功能几乎被学校所代替,人们通过学校教育扩展了知识面,改变了对村寨传统文化的认识。年轻人对汉语的掌握超过了老一辈,熟练掌握汉语,快速融入以汉族占人口大多数的社会,交流更为广泛。目前少数民族地区年轻一代的村民都会说汉语,很少讲本民族语言。对于开始和已经对本民族语言产生了陌生感的下一代而言,老辈村民用本土语言传授的传统文化已经对他们没有了吸引力,他们对本民族和本地区传统文化的理解也不可能深刻。对于借助汉语获得了较多知识并已经基本形成不同于传统村民的人生观和世界观的新一代,老辈村民在向他们传授传统文化的时候,双方的关系显然不同于从前。电视普及之后,曾经以村寨老人为权威、以火塘为中心的传播状态已经不可能维持。有学者在云南布朗山作民族调查时发现,“随着卫星电视的接入,电视和网络大多使用汉语和英语等通用语言,少数民族文化的传承和发展更是充满了挑战。尤其对沉迷网络和电视的年轻一代来说,很多人已不知不觉被流行文化‘格式化’,民族的传统文化渐渐失去感召力”[②]。其实在贵州少数民族村寨,传统文化传承的现状也同样如此。

因此,在村寨中,普通村民就有着传承村寨传统文化的主角与看客双重身份。所谓主角,就是村民还在从事村寨文化传承,他们的言行还有浓厚的传统村寨文化色彩,做着许多前辈做过的事,延续着过去的习俗,保留着一些传统观念。有些少数民族村寨的形态依旧呈现出明显的地域性,还深烙着历史的痕迹;有些少数民族村民的穿戴与当今绝大多数汉族村民基本一样,但是走进他们的生活就能感受到其实还存在着观念的差异、对事物认知的差异、处理事情的方法和对待人生态度的差异。这些外在形态的地域性或内在生活的差异都

---

① 吴平:《关于培育苗侗民族文化传承人的调查研究》,《贵州大学学报》(社会科学版),2012年第2期。

② 黄新炎,戎青,翟青:《少数民族文化传承与保护刍议:基于布朗山布朗族乡的调研》,《江苏科技信息》,2012年第8期。

来自传统，说明村寨内部依旧在传承地域性文化。所谓看客，包括两个层面：一是有些村民仿佛觉得村寨变化、传统文化变迁都事不关己，做一个旁观者。与外来游客不同的是，一直置身于村寨，见证了村寨传统文化的传承过程，村寨的传统文化以及村寨传统文化传承过程对他们而言，已不足为奇。二是很多村民将村寨文化由最初的生活状态改变成商业表演，将互为依存不能分割的村寨文化各部分撕裂成若干碎片，表演给他人观看，撕裂成碎片出售给他人，在表演和售卖村寨文化的同时，也和他人一起观看（图7-2）。贵州师范大学但文红教授在她的博客中写道：在雷山县西江苗寨，旅游成为部分村民维持生计的主要手段。在村寨文化遗产商业化的过程中，一些迎合市场需求的“伪文化”出现在村寨文化旅游发展中，如“包装”“打造”村寨文化景点，“提炼”“升华”村寨歌舞表演形式等，使村寨文化遗产自我服务功能弱化，变成形式化、符号化和商业化的民俗表演，失去了村寨文化遗产“心灵氧气”的核心价值。[①] 村民和游客一起欣赏着被商业化利用之后的表演性产品，他们和游客不同的是，游客只看到了传统文化被商业化利用之后的表演性产品，以为这就是“原生”的村寨文化；而村民要么参与了传统文化商业化转变的过程，要么清楚这一转化过程却只是旁观（图7-3）。

图7-2　村民不仅在参与村寨活动、观看村寨活动，而且也在活动中表演村寨文化。因此他们已成为村寨文化的一部分，并被他者观看。

图7-3　台江姊妹节原本是施洞一带地域性很强的节日，主要是未婚男女表达爱意、寻找伴侣的民间自发性的活动。如今的恋爱方式发生变化，它主要是作为吸引游客的一种表演，并为了达到欣赏效果而进行了改造。在开放的状态下，现在已经失去了该节日最核心的文化内容。

① 但文红：《贵州村寨文化遗产的特殊价值与经济发展模式》，但文红的腾讯博客。

（二）村民作为村寨外部文化接受者的地位变化

村民兼具传统村寨文化传承主角与作为看客的双重身份，他们既是传统村寨文化的传承人，也是破坏者。村民与生俱来地生活在村寨，不可避免地受到村寨文化“濡化”。“濡化”就是其他村民在充当村寨传统文化的传播者，而自己是一个接受者。同样，受到“濡化”的村民，又在行使传统文化传播的职责，影响其他人。每一个出生并生活在村寨的村民，都是传统村寨文化的传播对象和接受者。生活在村寨中的个体，其言语、行为和思想“首先是适应由他的社区代代相传下来的生活模式和标准。从他出生之时起，他生于其中的风俗就在塑造着他的经验与行为。到他能说话时，他就成了自己文化的小小的创造物，而当他长大成人并能参与这种文化的活动时，其文化的习惯就是他的习惯，其文化的信仰就是他的信仰，其文化的不可能性亦就是他的不可能性”①。从这个意义上说，民族村寨的全体成员都是村寨文化的创造者、享用者和传承者。随着村寨走向开放，“濡化”也在村寨发生，村民势必会接触来自外面世界的文化，并与村寨中的传统文化作比较。因此，今天的村民不只是村寨文化的接受者和传承者，也在吸收外面的文化，并在村寨的生活中产生影响。他们对村寨文化的接受就不是不加思考或不加辨别地全盘接受，与此同时对村寨文化的传播也有了新的手段和目的。

第一，对传承的内容有选择性。

村民或将自己认为落后的、没有价值的村寨文化内容过滤掉，或将村外人认为最具有吸引力的内容强化和包装。例如，很多苗族村寨传统的家庭主妇在给客人准备丰盛饭菜后，唱酒歌表示礼貌，敬完酒后便回到厨房，不会坐到饭桌和客人共同进餐。有些村寨传统的夫妇到田间地头做农活，不会一路同行，也不会并肩劳作。有些村寨男女不共坐一条板凳，女人的内衣不晾晒在外面。现在的村民觉得这些习俗也落后了，也许觉得对外面的人而言没有看点，他们不会再对下一代做这样的要求，也不对外地人介绍这些习俗。他们在给下一代传授歌舞的时候，在向外人展示歌舞的时候，删减了一些生活化的内容，使之变得简洁流畅或者更有视听冲击力。在对某些传统技艺的传承中，省略了复杂的工序或者不具备观赏性、实用性的部分，以实用为原则，追求产品的商业价值。

---

① 露丝·本尼迪克特：《文化模式》，何锡章、黄欢译，北京：华夏出版社，1987 年，第 2 页。

第二，在传承的方法上有改进。

明清时期的村民尝试着用汉字为本民族语言注音，以此记录本民族历史、歌词和神话，或者直接用汉字做记录。当录音、摄像、摄影设备走进普通村民家庭后，他们自己将民歌录音，将歌舞、婚庆、丧葬、乔迁以及祭祖等活动用影像记录，将建筑、服饰、生产工具、生活用具、村寨景色等拍摄下来，用播放录音带、影像光碟的方式学习或传授，把音响和影音作品作为资料保存。这种传授具有可重复的特点，实现了声音、动作、场景与现实的分离，突破了传授的时间、空间约束。但是，无论使用录音带还是影像光碟进行传授，它的画面选择是有角度的，它的声音是经过技术处理的，从文本角度而言经过了二度创作。尽管声音具有真实感，画面富有形象性，但是传播活动脱离了具体的场景，传播者和接受者不是真正的面对面。

第三，传播目的发生改变。

在过去，传播原本在生活、生产中进行，并非为了文化传播才安排生活和生产，只是在生活和生产的过程中自然而然地实现了文化传播。村民从未把传播视为生产生活的目的，它是生产生活的结果。情歌对唱发生在男女恋爱中，哭嫁歌出现在新娘出嫁时，念唱“指路经”伴随着超度亡灵的活动，跳芦笙是在享受娱乐，传授技艺是为了生产，介绍伦理道德是为了规范生活秩序。所有的传播活动都充满生活气息，都保持生活本色，都是村寨活动的本来状态。每一次文化传承都是村寨生活的一个片段，每个村民都在经历着无数的生活片段，无数的生活片段构成了生活的整体和村寨文化的全貌。现在村寨打破了封闭格局，外面的文化和生活方式进入村寨，影响着村民的生产生活，村民开始将传播活动从生产生活中剥离出来，专门组织村民学歌舞，专门安排工匠教手艺，专门培训一帮人摄影、摄像、录音、剪辑和制作，完整的生活被撕成了碎片，互不相连的碎片被拼贴成似是而非的生活图景。

从以上三点可以看出，大众传媒时代的村民并非没有行使传播村寨文化的职责，只不过有了更明确的意图，运用了更现代化的手段，并且使村寨文化的价值得到延伸，扩大了村寨文化的影响。但是，他们传承的村寨文化在内容上已经作了很多改造，改变了村寨文化发展的轨迹。他们一方面在从事文化传承，另一方面也扮演了传统文化破坏者的角色。

三、社会转型时期对普通村民文化传承的引领

在口耳相传和自给自足的生活状态下，贵州少数民族村寨文化表现为自发

传承。当外力作用加强后，村寨文化自发传承的轨迹发生改变，村民对村寨内部的传统文化和进入村寨的外部文化都需要做客观评价和合理把控。

（一）普通村民的文化思想和行为亟待引领

从20世纪80年代开始，贵州少数民族村寨经历着剧烈的社会转型。这个转型的动力来自中央的一系列体制改革，它首先使村寨社会发生了转型。自明清以来缓缓开启的村寨大门被彻底推开，村民看到一个完全不同于自己生活的绚丽夺目的世界，年轻一代跨出山门，老一代望着他们远去的背影。从此村寨的生活出现明显的年龄分层，传统与现代在这里分野。其次表现为村民的生活转型，他们的生活节奏和内容改变，山门外改革的号角声唤醒了沉睡的村民，工业化、产业化、现代化的经营理念和生活方式在村寨中悄然生长。于是，村寨文化出现转型，传统的观念受到质疑，老一辈的生活习惯和生活方式被年轻人抛弃，村寨的建筑、服饰、语言、习俗等也被分成了传统与现代两个部分。时尚文化、官方消息、大众观点、前沿科学通过各种渠道进入村寨，村民在传统生活状态下所依赖的文化受到现代经济发展与媒体效应的挑战，越来越边缘化。这种变化对少数民族村寨生存所带来的压力，丝毫都不比经济上的压力小。正如有的学者指出："'三农问题'并不仅仅是来自今日中国的经济和政治变化，它也同样是来自最近二十年的文化变化。这些变化互相激励，紧紧地缠绕成一团，共同加剧了农村、农业和农民的艰难。"[①]人们有时候只看到了村民的粮食产量提高、经济收入增加、居住条件改善的一面，却很少注意他们的生存压力、精神困惑和心理焦虑（图7-4）。村民走出山寨，诚然有对外面精彩世界向往的冲动，而更多的是物质欲望增强、生活标准改变之后的一种自我救助。村民享受着现代文明的成果，识字读书、听广播、看电视、上网、玩手机，诚然有消遣、娱乐、获取信息的心理需求，也有村寨现实与媒介信息环境巨大反差给村民精神上产生的强烈撞击。村民无论是走出山寨，还是陶醉于现代媒介，都是在向村寨文化挥手告别。村寨中的乡土艺术一步步凋零，传统文化形式一天天萎缩，远离农村生活本真状态的娱乐形式正在占据主流。更重要的是，村寨在社会转型中被边缘化，"农村普遍出现了一种无意识的精神上的不安、文化上的焦虑"[②]。一方面，留在村寨中的人们几乎不假思索地接受时尚文化，毫不犹豫地放弃村寨传统文化，村寨的生活秩序被打破，维系社会秩序的价值观和道德被抛弃；另一方

---

① 王晓明：《L县见闻："三农"问题上的文化诱因》，《天涯》，2004年第6期。

② 石勇：《被"文化殖民"的农村》，《天涯》，2005年第1期。

面，却没有重建维持村寨和谐的文化系统，社会管理和精神家园出现真空，村寨中赌博、偷盗、虐待老人、好吃懒做的现象迅速滋长。当这些问题暴露的时候，村寨发出了一声声回归传统文化的呼唤。2014 年年初，进城务工人员返乡过年期间聚众赌博，发生震惊全国的“凯里爆炸案”，这中间有太多的教训值得吸取。村寨传统文化流失的后果正在显现，村寨文化生活的缺失亟待弥补。

图 7-4　很多村寨因为年轻人外出打工挣钱，修建了完全不同于传统风格的新居。图为贵阳市花溪区近郊湖潮乡新民村布依族的新居，这是用全家人多年的积蓄修建而成的。独自留守在家的老太太，心中或许是空空荡荡的。

事实上，“回归传统文化”已然不可能，时代总会向前。村寨文化作为农村共同体拥有的“精神家园”，它既是一个自有其存在价值的独立系统，却又不可能独立于村寨而存在，总是与村寨环境、村寨经济、村寨政治、村寨社会互为一体。一方面，当村寨环境、村寨经济、村寨政治、村寨社会发生变化，村寨文化必然随之出现变化；另一方面，村寨文化作为一个自有其存在价值的独立系统，它不应该变成村寨的附庸，而应该在村寨社会转型的过程中发挥共同体“精神家园”的价值，用传统的价值观、道德观充实村民的精神世界，引领村民的行为，维系村寨社会秩序。村民固然是村寨文化传承的主体，但是他们在社会转型时期有可能因缺少文化自信和文化传承的自觉而迷失方向，需要社会其他力量去提高村民的文化自信，引领村民传承文化的自觉。

如今，村寨文化的传承与发展已经不能只依靠村民的自发行为，社会转型时期的村民不可能都具有正确认识村寨文化的觉悟，不可能每一个村民都能抗拒充满诱惑的物质生活和媒介传播技术。要提高村民传承村寨文化的觉悟和热情，如果没有特别的技术、拥有知识的人及有关组织的存在，如果没有让村民看到村寨文化传承实实在在的好处，就不可能达到很好的效果。村民需要的是社会尊严和物质生活，只有让村民认识到村寨文化可以捍卫和展示其社会尊严，可以通过村寨文化赢得社会尊重，可以通过村寨文化扩大村寨的社会影响力，可以把村寨文化转化成村寨建设的文化软实力，才可能发挥村民作为传承村寨文化主体的作用。

(二)村民传承村寨文化的主体作用必须落到实处

时代变化,村寨文化必然要发展。引领村民发挥村寨文化传承主体的作用,还有很多问题需要解决。首先,作为引领者要正确地认识村寨文化,否则引领就会偏离方向。现在总有一些人习惯于用自以为"文明"的棱镜透视少数民族的村寨以及生活,他们感知的村寨文化带着自己所受教育的烙印,于是对这些居于主流文化边缘的少数民族村寨文化做出自以为客观的评价,贴上"原始"和"现代"、"落后"与"进步"、"迷信"与"科学"、"糟粕"与"精华"等标签,建议将某一部分剔除而将另一部分吸收,某一部分改造而另一部分发扬光大。例如,在民族村寨改造和"生态移民"政策实施上,这种凌驾于少数民族文化之上的傲慢心理就还明显存在。"美丽乡村"和"生态移民"政策是根据"可持续发展"理念应运而生的。美丽乡村、生态移民的策划与发起者都是地方政府,对于当地被改造和建设的村寨、被搬迁的村民来说,"乡村建设"和"生态移民"是"被提出"的概念。所以,政府在城镇化建设和新农村建设中,既要充分注意到生活在恶劣环境或生态脆弱之地的村民生活环境堪忧、信息闭塞和可支配收入偏低的现状,充分考虑广大农村的居住安全、饮水卫生、交通方便、生产资料配置以及今后的发展前景等,也要认真倾听村民对改造或搬迁的意愿,思考改造或搬迁后的村民社会关系变化可能会带来的问题,对改造或搬迁之前的村寨文化在今后保护和传承方面制定出科学决策。长期生活在边远村寨中很少走出村寨的人不一定都愿意搬迁,他们不但有对村寨改造或搬迁之后生活的担忧,而且对传统生活非常留恋(图 7-5)。在黔西县乌骡坝社区、平坝区场边村等被改造的村寨,在罗甸县、天柱县、剑河县被水库淹没而搬迁的村寨,在榕江县月亮山深处因生态移民而转移安置到县城的摆王村,很多村民对传统生活方式的改变、新的生活方式和人际关系表

图 7-5　紫云县中洞被人称为"最后的穴居部落",世代生活在洞穴中的苗族村民不愿意搬迁到洞外政府无偿提供的砖墙房子里去。很多人讥讽其懒惰、愚昧、自甘贫困,却很少有人站在村民的角度思考:难道改变居住方式就意味着勤劳、进步?

现出不适应。开展“美丽乡村”建设和“生态移民”搬迁，不仅要着力改善村民居住环境和发展乡村经济，改变村民陋习，还应该融入村寨文化保护与传承的理念，千万不能忽视村寨文化的价值和村民传承民族文化的主体地位。

图7-6　小女孩在一年一度的跳花山节日中，跟着比自己年龄更大的姑娘们翩翩起舞。在这样的环境中学习舞蹈，同时也了解其中的文化内涵。

其次，要遵循村寨文化传承的特点。村寨中任何一种能被传承的文化并非是被刻意地创造、维持、继承的，它具有“生活史”的特点。当我们对传统文化继承路径变化作考察时，可以发现其传统路径多是由老人向晚辈、村寨长老向普通村民、宗教人物向世俗村民讲述和教育，当中没有看到学校讲课式的灌输，没有看到强迫式的传承，全都贯穿日常生活之中，它总是与情境相伴(图7-6)。今天固然应该引入学校教育、现代传媒等新方法或新途径，但是不能忘记的是，生活永远是传承的主要载体。村寨生活中包含着丰富的文化，生活为村寨文化传播提供多种场合与途径。通过生活传承的文化富有情趣和生机，在生活中传承的文化其实就在生活中实现了价值转换。而村寨传统生活的改变，很可能就因此失去了与之相伴的文化，失去了传播文化的场合与途径。因此，从文化保护与传承的角度看，推动村寨发展可以积极扩大村寨的生活内容和引入先进的生产技术，却不一定要同时废除原来的生活方式或民间习俗。既然村寨的自然环境、产业结构、人际关系形成和发展的历史千差万别，那么就没有理由将所有的村寨生活改变成一样，只有生活变得多样，文化才会有多样性。

最后，在保护和传承村寨文化中没有必要纠缠于“保人”还是“保文化”的问题。有人认为，只有生命得到保证，文化才能得到传承，不能因为要保护传统文化而让一个民族永远生活在原来的社会形态中。另有人认为，物质生活是多样的，村民有权选择自己的生活方式，政府不应该用行政权力来干预村民的生活，更不能因此让不可修复的村寨传统文化毁于一旦。还有人认为，引导和帮助村民通过发展生产、改造村居的方式来改善生活，这是政府的责任，也是村民都应该作出的选择，村民的生活水平也会由此得到提高，而村寨文化可以采取建立民族博物馆、民俗村等方式加以保护。以上几种观点虽有不同，但都把人和文化割裂开来，似乎提高人的生活水平总是和保护传统文化处于对立状态。

在他们看来,人与生态环境的共同作用产生相应的文化形态,任何文化都有与之相适应的生存环境,如果人的生活环境改变,那么就只能与另一种文化相对应。这种观点导致现实生活中的文化保护陷入了“保人”还是“保文化”的两难选择,而且注定了将原来的“人”与原来的“文化”割裂开来。事实上,人创造文化,文化在人的生活中传承,文化是人的文化,村寨文化是生活中的活态文化,文化和人密不可分,村寨文化与生活密不可分。今天在少数民族村寨看到的文化不是历史长河中凝固的文化,历史上的少数民族村寨文化从来就没有与村民分离,我们今天为什么一定要把“人”和“文化”割裂开呢?

每个人都有追求富裕生活的愿望,让生活艰难的村民改善物质生活的做法无可指责,但文化总是在发展和变化,总不能因为担心现在的村寨传统文化发生变化而让村民今后世代忍受贫困(图7-7)。任何人都没有权力苛刻地要求村民继续他们的传统生活方式,也没有人能够让村寨文化的现状永远保持不变。对村寨文化的保护不是使村寨文化停滞,而只是希望真正认同这种生活方式的人能受到来自外界的一份尊重,不被强制改变原本他们所喜爱的生活。当我们在畅谈现代化,在礼赞普世价值,在盘点经济发展的成绩时,平等、尊重与对话就该成为现实社会解决矛盾的首选态度和途径,这是文明应当承当的一种责任。今天在做村寨发展规划的时候,尊重村民、保护与尊重村寨中的传统建筑和习俗,尊重村寨中业已创造的物质财富和精神遗产,这本身就是文化保护。今天在做村寨文化遗产保护的时候,不能只为了申报遗产项目,只为了炫耀文化遗产资本,而应把村寨文化摆在与其他文化同等的地位,把村民摆在村寨文化传承的主体地位,这才是文化保护应有的认识。这种认识是村寨文化保护和传承的前提,是理清发展生产和保护文化、保护人和保护文化等关系的关键,这既是认识论,也是方法论。

图7-7 少数民族地区有些村寨明显已经破旧,潮湿,晦暗,逼仄,卫生条件差,火灾隐患重重。它们犹如垂垂老者,历经风霜,文化底蕴深厚。但是,当地村民并不是为了文化传承在刻意保存这些房屋,他们从内心都希望改善居住条件。

作为政府或民间组织,在帮助村民发展经济的时候,坚持“可持续发展”“系统思维”的原则固然重要，但在具体操作上一定要把引领村民放在头等地位，使村寨获得全面发展、村民获得全面发展。全面发展才是文明的标志，村寨文化定格绝对不是文化保护的初衷。“文明的责任意味着引导而不是强制，意味着理性感召而不是标签化处理，意味着人文关怀而不是简单的‘一刀切’，意味着保留选择多个的自由而不是只有一个选择，还意味着增进不同文化的了解、欣赏，集中各方智慧设计出更加合理的制度，通过交流增进理解、消除误解，用制度的形式保障相互妥协的意见得以有效实现，从而化解不必要的冲突。”①村寨文化首先是村民自己的文化，而不是外部力量强加的，所以村寨文化的保护和传承不应该强加于村民；村寨文化渗透在村寨生产生活之中，渗透于点点滴滴的细节之中，所以村寨文化保护就是引领村民在村寨的生产生活之中健康、自如地运用和享受本属于自己的传统文化；一个民族或地区的文化传统生生不息传承下去的动力源自该民族或该区域的成员对自己民族或区域文化的认同感和自豪感，所以只有当文化拥有者认同和热爱自己的文化，把对本民族、本地区文化的爱融入“血液”中，这样的文化才能实现真正的传承。丹寨县石桥村古法造纸的国家级传承人王兴武在谈及国家图书馆用他们生产的纸张修复宋元善本图书的时候，在介绍欧美发达国家向他们订购纸张的时候，文化自豪感溢于言表（图7-8）。雷山县望丰乡公统村苗族医药国家级传承人王增世在讲述被他治愈的受病痛折磨的本地人和外地人的故事时，生活的成就感以及对传统医学的自豪感就已经写在脸上。所以，王兴武带领全村成立合作社，将古法造纸技艺发扬光大；王增世打破父子相传的医学传承家规，成立苗族医药传习所。他们的举动既保持了传统文化的“本真”，又实现了对传统文化

图7-8　丹寨县石桥村王兴武的住屋和造纸车间里到处堆满了各种纸张，他将祖传的造纸术发扬光大，为国家图书馆以及欧美多家博物馆生产用于古籍修复的高档纸张。作为国家级非物质文化传承人，他觉得很自豪。

① 谢元媛：《文明责任与文化选择——对敖鲁古雅鄂温克生态移民事件的一种思考》，《文化艺术研究》，2011年第2期。

真正的传承,文化融入村寨、渗入生活。

这样的引领在贵州少数民族村寨广泛存在,一直彰显着其价值。榕江县侗族村寨自古以来就有民歌劝世的习惯,活跃在民间的歌师非常受尊敬,当地少数民族有纠纷时也常常请有威望的歌师来调解。过去当地法院按照全国其他地方通行的方式受理群众的一些纠纷案件,通过法定程序判结案件,但是当地村民习惯上认为"打官司"是一种不得已的"丢脸"行为,因此出现"一场官司十年仇"现象,导致矛盾升级。2010 年,榕江县法院在探索创新社会管理模式,化解社会矛盾的过程中深入基层调查,发现当地民歌不但能愉悦身心,而且民间劝歌在促进婚姻家庭和睦上有着独特的作用。经过一段时间酝酿和筹备,便于当年 2 月在寨蒿镇首次设立"民歌法庭",用"民歌 + 法律"的模式,以"调解优先,调判结合"为基本原则,调解本地婚姻、赡养、邻里纠纷等案件,县法院还聘请 19 名民歌调解员协助开展工作。寨蒿镇自设立"民歌法庭"以来,目前已成功调解纠纷案件数十起,调撤率达 100%。[①] 赫章县苗族传统婚俗平等自由,不包办代替,不讲求门当户对,更不在乎礼金数目,年轻人情投意合之后象征性地请媒人说合,双方商定吉日就可以步入婚姻殿堂。现今村民的思想观念发生了变化,有的婚姻彩礼在两万元以上,有的高达七八万元,完全背离了淳朴良好的苗族婚姻习俗,给新组建的家庭带来沉重的经济负担。为了从根本上抵制这股歪风,赫章县苗学会深入当地苗族村寨调查研究,在苗族聚居地发放《苗族婚姻彩礼改革征求意见书》等宣传资料,并在苗族群众分布的片区和乡镇召开有苗族寨老、乡村干部、苗族人大代表、政协委员等千余人参加的讨论会,将苗族传统的古礼古规与现实婚姻高额彩礼现状进行对比,剖析高额彩礼的危害性,得到了广大苗族村民的普遍理解和支持。苗学会结合当地习俗,将苗族婚俗习惯同国家法律法规进行对接,引导当地苗族婚嫁摒弃"钱味",回归朴实"本味"。新规执行以来,村干部和地方寨老率先做出表率,村民积极响应,使高额彩礼、铺张浪费之类的歪风得到有效纠正。他们还通过网络向其他县区苗学会广泛宣传,旋即响应与配合,在更广大的范围营造出抵制高额彩礼的社会氛围,拒绝高额彩礼从制度规定变成村寨中的自我规约。诸如此类的生活习俗一方面洋溢着现代气息,另一方面延续了传统的文化品质,村民自愿却不失引领,其他力量参与却不影响村民的主体地位。

---

① 杨成利,杨志刚:《榕江创建"民歌法庭"化解民间纠纷》,《贵州日报》,2012 年 2 月 1 日。

第二节　自然领袖在村寨文化传承中的角色担当

今天中国正在加速城镇化和工业化进程,这本身已经说明过去的中国是一个农业社会和乡村社会。有研究者认为,传统中国的乡村社会在治理结构上有两个不同的权力机构,一是乡绅在乡村以下单位扮演地方权威,二是官府衙门在县以上区域的活动中行使权威。这种治理结构的基本特点如下:文化、意识形态的统一与管辖区域实际治理权的分离。①

这一论断并不完全符合中国任何村寨的历史情况:第一,包括贵州在内的广大少数民族地区的村寨在历史上并非都存在着“官府权威”,地方所谓的权威也不一定是“乡绅”,村寨文化与官方意识形态更不一定能达到统一。第二,贵州等地的少数民族村寨在历史上虽然有一些村寨很早就出现了等级分化或阶级分化,但多数村寨是关系平等的社会集团。费孝通在《中国士绅》一书中认为,传统乡村社会的稳定与秩序有赖于国家、士绅和小农结构之间的权力均衡。他的这一结论也并不符合阶级分化长期停留在萌芽状态的贵州少数民族村寨社会。在这里,国家的权力触角几乎没有伸进来,也没有中原汉族地区乡村的乡绅。第三,贵州和其他地区的一些少数民族村寨,在过去相当长的时期没有作为官府代理人的领导者,村民受传统习俗、村规寨约的约束,组织制定和执行村规寨约的人是村寨中的自然领袖,即家族长老、寨老和宗教人物。负责管理世俗事务的自然领袖是生产中的“活路头”,村民习惯上称他们为“寨老”,有些苗族村寨称之为“榔头”,侗族地区称“款首”“峒首”等;活跃在祭祀、驱鬼、祛魔、超度亡灵等活动中的宗教人物,多数村寨称之为“鬼师”“祭司”,布依族称之为“布摩”,彝族还称之为“毕摩”,苗族和土家族很多地方又称之为“掌坛师”,土家族还称之为“土老司”。

一、历史:特殊的身份和文化使命

在历史上,贵州少数民族通常由一个或几个家族建立村寨,而且有血缘关

① 朱新山:《试论传统乡村社会结构及其解体》,《上海大学学报》(社会科学版),2010年第5期。

系的村寨差不多都聚集在一处,形成自己的生活区,保持着经常而密切的来往,所以家族长老通常就是村寨的寨老。又由于村民大多处于原始宗教信仰阶段,因此很多村寨长老其实本身就是宗教领袖,他们时而以世俗的寨老身份出现,时而扮演着宗教活动的主持者角色。即使在当前,很多村寨还有寨老或宗教事务的主持者,他们在村民心中还是自然领袖。这种人不同于普通村民,在村寨传统文化的传承中扮演着特殊角色,发挥着独特的作用。

(一)村寨长老的社会身份与文化身份相统一

首先,村寨自然领袖是村规寨约的制定者和执行者。他们在村寨中通常辈分高、年龄较大、阅历较广,办事公允,在举行村寨联盟的时候,他们受村民推举,参加议事,或者根据村民的请求,拟定本村寨的规章制度。多个村寨共同议定的盟约或者本村寨单独拟定的规章都不是出于村寨领袖个人意志,一经决定便对所有的村民具有约束力,如有违反,村寨自然领袖就按照当地习俗进行处理。在扁担山地区的布依族村寨,历史上存在着一种长者议事会,由村寨中德高望重的年长者组成负责仲裁村寨(家族)内部纠纷的组织。苗族通行“议榔”制,其发起和组织者“榔头”或“榔首”是习惯法的制定者、解释者、社会行为规范的监督者、村寨纠纷的仲裁者、道德礼俗的宣传者和示范者、历史文化的继承者和传播者。侗族制定“款约”的“款首”,有宣布、解释、执行和传承“款约”的职责。村寨自然领袖制定规约或执行决定,村民视之为村寨生活的常态,也是村寨传统文化传承的过程,村寨生活与村寨文化传承并行、同构。只不过在这个过程中,村寨自然领袖走在生活的前台,发挥着文化传承的表率作用。

其次,村寨自然领袖是日常事务的领导者、管理者,同时肩负文化的倡导和执行之责。在贵州少数民族村寨,自然崇拜、图腾崇拜、祖先崇拜、巫术禁忌等原始信仰内容不同程度地反映在村寨成员日常生活的各个领域,村寨的婚丧活动、节庆祭祀、房屋或桥梁等建造、播种插秧、上山围猎等方面都具有某些原始文化的色彩,需要村寨自然领袖主持或参与到这些活动中去。他们按照传统规范举行的仪式、安排的活动就是用行动做示范,生动地演绎着村寨传统文化。他们在调解纠纷时背诵款约或规章,在婚庆活动中讲述创世神话或族源神话,在超度亡灵时吟唱“迁徙歌”或“指路经”,在举行农事“开秧门”时复述古规古礼。

最后,生产是村寨中一切活动的基础,村寨自然领袖在生产中充当着组织者和领导者的角色。他们必须重视生产,掌握许多与生产有关的知识技能。因为他们代表村寨制定或修改村规民约,代表村寨对违反村规民约的人作出处理,所以就应该比其他人更清楚村规民约,更清楚地方性历史文化。他们作为村寨经济生活的领导者,主持生产中的很多仪式,那么他们理当比其他村民对这些仪式以及与仪式相伴的文化事象、历史源流更清楚,不仅会做仪式,还应该能在仪式中讲述与之对应的口承内容。

更重要的是,他们要扮演生产丰收的祈求者,要为风调雨顺、五谷丰登、六畜兴旺扫清障碍。“在一些少数民族社会中,宗教浸入了民族社会生活的各个方面,甚至成为民族群体生活习惯的一部分。宗教与社会紧密结合,导致宗教社会化、宗教政治化和传统文化宗教化,是这些少数民族传统文化的特点。”①这就要求村寨自然领袖具备与神灵沟通的传统知识和技巧,他们因此是传统宗教文化的接受者和传播者。与其说他们有组织生产的职责,不如说他们有传承与生产活动相关的一系列仪式的责任,有保护和这一系列仪式相关的传统文化的使命。

(二)村寨长老的社会身份决定其文化使命

村寨自然领袖的社会身份不同于普通村民,这也就决定了其在村寨文化建设和传承中的使命。

第一,寨老负责制定或执行村寨各项制度。团结和睦是村寨得以维系的情感保障,村寨自然领袖肩负着建立保障机制的责任。贵州少数民族村寨和全国绝大多数传统村寨一样,以血缘为纽带,血缘与地缘高度重合。村寨中有家族组织,在一个生活区域则由一个或若干个村寨形成宗族集团。虽然贵州少数民族村民与其他地方的乡村对家族的理解不尽相同,家族组织也有差异,他们的族长和家族成员的关系与汉族地区存在很大的区别,但是都有尊祖的传统和祭祖的习惯,都能通过血缘形成凝聚力。族长、寨老是宗族组织在村寨日常生活中的基本表现形式,祭祖是同一宗族的村民共同参与的祭祀活动。祭祀活动无论在村民家中进行,还是由一个或多个村寨共同承办,它都会使作为村寨基础的家庭行为得到约束。“传统组织及其活动使村民组织化,从而使农村地区社会得到维护与保全,它具有可超越世代被继承的功能。”②族长、寨老作为祭祖活

① 常嫣:《浅谈少数民族传统文化的继承发展及其保护》,《网络财富》,2010 年第 12 期。

② 刘金荣:《新型农村社区建设背景下农村传统文化的传承与保护》,《甘肃农业》,2013 年第 11 期。

动的组织者，在受汉文化影响较深的村寨还要组织宗族或房族编撰、续修谱牒，要带头捐献钱财购置族田以周济家族中的贫困者。在民族文化很浓的村寨，他们首先自己要牢记宗族乃至整个民族支系迁徙的历史，要了解家族壮大和分支的脉络，要清楚十几代乃至数十代宗族内的先辈的名字。他们特殊的身份要求其亲自主持祭祖大典，恭请历代祖先来享用祭品；要为家族去世的人主持丧葬仪式，叙说历代祖先迁徙的路线，让死者的灵魂回溯到祖先的发祥地，实现与历代祖先团聚的遗愿。在他们的传统观念中，祭祖时喊错祖先的名字就会导致祖先不能来享用祭品，这是对祖先的极度不尊重；在丧葬中替死者超度亡灵时如果讲错祖先迁徙的路线，将会导致死者的灵魂回不到祖先生活的地方，死者的灵魂就会四处游荡，村寨将不得安宁。祭祖或超度亡灵都是朴素的宗教活动，这是村寨自然领袖最基本的职责，这一职责对村寨自然领袖传承宗族或民族支系迁徙历史、村寨发展历史提出了内在要求。

第二，宗教人物负责组织或主持村寨重要民俗活动。少数民族村寨传统文化，与现代文化比较而言具有未分化性，朴素的原始宗教信仰是村寨最基本的文化特征之一。村寨自然领袖在这种未分化的传统文化之中，是原始宗教信仰的表现者和弘扬者。贵州的苗族、瑶族、侗族、水族、毛南族、彝族、畲族等许多少数民族在漫长的迁徙和生存繁衍过程中，一直都把原始、自然的准宗教作为社会生活的一部分。更晚时期迁入贵州的白族、蒙古族、羌族、满族以及南京人、穿青人等建立的村寨也在信仰上同样处于原始、自然的准宗教阶段。自称“毕兹卡”（意为“本地人”）的土家族、认为自古就居住在南北盘江的布依族、被看作古夜郎“濮人”后裔的仡佬族也是长期生活在原始信仰中。原始、朴素的信仰表现为自然崇拜、鬼魂崇拜、图腾崇拜、祖先崇拜等，同时表现出泛神的宗教观念，宗教活动贯穿整个民族风俗和社会生活之中。婚娶、丧葬、节日、生产、庆典、祭祀、禁忌、战争、迁徙、起居等都有准宗教的仪式。自然领袖全面参与这些活动，在这些活动中传承原始的信仰文化。换言之，在原始信仰文化传承中，自然领袖总是出现在前台，充当主角。

第三，巫师用他们的行为、意见对村民给予正确的引导。原始信仰的典型形式就是巫文化，巫师则是村寨巫文化的“意见领袖”。因此，在巫文化笼罩下，人们从观念上相信万物有灵和灵魂不灭，对各种存在着的自然物、自然力、自然现象都可以想象出有神灵存在，认为在大自然的万物中有山鬼、水鬼、树鬼、雷鬼、灶鬼、河鬼、岩鬼、石头鬼等，认为人或者动植物的死亡只是其生命的结束，而原本依附在生命中的灵魂脱离躯体。村寨自然领袖熟悉巫文化，参与巫文化活动，并在活动中具有特殊的身份。巫文化是生活中的文化，它不只表现为观念形态，而且是形而下的，具有工具性的，广泛地存在于人们的生产生活之中（图 7-9）。例如毕摩文化中的一些仪式，包含了彝族人民对生命世界的原形理解，彰显着彝族人对生死问题的情感态度、对历史的表述、对自然世界的认知态度，并通过仪式象征演绎了生与死的转接，复述着先祖们关于生命起源和死亡由来的朴素认识，为我们提供了赖以理解彝人精神文化和世界观的桥梁①。巫文化最典型的特征就是科学与迷信交融、信仰与应用合为一体。少数民族村寨的巫师通常兼任医生，巫、医不分，治病救人的过程中总会伴随着驱鬼祛魔的巫术活动，而进行这套驱鬼祛魔巫术活动的巫师通常都懂得一些医学知识，有些巫师还是当地文化程度最高的人。在彝族村寨，毕摩都是学问高深、知识渊博、法术精通、沟通神人的特殊人物。他不仅是宗教活动中的神职人员，几乎能背诵当地宗教活动中所需要的全部经文和咒语，而且是文化的传承者、纠纷的调停人。他们以神职人员的身份，通过宗教活动给人们精神慰藉；同时，又以世俗的医生身份出现，消除人们生理上的病痛。已故彝族学者余宏模在《古代彝族布慕刍议》中指出："早期彝文典籍中的一部分，都与设祭奠、供祖灵、占天时、卜人事等宗教活动密切相关，被长期地传播下来。这些彝文典籍中的宗教经典，无疑地其编撰、书写、习用、传播都和布慕的宗教职司及其活动有关。""古代彝族社会文化的代表主要就是布慕，他们具有二重性：职司通鬼神，又指导人事；既是宗教者，更是知识者。随着布慕后期社会地位的变化，他们既执行着祭祀祈祷、占卜吉凶、念经治病的活动，又在推广彝族文字，编撰整理彝文典籍，在保存、传播彝族文化方面，留下一定的功绩。"②苗族在古代发现了中草药及针石等治病医术，但医术一直都是在巫术的神秘面纱掩饰下进行的。苗医给人治病时，采取巫、医并行的方法，始终以"神药两解"的方式治病。西汉刘向的《说苑・辨物》中记载："吾闻上古之医者曰苗父。苗父之为医也，以菅为席，以刍为狗，北面而祝，发十言耳。诸扶而来者，举而来者，皆

图 7-9　少数民族村寨的丧葬活动中，几乎无一例外地要请巫师超度亡灵，这也是生者寄托哀思的重要方式。

① 巴莫阿依：《毕摩文化与国际彝学》，《中国民族报》，2006 年 3 月 24 日。

② 余宏模：《古代彝族布慕刍议》，《贵州文史丛刊》，1981 年第 3 期。

平复如故。”这种情况在苗族村寨十分普遍,医生在给病人治病的时候总有一些神秘的巫术活动,担任巫文化的继承者和传播者。在苗族、侗族村寨,“扫寨”是一种常见的较大的集体性巫事活动。当疾病流行时,由巫师用草绳串若干染有狗血的木片,横放在村前村后的路上,并杀牲献鬼,以示驱走村中的恶鬼。在黔西县的沙井乡、兴仁乡,织金县的大平乡、志强乡一带,流传着一种称作“隔鸡”的巫事。苗族人认为,若某人遇到危险和遭到不幸,是因为撞上了山鬼,不及时“隔”掉,将会带来生命危险。“隔鸡”就是用一只开叫过的红公鸡,通过一定的方法,把附在人身上的恶鬼“隔”掉,让鸡带走。这种巫事即使不用巫师,也应该由村民普遍认为懂规则的人来执行。

自然领袖在村寨中没有特权,他们特殊的身份是习俗赋予的。当习俗给他们赋予特殊身份的时候,也就给他们同时赋予了文化使命。当村民认可他们特殊身份的时候,也就认可了他们传承的文化。认可他们传承的文化,第一是因为村民的心理机制。在过去,村民生活在一处,从事着一样的生产,拥有共同的价值取向和心理。村寨成员遵循着前辈的生活方式和生活经验,遵循着本民族村寨文化的习俗规范。村民的生活空间就局限在这个“熟人社会”,一旦偏离或是违反了本村寨的文化传统,个体必然会遭到来自全体村寨成员的指责、疏远,甚至驱逐。群体的压力使村民顺从传统,尊重自然领袖。因此,自然领袖按照传统所做出的文化传播行为就得到了村民的认可,所传播的内容就为村民接受。第二是因为村民与村寨自然领袖之间平等的关系。相较于汉民族社会,中国各少数民族社会发育尚不充分,民族文化分层也相对迟缓。“尽管相当一部分少数民族在社会地位等级、人身依附关系等方面已经出现了对立差异,产生了一定程度的社会分层,但总体来看,享有至高权威的头人、长老、联盟首领等仍然尚未形成与下层文化严格区分的官文化;而那些具有民间文化精英性质的祭司、巫师等,也尚未从普通成员中彻底分化出来,他们在从事专门的祭祀活动之余,同样需要参加日常的生产劳动,并没有成为一个特殊的社会阶层,自然也就无从形成独立的精英文化。”①因此,对于这些少数民族村民而言,村寨中自然领袖传播的村寨文化仍然是一种具有普遍模式意义的村寨生活文化。

二、当下:尴尬际遇和过分期许

在漫长的历史进程中,贵州虽然名义上设立过郡县,但其实只是“羁縻”而

① 肖青,李宇峰:《民族村寨文化的理论架构》,《云南师范大学学报》(哲学社会科学版),2008 年第 1 期。

已。明朝将贵州纳入中央王朝直接管理体系,但在少数民族地区仍然执行土司制度。清代"改土归流",象征意义更大于实质内容,中央王权对边远的山村鞭长莫及。至20世纪中叶,确切地说,在国民政府控制了贵州政权以后,特别是吴鼎昌出任贵州省政府主席之后,强化贵州县政,对村寨施行保甲制度,一部分寨老或宗族长老兼任村寨保甲长,至此才使贵州的村寨自然领袖真正成了国家权力机关的基层代理人。自然领袖多了一层政治身份,而当时贵州少数民族村寨的经济、文化面貌并没有明显改观,宗族观念依然如旧,各种巫事活动还在进行,村民对村寨自然领袖的态度并没有因为其政治代理人的身份而改变,所以他们在村寨传统文化传承中的作用没有削弱。

（一）法理身份陷入尴尬

20世纪50年代以后,贵州少数民族村寨,无论城郊还是边远山区,都被卷入民族—国家现代化进程,村寨自然领袖的社会地位和传承村寨文化的责任发生了巨大变化。在此后的半个多世纪里,国家权力通过各种方式不断渗透到民族村寨聚落,并进而成为民族村寨文化现代化建设中的一股强大力量。从1949年年底贵州全面建立中国共产党领导的新政权到"文化大革命"结束,贵州所有民族村寨及村民都被纳入高度统一的国家行政管理体系之中。村寨成员被转变为国家的"政治公民",寨老、宗族长老、祭司、巫师等传统村寨文化的精英或在划分阶级成分的时候被定为"地主""富农"加以打倒,或在"破四旧"的运动中被视为"封建余孽"加以批判,"自然领袖"从法理上退出了村寨舞台,国家权力的代理人成为新的村寨权威和精英。

中共十一届三中全会以后,中国开始了农村经济体制改革,农民从集体劳动又回到了家庭联产承包责任制。不久,在农村出现了一种"乡政村治"的乡村管理模式,在乡(镇)以下的村设立村民委员会,对村级事务享有充分的自治权,村民有权选举村干部以及村委会成员。1987年《中华人民共和国村委会组织法(试行)》(以下简称《村委会自治法》)出台,翌年正式颁布实施,村民自治成为中国农村社区的基本制度。很多村寨蛰伏的传统文化开始复苏,一度被挤到社会活动边缘的村寨自然领袖再次被村民请到了村寨事务的中心,他们要么由村民推选为村委会领导,要么成为村委会领导尊重的人物,少数民族村寨社会又回到了自治的状态。

但是,这时的村寨"自治"和传统乡村社会所呈现的自治有着本质的区别。两者自治的前提不一样,传统乡村社会的自治是村寨在长期的发展过程中自然形成的，而20世纪80年代后的村寨自治，它既是村民的一种自发性要求，又是国家通过立法保障村民自治的有效实施。少数民族村寨传统的自治是以寨老、宗族、社会习俗以及具有习惯法特质的村规民约等为基础的；而现在的村民自治则以宪法和村委会组织法为基础。① 在传统的村寨自治中，村民是自在地接受传统，而现在村民开始自觉地发扬传统。传统的自治村寨，其自然领袖自然形成，用不着推选，不存在罢免；而现在的村干部也许有些许自然领袖的影子，但村民有选举和罢免的权利，同时可以通过村民代表大会以及村民大会等途径参与村寨公共事务的管理。

村寨自然领袖于是陷入了很尴尬的状态，一方面，村民认可他们，将他们推举到村委会，使他们在很多场合继续像从前的自然领袖那样参与村寨事务；另一方面，地方政府知道他们在村民中具有特殊的影响力，是当地的自然领袖，但只承认其在村委会中的身份。他们两种不同的身份，分别由村民和政府建构。“身份建构包括主观和客观的两重性，既需要群体自身对其身份的主观认同，同时也需要客观外在于群体之外的社会性建构”②，而有时后者往往会起到决定性作用。他们作为“村寨领袖”的身份得到了村民群体的认同，这种认同源自村寨传统，认同的标准则是他们的能力和出身，而保持这种认同就要他们自己展示符合传统标准的能力。但是，在官方建构他们的身份时遇到了困难。按照《村委会组织法》，只能承认其合法的身份。传统的自然领袖在村寨中的行为、地位和职能毕竟不等同于现在的村委会，法律尊重传统习俗，但法律不等同于习俗，更不可能顺从和迁就习俗。官方只认可其在村委会中的法律身份，但不排斥其作为村民的自然领袖身份，并且希望其利用自然领袖的影响力在村委会中发挥作用（图7-10）。

图7-10　图为贵安新区高峰镇大狗场村仡佬族的寨老被恭请到村委会参与议事。村支书和村主任每当决定重大事项时都尊重寨老的意见，村民对寨老非常尊敬，但是他们的地位毕竟不等同于村委会。

① 汪磊：《乡村社会关系历史演变的分析及其启示》，《科教文汇》，2009年第15期。
② 赵晔琴：《农民工：日常生活中的身份建构与空间型构》，《社会》，2007年第6期。

(二)民间身份处于尴尬局面

即使在村民心中,自然领袖的身份也很尴尬。村寨或者村民都把维护既得利益作为第一原则:当自己的利益与法律相冲突时,总希望自然领袖出面拿传统去博弈;当看到政策或者企业能给自己带来好处时,总希望自然领袖带头让传统妥协。当个人利益与村寨群体利益不吻合时,就不愿意认可作为群体利益代言人的村寨自然领袖;当深感自己势单力薄时,就会产生需要自然领袖为之呼吁并伸出援手的强烈愿望;当春风得意时,就会觉得自然领袖不合时宜,有"落后""封建"之嫌。现在的自然领袖在村寨中的身份已经不同于从前,他们过去的身份是全体村民建构的,适用于村寨群体事务中的任何事情、任何场合,任何村民都要接受群体建构出来的这个身份;而他们现在的身份虽然来自传统,也是由村民建构的,但村民对其身份只选择性认同,即在维护自己利益的前提下主观认同,在和自己的利益不相关时可以对其身份不认同,而且是否认同其身份并没有来自群体的压力。

然而,村寨的传统文化并未就此彻底消失,自然领袖传承村寨文化的作用并没有完全被替代。改革开放以来,许多少数民族村寨的传统婚丧习俗、民间信仰仪式等"地方性知识"又重新浮出水面,村寨里的红白喜事规模日益隆重,烧香拜神、祭祖祛鬼的民间活动有增无减。民族村寨文化再次依靠自身的调适与建构机制,在新的时代继续生长。作为宗族长老,在修家谱、续族谱、祭祖宗的事情中,理当肩负起组织者的责任;作为寨老,坚守村规民约、联络村寨之间情感等属于分内的事情;作为宗教人物,在村寨信仰活动中不能缺位。家族追求在当地风风光光,村寨力图巩固和壮大话语地位,宗教人物希望在众多的民间信仰活动中体现出自己的价值。从中央到地方、从政府到民间,都越来越深刻地认识到保护传统文化、地方性文化的重要性和紧迫性,都清楚村寨自然领袖在传承传统文化、地方性文化中的特殊作用。所以,官方在社会基层组织层面不公开认可村委会中自然领袖的身份,却在社会管理和文化传承层面充分利用自然领袖的特殊身份,对他们参与、主持的众多传统民俗活动,只要在法律许可的范围内都不加干涉,并对当下认为有助于文化传承的活动给予扶持。自然领袖在此时此地被寄予了太多的文化使命和社会期待,他们中的很多人在今天又被赋予了"文化传承人"的身份。自然领袖被赋予"文化传承人"这一官方的身份,固然首先是他们具备了"文化传承人"的条件,但不能否认,官方还看到了他们的民间身份,他们在传承文化时有更多的实践机会和更大的影响力。

既然自然领袖在村寨的许多活动、场合中还存在，那么他们就有机会从事符合身份的活动，就还会在相关的活动中产生不同于普通村民的影响力。可是，一方面，很多传统的活动已经不存在，或者简化了环节，很多原本需要自然领袖出面的事情由其他人取代，他们今天活动的范围显然比过去狭窄许多，依附于他们的活动传承的文化因此少了展示的载体和空间。而另一方面，现代科技与文化理念的传入，使文化处于开放性的交流状态之中，文化传承从封闭走向了开放，村民见到了更多不曾耳闻的事和比自然领袖更有知识的人，了解到了以前没有传播的知识，也可以通过其他途径获得知识或开展娱乐活动。自然领袖对他们已没有从前那样重要，甚至有些村民对村寨中的传统文化也表现出不信任。从前建立于自然经济基础上的村寨社会与外界联系很少，文化传承主要在族内和相应区域内进行，传承方式主要限于口传和简单的经验性学习，传承内容主要以古老经验、礼俗、习俗、生产技能为主，村民需要这样的知识，也满足于这样的传播方式，因此文化传承中的形式与内容都能在这样的封闭环境中保持相对的稳定。随着社会开放、交通条件改善、交流渠道多样，具有地域特征的村寨传统文化在受到外部文化和现代文化冲击后，必然面临交流与融合，必然导致文化重构。这不仅是村寨自然领袖身份的尴尬，更使他们在时代环境中对传统文化的传承显得无奈。正像他们的身份不是自己建构的一样，他们对村寨的环境和生活也不能掌控，对在此环境之中的村民的文化选择更不能掌控，他们只能自己适应环境并调适文化。有人对贵州盘州市彝族村寨毕摩的文化传承作过调查，发现毕摩自己对传统文化痴情不改，而对年轻一代村民的“移情别恋”表示理解，尊重其文化选择。在过去，祖传世家的毕摩在五六岁时就开始学习彝文，念经诵词，所以到他们十五六岁时，就能开始独立做一些法事。今天教育条件改善，五六岁至十几岁的小孩还在学校接受教育。哪怕是毕摩世家的小孩，毕摩也希望自己的孩子学习科学文化知识，选择另外的生活出路。他们对毕摩文化有着特殊的感情，而面对现实生活，都知道自己的孩子以后需要另外一种知识体系，致使毕摩出现老龄化和毕摩文化无可奈何地消失掉。在盘州市淤泥乡的毕摩中，最年轻的也已 40 岁，18 个大毕摩几乎有半数在 60 岁以上。这 18 个大毕摩拥有的经书总数为 172 本，平均每人不到 10 本，经书也呈不断减少的趋势(图 7-11)。[①] 年轻人远离了毕摩文化，不读毕摩经书，因此使彝文躺在了经书之中，能够识读彝文的人越来越少。石阡大塘村木偶戏老技艺在傅家

① 杨丹：《贵州彝族毕摩文化传承人问题研究：以贵州省盘州市淤泥乡为个案分析》，《毕节学院学报》，2009 年第 11 期。

已传承七代,现在却面临后继乏人的窘境,年过七旬的傅正华和傅正贵两位老艺人曾经在木偶戏舞台上尽显风采,如今却几乎被人遗忘。他们两兄弟说:“学这戏,生活都难维持,不要说外人来学,就是自己的儿子都不愿学,宁愿出去打工。”①在望谟县新屯镇的柯杉村八组,布依族的卢兴义十多岁就开始跟着父亲学习傩戏。他说给人冲傩、还愿的最大乐趣,就是在帮人做好事,消灾、去病、保平安,这些都是教人行好的方式。今天他依然用自己的方式,艰难地守护着老祖宗留下来的宝贵遗产。可是,即使不分白昼给人做法事,还是挣不了几个钱,养不活大山里的那个家。

图7-11 贵州盘州市淤泥乡毕摩黄福贤独自在家朗诵毕摩经,聊以自我消遣。(王玉贵摄)

在对贵州少数民族村寨自然领袖的实地调查中,发现他们的尴尬表现在很多层面:有的村民视之为寨老,而有的村民按血缘关系把他们当作族长;有些村民在私下场合按辈分称呼,而在公开场合又以他们在村委会的职务称呼;在村寨传统信仰活动中,他们被当作民俗或文化的代言人,而在确认文化身份和确定文化传承责任的时候,村民关注的是官方确定的“文化传承人”。他们时而被忽略,时而备受推崇;时而被刻意淡化其传统的民间身份,时而被寄予过多的传统文化传承使命。他们有时候落寞凄凉地独自回望传统文化的漫漫长路,有时候被喧嚣的时尚文化包装得不伦不类。在调查中不止一次地听到寨老、族长和宗教人物感慨其孤独与绝望,感慨众星捧

图7-12 从江县小黄村将传统民族文化引入课堂,学校成为民族文化的重要传习基地。传承人有了传授对象,孩子们在本地接受传统文化也觉得很自然。

① 杨启明,李缨:《石阡大塘木偶戏老技艺传承七代后继乏人 老艺人面临窘境情难割舍》,《贵州日报》,2004年2月10日。

月般的不知所措和诚惶诚恐。他们不希望自己的民间身份被刻意建构，只祈求在经济一体化和文化趋同化的潮流中对村寨传统文化给予一以贯之和力所能及的重视。他们总是用最朴素的语言表达一个观念：对村寨传统文化的尊重不能光靠口号，对传统文化的保护不能靠包装，实现文化传承不能简单地依靠几个官方认定的“传承人”（图7-12）。

第三节　公权部门传承村寨文化的角色定位

这里所说的公权部门，是相对于村寨传统组织和民间组织而言的。具体地说，就是决策部门，行政部门和具有管理、监督职能的党政机关，民间俗称为“官方”。

任何一个村寨的优秀传统文化都不只属于这个村寨，保护民族村寨的优秀传统文化也不只是村民的责任。对传统村寨及其文化的有效保护，不仅需要村民加强主体意识，同时还需要发挥各级党政部门、学术机构、民间组织、市场力量、个体志愿者等的作用，全社会都应担负起责任。而且事实上，除了当地的村民外，还有很多成员也在村寨文化传承中扮演着重要角色。尤其在现代社会，公权部门对传承民族文化的作用愈加突出。

国人崇尚权威，权力机关总被视为权威。贵州少数民族村寨在历史上有自己的权威，习惯了接受权威。但是，村寨自然领袖已不可能再发挥与历史上一样的权威作用，客观现实呼唤公权组织顺应村民的需求，担当起权威的角色。

然而，公权部门及其代表毕竟不同于村寨传统的民间组织和自然领袖，其在文化传承上的角色定位至关重要。从村寨传统文化传承已经表现出来的种种迹象看，公权部门及其代表在有些地方或场合因为摆正了自己的位置，就可以发挥积极的作用；而在另一些时候或环节角色定位不当，则会造成负面影响。

一、适位：有所为和有所不为

贵州少数民族村寨的传统文化目前保存得还较丰富，这与历史上各级权力部门在村寨的治理中能保持适当的身份有很大关系。自明朝中央对贵州直接管辖以来，封建统治者希望“变其土俗同于中国”，但在具体的执行过程中又采取了"驭夷之道当顺情以为治"的策略,[①]并没有过多地干预村民生活。清代雍正皇帝在批复云贵总督鄂尔泰的一份奏折中直接表达了要"化育四方"的文化理想:"朕抚有万方,岂忍令此苗蛮独在教化之外?"[②]但在此后的统治过程中仍然考虑到少数民族地区的风俗与内地有别,"仍其苗习而顺导之"。直到清朝中后期,贵州少数民族村寨"尚沿苗俗"。[③] 新中国成立后,奉行民族平等政策,颁布了民族区域自治法及诸多相关法规,在很多时候都非常尊重各民族的传统文化,尤其在十八大以后,中央特别强调弘扬各民族优秀传统文化。

公权部门是决策和执行机关,对文化发展走向的影响巨大。所以,摆正自己在传统文化保护与传承中的位置至关重要。

(一)在传统文化保护规划中担当法律法规制定者

乡村治理和村寨文化建构都离不开政策引导,都需要法律规范。公权部门对经济社会发展具有决策权,其对历史文化的态度直接左右着文化发展方向。因此,在制定决策和贯彻决策的时候,考虑到传统文化的生存,要为传统文化的传承创造环境。现代化、城镇化已经被确定为当下贵州的发展战略,正在不断地向纵深推进。贵州少数民族村寨不管自己本身是否愿意,事实上已经处于现代化的浪潮之中,正面临着传统文明与现代文明、工业文明与农业文明的冲击。"五个 100 工程"几乎覆盖全省的每一个县,生态移民工程几乎涉及全省每一个民族自治县和少数民族村寨。

在这样的时代背景下开展新农村建设,各级党委和政府非常重视村寨的危房、道路、通信、饮水、卫生以及村民的温饱、医疗、教育等问题。然而,如何规避村寨传统文化衰败风险和确保村寨社会秩序? 如何保护村寨传统文化、凝聚村民的民族共同体认识和建设家乡的情感? 这恰恰是目前村寨建设中容易被忽视的问题。因此,科学地制定相关的法律和规定,将经济建设、政治建设、社会建设、文化建设和生态文明建设全部纳入法律之中,依法决策、依法施政,成为公权部门在文化保护与传承中的首要原则,也是其他任何组织或个人不可取代的。换言之,没有法律依据的决策很容易带来灾难性后果,普通民众缺少法律

---

① 台湾"中央研究院"历史语言研究所校勘:《明成祖实录》卷十七,永乐元年三月戊戌条,上海:上海书店,1982 年。

② 任可澄主纂:民国《贵州通志·前事志》点校本(三),第 208 页。

③ 任可澄主纂:民国《贵州通志·前事志》点校本(三),第 287-289 页,第 299 页,第 374 页。

准绳就可能行为失范。

我国虽然已经颁布《中华人民共和国文物保护法》《非物质文化遗产保护条例》等法规，但这对于传统村寨的文化保护还远远不够。进入21世纪以来，黔东南州相继出台《民族文化村寨保护条例》《传统村落保护实施办法》《黔东南州传统村落保护实施方案》等文件。2014年5月17日，贵州省委办公厅、省政府办公厅联合下发《贵州省非物质文化遗产保护发展规划(2014—2020年)》，贵州省人民政府在2015年5月制定《关于加强传统村落保护发展的指导意见》，2016年推出《贵州省传统村落保护条例》。

这些条例、意见、实施办法等指导性文件为村寨文化保护提供了控制和指导两方面的依据。它们对有违传统村寨保护和民族文化遗产传承的行为加以控制，不只针对村民或企业，同时也包括对公权机关自我行为的约束。它们发挥的指导性作用不只在行为规范方面，还包括思想认识方面，为具体的村寨文化保护提供解决问题的思路，认识到各种文化事象之间的关系，认识到文化传承需要注意的事项。

目前来看，一方面，这些法律性文件已经发挥出巨大作用；而另一方面，除了极少数列入国家或地方政府保护名录的项目受到重视外，绝大多数没有被纳入物质文化遗产或非物质文化遗产保护名录的项目，还处于文化遗产保护立法的空白地带，缺乏可以参照的法律依据。

在贵州少数民族村寨，现在有些建筑还达不到国家认定的文物标准，有些服饰、工具也不属于文物，有些歌舞、戏剧、技艺和民俗活动还没有被确定为非物质文化遗产。按照现在的法律或条例，村民有权自行处理这些建筑、服饰、工具等，可以自由改编这些歌舞和戏剧，神话、传说、秘方和民间绝技会因没有确立知识产权而得不到有效保护。如果这些达不到文物界定标准的建筑、服饰、工具被破坏或倒卖，这些不属于非物质文化遗产的歌舞、戏剧、民间技艺将会流失，那么称得上文物和非物质文化遗产的村寨遗存就失去了相应的支撑，从而失去活力。有的少数民族地区文物贩子大量涌入，大肆收购各类民族文物，使民族地区宝贵的文化资源日渐枯萎和外流。[①] 村民不仅缺少文化保护意识，更因为长期生活贫困，将祖宗留下的家当廉价变卖。20年前贵州南部的苗族、水族、布依族地区几乎每个村寨都还有古老的铜鼓，现在竟难得见到了。贵州已故民间文物收藏家曾宪阳曾经动情地说，当时有位法国收藏家公开宣称研究苗

① 朱立春：《论非物质文化遗产传承的保护与价值》，《长春市委党校学报》，2012年第5期。

族和侗族服饰只有到法国才能看到最丰富、最古老的藏品，由此激发了他收藏贵州民间文物的决心。贵州清水江流域的锦屏侗族生活区，十年前几乎家家都有明清至民国初年的林木种植和买卖的文书契约，村民居然以每份上百元或几元的低价纷纷卖掉了（图 7-13）。法律在这方面存在许多空白，文化管理部门与法律制定机关加强合作势在必行。

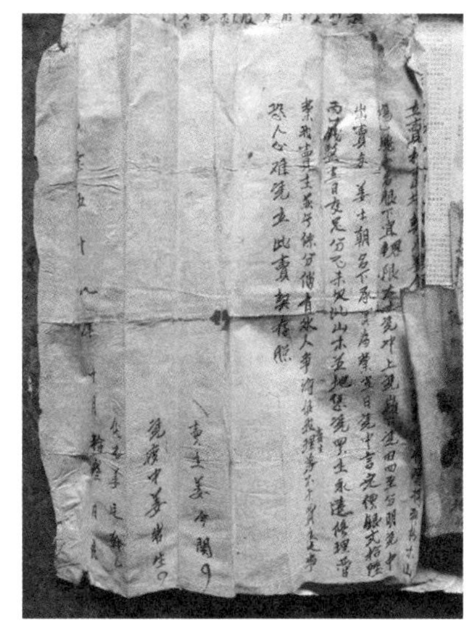

图 7-13　图为文斗寨苗族村民家中保存的清代林业契约。20 世纪末，清水江苗侗地区很多家庭都有大量的清代至民国的林业契约，后来被文物贩子以每份几十元，甚至几元的价格收购，导致契约文书纷纷流失到国外和民间收藏者手中。等到学术界认识到问题严重性的时候，契约文书已经所剩无几。在林业契约文书保护方面，当地政府和领导在过去难有作为。

另外，虽然联合国教科文组织在《非物质文化遗产保护公约》中提到了“文化空间”，但是具体到传统村寨中，“文化空间”有时候很难界定。很多基层部门坦言，进入 21 世纪以来，不少村民推倒旧建筑，在宅基地建造砖混结构的新房。他们都知道这样的新建筑破坏了村寨传统文化，相关部门却拿不出任何依据制止这种行为。最近，村民土地流转成为风气，获得土地经营权的企业或个人要么改变了产业结构和经营方式，要么改变了土地的用途，导致村寨的自然环境和人文环境发生明显变化，传统的文化空间因此不复存在，急需出台保护传统文化空间的法规来遏制这种趋势。黎平县的有些部门和领导采取灵活措施，多个部门联动，一是极力申报民族特色村寨或中国传统村落，只要申报成功就可以按照民族特色村寨或中国传统村落的保护要求开展保护工作；二是重点推介保护得比较完整的民族村寨作为旅游景点，让村民知道保护自己的村寨是可以带来财富的。他们在探索中制定地方性的村寨管理规定，取得了明显成效。黎平县在《中国传统村寨名录》中高居榜首，与当地公权部门一贯重视民族文化保护分不开，与一系列相关管理条例的出台分不开。

传统村落要想真正得到保护，必须建立起长效的监督机制，只有通过法律的形式明确传统村落保护的范围和标准，划定保护职责分工并制定相应的监督条款，才能对官方和民间、组织和个人的行为加以约束。在对村寨及文化的保护中,有必要与管辖村寨的地方政府签署保护村寨和传统文化的承诺书,有必要将村寨保护和传统文化保护纳入对政府部门和党政领导的考核标准体系。而公权部门可以通过行使这样的权力,为传统村寨保护和民族文化传承发挥作用。

(二)在传统文化保护的过程中担任指导者

发展小城镇无可厚非,成立产业园区不失为经济建设的一种新型模式,生态移民搬迁应该是保护生态和改善人居环境的一个重要举措。政府作为这些规划的领导者,在小城镇选址、园区产业结构和规模的确定、移民搬迁后的生计安排等方面,对传统文化保护应该有所作为。城镇化、建立工业园或生态移民搬迁不只为了单一地发展经济或者改善居住环境,而是一项系统工程,牵涉多方利益,权力部门既不能将所有的事情总揽,也不能完全交给市场。对于城镇建筑的风格、园区居民的业余生活、移民新村的人际交流和民俗活动等,党政部门在不作权力干预的同时,需要给予正确引导,确保其规划有序,实现各项建设的综合发展。因为大多数村民还缺少保护传统文化的意识,还意识不到传统建筑和传统村落空间的文化价值,所以对村民在传统文化富集的村寨翻修旧居或新建住房的行为,权力部门不妨主动介入,规范村民的行为,在改善村民居住条件的前提下尽可能使村寨的传统建筑和文化空间不受破坏。目前,有些村寨在发展经济的同时,避免了传统建筑的破坏。例如,在榕江县大利村侗寨、六枝特区梭戛苗寨、雷山县郎德上寨、开阳县禾丰乡马头村布依族村寨,传统文化风貌至今还能保存得比较完好,当地政府的干预发挥了重要作用。有些村寨在市场经济的冲击下合理适度地与传统对接,如台江县施洞苗寨、丹寨县兴仁镇王家村苗寨探索传统文化的生产性传承,将部分手工艺产品转化成商品,妇女农闲的时候聚在一起边刺绣边唱歌,这都与当地政府的倡导不无关系。

村民从理论上讲是传统文化的主体,而实际上在工业化和城镇化推进的过程中,村民不可能主宰生活家园的文化命运。作为权力部门,在既要加快经济建设又要保护传统文化的同时,怎样才能做到有所为和有所不为,这不只是对待文化的态度问题,更是如何运用权力和如何安放自己位置的问题。贵州的各级党政部门在加速发展、加快转型和推动跨越式发展的今天,肩负着保护传统文化的重任。传统村寨是否能保留,传统文化能多大程度地得到保护,地方性文化生存的空间是否被挤压,都与决策有关,与决策者对文化的态度有关,与各级公权部门的执行力有关。在这紧要关头,公权机关绝对不能缺位,必须摆正自己的位置,一定要有所作为。从一些成功个案来看,但凡民族文化保护得好的村寨,当地政府都对发展经济和文化保护的关系有正确认识,都对出台的文化保护政策或条例执行得很严格。在黔东南地区调查中,很多基层干部对当地的村寨文化如数家珍,对民族文化保护的重要性有深刻的认识,并且结合基层实际制定具体的保护措施。而在有些村寨文化破坏严重的地方调查时,基层政府总是感叹村民生活贫困,总是把经济建设孤立地置于各项工作中的头等地位,总是想着对村寨环境进行改造而忽视对环境的保护。1982 年,小黄村男声大歌队参加广西南宁全国少数民族多声部座谈会,1985 年进京参加"贵州侗族古建筑、风情展览"演出;1994—1997 年,女歌队三次进京以无伴奏形式成功演唱侗族大歌;1996 年,少儿侗族大歌队随中国民间艺术团赴法国演出成功,每一次活动的成功举行都和当地政府部门的资助分不开。正因为小黄村的侗歌队多次获得在国内外展示的机会,侗族大歌的艺术价值才逐渐为更多的人所了解,侗族村民也由此开始自觉地对之进行加工、优化与传授。据时任从江县委宣传部副部长李田清介绍,从江县先后在高增乡的高增小学、小黄小学、岜扒小学等学校开设"侗族大歌"课程,做到班班教侗歌、人人唱侗歌。他们自豪地宣称,这是目前全国少有的几所开设"侗族大歌"课程的学校。另据从江县教育局负责人介绍,这些学校开设"侗族大歌"课程,每班每星期至少安排一节课,聘请当地著名民间歌师教学,让侗族大歌传承人与孩子们形成互动。侗族大歌在校园唱响,吸引了学生到校读书,激发了他们浓厚的学习兴趣。这些学校的适龄儿童入学率稳步提升,辍学率由 1.8% 下降到 0.7% 。

对绝大多数村民而言,他们传承自己的村寨文化只是自发的,是在生活中不自觉地传承,而且对自己的传统文化缺少深刻的理性认识。这就需要政府部门以指导者的身份帮助村民提高传承传统文化保护的自觉意识,从而使村民在文化传承上更积极、主动,增强其保护传统文化的责任感和使命感。当村民认真审视发展经济和文化保护的时候,一定要引导村民从生产、生活两方面的问题着手,让村民认识到文化保护的意义,看到文化保护和文化传承有利于实现经济发展的美好前景,明白传统文化的保护需要全体村民共同努力。所以,公权部门要清醒地认识到自己在开展文化觉悟教育和促进经济发展方面的作用是村寨长老不可替代的,在指导文化发展方向和改善村民物质生活水平方面充当引领者是非常有意义的。

(三)在传统文化保护活动中充当组织者

贵州少数民族如今不可能保持封闭,既要坦然面对各种力量的冲击,更应该积极借助各种力量共同促进村寨发展。经济发展欢迎一切社会力量,文化就不可能凝固在传统状态,不可能只靠村民单方的力量保护和传承传统文化。村寨文化建设完全可以采取多方合作的方式,文化传承不应排斥多元参与,这就需要公权机关利用其公信力积极组织。

首先,在具体的保护与发展规划制订的过程中,政府需要与专家学者通力合作,共同研讨和制定传统村寨文化保护与发展的策略和措施,为保护与发展传统文化工作提供科学依据。文化建设和政治建设、经济建设、社会建设、生态建设五位一体,是一种共生关系,但在具体的环境中有轻重缓急之分。正确处理其中的关系,需要党政部门总揽全局,广泛吸收各方面的智慧,借助尽可能多的社会力量。党政部门在吸引人才、利用智库、吸纳资金等方面具有其他组织或个人无可比拟的优势,理当为文化保护担负起组织者的责任。在开展传统村落调查中,在制定传统村落保护发展的指导意见和文化发展规划纲要等文件的过程中,党政部门都应充分发挥组织者的作用。

其次,村寨文化保护的内容不仅包括物质文化、非物质文化,还包括保护传承人、文化空间,牵涉的部门多、事项多,村民自己不具备这样的协调能力,其他某个社会组织或个人也难以统筹各种关系,因此党政部门组织领导的作用不可替代。例如,建立民族文化生态博物馆,从村民的生活安排到选址,公权机关出面有助于问题的解决。目前,已经建立的六枝梭戛苗族文化生态博物馆、贵阳花溪镇山村布依族文化生态博物馆、锦屏隆里汉族文化生态博物馆、黎平堂安侗族文化生态博物馆,从建立之前与国际文化组织沟通合作模式、与地方政府交涉管理办法、与村民洽谈生活补偿等事宜,政府都没有缺席,起到了组织领导作用。又如很多村寨能够成为乡村旅游的重点,或被打造成特色文化旅游景点,党政部门在其中充当了组织角色。再如,先后三次推选出“中国传统村落名录”,这都是在住房城乡建设部、原文化部和财政部、国家文物局四部(局)直接领导下,在地方各级党政部门直接组织下完成的,因此也决定了其权威性非其他任何组织可比。还如,贵州省政府“美丽乡村建设”行动计划总投资预计将超过1 400亿元,这不是任何一个民间组织能够相比的。此项活动很快在全省铺开,这与组织者的权威性和执行力密不可分。公权机关掌握的政治资源、社会资源、经济实力和拥有的可信度决定了其在文化事业中的权威性,因此在村寨传统文化保护中充当组织者的角色最合适。

政府设立有大量的中小学校,组建了大量的文艺剧团和博物馆,并对这些学校、剧团和博物馆负有管理之责。因此,有资格、有条件组织这些学校和剧团传承非物质文化遗产,有权力要求博物馆收集、收藏具有价值的民间文物。教育部曾出台专门文件,要求少数民族地区根据当地文化特色,开设双语教学和民族文化传统技艺传承的课程。贵州很多中小学已尝试开设一些旨在让青少年学习和参与传统文化传承的课程,使孩子们在自己的学习和体验中增强对当地传统文化的认同感和参与的兴趣。2012 年教育部组织评选,确定第一批全国中小学中华优秀文化艺术传承学校,贵州省共有 12 所学校上榜。此外,贵州民族大学音乐舞蹈学院、贵州大学艺术学院、凯里学院还专门招收并培养少数民族音乐舞蹈人才。尽管学校传承村寨文化有诸多局限,文化艺术团体表现的传统文化与村寨的真实文化有一定差距,但它能够深化人们对村寨传统文化的认识,能够扩大村寨传统文化的影响力,能够从技术层面保存村寨传统文化(图 7-14)。

图 7-14　在高校艺术类专业招收少数民族艺术班学员,一方面让这些学员更系统地进行理论学习,增强对本民族艺术的认识;另一方面,使学员之间实现更充分的交流。学员成为民族民间文化传承的骨干,高校成为文化传承的基地。

此外,公权机关在村寨文化传承方面的组织作用还体现在很多方面,譬如组织村民开展传统民俗活动,组织民间文化保护协会推进村寨文化建设,组织企业支持村民改善村寨环境或扶持文化工程等。近几年来,村民的节日活动、村规民约的制定、传统习俗的改进等,都能在背后看到党政部门积极组织的身影。它是节日活动得以有序进行的政治保证,能够实现村规民约与国家法律的有效对接,能够引导传统习俗走向健康科学。传统工匠协会、银饰制作协会、民族音乐保护协会、民族古籍保护与整理协会、民族传统体育促进会等机构工作的顺利开展,都得到了政府的组织联络、信息支持、资金扶持等不同形式的帮助。有些村寨结婚彩礼的攀比之风、招待客人的铺张陋习、对待家庭老人冷漠的苗头等,党政部门都能及时发现,采取劝诫、说服、引导、批评的方式进行劝阻。

(四)在村寨传统文化的表达中扮演参与者的角色

具体而言,包括两层含义： 是在传统文化传承过程中,公权部门没有置身事外,而是积极作为;二是在传统文化传承过程中尊重村民的主体地位,公权部门只是参与其事,不越俎代庖,坚持有所不为。

村民生活在村寨传统文化的环境中,对村寨传统文化最了解,对老一辈人的传承方式最熟悉,对年轻一代的接受心理最清楚。因此,对具体的传授方式、步骤、环节、手段等技巧性的细节问题,公权机关不宜凭借手中权力代为操持。传统文化无限丰富,其传播的方式多样、传播的途径多样,每一次的传播环境都是情景式的,每一次的传播内容都是零星的,党政部门不可能包揽,也不可能提供一个适用于任何环境和内容的公式。村寨的传统文化融入生活,不仅借助建筑、服饰、音乐、舞蹈、技艺等形式传承,还在各种社会交往中传承。其交往既包括家庭内部的洒扫应对,也包括村民之间的礼尚往来;既包括生产中的农业种植、手工业产品制造、贸易交换等,还包括人际关系处理等。人际关系处理既包括建立友谊、维持秩序,还包括调解纠纷、化解恩怨等。党政部门不可能居高临下,通过行政手段粗暴处置。

但是,当村民在生活陷入无助、生产处于困难、人际关系恶化时,如果从文化传承的角度出发,公权部门不可能坐视不管,有必要从旁支持,间接协助村民解决问题。理由很简单:一方面,帮助村民发展生产、改善生活、化解矛盾本来就是党政部门的职责所在;而另一方面,村民处理问题本身就是在运用传统思维、理念、技术和手段,应该尊重村民解决问题的方式。公权部门有所不为,目的就是让村寨传统文化在村民的生活中继续大有所为。现在村寨中仍有许多传统的生产和生活用具、传统的生产技术和村寨长老,传统文化因此得以传承。村寨文化保护要做的事很多,但最重要的是保护村寨文化传承的机制。村寨文化世代传承,总有其内在机制(图 7-15)。这种机制包括柔性的和刚性的、外部的和内在的。柔性机制主要有习俗、伦理道德和情感、价值观念等,刚性机制则包括村规民约、族规家法、行规戒律等。外部机制主要指传播工具、传播环境等,内部机制具体可分为内容的选择、传承的手段等。内容选择又包括

图 7-15　即使在江河湖畔的村寨,捕鱼也已经不是村民的主要食物来源和经济来源,但它还是村民生活的重要部分,已经内化于村民的生活。因为捕鱼的传统还在,所以捕鱼的技能和工具还在,对水质保护的意识还在,关于捕鱼的许多故事还得以流传。捕鱼看似一种生产行为,但其中包含着当地捕鱼文化传承的内在机制。

传承的使命和传播禁忌,传播手段包括传承对象、时间、环境、载体等。在发展生产、改善生活、整洁村容、破除陋习、提高文化科学知识等方面,公权部门应该大有所为;而在弘扬传统文化方面,各地区、有关部门必须从实际出发,突出村民的主体地位,绝不能通过权力破坏传承规律,干扰传承的内部机制。

二、错位:乱作为和不作为

有些学者在研究公权组织对传统文化保护的时候,似乎刻意回避了其负面的影响。其实,公权组织中的绝大多数人毕竟不是从事文化研究的专家,他们不可能都对公权力与文化的关系认识得很深刻,不可能在施政过程中的每个环节都恰如其分地处理好文化保护问题。更由于当今中国的首要问题是发展生产和改善民生,经济建设乃执政的第一要务,尤其在深度贫困的贵州少数民族聚集区,脱贫是一场输不起的攻坚战。因此,就有可能在具体的公务活动中出现惯性思维和偏颇行为,在村寨文化保护问题上出现身份错位。

在中国现行体制下,公权部门拥有很大的权力。尽管自十八届三中全会以来,新一届中央政府反复强调尊重市场规律,大刀阔斧简政放权,但要真正做到以市场为主体和还政于民还有很长的路要走。正因为党政部门和决策者拥有很大的权力,市场的主体地位还没有完全确立,相关机构习惯了从规划、决策到贯彻、执行,从政治、经济到文化、思想,都全面指导和深度介入,所以在管理过程中越位、失位的现象时有发生。

(一)对少数民族村寨的传统文化不够尊重

贵州要在2020年年底以县为单位达到小康水平,发展经济和改善民生上升为各级部门的政治任务。贵州省委省政府参照世界经济发展理论和中国其他地区社会发展经验,提出“两加一推”(加速发展、加快转型和推动跨越)和“三化同步”(城镇化、工业化和农业现代化同步进行)。为了实现“两加一推”和“三化同步”,尽管“西电东输”工程的火力发电厂或梯级电站项目、高速公路或高铁建设项目、工业园区选址、新农村建设规划等都从专业的角度作了充分论证,都坚持“发展和生态两条底线”,但在地下文物普查、地上文物保护、传统村寨的文化空间利用等方面还存在不完全到位的问题。

2015年,贵州省土家学会对铜仁市土家族传统村落现状作过一次比较全面的调查,在最后提交的《铜仁市土家族传统村落保护发展调研报告》中指出:“一些地方把新农村建设变成‘新村庄建设’,‘大换血’,把依山傍水、古朴宁静的村落推倒重新规划,建起了整齐划一的新砖房,使传统村落格局风貌和乡土建筑遭受极大的破坏。”“一些地方盲目对传统村落进行旅游开发,把古迹当景点,把遗产当卖点,将传统村落变成赚钱的新路。”这种现象的发生,虽不能说都是公权部门的责任,但至少反映出拥有公权的领导和职能部门对传统村寨的历史文化在认识上不够到位。又如近十年来,接二连三在城镇化施工过程中发现古墓,要么是对该地的文物论证不充分,要么就没有作论证。其根本原因在于地方政府对历史文化缺少应有的尊重,相关的公权部门不能说对此没有责任。例如,在锦屏县的县级经济产业(开发)区发生的一个迁坟事件就非常具有典型性,从中可见有些政府管理部门和官员对民族文化不尊重。

2012 年,锦屏县敦寨镇在建设规划占地 33 000 亩的县级经济产业(开发)区时,决定将当地中学对面一处占地 100 多亩的墓葬区全部搬迁。这是一个家族墓葬群,总共约一万个墓葬,其中绝大部分为明清时期的古墓。该古墓群埋葬的全是当地苗族潘氏家族成员,墓群规模之大、埋葬规格之高、墓碑雕刻之精美、保存之完好都实属罕见。它是当地潘姓苗族家族认同感的重要载体,是研究当地少数民族丧葬文化的一个难得的活标本。当地潘姓村民世代相传其先辈在明万历年间来到今敦寨镇培寨村定居,替当地杨姓做工。后来有了些积蓄,其便花了 8 个金元宝和一床花被窝,从杨家的手里买下大门坡做墓地。入敦寨始祖爷的坟墓就在这里,据说他生活在明朝崇祯年间。

从这位始祖爷起,潘氏家族的死者均安葬于此。潘氏家族坚决反对草率地将数千座坟整体迁移,认为其中有很多物品属于文物,有文化意义。然而,锦屏县文化部门则认为这些坟墓没有保护价值,在给一位村民的回复材料上指出这个墓群中无王侯将相,无国内知名人士,无反映时代大事的墓葬碑刻及文字,属一般家族式的普通墓葬点。锦屏工业园区的一位向姓负责人也说,几次文物普查,均未将此处纳入文物保护单位。县文化部门觉得此处既然已被规划为高速公路的匝道,只能按照规划来办。而且,设立敦寨开发区、规划高速匝道都是经锦屏县四大班子讨论决定的,程序合法,有政策支持。更何况锦屏县文管所到墓地调查是受到省、州文管部门的委托,他们是根据专业知识对此作出的判断,即便锦屏县文管所无文物鉴定资质,但他们掌握的专业知识足以判断这个家族墓地的价值,因此没有必要再邀请权威专家进行鉴定。锦屏县文化局分管文物的一位领导对这件事情的态度是:文化部门只是配合工作,基本建设才是中心工作。

当地村民与建设单位关于此事长期僵持不下。后因媒体的报道,开发区负责人及上级管理部门不得不将汇集的材料报呈国家文物局,项目才得以暂缓施工。

如果认真分析这件事,不应只停留在批评当地的文管所领导缺少基本的文物管理规范意识层面上,它其实暴露出有些拥有权力的部门及其领导对传统文化保护没有引起重视和缺少基本的尊重。因为对传统文化不尊重,所以这些部门在对传统文化的处理上不慎重,甚至乱作为。

(二)对少数民族村寨传统文化的传承规律缺少认识

少数民族村寨保存着丰富的文化不只是一个结果,它经历了很长的传承过程,存在着代际关系。区域性传统文化在少数民族村寨能够保留下来不是一个偶然的文化现象,其传承主体、传承内容、传承媒介、传承环境、传承手段和传承效果之间存在着内在联系。少数民族村寨文化最基本的特征之一就是区域性,存在着空间边界,其魅力在于区域性,生命力也在于区域性。因此,对少数民族村寨文化的保护,就不能只保护直观可视的文化事象,不能只是把这些文化事象静态地置于博物馆,或者用文字、影像、声音媒介把这些文化事象记录下来,而是要它们在今后活态地呈现于村寨。

所谓村寨文化保护,其实就是文化传承。所谓村寨文化传承,其方法不同于博物馆的方法,它有自己的规律。

既然是少数民族村寨文化传承,那么传播的内容就是少数民族村民自己创造的文化,或者来自外部而又经过当地村民吸收改造后适用于村寨的文化。传播者主要是村民,传播的环境在村寨,传播的媒介一定存在于村寨之中并为村民所掌握,传播的方式应该是村民生产和生活中喜闻乐见的,传播的效果不仅为村民所接受,并且对村民的生活有用。既然是少数民族村寨文化传承,那么从效果而言,其内容就应该基本上还是原来的内容,就应该在原来的村寨保存原来的文化。如果基本内容发生质变,"传承"就是一句空话;如果原来的村民消失或者村寨不复存在,"传承"就失去了根基。

从已经出现的种种迹象看,有些由政府主导的村寨文化保护并没有达到实际效果。

首先,表现为对村寨文化的内容随意改造。例如,贵州少数民族的服饰有明显的区域性,分为平时服装、便装和盛装,可是有些部门或领导别出心裁,将服装随意改造,并认为这是创新。又如,贵州少数民族的芦笙在各地的形制不同、音色不同、曲调不同、舞姿不同、演奏场合不同,但是被强行要求改变,以满

图7-16　2014年黔西南兴仁苗族八月八风情节场面。这是当地政府根据一个民间传说开发出的节日,并且非常隆重地邀约四方宾朋。主办者称,想通过节日招商引资,打造出一张发展地方经济的响亮名片。虽不能说这个节日是主观臆造的,但它包含着文化建构的成分。从活动组织形式到内容设计,当地政府充当着主导者。这样的活动也在传承文化,但并不是传统文化。

足时尚的视觉效果和听觉冲击力,差异因此被消除。最突出的是节日活动中官方主导力量在不断强化,民间自发行为出现弱化,改变了节日的基本功能和基本内涵。少数民族传统节日文化一旦被作为商品加以开发,就不可避免地被主导机构按其意愿与目的改造包装。一些部门和领导为迎合游客猎奇的需要,将民族文化戏剧化、舞台化、商品化(图7-16)。彝族村寨的火把节、苗族村寨的祭祖祭神仪式等,很多都不再按特定的时间、地点和方式进行,而是根据游客或公权部门的需要随时、随地、随意举行。“传统的民族节日如果是以祀神、祭祖、团结社区为目的,那么今天作为旅游展示或为经贸洽谈搭建舞台的节日,目的则不似以往的单纯了。”①

文化是发展的,贵州各少数民族村寨的服饰在社会进程中必然会增添时代元素,但是服饰中的历史文化、图腾符码还深深扎根于民族的思维、审美之中。少数民族的传统节日亦非自古有之,它经历了产生、发展、壮大、演变的过程。

---

① 王维其:《浅谈贵州民族传统节日文化的生态变迁》,《品牌》(下半月),2013年第1期。

但是,它的变化不是外部权力干预,它自始至终都是村民自己的节日。今天传承少数民族村寨文化,首先必须确保传承的文化属于当地的村寨所拥有的文化。换言之,少数民族文化传承中应尽可能保持其内容、形式、空间、手段和传承关系,而不是相反。今天在贵州少数民族村寨,稍有规模的民俗活动、稍有影响力的传统文化传播中,都有公权部门在推动。其实党政部门也不应该缺位,关键是要摆正位置,尊重其传承规律。

其次,表现为对村寨文化的传授关系简单处理。少数民族村寨文化在传授关系上存在多样性,有家庭内部的亲人之间、村寨内部的村民之间以及村寨之间的关系,有长辈与晚辈之间、同辈之间、村寨长老与普通村民之间、宗教人物与世俗村民之间、宗教人物内部之间、行业内部之间等的关系。这些关系都一定是生活之中的关系,具有情景性。另外还有文字传承和学校传承,有戏班传承和剧团传承,体现为教师与学生、老演员和小演员的关系。现在各地都推选传承人,使村寨传统文化传承关系出现微妙变化。因为,被推选为传承人后便每月享受政府补助,可以改善生活,而且拥有这种荣誉之后在村寨中很体面。所以,激发了村民学习传统文化的热情,都希望有朝一日也能成为传承人。同时,担任传承人之后,相关管理部门还要对其进行定期考核,有一项重要考核指标就是实际开展的文化传承活动及达到的效果,迫使传承人要履行职责。

但是,学校传承毕竟与原生态的文化传承相去甚远。利用学校有组织地保护口述传播,不同于生活中的传承,它有固定的场所和明确的传播目的,其传播内容与情景分离。如"族源歌"本该在祭祖、结婚、丧葬等特殊的场合,"酒歌"本该在饮宴的餐桌边。而在课堂传承中,传者和受者的角色就被固定为单一的教师和学生关系。习惯法的传授原本体现为寨老与村民的关系,情歌传授原本在恋人之间,"理词"讲述原本是村寨(家族)长老与被审判者之间的关系,进入学校课堂教育后都转化为师生关系。而且,原来是分散传授,存在语言、词句、语音、语调、道具、动作、程序等方面的区别或差异,现在改变成集中传授,由一个教师传授,固定为统一的文本。在榕江、从江、台江、剑河等小学的民族文化进课堂实践中,全县所有学校的任课老师手持同一本教材,而且是组织专门培训之后现学现教。

有些部门和领导将地方传统文化的传承全部寄希望于传承人,却没有看到传承人的能力毕竟有限:传承人不可能扭转日益开放的村寨环境,不可能阻止村寨经济结构和社会关系的变化,不可能抗拒现代传媒对村民的冲击,不可能挽救村寨中的大量传统物质文化的破坏或流失。当这一切都发生改变,传承人精湛的技艺和充满魅力的风采都被无情的现实风干。现在即便有一些村民愿意跟着传承人学习,其目的也已经非常功利。国家级非物质文化遗产传承人吴品仙曾感慨地说,她虽然在家乡黎平县永从乡九龙村等地教歌,如今弟子无数,其中有多位成了侗族大歌传承人,但真正上门来学歌的人都本着完全不同的目的。2008 年,附近一些学生来找吴品仙学歌,其目的只是想考上某些大学的民族文化传承班,而并非想成为以后的歌师。

今天,应该采取多种方式传承民族文化,学校教育、传承人传授、办传承所都很有必要,但也不能出现泛滥之势。并不是任何传统文化都可以进校园和课堂,都可以通过传承人进行,都可以搬进传习所或传承基地。很多传统文化的传承必须在特定环境中,有特定对象,用特定方式,为实现特定目的,这一切本身就是传统文化的一部分。公权部门及其领导必须认识到各部分之间的内在联系,领会其传播规律。如果牵强附会,传播过程违背了传统文化,那么传播的结果就不可能是传统文化。

再次,表现为主观建构村寨文化的传播环境。村寨环境的破坏有主观性破坏和客观性破坏、自然破坏和人为破坏、村民破坏和他方破坏之分。在新农村建设中,管理部门为了让村民住上宽敞明亮、通风防潮、坚固耐用的住房,将原来的木质结构、土坯结构的住房推倒后新建成砖混结构的楼房,将原来的三合院、四合院推倒后一律建成排列整齐的现代高楼,将原来的水井废止后全部装上自来水。村民很满意,管理部门的政绩也得到展示。而从村寨文化保护的角度看,这未必是最佳选择。原属平坝区高峰镇的大狗场仡佬族村是目前为数极少的仡佬族语言仍保存完整的单一民族村寨,老人们能讲出周边每一座山、每一座桥的故事,山上的仡佬坟和山洞的壁画中都沉淀有他们的记忆,社会关系保持在村寨中的血缘姻亲以及和周边其他仡佬族的迁徙故事中。当听说有关部门已经帮他们规划了整体搬迁,将要与其他民族共同组建一个新社区时,老人们心存忧虑,强烈感受到村寨环境的改变将给本民族文化带来的危机。

贵州少数民族有些村寨还很贫困,甚至生存环境恶劣,为了改善村民的生活和保护生态环境,有必要进行村寨危房改造或整体搬迁。有些部门和领导并没有意识到,在这项系统工程中,村寨的文化空间可能会受到影响,并且有可能失去日常生活的土地和院落。在拆迁安置过程中,村寨原有的社会结构难免被打破,原有的乡村秩序也会发生变动。

从生产而言,少数民族村寨大多田土分散,将村民集中到一处不利于田间管理、运肥和粮食收割。从生活而言,住在砖混结构的楼房,冲洗式厕所不能存储肥料，牲畜喂养极不方便。门前没有小院，村民的红白喜事操办就没有了空间。与此相关的传统文化没有了演示场所，其传承也就出现困难，传统的建筑工匠、红白喜事中的仪式因此退出村寨舞台。村民因为拥有共同的生活空间和共同的社会活动，所以形成共同的记忆。一旦村落空间失去，村民的情感归属就会落空，村寨成员的记忆就会受到很大的损伤，历史积淀的生活习惯、心理认同感及文化归属感便荡然无存。

村寨文化是历代村民的精神产品，是区域性的公共记忆。“公共记忆通过不同层次的文化霸权对不同的，甚至互相对立的个体和集团的记忆，或利用、或弘扬、或篡改、或抹杀、或压抑。”①村寨的公共记忆在历史上由村民自己构建，他们依托村寨的生活、社会关系、村寨长老和宗教人物、传播载体、文化空间等保留记忆。今天决策部门出于改善村民生活或社会发展需要而对村寨的环境加以改造，有时候忽略了环境对村寨公共记忆的影响，造成村寨空间被破坏，村寨公共记忆难以延续。

村寨既是村民的生活空间，也是村寨文化赖以传承的综合性文化空间。传统村寨的文化空间通过村民有意识的活动而产生，如民族村寨本身的古老聚居地，宗教或有重大影响力的组织集会的独特礼仪及其场所，传说故事，英雄史诗，村规民约，戏曲、音乐等艺术的发源地及其表演空间，有重大影响力的广场，传统手工艺、服饰生产地及其生存空间，集中表达传统农业、手工业生活模式的场所等，这些都与村寨文化的生存和发展息息相关。它在村民的生产生活中自然而然地形成，构成村寨非物质文化的一部分。村寨文化的传承有赖于这个空间，同时文化传播又在这个空间生成意义。作为村寨建设的决策者，提高村民生活水平和改善村寨环境固然是对村民的尊重，顺应村民的生活习俗固然是对村寨文化的尊重，但这种尊重应该体现在遵循其文化传播的规律，即切实保护村寨文化形成、生存的环境，充分照顾村民的内在意愿上，不能单靠外在的强制力量来限制。村寨文化空间处在现实的变化之中，联系着过去和未来；村民处在村寨内部关系和与更广大的社会关系之中，处在经济发展和文化建设之中。它既要实现物质生活的改善，也不能忽视文化的演进和社会的发展。现在，从村寨到上级主管部门，很多人都认同发展旅游产业是保护民族文化和地方传统文化的有效途径，并作为一种文化保护模式全面铺开。“民族节日的文化生态环境从所谓的‘原生态’或‘传统’趋向文化的‘生产’‘再生产’的‘现代’产业

① 黄东兰：《岳飞庙：创造公共记忆的“场”》，孙江：《事件·记忆·叙述》，杭州：浙江人民出版社，2004 年，第 172 页。

开发之中,并主要表现为‘旅游文化’形态下的传承与发展。”①

贵州少数民族拥有丰富、独特的文化资源,村寨文化被作为旅游开发的重点项目。在旅游开发中,大致有以下两种类型。

一种类型是把村寨的传统文化作为旅游资源,实现经济价值,同时采取一些必要的文化保护措施。在具体的运作过程中,把通过发展旅游业来搞活当地经济摆在了第一位,而传统文化保护很多时候只是一个美丽的借口。例如,贵阳乌当陇上村渡寨,在2012年年底得到省文物局、贵州文物保护中心的支持,建立渡寨音乐博物馆。在媒体的宣传攻势下,乡村旅游很快发展起来。在规划上一再声明是为了保护和更好地传承村寨的文化,事实上从一开始,其设计方案就按照生态体验、休闲度假的定位展开。如今的渡寨,基础设施建设确实迈上了一个台阶,旅游接待量和服务能力都发生了质的飞跃,陇上村也因为“美韵渡寨”而获得“贵州最具魅力的民族村寨”殊荣,当地的布依族村民也通过发展观光农业和乡村旅游提高了收入。但是,很难说村寨的传统文化就已经真的得到了保护。雷山县西江打着“天下第一苗寨”招牌并将此作为最大的卖点,黎平县肇兴扛起“侗族第一寨”大旗吸引游客,在建筑、服装、歌舞、习俗等方面精细打造,别具一格。因为别具一格,所以能吸引游客。而为了吸引游客,就尽可能将它发挥到极致,用营销手段发掘其使用价值。游客在这样的村寨能找到感官刺激,政府在这样的村寨能实现经济价值,村民在这样的村寨能在短期内实现富裕,而村寨本身在开发中变成了一具空壳。西江在2008年建起了许多与当地文化毫无关联的所谓“文化符号”式的建筑,同时将村民传统的建筑按照大众时尚审美加以改造。肇兴原本坐拥一片稻田,那是当地村民赖以生存的基础,在2013年的改造中变成了景观水塘;原本体现历史年轮的颜色深浅不一的木板房屋,通过行政手段翻修得一模一样;原本弯弯曲曲的巷道和镶嵌在巷道上大大小小的石片石珠就像一幅朴素的画卷,如今全部改换成笔直的水泥路,洋溢着明快的现代气息。传统的公共记忆在声势浩大的改造中消失,传统文化传承的载体和空间一次次被挤压。

另一种类型几乎没有考虑到村寨文化保护,只是为了利用村寨文化去实现旅游开发,从而发展乡村经济,结果旅游开发之后,村寨的传统文化受到严重影响。贵定县的音寨、开阳县的南江村、兴仁县的万屯和鲁屯等概莫能外。如今的音寨和南江村响亮地打着民族特色村寨口号,而在这里已很难找到民族文化

---

① 王虹,陈麦池,张明新:《民族村寨文化空间保护与旅游可持续发展新探》,《湖北民族学院学报》(哲学社会科学版),2011年第5期。

的影子。每到周末或节假日，车水马龙、人头攒动，密密麻麻的简易遮阳棚，游客在麻将或烤串中享受快乐。2007 年兴义市确定建设 10 个少数民族新农村建设试点村寨，万屯镇兴隆村洒脚雨苗寨、清水河黔西村白岩寨子、坪东街道办那年村阿扯寨子、马岭镇平寨村云上寨子、郑屯镇民族村大寨、鲁布格镇中寨村鲁毗彝族寨子等作为示范点。这 10 个示范点重点突出少数民族特色，发展旅游业。各乡镇派出专人，帮助试点村寨制订规划，建休闲广场，组建文艺演出队伍，挖掘富有民族特色的歌舞，硬化进村道路，对村寨民居进行"靓化"改造。所有这一切都没有充分考虑民族村寨的文化保护，而是在努力把民族村寨文化转化成开发民族村寨"农家乐"的资源，推进乡村旅游业发展，提高村民的物质生活水平（图 7-17）。

虽然不能把这一切全都归咎于公权部门，但不能否认公权部门在对民族传统文化的价值、村寨文化的传播规律上认识不够。村寨文化在本质上不是表演给外人看的，保护村寨文化就是尽可能使村寨传统与生活常态紧密联系。游客不是上帝，而是文化的学习者，他们通过传统文化空间领略真正的少数民族传统文化，获得对少数民族村寨传统文化的整体感受并愿意为此支付报酬。村寨传统文化空间是村民世代创造和维护的，可以利用它为村民谋福利，任何人都

图 7-17　黔西南兴仁县鲤鱼村号称"黔西南苗族第一村"，这个苗族村寨，当地的苗族人一直称为"遨翁"，译成汉语就是"龙井"的意思，现在却改名为鲤鱼村。从现代化的建筑中根本看不到苗族文化的踪迹，民族传统文化已很难在今天的生活空间中延续，村民的服饰、生活习俗、语言和社会组织等方面基本上没有传统村寨文化的特色。

没有权力随意改造和破坏。村寨文化空间带来的利益应该由全体村民共享,不能成为某些利益集团或者部分村民牟利的资本。游客在文化空间中如果能够感受到独特、真实的人文生态和自然生态,理当为消费付出报酬。

最后,表现为对现代传播媒介过于崇拜。贵州少数民族村寨的传统文化能够延续至今,一是靠物质作为载体来传承,如建筑、服饰、桥梁、墓碑、水井以及梯田等,将文化深深地印刻在其中;二是靠文字及在人际交流基础上建立起来的口头传承。其中,绝大部分靠的就是人际传承。物质传承和人际传承既是一种传承渠道或方式,更是一种传承思维。村民重视对物质载体的创造、建立和保护,将村寨文化灵活地注入这些物质之中,并尽可能保存于其中。因此,这些物质既是村民在生产生活中的产品,也是文化传播的工具,它本身就成为文化的一个组成部分,村民离不开它且重视它。由于人际传播受到传播环境限制,内容在传播中容易变形,因此村民会采取许多办法营造传播环境,通过各种劳动场合和生活场景创造传播渠道,形成许多传播机制以确保传播中内容的稳定。由此也说明,村寨传统文化不单指过去流传下来的文化,还包括这些文化如何创造、传播和接受的活动、手段、工具和心理。

时代在变迁,文化变迁不可避免,传播环境也在变化。一方面,对于那些专属于某个民族或群体的地域性文化遗产或事象,要尽可能地减少外来文化主体因拥有强大资本的比较优势或作为权力主体侵入他们的文化空间和意义生产机制之中。只有这样,才能尽量保证少数民族传统文化与国家主体文化之间的平等交流与互动,提高少数民族或群体的文化自觉与文化自信。另一方面,既然不能拒绝新技术、新手段为文化传播服务,那就必须正视媒介的变化对文化的影响。

在少数民族传统文化传承与保护工作的实际运作中,有些部门或领导过分崇拜现代传播媒介。

一是在向少数民族村寨传播现代科技和文化知识的时候,对现代传播媒介给村寨传统文化可能造成的负面影响考虑不周。为了实现"广播电视村村通",投入大量资金,短短几年时间就基本完成广播电视网络全覆盖,发射台和接收站遍布少数民族地区腹地。此外,各级组织部的远程教育落实到了每一个行政村,并和网络通信有机结合。最近几年,贵州在现代传播硬件设施建设上作出了不懈努力,少数民族村寨的信息传播环境得到明显改善。但是在传播效果上,有些问题没有很好地解决,在认识上还不到位。固然村民可以接收到广播电视,中央和省委的决策可以通过现代传媒传播到少数民族村寨,而村民在使用现代媒介的时候是否愿意接收这方面的信息则是另一回事。事实表明,广播电视节目中贴近村民生活、反映村民心声、引导村民正确行为导向、向村民普及科学文化知识的信息要么数量少,要么传播形式僵硬,很多远离村民生活的时尚文化或者粗制滥造的节目充斥媒体。村民消费着这样的信息产品,也被这些产品改造着思想和观念,对传统的村寨文化不再依恋,对广播电视中渲染的不切实际的生活满怀憧憬。村民因为生活在相对封闭的环境中,他们不具备对传媒信息作出理性分析和判断的能力,而且媒介信息和客观现实的巨大反差加剧了村民内心的张力,滋生不安定的因素。此外,村民的生活不同于现代都市人群,都市人群除了从现代电子媒介中得到娱乐之外,还有很多的其他娱乐方式作为补充,而少数民族村民一旦接触现代媒介之后就往往会放弃传统的娱乐方式,沉溺于现代电子媒介产品之中,导致负载于传统娱乐之中的村寨文化被抛弃。在防范现代电子信息产品的负面影响方面,有些部门认识不足,导致在村寨文化保护与传承上的工作不到位。

二是用很多精力来考虑传播村寨传统文化,却对用这种传播手段表现的文化是否具有“本真性”认识不够。从贵州省委省政府到各级部门都非常注重利用现代传媒展示贵州形象,借助现代传播方式传播贵州多彩的文化。例如,拍摄反映贵州民族文化的电影、电视剧,制作突出贵州民族文化的电视专题片和广播剧,创作许多表现贵州民族文化的舞台剧,在积极参加全国性比赛时努力突出民族文化元素,“多彩贵州”演出团队走出贵州。又如,很多旅游景点印制画面精美的宣传册,派送或者销售有关当地民族风情的视频光碟或歌碟。运用现代传播技术和手段记录和表现少数民族村寨文化,这是新时代的必然,有必要加强,但其中也暴露出一些问题。例如,有些领导因此而转移了工作的重心,不再花太多的精力去保护村寨文化,而把心思主要花在用电子媒介去记录和宣传上。还有一些从事记录或拍摄的人在这个过程中以为掌握电子媒介的使用技术就足够了,却没有认识到影音转换过程是一个从客观到主观、从被表现对象自在真实状态到表现真实状态的过程,没有充分注意采音、取景、选择画面等都有主观性。记录者未必就是当地村民,这些人是以他者眼光对少数民族村寨文化加以审视,总想把自己认识到的精彩部分凸显出来,而不自觉地弱化、忽略其他部分。甚至有些记录者还存有文化偏见,使得某些影像作品带有“猎奇”色彩。也有人把记录当成创作,采用摆拍或表演的方式进行。此外,意识形态或商业利益等因素也会造成影音内容的扭曲或误导,偏离了民间活态文化。即便有些记录者就是本地村民,也难免带有个人倾向;或为了满足消费者的心理而代表消费者去“表达”。在调查的过程中，很容易发现村寨中常态的文化不同于给旅游者表现出来的文化，村寨中的文化不同于影音记录的文化，村民心目中的文化不同于外地人感受和理解的文化。作为掌控村寨文化传播话语权的部门，对现代传播媒介并非都有清醒的认识。

（三）对少数民族村民的文化情感缺少准确的把握

贵州省委省政府对少数民族村寨建设和民族文化高度重视，在2013年年初全省“两会”的政府工作报告中就特别突出强调城镇化建设中的民族文化保护和弘扬问题，时任省长陈敏尔在随后的全国“两会”期间接受媒体采访时再一次指出贵州一定会注意民族村寨的文化保护工作。到2013年，全省共投入少数民族专项资金7 950万元，整合其他部门、行业资金近20亿元，共同推进少数民族特色村寨建设。从2014年起，省民委规定对每个列入资金安排的特色村寨，安排资金规模不低于50万元。对少数民族特色村寨保护与发展的工作，注意从自然、人文、产业、建筑、风俗、饮食等方面深入挖掘村寨特色，避免村寨建设“千村一面”和同质化的现象。到目前为止，“中国传统村落名录”中贵州所占的数量仅次于云南，国家民委命名的首批“中国少数民族特色村寨”中贵州的村寨数量遥遥领先于其他地方，这本身就说明贵州的少数民族文化保护工作很有成效。

但是，这一切不能说明党政部门在保护和传承少数民族文化中就已做得无可挑剔。中国共产党执政以后主张民族平等，贵州少数民族在政治上享有了平等权利，而在文化上要真正做到平等，还有许多现实问题需要解决。首先，一部分人根深蒂固的民族偏见需要矫正；其次，在历史上有些民族的文化长期被边缘化的现状需要时间来改变；再次，生活在自然条件较差地区的民族文化需要发展经济才能提高话语权；最后，文化的影响力还有赖于传播技术和环境的改善。因此，要让少数民族村寨的传统文化真正得到尊重，既要有政治制度做保障，还要解决其他许多深层次问题。要彻底纠正对待传统文化的粗暴态度和野蛮行为，还要做大量细致的工作。

第一，将文化简单划分为科学与愚昧、精华与糟粕的传统思维需要改变。20世纪初期的“新文化运动”和20世纪中晚期长达十年的“文化大革命”在对待历史文化传统的问题上都表现得很粗暴，许多少数民族传统文化都被归为落后与迷信加以改造。古墓被摧毁，老式家具和器物被收缴，家谱被没收，祠堂被认为是宗法制度的产物，祭祖被当成封建残余，族长和寨老被看成封建余孽，

"万物有灵"和"灵魂不灭"被定性为思想毒瘤。民间信仰活动的生存空间被严重挤压,古歌失去传唱的场合,宗教人物变成被批判的对象。今天走进施秉县双井龙塘村,溶洞中已经破损的木鼓散落成几块五尺见长的木板,那是政治运动留下的见证。这一带的苗族每个家族都有木鼓,只有 13 年一次的鼓脏节才将木鼓从山洞中迎请出来,它象征着祖宗,被整个家族顶礼膜拜。在"破四旧"的年代,鼓脏节被强行停止,木鼓长期摆放在山洞中都朽烂了。据《苗族古歌》载,苗族过鼓脏节是为了祭祀从枫树中生出来的创世始祖母蝴蝶妈妈。这里的邰姓、龙姓和吴姓苗族虽然世代相传从江南汉族地区迁来,但是他们和吟唱《跋山涉水》古歌的其他苗族一样崇拜枫树,无论走到哪里,都恪守祖训,每隔 13 年要祭一次祖鼓。到"文化大革命"时期,这一习惯被打破,谁都怕戴上"牛鬼蛇神"的政治帽子。这个过了千年之久的传统节日在当代变成了"传说",而将传统节日变成"传说"的政治运动现在还有硕大的标语存在且依旧清晰可见(图 7-18)。贵州少数民族村寨盛行的傩戏、傩舞因为带有驱鬼迎神性质,在政治运动中也被划入禁止之列,因此傩面具和傩戏音乐、舞蹈、歌词都从日常生活中退出。在黔北土家族村寨,傩戏代表着"请神消灾",每逢村民家里孩子生日,或是老人生病,便会请来掌坛师表演傩戏、做法事。张毓福是德江县稳坪镇有名的傩戏掌坛师,他回想起"文化大革命"时期村民即使想请他做法事,他也担心会被扣上"牛鬼蛇神"的帽子而拒绝。黔南荔波县翁昂乡拉内村布依族村民何星辉从小就在听傩戏、唱傩戏的环境里生活成长,他的祖父和父亲都是傩戏先生。14 岁时,还在上私塾的他就正式跟着祖父和父亲学傩戏,24 岁便坐上傩戏翁昂坛第二把交椅。当地布依族把唱傩戏又称作"做桥",是为了求子、求福和还愿消灾的。按照当地习俗,只要布依族人的家里添丁,都会办一场"做桥",请先生唱傩戏,感谢天尊圣母娘娘。村民认为"做桥"以后就会得到圣母、王婆庇佑,可保儿孙满堂,并保佑安康、光宗耀祖。家境一般的唱一天一夜,家境好的要唱七天七夜。但是在"文化大革命"期间,这个唱傩戏的传统习俗悄然停止。其他如苗族丧葬仪式中复述的"指路经"、布依族丧葬仪式中吟唱的"古谢经",彝族丧葬仪式中为亡灵超度等习俗都失去了活动舞台,其中包含的历史、科学等知识也一并被尘封。

从理论上讲,少数民族村寨文化确实有科学和迷信、精华与糟粕之分。但是,科学和迷信、精华与糟粕杂糅在一起,是共生关系,事实上不可能将迷信和糟粕从整体之中彻底地剥离干净。巫师既驱鬼祛魔,也治病救人;既在宗教活动中散播迷信,也在迎神降魔的仪式中传播历史和传统。对于传统文化,现在

图 7-18　这是思南县思林土家族村寨传统木板房墙上用油漆书写的“毛主席语录”。诸如此类的政治印记在少数民族地区的村寨还有很多,它既是特定时代的产物,也深刻影响了村寨文化发展的轨迹。

最需要做的不是将“糟粕”“愚昧”剔除,而是要知道传统文化中哪些属于“糟粕”和“愚昧”。传统文化是历史文化,在今天看来必然存在愚昧与糟粕,但不能因为存在愚昧与糟粕便全然否定或排斥。因为在今天认为是愚昧与糟粕的东西,在过去却未必就是愚昧与糟粕。粗暴地将少数民族村寨传统文化一概否定显然是对传统文化的不尊重,空洞地高喊“取其精华去其糟粕”在现实中不具备可操作性,最好的办法则是提高村民的科学文化知识,使村民自己具备判断科学与迷信、精华与糟粕的能力。这样既不妨碍村寨传统文化的传承,也避免了愚昧与糟粕所产生的负面影响(图 7-19)。

第二,随意将村寨文化改造或嫁接的错误行为必须纠正。由政府安排村寨文化展示的时间和传统节日内容,将封闭性的活动公开化,把宗教文化世俗化,凭主观意志将各种文化事项随意组合,随意添加或删减文化内容,这种做法实在不妥。导致这种行为的内在动力有两种:一是出于政绩工程、形象工程的需要,只为取悦上级而忽略文化;二是对经济利益的强烈追逐,把改善村民的物质生活和实现经济增长作为决策的最高标准,只考虑眼前局部的利益而忽视长远的整体利益。前者是为村民考虑太少,后者是为村寨文化考虑太少。

村寨文化的传承必须以村寨为传承载体,以村民为传承主体;村寨不只是一个地缘空间,它是一个村民生活的综合体。只有村寨富有活力、村民生活幸福,村寨文化才具有生机。所以,在当下要实现村寨文化的传承,首先要解决村

图 7-19　少数民族村寨认为古树和人类一样具有生命和灵魂，村寨长老举行仪式祭祀古树以求寨宁人康。我们今天以所谓“科学”的观点可以视之为“迷信”，但他们在“万物有灵”观念的引导下，尊重古树的生命，因此实现了生态保护。

民的生计。固然贵州少数民族村寨的传统文化产生和形成于比较贫困的生活环境下，但在今后的文化传承中绝不能以村民生活贫困为代价。贵州各级党委政府有带领少数民族村民实现富裕生活的神圣职责，同时也有引领村寨文化发展和繁荣的使命。诸多事实已经表明，各级政府在改善村民物质生活方面从来没有缺位，只是在村寨文化保护与传承方面有时没有摆正自己的位置，没有将二者统一起来。在包括贵州在内的各地的乡村建设中，“千村一面”的形象工程并非个别现象，随意推倒重建或盲目大拆大建不在少数。有的大搞村容整治，修建马路，使一些乡土建筑原有的生态环境、历史风貌格局被肢解、破坏，甚至传统建筑主体也难逃厄运；有的在村寨修缮整治中将古建筑的墙体粉刷一新，真文物硬生生被修成假文物。[①] 在热火朝天的贵安新区（贵阳市至安顺市之间）建设工地，新区规划办总体上没有违背 2012 年国发 2 号文件精神，但对村民的传统生活习俗和民间信仰的一些细节考虑欠妥，在具体做规划时没有充分征求过村民意见。走进千村一面的村寨，村民也没有认真思考过住进上级规划的村寨中会给传统文化造成何种影响。在黔西县素朴村、遵义县三岔镇柏香村、铜仁市碧江区锦江岸边的多个村寨，村民搬入经过改造的新居，生产没有改变，在对新居的生活兴奋一段时间之后，逐渐感觉到新居给生产带来不便，回头

① 周乾松：《我国传统村落保护的现状问题与对策思考》，《中国建设报》，2013 年 1 月 29 日。

才发现原来的很多民俗正在消失。黎平县肇兴、雷山县西江、贵定县音寨、兴仁县万屯等村寨在政府统一安排下调整了产业结构,大力开发旅游,村民陶醉于生活水平的提高之中,很少去深刻思考村寨传统文化的归宿。贵州少数民族村寨富有个性,可是在发展规划中却被设计得千篇一律,而且尽可能使其坐落在交通线两侧目光能及之地,看上去外观靓丽。村民的居住条件诚然需要改善,他们需要宽敞、明亮、适用、符合生活习惯的居屋,但是一座座颇具规模、整齐划一的村寨坐落于交通线附近,当地政府和领导展示了村容村貌和政绩,却在传统文化保护与传承上留下了遗憾。

贵州少数民族还很贫困,自我发展的力量比较薄弱,政府在乡村经济建设中承担着重要责任。乡村建设包括多方面内容,“五位一体”的理念必须贯彻到各个环节。村民在乡村建设中不可能只简单地接受赐予,他们永远都是改变贫困面貌和创造幸福生活的主人。村民生活贫困而导致其村寨文化没有获得应有的话语权,导致其村寨文化的社会价值没有得到充分的体现,这不能成为被他者随意改造的理由,不该成为经济生活的附庸。

在民族文化的保护和开发中,政府握有公权,特别需要克服行为的盲目性和替代性,明确并合理使用权责显得非常重要。行政职能部门能较快地聚合社会的人力、财力解决实际问题,也可能会因此就代替村民作出决定。如黎平县侗族村寨开发中引进香港明德公司,从文化资源的归属来看,文化产权的主体应是村民,可是开发中却由政府的有关部门与外来公司谈判和签订合同,村寨并不作为主体列入开发单位,也不明确规定村民在开发中的权益,村寨主体权益实际上被政府取代。而引进来的外来公司开发的项目只是在村寨里设招待所、建立歌舞队来开展对外旅游服务,与村寨的文化生活没有直接关联互动,结果外来人们看到的“文化”不是地道的民族文化,是一种“伪民俗”。旅游开发脱离了现实背景,村民与外来公司之间存在权益矛盾,打击了村民参与旅游开发的积极性。这些问题的产生,既是政府干预的不合理,也反映出政府的权责缺乏科学规制,更暴露出决策过程中对当地村民的文化情感缺少尊重。公权部门如果没有摆正自己的位置,即便主观动机是为村民做好事,而客观效果却变成坏事。① 政府通过旅游吸引外力来发展经济,以此为契机来促进传统文化保护,而村民在文化传承上很有可能失去主体地位。

第三,对传统文化资源过度开发的做法亟待扭转。贵州这些年乡村经济快

① 刘宗碧:《我国少数民族文化传承机制的当代变迁及其因应问题——以黔东南苗族侗族为例》,《贵州民族研究》,2008 年第 3 期。

速发展，政府在其中发挥了决定性作用。但是在看到成绩的同时，还应该正视存在的问题：正因为少数民族村寨太贫困，相关职能部门把着力点放在了解决贫困问题上，对传统文化的保护和传承力度就显得不够，甚至过度地开发传统文化资源。正因为少数民族村寨在经济发展上对党政部门依赖性很强，管理者在推动乡村经济建设时担负了主要责任，进而在文化建设上出现角色错位，忽视了村民才是村寨文化保护和传承的主体。

过度地开发村寨文化资源，突出表现为把所有的村寨文化都变成消费品，“把古迹当景点，把遗产当卖点”，将传统村寨当成政府发展经济或赚钱的资本，甚至将传统村寨视为政府可以变卖的家当。现在普遍存在一个现象：只要传统文化保存稍好一点的村寨，只要少数民族分布比较集中的村寨，都热衷于旅游规划，极力将本地的文化转化成吸引游客的旅游资源。例如，贵阳的多家旅游规划公司近几年承接的大部分业务都是给少数民族乡村做旅游规划报告和组织旅游规划论证。当地基层政府急于将村寨文化打造成产品加以销售，甚至有些基层政府认为，当地的文化资源没有变成消费资本就是自己的工作无作为。在所有获得“最具魅力村寨”称号的地方，无一不把旅游作为发展经济的首选，无一不把传统村寨文化打造成旅游产品，无一不对民风民俗进行华丽包装。在对贵安新区少数民族村寨的调查中，每一个村寨都把发展文化旅游作为今后工作的中心，从上级部门到村委会都在抓紧搜寻村寨中的文化亮点，谋划打造文化产品。在将地方文化打造成产品的过程中，改造村寨文化成为重要手段：或者对传统的民族歌舞、服饰、建筑等进行包装，增加时尚元素，突出视听感官冲击力；或将几种文化事象串联、拼接、组合，使之集中、聚合，如原本在田间、场坝穿着便装三五成群合唱的侗族大歌被包装成鼓楼中的盛装高歌形式，又如苗族在生活中的民歌和芦笙舞并非一定要组合，但经包装之后便队列整齐，载歌载舞；或将传统文化呈现的时间、地点、环境、对象等作调整，由生活变成表演，由自己享有变成供别人消费。

当代中国社会正处在申报世界文化遗产名录的热潮中，各级政府仿佛在开展一场“申遗竞赛”。种种迹象表明，热衷于“申遗”却并非为了保护文化遗产，而是为了借助获得的申遗名录提高知名度，从而将进入申遗名录的文化遗产转化成旅游产品，将拥有的文化遗产资源作为旅游营销的卖点。沉睡数百年的建筑、保存若干代的服饰顿时被包装得光彩夺目，村民习以为常的民族民间歌舞、音乐、戏剧等被改造得似是而非。建筑的首要功能本来是供人居住，在居住的过程中就难免有损毁和修补。服饰的第一功能就是供人穿戴，它总是和穿戴者的生产生活相适应。可是,改造后的建筑和服饰抹去了居住者和穿戴者的差异,看不到时间留下的印迹,宛如同一个工厂复制的产品。民间表演艺术类非物质文化遗产经过一番运作之后,摇身变成演出的节目,被当地旅游经济所绑架。西江苗寨在2008年之前没有广场,如今把台江县的板凳舞、剑河县的木鼓舞、丹寨县的锦鸡舞都集中到了新修的舞台上表演,并且同一个表演者在不同的舞蹈中时而穿长裙,时而着超短裙。原本只在迎客进寨或席间劝客痛饮时才唱的敬酒歌、只在游方坡恋爱时才对唱的情歌、只在祭祖时才唱的古歌,全都搬上了舞台。村寨自然形成的文化空间,如鼓楼、踩歌堂、花坡、游方坡、戏楼等正在受挤压,而"文化精英"精心设计和组织的广场、舞台、传习所等所谓的文化空间越来越多,人为构建的文化空间已成为都市民俗活动的一种常见现象。在雷山西江舞台上,在剑河县仰阿莎广场中,在黎平肇兴的鼓楼里看到的都是文艺表演,而非村寨文化。遵义平正村建起了壮观的广场,对外宣称是仡佬族文化景观,而当地村民说这完全是政府的意思,他们不知道这到底和自己的生活有什么关系(图7-20)。

第四,村民在文化传承中的主体地位必须确立,公权部门在介入时务必保持谨慎,切忌出现角色错位。如果对自己的角色定位不准,就有可能干预村寨文化的内容和传承关系,直接导致村寨文化传播主体和传播空间错位。例如,村寨的祭祖活动,它本是一种群体行为,在特定的时间和空间开展,参与者受到严格限制,活动程序按照习俗规范进行。可是,在实际操作中,有些部门和领导跃居前台主持,有些在后台充当导演,改变了祭祖活动的行为主体,调整了祭祖活动的内容、程序、时间和空间。结果,把村民祭祀自己祖先的神圣仪式变成了政府与地方精英主导下的民俗表演,使祭祖仪式成为悬置于群体之上的文化重

图7-20　左图为西江广场上表演的经过改编的丹寨雅灰锦鸡舞;右图为"中国仡佬第一乡"遵义县平正村文化广场。

构活动。在传统的祭祖活动中,有主祭者和参与者,主祭者在村寨中自然产生,参与者对所祭祀的祖先满怀虔诚。可是有些公权部门用“政治权力”“经济权力”或“文化权力”取代村民群体的话语权并深度介入,导致村寨文化代表与被代表之间形成不对等的阶层身份关系,村民从日常生活中的文化传承主体转变成了文化表演的演员,村寨传统文化的继承者转变成了公权部门构建文化的演练者。表面上村民一直活跃在村寨文化传承的舞台上,而实际上他们过去是自己走上舞台,今天有些时候是被安排到舞台上;过去整个村寨都是舞台,村民都是文化的表现者,没有看客,而今天他们有时候只在被构建的舞台上表演,或在一旁做一个看客。

将公权部门和村民、过去和现在做一番对比,无意于贬损权力部门在村寨文化传承中的作用。这是因为少数民族村寨从一个自组织的文化单元已经发展成了行政管理的基层单位,从自在状态的文化传承发展成了深受外部各种文化冲击的生活单元,党政部门在对村寨进行行政管理和经济建设中不可能不对其文化产生影响,村寨仅靠自在传承不可能保全其传统文化的内容。党政部门从社会管理的前台越位到村寨文化传承的前台,从推动村寨经济建设的主体转变成文化保护的重要成员,这种角色关系的错位在很多时候是不自觉地发生的。一旦权力机关角色错位,就可能导致在村寨文化保护与传承活动中出现管理者与村民不对等的身份关系,决策者精心组织的某些活动、精心打造的文化空间、精心制作的文化产品就会对传统文化造成伤害。而“一旦失去官方的财力、物力乃至社会资源的支持,这种活动的持续性必然难以为继,生产的民族知识也难以整合到群体记忆之中”①。

因此,各级政府在村寨文化的传承和建设中,只有融入村寨,理解村民的情感,准确把握村寨文化的现状和发展方向,同时又跳出村寨去理性客观地认识村寨文化的历史意义和当代价值,用不同于村民的眼光看待村寨和村寨文化,才能对村寨文化作出科学的保护和发展规划。只有把村寨传统文化放在历史、当下和未来,放在村寨、中国和世界,放在村寨生活、中国社会和世界潮流的坐标中,动态、宏观、科学地审视,才能作出正确的评价。公权部门的作用不是参与到具体的文化传承活动中去做一个传承人,不能越位,也不能错位。

现在,党政部门及决策者、管理者在向基层宣传中央关于文化保护的政策时,在具体的实践中,自身对文化价值的理解更加深刻,对少数民族村寨文化的

① 杜芳娟,陈晓亮,朱竑:《民族文化重构实践中的身份与地方认同——仡佬族祭祖活动案例》,《地理科学》,2011 年第 12 期。

认识更加全面,对公权的运用更加规范。众多事实证明,现在贵州少数民族村寨文化的保护工作比以前做得更细致和科学,公权越位或错位的现象明显减少。公权部门作为村寨文化保护的参与者、协调者、联络员,其积极作用正在彰显。

第四节　民间力量传承村寨文化的动力

民间组织或社会团体对贵州少数民族村寨文化的传承,应该是近几十年才出现的事情。在很早的时候就有集体力量修桥,建屋,立碑记录、讲述神话、介绍村规民约的文化现象,但严格说来传承者不是民间组织或社会团体,主要是家族、村寨联盟或者寨老、族长。据说在清代就出现了土家族、布依族的傩戏班子,侗戏表演的班子和歌队,很多村寨出现舞龙队或舞狮队。其实他们只是一种很松散的组织或临时性的聚合,自我娱乐和提供娱乐才是其主要目的。有些商帮、行会也发挥了文化传承的作用,但他们的文化传承只是客观结果而非主观愿望。新中国成立后,民族平等的观念真正确立,弘扬少数民族优秀文化的思想上升为国家政策之后,少数民族文化的保护传承才成为自觉行动,而从组织形态看,剧团、学校、文物保护机构都是公有制的国家机关或事业单位。进入20世纪80年代,党和国家的正式文件中明确了“社会主义公有制经济为主体、多种经济成分并存”的经济制度,很多民营机构和民间组织相继参与到文化保护和建设中来,贵州少数民族村寨文化的传承中增添了另一种力量。2013年,时任国家文物局局长励小捷在考察贵州村寨保护工作时,对贵州吸引社会力量参与村寨保护的做法给予了正面评价,认为贵州坚持开放的理念,向社会开放,向体制外开放,吸引各方面的力量关注和支持传统村落的保护和利用的做法是可取的、有效的。[①]

一、驱动力:智慧和资金

文化起源于实践,形成于生产生活之中,少数民族村寨文化的主体是当地

---

① 周静:《从文化发动到文化自觉——贵州文化遗产保护之旅》,《贵州日报》,2013年6月7日。

的村民,村民理当是文化传承的根本力量。但是,在我国当前却普遍存在一种现象:首先提出对地域性少数民族传统文化加以保护的不是少数民族村民,而往往是少数民族村寨之外的“他者”。最早的倡议者和呼吁者多是文化学者,最初的保护是以外部力量的置入为主要形式。现在传统文化保存很好的村寨几乎都不只靠村民自己的力量,“他者”为此提供了物质援助和保护方案。

(一)民间力量可以用多种方式参与村寨文化传承

贵州少数民族村民现在对自己的民族文化还缺乏自觉意识,他们所享有的区域性文化仍处在主流文化的边缘,而经济发展的滞后又导致村民自认为其文化也处于弱势。他们在经济实力上不具备足够的话语地位,因此在文化上缺少充分的自信。因为地处边远,在发展上处于弱势,因此对自己文化发展的价值和面临的危机往往缺乏自觉性的认识,同时也缺乏独立保护和开发的能力。

绝大多数贵州少数民族村寨直到进入21世纪还处在深度贫困之中,他们的文化保存得比较完好主要是因为地处边远、生活封闭、社会结构没有发生重大变化,而并非当地的村民对传统文化有自觉的保护意识。现在国家提出2020年全面进入小康社会,正在大力开展工业化、城镇化和农业现代化的“三化同步”建设,贵州少数民族必须改变贫困面貌,必将改变封闭的生活环境。可是,少数民族村寨当前还不具备自力更生走向富裕的能力,还没有保护本地区传统文化的“主体自觉”意识,也没有形成文化保护与传承的能力,因此“他者”必然是驱动村寨经济发展、社会文明进步、文化传承的重要力量。“他者”不只是各级政府,还包括一切有志于推动社会全面发展、促进各民族共同进步的团体、组织和个人。

事实上,分布于贵州广大地区的少数民族村寨的自然条件、经济发展水平、文化特色不尽相同,单靠政府的力量,使用统一的经济发展模式,采取统一的文化保护措施不可能从根本上解决问题。现在,国家提倡社会力量参与扶贫工作和文化建设,民间力量也有志于参加各项社会建设。从目前贵州文化建设的民间力量来看,他们为保护和传承少数民族文化做了大量工作,采取的措施各不相同。

其一,做文化保护的公益事业。例如,联合国教科文组织、国内一些慈善机构和民营企业无偿提供物资,帮助少数民族村寨的妇女、儿童、残障人士提高生活水平或文化教育水平。虽然他们做的不是直接的村寨文化保护和传承工作,但这些工作为传统文化传承奠定了物质基础和文化基础,深化了村民对村寨文化的认识。现在,贵州贫困地区除了由国家政策安排的沿海发达地区地方政府对口帮扶之外,还有很多企业也给予了无偿援助,如建希望小学、爱心医院、敬老院等,这些善举都间接地推动了村寨文化保护和传承工作。另外,有些民间组织或个人建立民族文化生态保护区、民族文化生态博物馆、民族文化传习所等项目,积极对少数民族文化环境、物质文化和非物质文化项目投入保护经费,采取保护措施,直接把传统文化保护作为经费投入的目标。尽管有些人指出,建立的民族生态博物馆束缚了所在村寨的发展,也抗拒不了外面的冲击,不可能使村寨文化得到根本保护;将物质文化送进博物馆,导致物质文化离开了它赖以生存的环境;开办文化传习所,非物质文化缺少了生活气息;建立学校、医院只能解决个别村寨一部分人的文化教育和身体病痛问题,没有从整体上和根本上实现对文化的保护。但是,这种指责或看法未免过于苛刻。

民间组织对村寨的帮扶出于公益目的,大多不计较自己的得失,对帮扶对象具有爱心,并保持着应有的尊重。只是由于他们通常把注意力集中在改变乡村的贫困现状上,绝大多数措施都围绕着温饱、健康等生存以及基础教育问题,难免对村寨文化保护和传承有所忽略,对帮扶过程中损害传统文化的事情没有引起充分注意。另外,出于公益动机帮扶的村寨几乎都处于深度贫困,村民最需要的就是改善生存环境和生活水平。村民不仅现代教育落后,而且对传统文化保护缺少自觉性,对帮扶措施提不出具有参考价值的意见,这也会影响民间组织在文化保护方面的力度和效果。

正因为民间组织在公益动机下的帮扶没有强烈的私欲,其对传统村寨文化的伤害是不自觉的,只要有人提醒其帮扶措施要充分考虑村寨文化保护,他们通常都能虚心接受;一旦发现存在损害传统文化的问题,就会真心纠正。公益动机帮扶的村寨生存环境大多恶劣,传统文化也大多脆弱,帮扶者在改善村民生活的同时,显著地改变了村落的生存环境、生活方式和文化面貌,村民在摆脱贫困之时,只要对村寨传统文化稍加重视,就能收到成效。

对于民营组织或有志于文化保护的爱心人士所做的这一切,首先应客观评价其实际效果。谁都不能否认,在建立了民族文化生态博物馆的村寨,传统文化流失的速度要慢一些,程度更轻一些。这些村寨并没有限制村民的发展,而是在选择更适合民族文化保护的发展之路。固然有些物质文化被搬进博物馆后离开了它的“生境”,但是它不进博物馆,将会是什么样的结局呢?在学校或传习所传承确实不如生活中的传承那么生动和富有情趣,但肯定比不传承好得多,毕竟得到了传承。民间力量无偿地为民族文化保护与传承所做的公益事业,固然有些方法还有待在今后的实践中改进,他们也没有能力单独完成文化保护与传承的使命,但是贵州需要这股力量,与其求全责备,不如共同参与。

其二,投入文化产业,推动文化事业。文化产业已经成了中国当今优先发展的方向,特别是中共十七届六中全会专题研究文化大发展和大繁荣之后,很多学术机构、文化协会、企业出于对民间文化的热爱和对传统文化的尊重,自觉地把眼光投向了少数民族地区和传统文化。学术机构和文化协会对村寨文化保护最常见的方式就是通过学术研究提炼文化内涵,通过宣传报道扩大社会影响,通过实地调查制订保护规划,通过资助建立文化保护区或博物馆。企业在村落文化保护方面,一种方式是把民间银匠组织起来,或者把熟稔蜡染刺绣工艺的妇女集中起来,按照传统的生产流程和方式制造产品,由企业给这些从事传统技艺的村民支付工资。如丹寨县宁航蜡染公司,其员工全部来自农村,有多位"非遗"传承的一级技师。公司购买布料、蜡染材料,提供厂房和机器,统一安排食宿,员工按照自己的构思自由地创作,生产的产品为公司所有,企业综合考虑员工提供的产品数量和表现的技艺支付报酬。村民的创造力不受约束,还能够在一起互相学习。以前这些村民在家里点蜡、印染、缝纫,基本上只是做一些床单和衣服供家庭使用,很少用来出售,现在还制作桌套、沙发套、手机袋、手提包、墙画等,满足不同人群的需求。她们把苗族蜡染最核心的工艺和人文价值保存了下来,还进一步发展。员工不仅感受到了传统技艺可以转化成商品赚钱谋生,还努力在传统的基础上大胆创新,增强了技艺传承的意识。很多中学生和大学生利用假期到这里学习,从而扩大了技艺传承的范围,也输入了产品设计的新理念。拥有传统蜡染技艺的村民为公司创造财富,她们也通过公司将传统技艺转变成财富。作为蜡染传承人,首先是传承技艺,然后才是通过技艺表现民族文化。另一种方式是采取"公司+农户"的生产模式,或者由公司提供材料,村民在家中生产,产品由公司统一收购;或者村民按照公司的要求,用自己的原材料进行生产,公司根据产品的质量和数量支付工资。前者如丹寨县卡拉村的鸟笼生产(图7-21),后者如丹寨县石桥的纸业生产。此外,如贞丰黑陶生产、平塘牙舟陶生产、赤水竹器生产等都采取了"公司+农户"的模式,公司对产品形制提出要求而不干涉产品制作工艺,使村寨传统技艺得以发扬光大。这种经营模式最大的优点是村民不脱离家庭,不改变原来的村寨人际关系,只是把原来的自产自用或自产自销改变为统购统销。

其三,在经营旅游业的同时,致力于文化传承。不可能要求所有的民间组织都无偿地为贫困乡村作贡献,也不可能指望所有的民间组织都把精力投入村

图 7-21　现在新农村建设正在改变少数民族村寨的产业结构和经营模式。丹寨县卡拉村苗族村民虽然没有放弃农业生产，但是以前只作为民间技艺的鸟笼编织如今成了主业，在“公司＋农户”的运作模式中，鸟笼编织技艺得到发扬光大，传统习俗没有受到严重冲击。

寨文化保护与建设。很多民间组织在寻找一条与村寨互惠互利的发展道路，实现共同富裕。为了达到这个目标，乡村旅游业成为很多民间组织的首选。

民间组织希望和乡村互利互惠，源于对财富的追求，因为他们从村寨文化中看到了市场前景。目前互惠互利的乡村旅游有几种模式：一是民营企业承包某个村寨的旅游经营权，按照合同给村寨缴纳一定的钱款。企业在村寨中发展旅游业，村民可以在该公司打工，或者从事小商品经营，或者从事餐饮服务，或者按照公司的要求表演歌舞和民间习俗。一切旅游活动由该公司承揽，从村寨的景观设计到旅游事项都由该公司确定。公司借助村寨中的民族文化资源开发旅游，村寨中的民族文化资源由公司支配。二是民间组织在村寨中成立歌舞队，该歌舞队既在本村寨的旅游项目中完成表演任务，还要按照组织的安排到其他地方从事商业演出，歌舞队的成员属于该组织的员工，每月领取酬劳。三是民营公司不直接进入村寨，但要村寨承诺不破坏原有的环境和不改变原有的生活方式。公司利用村寨的环境和村民的生活方式作为经营旅游业的重要卖点；另外，在村寨附近新建商业街市或休闲娱乐场所，把在村寨旅游的客人吸引到商业街市或休闲娱乐场所去消费。前两种形式在贵州盛行，第三种形式尚在探索之中。这些互惠互利的旅游模式充分注意到了村寨文化的真实性、完整性和原生性，村民可以继续原来的生活，如贵阳市花溪区青岩镇的青岩堡旅游度假村。

(二)民间力量可以从多方面为村寨文化传承服务

民间力量用以上三种方式在贵州开展的文化建设,都有可能成为推动贵州少数民族村寨文化传承的重要力量。无论民间力量组织的文化活动是无偿的还是有偿的,对贵州少数民族村寨文化的保护是直接的还是间接的,它都能让村民的文化素质得到提升,使村民感受到其传统文化在当代仍具有价值,能激发村民传承村寨文化的热情,并使一些文化空间、物质文化、非物质文化得到保护。尽管有些措施还不尽如人意,但总有一些措施行之有效;即便有些组织或个人产生破坏性影响,也能够使我们从中得到思考和警示。

村寨的建筑、服饰、桥梁以及传统的生产生活用具在村寨旅游中不是像手工艺品那样在进行直接交换,游客不全是为了购买手工艺品才到村寨旅游,其到村寨旅游的主要目的是欣赏建筑、服饰、桥梁以及传统的生产生活用具等。建筑、服饰、桥梁以及传统的生产生活用具等物质文化因为参与到现代生产生活之中而焕发出新的生机,展示着文化魅力。如果把整个村寨看成一个旅游文化产品,那么村寨的传统民间文学、歌舞、曲艺其实在村寨文化旅游中是不可或缺的内容,是村寨旅游产品的重要组成部分。而且,村寨的传统民间文学、歌舞、曲艺等非物质文化参与到“生产”之中,保持了旺盛的生命力。反之,如果民间文学只在几个村寨老人中讲述,传统音乐和曲艺只有几个村民把玩,那么其消亡就是必然的。

在少数民族村寨经营旅游业需要注意的是,并非所有的文化遗产一定都要变成商品供他人消费,而是一定要使之参与其中。例如,具有传承封闭性的神圣祭祖活动、驱鬼祛魔的宗教活动等,它一旦公开化和变成表演就完全失去了其文化意义。但是,它存在于村民的生活之中,是村寨文化的重要组成部分,它无形中提升着村寨的影响力,因此它也就间接地参与了村寨经营的旅游文化产品生产。在贵州少数民族地区,一个没有祭祖活动和突出的民间信仰的村寨,它的文化传承渠道显然就少,其文化内涵显然就显得单薄,其传统工艺产品分明缺少了文化的厚重感。传统技艺在生产中保护,而采用传统技艺生产的产品,其价值通常在技艺之外,凝结的是产品生产者的文化。现在的乡村旅游或文化旅游,游客不仅到田园呼吸新鲜空气,拥抱大自然,还想走进乡野放松心情,领略一种不同于都市的文化。一段民间文学、一首乡村音乐、一折传统的曲艺往往会使游客对村寨的认识更全面,对生活的感悟更深刻。整个村寨就是一个综合的文化产品,它的价值不只体现为几道传统饮食、几件传统工艺品,还包括直观的自然景色和许多无形的文化事项。民间力量保护贵州村寨的自然景观和传统建筑,这些自然景观和传统建筑参与了乡村旅游产品的生产。民间力量对贵州少数民族村寨自然景观和传统建筑采取的保护措施,其实也是一种生产性保护。同样,民间力量组织的村寨歌舞队传承歌舞的活动,成了乡村旅游中的一项重要内容。歌舞队其实也在从事着生产性活动,歌舞队传承的是传统音乐、舞蹈和曲艺,也使村寨中的民间文学得到展示。

经营少数民族乡村旅游业固然要借助良好的生态环境作为资本,但更多的是利用村寨文化。良好的村寨生态环境是大自然的恩赐,也是村寨文化的杰作。所以,经营少数民族乡村旅游业其实就是从事文化产品生产。民间力量对少数民族村寨旅游资源的开发利用,能够产生对村寨文化保护和传承的驱动作用。这是因为,生态旅游者认同民族村寨文化的旅游资源的价值,使村民充分认识到自己民族文化的旅游价值和经济价值,从而找到了文化保护的经济动力,并进一步催生对本民族文化的自豪感,为民族文化传承提供社会文化动力。[①] 很多人对雷山郎德上寨作过深入调研,认为民间力量介入,完善了村寨人居环境,发掘了村寨人文资源,在旅游开发中使当地村民对本民族传统文化有了整体性的重新认识,民族意识增强,民族认同强化,传统优良价值观得以发扬,传统物质文化也得到了保护。[②]

今天,我们可以指出民间力量在贵州少数民族村寨的文化产业活动中存在许多不足,其实我们同样能够看到民间力量对贵州少数民族传统文化保护和传承发挥的积极作用。即使传统村寨中有历史悠久的建筑和古老的民族风俗可供消费,但是把它变成可供消费的文化产品还需要一些驱动力,而民间力量便是其中十分活跃的驱动力。村寨即使有丰富的、历史悠久的文化遗产,即使已经被列入“传统村落”“最具魅力的民族村寨”等名录,但它毕竟不是被保护的“文物”,而是村民生产生活的社区,是构成社会的最基本单位。作为村民生活的社区,这里的一切物质文化和非物质文化都应为村民的生活服务,而不可能和被保护的“文保”一样处理。村寨文化的前途与村民的生活改善、村寨的发展休戚与共,对传统村寨以及村寨文化的保护不应违背社会发展的大方向,采取完全“复古式”的保护方式,而应该兼顾传统文化传承与村寨经济发展。

---

① 岳坤:《旅游与传统文化的现代生存 以泸沽湖畔落水下村为例》,《民俗研究》,2003年第4期。

② 高婕:《民族旅游发展背景下的民族文化变迁与保护研究》,华中农业大学硕士论文,2009年。

村民生活在村寨中,有发展生产和选择生活的权力,可以改造居住环境,可以接收外部文化,可以走出去。所以,单靠政府的行政命令不可能实现村寨文化保护,单靠村民对自己的文化理解不可能实现村寨传统文化的传承,民间力量的引入就成了村寨文化保护与传承的柔性手段。在政府的引导下,民间组织或个人利用村寨传统文化进行旅游开发或与村民共同建立文化产品生产合作社、创办各种类型的“非遗”传承基地等,可以实现经济发展与传统文化保护的协调一致。通过旅游开发吸引投资,对改善村寨的基础设施和环境卫生状况提供支撑,可以使村寨风貌更加整洁、和谐、美观;通过旅游开发刺激经济效益,可以激发村民对古建筑、传统文化的保护意识,增强村民对本村传统文化的自豪感,从而为村寨营造有利的公共文化空间,促进村落治理。①

二、破坏力:自我利益与主观想象

因为民间组织只是参与者,无论出于何种动机参与村寨文化保护与建设,都有可能成为村寨文化传承的异己力量,哪怕主观动机单纯和充满善意,都有可能对村寨文化产生破坏力。更何况,为村寨建设注入资金的企业不可能都不考虑自己的利益,参与村寨保护的社会组织或学术机构不可能完全摆脱自己的文化倾向。

(一)改变村寨的自然环境有可能造成村寨文化空间被破坏

村寨文化既作用于自然环境,又受自然环境制约。少数民族村寨文化是地方性文化,和村寨环境密切相关。村寨文化是村寨中的物质文化、制度文化、精神文化等的总和,包括器物、行为、观念、情感等方面,而这一切都离不开自然环境。很多民间组织或个人为了帮助少数民族村寨脱贫致富,首先采取的便是修路架桥,改变村寨的封闭环境。村民非常需要这种帮助,政府部门也非常欢迎这种举措。而对村寨文化传承而言,它很可能造成负面影响。并不是说民间组织或个人不能这样做,更不是说村民就只能永远守着贫困,而是在村寨建设中要树立立体思维,要有长远眼光。人类求生存是第一需求,发展生产乃改善生存条件的第一举措。贵州少数民族村寨当下的第一要务就是脱贫致富,发展经济最为关键。因此,很多人形成了习惯思维和固定的行为模式,在帮助少数民族的时候只想到发展经济,或者在发展经济的时候不自觉地就忽视、淡化了其

① 吴理财等:《城镇化进程中传统村落的保护与发展研究:基于中西部五省的实证调查》,《社会主义研究》,2013 年第 4 期。

他方面，文化传承和文化建设没有得到足够的重视。而且在经济建设中都追求“利益最大化”原则，现在这个原则几乎泛滥到社会各个领域，做任何事情都想以最小的投入获取最大的回报，文化建设也不例外。然而，少数民族村寨的文化是在漫长的历史过程中形成的，与村寨的生态环境相适应，与村民的生活状态相一致。其历史固然悠久，内容非常丰富，但这种地方性的农耕文化在工业化、都市化的时尚文化面前显得非常脆弱。村寨自然环境的改变，很有可能就损伤了村寨文化的根系。所以，在发展村寨经济时要特别警惕伤及其文化血脉，在改善村寨生存环境的时候要避免破坏传统文化的生存系统，在帮助少数民族村寨发展经济、改善生活时还应该遵守“文化常道”。“文化建设特别不适宜‘大生产运动’。‘大动作’‘大手笔’貌似‘疾雷破山’‘飘风振海’，其结果可能是满目疮痍，惨不忍睹。”[①]政府也罢，民间组织或个人也罢，在推进少数民族村寨脱贫致富的时候不能急于求成，需要循序渐进，这样有助于少数民族村寨的山门在慢慢打开的过程中，让村民的心理有一个调试过程。西南民族大学民族研究院杨正文教授在分析雷山郎德上寨的保护模式时深有感触，他突出强调少数民族村寨发展一定要控制速度与规模：“渐进的、适度的发展是一种和谐、持续的发展，不要过度追求经济效益的增长。郎德25年来一直有增长，但步子并不太快，也因此遭到一些批评。但慢一点的发展对村寨生活的延续性可能更有好处，村民有机会去消化变迁带来的冲击和问题。”[②]自然环境不是村寨的附属物，村民祖祖辈辈生活在这个自然环境中，对自然环境要么选择利用，要么调适与改造，他们的文化包括对自然环境的认识，也是在这个自然环境中形成、发展、丰富和传承的。也许这个自然环境限制了村寨的发展，影响了村民生活水平的提高，但它已经和村寨文化之间建立了千丝万缕的联系。今天渐进、适度的发展就是将自然环境与村寨文化之间的联系慢慢拆解，而发展过快就会破坏村寨原来的自然环境，同时斩断了深植于自然环境之中的文化根系。在很多自然环境被明显改造的村寨，村民更多的是表现出一种对当下的无所适从和对未来的迷茫。

（二）改变村寨的产业结构有可能致使村寨传统文化受冲击

贵州少数民族村寨传统的产业结构往往很单一，这是其长期贫困的重要原因。因此，调整产业结构也就成为近几十年来贵州农村发展的方向和建设美丽

---

① 陈彦：《文化建设更应知常守道》，《人民日报》，2012年3月13日。

② 李丽：《文化村寨发展 可持续乡村旅游前沿思索》，《贵州日报》，2010年11月16日。

乡村的主要选项。保护和传承村寨文化固然不应该反对村寨产业结构调整,贫困乡村传统的单一产业结构很有必要调整。但是,在改变产业结构的同时,有些问题需要注意。其一,贵州少数民族村寨在经营传统的产业中形成了与之相关的文化,如种植文化、灌溉文化、饮食文化、服饰文化、工具文化等;其二,贵州少数民族村寨的生产仪式、节日时间和内容也与产业结构密切相关,如开秧门仪式、尝新节等。这都成为村寨文化的重要组成部分,不能因为产业结构调整而使其消失。所以,首先要注意的是对待传统产业结构的态度问题:传统的产业结构存在了很长时间,自有其存在的合理性,改变产业结构并不是放弃或否定原来的产业结构。其次,要重视新的产业结构的设置问题:注意新的产业和传统产业在文化上的关系,尽可能使两种产业文化相衔接,尽可能避免两种产业文化的矛盾冲突。例如,从江县小黄村、黎平县肇兴村、雷山县郎德上寨等都发展了旅游产业,而传统农业则被继续保持下来。尽管旅游产业的收入占了村民总收入的绝大部分,但是在村民的活动和观念中,旅游产业基本上是对传统农业的补充。村民的生活目前还没有从根本上受到旅游业的干扰,生活依然恬适,村寨依然恬静,村寨文化依然延续着传统。雷公山腹地的方祥乡众多村寨拥有宝贵的绿色自然资源,高寒的气候适应天麻、鱼腥草等中草药以及山野菜等经济作物的生长。当地采取"公司+农户"或农业合作社形式,建设返乡青年创业示范基地、新型农民创业示范基地、党群共建基地、冷凉蔬菜种植基地、雷公山原产地培育基地五个生态农业产业示范样板,大力培育雷公山天麻、黑毛香猪、雀鸟辣椒、山野菜等产品,产业效应已惠及全乡 7 个村、1 000 余农户,年产值在 2 000 万元以上。种植的这些作物都是村民熟悉的,只不过扩大了规模而已,没有改变村民的生活方式和村寨中的人际关系,村寨文化的核心部分未受到冲击。而有很多村寨基本上改变了传统的产业结构,完全从事茶园、果园、蔬菜、养殖或旅游经济,村寨的传统产业不复存在,村民的生活节奏发生了巨大变化。例如,原平坝区马场镇(今属贵安新区)场边村的布依族村寨,一百多户人家在自己的宅基地上重新建起了外观一样的住宅,全部是冲洗式卫生间,取消了圈养牲畜的建筑,2014 年仅剩下一头耕牛。已经有企业看中了这里发展乡村旅游的条件,"农家乐"已零星出现,村民或在家经营小商品销售,或在外跑运输,或在保洁公司打零工,传统的农业因土地征拨不复存在,和传统农耕相关的民俗被剥离出来。贵阳市花溪区湖潮乡的车田村苗族村寨也在经历着和场边村一样的遭遇,此地就在国家级风景区天河潭景区上游,一家企业在 2012 年以后便紧锣密鼓地和村委会磋商,拟将传统的农耕产业改变成旅游业,村民欣喜不已、翘首以盼。当问及传统农业生产消失后村寨文化的命运时，村民普遍感到茫然，似乎没有细想过，也好像不太在意。到2016年时，车田村已发生剧变，从村头到村尾布满“农家乐”，每逢周末则车水马龙，一片喧嚣。

（三）改变村寨的人文环境有可能导致村寨传统差序结构解体

传统村寨具有长期固定的地域范围和自然资源，并具有相对独立和完整的社会组织、管理制度、亲属关系、风俗习惯。贵州少数民族村寨彼此之间大多在地理空间上相对独立，有着各自的地域空间，而且村民的空间意识特别强，在历史上，即使采集、捕猎、砍伐林木都不会进入他人的村寨范围。每个村寨在自己的空间范围内进行住宅布局、森林管理、土地耕种和资源分配，其社会组织、人际关系、风俗习惯都和自然空间形成对应。例如，黔南荔波的茂兰青裤瑶就不同于瑶山白裤瑶，二者都有狩猎传统，但前者与森林的关系更密切，后者的耕作文化色彩更浓。同样是黔东南从事稻作的苗族，从江县加榜、加鸠的苗族梯田文化特色鲜明，而雷山县西江、陶尧等平旷之地的建筑更集中，两地对农作物的管理方式和水资源的分配方式也就不一样。民间组织或个人是以他者身份进入村寨的，会习惯性地用他者的眼光看待村寨的布局，并用他者的思维对村民的生活方式加以改造。例如，拓宽村民门前的场坝，硬化连接各个家庭的泥泞小道，调整楼下关牲畜而楼上住人的吊脚楼住房布局，转移房前屋后的小块菜地，把房顶上的杉树皮或茅草改换成青瓦或水泥板。这一系列措施使村寨变得更加干净、整洁、亮堂，使村民居住更舒适，出行更方便，也使村寨文化发生微调。但是，有一些措施就未必妥当，如在村寨中额外增添人文景观。黔北务川仡佬族村寨竖起“九天母石”图腾柱，黔东南苗族村寨立起了蝴蝶妈妈图腾，有些村寨准备建立蚩尤神像，还有些没有鼓楼的侗族村寨也建起了鼓楼，西江苗寨开辟了广场并架起了一座横跨寨前河流之上的风雨桥，肇兴侗寨增加了一个大水塘，贵阳市花溪区湖潮乡车田村河边辟出一块空地建立观景台和戏台。这些人文景观不是村民对外部文化的自觉吸收或迫切需要，而是外部力量将不属于村寨的文化硬性植入，造成了差序结构的混乱，和谐的村寨社会秩序遭到破坏。村民被动接受这些景观，传统村寨文化被迫对异己力量妥协。

在传统村寨，村民在属于自己的地理空间中按照差序布置着建筑、山林和田土。正像费孝通所言，家庭扩大之后就会出现分裂而形成家族，家庭的核心成员居住在原来的地方，其他成员分裂出去之后围绕原来的家庭建立新居，形成新的家庭。当新的家庭扩大后，同样会在其周围再建立新的家庭。家庭因扩大而分裂,分裂后的各成员建立的家庭再度壮大而又分裂。贵州少数民族的很多村寨就是这样形成的,它们在建筑布局上也因此呈现出差序格局。家庭分裂会带来财产分配和山林、田土的分配,新的家庭也可能会在住房、山林、田土等方面进一步增加或再度重新分配,因此山林、田土的空间也表现为差序格局。而这一切,其实是人际关系的差序格局,村寨之中有血缘的亲疏差序、辈分差序,进而在敬祖仪式、人际交往、社会管理上也存在差序。村寨的和谐以差序格局为基础,村寨文化处处包含着差序内涵。村寨的差序结构制约着人文环境,村寨的人文环境反映着差序结构。当外部力量改变人文环境之后,就造成了差序结构出现混乱,和谐的村寨社会秩序变得无序。另外,外部力量的进入也意味着非本村寨的其他人员进入,原来的村寨地理边界在一定程度上失去了意义;而且,这些进入村寨的人们并不遵循也不适用于村寨之中原有的血缘亲疏差序和辈分差序,村寨的文化面貌因人文环境的改变而改变了。

(四)新角色的出现有可能凭借经济实力重新建构村寨文化

世界上任何一个民族的文化都把它自己的影像印在人类身上。村寨文化植根于村寨的土壤,打上区域性烙印,它的内涵由一代代村民积累,由时间和生活环境构筑出其结构,在其结构中反映着历史演进的轨迹和环境特征。民间力量在中国社会主义市场经济时代进入贵州少数民族村寨,而在市场经济的环境中,包括文化产品在内的一切生产都追求“价值”。民间组织或个人在贵州少数民族村寨出资,“他们大多从市场观念出发,紧盯投资的回报与利润,从某种意义上讲,这是保护文化遗产的异己力量”①。民族村寨的传统文化在与现代文化对接中,有许多难以进行价值转型与提升,有很多不能进入市场谋取利润,而投资者总想把所有的传统文化都实现价值转型,都引入市场获取利润。村民由于自身的认知水平有限而缺少高度的文化自觉,由于受投资者的限制而失去了在村寨建设中的话语权,因此一部分村寨传统文化丧失了生存的领地。

为了让村寨传统文化与现代文化对接,实现其价值转换以获取利润,就会对村寨文化进行再建构。很多事实表明,历史上的村寨文化也存在着建构,主要有两种情形:一是社会变迁或者村寨中出现新情况而发生的建构,如明清时期汉族军队或普通移民占领了平坝、河谷一带的肥沃土地,少数民族转移到远离汉族居住区的边远山地,或者有些村寨因为火灾或泥石流等灾害而转移住

---

① 魏俊玲,朱明霞:《论中国传统文化的传承与保护》,《人民论坛》,2013 年第 21 期。

地,或因械斗、仇杀而导致村寨成员锐减等,都会对村寨文化再一次进行建构。二是另一种不同类型的文化进入村寨,要么是另一种不同文化类型的人员进入(如通婚、经商),要么是另一种新的作物、生产技术或文化观念进入(如玉米、番薯等的引入,道教、佛教、基督教等的传播),也会催生村寨文化再建构。但是,不管属于哪一种情形,文化建构的主体是村民,基础是传统,过程是循序渐进的。而近年来,一些民间力量在开发传统村寨的时候,把发展少数民族村寨经济和提高村民生活水平放在了首位,没有把保护和传承少数民族村寨文化提上日程,更有甚者,主要是利用少数民族村寨的自然资源、文化资源、劳动力资源作为自己赚钱的工具,其文化建构缺少科学理论指导,缺少对作为文化主体的村民应有的尊重。有学者在研究中国传统村落文化保护与传承时发现,旅游开发公司对"乡土建筑的开发利用无序,维修质量粗糙低劣,随意改变原生态文化的真实性,甚至擅自进行迁建、移建,新建'仿古街''假遗存',严重破坏传统村落原真性文化特征和原生态自然环境"①。这种现象在贵州少数民族村寨并非个别,如平坝天龙屯堡的石墙石瓦全是新的,黎平肇兴侗寨的木窗木门全是一种颜色,红枫湖畔的布依族村寨从屋基到屋檐都是一种格调,兴义鲁屯的小街小巷找不到个性。

如果说这种建构破坏的还只是村寨文化的物质层面,这种建构的出现至少还可以说明原来村寨的建筑布局不合理、村寨设施太陈旧、村民生活不方便。那么,另一种建构则完全是为了追逐自己的利润而无视村民的情感和村寨文化,即把村寨文化视作自己用金钱购买的工具并像工具一样随意地组装、拆卸。在少数民族村寨,几乎随处都能看到对村寨民俗、信仰仪式的商业化包装,突破了对原有仪式的时间性、空间性和心灵的禁忌。无论是情侣之间的缠绵歌唱、驱邪禳灾活动中的念咒画符、扫寨时的巫师事神,还是出生仪式、婚嫁仪式、丧葬仪式,都可以成为天天上演的剧目。又如,在文化遗产项目申报中,在向游客讲述某个物质文化或非物质文化遗产时,作为原有文化持有者的村民对传统文化的阐释权与话语权被逐渐剥夺,仅成为被动的文化产出者。

完整的村寨文化包括物质文化、非物质文化和活态文化,它由"文化事象"和"文化情境"两个部分构成。文化事象是在特定的文化空间中形成的作为活态文化的"文本"部分,而和文化事象密切相关的所有其他因素,如村民的饮食起居、婚丧嫁娶、节日聚会、赶场贸易,表演的参与者、行为、时间、场合、功能、效

① 周乾松:《我国传统村落保护的现状问题与对策思考》,《中国建设报》,2013年1月29日。

果、社会背景、历史传统等即为“文化情境”。在市场经济作用下，文化被某些组织或个人作为一种产品，它已经像其他物质产品一样，被物化和商品化了。为了迎合市场，为了满足不同文化消费者的需求，传统文化被资本所有者不断地再建构。现在，文化旅游已经成为时尚，将少数民族村寨打造成文化旅游市场几乎成为少数民族村寨开发的基本模式，作为资源的少数民族地域文化遗产成为游客消费对象的命运似乎不可避免。最先进入旅游市场的是民族民间原生态歌舞的舞台化表演，如土家族摆手舞，侗族大歌，苗族飞歌、锦鸡舞、木鼓舞、板凳舞等从村寨走进剧院或广场。然后，是将村民的生活和生产活动舞台化，如恋爱方式、结婚场景、劳作场面、手工艺制作过程等被艺术化处理。最后，将肃穆的祭祀仪式、宗教活动等也改头换面，打造成文化产品，如苗族的鼓脏节、侗族的祭萨、土家族的祭土王、布依族的敬社神等封闭的活动过程被置于游客观赏的开放环境中。经营者对外宣称是展示原生态文化，其实少数民族村寨文化为了被展示已经被再一次建构，而且建构者不是村民，而是追求利润的资本运营者；文化活动不是遵循村寨文化自身的发展进程和内部结构进行，而是按照资本运营者自己的好恶和文化消费者的趣味进行。

村寨文化重新建构之后，原本只属于特定人群特定情境中的生活过程被展示给了公众，村寨变成巨大的商业舞台，活动于村寨的村民变成商业演出者。每逢苗族村民举行盛大的鼓脏节祭祖仪式之前，每年一度的侗族举行祭萨活动前夕，每次水族端节祭祖快要举行的时候，文化资本持有者总会不遗余力地开展媒体宣传，地方政府也很高兴玉成其事。更主要的是，还要把这样的活动做得好看，或变更活动地点，或调整活动时间，或特意夸张和省略活动环节。雷山苗年为祭祀男姓始祖姜央的妻子“仰妮”，祭祀“尤”公，故而称为“讷仰”。他们使用农历推算时间，以十月为岁首。十月岁首过头年，十一月过大年，十二月过末年。其传统的节日习俗是卯日象征旧年末日，打糍粑、吃糯米饭，衔接岁月；辰日象征新年开始，祭蝴蝶妈妈（羲和氏），祭姜央及其妻仰妮。每年阴历十月的第一个“兔”日送旧年，“龙”晨迎新年，为新一年的开始。“兔”日的前一天为“虎”日，村民认为虎克猪，这一天是杀猪的好日子，杀猪“吃刨汤”。第二天属“兔”日，村民用水泡好的糯米打糍粑。鸡叫时分已是“龙”日，当家的男人起床，煮饭、杀鸡，在自家神龛插香烧纸，以猪、鸡、鸭、鱼等肉食以及酒、糯米饭、糍粑祭祀祖宗和图腾神物，用钱纸贴在屋内的岩爹、岩妈、祖灵、保爷、门楣、炉灶、猪圈、牛圈、犁耙、碓磨以及村外的保爷桥、保爷凳、岩菩萨、保寨树等物上。有的还特别由一老一少带上纸钱、糯米饭摸黑出门祭果树。天蒙蒙亮时，姑娘和年轻媳妇起床后的第一件事就是登上木梯梳头,向上登三级,背朝楼外、面向楼板,向下将梳落下的头发细心捡起,捆好备用。主人在天还没亮时便做好"龙晨饭"(也叫"年早饭"),饭菜和酒全摆在火塘边铺着稻草的地上,不用桌子,餐具全是土陶乃至葫芦、蚌壳之类。当地老人说:"这样请祖先,满碗满仓。"苗寨新年第一天不能扫地、倒水,吃饭也不能泡汤、吹气。他们认为扫地、倒水会把财富送走,吃饭如果泡汤、吹气就会不吉利,新的一年将招致水冲毁田、土,山风吹倒庄稼。"龙"日是苗族同胞的大年初一,女性在这一天不做家务,早上起来在楼梯口梳头后即可用餐,保留着母系社会的遗风。房族兄弟的男人们串寨吃酒,相互祝福,共贺新年,也借此加强兄弟、寨邻之间的团结。"串寨"活动中男主人先到,待男主人祭祀祖先后,女主人随之参与,一起喝"串寨酒"。有木鼓铜鼓的村寨,还在下午举办醒(起)鼓仪式,敲鼓作乐。可是在今天,苗年的规模越办越盛大,古朴的文化成分越来越凋零。每年举全县之力组织过苗年,却是为了借传统节日文化打造旅游品牌。传统生活中的苗年没有观众,当地苗族同胞集体狂欢,节日期间的社区或村寨是所有村民狂欢的舞台,与神同乐或者与想象中的祖先共舞是所有子孙的权利。今天过年的时间由官方决定,看上去还保留着祭祖仪式,而实际上则由事先选好的两名祭师主持。摆齐祭品后,祭师开始念祭词、焚香、敬酒、喷酒。祭词祈祷结束后,祭祖队伍一齐拢来,齐呼先祖祈福。接着,锣鼓响起,芦笙齐鸣,活动进入高潮。神圣庄重的祭祖仪式被重新包装,被用来作为一种形象展示,被置于摄像机的镜头之下。民族节日活动被观众席重重包围,成了表演。

从以上简要描述中可以发现,在雷山苗族苗年的传统生活规程和一系列的祭祀仪式中,始终贯穿着民间宗教的超自然力量信仰与村寨生活的禁忌。村民通过各种祭祀仪式和生活程式在寻求一种超自然力量,借此消解现实生存状态的焦虑或满足内心对未来生活的期盼。表面上,生活禁忌和祭祀仪式看似神秘、怪异,与世俗生活相距甚远,但就其内在特质来说,它往往与村民日常生活中最基本的生存技能相关联。他们形成的禁忌和仪式,一切都关乎生计,指向生活。在村民的心目中,祖先和神灵就在他们身边,以其无所不能的法力和对生灵的眷顾,仁慈地保护着村落的安定与祥和。

围绕着村民的生活而形成的这一套节日禁忌和祭祀仪式,构成了村民的精神生活空间和基本的文化价值系统。它表现着生活世界和生存逻辑之间相互融合与匹配的关系,构成了村寨社会一套完整的生活与意义体系,即本土的或地方性的知识系统。这样的生活逻辑和意义体系以生存为基本取向,且表现为实体形态的祭祀仪式,也主要是作为生存技能而存在,其遵循的是一种生存的逻辑。在我们看来是知识理性,对村民而言则是工具理性。这样的逻辑体现在村寨生活的各个方面,在其生产活动、交换活动乃至处世哲学和价值观念中都有所体现,并由此形成整合的、基本自给自足的乡村生活世界。[①] 在整个活动中,繁缛的仪式一个接着一个,主祭者有条不紊、参与者按序进行。它浓缩着地方文化的总体社会现象,作为区域文化历史与现实的缩影,包含着生活在这种文化中的人如何理解自身所处的世界秩序和关系。"仪式中的象征器物及其程序,虽然是以一个共时的结构向我们展开,但在这个共时结构中,每一个因素都以象征的方式掩饰着一个古老历史的存在。繁杂表象下的种种仪规,是在漫长的历史中形成的。历史上的部落生活和传说、地理特点、狩猎游牧、农业、定居等不同的生活方式,支配着这些结构因素的形成和变化。"[②]

在苗年呈现的生活禁忌、祭祖仪式,村民对时间的理解和对空间的认识,饮食传达的意义,行为隐含的思想,这都不是一个人或一个时期凭借权力强行规定的,它是村寨在历史进程中几乎不可察觉地形成的,是这个特定空间的文化群体建构的节日文化,是特定的文化传统形成的节日文化。在这里,在此刻,时间和空间都有文化意义,行为和物品都成为一种象征。举行祭祀的人是村寨的成员,他们在祭祀中运用仪式并通过仪式使祭祀的村寨成员转换成了祭司。仪式经历了从世俗到神圣的过程,祭司是沟通世俗村寨和祖先、神灵的桥梁。村民参与了举行仪式的过程,而不是看客,他们在仪式中实现自己的目的,或祈求,或许愿,或感恩。村寨中的仪式是对传统文化的继承,是村寨文化的重要组成部分。现在由文化资本持有者、掌控者、收购者精心设计的仪式,展现给游客的经过包装的仪式则将本来具有特定时间和空间的文化事象置于开放的环境中,简化或者增添仪式中的道具、动作、环节,省略了传统仪式中的许多"前期准备"环节,融入了现代礼仪元素,追求视觉效果和感官刺激,使祭祖仪式具有较强的"观赏性",具有舞台化的"表演"性质。也许完成仪式的人还是村寨中举行仪式的村民,但他在本质上只是一个表演者;也许村民也在仪式现场,但他们此时只是看客。组织者举行的仪式有自己的目的,已经不是村寨的民俗,而是对传统仪式本来意义的一次重构。

---

① 侣传振:《村落仪式:乡村社会的结构与反结构:一项来自村庄祭祀仪式解读基础上的分析尝试》,《内蒙古社会科学》(汉文版),2009 年第 1 期。

② 黄适远:《仪式与变迁:从新疆哈萨克等族群"祭天仪式"的留存看阿尔泰语系萨满信仰的文化空间与样式》,《伊犁师范学院学报》(社会科学版),2013 年第 2 期。

贵州少数民族村寨目前在经济上还不富裕，本民族、本村寨之外的人们积极投入、扶持，他们是不可或缺的力量。但是，这绝不意味着少数民族村民可以置身于看客的位置，绝不意味着其他人可以喧宾夺主。文化总是在不断地建构，而建构不能离开生活，不能无视文化的拥有者和享用者。其他机构和团体可以为村寨文化建设提供资金援助，可以提供智力支撑，而村寨文化的保护和传承毕竟要靠村民主体的文化自觉行动。

民间力量参与少数民族地区开发，对于民族特色与内生文化现象鲜明的村寨具有很强的解构力。随着城市化和现代化进程进一步加快，更多旅游者从城市流向乡村，流向文化特征明显的少数民族村寨，他们在欣赏少数民族村寨文化，也在释放对地域文化的解构力。这种解构力来自三个方面：一是他们置身于村寨，改变着村寨的“熟人社会”环境，传统的人际关系形成的社会结构因他们的进入而出现紊乱。二是他们以他者的眼光在注视着村寨、村民和村寨的一切文化事象，村民原来的活动因他们奇异的眼光而改变了“场景”，村民在改变后的场景中“扮演”着不同于以往的角色，有意或无意地迎合他者。三是他们成为村寨旅游市场的驱动力，成为村寨文化的消费者，促成了村寨消费市场的形成，村寨文化成为消费品。中国传统村落专家委员会副主任委员曹昌智认为，利用自然文化资源发展生态旅游或文化旅游，这是传统村落谋求发展的一种选择。“发展旅游无可厚非，而且合理利用资源发展旅游，本身也是对资源的保护，但商业化不能超过合理的度。如果把资源当作摇钱树，一味追求经济效益，这就是一种破坏。”中国文联副主席冯骥才的话更是一针见血：“传统文化可以利用，但不是开发。”传统村落发展旅游不能一味追求收益的最大化，更不能为招徕游人任意编造和添加与村落历史文化无关的“景点”。[①] 民间力量不是不可以参与少数民族村寨的开发，而是要严格控制开发的内容，民族传统文化绝对不能开发。民间力量不是不能影响少数民族村寨的传统文化，而是要首先树立对待民族传统文化的科学态度和确立少数民族村民的文化主体地位。少数民族村寨不应被绑上经济发展的战车，绝对不能因此丧失民族文化传承的主阵地。民族文化不能被本村寨以外的任何力量以任何理由、任何方式“再建构”，不能被当成“异文化”的展示物（图7-22）。

用这样的原则审视贵州少数民族村寨的发展，就会发现很多民间组织或个人对贵州村寨文化正在形成破坏力。很多假景点、伪民俗正在大张旗鼓地兴

① 李佳霖：《传统村落每天消失100个 应避免空心化和过度商业化》，《中国文化报》，2013年3月28日。

图 7-22　岜沙苗族最有特色的传统舞蹈是芦笙舞，男人吹芦笙，女人同时起舞。而有些政府部门和民间组织觉得不“时尚”，于是由外地的舞蹈演员按照自己的意图编导，并教当地妇女跳，不明真相的游客以为这种再建构的舞蹈就是当地原生态的文化，当地村民也觉得再建构以后的舞蹈才更富有魅力。

起，很多封闭性的民间传统活动经过改编后正在堂而皇之地展示，很多歌舞改变了演唱的时间和地点，很多服饰穿错了场合和对象，很多节日和仪式违背了村民的初衷。自 20 世纪 90 年代以来，旅游者纷纷涌入贵州少数民族村寨，给传统封闭的村寨带来了财富，也给节日里各种神圣的禁忌和仪式造成强劲的冲击力。比如，历史上要在过节时才能通过一定的仪式请出的铜鼓，现在为了旅游者，可以随时表演、敲击。鼓脏节中最私密的、不让外人参与的仪式，变得交费即可观看。[①] 所有这一切，都有来自村寨之外的力量，而且这个力量是官方和民间、权力和经济利益的“合谋”。

但是，并不能因此就将村寨以外的力量全都排斥，把村寨作为一块禁地。事实上，在走向开放的时代，村寨没有能力抗拒外部力量的进入，外部力量的进入也对村寨建设和文化保护形成驱动力。并不是说面对来自村寨外部的力量，村寨文化传承与保护将一筹莫展，任由其发展。既然外部力量的进入不可避免，能够助推村寨经济发展和文化保护，那么正确引导与合理利用便是唯一选择。村寨文化与生活观念、生活方式、生活环境有着极高的关联度，既要充分利

① 余未人：《“祖灵”与贵州少数民族节日文化》，《民间文化论坛》，2011 年第 3 期。

用村寨传统文化为现实生活服务、为保护村寨环境服务,又要注意生活改变和环境变化对村寨文化的影响。村寨文化来自传统,但它总与现代社会生活融合在一起,因此要用平常心看待村寨文化的变化,用对历史文化的责任心呵护村寨的传统。村寨是村民居住的生活单元,是活态的,因此村寨文化也是活态文化,其传承应该是村民全面参与的活动,以村民共同体的集体意识为基础。对活态的村寨文化进行保护传承,显然既要尊重其内容和形式的变化——没有变化就不是"活态",又要重视其传统的内容和形式。保护传统村寨文化"不等于保护传统的文化形式,在实践中更需要注意结合当下社会生活和文化面貌的存在形态和演变脉络。文化传统并不是作为约束性的,而是我们自由选择与之发生关联的,不能固守形式,而要根据民众的需求和文化状态探寻传统文化与时代交融的文化理念和生活方式,在文化内涵中注入民族与国家主流意识形态,突出社会层面的现代内涵,加强对社会公共利益的关照"[①]。村寨文化对村民而言是适应性的文化,村民传承村寨文化出于工具理性,因此外部力量介入村寨且以实用性为传承动机的做法无可厚非,而且其实用性动机还可以为村寨文化保护与传承源源不断地输入动力,关键是实用性动机不能有违村寨文化本身的特点。村寨文化的特点决定了它"是一个具有时间惯习和空间阈限特点的概念,是一个动态系统中的相对静态部分,文化保护是一种基于文化认知的群体实践行为"[②]。对处于具体环境中的村民来说,村寨文化是"固有"的,不存在传统与非传统之分,村寨文化与自己的关系如影随形。而所有他者的文化保护行为都不可避免地会打上理论预设和先验的烙印,俨然将自己当成了村寨文化的救世主,村民被置于救赎者的地位。因此,村寨文化的未来需要外部力量的驱动,同时也要警惕外部力量产生的破坏力。村寨文化的生命力在村寨,村寨文化的未来要靠文化觉醒的村民来保护和传承。

---

① 关昕:《文化空间构建与传统节日保护》,《文化学刊》,2009 年第 5 期。

② 王俊:《彝族传统文化的传承与保护模式浅谈——以黔西北彝族村寨阿西里西为例》,《人民论坛》(中旬刊),2013 年第 8 期。

第八章

贵州少数民族村寨文化传承的原则和路径

在工业化、城镇化、信息化的浪潮中,以传统农业为基础的村寨文化今后将如何传承?不同的村寨、不同的文化内容、不同的传承者可能会有不同的传承手段——事实上也不可能只有一种传承模式。但是,总有一些共同的遵循,总要寻找切实可行的传承方法。

第一节　村寨文化传承应该坚持的原则

村寨文化是区域性文化,有着自己的内涵和特点。贵州少数民族村寨文化在中华民族文化大家族中既是一朵光彩夺目的鲜花,又在整个文化生态系统中面临着竞争,它不能离开这个文化生态系统,同时又在这个文化生态系统中并非处于优势。对这种区域性文化开展保护,既不能违背文化传承的基本规律,又要正视其特殊性。

一、活态传承原则

村寨文化必须坚持活态传承,这是由村寨文化的特质决定的。贵州少数民族村寨文化在今后的保护工作中,尤其要坚持活态传承原则。

(一)活态传承是村寨文化保护的必然选择

有些已经消失的文化,不得不将其留下的遗存陈列于博物馆,在玻璃橱窗中唤起瞻仰者悠远的遐思。有些文化,可以通过文字、影音记录转化为文字、声音、图像或视频,再现那段真实的情景,人们可以从中捕捉信息。而村寨文化是生活中的文化，是村民正在感受、体验、享用的文化，它的传承不是靠博物馆的橱窗，也不是靠文字、影音记录，而是靠村民的参与和生活实践。

第一，村寨文化的内涵和特性决定了其活态传承原则。

村寨中既有物质文化，又有非物质文化。村寨中的歌舞、技艺等非物质文化是活态的，建筑、器物等物质文化也是活态的。村寨建筑中的文化从来都没有凝固而是在时间长河中流淌着，村民生活于其中。因为风化、腐蚀、破损、剥落等原因，村寨建筑需要修复或加固，因为村民人口增加或减少和对其用途的改变等而使其发生变化。村寨中的许多生产工具和生活用具还在使用中，道路、桥梁、水利工程等设施还在发挥作用。

村寨既是村民创造的产物，又是村民赖以生存的空间。因为有村民的存在，村寨中的物质和空间焕发出文化生机；因为有村民的活动，村寨中才有了真正意义上的非物质文化。任何一个有历史的村寨，都一定有它自己的文化遗产和文化遗产传承的空间、机制和方式。

村民生活在村寨中，他们是村寨中物质文化的拥有者和保护者。所以，村寨中的物质文化不可能像博物馆的文物那样静态地陈列起来，而且陈列起来之后必将失去它本来的意义。村民是村寨非物质文化的表演者和传承者，村寨非物质文化的生命力存在于自己特定的空间，并按照自己特有的方式存在，空间转换或主体改变都会影响文化内涵。所以，它不能封存，也不适合移动。

然而，时代永远向前，社会永远在变化。思想随着时代变迁而转变，政治随社会变迁而调整。任何制度、政策的合理性都具有时代性，当时代变迁，制度和政策必然随之变革。正因为如此，村寨文化就不可能处于凝固状态，难免会有一部分文化流失，一部分文化在形式或内容上发生改变，也一定会进一步得到充实。时代变化、生活变化、村民代际变化，村寨中的文化也会变化。

第二，贵州少数民族村寨文化在特殊的时代背景下需要活态传承。

今天的中国正在深化改革，社会正在发生深刻变革。改革是中国社会发展的必然要求，变革是改革的必然结果。但是，贵州少数民族村寨的改革必须基于当下实际，考虑村寨的历史和村民的未来，符合社会制度和国家政策，要顾及村寨传统习俗和人文精神的连续性。改革是对过去的扬弃和批判性继承，不是对过去的全盘否定。贵州少数民族村寨最宝贵的是丰富的文化遗产，村民在改革中最需要的是确保生存环境舒适、美丽，努力实现生活水平明显提高的目标。在致力于提高生活水平的实践中，村寨文化得到滋养，也在发生改变。

历史上的某个村落、部落、国家有可能相对封闭，但从历史发展的结果来看，凡是封闭的村落、部落、国家都陷入了停滞，甚至被社会淘汰。今天的世界已经变成地球村，正在走向经济一体化，任何国家和地区都不可能继续封闭，唯一的选择就是主动融入时代潮流，用开放的心态看待世界，拿出开放的行动参与社会变革。

贵州村寨文化长期处于封闭的环境中，造就了其独特的个性和悠久的历史。在今天，要延续其悠久历史和保持其独特个性不可能靠封闭村寨的方式来实现。首先，在改革开放的时代大背景下，贵州少数民族村寨已经不可能与世隔绝，不可能再像过去那样封闭起来，而是因为交通改善、媒介进步、经济扩张、政治统一等综合原因而融入一体化的世界。贵州少数民族地区是中国的重要组成部分，必须走一体化的发展道路。贵州少数民族也有着强烈的改革开放愿望，有着强烈的中华民族认同感，肩负着共同实现“中国梦”的使命。其次，贵州村寨文化历史悠久和个性突出并不能说明它就没有缺陷，也不能说明它就能代替或超越一切文明成果。事实上，它已暴露出诸多缺点，它存在的不足所带来的弊端已经在当今的现实生活中有了比较明显的显现，妨碍了村寨的社会建设和经济生活。例如，浓厚的鬼神信仰阻碍了科学技术的传播与应用。把幸福寄托于鬼神，前途求助于祖宗，过度相信传统经验，虽坚韧不拔却缺少奋发向上的动力，虽团结互助却缺少独立自主的精神。而且，有些村寨狭隘的区域意识、宗族思想影响着村际联合、地区间合作和村寨基层组织建设。一部分村寨只关心本村寨的细枝末节，对更广大范围的公益事业缺少热情；一部分村寨只在乎本家族的切身利益，而在非血缘的集体组织中表现出消极的态度。尤其是普遍存在着在民俗活动和人际交往中相互攀比、铺张浪费等现象，对鬼神虔诚而缺少节俭持家和长远规划的生活习惯。所以，只有否定自身的糟粕才能使村寨文化保持健康的肌体。

城镇化不是让所有的村民变成市民，多数村寨还将保留，多数村民还将在故园生活。村寨的环境、规模、景观会发生变化，村民的生产手段、产业结构和生活状态会发生改变。这将成为促使村寨文化发生改变的诸多因素，但不能由此断言村寨文化将会发生根本变化。影响村寨文化的因素很多，也很复杂，实现村寨文化传承的手段也很多，关系也很微妙。今后让村寨保持活态，让村寨文化在活态的村寨中传承，仍显得非常必要。

（二）村寨文化活态传承必须清理认识上的误区

村寨是活态的，然而，活态的村寨并非就一定能使村寨文化得到传承。“活态”不只是对村寨文化传承的一般性要求,它还包括对村寨文化传承“质”的规定。在村寨文化活态传承过程中,要做到以下方面。

第一,村寨文化活态传承要顺应时代潮流,尊重村民的物质需求和精神文化追求。

文化是人类活动的产物并服务于人类的生活,贵州少数民族的村寨文化为村民所享有,它能得到传承是因为它对村民有价值。村民不是为了传承村寨文化而生活,而是通过生产生活实践使村寨文化得到传承。生活是村民一切活动的起点和目的,生产是创造生活和实现生活的手段,村寨文化在生产和生活实践中创造并以生产和生活作为传承的途径。历史上的村寨文化处于自在传承状态,村民对文化的认识觉悟有限,不可能为了传承文化而从事生产生活。今天,一方面因为村寨打破了封闭状态,科学技术快速发展,致使村寨传统文化受到剧烈冲击,客观现实需要村民树立村寨文化保护意识,做出保护村寨文化的具体行动;另一方面,村民的文化觉悟提高了,认识到了在村寨中世代培育和传承的文化应该受到保护。因此,村民会在生产生活中保护传统文化,甚至为了保护传统文化而刻意改变生产生活行为,文化传承与生产生活的关系在一定程度上发生了变化。

在看到二者关系出现变化的同时,还要清楚地认识到村寨文化终究是为村民的生产生活服务的并由生产生活决定,村民不可能为了传承传统文化而拒绝紧跟时代,也不可能为了保护地域性的村寨文化而拒绝走向开放。传承传统文化或者紧跟时代、保护村寨文化或者走向开放,对于村民而言都是为了实现美好的生活。时代在发展,村寨的封闭状态被打破,村民的劳动手段和生活方式发生变化,村寨文化传承的环境和媒介因此也不可能依然如故。村民作为村寨的主人,作为村寨文化传承的主体,他们有权利追求更舒适的生活和享受一切文明的成果。活态传承首先是村民在当下生活中对文化的传承,绝不是让村民回到历史时期和小国寡民状态,如老子《道德经》中所憧憬的那样:“使有什伯之器而不用,使民重死而不远徙。虽有舟舆,无所乘之;虽有甲兵,无所陈之。使民复结绳而用之。”大量的事实已经证明,现代文明和传统的村寨文化绝非相互对立,村民发展生产和提高生活质量不应是村寨文化传承的障碍。

所以,“活态”应该是具有时代性的和能够满足村民追求幸福生活愿望的,而不是村寨文化产生的那个已经成为历史的时代或村寨状态,不是为了村寨文化传承而放弃或拒绝村民顺应时代潮流。村寨文化活态传承就是要使村寨文化在当下村寨环境中实现传承,“活态”就是“当下”。有些人提出把村民拥有并居住的建筑圈起来保护,有些人建议把村寨中过去举办文化活动的空间隔离出来保护,还有些人主张把文化个性鲜明的村寨像美国的印第安人生活区一样封闭起来保护。提出此类观点的人们,其实对村寨文化的特征认识不深刻,对“活态保护”的含义存在认识误区。

第二,活态传承不等于对村民的生活不加任何干涉。干涉是必要的,不干涉是有前提的。

村民对村寨文化的认识毕竟有限,在传承文化和追求物质生活的关系处理上往往放弃前者而倾向后者。贵州少数民族多数村民在历史上长期贫困,因此他们今天向往富裕生活的愿望更迫切;他们过去没有经历过民族文化消失或断裂的教训,因此对民族文化保护的意义没有切身体会;他们的文化一直在封闭的环境中自在地孕育生长,经济形态长期没有太大变化,因此文化调适能力不强,处理文化保护与发展经济二者关系的经验不足。近几十年的事实证明,如果对少数民族村寨的经济发展方式不加引导,村民在致富的道路上就容易走弯路或遭受挫折,还会导致生存环境和传统文化受到破坏;而有些村寨在脱贫致富的进程中得到了引导,找到了一条适合自身情况的发展道路,使物质生活明显改善,传统文化同时也得到了有效保护。

尊重村民就是指在普世价值、国家法律、党的路线方针政策的框架内,尊重村民的人格尊严和发展意愿,而不是对村民的生产发展方式或其他社会行为听之任之。村民的意愿和行为要与国家大局、社会发展规律相统一,村寨自身的传统习俗和民间信仰不能背离社会主义核心价值体系。因此,必须处理好历史、现在与未来的关系,村民、村寨与社会的关系。

历史上的村寨文化首先属于历史,它在历史上之所以能够存在是因为有其合理性,今天不能否认历史事实。村寨文化产生于过去,但它不能总停留于过去,应该立足于当下、面向未来。例如家族意识,它在生产力水平极度低下的时代,在群体生存竞争处在“丛林法则”的社会,曾经为战胜困难和抵御威胁发挥过重要作用。今天,应该从中汲取团结互助的核心价值,而不能再延续其无原则地对外排斥和无条件地对内服从的行为习惯。又如村寨中曾经盛行的“神判”,单靠寨老引用传统的村规寨约“说理”,或者用“捞油锅”“煮粽粑”等超常规的行为对控辩双方作出裁决,这些做法显然缺少科学性。虽然在特定的时代和环境中,这种审判方式可以缓解矛盾,在一定程度上维护了社会稳定,但在科学取得进步、法律相当健全的当代,这种文化就应该被否定了,村寨中如果仍然采用此种方式解决纠纷就必须干预。再如很多村寨过去都有狩猎文化,其中的狩猎仪式、狩猎组织、狩猎技巧都与当时的生存环境相适应，而在今天就应该遵守保护野生动物和枪支管理的相关法律法规，不可能维持狩猎文化传承的活态环境。

历史上存在过的村寨文化都是为村民服务的，在特定历史时期发挥过其作用，并且其中一部分在今天仍为村民服务。对待村寨文化，不能仅以其是否对村民有用作为评价标准。已经失去活态传承空间的文化（如狩猎文化）不可全盘否定或弃之不顾，其中关于动物习性的知识、制作捕猎工具的技巧、狩猎组织中的协作精神等都值得传承，应该积极探索转化其价值的路径。对有些分明带有迷信色彩的文化（如生病不上医院而寄希望于鬼神保佑、选择婚姻对象过程中看面相或合“八字”、安葬死者拘泥于“吉日”“忌日”而长时间停棺在家中等），有必要对村民进行宣传教育，促使其改变观念和习惯。有些对村民个体有好处而对社会和环境极为不利的文化（如一部分苗族、瑶族村民放火烧山的习惯，务川仡佬族挖采汞矿炼制水银的传统，很多村民吃野味的嗜好等），绝对不能只从尊重村民的角度来认识和处理问题。村寨文化是区域性文化，它属于村民，而尊重区域性文化必须放在更宏大的视野中，传承村民自己的文化必须放在与社会生态、自然环境的关系中进行。

第三，活态传承不只适用于村寨非物质文化遗产。

现在的学者谈及文化活态传承，大多只针对非物质文化遗产。其实村寨为多种文化的综合体，村寨文化的每一个部分、每一种类型都在村寨中活态地传承。村寨物质文化过去一直在生产生活中活态保护，今天也有必要在生产生活中保护与传承。

村寨中所有的建筑都基于其使用价值而建造，没有哪一个村寨精心保护那些失去使用价值的建筑。即便有些建筑失去了它建造时期的使用价值，村民也尽可能扩展其用途而继续使用，这种行为无损于建筑的文化意义，只会增加其文化内涵。所以，对作为文化载体的村寨古老建筑，不必苛求它的使用价值始终如一，不可能指望它历经岁月仍形态如初，村民改变建筑的使用价值是一种生活常态，修缮其破损部分理所当然。但是，对村寨建筑，无论是改变其用途抑或进行修缮，今天从保护和传承村寨物质文化的角度看，需要注意的是不能随意破坏建筑的基本形态，尽可能不从根本上改变建筑的存在空间，应该记住每一个建筑形成的历史、改变的过程、包含的建筑艺术、承载的观念和经受的风雨。村寨中有些土夯的墙基坍塌或墙体破损后，改用砖头、石块、水泥修补，这无损于建筑的文化价值。有些新建的外观和结构基本保持传统风格的建筑，增加了排水系统,把墙基改成耐腐蚀材料,把窗户换成玻璃,增加一些现代装饰,此乃时代进步的必然结果,并没有因此从根本上影响建筑的文化核心内涵。古建筑是特定历史阶段的产物,新建筑也是新时期的文化成果,只要经过修缮或改变了使用功能的古建筑没有从根本上丢失传统文化成分,只要新的建筑没有改变传统文化的核心内涵,都无损于村寨文化的传承。村寨建筑的使用过程同时也是保护过程,闲置不用则会使建筑的许多功能丧失和文化含量降低。圈禁不用的建筑实际上就与村民发生分离,仅剩下一个物质形态而已。

传统的生产工具、生活用具有一部分被现代工具和用具替代,替代的原因可能是现代工具和用具更适用或更耐用,成本更低,功能更好、更多。还有一些传统的生产工具、生活用具失去了使用价值而变成文物,如现在因禁止捕猎而导致传统的弓箭、猎枪等狩猎器具派不上用场了,因有了更多的娱乐消遣方式而导致古老的乐器没有使用的场合了,因村寨中的巫师相继离世而导致其曾经使用的法器没有人会使用了。被替代或变成文物都是历史的必然,即使强迫村民继续使用也不可能挽救其生命力,更不可能再现其往日的活力。将这类物质文化收藏于村寨陈列室或当地博物馆未尝不可,它可以保存一段历史记忆,但已不能实现其文化传承。文化活态传承是对村寨生活状态的顺应,而不是为了传承已经远离生活的传统文化而背离时代发展趋势。如果在村寨中通过不同方式讲述、演示其使用方法,继续有人非功利性地传授其制作技艺,确实也能在一定程度上达到文化传承的目的。尽可能延续有些物质文化的生命力,这种做法在村寨文化保护工作中值得提倡。同时,也必须明白,文化传承本身不是目的,其目的是在文化传承中可以吸收前人的生存智慧,可以了解前人的生活情趣和生活态度,进而转换成今天的创造力。

第四,活态传承不等同于文化遗产的“生产性保护”。

现在有很多学者在研究文化遗产保护的时候,提出“生产性保护”的主张。所谓生产性保护,就是在遵循此项文化自身发展规律的前提下,通过生产、流通、销售等方式,将此项文化及其资源转化为生产力和产品,使其在创造社会财富的生产活动中得到有效的保护。提出这一理论的依据主要有两点:一是文化起源于人类的生产活动,并在生产活动中发展和丰富,因此也应该在生产中保护。二是文化在本质上是人类创造的物质产品或精神产品,生产任何产品的最终目的都是消费,无论是自我直接消费还是通过交换销售给别人消费,也无论是日常生活消费还是艺术欣赏消费。消费是文化产品能否存在和能否可持续生产的决定性因素,因此只有在文化产品的生产中才能使文化得到保护和传承。

鉴于此,"生产性保护"主张有一定的理论支撑,也有一些文化保护与传承的实践作为依据。但在具体的理解中,还存在着一些认识误区。

其一,相当一部分学者不约而同地把"生产性保护"局限于非物质文化遗产保护,甚至有些学者认为只适用于对技能、技艺的保护。而事实上,很多传统文化的保护与传承都可在生产中进行。例如,所有的古建筑在被圈禁起来之前都有人居住或使用,村寨中的古老居屋、桥梁、生产生活用具等都在发挥其使用价值,都一直在参与生产生活。很多歌舞、习俗、村规民约都在生产活动中展示和运用,在生产活动中实现其价值。所以,对"生产性"的理解不能只局限于文化保护对象中的物质产品生产,更不能只局限于在物质产品生产中对其中某些技艺的学习和传承,它同样适用于对业已存在的物质产品和诸多非物质文化产品的保护。通过生产物质产品来获得制作技艺固然属于生产性保护,而对包含着传统技艺的物质产品在现实的生产生活中充分利用以实现其价值也应该是生产性保护。烹饪、缝纫、刺绣、生产工具和手工艺品制作、建筑制造等技艺固然可以而且应该在生产中传承,而传统歌舞在现代生活中表演、古老的民间信仰和习俗在当今生活中延续、历史上的村规民约和社会组织仍然在生产生活中发挥作用,谁都不能否认对这些文化的保护也是生产性保护。

其二,有些学者特别强调非物质文化遗产生产性保护的技艺"本色"和"原貌",要求在产品生产制作过程中"纯手工",极力排斥其他工具。这种观点表面看来近似苛刻,其实也反映出主张者的思维僵化。对传统技艺的传承与保护,关键在于要守住手工制作的核心技艺。所谓核心技艺,就是最能够体现劳动者的创造力、智慧、能力以及他的历史文化积淀的那一部分技艺。在产品制作的过程中,如果既能减轻制作者的体力消耗,同时又不影响产品的生产环节,那么就没有理由拒绝其他工具的使用。这样不仅能大大提高生产效率与产量,还可提高产品质量,降低劳动成本。在贵州少数民族村寨,将机器生产或现代技术运用到传统产品制造的现象很多。例如,在房屋和家具制造过程中用电动锯锯断木解板,陶瓷工人在产品制作环节中用机械搅拌泥浆,民间造纸的作坊用机器粉碎和过滤植物纤维,在酿酒的工序中不再人工翻炒粮食等,都无损于核心技艺,无损于产品质量,无损于传统技艺传承。与此同时,也应该承认,"在一些跟人的情感密切结合,在造成其差异性的部分,在人的智慧可以有所伸展的部分,应该高度保持其手工性。唯有如此,才能保证人的智慧与手工技艺的优点得到完美的体现。这也是手工艺术品的本质和生命所在,所以我们传统手工技艺一定不能丢掉。手工创造这个核心环节，寄寓作品生命的手工创造一旦丢失，传统手工技艺也就必然瓦解”[①]。

其三，有些学者只在意生产性传承中的技艺、技能，却忽视了与技艺、技能互为一体的其他文化。生产性传承不是简单的产品制造，更不能只以终端产品的质量来评价文化传承的效果。村寨文化也是杂糅的、复合的和具有地域性的，村寨文化在生产性传承中不只单纯传承技艺或技能。工匠在建造房屋的时候，需懂得住宅风水文化，熟悉相关的风俗，了解房屋建造的一整套流程，知道处理与其他建造人员及房屋主人的关系，还要清楚工匠中的行规、掌故和相关的传说故事等。如果把房屋建造放在村寨文化视野中看，它与工匠传授技艺的师徒关系、工匠与房屋建造主人的关系等社会习俗密不可分。村寨中的歌师不仅要背诵很多歌词、曲目，记住很多唱腔，还要会运用各种道具，了解当地的礼仪人伦和风俗习惯，恰如其分地用歌唱的方式进行表达。苗族的银匠在生产中只学会打制银器还远远不够，他还需要明白不同银器的用途，理解银器对于使用者或佩戴者的意义，并能够通过银器的形制、图案、花纹传递出当地人共同的审美情趣。所以，一方面，村寨文化的生产性保护和传承不同于现代大工业生产，它不只是物质生产，还包括精神与文化的生产和传承。在生产性保护和传承中不能单纯走规模化路子，不能只追求市场经济效益而不考虑其社会内涵和文化生态环境，更不能使之完全旅游化、表演化、商品化。另一方面，村寨文化的生产性保护和传承应非常重视产品生产的过程，在生产的过程中学习技艺和技能，扩展和加深对产品负载的众多文化的认知，营造村寨文化的活态氛围。在异地成立传统手工艺品生产基地，在学校传授歌舞，在文艺剧团授徒学艺等，这都是生产性传承。其固然可以使技艺和技能得到传承，但是接受者对文化的理解必然存在欠缺，难以为村寨营造出文化传承的活态环境。

对传统手工技艺的保护，坚持其技艺的本真性非常重要。继承和传承传统工艺精髓是必需的，而保证传统工艺的“原生态”则不可能也不必要。所有的文化都会在发展中创新，与时俱进，与当下生产实践相结合，唯其如此才能保持其旺盛的生命力。传统工艺源于生产实践，也在生产实践中不断发展创新。如果只固守传统而不知变通，则必然导致其与社会发展脱节，与村民的现实生活脱节，最终被社会发展所抛弃。

另外，村寨文化的生产性保护如果忽视了生产过程的文化价值，就可能使

① 刘德龙：《坚守与变通关于非物质文化遗产生产性保护中的几个关系》，《民俗研究》，2013 年第 1 期。

生产者一味追逐生产的经济效益,进而演变成趋利的行为。如果在生产中只注意掌握产品制作技艺和技能,而未能传承与产品相伴的其他文化内涵,就会使产品生产技能和产品负载的其他文化被割裂,使众多的产品变成一个个文化的碎片。而且,文化产品的生产一旦从原有的文化空间中剥离出来,就势必导致文化产品生产实践的生活性大大降低。例如,对有些少数民族村寨的民俗、仪式进行商业化包装,出生仪式、婚嫁仪式、丧葬仪式和祭祀仪式都变成为游客表演的节目,抛弃了对原有仪式的时间性、空间性限制乃至心灵禁忌。又如,在文化遗产旅游的项目开发中,因为外来投资者的巨额投入,原有文化持有者对传统文化的阐释权与话语权被逐渐剥夺,旅游项目中的文化表演仅成为被动的文化产出。甚至,对村寨中的文化事象作出村民从没听说过也不能理解的阐释,为吸引游客或打造旅游品牌凭空编造出许多离奇的故事。诸如此类的行为,不能说不是一种文化生产,也不能否认对村寨文化的某些碎片具有保护作用,但它在本质上背离了活态传承的原则。

因此,有人又提出了"生活性保护"。这个观点和主张应该说更加贴近生活性传承的本质,更加符合村寨文化的生存发展规律。村寨文化从"生产性保护"转向"生活性保护",并不只是对"生产性保护"的补缺和完善,而是对文化保护理念的升华,拓宽了文化传承路径,从主要关注传统文化存续发展的行为、技艺等物理层面上升到关注传统文化作为文化符号等精神层面,深刻认识到人们生活之间的意义关联,致力于促进传统文化融入人们的生活。

二、整体性传承原则

村寨文化不可能与村民、村寨环境、生活状态、产业结构等相分离,各种要素构成一个整体,形成一个系统。并且,在这个系统内还有若干子系统,村寨中的个人、家庭和全体村民,建筑、道路与公共空间,种植、养殖和手工业,日常生活与节日,家庭习惯、家族制度和村寨礼俗,政府行为与村寨内部活动、自然环境和村寨历史等,彼此之间既相互联系又相对独立。如果单纯保护其中的某一种文化或传承其中的某一个文化内容,则是不可能实现的,也是有缺陷的,应该树立整体观念,同时兼顾与之相联系的其他文化和要素。

整体性传承,概而言之,就是力求传承内容的整体性和方法运用的整体性。为确保内容传承的整体性,就要对村寨文化建立整体观:既不能只强调个别,又不能忽视个别;主要内容和次要内容是相对的,看似主要的部分其实离不开次要的部分;有些人认为次要的部分,往往在另一些人看来则为主要部分;每一种文化事象的出现都不是孤立的，也不能孤立地存在。要做到传承方法的整体性，就得尊重传统的传承方法，充分利用现代传承方法；每一种方法都有其特殊的价值，各种方法综合起来，就能立体地展示村寨文化；要在日常行为中充分考虑村寨文化的整体性，某一方面的改变都会影响到村寨文化其他方面的改变；要在文化传承中注意到整体性，个别会带动局部，局部会影响整体；文化保护和传承看似针对某个具体的文化内容，看似发生在某个具体的时间，其实这个具体的文化内容总是和其他文化内容相联系，这个具体的时间总是不能被单独提取。

（一）兼顾文化空间与文化传承的关系

村民生产、生活和栖息于村寨，村寨文化或在村寨内生长、发展，或在村寨中运用、展现。因此，保护和传承村寨文化，必须同时保护好村民赖以生存的村寨以及村寨的人文景观和自然环境。

贵州少数民族村寨的建筑风格、饮食结构、人际关系、社会组织等都与当地的自然环境相适应，他们的生产活动、民间信仰、传统节日、歌舞行为等都在特定的空间中进行。村寨因为有村民的活动而增添了文化意义，文化因为在村寨中生存和传承而具有区域性。贵州少数民族村民长期对自然环境非常依赖，他们的村寨大多长期处在封闭的环境之中，从而造就了他们的村寨文化地域性特色尤为鲜明，文化传承与空间的关系尤为密切。

村寨的物质文化、制度文化、精神文化和行为文化等表现方式不同于典籍文化的叙事，它体现为建筑形态及其布局，凝结为一系列的器具，反映到生产和生活之中，折射在社会关系和行为方式之中，以口头文学或民间歌舞娱乐为流传渠道。其文化的表达多数以实物或行为作为载体，其文化的传承主要以口语叙事或行为叙事为途径，其文化的展示通常需要物理的空间。村寨文化有很多都通过群体的历史记忆和民间仪式表现出来，而仪式与动作相伴，需要借助语言，语言和行动水乳交融。仪式是表达思想的象征符号，仪式的表达需要特殊的空间场所和文化场景。无论是物质文化的呈现，还是通过语言和动作表现文化，都需要属于物质层面的文化空间，因此离不开村寨、宗教场所、自然生态环境。

另外，活态的村寨文化离不开生活在村寨中的村民，村民拥有村寨文化、享用村寨文化，文化在享用中传承、在传承中创造。村民传承村寨文化离不开语言和行为，其传承主要通过人际传播，而人际传播不仅有特定的文化空间，还有很多是在特定时间内周期性地展现。婚丧娶嫁仪式、祭祀祖宗或祈祷神灵仪式、传统节日或有些民俗活动等,都是通过特定的时间表达的。特定空间和特定时间的结合,构成村寨文化表达的文化空间。这是村民彼此理解语义的符号空间,文化在这个空间中生成,在这个空间中丰富,在这个空间中实现传播。

但是,这个空间正在改变,要么改变了周边的自然环境,要么改变了内部的建筑布局或人文环境。一部分生态极度脆弱且不利于经济发展的村寨退耕还林还草,一些过于分散不利于管理的村寨被整合,还有一些村寨因为工程建设或城镇化建设的需要,或搬迁,或合并,或原地改造。无论是哪一种情形,贵州少数民族村寨中,需要改变自然环境或人文环境的村寨数量非常多。而这些村寨因为历史的原因,已经适应了原来的环境,形成了特有的文化空间,对环境改变的调适能力不足,而且环境改变将会不同程度地影响地域文化的传承。一个村寨的交通条件改善后,信息更畅通,村民走出去不再困难,外面的人进来变得容易,那么封闭状态下形成的村寨文化受到冲击就在所难免。一个生态环境非常脆弱的村寨,它的文化一定与当地的生态有着很高的关联度,生态文化是其重要组成部分。村民依赖生态,生态影响着村民的经济结构和生活方式,那么村寨搬迁就不仅使村民面临新的生活环境,还会使传统的生态文化在新的生活中失去传承空间。重新整合的村寨必然要重建人际关系和社会组织,传统村寨的人文环境因此发生重大改变,与传统人文环境相关的村寨文化则不一定能在新的生活区仍然适用。如果传统村寨改造使村民的生活空间发生重大变化,尤其是村寨公共空间被取消或由他者凭主观加以建构,村民传统的婚丧嫁娶活动就可能失去生存空间,宗教活动或节日活动就没有了开展的空间,甚至家庭内部的交往也会发生改变。所以,在今天的现代化进程中,对具有悠久历史的村寨、地域文化特色鲜明的村寨、文化内涵丰富的村寨,无论是政府的工业化和城镇化建设决策,还是村民改善生活条件或发展经济的行动,都需要考虑它特有的空间形态,为文化可持续发展留下一定的空间。今天贵州少数民族村寨正在走向经济发展的快车道,最容易忽视和改变最大的往往是村寨环境。

现在中共中央把发展和繁荣文化上升为国家发展战略,把弘扬中华传统优秀文化作为一项政治任务,把文化建设和政治建设、经济建设、社会建设、生态文明建设放在同等地位。贵州在历史上发展缓慢,贵州少数民族地区是我国贫困程度最深的地区之一,但贵州少数民族村寨大多保护了美丽的生态,创造了丰富灿烂的地方特色鲜明的文化,积累了许多构建和谐社会的智慧成果。发展贵州少数民族地区的经济和改善人民生活是当务之急。同时,也应该清醒地认识到，对村寨的环境最好采用修复式的方式，这样才能最大限度地保护和传承村寨文化。只有在保护和延续村寨传统特色的基础上，采取渐进有序的更新策略，通过整治村寨的卫生状况，改善村民的居住条件及环境，提升村寨的功能，才能逐步将现有村寨改造成为具有地方传统特色的现代化新农村。

（二）注意文化个体与文化整体的关系

在村寨文化传承整体性原则中，必须处理好众多村寨创造的文化与某个具体村寨文化的关系，还须处理好某一个村寨的文化整体与其中的某些文化事象的关系。

首先，对贵州少数民族村寨文化的认识要有整体观。每一个村寨文化的形成都既有特殊性，又总会与它所处的时代有联系，与周边的其他村寨存在文化共性。贵州几十个少数民族形成大杂居、小聚居格局，各民族形成的历史过程和文化性格不同、建立村寨的历史和规模不同、对自然环境的选择和产业结构不同、村寨之间的关系及村寨内部的社会组织不同，受到许多的不同因素的综合影响，最终形成的村寨文化既有共性又有个性。贵州从来就不存在完全封闭的少数民族村寨，也没有与周边其他的村寨文化毫无共性的文化个体。即使单一民族村寨的文化，严格说来也是受到其他村寨文化影响的结果。所以，保护村寨文化是从贵州各民族整体文化——甚至从中华文化的宏观视野而言的，保护某个具体的村寨及其文化不应该只局限于这个村寨本身。

其次，对某一个村寨的文化认识要有整体观。村寨是一个综合体，有很多的村民，有一定的历史，有生产或娱乐等诸多活动，有家庭内部、村民之间和村寨之间的多种关系。因此，这个综合体的文化包括多个方面，表现出不同的特征。村寨文化是村寨物质文化、非物质文化和许多的民俗活动、社会组织、村规民约等的综合体。每一种文化事象都是多种因素综合作用的结果，同时它又作用于其他文化事象。例如，吊脚楼或石头屋等住屋，它们受自然环境、经济实力、建筑技术的限制，还受到风水观念、社会关系等影响。又如苗、侗、布依族等村民在饮食上喜爱糯食和酸辣，它与食物来源、烹饪器具及方法、饮食结构等有关系，还可从环境、营养等方面寻找答案。更不用说村寨中普遍盛行的团结互助习惯的形成与演变、祭祖敬神风俗或信仰的延续，都有历史的原因和现实的基础，既出于工具理性又充满道德理性。孤立地保护某一种文化内容或单纯光大某一个文化事象都不太可能，必须运用整体思维，要采取综合手段（图8-1）。

基于以上两点认识，在村寨文化保护和传承中就必须注意以下几点：

图 8-1　图为黔南三都县盖赖村苗寨举行祭祖仪式。尊祖敬宗的传统、家族意识、芦笙制作技艺及吹奏技巧、祭仪及相关口传等都因此得到传承。各种文化事象结成伴生关系，不可能单独保存其中的某一个文化事象。其中任何一个文化事象消失，都将使村寨文化受损。

第一，高度重视村寨文化与环境的关系，注意保护文化空间。这个空间包括村寨外部空间和内部空间、自然空间和人文空间、生产空间和生活空间、物态空间和心理情感空间等。

第二，高度重视村寨文化与人的关系。文化既然由人创造，那么它也会被人改变。具有地域特色的村寨文化，它的生存和发展建立在与特定区域的村民的关系之上。贵州少数民族历史上的大村寨或小村寨、封闭村寨或相对开放村寨、单一民族村寨或多民族聚居村寨、农耕村寨或其他村寨，村寨文化的特点总是与生活于其中的村民有着必然关系，村寨文化的变化和延续总与人有着微妙的关系。其关系包括村民数量、村民成分、村民谋生手段、村民生活习惯、村民对村寨文化的态度等。现在村寨文化严重流失的现象不仅只发生在小村寨、较开放的村寨、多民族聚居村寨、非传统农业村寨，而且蔓延到不同类型的村寨。但是有一个共同点，村民与村寨内部的关系发生了改变：要么是大量的村民外出，导致村民与村寨文化疏离；要么是生活在村寨中的村民与村寨文化不再亲近，不愿享用或不必使用村寨文化；要么是外来人口不断涌入村寨，使村寨紧密的传统人际关系网被撕裂，过去的文化被置换。

第三，高度重视村寨文化与载体的关系。村寨文化是与都市文化、官方文化相对应的文化，贵州少数民族村寨文化更是具有民间特点和传统特点，它在历史上的传播载体主要是物体、口头语言和行为，很少借助于文字媒介。现代传播技术和手段在村寨中普遍出现，不仅给村民带来丰富的资讯，改变村民的生活方式、思想观念和行为习惯，还对传统的村寨文化内容、载体形成强烈冲击。一方面，村民应该坦然面对新的传播技术和手段，主动接受丰富的媒介资讯；另一方面，也应该对大众传播媒介和新媒体技术给传统村寨文化可能造成的影响有充分的警觉，对村寨文化在现代传播环境中的前途进行深刻思考。

村寨传统的建筑、生产工具、生活器具、歌舞道具、宗教法器、服饰、桥梁、水井、水利设施、道路、碑石等物质形态的历史遗存既是村寨先辈创造的文化，同时也是文化传承的载体。这每一个物体都包含着对传统技术和观念的继承，都在对当前和未来的生活产生影响，它们不只属于这些物质的创造者，还联系着创造者的先辈和子孙。这些物体是对生活的最真实反映、制造技术的最充分体现、观念的最直观表达，它们不像文字那样容易被修饰、曲解、篡改。它们作为村寨文化遗产，受到的任何破坏都意味着村寨历史记录的损毁。失去其中的任何一个物质文化遗产，都将造成村寨文化不完整。

语言最基本的功能就是充当交际工具，语言同时也是思维的载体。在少数民族村寨，语言还是民族认同的重要标志，凝结着民族情感，浓缩着文化记忆。民族和村寨的历史，祖宗的遗训，民间的规约，生产和生活的技能、古歌、神话、传说、歌谣、秘方、咒语等的传承，都一直以口头语言为媒介。他们的语言有民族性、区域性，甚至还有古今语言之分。在传播过程中，对语言环境、语义、语音、语调、语气等都有约定俗成的习惯。村民用歌唱或讲述方式，用散文体或韵文体等各种语言"文本"表述文化，而且其使用语言规则本身也是文化。所以，今天不仅要尽可能将村寨传统的技能、古歌、神话、传说、歌谣、秘方、咒语等用语言传承下去，还要认识到少数民族村寨地域性语言在文化传承中的特殊价值，认识到他们特有的语言在文化传播过程中本身也是其文化的重要组成部分，认识到他们的语言和村寨文化是一个不可分割的整体。

村寨文化之所以称为活态文化，就是因为它以村民的活动为载体，表现为村民的生产生活实践，其传播过程不是刻意的，而是一种生活常态。所以，要使村寨文化有效传承，就必须考虑村民传统的生产手段、产业结构和生活方式的连续性。如果完全改变过去的经济形态和生活习惯，那么依附于其上的文化就随着村民行为的改变而改变。今天推动乡村经济建设和文化建设，提出加快农村产业结构调整、加强高效农业发展、移风易俗等主张具有时代性，但是一定要有前提，要有针对性，要从整体上考虑村寨传统文化保护。许多传统农作物并非高产，但它保存了一个农作物品种，留下了重要的植物基因，其生物学的意义远远大于经济价值，而且其中凝结着古人对这一农作物的培育、种植、收割、保存、加工等经验,以及与之相关的生产习俗和生活习俗。许多传统耕作方式或渔猎方式并非高效,如黔西南有些布依族村寨对山地的使用,过去一般采用轮种、间作、休耕等耕种方法。每年在同一块土地上轮换种植不同的作物,不同的作物在与其他作物套种时都非常讲究各自的特性。例如,开荒的当年先种棉花,第二年种小米、马耳艾,第三年种苞谷。又如,在棉花地、玉米地套种豆类植物、芝麻及某些蔬菜。一块土地耕种若干年后,因水土流失或土地肥力已尽,不能继续耕种,即行抛荒,待地力得到恢复后再度开垦。[①] 这样的耕作方式对生态保护和生产的可持续发展非常重要,它体现出的文化精神和生存智慧已经超越时代。许多传统的风俗习惯在今天有些人看来也许落伍,不能适应时代发展的需要,如祭祖、婚姻、丧葬、农事中的礼俗缺少科学性,而从文化传承的角度看,其作为传播载体的作用不可替代,并且在今天的生活中发挥着微妙的作用。[②]

最后,高度重视村寨文化内部的关系。村寨文化是一个整体,村寨内部的物质文化、制度文化、行为文化等互相联系。村寨内物质文化的各部分,制度文化的各方面,行为文化的各个事项也相互依存。例如,南部侗区的鼓楼,它与家族制度紧密联系,与村民的日常生活、踩歌堂等构成文化整体。又如黔西北彝族村寨的丧葬习俗,它与宗教毕摩的作用、鬼神观念、"指路经"传承、家族意识、孝道、村寨组织等形成共生关系。在今天保护和传承村寨文化的时候,需要把村寨文化看成一个系统,试图保护其中的某一个文化事象或其中的某个部分而忽视与其他文化事象或部分的关系,结果注定是不能实现的。另外,试图保护和发扬村寨文化的"精华"而剔去其"糟粕",这种无视村寨文化共生的事实,所有的努力注定不能收到预期效果。也许每个村寨都有优秀的物质文化,但是其非物质文化中特色最鲜明的并不一定就很优秀。即便一个村寨总体上有特色,历史悠久,文化内涵丰富,但这个村寨不可能每一部分物质文化和非物质文化都很优秀,总有一些行为文化、制度文化、精神文化等并非优秀。但是,这并不能成为我们否定其村寨文化中"不优秀"部分的理由。正是因为有这些非物质文化的存在,才使村寨的传统物质文化保持生命力或体现价值。将村寨文化分成"精华"和"糟粕"两部分,在理论上不严谨,在实际上难以操作。"在所谓的

---

① 中国科学院民族研究所贵州少数民族社会历史调查组 中国科学院贵州分院民族研究所编:《贵州省罗甸县平亭村布依族解放前的社会经济情况和解放后的发展变化》,1963年,第5页。

② 例如灵魂观,在现实生活中就还发挥积极作用。村民认为伤害别人将会遭到别人先辈的灵魂纠缠,导致自己或家人莫名其妙地受难。如果对父母不孝敬,村民担心祖先的灵魂会发怒,将来自己死后不能被祖先接纳,只能成为孤魂野鬼。

‘精华’与‘糟粕’之间，还存在着大量‘精华’与‘糟粕’共存共生的文化，存在着大量的在一个文化体系里被视为‘糟粕’而在另一个文化体系里被认为是‘精华’的文化。”[①]文化是一个统一的整体，怎样吸取？怎样剔除？正如文化学者廖奔所指出的那样：在一些文化空间的民间仪式习俗表演中，夹杂有一定愚昧迷信的成分，单纯剔除其糟粕成分的做法可能损伤了整体，使得文化空间残缺不全和分裂为碎片，甚至可能因影响了生态环境而危及其活体生命。[②]

（三）重视文化内容与文化形式的关系

这似乎是一个人们都很明白而不用多费口舌和多用笔墨强调的问题，可是在村寨文化保护和传承的行动中，破坏文化内容与文化形式关系的现象却屡见不鲜。有些古建筑只在外观形态上得到了保护，拆解了其内部结构或改变了其核心功能；有些产品制造的传承只在乎生产技能，忽视审美和产品中的社会内涵；有些只停留在节日举办或仪式过程的完成上，轻视节日的内容或仪式对于生活的意义；有些只满足于记忆一段唱词或讲述，没有去深刻领会其“文本”隐藏的含义；有些村规民俗只保存简单的条款，而忽略其形成的背景和执行的过程。如果在村寨文化保护和传承中割裂内容和形式的关系，必将导致文化破碎、肢解的现象发生。

当贵州少数民族村寨文化过去处于自在传承状态的时候，村民不可能理性思考和深刻认识自己正享用的文化在内容和形式上的关系。他们有时候专注于文化内容（如吟唱古歌、念咒祷告等），在传承中虽只特意强调内容，却在不经意间也掌握了文化形式；他们有时候专注于文化形式（如民间舞蹈和武术、传统工艺的造型等），传承的重点尽管放在形式上，却在掌握形式的同时也理解了文化内容。这是因为他们所处的时代，村寨社会近乎凝固，犹如一块巨大的漂浮物流淌在时间的河流中，社会大环境就像两岸的风景在改变，而村寨一如往常，村民生活在漂浮物上，与两岸的风景无关。村寨的社会空间有限，村民长久生活于此，必然就熟悉了其中的许多情况。

在文化自在传承中，村寨群体可以实现对村寨文化全面完整的传承，而村民个体未必就能获得村寨文化每一个方面的内容和理解村寨文化的精髓。对于其中的有些文化事象，村民由于只在意其形式或只满足于其表面意义，故而

---

① 田青：《非物质文化遗产保护中的几个问题》，王文章主编：《中国非物质文化遗产保护论坛文集》，北京：文化艺术出版社，2006年。

② 廖奔：《中国非物质文化遗产的特性》，《新华文摘》，2009年第3期。

长此以往,集体的无意识便导致集体失忆。例如,黔东南苗族和侗族村民都喜爱斗牛活动,究竟是苗族学习侗族,还是侗族学习苗族?现在没人能说得清楚了。又如从黔中到黔西北,很多布依族村寨、苗族村寨和彝族村寨都有在丧葬活动中杀牛祭祀的习俗(各地或称"打牛""棰牛""砍嘎""打嘎"等),究竟最早由哪个民族兴起?为什么都杀公黄牛而不是母黄牛或者水牛?现在已没有人说得出根由。还如很多民俗活动在村寨中依旧进行,但为什么这样做?它有什么特别的意义?因为过去的村民没深究而致使今天的村民无从知晓。

虽然过去少数民族村寨文化传承存在着内容和形式分离的现象,但是传承过程始终贯穿在生产生活之中,活态的生活在很大程度上弥补了它造成的缺陷。而现在村寨文化的有些传统内容与村民的生产生活不再关系紧密,有些传承活动已经不属于生产生活的重要组成部分,如果村寨文化传承中文化内容与形式分离,结果会与从前大不一样。在黔东南肇兴鼓楼听到的侗族大歌和琵琶歌,在黔西南布依族旅游村寨看见的八音坐唱,其实都已脱离生活本体,旁观者领略的几乎只是地方音乐的韵律,演唱者自己也许都没理解该项文化的传统意蕴。在雷山县西江苗寨广场舞台上对唱的情歌,在大方县奢香大道摆设的彝族漆器摊点,传统文化实际上已经被"征用",展示的只是一种形态或一种技艺,文化内涵早已蒸发。

如果说过去少数民族村寨文化传承存在着内容和形式的分离是那个时期的生活写照,是村民的集体无意识,某一部分村寨文化在传承中流失或残缺是村民的集体失忆。那么,今天在村寨文化保护与传承中出现文化内容与形式割裂,大多源自行为太功利,是一部分人特意所为。其结果不仅造成村民的集体失忆,而且导致现实与传统的断裂、生活与文化的对立。

当村寨生活与村寨传统文化的对立发展到极致,就使文化变成生活的附庸,为了生活可以抛弃文化,或者为了生活可以扭曲文化,将村寨物质文化遗产、传统民俗、宗教信仰与产业开发、经济开发过度结合或强行结合。无视传统生产生活技艺在村寨中的生命力和存在的价值,硬性地用机器生产工艺取代;无视传统文化的人文价值和村民生活的多种需求,武断地用追逐经济利润取代对该项目文化意涵的保护与传承。例如,苗族的刺绣、布依族的蜡染、土家族的傩面具制作等,这些文化物品及其生产技艺之所以被世代延续下来,最重要的意义在于它们本身承载着这个地区人们的历史记忆、价值观念以及文化心理结构。在历史的长河中,人们通过制作、使用这种物品来寄托该共同体的社会与文化理想,它与市场和经济价值没有必然联系。在诸如此类的村寨文化保护与传承中，就应该充分考虑它的内容与形式、生产与使用，应关注它的存在对整个文化空间完整性的意义，对精神生产以及精神寄托的载体性意义。

活态的村寨文化与村民的生活水乳交融，每一个文化事象的意义都由内容与形式共同构成，都在村寨系统中生成。文化的外在形态具有意义，但它不能脱离内涵，就如同符号的能指与所指不可分开一样。村寨文化是它在村寨中的意义，离开了村寨环境就改变了语境，即使它的形式没变，其内容也已改变了。因此，村寨文化的物质基础设施并不能代替村民文化生活本身，村寨文化的形式也不能代替村寨文化本身，对村寨文化的享用其实是在生活中对其内容和形式的综合享用，村寨文化传承应该是对其内容和形式的整体性传承。

如果站在村寨之外，以更宏观的视野来看，村寨只不过就是村寨文化的形式，村寨中的一切物质形态、活动、社会组织等都是村寨文化的形式。通过人的参与，在村寨内部特有的机制作用下，各种文化要素交互影响，于是便生成了意义。村民建立村寨文化的形式，又赋予村寨文化内涵。当原本集生产、生活和娱乐为一体的村寨失去了丰富而且健康的文化内容作为支撑时，村寨的生活就缺少了意义，村寨的一切物质形态就成了没有文化内容的空壳，村寨的活动或社会组织再和新的文化内容结合，便又赋予了新的意义。

（四）妥善处理村寨内与村寨外的关系

在村寨文化整体性保护原则中，还必须认识到村里和村外、村民和外地人、村寨文化和外部文化之间的关系。如果把村寨看成一个整体，那么它在更庞大的社会系统之中只不过是一个非常微小的子系统，外界的变化势必会影响村寨。

村寨文化整体性保护原则应建立在整体性思维之上，用整体性思维认识村寨文化，看待村寨文化与外部环境的关系，并以此指导村寨文化的保护传承工作。

第一，村寨文化是地方性知识和公共性知识的融合。

每一个村寨从建立之初就不是绝对的地方性产物，贵州少数民族村寨也概莫能外，无论现在还是过去。首先，村民建立村寨的时候带着他们迁出地的文化，这就注定了新建村寨与迁出地之间在文化上有着天然的关系。其次，村寨建立后既要从事劳动生产，还要维持民族的繁衍而从事人的自身生产。劳动生产也许可以自给自足，而人的自身生产就要排除亲族内部的婚配而与外村联姻，因此婚姻成为很多村寨文化相互交流的重要途径。最后，传统村寨几乎都有在人生礼仪和岁时节日活动中互访的习俗，长期保持密切关系的村寨由此形成了公共性文化。村寨就是在这样的有限交往中培育着文化的地方性，并与村外的文化对话，体现出一定的公共性。

在村寨的实际生活中，如果不和外界接触，村寨将不能保证基本的生产；如果村寨大门完全敞开，就根本没有文化的地方性可言。

今天的贵州少数民族村寨正面临着这样两种现实的问题：如果继续封闭村寨的大门，全然不顾时代发展潮流，结果不只是贫穷，还将被社会遗忘；而如果汇入时代潮流，建立在传统生活之上的地方性文化又是脆弱得不堪一击，就很有可能最终失去自我。

然而，时代潮流不会因为贵州少数民族村寨的两难处境而放慢前行的脚步，也不会为贵州少数民族村寨留下一片特殊的生存空间。汇入时代潮流是唯一选择，保留和传承地方性文化是为自己争取生存空间的重要途径。村寨文化应在与时代潮流同行中寻找生机，在坚守自己的文化特色中赢得他人的尊重。

要实现村寨文化活态传承，首先要改变的就是过去对村寨时空的传统认识，改变时空分割的关系。不仅要在村寨内全面建立起村寨文化保护的“生活场”，让人们能够保持与传统文化的密切接触与自由参与，而且要主动建立起对村寨文化的历史判断、差异比较以及对文化在时间性与空间性上的自发调适与调整，从而在新的时代背景中，找到村民自身与广阔的社会、地方性文化与公共性知识、传统习俗与现代生活的合理性基点和互动模式。① 只有这样，地方性的村寨文化才能继续传承和发展下去。

第二，村寨文化是传统文化与时代文化的融合。

村寨文化是村民形成的生活共同体依据地域、环境而创造与借鉴的生存原则和价值观，依据这些因素形成的生存手段、方法、习惯和审美观，以及在生存原则和价值观的指导下建立的社会关系，通过生存手段和方法创造的一切物质产品和精神产品。村寨文化有一个不断创造的过程，它正在被村民享用，所以它是充满着变化的，而且这些变化一直围绕着利益的链条进行。在村民的文化创造中包括自己的发明和对传统文化的继承，还包括对村外其他文化的移植、嫁接、吸收和运用。村寨因为村民的活动在变化，也因为村寨外的影响力而在推动着其变化。村寨内部原有的文化、从村外引入的文化都以生活为“黏合剂”，将原本不相关联的“文化碎片”组合成一个有机的整体。从这个角度而言，

① 胡惠林，王媛：《非物质文化遗产保护：从“生产性保护”转向“生活性保护”》，《艺术百家》，2013 年第 4 期。

地域性的“村寨文化”只是相对的、具体的，或者说是有特定时代的和特定环境的。它是地方性知识和公用性知识、传统与现代、精神追求和物质利益的融合。也就是说，村寨文化表现出地域性，具有历史的厚度，同时它也是社会交流和文化互动的产物。活态的村寨包含着变化的意味，当下的村寨文化与历史时期的文化不可能一样。已经与过去不一样了的村寨文化中包含着公共性知识，它既是村寨封闭性松动的结果，又是被村寨再度整合并重建村寨的畛域。

所以，对当下村寨文化的传承，既不能完全采用历史上的村寨文化传承方式，也不能用传统村寨的边界做出限制，文化变化之后则文化边界也发生改变。在保护和传承村寨文化的实践中，固守传统的方式和路径的做法不可取，不应该完全排斥外部文化；同时，又不能忽视村寨文化的地域性特征，而应该尊重文化的差异性，不应该肆意破坏村寨文化的边界。还应该认识到村寨文化边界是相对的，保护村寨文化既要有文化边界意识，又不能被边界意识所束缚。

第三，当今的村寨文化受内外多重因素和多种力量共同作用。

一方面，村民抱怨有太多的外部因素对村寨文化产生影响，感叹外部力量对村寨文化的冲击太大；而另一方面，外界动辄指责村民对村寨文化不珍惜，轻易抛弃或者随意改造村寨文化。具体对村寨进行个案调查分析之后就会发现，今天的村寨文化正处在内外多种因素的作用之中。例如，贵州目前对外知名度最高的雷山西江苗寨，从村容村貌到生产生活方式，都是传统与现代、本土与外界的融合。

2006 年以前，西江苗寨的村民都过着没有被外界干扰的恬静生活。2007 年，西江镇被列为中国历史文化名镇和全国农业旅游示范参观点，在很短时间内就成为吸引游客眼球的热点村寨。2008 年，西江被作为贵州省重点打造的旅游景点，并决定从国庆节开始将门票提高到每人 100 元。2008 年 10 月 1 日至 7 日，日均接待游客超过 4 000 人，而当地居民只有 5 000 多人；2010 年 10 月 1 日和 2 日，接待游客 21 560 人，创历史新高；2011 年国庆黄金周，接待游客量达到 21.32 万人次，与上年同比又增长 120.93%；2013 年五一小长假期间，景区接待人数 16.76 万人，同比增长 53.18%；[①]而在 2014 年 8 月中旬，西江的旅店床位早已预订到国庆节以后。此后，开始采取限制人数的措施，旅游高峰期每天接待量不得超过 3 万人。

西江旅游发展给富有地方特色的雷山苗族文化带来深刻影响，村寨景观

---

① 以上资料综合自《贵州日报》和黔东南人民网。

“被表达”,村寨文化“被建构”。在村寨的芦笙场新建了高耸入云的图腾柱;沿白水河修建了人工河岸,一排气派的新式仿木楼建筑沿河展开,两座类似侗族的风雨桥分立于河岸两侧的看台;主管精神生活的“鼓脏头”在家中为游客表演鼓脏节仪式;村寨日常生活中的节日、祭祀、礼仪、巫术、建筑、歌舞、服饰以及生产活动都变成演出性的展示:一对对男女在表演场对唱情歌,一群老人合唱着本该在肃穆场合才能吟诵的苗族古歌,一帮演员跳起丹寨县的锦鸡舞和台江县的木鼓舞。这种纯粹的展示,和西江苗寨的原生态民族文化无关。游客饶有兴致,以为这就是西江的传统文化;村民像游客一样看着各种歌舞表演,看着游客的各种表情;游客把西江视为风景,西江的村民把游客作为风景。

有人说这一切都是根据游客的偏好在对西江的村寨传统文化进行修改,认为游客追求文化的视觉效果,旅游地应该满足游客的感官诉求。如果没有任何标志性建筑,没有歌舞展示,不参与其中体验,没有能容纳200多人表演和2 000多人观看的露天舞台和看台,就不可能有这么多游客,不可能给当地村民生活带来这么大的改善。

现在没有必要去为这个假设辩驳,但有几点可以肯定。首先,西江传统文化已经被建构,游客似乎不是建构者,每一位游客来西江都出于对当地民族文化的好奇,而不可能只是来欣赏表演(图8-2)的。但是,游客也希望传统村寨的文化具有观赏性,对介入式的民俗体验抱有浓厚的兴趣,这就间接地推动了村寨文化的再建构。其次,西江旅游管理部门和相关的政府领导是文化再建构的

图8-2　游客到西江千户苗寨,一个重要的旅游项目就是观看民族风情表演。表演的所谓民族风情并不是游客所希望的,每一位游客其实对真正的民族风情充满期待。

主体,他们重新建构了西江文化,却不是为了建构文化。他们重新建构西江文化是因为西江传统文化很精彩,只有精彩的传统文化才能引起他们重新建构的兴趣,而重新建构的文化又对传统文化形成强大的破坏力。最后,西江苗寨的村民一方面为自己的传统文化感到骄傲,另一方面又加入了对传统文化的再建构。每天在芦笙场的表演者主要是村民,每天忙着张罗游客的餐饮店和旅店老板也主要是村民。“村民对村寨新的变化持支持态度,旅游开发给他们生活带来的收入水平与生活水平的提高以及医疗卫生和社会环境等方面的优化提升等都是积极的,是他们所期望的。”①

第四,村寨文化今后的传承不只是村寨自身的事情。

村寨是村民的家园,村民是村寨文化的直接享用者,因此在村寨及村寨文化的保护中必须坚持村民的主体地位,村民也应该肩负起主体责任。但是,使村寨遭受破坏的行为并非都是村民所为,村民很多时候面对家园被破坏也表现得无能为力,或无可奈何;村寨文化的破坏或冲击,除了村寨内部的因素之外,还有来自外部的很多力量,而且这些力量非常强大,令人无法躲避、无力抗衡。

在政治经济一体化和信息全球化的时代背景下,村寨规划建设被纳入政府工作的整体部署,村民的生活方式越来越市场化,现代电子媒介信息传输已经克服了地理环境的局限。当道路通到村口,当城镇扩展到村边,当广播电视和通信设备进入村里,这时候的村寨地理边界、经济边界和文化边界已经模糊。外面的人进来不可阻挡,村民走出去没法挽留,产品交换带来的产业结构调整和技术革新必然发生,海量信息传播引起的村民观念改变和文化传承方式变化成为定局。企图到村寨“掘金”的人和体验乡村风情的旅游者纷至沓来,梦想到村外去改变命运和看世界的村民源源不断,各种各样的商品连同它负载的信息源源不断地涌入村寨。这时候的村寨生活与城镇的差异性所剩无几,村寨文化的地域性特征基本消失。

贵州少数民族村寨在这种社会剧变环境中无可逃避,但是从政府到民间都从未经历过这样的剧变,没有在这样的剧变中从事文化建设和传统文化保护的经验。虽然说村民的心态总有一个调整过程,建设美丽村寨的行为总有一个从盲目和冲动到科学和理性的过程,对村寨文化保护和传承总有一个探索的过程,然而脆弱的村寨文化经受不住这个冲击过程。尤其是那些不可再生的文化事象,一旦破坏就不可修复,一旦消失就不可重现。因此,在村寨文化保护和传

① 柳智芳:《民族村寨:坚守与嬗变的困惑》,《贵州民族报》,2013年1月18日。

承中不能把眼光只投向村寨内部的因素，不能只注视村民的文化行为。如今村寨中出现的市侩、悭吝、冷漠、奸猾等现象，不能说与都市人在乡村的行为做派以及村民在城市中的经历没有关系；如今媒体渲染"富二代"、影视明星的奢华生活，推崇豪宅、名车、暴富，不可能不使深山中贫穷的村民在接受到这方面的信息后心理失衡。边远山村电视虽然普及了，而且频道也越来越多，但村民只是单向度地接受那些与自己毫不相关的信息。因此，不能说一部分村民沉醉于搓麻将、玩纸牌，甚至赌博、迷信当中就只是他们自己的原因。

村寨外的因素对村寨文化的影响不只是消极的，它还可以发挥积极的作用。在传统的生活状态下，村民以自在的传承方式便能够使文化得到延续。当社会环境发生剧变之后，继续用自在传承的方式将会导致村寨文化大量消失，村民必须树立对传统文化的高度自觉，用科学的态度、理性的方式对待村寨文化。已经有许多事实表明，村寨外的因素对村民树立传统文化自信、重新建构地域性文化的价值体系、培养文化传承人才、提供文化保护资金、确立科学的文化保护与传承制度、健全文化发展的组织等都起到了推动作用。如果说村民是村寨文化传承的主体，那么村寨之外的很多个人、民间组织、社会团体、科研院所、新闻媒体、政府机关和企事业单位等也都是村寨文化保护的主体。他们的工作不是亲自传承村寨文化，而是利用自己的行政资源优势、学术优势、资金优势以及媒体资源优势，去鼓励、推动、扶持、引导村民对村寨文化进行活态传承。贵州少数民族村寨文化还保存得如此丰富，很多村寨的文化遗产还保存得相当完整，这与那些关心和爱护村寨文化的各级文化部门及个人的共同努力是分不开的。

综合以上论述，可以得出这样的论断：任何一个村寨的文化都是历史"层累"的结果。它是历代村民集体创造或认同的物质财富和精神财富，是村寨集体的文化记忆。一代一代的村民汇入时间之河，决定了村寨文化的传承与变迁；无数个人和若干代村民在村寨自然环境、内部组织和外部因素交互作用下，经过长期努力与不懈奋斗，最终创造出具有传承意义的村寨文化。贵州少数民族村寨文化在漫长的历史时期受外部因素影响较小，而在村寨全面走向开放的时代，村寨文化必将注入更多的元素，村寨文化的保护与传承也需要村民和外部力量形成合力。所以，既要用整体思维认识村寨文化的特质，看待村寨文化的变化，也要在今后对村寨文化保护和传承的实践中遵循整体性原则，追求整体性效果。

三、以人为本的传承原则

人创造文化，文化服务于人的生产和生活。文化的价值就在于对人有用，或助推经济发展，或改善生活水平，或和谐人际关系，或引领思想，或娱乐身心，或增长智慧和知识。保护村寨文化不只是为了保存历史记忆，更主要的是为了今天的生活。传统文化不应成为今天生活的累赘，它作为文化遗产，应该成为今天建设家园和服务社会的精神财富。保护和传承村寨文化不能成为今天的负担，应该成为人们内在的需求。因此，对于村寨文化的传承，应该遵循以人为本的原则。

（一）尊重文化的多样性

"以人为本"的理念，首先体现为对人的尊重，坚持人人平等，而对人的尊重就应该对其文化给予同等的尊重。

人类文化的多样性就如同生物的多样性，每一种文化的产生必然有它的原因，每一种文化必然有适合自己生长的土壤，每一种文化能够得到传承必然对应拥有者的需求和接受心理。人们生活的环境不同，人们的活动和需求具有多样性，因此人们创造的文化是多样的，也对不同的文化具有需求。

中国正在为实现现代化而努力，需要学习西方的生产技术和管理经验，接受西方的某些法律、规则和行为范式，但是中国绝不赞同全盘西化。现代性固然与西方有渊源，但不能因为存在这种密切关系就把西方现代性作为自己生活的标准。现代化是人类前进中需要追求的道路，西方开始现代化的进程比中国早，积累了许多经验，而现代性绝对不是西方主义，现代化绝对不是照搬西方的制度和否定自己的传统文化。中国坚定不移地走社会主义道路，在现代化进程中坚持弘扬中华传统文化。同样，贵州少数民族村寨的社会发展在过去长期停滞不前，今天的生产力水平和物质生活都还比较落后，中国发达地区的发展道路和生产方式值得借鉴，但绝不意味着要采用同一种模式，否定自己的文化。西方的文化有可取之处，中国的汉族文化辉煌灿烂，贵州少数民族村寨文化也焕发出夺目的光彩。在对待文化的问题上，"我们必须停止将人及其才能分为若干等级，我们必须接受这样一个事实：有许许多多通向真理的道路，在探索真理的过程中，没有哪一种文化能在寻求真理的道路上独霸一方，也没有哪一种文化比其他文化拥有更多得天独厚的条件”[1]。基于这种认识,在对待贵州少数民族村寨文化的时候,应该注意以下两点。

第一,尊重贵州少数民族村寨文化的内容。

贵州是一个喀斯特地貌发育比较充分的山地区域,少数民族在地形各异、气候不尽相同的地方探寻出适合自身发展的经济模式和生活方式。他们对大山、森林、河水有独特的认识,对历史、祖宗、血缘有特别的情感,对村寨非常依恋,对问题有自己的思维方式和解决方式。在雷山郎德上寨有很多鬼师,每年都有很多“捉鬼”的活动,全村上下“捉鬼”,村里村外“捉鬼”。在镇远报京侗寨,在六枝梭戛苗寨,村民谈起捉鬼怪和遇鬼怪的经历时总是娓娓道来。在三都九阡、九龙的水族村寨,人们的身体稍有异样就会请鬼师或水书先生占卜、禳解,请求消灾的那份虔诚和替人消灾的那份真诚都令人肃然起敬。土家族和彝族村民直到今天都相信巫术,治病通行“医巫并解”。这种民间信仰和行为兼容的现象,是少数民族村寨的常态,它统摄着村寨精神文化体系和话语体系。他们的思维、情感、认知和行为在自我的文化体系中展示,并构建自己的神话、古歌、传说、巫诀、咒语等话语体系。他们生活在原始宗教的精神世界,今天也同样能够接受现代科学。

这是贵州少数民族村寨真实的生活状态,他们的文化就在这样的状态中传承。置身于村外的他者,可以去了解它、分析它、解读它,更要尊重它。只要是流传下来的文化都有其存在的意义,“每一种文化都有各自的个性和存在价值,应该重视这些存在价值,不要用其他的文化观点来评价另一种文化。每一种文化的优劣,只在本文化范围内进行比较”[2]。那些只有少数民族地区才有的民族文化,那些在一些经济发达地区根本无法看到的地域性文化,它们不是落后的象征,而是特殊的地理环境和前辈村民给予的伟大馈赠。

因此,在坚持村寨文化多元化传承的实践中,不能只根据他者的文化价值进行判断。贵州少数民族村寨文化首先是当地村民的文化,它适应于地域性的文化生态,它存在的理由和体现出的价值对应于它自己的文化生态系统。他者有按照自己的价值观看待村寨文化的自由,同时也要有尊重村民和对待村寨文化的包容之心。作为他者,也许认为苗族女性全身缀满银饰没有必要,甚至觉得过于铺张。但是,苗族村寨流传着一句民谚:“无银无花,不成姑娘。”在盛大的节日和婚嫁仪式上,苗族女性都把银饰佩戴起来与盛装相配。在节日期间,

---

① 爱德华·霍尔:《超越文化》,何道宽译,北京:北京大学出版社,2010,第7页。

② 柴阳:《扶贫开发与少数民族文化保护及传承》,《青年文学家》,2013年第15期。

没有佩戴银饰的姑娘,跳芦笙舞时就只能排在后面。穷其一生为自己的妻子和女儿准备银饰盛装的苗族男子拥有强烈的自豪感,也能得到同族人的尊敬。又如黔东南的短裙苗和黔南的短裙瑶,他者也许只认为当地的村民比穿高领窄袖对襟服的汉族更开放,也许觉得二者的差别只在于服装款式的不同而已,而在当地人看来则是展示女性的魅力,这种魅力其实折射出生育观。

诚然,在现实当中,并不是少数民族村寨中所有的传统文化都健康、积极,都有直接用处,人们可以指出其落后的、消极的和没有直接价值的部分,但这不能成为否定传统民族文化的理由。任何文化都有时代性和地域性,今天也许已经不健康和消极,它在过去则应时而生;在这个地方也许不能发挥作用——甚至产生消极影响的传统文化,在另一个地方不一定就没有意义。贵州少数民族村寨文化既然是一种客观存在,就不能用历史虚无主义否定或鄙视它,而应该尊重它的历史价值,尊重它在具体环境中的价值。正视它的存在不仅体现出文化的包容性,还能为村寨的过去留下集体记忆,为今后的文化繁荣保存一份文化基因。对它采取无情的否定和大胆的批判丝毫不能体现智慧和勇气,而给予其应有的尊重,发挥它在当今生活中的价值,这才是对待文化的科学态度。

贵州少数民族村寨文化充满个性,村寨的建筑、服饰、饮食、环境等具有个性,产业结构、劳动方式、社会关系等具有差异,歌舞、娱乐方式、民间信仰等千差万别。无数的个性在村寨中展示,烘托出村寨文化的绚丽多姿,表现出贵州少数民族各具特色的生活状态和精神面貌。遵循文化传承的多样性原则,就是尊重村寨生活的多样性,就为张扬少数民族文化个性提供了空间。

贵州所有的少数民族村寨文化之间又存在着诸多共性,村民都重视亲情、珍爱友情、团结互助、平等相待,遵守村规寨约,群体意识强烈。这些文化共性是村寨和谐的基石,是民族内部认同和民族之间友好相处的保障。这些文化共性以文化个性为前提,只有遵循文化传承的多样性原则,不对任何具有个性的文化抱有偏见,才能巩固文化共性的根基。这些文化共性或个性之中,不免存在着一些原始宗教信仰,夹杂着对其他群体的排斥心理,残留着因循守旧等消极成分。但是,不能因为一些消极成分就抹杀文化共性的整体价值,就否定文化个性的积极意义。只有在这样的观念引导下平等对待每一种村寨的文化和每一个文化事象,才不至于破坏村寨文化的生态。

第二,尊重贵州少数民族村寨文化的传承方式。

有人说现在是一个“媒介社会”,每个人都深受媒介传播的信息影响,都在接触媒介并使用媒介,媒介改变着人们的生活方式和思维方式,改变着生活环境和文化传承方式。

从贵州少数民族村寨文化传承方式看,除了村民的口头传承和生活传承外,现代主要是社会组织和政治组织传承,如政府组织开展各种产品推介会或博览会、学校教育、非物质文化遗产传习所,成立各类传统产品制作公司等。从传承地点看,有不脱离文化原生地的传承和脱离文化原生地的传承。所谓不脱离文化原生地的传承,就是不离开文化的“母体”,在村寨或村民生活区进行传承,强调村民的积极参与和自我主导;所谓脱离文化原生地的传承,指远离滋养民族文化的环境,在都市或高校、科研机构进行的民族文化保护与传承。从传播媒介技术看,现在纷纷采用文字媒介和电子媒介传承,如将某地的自然景观和人文风情集纳成画册,将富有特色的传统习俗或活动用影像记录的方式制作成短片,将某个村寨的文化现象转换成新闻报道,将某个传说故事拍摄成影视作品,将美味佳肴或精美服饰在网络上推出等。现代媒介的使用扩大了贵州少数民族村寨文化的影响力,也增加了村民内部传承村寨文化的渠道。例如,将当地人在生活常态下唱的古歌、情歌、敬酒歌等通过录音机反复播放,村民便熟悉了旋律和歌词;把民俗表演、歌舞或传统工艺的制作过程录制下来,制作成光碟反复播放,村民从中学习其基本动作或基本技能;把村寨中的口传故事、神话、秘诀、家谱、祖训等用文字或影音记录下来,不至于让重要的文化信息随着老人的离世而失传。甚至还可以将村寨丰富的文化根据其特点,用最适合其特性的媒介记录后,建立起档案,分门别类地建立数据库。

村民自身要用发展的眼光和心态对待村寨文化的传承,致力于文化保护和传承活动。其他人也应该力所能及地将新的传承方式向村民介绍,但它并不能取代或淘汰传统的传承方式。首先,要尊重村民对传承方式的选择。如果村民乐意接受新的传播媒介来传承村寨文化,就应该培养其使用新媒介的技能,而如果村民对传统的传承方式仍然热爱,那就不能剥夺其选择传承方式的权利。其次,有些村寨文化传统的传承方式不可能被现代传承方式完全取代。例如,婚丧活动和禳解活动,要在特定的氛围中进行,其环境、人物都是特定的,其仪式要根据活动具体的进程开展。又如村寨联谊、大型祭祀活动、节日盛会、斗牛比赛、龙舟竞渡等,使用现代媒介不可能细微地表现出每一个角落和只有在现场才能感知的气氛。更不用说有些活动具有极强的封闭性,如神圣的古歌只能在特定的场合、由特定的人给特定的对象讲述,神秘的巫术活动不能突破它自身的禁忌。再次,无论是文字记录还是影音记录,都不是真正的人际传播。文字无法反映声音和动作,它将生动的活动和具象的物质转变成了抽象的书写符号，不能作用于人们的听觉和视觉。录音机记言、记音，保证了传播语言、腔调的真实性和准确性，使声音真正实现了体外化传播。摄像机记音、存像保证了传播真实、准确、生动，使人物的活动情景、活动的自然环境和社会场景可以最大限度地记录下来。但是，录音机、摄像机不能实现真正意义的村寨文化传承，它只是对活动的复制，不能反映人物、事情、场景的变化，更不能实现传者和接受者之间的互动。最后，要谨防对新媒介的过分依赖而轻视传统的传承方式，导致部分传统文化消失。传统的人际传承的方式具有人性化，它根据不同的内容、环境、对象而变化，方式非常灵活；它是互动的传承，人们在文化传承的活动中建立关系、加深联系、达成共识，它不仅是文化传承活动，还是社会活动。传播方式本身也包含着文化、表现着文化。莫里斯·阿尔布瓦克斯在关于集体记忆（collective memory）的论述中指出，集体记忆不仅其记忆的内容是文化，而且记忆的过程和方式本身也是文化。人们作为个体，对发生在自己生活中的事件有直接的记忆，但并不是将所有的事件都记忆，留下最深刻记忆的事件也许是重大的，也许是一件小事。村寨文化传承其实就是一个集体记忆的过程，所记忆的一定是对这个村寨而言具有文化意义的内容。村民真正记住的也有选择性，并且采用符合这个村寨特点的记忆方法。它使用的传播符号是村民约定俗成的，选择的环境是村民共通的意义空间。如果传统的传播方式被弱化，那么它联系社会、沟通心灵的作用就得不到应有的发挥，它本身具有的文化意义就得不到充分的体现。

丰富多彩的贵州少数民族村寨文化体现在内容上，反映在传播方式上。只有系统地对待村寨文化传承要素，平等地看待每一种传承方式，才能发挥每一位村民在文化传承中的作用，做到传统文化与现代文化兼顾、物质文化与非物质文化兼顾，文化传承与生活水平提高兼顾。从而使村寨文化立体地呈现出来，使生产生活也成为文化传承的途径，真正体现以人为本的文化传承原则。

（二）正确把握文化与经济的关系

"以人为本"的理念体现为对人的尊重，而对人的尊重就应该尊重人的基本需求和对生活方式的选择。贵州少数民族村民有追求富裕生活的权利，一样可以享受现代文明的成果和中国改革开放的红利，也应该奋发图强建设家乡，改变家乡贫穷落后的面貌。他们具有鲜明地域性和浓厚传统色彩的村寨文化不应该被贴上"封闭"和"保守"的标签，因此在处理村寨文化与经济发展的关系时，有必要树立两个意识。

第一,贵州少数民族村民有权利自由选择生活方式,保护和传承村寨文化应该以发展村寨生产,改善村寨人居环境,提高村民生活水平为前提。

村寨文化产生于生活,服务于生活,贯穿于生活之中,它与发展经济从来都不是对立关系。虽然如今人们看到的情形是,只有在相对偏僻的环境中,少数民族的文化才受全球化与现代化的冲击较小,才保存着古老原始的民族文化,而与之相对应的则是当地经济建设相对落后与生活水平相对低下。[①] 但是,这并不能说明少数民族村寨文化只适合在经济落后的偏僻之地生存,就不应该偏废发展经济和改变生存环境。

就贵州少数民族村寨文化的本质而言,它是生活化的文化。虽然它不是市场经济的产物,但是其中的很大一部分产生于过去的村寨经济生活中,保存的许多生产知识、劳动智慧、水利设施建设技术等都可以直接利用或改造升级。也许村寨文化中有些内容与经济没有直接关系,有些内容与今天的经济不吻合,甚至有些还存在冲突,如敬奉神灵、制造毒箭、"上刀山下火海"、"神判"解决纠纷等。但是我们应从总体上看,用整体思维,结合村寨现实和社会发展的方向,寻求村寨文化与经济发展之间的契合点,而不是苛求村寨文化中所有的内容都为今天的经济服务,更不能因为村寨文化的某些内容不能直接为经济建设服务就把它作为否定的对象。

就村民的愿望而言,每个人都有追求幸福生活的冲动和欲望。村民的第一需求是生活,发展生产是提高生活水平的基本途径。村寨中所有的文化都指向生活,或者在祈求生活更美好,或者在赞美生活、享受生活,或者为了创造生活,或者为生活所创造。因此,今天就应该在生活中传承村寨文化,应该为传承村寨文化营造出良好的生活环境,应该满足村民的合理诉求。如果把传承村寨文化视为村民发展经济和改善生活的对立物,那么也就注定了村寨文化传承的失败。文化传承可以成为经济的杠杆,经济发展应当成为文化传承的助推器。很多传统的手工艺、特色农作物探索运用市场手段,使传统的制作工具、工艺、产品以及生产的组织形式都得到保护、继承和发展,村寨生活环境和村民的生活水平都有明显的提高。

已经有大量的事实证明,贵州少数民族的村寨文化与经济存在交融关系,可以促进经济增长,提升村民生活质量。他们的生态文化保护了蓝天,留住了碧水青山,为生态农业、传统中药材种植奠定了坚实的基础,从而使村寨在现代

---

① 吴伟峰:《从民族生态博物馆看广西民族文化的保护与传承》,《广西民族研究》,2007 年第 2 期。

图 8-3　图为丹寨排佐苗寨，村民集中居住一处，传统习俗无形地约束着人们的思想和观念，不仅村民内心平静，而且与环境互相依存。每年不同季节都会有游客到此观光休闲，没有惊扰村民的生活。他们带来了山外的气息，也增加了村民的收入。（刘玉龙摄）

市场经济中华丽转身，变成了生态蔬菜、粮食、茶叶、中药材的生产基地。台江施洞苗族村寨奇特的服饰及其生产技艺备受推崇，还传承着这些技艺的妇女农闲时挑花、刺绣就能接到大批订单。黎平、榕江、从江很多村寨的侗族大歌、琵琶歌以及台江苗族的反排木鼓舞、丹寨雅灰苗族的锦鸡舞蜚声世界，村民不仅在家自娱自乐，而且登上舞台，走出国门。众多村寨还保留着传统的建筑或田园风光，吸引着游客接踵而至，仅旅游接待和土特产销售就使生活发生改观。村民的家园没有被破坏，生活没有被打乱，文化没有被颠覆（图 8-3）。他们巧妙地把传统的村寨文化转化为生产资本，转化为经济优势。

客观现实也逼迫贵州少数民族把发展经济和改善生活放在首位。全国 1/4 的贫困人口集中在贵州，贵州的贫困人口绝大部分在少数民族聚集区。如果不解决贫困问题，少数民族村寨就缺乏保护村寨建筑的基本经费，甚至有些村民为生活所迫而破坏森林或滥采矿山。如果长期处于贫困状态，就根本谈不上对村寨文化的自信和保护村寨文化的自觉。如果贫富差距太大，就不可能阻挡村民走出家乡的脚步，村寨空心化现象将不可避免。今天还保存得较好的村寨绝对不是赤贫如洗的村寨，今天对村寨文化充满热爱且坚持传承村寨文化的村民大多在生活条件上已得到改善。发展生产和提高村民生活质量是贵州少数民族村寨的当务之急和永恒主题，看到这一问题并努力解决，就是“以人为本”的生动实践。其一，把村寨文化传承与扶贫开发结合起来。所有的村民都希望通过村寨文化保护给自己带来实惠,推动经济发展,创造物质财富,在传统的生态农业生产中获得丰厚的利益,在传统手工艺生产中得到实在的好处,在传统歌舞表演和自娱自乐中赢得他人的认可,并得到具体的回报。例如,黎平县茅贡乡流芳村175户,人均水田不足一亩,该地侗族村民有施用农家肥和自制生物农药防病虫害从事有机水稻种植的传统,当地政府联合科研院校免费为村民开展有机农业技术培训,组织农户外出交流参观,帮助农户联系市场。现在年产有机米可达50余万斤,农户除自用外,剩余的20余万斤销售产值达400多万元。再如从江县小黄村的侗族大歌有着悠久的历史,当地文化宣传部门主动组织一部分喜爱演唱的村民赴外地演出,并支付一定的费用作为劳动报酬,其他村民在羡慕之余纷纷加入歌唱行列,积极争取到外地演出的机会,目前村寨中唱侗族大歌蔚然成风。其二,把村寨文化保护和合理利用、民生改善结合起来。合理利用村寨的文化资源,发展有特色的生态农业、文化旅游业、养殖业、民族工艺加工业等,促进村寨经济发展和村民脱贫致富。以实体经济为依托,牢记特色自然风光或人文景观、生态产业和民风民俗,这是少数民族村寨生存和发展的根本。其三,处理好村寨文化保护和再生的关系。传统村寨仍然有人居住其中,正面临着传统的建筑形式、社会组织、村规寨约、乡风民俗等如何适应现代生活的问题。充分重视文化资源的可持续性,在使用中保护、在保护中使用。无论是建立文化生态博物馆,还是做出其他的保护方案,都不只是为了保护村寨特有的文化,同时还要谋求经济发展和生活改善。

第二,并不是贵州少数民族所有的村寨文化都适合开发,都必须为经济发展服务,以人为本不是极度功利和随心所欲。

少数民族村寨的文化是经由若干代人积累的文明成果,现在的村民在享受成果的同时,还应该对历史和未来有责任担当,既要对先辈的文明成果精心保护,又要进一步发扬光大。保护不是守成,还要建设。享受要有节制,而不能恣意挥霍,更不能竭泽而渔。建设是分对象的,应该尊重文化的特点,不能凭主观臆断而妄加改造或开发。冯骥才在很多场合不断重申他的观点:对待文化使用“开发”这个词本身就是一个非常粗暴的态度,保护与利用才是符合文化规律的做法。文化开发的动机就是为了营利,必然会使用经济手段对待文化发展规律。加大文化开发力度,也就预示着加大了对文化的破坏力度。而文化就其本质而言,不是所有的文化都是产品,不是所有的文化都服务于经济。人有多种需求,人的活动非常丰富,文化的内容和表现形式也因此多种多样。贵州少数民族的村寨文化,有些可以展示,有些可以部分展示,有些只能在特定场合“隐蔽”地进行。对于“隐蔽”的文化行为,开发就是彻底颠覆,就是传统文化的厄运。

第二节 未来村寨文化传承的路径选择

认识贵州少数民族村寨文化的社会价值可以提高人们对其保护的责任心,了解贵州少数民族村寨文化的内容及传承方式可以更好地指导人们今后对其进行保护。今后贵州少数民族村寨文化应该怎样保护?不同的村寨面对不同的具体环境,可能会采取不同的措施。但是,要朝着什么方向发展?目标应该是一致的。

一、保护传承空间:建立少数民族村寨文化旅游创新区

贵州少数民族生活区相当一部分还保留着美丽的生态环境和丰富的传统文化,将生态资源和文化资源转化成发展生产、提高人们生活水平的生产资料,这在今天已经达成高度共识。20 世纪 80 年代,受到西方文化保护的启示,贵州在文化富集的少数民族村寨率先尝试建立生态博物馆,不久又有些村寨在此基础上建立文化保护区,实践证明这些措施对村寨文化传承都发挥了积极作用。现在,人们结合活态传承、整体性传承、人性化传承理念,认识到传统文化空间其实也应该是一个生产空间,其中最能为少数民族村寨接受的就是建立文化旅游发展创新区。

(一)贵州民族文化旅游创新区不是单一的经济功能区

2012 年 1 月 12 日,国务院颁布《关于进一步促进贵州经济社会又好又快发展的若干意见》(简称“2012 国发 2 号文件”或《意见》),该文件用很大篇幅特别强调贵州今后要致力于发展旅游业,并建议规划“文化旅游发展创新区”。顾名思义,“文化旅游发展创新区”不是一个纯粹的物理空间,它一定包含着文化内涵,同时还体现出“创新”,具有旅游价值。因此,它是在权力作用下的一个政治空间和产业空间,是对自然地理空间的再建构。在该文件基础上,贵州各地相继出台了建立“文化旅游发展创新区”的规划,从本地的自然、人文、经济发展需要出发,圈定、设计文化旅游发展创新区。关于今后的文化旅游发展创新区,各

地都满怀喜悦地思考着，如何利用当地的山水文化、民族文化、历史文化、红色文化等资源打造旅游产品，发展旅游经济。时任贵州省旅游局局长傅迎春①、贵阳市旅游产业发展委员会主任王春雷②都非常强调在规划过程中的设施建设以及建成之后的经济效果，乐观地预测了衍生出来的产业链。

如果用“征候式阅读”审视就会发现，几乎所有的规划方案都只把“文化旅游发展创新区”狭隘地理解为“主导性空间”，即技术所造成的空间，在这个空间中表现出技术、现代化、物质性，其重要元素是土地、劳动力、资本、权力、财富和资讯。在这个空间中，有明显的中心—边缘、主角—配角、支配—附属关系，却模糊了内部和外部、传统和现代、物质和非物质的界限。在这个空间中，明确区分了农业区和工业区、生产区和消费区、主体功能区和配套服务区。其规划表面上似乎很科学，努力排除主观因素，而在本质上仍然是外部权力的干预，村民的主体性没有得到充分体现，村寨传统文化保护仍然让位于经济发展。

“文化旅游发展创新区”不应该是一个单纯的自然空间，也非是历史的惯性形成的。我们一方面得承认和肯定政治的作用和权力的影响，另一方面又要警惕和避免像西方世界那样深陷“意识形态话语霸权”和空间生产的“某种隐藏之恐怖主义”，切勿在“文化旅游发展创新区”的空间生产过程中形成权力主导一切的局面，不要把经济利益作为出发点和归宿。

旅游是一种行为，旅游行为发生在具体的空间。旅游行为之所以作用于某个空间，一定是受这个空间的自然景观或人文风情吸引。人们产生旅游行为，是为了放松心情、亲近自然、开阔视野，因此这个旅游景区应该具有文化内涵。

“文化旅游发展创新区”建设被视为当今社会发展旅游经济的一条新路径，它体现为一种文化理念。虽然至今还没有对其给出一个具体的定义，人们可以有不同的理解，但是它应该具备四个基本的内涵：其一，旅游业应该区域性规划，整体布局，改变过去单一、破碎、分散的状况，并且每一个规划区要力求呈现出不同的特色。其二，旅游规划区是一个文化内涵丰富的空间，游客从中能感受到鲜明的文化特色。其三，在这个空间中，无论是文化产品，还是游客感受到的文化气息都具有创新性，充满健康的时代活力。其四，旅游业既具有发展文化产业的任务，展示和开发一个区域的文化，将文化转换成生产力；也具有文化事业的属性，是对优秀文化的传承和对传统文化的坚守。目前对“文化旅游发

① 傅迎春：《贵州建设文化旅游发展创新区的战略思路》，《中国旅游报》，2012年2月22日。

② 王春雷：《后发赶超　建设文化旅游发展创新区》，《贵州日报》，2012年4月26日。

展创新区”的规划，固然需要突出文化对旅游业的贡献，但也应该充分地思考如何借助文化旅游发展创新区提升文化品质，保护和传承旅游区的传统文化。尤其是少数民族村寨文化在旅游区的地位和今后的命运等问题，在做规划时必须引起足够的重视。

改革开放以来，中国的经济发展迅猛，而文化建设明显滞后。文化乃一个国家和民族的灵魂，是推动社会进步的软实力。要实现中华民族伟大复兴，除了物质生活赶超西方之外，还要吸收全人类的文明成果，构筑精神高地。2011年秋的中共中央十七届六中全会，把文化大发展大繁荣作为今后发展的总要求提出来，要求着力发展文化事业，壮大文化产业。2012 年年初，国务院出台的2012 国发 2 号文件明确建议贵州规划“文化旅游发展创新区”，把“文化”作为贵州今后发展旅游业的核心内涵。那么，在今后具体建设文化旅游发展创新区的过程中，文化坚守就应该成为自觉的使命，少数民族村寨就要把文化传承放在和政治建设、经济建设、社会建设和生态文明建设同等的位置，坚持“五位一体”。这几年，贵州凭借美丽的山水风光、奇特的人文风情、清新的空气和宜人的气候，旅游经济持续增长，每一个“黄金周”和“小长假”之后都满怀欣喜地在媒体高调发布旅游盛况。但是，贵州文化对旅游的贡献仍然不足，旅游产品的文化含量不高，有人不无调侃地说，贵州旅游最大的特点是吃喝玩乐和跳舞唱歌。人们的旅游观念正在改变，旅游经济的内部结构正在发生变化，乡村旅游、山地旅游、深度体验式旅游越来越受推崇。贵州少数民族村寨今后只有坚守传统文化内容，提升文化品质，凝练文化内涵，才能在发展旅游业的过程中实现文化传承。

贵州不同规模、形态、历史的大量村寨汇成丰富多彩的民族文化，这是创建文化旅游区的基础，也是展示贵州形象的一张名片。贵州秀丽的自然风光主要集中在少数民族地区。少数民族村寨是贵州多彩文化和秀丽风景的载体，但是这些充满人文精神的民族文化，在崇拜科技和器物的时代正经受着前所未有的压力，美丽迷人的自然风光在城镇化和工业化浪潮的冲击下显得非常脆弱。贵州这块土地上孕育的文化将走向何处？贵州古老的内陆山地文明和当今世界潮流如何对接？这是对决策者智慧和文化政策的检验，是对物质追求和精神家园守护的考量。

随着工业的发展，都市人的生活区域在扩张，自然环境优美的地方、少数民族风情浓厚的村寨成了他们放松身心的选择地。用亨利·列斐伏尔的话说，就是"由生产的空间(space of production)转移到空间的消费(consumption)"①。社会空间也是被使用和消费的,它是一种生产方式。贵州打造旅游区当然需要实现旅游者对空间的消费,但是这个社会空间不应该只停留于提供视觉刺激和感官盛宴上。在加强旅游硬件设施建设和提高管理水平的同时,有必要在游客的旅游活动中注入文化成分,使游客在欣赏贵州风光、风情的同时增加对贵州少数民族文化的理解。建设"文化旅游发展创新区"在本质上应该是一种文化空间生产,在这个空间中,有文化的创新,更有文化的坚守。

(二)贵州文化旅游创新区应该具有自己的文化符号

既然是贵州的文化旅游创新区,就要突出贵州文化的地域性。在全球化时代,"空间"的地域性正在消失,差异化正在被同一性取代。打造贵州文化旅游创新区,就是要用全球视野审视贵州的独特魅力。贵州要实现文化大发展和大繁荣,就要站在当代文化思潮的前端守望贵州的精神家园。发展自我的前提是不要忘记自我,超越自我的前提是肯定自我。贵州当前正在奋力冲出经济洼地,构筑精神高地,少数民族村寨目前的首要任务就是消除贫困,树立对生活的自信和对自己文化的自信。旅游业和文化事业、文化产业互为一体,它不仅要成为贵州少数民族村寨经济的重要增长点,还要成为文化发展、文化繁荣、文化传承的助推器。文化旅游创新区是一个立体的空间,在这个立体空间中,由多重文化符号建立起空间结构。

其一,贵州少数民族村寨迫切需要推出自己的文化名片。

"文化名片"的重要性在媒介社会的意义不言自明。贵州打造的"多彩贵州"名片已经产生效益。从全省而言,把贵州文化概括为"多彩"有其合理性和宣传价值,而就某个地区或某个民族村寨旅游区而言,对文化特征的表述需要进一步具体化,突出其最典型的文化。虽然贵州任何一个旅游区或村寨都有精彩的文化,但是从事空间生产则必须建构一种最具有独特性、最具有传播价值的文化名片。

文化是一种客观存在,是思想、价值、习俗和行为方式的表现,在一个社会群体中,每个人都能够感知,能够互相理解和分享。文化也"是人类一套共享的理想、价值和行为准则。正是这个共同准则,使个人的行为能为社会其他成员

---

① 包亚明:《现代性与空间的生产》,上海:上海教育出版社,2003年,第50页。

所理解，而且赋予他们的生活以意义”①。准则不是客观存在，而是主观建构。贵州少数民族村寨的山水风光、歌舞、服饰、建筑、饮食等是客观存在，但也可以从其直观呈现的物态之中建构、解读出文化。贵州目前的乡村旅游在实现吃、穿、住、行等的功能性方面下了很大功夫，而对其文化内涵还可以再深入开掘，过去和现在给人的感觉总体上是丰富而又杂乱，没有突出不同空间的差异性。例如，过去致力于推介黔南的荔波水上森林、黔西南的马岭河大峡谷、黔中安顺的黄果树瀑布等奇特的风光，而对于这些自然遗产中的人文精神还缺少深刻的提炼。即使佛教圣地梵净山，从旅游景点到解说词都旨在强调自然风光、动物和植被。行走在黔东南，每一个侗寨或苗寨都有一种似曾相识的感觉，个性被湮没在共性之中。贵州这些年来重点打造的民族文化旅游景点仍然过于笼统，显得肤浅，村寨的特质和民族文化的灵魂没有得到充分的彰显，村寨自然景观的文化内涵没有揭示出来，村民与自然的关系没有得到展示。村寨中的人文风情、社会历史的延续，既是过去记忆的沉淀，也是当下村民的精神风貌。历史是过去行为的定格，也是今天价值和观念的表达。贵州少数民族村寨发展旅游业，迫切需要张扬具有特色的传统文化，因为它反映着贵州对理想、价值的追求，是对自我风采的呈现。

其二，在贵州少数民族诸多的村寨创建文化旅游区，就要对村寨中丰富的文化内容加以提炼，选择最有代表性的文化符号。

“文化或文明是一个复杂的整体，它包括知识、信仰、艺术、道德、法律、风俗以及作为社会成员的人所具有的其他一切能力和习惯。”②文化可分成多种，有历史文化和当代文化、主流文化和非主流文化、官方文化和民间文化、宗教文化和世俗文化、外来文化和本土文化等。一个村寨内总有许多种文化，每种文化都包含不同的层面，呈现出不同的风采。《意见》提出贵州应加快推进黔东南、黔南、黔西南及其他民族自治地方跨越式发展，重点发展文化旅游产业，将这“三州”及其他民族地区打造成具有国际影响的原生态民族文化旅游区。每一个文化旅游创新区都不可能将该空间内的所有文化全部呈现给游客，游客看到的文化既是该空间文化的自然流露，也是文化旅游创新区的空间生产，是一种文化符号的建构，是对该空间的最核心、最具代表性、最具有时代风貌的文化符号化。

---

① 威廉·A.哈维兰：《文化人类学》，瞿铁鹏，张钰译，上海：上海社会科学出版社，2006年，第36页。

② 爱德华·泰勒：《原始文化》，蔡江浓编译，杭州：浙江人民出版社，1988年，第1页。

建构的文化应该具有吸引力和发散性。吸引力是对游客而言的,它具有观赏性、参与性,能够被直接感知或获取,游客在投入精力、财力后要获得回报,对该景区的景观、服务和文化产生认可。发散性是对文化的本体而言,它具有丰富的内涵,有历史的厚度和思想的深度;与当今社会的生活、行为或观念有关联性,不是尘封的历史;它具有实用性,或可以转换成产品,或娱乐身心。

其三,贵州迫切需要在民族村寨和众多民族村寨联合形成的旅游园区建构标志性的文化符号。

从梵净山土家族生活区到黄果树布依族聚居区,从乌蒙山彝族、回族村寨到剑江、都柳江瑶族和水族村寨,从黔东南苗乡侗寨到黔西南布依族歌场,风情不同、景观各异。各地在创建文化旅游区的时候,要尊重其固有的文化特征,要建构核心的文化符号。这个核心的文化符号汇聚着众多文化元素,共同形成一个文化体系。在一个文化旅游园区内,景观呈现、民俗展示、旅游产品设计都应围绕核心文化符号进行,游客从中领略、认识、解读文化名片的多层面内涵,贵州少数民族的文化得到立体表达。

人类的一切思想和经验都是符号活动。旅游对观光者而言表面上是领略和感受,对旅游区的服务者而言是展现和提供,但从本质而言则是双方的文化交流过程,自然山水、服装、建筑、饮食、歌舞等都在社会规范中被符号化。旅游区总想将自己的文化转化为符号并赋予符号某种特殊的意义,观光者也不满足于景区直接呈现的具体图景,总想在具象之外寻找更为重要的喻义。以少数民族村寨为主体的旅游区如果缺少深刻的文化内涵、没有标志性的文化符号,将注定没有生命力,旅游业不可能持续下去,地域性文化也得不到很好的传承。

贵州旅游资源丰富、文化多元、民族风情浓郁,寻找的文化符号必须具有鲜明的本土特色。贵州少数民族的地域文化十分丰富,其文化符号不能离开以下几个方面:首先,在民族特色浓厚的村寨或村寨群落,民族节日是不可或缺的文化符号。这是在一定地域范围内民族共同心理和生产生活的反映,具有深厚的文化意义。黔东南苗族的姊妹节、鼓脏节,南部侗区的萨玛节,苗族、布依族的四月八、布依族的六月六、彝族的火把节、水族的端节、瑶族的盘古王节、仡佬族的尝新节等,都是民族文化的集中展示。其次,贵州少数民族村民能歌善舞,传统音乐舞蹈丰富多彩,苗族、侗族、布依族、彝族、土家族、仡佬族、瑶族等民族都有自己的特色歌舞,这是少数民族在各自的生产生活活动中创造出的精神财富,可以从标志性的音乐和舞蹈中寻找最具代表性的文化符号。再次,村寨中唯一性的民族建筑是最经典的文化符号。各民族的村民因居住地区地形地貌、气候、物产、民族传统、社会发展等条件的不同，在房屋建筑的形式和材料上面各有特色，如同民族身份的标签，以一种显现的符号形式向外透露着特色的文化信息。最后，服饰也是一种代表性符号，传承着大量与本民族历史文化有密切关系的信息，是民族的智慧凝结。各具特色的服装及其制作技艺本身就是穿在身上的文化符号。此外，饮食、婚丧等习俗也有地域性、民族性，也可以成为特殊的象征符号。这些符号就是空间产品的商标，它的魅力不在于符号本身，而在于它所代表的意义，体现着产品的使用价值，蕴含着民族的精神。贵州多彩的民族民间文化是贵州各族人民在这方水土中孕育出来的，是对贵州发展历史的真实反映。文化旅游创新区的规划过程，也是寻找最具典型意义符号的过程。一个能表现、揭示旅游创新区文化内涵的符号其实也具有空间意义。所以，少数民族文化旅游创新区的符号提炼，其实就是以民族村寨为主体空间的文化生产。

（三）少数民族生活区建立的文化旅游创新区要肩负起文化保护与传承的使命

当今世界的许多国家在现代化进程中，正在经历着“文化风险”“文化风险”表现为民族国家文化主权的弱化和传统文化的边缘化。[①] 贵州少数民族聚居的地区经济落后，文化生态非常脆弱，很容易遭到严重破坏。随着贵州城镇化加速、工业化进程的走向深入，也在经历“文化风险”的考验。2012 年国务院的第 2 号文件把贵州列入扶贫开发攻坚示范区和文化旅游发展创新区，贵州的少数民族地区迎来发展机遇，也为贵州少数民族村寨传统文化保护与传承提供了一次契机。建立文化旅游创新区，既是一种经济发展的规划，也是一种文化保护与传承的战略。

旅游作为一种典型的消费行为，旅游者选择旅游目的地看似是一种对空间的选择，实际上是为了对这个空间的综合消费，当然包括文化消费。而文化消费有直接消费和间接消费之分，前者属于感官消费，后者属于精神消费。直接的感观消费追求视觉、听觉、味觉等的满足，希望看到美丽的风光、民居、服饰和舞蹈，欣赏到奇特的音乐和歌声，品尝到可口的饮食。间接的消费主要是为了满足精神需要，其意义在于旅游本身的体验。对旅游本身的体验是对长期单调、枯燥、繁重的都市生活的暂时逃避，表面上是为了身体的解脱，其实是一种文化的体认。田园对应的是都市，纯净和淳厚对应的是污染和污秽，闲适和放

① 吴汉东：《论传统文化的法律保护》，《中国法学》，2010 年第 1 期。

松对应的是忙碌和紧张。这些年,贵州的旅游业发展快速,离不开贵州服务设施和服务意识的提高,同时与中东部工业文明对人们精神的挤压、西部少数民族地区传统文化和生活方式对心灵的释放有关。

文化旅游发展创新区对旅游者而言,本质上就是文化消费区,因此要为旅游者提供其最想消费、最具有消费价值的文化产品。因此,在贵州少数民族村寨建立的文化旅游发展创新区就需要提供一个文化产品的生产空间。在这个文化生产空间完成两件事情:将文化转化为可供消费的文化产品、将自在的文化行为转变成具有历史使命的文化传承与建设行为。

文化原本不是为了消费,但文化却被消费了。文化原本不是消费产品,但文化却可以被生产为消费产品。文化是在一定的空间中积淀的人类智慧,但文化也可以被建构。文化旅游发展创新区是一种被建构起来的生活空间和文化空间,在这个空间中生活的人们一边承载历史文化,一边创造着时代文化,还一边吸收、发展和改造传统文化。这个空间是自己的,也是旅游者的。旅游者选择某个旅游目的地,一方面因为被这个地方的文化所吸引,另一方面又希望这个地方的文化能满足自己的消费习惯和消费方式。这个空间是属于公共的,但愿也能够服务于自己。当然,在文化产品的生产过程中,必须坚持村民的主体地位,必须遵循村寨文化演进的规律,必须保留村寨文化的核心要素。在村寨文化建设中,要力求文化具有旅游消费的价值,但不是为了供游人消费才从事文化建设。

从工具性而论,少数民族生活区的文化旅游发展创新区是为了旅游而建立的,为了营利,带有经营性和服务性,因此其产品追求使用价值。从本体性而论,这种文化旅游发展创新区的核心是富有个性的文化,唯其文化的独特性,才体现、突出了其文化产品的价值。所以,在将少数民族村寨文化转化为文化产品的时候,关键是要保证其历史的血脉和民族的灵魂。历史的血脉和民族的灵魂有自己的空间,今天的文化生产不能离开这个空间。少数民族地区的传统文化需要面对时代,不能拒绝开放的潮流,但是工业文明和信息全球化也造成了生活方式的趋同和文化个性的消失。贵州今天规划少数民族文化旅游发展创新区,其亮点正在于这个空间还有众多的没有被严重破坏的少数民族村寨和山川河流,生活在这个空间中的人们还保存着富有特色的节日、生产和生活方式,在他们的建筑、服饰、生产工具、民俗活动中还负载着独特的审美、浓厚的亲情、精湛的技艺和玄妙的思维方式。在进行文化生产的时候,不应该只是迎合旅游者的口味,实现文化产品的使用价值,还要树立一种文化保护的意识,将经营性活动转变成文化传承与建设的使命,因地制宜,充分体现国家在新形势下对民族文化平等权利的尊重。这有利于保护文化多样性,增强民族的认同感和归属感,提高民族的凝聚力、向心力,巩固共同构建中华民族共有家园的高度自觉性和历史责任感。

二、保护文化特质:贵州少数民族乡村建设中的生态产品开发

贵州的少数民族村寨正在经历着剧烈变化,城镇一个接着一个地崛起。在山多地少、交通相对落后、科技尚不发达、资金仍很短缺、工业基础比较薄弱的少数民族聚集区,工业化走什么样的道路?城镇化推行什么样的模式?农业现代化选择什么样的途径?中共十八大报告为之提供了理论指导。特别是第八部分的"大力推进生态文明建设",首次在党的报告中提出了"生态产品"的概念,为贵州乡村建设指出了发展方向。

(一)正确理解"生态产品"的内涵

关于"生态产品"的内涵,目前还没有一个确切的阐释。如果从字面意义直观理解,"生态产品"首先应该是具有使用价值的用来消费的"产品",其次应该包含"生态"的内涵。如果从现象学分析,生态产品的生产过程就应该具有维护生态、修复生态的理念或作用,或者其材料、产品本身呈现出有利于身体健康的生态特征,至少包括公共生态产品、用生态材料生产的产品、将生态观念贯穿生产过程中制造的产品,以及正确对待生态的精神文化产品四种类型。

在党的十八大召开期间,时任中央财经领导小组办公室副主任杨伟民接受记者采访,就"生态产品"话题谈了自己的看法。他个人认为:"生态产品就是良好的生态环境,包括清新空气、清洁水源、宜人气候、舒适环境——这些都是人类生活的必需品,是消费品。"时任北京市统计局局长苏辉的观点也颇为近似,她认为能成为生态产品的不仅仅是名山大川,在现代城市中,清洁的水和空气、澄澈的阳光,也都是珍贵的产品。[①] 2012 年 11 月 24 日,中央电视台新闻频道在对中共十八大报告进行"热词解读"时,其认识也基本与此一致,认为"生态产品"就是指的土地、森林、气候和环境。

空气、湖泊、河流、山脉、洞穴、森林等自然物不一定是人们制造的,但是它们可供公共消费,是自然界恩赐给人类的最纯粹的生态产品。这类生态产品在

① 智春丽:《让"生态"成为一种生活方式》,人民网。

自然界客观存在,却需要人们去发现,只有当人们认识到它们与人类、自然的关系,将客观的自然物转换成了可供消费的对象,它们才真正成为生态产品,否则它们只是自在之物。溶洞、瀑布、森林、湖泊、竹海等自然景观,只有经过利用,建立起与人们的审美、娱乐等的关系,才能变成生态产品。

进而言之,在良好的生态环境中生长出来的可供消费的动植物,可以说是另一类生态产品。俗称"贵州三宝"的天麻、灵芝、杜仲,平常所见的不使用饲料添加剂喂养的牲畜、家禽和水产品,不使用化肥和农药种植的蔬菜、水果和粮食等,都属于典型的生态产品。推而广之,用来自生态的材料生产、开发的果蔬产品、谷类食用品、生产生活用具、中药材等产品,则是另一个层次的生态产品。如村民加工制作的食用菌及蔬菜制品系列、豆制品系列、酱菜系列等原生态食品,以及葛根粉、蕨菜、枸杞子、野木瓜等都可归于此类。而竹椅、棕床垫、木地板、藤编生产生活用具,循环利用动植物资源创造的如沼气、磷石膏墙砖等产品,也是由生态材料加工而成的产品。

随着物质生活水平的提高,人们对环境和生活质量的要求也在逐步提高,对使用的产品更追求生态意识。这种生态意识不仅影响对产品的选择和使用,而且影响到产品的设计和生产,贯穿产品设计、生产的各个环节。因此,将生态观念贯穿生产过程中制造的产品,也是生态产品。防护林、固沙墙、经过科学处理的废水和废渣、消毒之后重新使用的废料、节能环保的太阳能热水器、风力发电机以及可溶解的包装袋等,就属于这一类生态产品。这类生态产品又称为绿色产品,其特点在于节约能源、无公害、可再生。它的生产过程涉及材料学、物理学、化学、环境学、生理学等多门学科领域。

除此之外,一切尊重自然的神话、古歌和传说,一切合理利用自然规律创造财富的经验,一切保护自然的道德观念、哲学、宗教、文学、艺术和生产经营模式,一切与自然相和谐、相统一的工艺和生活习俗等,则是精神文化层面的生态产品。

总之,一切尊重自然、顺应自然、保护自然的成果,一切有助于修复生态、净化环境的机器,一切有助于推进荒漠化、石漠化、水土流失综合治理的工具,一切有助于扩大森林、湖泊、湿地面积和保护生物多样性的设备,一切尊重自然规律的劳动成果,都属于生态产品。

(二)在贵州少数民族乡村开发生态产品必要且具有潜在优势

现在,贵州经济总量和人均国民生产总值在全国仍靠后,贫困和落后是贵州必须改变的现实状况，加快经济发展是贵州少数民族生活区当前的主要任务。但是，世界发达地区的经验已经证明，发展经济必须走可持续发展道路，必须把生态文明建设放在突出地位，必须把经济建设融入社会各方面和全过程，统筹兼顾。因此，贵州村寨发展经济的时候，开发生态产品既是科学的选择，也是特殊地理环境和人文历史的内在要求。

贵州绝大多数少数民族村寨的生态环境都极其脆弱，生态修复相当困难，遭受破坏后将直接影响村民的生产和生活，还会影响到珠江水系和长江水系。贵州的贫困地区主要在少数民族村寨，在发展经济的过程中最有可能破坏生态环境的也是这些地方。本着对国家、对社会、对子孙负责的态度，开发生态产品是贵州乡村建设、“三化同步”的正确选择。

贵州少数民族生活区良好的自然环境和丰富的自然资源既是大自然的恩赐，也是先辈悉心呵护的结果，保住青山绿水是时代赋予的使命。2012 年国发 2 号文件要求贵州到 2020 年根本遏制石漠化扩展势头，森林覆盖率达到 50%。贵州是全国唯一没有平原支撑的农业省，中央明确要求贵州守住耕地红线，确保人均基本口粮田不低于 0.5 亩，到 2020 年使灌溉供水保证率达到 75%，新增有效灌溉面积 515 万亩，改善和恢复有效灌溉面积 715 万亩。贵州少数民族村寨多数地方还属于深度贫困，要到 2020 年与全国同步建成小康社会，既要发展经济，又要保护生态；既要城镇化和工业化，又要农业现代化；既要在发展步伐上赶超，又要转变思想观念、经营方式和产业结构。面对乡村的实际，走绿色发展道路，开发生态产品则是致富的主要门径。罗甸的蔬菜基地建设，关岭的花椒种植，兴仁的金银花栽培，施秉的中药材培育，都匀、湄潭、凤冈、印江等地的茶园拓展，麻江的蓝莓推广，赤水的竹林产业壮大，余庆的“四在农家”模式开创，开阳的土地合理流转等成功的实践案例已经证明，开发生态产品可以让少数民族乡村建设走向富裕，实现“美丽乡村”的理想（图 8-4）。

“多彩贵州”是贵州树立的品牌形象，而真正的“多彩”表现在村寨，其民居、服饰、饮食、社会结构、歌舞、语言、生产方式、生活习惯、宗教信仰等异彩纷呈。如果把贵州比喻为“文化千岛”，那么数万个乡村就是岛屿，就是文化的载体。乡村还保存着没被破坏的自然景色，这里的河流和土地还有一些没被严重污染，这里生长的动植物还有一部分延续着自然进化的序列，这里的衣食住行还基本保留着自己的传统，这里的人们还能够按照他们原来的方式去生活。所有这一切，对于都市人来说，是历史记忆，更是可以抚慰心灵的消费品。大地和祖宗赐予的这些宝贵文化遗产，在村寨建设中我们应义不容辞地去保护，它们

图 8-4　贵州少数民族很多村寨原本只是每年种一季水稻,现在稻谷收割后,冬季再种蔬菜销售,没有使用化肥,深受城市人喜欢。稻谷主要用于自给,蔬菜销售则增加收入。

也为乡村建设中开发生态产品提供了丰富的资源。

贵州少数民族生活区的自然环境差异性大,气候类型复杂,生物具有多样性,开发生态产品具有得天独厚的条件。据调查统计,贵州动物资源库共有 15 个目的 63 种动物,有维管束植物 6 000 余种,野生脊椎动物 933 种,158 种珍稀动植物列入国家野生动植物重点保护名录。为了保护这些珍稀的动植物,贵州纷纷建立动植物保护区、植物园、生态园、地质公园、湿地公园、休闲度假旅游示范基地。这些园区以及园区内的动植物也成了具有深远历史意义和重要现实价值的生态产品。

贵州少数民族有尊重自然的传统,并在自然环境中创造性地开发出许多生态产品。水族马尾绣织品、布依族棉织品、苗药、湄潭银耳、雷山云雾茶、惠水雅水米、三穗麻鸭、大方漆器、赤水竹器等都有悠久的历史,是金字招牌的生态产品。今天,赤水河仍严禁机动船行驶,雷公山仍限制排污的工厂进入,从江县岜沙仍反对砍伐树木,优秀的传统文化习惯保护了环境,培育了生态产品。贵州少数民族村寨有许多独特的歌舞、节日、古老的建筑、器物、服饰、习俗等,在当今都成了稀缺的资源,为当地进一步开发生态产品提供了人文资源。

最近几年的事实也逐步证明,贵州发展生态产业具有前景。在每年一度的生态文明贵阳国际论坛上,国内外专家都热心为贵州生态文明建设提出建议,许多具有国际竞争力的企业纷纷在贵州投资绿色产业,大数据和大健康产业园区已初具规模,开始形成产业集群。贵州越来越多的人认识到,当地少数民族地区和贫困山区的农业必须立足于山地资源优势。省委省政府作出了大力发展现代山地高效农业的决策部署,并将其列入“五大新兴产业”。全省很多村寨的蔬菜种植效益持续向好,茶叶、辣椒、火龙果等生产规模居全国第一位,马铃薯种植面积位居全国第三。生态畜牧业稳步发展,大鲵养殖在很多地方都具有得天独厚的自然条件并解决了技术问题。据省农委官方提供的消息,213 个省级农业园区入住企业 2 421 家,其中省级以上龙头企业 361 家,累计建成商品化种植基地 796 万亩,2014 年实现总产值 993 亿元,总销售收入 771 亿元。休闲农业与乡村旅游实现营业收入 27 亿元,增长 108%。当年全省农业增加值增长 6.6%,农民人均可支配收入增长 13.1%,增速双双位居全国首位。[①]

(三)贵州少数民族乡村建设中开发生态产品需要注意的诸多事项

其一,生态产品开发要在尊重生态的前提下,走可持续发展的道路,而不能破坏生态和掠夺生态资源。盗猎的野生动物和盗伐的林木都可以成为人们消费的“绿色产品”,但不属于真正意义上的生态产品。开发生态产品是创造物质财富的过程和改善民生的手段,同时也是修复自然、维护生态良性发展的举措,它一定要以尊重自然、顺应自然、保护自然的生态文明理念为前提。在人类社会早期,人们巢居穴处,自在地利用自然,从自然界获取食物,消费着自然环境中的动植物资源,虽然融入自然生态,但他们还没有形成保护生态的理性自觉,所以他们所消费的对象还不能称为生态产品。在西方工业文明时代征服地球、改变世界、挑战自然的欲望蔓延之后,人们无节制地向自然界索取、掠夺,生态遭到严重破坏,这种行为显然不是在从事生态产品开发。伴随着科学技术进步,今天的人们制造工具和获取食物的能力更强了,而赖以生存的地球和宇宙却向人类施以无情的报复。在严重的自然灾害面前,人类认识到了自己的脆弱和生存环境日趋恶劣的后果,开始对自己的虚妄反省,对生态产生敬畏。于是,在产品生产中逐渐摒弃对自然的索取和掠夺,把自己的生存置于生态系统之中加以反思。从认识论而言,在对生态错误认识之下开发的任何产品都不是生态产品,生态产品开发是对生态有了科学认识后的产物。贵州少数民族对自然充满敬畏,相信有山神、树神、水神,认为自己与老虎、竹子、枫香树、蜈蚣、青蛙、鲤鱼等动植物有亲缘关系。这种自然崇拜和原始信仰一直在发挥着保护生态的

① 程曦:《2014 年贵州农民人均可支配收入增长位居全国首位》,多彩贵州网。

作用，也为他们开发的生态产品注入了特殊的文化内涵。

其二，一定要用好国家的扶植政策，全面、深度地开发生态产品。贵州是长江、珠江上游重要生态安全屏障，对构建"两江"上游生态安全具有战略地位。国家出台了许多支持西部开发和扶持贵州发展的政策，支持贵州开展生态补偿机制试点，扶持绿色农业，优先发展生态产品企业，大力倡导循环经济。2012 年国发 2 号文件建议贵州采取多种途径促进农民增收致富，把石漠化治理与解决好农民长远生计结合起来，加强山区特色经济林建设，因地制宜发展花椒、金银花、猕猴桃、火龙果、核桃等经济作物。这些政策都是在支持贵州乡村建设走绿色发展道路，贵州也只有走绿色的乡村发展道路才能得到国家大力度的扶持。贵州少数民族特别需要国家扶持，但是争取获得扶持的前提是必须尽可能与国家政策相吻合，必须尽可能将自身利益与全局利益、短期利益与长远利益有效衔接。在贵州少数民族村寨开发生态产品既符合当地实际，也符合中央的指示，可以在改善民生的同时，有效地保护生态和传统文化，也有助于少数民族地区探索差异化发展道路。因此，贵州的前景不只在城镇，不只在工业，广大民族地区和村寨也有美好的前景。现在提出的"既要绿水青山，也要金山银山"的方针，提出的"走瑞士模式的发展道路"主张，都贯穿着生态理念，都是一种与生态文明建设深度结合的发展思路（图 8-5）。

图 8-5　黔西南是典型的石漠化地区，现在重点建设文化旅游创新区，集民族文化传承、生态保护、特色农业发展于一体。

其三，开发生态产品不是对生态的滥用，有必要建立和健全保护生态的制度，在保护生态的制度前提下从事生态产品生产。生态产品开发的结果必须有助于保护生态和社会可持续发展，因此经济建设要把资源消耗、环境损害、生态效益、文化传承等纳入经济社会发展评价体系，配套完善严格的耕地保护制度、水资源管理制度、环境保护制度、文化保护制度，建立体现生态文明和社会文明要求的目标体系、考核办法、奖惩机制。贵州目前在乡村建设中开发生态产品，生产技术和消费者的认知都还有待提升，除继续加大宣传力度外，有必要深化资源性产品价格和税费改革，建立反映市场供求和资源稀缺程度、体现生态价值和代际补偿的资源有偿使用制度、生态补偿制度和文化保护条例等。这些制度能够发挥鼓励、保护和推进生态产品开发的作用，而生态产品开发又进一步推进各项保护生态的制度继续完善。

其四，生态产品和生态环境相互统一，和生态文化构成统一体。贵州少数民族村寨的生态产品如果要形成竞争优势，就必须突出地方生态和文化特色，构建产业链，打造生态产品集群。只有突出地方生态和文化特色，才能发挥资源优势，也能吸引消费者，借助产品这一文化载体来传播民族文化和传承村寨文化。只有形成产业链，打造产品集群，才能建立规模经济，通过发展具有文化内涵的产业以发展生产和提高村民的生活水平。在中共十八大之后，贵州省决定大力发展山地特色农业，实现蔬菜、茶叶、烤烟、精品水果、中药材、核桃、油菜、油茶等连片开发、规模生产；集中力量，打造白酒、烤烟、茶叶、民族制药和特色食品“五张名片”；巩固发展油菜、马铃薯等传统优势农产品；积极推进茶叶、干鲜果、中药材、酿酒高粱、油茶等基地建设；因地制宜发展薏仁、苦荞、芸豆、芭蕉芋等小杂粮；实施山地高效立体农业工程，建设贵阳、遵义、毕节等山区现代农业示范区，铜仁、黔东南、黔南生态农业示范区，安顺山地农业机械示范区，以及黔西南、六盘水喀斯特山区特色农业示范区；重点培育新材料、电子信息、新能源、装备制造业和节能环保等产业。这些措施是对 2012 国发 2 号文件的具体落实，是对贵州生态环境有了正确认识后的科学决策，有利于形成规模生产和下游产业，有利于少数民族在保护生态和传统文化的前提下调整产业结构。只要贵州少数民族生活区找准了发展方向，就一定能走出一条环境友好型、可持续的文化发展道路（图 8-6）。

其五，对生态的认识和产品的消费总会打上时代的烙印，生产或使用的产品应该包含科技和文化的元素。白酒、香猪、竹荪、黑木耳、茶叶、蜡染虽然都是贵州的传统品牌产品，但还要运用现代科技，保证丰富的营养和食用安全健康，

图8-6 图为印江县新寨现代农业园。种茶是武陵山区土家族人的传统,在乡村大力推广茶叶种植既有利于生态,又能避免村民大量外流。只要合理引导,村寨传统文化就能很好地传承下来。(戴帆摄)

必须突出地域文化特征。只有注入地域文化要素,提高生态产品的科技含量,开发的生态产品才能满足当下消费者的需求,才可能具有市场竞争力。以民族医药为例,虽然历史上就有“黔山无闲草”的俗语,贵州少数民族在历史上就形成了独特的药理和制药技术,但只有广泛吸收各民族的医药精华,积极推进中医药现代化,才能将民族医药做大、做强。在开发民族特色食品方面,原材料和传统工艺是基础,而现代营养学理论的运用、科学的加工流程和管理手段才是培育具有市场竞争力的大规模生态产品企业的关键。更重要的是,要有创新精神,能够将新的科学技术运用到生产实践,开发出新的生态产品,拓宽传统文化的社会价值。

村寨文化本来就形成于并服务于生产和生活,所以保护和传承村寨文化的办法就是将其贯穿于生产和生活之中。尽管树立村民的文化自信和提高其文化保护的自觉意识十分必要,建立和完善文化保护的制度非常重要,但今天贵州少数民族村寨的首要任务则是发展生产和改善生活。只有通过发展生产和改善村民生活,才能真正实现村寨文化保护。在发展生产中,当然不只局限于开发生态产品,也可以发展服务业、制造业,还可以经营矿产开采或煤电等行业,更不排斥劳务输出和生态移民等途径,而生态产品开发无疑最具有潜质,能实现生产和生活的可持续发展。即便从事其他产业,也一定要坚持生态观念,要确保生存环境的可持续发展和村寨文化不断裂。所以,在谈论村寨文化保护的时候,不能脱离村寨经济建设;在思考村寨文化传承的时候,需要考虑村民的生活改善;在看待地域性的村寨文化的时候,应该将其置于当今社会的大环境中来认识。只有确保村寨生态环境的可持续发展和村民生产生活的可持续发展,才能实现村寨文化的可持续发展。

参考文献

一、著作类

1.《黔书·续黔书·黔记·黔语》,贵阳:贵州人民出版社,1992 年。

2.《清高宗实录》,北京:中华书局,2008 年。

3. 爱德华·霍尔:《超越文化》,何道宽译,北京:北京大学出版社,2010 年。

4. 爱德华·泰勒:《原始文化》,蔡江浓编译,杭州:浙江人民出版社,1988 年。

5.(东汉)班固:《汉书》,北京:中华书局,1974 年。

6. 包亚明:《现代性与空间的生产》,上海:上海教育出版社,2003 年。

7. 本尼迪克特:《文化模式》,何锡章、黄欢译,北京:华夏出版社,1987 年;王炜等译,北京:生活·读书·新知三联书店,1988 年。

8. 常青编著:《建筑遗产的生存策略:保护与利用设计实验》,上海:同济大学出版社,2003 年。

9. 毕节地区彝文翻译组译,毕节地区民族事务委员会编:《西南彝志》(第 5-6 卷),贵阳:贵州民族出版社,1992 年。

10. 陈昌言、扎拉芬修,周范纂:《毕节县志稿》,贵州省图书馆,1965 年。

11. 蔡宗建、龚传坤纂修:(乾隆)《镇远府志》,贵州省图书馆,1965 年。

12. 岱年、世杰:《水族民间故事》,贵阳:贵州人民出版社,1985 年。

13. 杜文铎等点校:《黔南识略·黔南职方纪略》,贵阳:贵州人民出版社,1992 年。

14.(南朝)范晔:《后汉书》,北京:中华书局,2007 年。

15. 菲利普·史密斯:《文化理论——导论》,张鲲译,北京:商务印书馆,2008 年。

16. 费孝通:《费孝通文集》(第四卷),北京:群言出版社, 1999 年。

17. 费孝通:《乡土中国》,北京:生活·读书·新知三联书店,1985 年。

18. 费孝通:《乡土中国:生育制度》,北京:北京大学出版社,1998 年。

19. 费正清、刘广京:《剑桥中国晚清史》(上卷),北京:中国社会科学出版社,1993 年。

20. 费正清:《美国与中国》,北京:世界知识出版社,1999 年。

21. 符太浩:《溪蛮丛笑研究》,贵阳:贵州民族出版社,2003 年。

22. 高冰、杨俊江:《逸世之河——都柳江》,贵阳:贵州人民出版社,2005 年。

23. 贵州民间文艺研究会编:《民间文学资料》(内部资料),第 62 集,1985 年。

24. 贵州省民族研究所编:《贵州省雷山县桥港乡掌披寨苗族社会历史调查资料》,1965 年。

25. 贵州省民族研究所编:《贵州省台江县巫脚公社反排寨社会历史调查资料》,1965 年。

26. 贵州省民族研究所编:《〈明实录〉贵州资料辑录》,贵阳:贵州人民出版社,1983 年。

27. 贵州省群众艺术馆编:《群众文化论文选集》,贵阳:贵州人民出版社,2001 年。

28. 贵州省水家学会编:《水家学研究》(一),贵阳:贵州民族出版社,1993 年。

29. 贵州省文史研究馆古籍整理委员会编:《明万历贵州通志》,贵阳:贵州大学出版社,2010 年。

30. 贵州省政府民政厅编:《贵州省保甲概况》,贵州省政府民政厅编印,1937 年。

31. 贵州省政协文史资料委员会:《贵州文史资料选辑》第 25 辑。

32.(明)郭子章著,赵平略、尹宁编著:《黔记·大事记》考释,贵阳:贵州人民出版社,2013 年。

33. 何丕坤、何俊、吴训锋主编:《乡土知识的实践与发掘》,昆明:云南民族出版社,2004 年。

34. 横山宁夫:《社会学概论》,上海:上海译文出版社,1983 年。

35. 贺雪峰:《乡村社会关键词:进入 21 世纪的中国乡村素描》,济南:山东人民出版社,2010 年。

36. 侯绍庄、史继忠、翁家烈:《贵州古代民族关系史》,贵阳:贵州民族出版社,1991 年。

37. 黄才贵:《独特的社会经纬——贵州制度文化》,贵阳:贵州教育出版社,2000 年。

38. 黄海:《瑶山研究》,贵阳:贵州人民出版社,1997 年。

39. 黄强:《中国保甲实验新编》,南京:正中书局,1935 年。

40. 金星华主编:《民族文化理论与实践》,北京:民族出版社, 2004 年。

41. 金耀基:《从传统到现代》,北京:中国人民大学出版社,1999 年。

42. 拉里·A. 萨默瓦、理查德·E. 波特:《跨文化传播》(第四版),闵惠泉、王伟、徐培喜等,译,北京:中国人民大学出版社,2004 年。

43. 兰德曼:《哲学人类学》,阎嘉译,贵阳:贵州人民出版社,1988 年。

44. 兰东兴等:《贵州传播史》,贵阳:贵州人民出版社,2004 年。

45. 李瑞岐:《论群众文化与民俗艺术》,贵阳:贵州民族出版社,1994 年。

46. 李文明:《千年短裙》,北京:大众文艺出版社,2011 年。

47. 李银河:《生育与村落文化》,呼和浩特:内蒙古大学出版社,2009 年。

48. 李友谋:《中国原始社会史述》,郑州:中州古籍出版社,1986 年。

49. 廖君湘:《侗族传统社会过程与社会生活》,北京:民族出版社,2005 年。

50. 绫部恒雄:《文化人类学的十五种理论》,中国社会科学院日本研究所社会文化室译,北京:国际文化出版公司,1988 年。

51. 罗兰・巴特:《符号学美学》,董学文、王葵译,沈阳:辽宁人民出版社,1987 年。

52. 罗伯特・F. 墨菲:《文化与社会人类学引论》,王卓君、吕迪基译,北京:商务印书馆,1991 年。

53. 马克思、恩格斯:《马克思恩格斯全集》(第 19 卷),中共中央马克思恩格斯列宁斯大林著作编译局译,北京:人民出版社,1963 年。

54. 马学良、今旦:《苗族史诗》,北京:中国民间文艺出版社,1983 年。

55. 孟慧英:《西方民俗学史》,北京:中国社会科学出版社,2006 年。

56. 民族问题五种丛书贵州省编辑组:《苗族社会历史调查》(二),贵阳:贵州民族出版社,1987 年。

57. 民族问题五种丛书贵州省编辑组:《苗族社会历史调查》(三),贵阳:贵州民族出版社,1987 年。

58. 摩尔根:《古代社会》,杨东莼、马雍、马巨译,北京:商务印书馆,1977 年。

59. 莫里斯・哈布瓦赫:《论集体记忆》,毕然、郭金华译,上海:上海人民出版社,2002 年。

60. 潘年英:《民族・民俗・民间》,贵阳:贵州民族出版社,1994 年。

61. 潘年英:《百年高坡》,贵阳:贵州人民出版社,1997 年。

62. 濮振远、申晓庆主编:《贵阳市志・宗教志》,贵阳:贵州人民出版社,1996 年。

63. 钱伯城、魏同贤、马樟根主编:《全明文》第一册,上海:上海古籍出版社,1992 年。

64. 任可澄主纂:(民国)《贵州通志》,贵阳:贵州人民出版社,1988 年。

65. 阮居平编:《贵州民间长诗》,贵阳:贵州人民出版社,1997 年。

66. (清)善一如纯辑,刘泳唐校点,乐光彦标点:《黔南会灯录》,成都:四川大学出版社,1998 年。

67. 史继忠、张永国:《民国年间苗族论文集》,贵州省民族研究所编(内部),1983 年。

68. (西汉)司马迁:《史记》,北京:中华书局,1982 年。

69. 粟周榕:《六洞九洞侗族村寨》,贵阳:贵州人民出版社,2011 年。

70. 孙江主编:《事件・记忆・叙述》,杭州:浙江人民出版社,2004 年。

71. 台湾"中央研究院历史语言研究所"校勘:《明实录》,上海:上海书店,1982 年。

72. (元)脱脱等撰:《宋史》,北京:中华书局,1985 年。

73. 王文章主编:《中国非物质文化遗产保护论坛文集》,北京:文化艺术出版社,2006 年。

74. 王学文:《规束与共享 一个水族村寨的生活文化考察》,北京:民族出版社,2010 年。

75. 王宗勋:《文斗:看得见历史的村寨》,贵阳:贵州人民出版社,2009 年。

76. 威廉・A. 哈维兰:《文化人类学》,瞿铁鹏、张钰译,上海:上海社会科学出版社,

2006年。

77. 翁乃群:《南昆八村——南昆铁路建设与沿线村落》(贵州卷),北京:民族出版社,2001年。

78. 乌丙安:《非物质文化遗产保护:理论与方法》,北京:文化艺术出版社,2010年。

79. 吴大旬:《清朝治理侗族地区政策研究》,北京:民族出版社,2008年。

80. 谢迪斌:《破与立的双重变奏——新中国成立初期乡村社会道德秩序的改造与建设》,长沙:湖南人民出版社,2009年。

81. (明)谢东山、张道纂修:(嘉靖)《贵州通志》,贵州省图书馆藏。

82. (清)徐家干著,吴一文校注:《苗疆见闻录》,贵阳:贵州人民出版社,1997年。

83. (明)徐弘祖:《徐霞客游记》,重庆:重庆出版社,2007年。

84. 严汝娴主编:《中国少数民族婚姻家庭》,北京:中国妇女出版社,1986年。

85. 阎云翔:《私人生活里的变革:一个中国村庄的爱情、家庭与亲密关系1949—1999》,上海:上海书店出版社,2006年。

86. 杨鹍国:《苗族服饰——符号与象征》,贵阳:贵州人民出版社,1997年。

87. 扬鬃、王良范主编:《苗侗文坛》(47),贵阳:贵州人民出版社,2005年。

88. 叶春生主编:《区域民俗学》,哈尔滨:黑龙江人民出版社,2003年。

89. (清)余渭修,陈瑜纂,张祥光、周声浩点校:(光绪)《黎平府志》,北京:方志出版社,2014年。

90. 余未人:《走进鼓楼——侗族南部社区文化口述史》,贵阳:贵州人民出版社,2001年。

91. (清)余泽春修,余嵩庆纂:(光绪)《古州厅志》,见于黄家服、段志洪主编:《中国地方志集成 贵州府县志辑》,成都:巴蜀书社,2006年。

92. 曾绍阳、唐晓腾:《社会变迁中的农民流动》,南昌:江西人民出版社,2004年。

93. (清)张广泗、靖道谟、杜诠修纂:(乾隆)《贵州通志》,贵州省图书馆藏。

94. 张海荣:《梵净山神》,贵阳:贵州人民出版社,1997年。

95. 张人位等主编:《侗族文学史》,贵阳:贵州民族出版社,1988年。

96. 张晓:《西江苗族妇女口述史研究》,贵阳:贵州人民出版社,1997年。

97. (清)赵翼、姚元之:《簷曝杂记·叶亭杂记》,北京:中华书局,1982年。

98. 郑晓云:《文化认同与文化变迁》,北京:中国社会科学出版社,1992年。

99. 朱狄:《信仰时代的文明——中西文化的趋同于差异》,武汉:武汉大学出版社,2008年。

100. 中国科学院民族研究所贵州少数民族社会历史调查组、中国科学院贵州分院民族研究所:《贵州省罗甸县平亭村布依族解放前的社会经济情况和解放后的发展变化》,1963年。

101. 中国科学院民族研究所贵州少数民族社会历史调查组、中国科学院贵州分院民族研究所:《贵州省黔东南舟溪地区苗族的生活习俗》,1963 年。

102. 中国少数民族社会历史调查资料丛刊贵州省编辑组:《布依族社会历史调查》,贵阳:贵州民族出版社,1986 年。

103. 中国少数民族社会历史调查资料丛刊贵州省编辑组:《黔西北苗族彝族社会历史综合调查》,贵阳:贵州民族出版社,1986 年。

104. 马克思、恩格斯:《马克思恩格斯选集》(第 1 卷),中共中央马克思恩格斯列宁斯大林著作编译局译,北京:人民出版社,1972 年。

105. (明)锺添、田秋纂修:(嘉靖)《思南府志》,上海:上海古籍出版社,1962 年。

106. 左玉堂、陶学良主编:《毕摩文化论》,昆明:云南人民出版社,1993 年。

二、期刊和学位论文类

1. 白佩芳、杨豪中、周吉平:《关于传统村落文化研究方法的思考》,《建筑与文化》,2011 年第 8 期。

2. 曹海林:《乡村社会变迁中的村落公共空间——以苏北窑村为例考察村庄秩序重构的一项经验研究》,《中国农村观察》,2005 年第 6 期。

3. 柴阳:《扶贫开发与少数民族文化保护及传承》,《青年文学家》,2013 年第 15 期。

4. 常嫣:《浅谈少数民族传统文化的继承发展及其保护》,《网络财富》,2010 年第 12 期。

5. 陈千慧:《原生态民族文化的保护与继承探究》,《知识经济》,2013 年第 16 期。

6. 陈世娟:《论村落文化的基本特征》,《湖北师范学院学报》(哲学社会科学版),1993 年第 2 期。

7. 陈鹰、傅德荣:《关注新农村建设中乡村文化的保护与传承》,《红旗文稿》,2006 年第 16 期。

8. 戴平:《民族服饰中的生殖崇拜》,《戏剧艺术》,1994 年第 1 期。

9. 丁中炎:《关于沐英、蓝玉原籍、原姓及族别问题的新探讨》,《贵州民族研究》,1982 年第 4 期。

10. 杜芳娟、陈晓亮、朱竑:《民族文化重构实践中的身份与地方认同:仡佬族祭祖活动案例》,《地理科学》,2011 年第 12 期。

11. 杜金林:《贵州省世居少数民族传统民居面临的危机及保护对策》,《理论与当代》,2008 年第 3 期。

12. 段友文:《论社会现代化进程中的村落文化建设》,《山西师大学报》(社会科学版),2007 年第 6 期。

13. 高婕:《民族旅游发展背景下的民族文化变迁与保护研究》,华中农业大学硕士论文,2009 年。

14. 高志刚:《论明代贵州书院发展及对贵州区域文化的影响》,贵州师范大学硕士论文,2008 年。

15. 苟红礼:《并村与强组:是背道而驰还是殊途同归》,《当代贵州》,2009 年第 11 期。

16. 关昕:《文化空间构建与传统节日保护》,《文化学刊》,2009 年第 5 期。

17. 郝彧:《元明清时期贵州彝族与移民的冲突与调适》,《西南民族大学学报 》(人文社会科学版), 2013 年第 4 期。

18. 何长凤:《粗论咸同贵州各族农民起义》,《贵州文史丛刊》,1984 年第 2 期。

19. 贺雪峰:《论乡村社会的秩序均衡》,《云南社会科学》,1999 年第 3 期。

20. 胡惠林、王媛:《非物质文化遗产保护:从“生产性保护”转向“生活性保护”》,《艺术百家》,2013 年第 4 期。

21. 黄德林:《文化生态视野下布依族古歌的传承》,《贵州社会科学》,2013 年第 6 期。

22. 黄瑾:《浅谈彝族服饰的变迁与传承因素》,《贵州民族学院学报》(哲学社会科学版),2006 年第 5 期。

23. 黄适远:《仪式与变迁:从新疆哈萨克等族群“祭天仪式”的留存看阿尔泰语系萨满信仰的文化空间与样式》,《伊犁师范学院学报》(社会科学版),2013 年第 2 期。

24. 黄涛:《古村落的文化遗产保护与社区发展——以浙江省楠溪江流域苍坡古村为个案》,《温州大学学报》(社会科学版),2009 年第 5 期。

25. 黄新炎、戎青、翟青:《少数民族文化传承与保护刍议:基于布朗山布朗族乡的调研》,《江苏科技信息》,2012 年第 8 期。

26. 纪丽萍:《变迁视阈中的现代性与中国乡村文化》,《理论月刊》,2013 年第 5 期。

27. 蒋桂珍:《贵州省行政村合并难点及对策思考》,《法制与社会》,2012 年第 21 期。

28. 蒋家林:《贵州天柱三门塘刘氏宗祠研究》,《经济研究导刊》,2012 年第 8 期。

29. 蓝东兴:《贵州少数民族村寨文化传承研究的内容、价值与意义》,《贵州民族学院学报》(哲学社会科学版),2012 年第 4 期。

30. 蓝东兴:《明代中央王朝统治贵州的策略》,《贵阳师范高等专科学校学报》(社会科学版),2004 年第 1 期。

31. 李善峰:《20 世纪的中国村落研究——一个以著作为线索的讨论》,《民俗研究》,2004 年第 3 期。

32. 李庆真、谢丽霞:《社会变迁中失落的村落文化》,《新西部》,2009 年第 7 期。

33. 李松、王建民、张跃、朱凌飞、马居里、许雪莲:《中国少数民族节日在国家文化建设中的地位和意义》,《艺术百家》,2012 年第 5 期。

34. 李文华、刘某承、闵庆文:《农业文化遗产保护:生态农业发展的新契机》,《中国生态农业学报》,2012 年第 6 期。

35. 廖奔:《中国非物质文化遗产的特性》,《新华文摘》,2009 年第 3 期。

36. 廖杨:《民族 · 族群 · 社群 · 社区 · 社会共同体的关联分析》,《广西民族研究》,2008 年第 2 期。

37. 廖毅川:《黔东南少数民族节日文化的社会教育功能》,《教育评论》,2012 年第 6 期。

38. 林茂松、晋佑顺:《渗透和变异——论现代话语在乡村社会中的传播》,《东南传播》,2011 年第 9 期。

39. 林庆、李旭:《论城市化背景下少数民族乡村文化的保护》,《大理学院学报》,2013 年第 11 期。

40. 刘德龙:《坚守与变通关于非物质文化遗产生产性保护中的几个关系》,《民俗研究》,2013 年第 1 期。

41. 刘金海、杨雪婷:《农民非农化及对乡村社会影响研究》,《社会主义研究》,2007 年第 6 期。

42. 刘金荣:《新型农村社区建设背景下农村传统文化的传承与保护》,《甘肃农业》,2013 年第 11 期。

43. 刘瑞娟:《论村落文化在乡风文明建设中的作用》,《山西农业大学学报》(社会科学版),2008 年第 1 期。

44. 刘铁梁:《村落——民俗传承的生活空间》,《北京师范大学学报》(社会科学版),1996 年第 6 期。

45. 刘锡诚:《保护民间文化的迫切性》,《西北民族研究》,2002 年第 2 期。

46. 刘晓辉、部捷:《"空村化"境遇中贵州乡村文化遗产保护与社会发展思考》,《贵州师范学院学报》,2012 年第 11 期。

47. 刘宗碧:《我国少数民族文化传承机制的当代变迁及其因应问题——以黔东南苗族侗族为例》,《贵州民族研究》,2008 年第 3 期。

48. 龙翠芳:《少数民族人口流动对民族婚姻的影响——以贵州两个村寨为例》,《南京人口管理干部学院学报》,2009 年第 4 期。

49. 龙开义:《湘西南苗族村落文化的混融性》,《萍乡高等专科学校学报》,2002 年第 3 期。

50. 龙小金:《从〈分亲和改装歌〉看苗族社会风俗的演变》,《贵州文史丛刊》,1998 年第 3 期。

51. 卢荣轩、童辉波:《试论村落文化的基本特征及历史性变革》,《社会主义研究》,1993 年第 1 期。

52. 罗贤贵:《少数民族人口流动与村落变迁:以贵州 9 个少数民族村落为典型》,《贵州社会科学》,2015 年第 7 期。

53. 马启忠、王德龙:《试论布依族服饰文化》,《贵州民族研究》,1991 年第 3 期。

54. 穆昭阳:《民众记忆与村落民俗传统传承》,《民俗研究》,2012 年第 6 期。

55. 潘朝霖:《神秘水书的传承人潘广礼》,《原生态民族文化学刊》,2009 年第 4 期。

56. 钱晶晶:《历史人类学视角下的村落空间:三门塘人的谱系建构与姓氏空间》,《青海民族研究》,2013 年第 2 期。

57. 任映红:《论村落文化与当前农村的政治发展》,《江汉论坛》,2005 年第 5 期。

58. 单晓娅:《加快贵州省农村人口向城镇转移的思路与对策研究》,《贵州大学学报》(社会科学版),2010 年第 3 期。

59. 沈学辉:《学术动态湖北省村落文化研讨会简述》,《理论月刊》,1992 年第 11 期。

60. 沈小勇:《传承与延展:乡村社会变迁下的文化自觉》,《社会科学战线》,2009 年第 6 期。

61. 施惟达:《民族村寨文化的现代建构》,《民族艺术》,2004 年第 4 期。

62. 石勇:《被“文化殖民”的农村》,《天涯》,2005 年第 1 期。

63. 舒华:《贵州彝族传统婚姻习惯法研究》,《法制与经济》(下旬刊),2012 年第 1 期。

64. 侣传振:《村落仪式:乡村社会的结构与反结构——一项来自村庄祭祀仪式解读基础上的分析尝试》,内蒙古社会科学(汉文版),2009 年第 1 期。

65. 宋佳颖:《住屋形式与文化的评述》,《山西建筑》,2007 年第 35 期。

66. 宋琦、左芊:《住屋形式与变化》,《黑龙江科技信息》,2001 年第 3 期。

67. 孙白露,等:《农业文化的价值及继承和保护探讨》,《农业现代化研究》,2011 年第 1 期。

68. 孙庆忠:《乡土社会转型与农业文化遗产保护》,《中州学刊》,2009 年第 6 期。

69. 王虹、陈麦池、张明新:《民族村寨文化空间保护与旅游可持续发展新探》,《湖北民族学院学报》(哲学社会科学版),2011 年第 5 期。

70. 王景新:《新农村建设中传统村落及村落文化保护》,《中国乡村发现》,2007 年第 5 期。

71. 王俊:《彝族传统文化的传承与保护模式浅谈:以黔西北彝族村寨阿西里西为例》,《人民论坛》(中旬),2013 年第 8 期。

72. 汪磊:《乡村社会关系历史演变的分析及其启示》,《科教文汇》,2009 年第 5 期。

73. 王明珂:《由族群到民族:中国西南历史经验》,《西南民族大学学报》(人文社科版),2007 年第 11 期。

74. 王维其:《浅谈贵州民族传统节日文化的生态变迁》,《品牌》(下半月),2013 年第 1 期。

75. 王晓明:《L 县见闻:“三农”问题上的文化诱因》,《天涯》,2004 年第 6 期。

76. 王彦达:《全球化视野下民族文化传承与发展问题的几点思考》,《中国民族》,2004 年第 11 期。

77. 魏俊玲、朱明霞:《论中国传统文化的传承与保护》,《人民论坛》,2013 年第 21 期。

78. 文永辉:《外来文化冲击下水族习惯法的不同变迁:贵州省三都县两个水族村寨的比较》,《贵州民族研究》,2010 年第 4 期。

79. 吴汉东:《论传统文化的法律保护》,《中国法学》,2010 年第 1 期。

80. 武力:《要重视土地改革对乡村社会的深远影响:读〈土地制度变动与中国乡村社会变革〉有感》,《当代中国史研究》,2011 年第 1 期。

81. 伍家平:《论民族聚落地理特征形成的文化影响与文化聚落类型》,《地理研究》,1992年第3期。

82. 吴理财等:《城镇化进程中传统村落的保护与发展研究:基于中西部五省的实证调查》,《社会主义研究》,2013年第4期。

83. 吴平:《关于培育苗侗民族文化传承人的调查研究》,《贵州大学学报》(社会科学版),2012年第2期。

84. 吴伟峰:《从民族生态博物馆看广西民族文化的保护与传承》,《广西民族研究》,2007年第2期。

85. 肖青、李宇峰:《民族村寨文化的理论架构》,《云南师范大学学报》(哲学社会科学版),2008年第1期。

86. 谢迪斌:《论新中国成立初期中共对乡村村落的改造与重建》,《中共党史研究》,2012年第8期。

87. 谢元媛:《文明责任与文化选择——对敖鲁古雅鄂温克生态移民事件的一种思考》,《文化艺术研究》,2011年第2期。

88. 严庆、王伟:《民族民间话语及其启示》,《西南民族大学学报》(人文社会科学版),2011年第8期。

89. 杨鹍国:《民族村落文化:一个“自组织”的综合系统》,《中南民族学院学报》(哲学社会科学版),1992年第6期。

90. 杨丹:《贵州彝族毕摩文化传承人问题研究——以贵州省盘县淤泥乡为个案分析》,《毕节学院学报》,2009年第11期。

91. 杨启刚:《神秘“绕家”》,《西部人》,2003年第10期。

92. 杨铜铜:《村落文化的变迁》,《商业文化》(下半月),2012年第5期。

93. 杨玺:《论黔东南苗族村寨与自然之和谐》,《理论与当代》,2008年第12期。

94. 杨正权:《浅谈民族村寨文化遗产保护》,《贵州民族宗教》,2008年第2期。

95. 杨筑慧:《妇女外流与西南民族婚姻习俗的变迁》,《云南民族大学学报》(哲学社会科学版),2009年第6期。

96. 余漫江:《最后的布依歌师》,《当代贵州》,2013年第12期。

97. 余宏模:《古代彝族布慕刍议》,《贵州文史丛刊》,1981年第3期。

98. 于水、孙金华:《乡村社会发展之动力:乡村集中居住》,《甘肃理论学刊》,2012年第6期。

99. 余未人:《“祖灵”与贵州少数民族节日文化》,《民间文化论坛》,2011年第3期。

100. 余压芳、刘建浩:《论西南少数民族村寨中的“文化空间”》,《贵州民族研究》,2011年第2期。

101. 岳坤:《旅游与传统文化的现代生存——以泸沽湖畔落水下村为例》,《民俗研究》,2003年第4期。

102. 赵晓芬:《贵州农村劳务输出研究》,《中共贵州省委党校学报》,2011 年第 5 期。

103. 赵星:《贵州喀斯特聚落文化类型及其特征研究》,《中国岩溶》,2010 年第 4 期。

104. 张旭:《从村里的祭祀活动看乡村社会中的宗教信仰——以山东济宁微县湖村为个案》,《青年文学家》,2011 年第 19 期。

105. 张中文:《我国乡村文化传统的形成、解构与现代复兴问题》,《理论导刊》,2010 年第 1 期。

106. 赵晔琴:《农民工:日常生活中的身份建构与空间型构》,《社会》,2007 年第 6 期。

107. 周红才、胡希军:《非物质文化遗产视野下传统礼俗的保护与传承:以湖南张谷英村为例》,《经济地理》,2011 年第 11 期。

108. 周莹:《僅家服饰蜡染艺术的族群认同研究:贵州黄平重兴乡望坝村的研究案例》,《原生态民族文化学刊》,2011 年第 2 期。

109. 祝丽生:《乡村社会变迁下的民间规则认同模式研究》,《四川行政学院学报》,2011 年第 5 期。

110. 朱新山:《试论传统乡村社会结构及其解体》,《上海大学学报》(社会科学版),2010 年第 5 期。

111. 朱志刚:《传统节日中的传说、历史记忆和文化认同:基于三都水族的研究》,《韶关学院学报》,2014 年第 7 期。

112. 庄鸿文:《对漆树坪“羌年”的考察与思考》,《铜仁学院学报》,2011 年第 1 期。

三、报纸文章类

1.《中共中央国务院关于推进社会主义新农村建设的若干意见》,《人民日报》,2006 年 2 月 22 日。

2. 巴莫阿依:《毕摩文化与国际彝学》,《中国民族报》,2006 年 3 月 24 日。

3. 白洋:《鬼师面临断代　水书谁人可读》,《贵阳晚报》,2011 年 12 月 9 日。

4. 陈国忠、孙晓静:《古村落保护的困局与出路》,《中国艺术报》,2012 年 8 月 1 日。

5. 陈彦:《文化需要漫长的积累　文化建设更应知常守道》,《人民日报》,2012 年 3 月 13 日。

6. 傅迎春:《贵州建设文化旅游发展创新区的战略思路》,《中国旅游报》,2012 年 2 月 22 日。

7. 冯骥才:《传统村落的困境与出路——兼谈传统村落类文化遗产》,《人民日报》,2012 年 12 月 7 日。

8. 侯少华:《开阳县平寨小学获授苗汉双语省级示范点》,《贵阳日报》,2014 年 4 月 24 日。

9. 胡彬彬:《我国传统村落及其文化遗存现状与保护思考》,《光明日报》,2012 年第 5 期。

10. 胡彬彬:《小村落大文化》,《文摘报》,2013 年 5 月 11 日。
11. 简冰冰:《“孤岛”村民有个心愿》,《贵阳晚报》,2011 日 10 月 31 日。
12. 李慧超:《“禾丰八寨”吸引好奇眼光》,《贵阳晚报》,2014 年 4 月 15 日。
13. 李慧超、简冰冰:《花灯戏进课堂 传承千年技艺》,《贵阳晚报》,2014 年 8 月 19 日。
14. 李佳霖:《传统村落每天消失 100 个 应避免空心化和过度商业化》,《中国文化报》,2013 年 3 月 28 日。
15. 李丽:《文化村寨发展 可持续乡村旅游前沿思索》,《贵州日报》,2010 年 11 月 16 日。
16. 梁茂林:《抗日战争正面战场上的贵州军人》,《贵州政协报》,2005 年 7 月 21 日、8 月 1 日、8 月 18 日、8 月 25 日。
17. 柳智芳:《民族村寨:坚守与嬗变的困惑》,《贵州民族报》,2013 年 1 月 18 日。
18. 路榕:《贵阳市域快铁建设中的龙里“畅想”》,《贵阳日报》,2011 年 10 月 19 日。
19. 罗海兰:《加速发展 贵州吸引农民工回流 苦练内功 本地企业留人谋发展》,《贵阳日报》,2014 年 3 月 10 日。
20. 乔晓光:《村社文化是民族文化传承的命脉》,《中国社会科学报》,2013 年 9 月 16 日,第 502 期。
21. 仇保兴:《深刻认识传统村落的功能》,《人民日报》,2012 年 11 月 29 日。
22. 申欣:《贵州罗甸县红水河畔“农民渔夫”的生活》,《贵阳晚报》,2012 年 8 月 30 日。
23. 王春雷:《后发赶超 建设文化旅游发展创新区》,《贵州日报》,2012 年 4 月 26 日。
24. 王念、陈森、闫起磊:《有人关心 我们安心——贵州省习水县“留守儿童”和“空巢老人”的幸福生活》,《西部时报》,2012 年 3 月 20 日。
25. 王小梅:《剑河县发现久脸苗族分迁古遗址》,《贵州日报》,2010 年 7 月 15 日。
26. 吴如雄:《在凯里朗利苗寨“鼓藏节”上——293 名外嫁女集体回娘家》,《贵阳晚报》,2014 年 4 月 10 日。
27. 葛永明:《幽幽古村落 专家话传承:守望田园居》,《浙江日报》,2012 年 5 月 25 日。
28. 谢江林:《市域快铁贵开线明年试行 开阳沿线乡镇发展提速》,《贵阳日报》,2013 年 12 月 9 日。
29. 颜桦、王晶:《洞穴部落农家乐 条件不好生意差》,《贵州都市报》,2014 年 4 月 17 日。
30. 杨成利、杨志刚:《榕江创建“民歌法庭”化解民间纠纷》,《贵州日报》,2012 年 2 月 1 日。
31. 杨福泉:《少数民族文化保护与传承新论》,《中国民族报》,2008 年 1 月 25 日。
32. 杨启明、李缨:《石阡大塘木偶戏老技艺传承七代后继乏人 老艺人面临窘境情难割舍》,《贵州日报》,2004 年 2 月 10 日。
33. 周静:《从文化发动到文化自觉——贵州文化遗产保护之旅》,《贵州日报》,2013 年 6

月7日。

34. 周骏羽:《从历史文化传承角度保护中国古村落》,《人民日报》,2011年7月27日。

35. 周乾松:《我国传统村落保护的现状问题与对策思考》,《中国建设报》,2013年1月29日。

36. 邹晨莹:《2012年以来,我省易地扶贫搬迁62万人——迈出贫困山区　踏进幸福生活》,《贵州日报》,2016年1月25日。

四、网络文章类

1.《村落文化变革中的基本特征》,中国农业信息网,2012年11月9日。

2.《贵州外出务工人员630万　留守儿童待关注》,中国教育网—贵州教育资讯,2013年2月7日。

3. 程曦:《2014年贵州农民人均可支配收入增长位居全国首位》,多彩贵州网,2015年7月1日。

4. 但文红:《贵州村寨文化遗产的特殊价值与经济发展模式》,但文红的腾讯博客。

5. 胡彬彬:《小村落大文化》,光明网,2013年5月6日。

6. 胡祥华:《湖北省少数民族特色村寨保护发展工作实践与思考》,中国民族宗教网,2011年4月24日。

7. 李培林:《我研究"村落终结"的方法》。

8. 梁卫国:《保护非遗就是保护优秀传统文化》,王方录音整理,中国民俗网,2012年6月1日。

9. 吕莎:《古村落文化:学术研究不可忽略的角落》,《中国社会科学报》,2011年9月27日。

10. 杨锦福:《贵州劳务输出20年》,中国共产党新闻网,2007年7月14日。

11. 智春丽:《让"生态"成为一种生活方式》,人民网,2012年11月11日。

后记

湖北省京山县绿林镇位于大洪山脚下，据说这里是西汉末年绿林军起义的地方。群山起伏，莽莽苍苍。我的童年就在这里度过。林海、崖谷、河畔、岩洞留下串串快乐的足迹，炊烟、狗吠、鸟鸣、虫啾永远刻在了记忆深处。当我几十年后再次回到故乡，土墙灰瓦的建筑已经难寻踪迹，零散坐落于道旁河边的砖混楼房在荒山映衬下显得有些凄凉。年轻人大多外出打工，偶尔经过的摩托车发出刺耳的轰鸣。村子里的小学撤销，我当年毕业的初中校舍早已坍塌，全镇的孩子集中在一所颇具规模的学校。儿时美好的回忆化作父母蹒跚的背影，挥不去的乡愁深深埋在老屋背后亘古不变的山梁上。

至今还记得，我第一次走进贵州少数民族村寨的时候，内心隐隐有一丝莫名的震颤。也就因为这一丝震颤，二十多年来我不停地行走于乡间。每一次行走都是与少数民族传统村寨的亲密拥抱，总会留下感动。村寨建筑的布局、村民的服饰、展现的自然景观、释放的生活气息无不令我痴迷。我沉醉于长满苔藓的墙脚和熏得发黑的墙板犁出的一道道岁月印痕，留恋高高低低的建筑和弯弯曲曲的小径，羡慕村民们在屋檐或庭院闲聊的那份恬适，向往瓜藤蔓生和鸡鸭成群的情趣。我嫉妒村民白天的劳作率性而为，夜晚伴着灯火讲述祖祖辈辈传承的古老故事。我真心喜欢他们或奔放似火，或凝重如山的传统节日。男人们几杯烈性酒，浇掉疲劳，注入责任；女人们用针线绣着希望，以歌声表达人生。情歌、酒歌、薅秧歌、上梁歌、哭嫁歌、哭丧歌，都那样真诚；板凳舞、水鼓舞、锦鸡舞、摆手舞、铃铛舞、多耶舞，都散发出浓烈的生活气息；祭祖、敬神、驱鬼、还愿、祷告、禳解，都将人们的思绪引向遥远的时代。他们在平淡的生活中重复着古老的传奇，用简单的人际关系应对村寨中各种纠纷,凭着坚韧不拔的毅力、团结互助的精神和对天地自然的敬畏,将生活的家园一代代接力传承下去。

很庆幸自己能与这样的村寨和村民结缘。行走在村寨,可以与迥异于都市的文化对话,欣赏在中原不曾捕捉到的风景。尽管多数村寨呈现出来的景象有些破碎,村民讲述和描绘的内容有些凌乱,但是它就像一本卷帙散落的史诗,我不忍放弃。我分明感觉到,少数民族村寨中沉淀着厚重的历史,村民用自己的方式创造着、书写着、讲述着属于他们的历史。这样的历史文本和书写方式奇特而又令人着迷,不忍释手。我想解读它,想把它展示给和我一样热爱民族文化的人们。

可是,在我行走于少数民族地区期间,也发现大量的特色鲜明的村寨正在快速消失。消失的原因有很多,消失的情形千差万别,导致其消失的力量来自多个方面。作为局外人,既可以列举一串改变村寨或改造村寨的理由,也可以摆出若干维护村寨或坚守村寨的道理。作为亲历者,一边面对村民贫困,另一边面向正在急速发展的社会,理性有一种无法排解的纠结;一边看到绚丽多姿的传统文化凋零,另一边听到村民对时尚文化的呼唤,情感有一种被撕裂的痛楚。国家在谋划加速现代化、加大城镇化、加强农村现代化的战略,同时发出弘扬中华民族优秀文化和保护文化多样性的最强音。贵州已经吹响少数民族地区脱贫攻坚的集结号,把城镇化和生态移民搬迁作为总攻阶段的重要手段,同时又亮出“多彩贵州”的文化名片。中国到底该怎样处理经济发展和文化保护的关系?贵州少数民族村寨将走向何处?贵州少数民族村寨文化将如何安放?应该在社会实践的过程中——甚至应该在社会实践之前,必须从理论上做出回答。

现在,政府对传统村落保护给予了很大的资金投入,学术界对传统村落保护贡献了很多智慧,进而上升到法律层面对传统村落保护制定了多项条例。我怀揣对少数民族文化朴素的情感,从村寨文化传承的角度对贵州少数民族村寨文化保护作一些分析,希望捋出文化内容、村寨环境、村寨文化享用者、传承载体、传播媒介之间的复杂关系,探寻经济发展、制度变革、文化变迁、社会转型、技术进步对村寨文化传承的影响,找到村寨内部诸因素和外部力量交互作用的脉络,并在此基础上提出保护村寨文化的原则和途径。

在具体的研究过程中,我得到国家社科基金规划办资助,得到黔东南州委和州政府、安顺市委和市政府的大力支持,得到很多基层政府和村民的帮助,我在本课题结项出版之际谨致以诚挚的谢意。还有许多朋友在电话中和相聚时详细地给我介绍他们自己在村寨中的所见所感,并无偿地提供相关照片,应该说呈现在读者面前的这本书中包含着他们的劳动和思想。贵州民族大学的领导为我提供了宽松的研究环境,我的妻子和岳父母为我创造了良好的家庭环境,没有这种支持则很难让我走访上百个村寨。重庆大学出版社的雷少波和屈腾龙两位先生为本书的出版精心安排、仔细校对,因为他们的辛勤劳动才促成成果的面世。

从课题立项到最后出版,其间有那么多人的关心和支持,对研究成果寄予厚望,我也为此付出了努力。但本人能力有限,研究初衷未能在成果中充分实现,在此不想寻找借口搪塞,深感愧对我的领导、家人和朋友。真心希望读者提出批评,由衷感谢关心民族文化传承的有识之士参与到村寨保护工作中来,提出真知灼见,引导村寨文化建设。

兰东兴

于 2016 年 4 月